(2026)

지방행정 트렌드

Local Administration Trends

주민중심·지방주도·현장중시 자치분권의 길을 가다

박영사

발간사

2026년은 대한민국 지방자치가 새로운 30년의 도약을 시작하는 전환점에 서 있는 해입니다. 민선9기 지방선거를 앞둔 지금, 지방자치 30년간의 성취를 기반으로 미래를 설계해야 하는 중대한 시기를 맞이했습니다. 변화의 파고 속에서도 주민의 삶을 지키고 지역의 지속 가능한 발전을 이끌어가기 위해서는 지방행정의 방향을 새롭게 정립하고 끊임없이 혁신해야 합니다.

한국지방행정연구원은 지난 40여 년간 지방자치 발전의 동반자로서 지방과 현장의 목소리를 정책으로 연결해 왔습니다. 이번에 발간하는 「2026 지방행정 트렌드」는 이러한 노력의 연장선에서, 대한민국 지방의 변화를 진단하고 지방행정이 나아가야 할 비전과 전략을 제시하기 위해 기획되었습니다. 2026 지방행정 트렌드는 미래 지방행정의 바람직한 모습과 핵심 의제를 제시하고 있습니다. 정책결정자, 공무원, 연구자, 그리고 지역주민 모두가 함께 미래를 설계하는 데 도움을 줄 수 있는 실천적인 지침이 될 것입니다.

지방행정의 밝은 미래는 중앙정부가 아닌 지방의 창의와 주민의 참여, 그리고 연구와 실천의 결합에서 시작됩니다. 한국지방행정연구원은 앞으로도 지방자치 분권과 국가균형성장을 선도한다는 목표 아래, 주민과 지방, 현장의 목소리에 귀 기울이며 함께 해법을 모색하겠습니다. 나아가 주민중심·지방주도 정책연구의 플랫폼으로서, 지방행정의 지속 가능한 발전과 대한민국의 혁신적 미래를 이끌어가는 데 최선을 다하겠습니다.

끝으로, 「2026 지방행정 트렌드」의 발간을 위해 노력해 주신 연구진과 각계 전문가, 그리고 지방자치단체와 지방의회 관계자 여러분께 깊은 감사의 말씀을 드립니다. 여러분의 현명한 통찰과 헌신이 대한민국 지방행정의 미래를 더욱 밝히는 원동력이 될 것입니다.

한국지방행정연구원장 **육 동 일**

목 차

들어가며 | 서문 3

제1부
돌아보는 2025 지방행정 트렌드

01 주민 관점으로의 전환이 시작되다 9
02 현장과의 접점이 강화되다 29
03 지방이 주체로서 자리 잡아가다 48

제2부
다가온 2026 지방행정 트렌드

01 주민참여의 진화, 주민이 주인이 되다: 지방을 움직이는 힘! 주민자치회 67
1. 주민이 주인이 되는 진정한 자치가 시작되다 / 67
2. 지금이야말로 주민자치회에 주목해야 한다 / 69
3. 지방에서 일어난 변화, 주민자치회가 만들어가다 / 76
4. 주민자치회가 만드는 지방자치, 우리의 삶을 완성하다 / 87
5. 주민자치회, 일상에서 미래를 설계하고 혁신을 이끌다 / 91

02 지방소멸 대응의 새로운 기준, 생활인구에 기반한 지방주도 활력 증진! 105
1. 지속 가능한 지역 인구정책 시작, 생활인구의 도입 / 105
2. 생활인구를 통해 바라본 지역의 변화와 특성 / 107
3. 생활인구 활성화를 위한 지방자치단체와 중앙정부의 움직임 / 114
4. 생활인구에 기반한 지역 인구정책의 변화 흐름 / 119
5. 생활인구에 기반한 지역의 인구활력 증진 방향과 실행전략 / 124

03 청년의 삶을 바꾸는 종합지원, 지속 가능한 지역을 여는 길 130
1. 청년의 멈춤과 도전에서 새로운 사회적 전환이 시작된다 / 130
2. 지금, 비경제활동 청년세대에 대한 이해 / 134
3. 2025년 이재명 정부 국정과제 속 청년정책 / 144
4. 청년의 경제활동 기회 증진을 위하여 중앙과 지방은 이렇게 움직이고 있다 / 146
5. 우리는 청년의 일상적 기본생활을 위하여 앞으로 이렇게 준비해야 한다 / 161

04 지역균형성장의 새로운 전략, 지역과 주민이 완성하는 에너지 대전환 172
1. 지방이 주도하는 에너지 전환이 시작되고 있다 / 172
2. 에너지 전환을 둘러싼 지역 현장의 변화와 한계 / 175
3. 에너지 전환을 위한 지방자치단체와 중앙정부의 새로운 움직임 / 180
4. 지방 단위 에너지 전환을 향한 변화의 흐름 / 190
5. 지방과 주민이 완성하는 지속 가능한 에너지 전환 방향과 실행전략 / 195

05 진정한 자치분권의 초석을 다지다: 5대 초광역권 - 3대 특별자치도 실현을 통해 205
1. 이제는 '5극 3특'의 시대 / 205
2. 지방의 위기, 초광역협력으로 풀다 / 207
3. 지방이 주도할 때 비로소, 초광역협력이 현실이 된다 / 212
4. 국가균형성장의 길, '5극 3특'으로 향하다 / 226
5. 자치분권과 '5극 3특'이 이끄는 미래 / 231

06 지방의 미래를 여는 힘: 맞춤형 재정분권 실현 243
1. 분권의 완성, 사무와 재정의 균형 위에 세워지다 / 243
2. 지방재정 환경의 구조적 한계 / 248
3. 재정분권 추진의 국내 정책 동향과 국제 비교 / 259
4. 재정분권, 어디로 나아갈 것인가 / 264
5. 지속 가능한 재정분권을 향한 준비 / 265

07 현금보다 강한 유효수단: 소비 확대에서 재정 확충까지, 지역화폐의 선순환 전략 279
1. 지역경제 활력의 새로운 가능성, 지역화폐 / 279
2. 공동체 화폐에서 제도화된 지역화폐로, 변화의 궤적 / 281
3. 지역화폐 논의와 확산과정 / 292
4. 지역화폐, 국가의 책임 강화는 어떤 변화를 가져올까? / 299
5. 지역화폐, 지속 가능한 설계와 운영을 위한 과제 / 301

08 공공 알고리즘 검증시대: AI 행정의 그림자에 대응하는 지방정부의 책무성 310
1. AI 행정혁명의 시작과 지방정부의 디지털 전환 / 310
2. AI 행정 도입 현황과 그림자의 발견 / 313
3. 국내외 AI 행정 도입 현황과 그림자의 발견 / 318
4. 2026년 이후 AI 행정의 미래전망과 도전 / 322
5. 신뢰받는 AI 행정을 위한 실천 전략 / 325

09 의정활동의 AI 메이트 시대: 지방의회의 디지털 전환 337
1. AI 메이트 시대의 개막과 의정활동의 혁신 / 337
2. 지방의회 AI 도입 현황과 활용 실태 / 340
3. 의정 AI 거버넌스와 정책 대응체계 / 344
4. AI 메이트에서 AI 전략가로의 진화 전망 / 349
5. 신뢰받는 AI 의정을 위한 종합 전략 / 352

10 이원화 자치경찰제, 지방이 책임지는 주민안전과 민생치안 360
1. 자치 없는 자치경찰제의 현실 / 360
2. 일원화 자치경찰의 그늘, 주민이 느끼는 자치경찰권 강화가 필요하다 / 362
3. 자치경찰의 현재와 미래, 이원화와 광역단위로 / 366
4. 광역단위 이원화 자치경찰제, 주민이 체감하는 변화의 시작 / 383
5. 자치경찰제, 주민의 안전한 일상을 위한 새로운 도전 / 386

제3부 | 자치분권을 바탕으로 국가균형성장에 도전한다 ——— 399

참고문헌 ……… 405

부 록 ……… 427

[부록 1] 연구 설계 / **427**
[부록 2] 본 연구에서 활용한 글로벌 메가트렌드 및 미래전망 연구·보고서 자료 / **434**
[부록 3] STEEP 분석결과: 국가 전체 차원 / **436**
[부록 4] STEEP 분석결과: 지방행정 차원 / **438**
[부록 5] 지방행정 환경변화의 핵심동인 / **440**
[부록 6] 2026 지방행정 주요 이슈(전문가 인식) / **441**
[부록 7] 새정부 대통령 공약사항 / **442**
[부록 8] 지방행정 환경변화 핵심동인과 정책방향과의 연관성 / **444**
[부록 9] 새정부 국정과제와 지방행정 트렌드(2024~2026) / **446**

표목차

[표 2-1] 주요 주민자치회 우수사례 83
[표 2-2] 2026 지방행정 트렌드 대응과제: 지방을 움직이는 힘! 주민자치회 100
[표 2-3] 인구감소지역 체류인구 배수 상위 지역 110
[표 2-4] 생활인구 활성화를 위한 참고조례안의 구성 115
[표 2-5] 지방자치단체의 생활인구 조례 제정 현황 119
[표 2-6] 강해영 프로젝트 개요 121
[표 2-7] 2026 지방행정 트렌드 대응과제: 생활인구에 기반한 지방주도 활력 증진! 127
[표 2-8] '이행기 청년'과 관련된 개념 135
[표 2-9] 연령계층별 '쉬었음' 인구 136
[표 2-10] 비경제활동 '쉬었음' 청년 유형화 137
[표 2-11] 국정과제 123 대표 청년정책과 회복 – 자립 프로세스 145
[표 2-12] 주체별 청년정책 지원 서비스 150
[표 2-13] 2026 지방행정 트렌드 대응과제: 청년의 삶을 바꾸는 종합지원 169
[표 2-14] 신재생에너지 공급의무화제도의 주요 내용과 목적 185
[표 2-15] 2026 지방행정 트렌드 대응과제: 지역과 주민이 완성하는 에너지 대전환 202
[표 2-16] 간사이 광역연합 처리사무 222
[표 2-17] 지방자치단체별 광역연합의회 의원 수 223
[표 2-18] 간사이 광역연합 예산분담 기준 224
[표 2-19] 이재명 정부 국가비전 – 원칙 – 목표 – 전략 – 과제 228
[표 2-20] 이재명 정부 국정과제 230
[표 2-21] 2026 지방행정 트렌드 대응과제: 5대 초광역권 – 3대 특별자치도 실현 240
[표 2-22] 지방이양사업 연도별 상황 249
[표 2-23] 지방재정자립도 분포(2024년 기준)(최종 기준) 252

[표 2-24] 2026 지방행정 트렌드 대응과제: 맞춤형 재정분권 실현 276
[표 2-25] 지역품앗이형 지역화폐 현황 282
[표 2-26] 한밭레츠 두루 거래 현황 285
[표 2-27] 지역사랑상품권 주요 내용 288
[표 2-28] 지역사랑상품권 개요 289
[표 2-29] 지역사랑상품권 연도별 현황 290
[표 2-30] 지방자치단체별 지역사랑상품권 발행 현황(2025년 6월 현재) 291
[표 2-31] 일반 지역사랑상품권 발행을 위한 할인율과 국비지원율(2024년) 295
[표 2-32] 2026 지방행정 트렌드 대응과제: 지역화폐의 선순환 전략 307
[표 2-33] 2026 지방행정 트렌드 대응과제: 공공 알고리즘 검증시대 333
[표 2-34] 의정활동 업무별 AI 활용 및 기대효과 343
[표 2-35] 지방의회 의정활동 AI 활용 사례 346
[표 2-36] 주요국 의회·행정 AI 활용 정책 비교 분석 349
[표 2-37] 의정활동 AI 도입에 따른 리스크 및 완화 전략 매트릭스 356
[표 2-38] 2026 지방행정 트렌드 대응과제: 의정활동의 AI 메이트 시대 357
[표 2-39] 자치경찰사무 현황 369
[표 2-40] 자치경찰사무 담당공무원에 대한 임용권 행사 주체 370
[표 2-41] 현행 자치경찰제의 주요 내용 371
[표 2-42] 이재명 정부 국정과제 384
[표 2-43] 2026 지방행정 트렌드 대응과제: 광역단위 이원화 자치경찰제 394

그림목차

[그림 2-1] 주민참여 경험과 지방자치위원회에 대한 인식 …… 71
[그림 2-2] 지방자치단체 참여제도에 대한 참여 경험 …… 71
[그림 2-3] 생활인구의 구성 …… 108
[그림 2-4] '24년 월별 생활인구 규모 산정 결과 …… 110
[그림 2-5] 체류인구 규모 및 배수 분포 …… 111
[그림 2-6] 체류인구의 업종별 사용액 비중과 지역별 타 시·도 거주지 체류 비중 …… 112
[그림 2-7] 지역과 관계성에서 본 관계인구의 형태 …… 113
[그림 2-8] 생활인구 키워드의 뉴스기사 건수 추이와 3개월간 연관어 결과 …… 116
[그림 2-9] 최근 3개월간 생활인구 키워드의 연관어 결과(2025.6.~8.) …… 117
[그림 2-10] 경북의 작은 정원(클라인가르텐) 조성 공모사업 …… 118
[그림 2-11] 생활인구를 활용한 지역활력 증진 전략 추진 사례 …… 123
[그림 2-12] 섹터커플링의 개념도 …… 192
[그림 2-13] 스마트그리드 개념도 …… 194
[그림 2-14] 지역별 인구 현황(2025년 7월 기준) …… 207
[그림 2-15] 수도권－비수도권 인구 비중 추이(2025~2050년) …… 208
[그림 2-16] 수도권과 남부권 지역내총생산(GRDP) 비중 추이 …… 209
[그림 2-17] 지역별 제조업생산지수 추이 …… 210
[그림 2-18] 국정운영 5개년 계획 수립과정 …… 227
[그림 2-19] 국세 및 지방세 비중 …… 250
[그림 2-20] 지방세·지방세출·이전재원 비율 변화 추이 …… 253
[그림 2-21] 지방세입 대비 의존재원 비중 추이 …… 254
[그림 2-22] 지방재정분권지수 추이 …… 255
[그림 2-23] 지방자치 설문조사(시도지사와 광역의회, 기초의회 의장단) …… 258

[그림 2-24] 지역주민이 중심이 되는 지역맞춤형 재정분권의 기본방향 ··· 266
[그림 2-25] GPT 에이전시 기능 활용 자치법규 성안 예시 ··· 347
[그림 2-26] 일본 경찰제도의 변화과정 ··· 378
[그림 2-27] 영국 경찰제도의 변화과정 ··· 381

2026
지방행정 트렌드

(2026 Local Administration Trends)

서 문

“지방행정의 변화를 읽으면 대한민국의 미래가 보인다”

앞으로 지방행정에는 어떤 변화가 다가올 것인가? 민선 지방자치 30년의 세월 동안 지방행정을 연구해 온 학자, 정책을 수립하고 집행해 온 공무원들, 그리고 삶의 현장에서 변화를 체감해 온 주민 모두가 공통으로 품어온 물음이다. 지방행정은 결코 멀리 있는 영역이 아니다. 아이가 다니는 학교, 어르신이 이용하는 복지관, 우리가 산책하는 공원, 재난이 발생했을 때 우리를 지켜주는 안전망까지 모두 지방행정이 하는 일이다. 그렇기에 지방행정의 변화는 곧 우리의 일상과 직결된 문제이자, 삶의 질을 결정짓는 중요한 요소가 된다. 그러나 지금 지방행정은 거대한 변곡점 위에 서 있다. 인구감소와 지방소멸, 디지털 전환과 인공지능의 확산, 기후위기와 불평등 심화, 그리고 지역 간 격차와 사회적·정치적 갈등은 정책적 과제를 넘어, 우리 모두의 삶을 흔드는 거대한 파도처럼 다가오고 있다. 이러한 격변의 흐름 속에서 2026년 지방행정은 어느 때보다 복합적이고 격변적인 움직임을 보이게 될 것이다.

한국지방행정연구원은 이러한 변화의 흐름에 주목하여, 2023년부터 2025년까지 3차년에 걸쳐 「지방행정 트렌드 분석 연구」를 수행해 오고 있다. “지방행정에는 어떤 일이 일어날 것인가?”, “지방행정에는 어떤 가능성들이 있는가?”, “지방자치단체는 무엇을 어떻게 해야 하는가?”라는 근본적인 질문을 던지며 지방행정 트렌드 분석이 출발하게 되었다. 세 가지 질문을 통해 지방행정의 현재를 심층적으로 진단하고, 미래전망을 위한 폭넓은 시각과 전략적 프레임워크를 제시하고자 하였다. 그 과정에서 도출된 지방행정 트렌드는 환경변화에 대한 선도적인 대응을 위한 미래예측뿐만 아니라, 지방자치단체가 지역의 특성에 맞게 정책적 우선순위를 설정하고, 중앙정부와 함께 실행 가능한 대응 전략을 마련하는 데 기여할 수 있는 실천적 도구로 활용되는 것을 목표로 하였다.

처음으로 시작된 2023년 「지방행정 미래 트렌드 분석 연구」는 글로벌 메가트렌드를 지방행정의 눈으로 재해석하고, 급변하는 환경 속에서 지방행정이 지향해야 할 바람직한 미래상을 모색하는 데 초점을 두었다. 그 결과, '2024 지방행정 트렌드'로 인구감소 및 지방소멸 대응, 지역맞춤형 인재 육성, 사회적 안전망 확충, 지방행정체제 개편, 디지털 혁신, 지방교육재정 개편, 균형 잡힌 지역성장 생태계 조성이라는 다층적 과제를 담아내었다. 국내외적으로 수많은 미래 트렌드 관련 연구들이 진행되었으나 국가 차원의 분야별 트렌드에 초점을 두면서, 지방자치단체의 입장에서는 간극이 존재할 수밖에 없었다. 이러한 점에서 '2024 지방행정 트렌드'는 핵심적인 논의 수준을 지방행정 분야로 확대하여 지방자치단체의 역할과 구체적인 정책방향 설정에 대한 현실 정합성과 체감도를 높일 수 있는 중요한 출발점이 되었다.

2024년 「2025 지방행정 트렌드 분석 연구」는 한 해 전의 성과와 한계를 성찰하며 보다 심화된 접근을 시도하였다. 기존 연구는 토픽 모델링, 전문가 델파이 조사 등 양적 방법론 중심의 접근으로 인해 전문가들의 자유롭고 다양한 관점과 의견을 수렴하지 못한 한계가 있었다. 이에 분야별 전문가들의 다양한 시각과 목소리를 모아, 보다 구체적이고 실천적인 지방행정 트렌드를 분석하였다. 특히, '2024 지방행정 트렌드'에 대한 평가를 통해 우리 사회의 변화 모습을 진단하고, 바람직한 지방행정의 모습을 실현하기 위한 정책방향들을 다시 한번 짚었다. 지방행정 트렌드별로 1년 동안 있었던 우리 사회의 노력, 앞으로의 변화의 흐름, 긍정적·부정적인 미래모습 전망, 그리고 우리 사회가 나아가야 할 길을 조망하였다. '2025 지방행정 트렌드'로는 다이버시티, 경계를 허무는 스마트의료, 하이브리드 지방행정, 로컬 그린 리더십, 153만 호 빈집의 역습, 농촌 공간의 재창조,

에듀테크 시대, 재난·위기관리의 나침반, 이제는 지방시대가 선정되었다. 나아가 트렌드별로 단기·중기·장기과제를 제시하여 지방자치단체가 실제로 활용할 수 있는 실천적인 청사진을 마련하였다.

특히, 올해는 민선 지방자치 30주년을 맞이하는 상징적인 해이자, 2026년 지방선거를 앞둔 시점으로, 지방행정 트렌드 분석 연구는 그 어느 때보다 중요한 의미를 갖는다. 지난 30년 동안 지방자치는 제도적 틀과 권한을 넓혀 왔다면, 앞으로의 30년은 주민과 더 가까운 거리에서, 지방이 주도적으로 방향을 설계하고, 현장에서 더 나은 정책혁신을 체감할 수 있는 지방행정이 되어야 한다. 특히, 다가온 2026 민선9기 지방선거는 지방행정이 어떤 가치와 원칙 위에서 어떻게 운영될지를 결정짓는 앞으로의 나침반이 될 것이다. 선거결과에 따라 지방자치단체의 정책방향과 지역특화발전전략, 주민참여, 거버넌스 작동방식 등이 크게 달라질 수 있다는 점에서 지방행정의 미래를 결정짓는 중요한 선택의 무대가 될 것이다. 따라서 지방행정의 어제와 오늘을 넘어, 내일을 내다보는 트렌드 분석 연구는 지방행정이 직면한 도전과제를 선제적으로 인식하고, 주민중심·지방주도·현장중시의 행정서비스와 정책 설계를 가능하게 하는 든든한 길잡이가 될 수 있다.

이러한 중요한 시점에서 「2026 지방행정 트렌드 분석 연구」는 다양한 관점을 통한 종합적·포괄적 접근, 다양한 방법론을 활용한 미래예측과 분석, 전문가 참여를 통한 인사이트 강화를 기본방향으로 설정하고 연구를 진행하였다. 국내외 연구보고서, 정책보고서, 학술논문 등을 아우르는 문헌연구를 통해 거시적·미시적 환경변화를 분석하고, 글로벌 메가트렌드와 미래전망 보고서를 활용한 STEEP 분석, 지방행정 환경변화의 핵심동인 분석, 새정부 정책방향 분석 등을 수행하였다. 또한 전문가 인식조사, 자문, 브레인스토밍을 통해 적합성과 타당성을 검증하고 연구 결과의 합리성을 확보하였다. 더불어 심층 인터뷰 등을 통해 지방행정을 둘러싼 복합적인 맥락을 파악하고, 국내외 혁신·우수사례를 심층적으로 분석하여 구체적인 정책과제를 발굴하였다.

'2026 지방행정 트렌드'는 다섯 가지 흐름으로 구성되어 있다. 먼저, 지방행정을 둘러싼 환경변화의 징후를 포착하고 독자가 공감할 수 있도록 문제의식을 제기한다. 둘째, 지방행정 트렌드가 등장하게 된 구체적 배경과 원인을 분석한다.

셋째, 중앙정부와 지방자치단체가 어떤 대응을 해왔는지 현주소를 진단한다. 넷째, 앞으로 다가올 변화를 전망하며 2026 지방행정 트렌드를 제시한다. 마지막으로, 우리는 어떤 준비를 해야 하는지를 구체적인 정책 제안으로 정리하였다.

'2026 지방행정 트렌드'는 정책 담당자나 연구자뿐만 아니라, 지방행정의 미래를 고민하는 모든 이들을 위한 결과물이다. 정책 담당자에게는 정책 설계의 방향을, 현장의 공무원에게는 구체적인 실행방안을, 연구자에게는 새로운 질문을 던진다. 그리고 일반 국민에게는 지방행정이 우리의 삶과 깊이 연결되어 있다는 깨달음을 전하고자 한다. '2026 지방행정 트렌드'를 통해 지방행정의 과거를 명확히 이해하고, 현재를 분명히 보게 되며, 다가올 미래를 준비할 수 있을 것이다. 지방행정 트렌드 분석이 제시하는 통찰과 미래 방향성이 지방행정의 현장에서 살아 움직이며, 더 나은 우리의 삶을 만들어가는 길잡이가 되기를 기대한다.

제1부

돌아보는 2025 지방행정 트렌드

Look back on 2025 Local Administration Trends

01 주민 관점으로의 전환이 시작되다

2025년 지방행정의 가장 핵심적인 변화는 '주민 관점으로의 전환'에서 시작된다. 지방자치단체는 이제 단순히 행정서비스를 제공하는 공급자 역할을 넘어, 주민 개개인의 다양한 요구와 삶의 질 향상을 위한 맞춤형 정책을 설계하는 역할로 진화하고 있다. 즉, 우리 사회는 정책과 행정의 중심축을 '정부 관점'에서 '주민 관점'으로 이동시키는 데 큰 진전을 보여왔다. 그동안 지방자치단체는 중앙정부의 지침과 예산에 의존하였고, 주민을 행정서비스의 대상이자 수혜자로 인식해 왔다. 그러나 인구감소 및 지방소멸, 정책 불신 등의 문제로 인해 이제는 주민 입장에서 정책을 설계하고, 주민 체감도를 높이기 위한 '주민 관점의 지방행정'이 적극적으로 나타나기 시작한 해라고 할 수 있다.

"주민과 함께 만들어가는 지방의 새로운 도약"

다이버시티: 외국인 인력,
지방을 되살릴 열쇠

무엇보다도, 인구구조 변화가 지방행정 패러다임의 전환을 견인하였다. 2025 지방행정 트렌드인 '다이버시티: 외국인 인력, 되살릴 열쇠'는 우리 사회 인구구성 다변화의 의미를 넘어, 다문화사회 구성원과의 공존과 협력이라는 새로운 주민 관점의 중요성을 부각시키고 있다. 외국인 인력의 유입은 지방의 만성적인 노동력 부족 문제를 해결하는 데 기여할 뿐만 아니라, 사회적·문화적 다양성을 바탕으로 지방의 혁신성과 포용력을 높이며 경쟁력을 강화할 수 있는 중요한 자산이다. 실제로 우리 사회는 외국인 근로자를 적극적으로 유치·활용하되, 이들을 단순한 노동자가 아닌 지역사회 구성원으로 인식하고 다양한 정책적 노력을 기울이고 있다.

지방자치단체와 고용노동부는 '외국인 근로자 지역 정착 지원사업' 운영을 통해 지역특성에 맞는 외국인 근로자 체류지원 서비스를 제공하고, 민간 중심에서 공공 중심으로 체류지원체계를 개편하고자 노력하고 있다.[1] 외국인 근로자는 단기적으로 체류하는 노동력이 아닌, 지역사회에 지속적으로 기여할 수 있는 정주형 인력으로 전환하고 있다. 즉, 외국인 근로자의 안정적인 지역 정착을 도모한다는 점과 외국인 인력에 대한 인식이 지역사회 구성원으로 확대되고 있다는 점이 이전과는 다른 정책적 변화라 할 수 있다. 이는 지방소멸 위기를 겪고 있는 지방자치단체가 외국인을 새로운 인력·자산으로 인식하며, 정책 대상자 확대의 필요성을 체감하고 있다는 증거이며, 고용·노동정책을 뛰어넘어 사회통합형 다문화정책으로 발전될 가능성을 보이고 있다.

전라북도는 전북외국인근로자지원센터와 대한공중보건한의사협회 간의 업무협약 체결을 통해 외국인 근로자 의료 복지 향상을 위해 거주 외국인 근로자들에게 매월 첫째 주 일요일마다 지원센터에서 무료 진료를 받을 수 있도록 하였으며, 현장 컨설팅 및 산업안전에 대한 통번역 지원도 함께 이루어지고 있다.[2] 또한 고창군,[3] 동대문구[4] 등 많은 지방자치단체에서도 외국인 근로자에 대한 무료 건강검진을 실시하고 있다. 이는 외국인 근로자도 주민으로서의 권리와 필요를 갖고 있다는 점을 인정하고 있는 사례라 할 수 있다. 지방자치단체가 외국인 근로자를 주민으로 인식하고 지역사회의 다양성에 맞는 행정역량을 강화하고 있다

---

1) "전북자치도, 외국인 근로자 지역정착 지원 평가 '전국 2위'". (2025.01.14.)
[출처: 전북중앙] https://www.jjn.co.kr/news/articleView.html?idxno=994364

2) "지방소멸 막고 인재 유치 … 지자체들, 외국인에 공들인다". (2025.01.14.)
[출처: 서울Pn] https://m.go.seoul.co.kr/news/2024/08/20/20240820023003?cp=seoul&utm

3) "고창군, 외국인 계절근로자 무료검진 … 베트남·라오스 등 2300여명 대상". (2025.06.10.)
[출처: 뉴스1] https://www.news1.kr/local/jeonbuk/5808989

4) "동대문구, 블루크로스 의료봉사단과 무료 진료소 운영". (2025.06.16.)
[출처: 헤럴드경제] https://biz.heraldcorp.com/article/10510249?ref=naver

는 신호이며, 민간단체와의 협력을 통해 보다 포용적인 지방행정으로 진화하고 있다는 점을 나타낸다.

또한 창원특례시 마산합포구와 창원외국인근로자지원센터는 외국인 근로자의 지역사회 정착을 지원하기 위한 업무협약을 체결하고, 외국인 근로자를 지역사회 구성원인 '주민'으로 인식한다는 점을 공식적으로 표명하였다. 외국인 근로자들이 지역사회에 안정적으로 정착할 수 있도록 상호 협력체계를 구축하였으며, 외국인 근로자의 지역사회 정착 및 인식 개선을 위한 공동활동, 청사 내 공공시설 공간 사용 협조, 쓰레기 분리배출 등 행정정보 홍보 등을 중심으로 실질적인 협력에 나서고 있다.[5] 이러한 노력은 외국인 근로자뿐만 아니라, 지역사회에서도 이들이 주민으로 인정받고 있다는 인식을 확산시키고, 일상생활에 도움이 되는 다양한 행정서비스를 제공받을 수 있을 것으로 기대된다.

이러한 변화의 흐름은 외국인 인력을 우리 사회의 구성원으로 공식적으로 인정하고, 사회적 통합과 지속 가능한 지역공동체 형성으로 확장되고 있음을 시사한다. 외국인 근로자를 지역활력을 위한 능동적인 참여자로 받아들이고자 하는 접근은 지방자치단체가 기존의 주민 개념을 재정의하고 있다는 점에서 의미가 크다. 이는 결국 지역사회의 다양성을 존중하는 문화적 기반 위에, 다문화 역량을 지방행정 전반에 내재화하려는 움직임으로 이어지고 있는 것이다. 나아가 '다이버시티: 외국인 인력, 되살릴 열쇠'에서 강조하였던 관점은 단순히 외국인 인력의 지역 정착을 위한 정책을 넘어서, 언어·주거·복지·교육 등 삶의 질 전반에 대한 총체적인 접근을 요구하고 있다는 것인데, 2025년 실제 지방행정 현장에서도 지방자치단체의 역할이 보다 전략적·복합적으로 변화하고 있다는 점을 보여주고 있다.

특히, 인구감소와 지방소멸이라는 구조적 위기 속에서 외국인 인력의 유치·활용은 더 이상 선택이 아닌 필수이며, 다문화 수용성과 포용적 행정은 앞으로 지방행정의 생존전략이자 미래경쟁력이 되고 있다. 결국, 외국인 인력은 지방의 노동력 확보 관점에서 출발하였으나, 이제는 지방을 되살릴 열쇠이자, 지속 가능한

---

5) "마산합포구-창원외국인근로자지원센터, 외국인 근로자 지역 정착 지원 협약 체결". (2025.06.16.) [출처: 뉴스경남] https://www.newsgn.com/news/articleView.html?idxno=488112

지역사회를 위한 핵심 키워드로 부상하고 있는 것이다. 이처럼 2025년은 외국인 인력들이 지역주민으로서, 그리고 지역공동체의 정당한 구성원으로 인정받고 있는 모습으로 지방행정이 진화하고 있음을 상징적으로 보여주는 한 해였다고 할 수 있다.

앞으로는 외국인 인력을 노동력이 아닌, 지방의 지속가능성과 다양성을 견인하는 핵심 자산으로 인식하는 흐름이 더욱 강화될 것으로 보인다. 특히, 고령화와 청년 유출로 인한 지방의 인구감소가 심화되는 상황에서 지방자치단체들은 외국인 근로자와 그 가족의 정착을 적극적으로 지원함으로써 지역사회에 활력을 불어넣고자 하는 정책적 시도를 확대할 가능성이 크다. 이러한 점에서 향후 지방행정의 방향성은 '정주 지원' 중심의 정책에서 나아가, '지역사회 통합'과 '문화 간 상호 이해 증진'을 핵심축으로 하는 다문화정책으로 전환될 것으로 판단된다. 이를 위해 교육, 복지, 의료, 주거, 시민참여 등 다양한 분야에서 외국인 주민을 위한 맞춤형 행정서비스가 보다 체계화되고, 이들의 권리 보장과 사회참여 확대를 뒷받침하는 제도적 기반도 정비될 것이다. 외국인 주민의 지역사회 참여가 실질적으로 보장되기 위해서는 민·관·학의 협력과 함께, 시민사회의 인식 개선이 필수적이다. 외국인을 단지 '일시적 체류자'가 아닌, '지역공동체의 동등한 구성원'으로 받아들이는 사회문화적 전환이 뒷받침되어야 진정한 의미의 다문화사회가 구현될 수 있다(유수동·전성훈, 2025). 이러한 전환은 지방행정뿐만 아니라, 교육, 언론, 기업 등 사회 전반의 인식과 구조변화로 이어지게 될 것이다. 결국, '다이버시티: 외국인 인력, 되살릴 열쇠'는 인구감소와 지방소멸이라는 위기 속에서 지방이 선택할 수 있는 현실적인 대안이자, 새로운 기회로 작용하게 될 것이다. 외국인 인력 유치를 넘어서, 이들의 안정적인 정착과 사회적 통합을 위한 포용적 정책이 지방의 지속가능성과 지역활력을 결정짓는 중요한 변수가 될 것으로 전망된다.

“경계를 허물어 주민의 건강을 잇다”

경계를 허무는 스마트의료: 원격의료가 그리는 지방의료의 새로운 풍경

2025년 지방행정의 또 다른 중요한 변화는 스마트의료를 통한 주민 중심 의료 전달체계로의 전환을 위한 노력에서 찾아볼 수 있다. 그동안 지방의료는 만성적인 의사 부족, 열악한 인프라, 응급·전문진료의 수도권 집중이라는 구조적 한계를 안고 있다. 지방에 거주하는 주민들은 생명과 직결된 의료서비스조차 지역에서 제때 누리지 못하는 경우가 많았고, 이는 곧 인구감소와 지방소멸 문제와도 맞닿아 있다. 그러나 2025년에는 이러한 문제를 공급자 중심의 의료시스템의 한계로 보지 않고, 주민이 체감할 수 있는 의료접근권 보장의 문제로 바라보는 시각의 전환이 본격화되었다. 원격의료는 이러한 ‘주민 관점의 전환’을 대표적으로 보여주는 변화의 흐름이라 할 수 있다. 즉, 의료격차 해소를 위한 정책적 시도가 ‘스마트의료’라는 새로운 패러다임 속에서 본격화되고 있다.

한국보건사회연구원(2025)에 따르면, 국민의 81.2%가 수도권과 지역 간 의료격차를 심각하게 인식하고 있는 것으로 나타났다. 지방에 거주하는 주민들은 아픈 몸을 안고 먼 거리를 이동해야 한다는 구조적 불평등을 호소하는 모습이다. 이러한 현실에서 원격의료는 새로운 기술이 아니라, 주민이 어디에 있든 안전하게 치료받을 권리를 보장하는 장치로 받아들여지고 있다. 실제로, Covid－19 시기 한시적으로 허용된 비대면 진료를 통해 1,419만 명이 3,786만 건의 진료를 경험하였고, 환자의 77.8%가 만족, 87.8%가 재이용 의향을 보였으며, 이후에도 다양한 조사에서 환자와 의료인 모두가 원격의료에 대해 긍정적인 인식을 보였다.[6] 이는 원격진료가 Covid－19와 같은 위기 대응을 넘어, 새로운 일상적 의료 패러다임으로 자리 잡을 수 있다는 가능성을 보여준 것이었다.

의료현장에서도 지방의료 위기에 대한 해법으로 원격의료의 과감한 도입을 촉

---

6) “[이슈] 대한민국 비대면 진료, 쟁점과 과제”. (2025년 4월호)
[출처: 월간조선 뉴스룸] https://m.monthly.chosun.com/client/news/viw.asp?ctcd=C&nNewsNumb=202504100050&utm

구하고 있다. 특히, 의료 사각지대가 심각한 농촌지역과 도서지역에서는 원격의료 도입 필요성이 더욱 절실하다. 경남·전북 등 일부 지역에서는 65세 이상 노인 인구 비율이 40%를 넘었고, 경북 북부·전남 도서지역에서는 집에서 병·의원까지 반나절이 넘게 걸리는 경우도 많다.[7] 기존 시스템으로는 기본적인 의료 접근권조차 담보하기 어려운 상황에서, 원격의료는 주민들이 이동하지 않고도 동등한 의료권을 누릴 수 있는 수단으로 부각되고 있다. 의료정책의 무게 중심도 치료에서 예방과 관리로 이동해야 한다는 목소리가 커지고 있으며, 원격의료는 바로 이러한 전환을 뒷받침하는 필수 인프라로 자리 잡아가고 있다.

해외사례는 이러한 변화를 뒷받침한다. 미국은 원격의료 비중이 전체 의료의 30%를 넘어섰고 매년 2% 이상 증가하고 있으며, 원격 약 처방과 함께 드론을 통한 약 배송까지 확대하고 있다. 일본 역시 고령화 대응 차원에서 농촌·도서지역 중심의 원격진료 모델을 운영하며, 의사–환자 간 실시간 화상 진료를 제도권 내로 안착시켰다.[8] 이들 사례는 '공간 제약 없는 의료체계'가 곧 주민 삶의 질 향상으로 직결된다는 점을 보여주며, 우리나라가 직면한 지방의료 위기를 해결하는 실질적인 참고점이 되고 있다.

결국, 원격의료는 의료서비스 전달방식의 변화가 아니라, 주민의 입장에서 의료접근권을 새롭게 정의하는 제도적 전환이라는데 의의가 있다. 앞으로 지방행정은 공공의료기관 중심의 원격의료 인프라 확충, AI·빅데이터 기반 맞춤형 진단 및 건강관리, 고령자·만성질환자를 위한 돌봄형 원격서비스, 지역주민의 디지털 역량 강화를 위한 교육 및 지원을 위해 노력할 것으로 전망된다. 이러한 노력은 단순히 지방의료체계의 효율화를 넘어, '주민 누구나, 어디서나, 동등하게' 의료서비스를 누릴 수 있는 환경을 만들어가는 과정이 될 것이다.

더 나아가, 원격의료는 지역 간 의료전달체계의 경계를 허무는 동시에, 지방이 스마트의료 혁신의 선도모델로 자리매김할 수 있는 기회를 제공할 것이다. 의료접근권의 불평등은 인구감소와 지방소멸을 가속화하는 핵심 요인이지만, 원격으

---

7) "지역의료 위기 … 원격협진·주치의제도 등 과감히 도입해야". (2025.08.08.)
[출처: 국민일보] https://www.kmib.co.kr/article/view.asp?arcid=1754464666&code=11131100&cp=nv

8) "'연봉 4억까지 준다고 해도 안온다' … 위기에 빠진 지역의료, 해법은 원격·비대면". (2025.06.01.)
[출처: 매일경제] https://www.mk.co.kr/news/it/11332115?utm

로는 오히려 지방이 새로운 의료 혁신의 시험장이자, 선도모델이 될 수 있는 가능성을 열어줄 것이다. 이러한 맥락에서 2025년은 주민 관점의 원격의료가 지방행정에 자리 잡게 되는 전환기로 평가할 수 있으며, 향후 지방의료는 '공간의 제약을 넘어서는 스마트의료'라는 새로운 풍경 속에서 발전하게 될 것으로 기대된다.

"지방행정체제, 주민의 눈높이에 맞추다"

하이브리드 지방행정: 미래를 지향하는 지방행정체제,
특별과 통합, 그리고 제3의 형태

2025년 지방행정의 중요한 변화는 지방행정체제 개편이 제도 설계나 권한 조정 논의에 머무르지 않고, 주민의 삶에 직접적으로 연결되는 방식으로 진화하고 있다는 점이다. 과거의 지방행정체계 개편 논의가 행정 효율성과 권한 배분을 중심으로 진행되었다면, 이제는 주민의 일상과 지역사회에 어떠한 변화를 가져오는가?라는 질문이 중심에 자리 잡아가고 있다. 즉, 지방행정체제 개편이 제도적 차원을 넘어, 주민 관점에서 본격적으로 논의되기 시작한 해가 바로 2025년이라 할 수 있다.

대표적인 사례가 경상남도 창원특례시이다. 창원특례시는 '미래지향적 지방행정체제 개편 방향'을 모색하며, 조직규모 확대나 행정권한 재조정과 같은 행정 내부의 논리보다, 주민 생활권과 행정수요를 반영한 체제 개편 논의를 추진하였다.[9] 이는 지방행정체제 개편의 초점을 주민의 생활환경과 직접 연결시키고자 한 시도라 할 수 있다. 대전광역시와 충청남도에서의 행정통합 논의 또한 주목할 만하다. 광역단위의 행정통합을 추진하면서 주민설명회를 개최하고, 통합이 주민의 삶의 질에 어떤 변화를 가져올 것인지를 토론하고 공유하는 과정을 거쳤다.[10] 이는 과거 정부 관점의 효율성 논의에서 벗어나, 주민참여와 공감대 형성을 통해

---

9) "창원시, 미래지향적 지방행정체제 개편 방향 모색". (2025.03.26.)
[출처: 경남일보] https://www.gnnews.co.kr/news/articleView.html?idxno=607202

10) "대전·충남 다시 하나 되나 … 9일 주민설명회, 행정통합 본격화". (2025.06.08.)
[출처: 중앙일보] https://www.joongang.co.kr/article/25342038

주민 중심의 통합 추진으로 전환하고 있음을 보여주는 사례이다.

울산광역시에서 제기된 논의 역시 같은 맥락에 있다. 지방행정체계의 성공적인 개편을 위해서는 단순히 권한 확대만이 아니라, 주민이 체감할 수 있는 지역 경쟁력 강화와 생활 기반 활성화를 우선시해야 한다는 점을 강조하고 있다.[11] 이는 곧 지방행정체제 개편의 성패가 제도적 구조보다는 주민이 직접 느끼는 생활 편익과 지역발전 효과에 달려 있다는 인식이 확산되고 있음을 의미한다.

더 나아가 지방행정체제 개편의 변화 모습은 특정 모델에 국한되지 않고 있다. 특별자치시·도, 광역과 기초 간의 통합모델, 지역특성과 주민 수요를 반영한 특별지방자치단체의 출범 등 다양한 실험이 논의되고 있으며, 그 모든 시도의 공통점은 "어떤 지방행정체제가 해당 지역의 주민의 삶의 질을 높이는 데 가장 효과적인가?"라는 질문을 출발점으로 삼고 있다는 점이다. 지방행정체제는 이제 구조 개편의 단계에서 한 걸음 더 나아가, 주민의 생활권·정주권·참여권을 존중하고, 이를 체제 개편의 기준으로 삼는 새로운 단계로 접어들고 있다.

이와 같은 흐름은 최근 본격화되고 있는 '5극 3특' 전략과도 긴밀히 연결된다. '5극 3특'은 수도권, 동남권, 대경권, 중부권, 호남권 등 5대 초광역권과 제주·강원·전북 3개 특별자치도를 중심으로 국가균형성장과 지방자치분권을 강화하려는 국가적 계획이다. 특히, 김경수 지방시대위원회 위원장은 '5극 3특' 전략은 수도권과 비수도권이 상생할 수 있는 새로운 균형성장전략으로, 이재명 정부 국가균형성장 비전의 핵심이라고 강조한 바 있다.[12] 이는 단순한 권역 재편이 아니라, 주민이 체감할 수 있는 국가균형성장 모델을 만들겠다는 의지의 표현이라 할 수 있다.

결국, 2025년의 지방행정체제 개편 논의는 제도와 권한의 재설계만을 의미하지 않는다. 그것은 주민의 삶을 중심에 둔 지방행정체제가 본격적으로 출발했음을 알리는 상징적인 전환점이 될 것이다. 지방자치는 이제 행정 효율성의 틀을 넘어, 주민의 필요와 공감대를 제도 설계의 출발점으로 삼아, 미래지향적이고 지

11) "지방행정체계 성공 개편 위해 경쟁력·지역 활성 최우선 해야". (2025.06.16.)
[출처: 울산매일신문] https://www.iusm.co.kr/news/articleView.html?idxno=1052090

12) "김경수 지방시대위원장 취임 '5극 3특 설계 … 가장 먼저 할 일'". (2025.07.10.)
[출처: 아주경제] https://www.ajunews.com/view/20250710140843670

속 가능한 형태로 진화하고 있는 것이다. 더 나아가 이러한 전환은 주민을 단순한 행정서비스의 수혜자가 아닌 정책 설계와 실행의 동반자로 자리매김하게 한다는 점에서 의미가 크다. 주민은 생활권·정주권·참여권을 중심으로 지방행정체제의 성패를 평가하게 될 것이며, 이는 곧 지방자치단체의 행정조직과 권한 구조가 주민의 눈높이에 맞춰 재편될 수밖에 없음을 보여준다. 또한 주민 관점에서의 지방행정체제 개편은 국가균형성장과도 직결된다. 주민의 삶을 기초로 한 제도 설계는 지역별 특성과 수요를 존중하는 맞춤형 발전전략으로 이어지고, 이는 '5극 3특' 전략의 추진이 지역 경쟁력 강화와 주민 생활 개선이라는 목표와 맞닿아 있음을 의미한다.

따라서 2025년은 지방행정체제가 주민 중심으로 패러다임을 전환하는 원년으로 기록될 것이다. 앞으로의 과제는 이러한 변화가 단발적인 실험에 그치지 않고, 주민참여의 제도화, 생활권 기반 정책 설계, 지역맞춤형 지방행정체계 확산으로 이어지도록 하는 것이다. 결국 지방자치의 미래는 주민이 얼마나 주체적으로 참여하고, 그 과정에서 삶의 질 향상을 체감할 수 있는가에 달려 있다고 할 수 있다.

"주민의 일상에서 시작되는 녹색미래"

로컬 그린 리더십:
기후위기를 넘어 지속가능성을 향한 지방의 도전

기후위기 대응과 지속가능성 확보라는 전 지구적 과제를 풀어가는 과정에서 2025년 지방행정은 '주민이 직접 참여하는 행정'을 실현하고 있다. 즉, 기후위기 대응을 단순한 선언적 구호를 넘어, 실제 행정의 모든 영역에서 주민이 주도적으로 참여하고, 정책의 성과를 함께 만들어가는 과정으로 확장되고 있는 것이다. 기후위기는 더 이상 중앙정부나 국제기구만의 과제가 아니라, 지역사회에서 주민이 일상 속에서 대응해야 하는 현실적인 위협이 되고 있으며, 주민 스스로가 해결을 위한 주체로 나서야 하는 상황에 이르렀다. 이에 따라 지방자치단체들은

‘로컬 그린 리더십’을 발휘하여 주민 중심의 기후위기 대응을 위한 다양한 노력들을 실천하고 있다. 이는 탄소감축을 위한 행정계획에 머무르지 않고, 주민이 생활 속에서 직접 참여하고 변화를 체감하고 주도적으로 실천할 수 있도록 지원하는 구조를 만들어가는 과정이라 할 수 있다.

충청남도 홍성군은 주민들이 직접 참여하는 체험형 프로그램을 통해 기후위기 대응의 작은 변화를 실천으로 연결하고 있다. 홍성군은 환경의 날 캠페인에서 전등 끄기와 같은 상징적인 행동을 주민 공동체가 함께 수행함으로써 개인의 실천이 모여 큰 변화를 만들어낼 수 있다는 메시지를 전달하였다.[13] 또한 기후위기 대응을 자원봉사의 가치와 연계하여, 주민들이 단순한 참여자가 아니라, 지역의 변화를 이끄는 행동 주체로 나설 수 있는 계기를 마련하였다. 이러한 활동은 지방자치단체가 정책적 목표를 제시하는 것을 넘어, 주민과 함께 하는 행정으로 진화하고 있음을 보여준다.

경상북도 포항시는 ‘탄소중립 지원센터’를 중심으로 주민참여형 탄소중립 Living Lab(리빙랩)을 출범시켰다. 탄소중립 리빙랩은 행정, 기업, 주민이 함께 실험하고 학습하며, 지속 가능한 생활방식을 만들어가는 협력 플랫폼이다. 특히, 포항시는 지역상권조직인 새록새로상인회를 핵심 협력 파트너로 설정하여 상인과 주민이 생활현장에서 직접 참여하는 방식으로 추진하고 있다.[14] 이를 통해 지역특성과 생활문화를 반영한 ‘포항형 탄소중립 실천 모델’을 구축하고 있으며, 그 효과는 다층적으로 나타나고 있다. 환경적으로는 지역 생태계 보호와 기후위기 대응역량을 강화하고, 사회적으로는 시민의 환경의식을 높이며 공동체의 연대를 촉진하고 있다. 동시에 디지털 기반의 탄소중립 모델을 개발하여 정책적 측면에서 타 지역으로의 확산 가능성도 열어두고 있다.

강원도 원주시는 ‘환경교육 주간’을 운영하여 일상에서 시작되는 주민참여형 기후행동을 촉진하고 있다. ‘ESG 공동선언’과 ‘실천협약식’을 통해 주민의 기후위기 대응 의지를 제도적으로 공표하였으며, 포럼과 컨퍼런스를 통해 지식 공유와

---

13) “홍성군 기후위기 대응, ‘지역주민들 직접 참여 체험’”. (2025.06.07.)
[출처: 국제뉴스] https://www.gukjenews.com/news/articleView.html?idxno=3292735#rs

14) “포항시 탄소중립 지원센터, 주민참여형 탄소중립 Living Lab 발대식 개최”. (2025.06.11.)
[출처: 대경일보] https://www.dkilbo.com/news/articleView.html?idxno=500460

지역 거버넌스 전략을 마련하였다. 더불어 섹션카드 퍼포먼스 등 체험형 활동을 결합하여 주민참여를 활성화하였고, 이를 교육과 실천의 연속성으로 연결하였다.[15] 원주시는 탄소중립과 지속 가능한 생태환경 조성의 출발점이 시민과 학생들의 환경의식 제고에 있다고 인식하고, 환경교육도시로의 도약을 선언하고 있다. 이는 주민의 행동 변화를 제도와 연결시킨 기후위기 대응 모델로 평가될 수 있으며, 주민 관점의 지방행정이 어떻게 지속가능성 확보로 이어질 수 있는지를 보여준다.

이러한 사례들은 기후위기 대응에서 주민 관점의 지방행정이 본격적으로 실현되고 있다는 사실을 확인시켜 준다. 즉, 과거의 환경정책이 중앙정부의 지침과 거시적 목표 달성에 집중하였다면, 이제는 주민의 생활 속 실천이 정책의 성과로 이어지는 구조로 변화하고 있다. 주민이 참여하지 않는 탄소중립은 실효성을 담보할 수 없다는 현실 인식이, 지방행정을 주민 중심으로 재편하는 동력이 되고 있는 것이다.

이처럼 앞으로의 지방행정은 기후위기 대응을 행정적 과제로만 보지 않고, 주민주도의 실천과 성장을 지원하는 전략적 과제로 다루게 될 것이다. 교육, 생활문화, 에너지 전환, 자원순환 등 다양한 분야에서 주민참여형 프로그램이 확대되고, 기후위기 대응은 지역공동체를 재편하는 핵심 동력으로 자리 잡을 것이다. 이는 곧 주민 관점에서 지속 가능한 삶을 만들어가는 과정이며, 지방자치단체가 기후위기 대응 등 환경정책의 중심축을 주민에게 두고 있다는 것을 보여주는 대표적인 변화라 할 수 있다.

15) "'기후위기 대응, 일상에서 시작' … 원주 환경교육 주간 성료". (2025.06.09.)
[출처: 에너지경제] https://www.ekn.kr/web/view.php?key=20250609027414315

“위기의 빈집, 주민의 손에서 기회가 되다”

153만 호 빈집의 역습:
지방의 위기가 기회로 바뀌는 전환점

2025년 지방행정은 점점 더 주민 관점에서 문제를 바라보고, 해결책을 모색하는 방향으로 나아가고 있다. 인구감소와 지방소멸로 인한 가장 심각한 문제 중 하나로 꼽히는 빈집 문제 역시 더 이상 단순한 관리·처분의 대상이 아니다. 이제 빈집은 지역사회와 주민의 삶의 질을 높이고, 공동체의 활력을 회복하는 자산으로 새롭게 정의되고 있다. 과거에는 빈집 정비가 공공부문 차원의 도시계획이나 안전관리의 일환으로 추진되었다면, 지금은 주민이 주도적으로 활용하고 체감할 수 있는 생활 밀착형 재생전략으로 확장되고 있는 것이다.

전국적으로 153만 호에 달하는 빈집은 지방의 인구감소 문제를 단적으로 보여주는 상징이자, 동시에 새로운 전환의 기회로 주목받고 있다. 지방자치단체와 중앙정부는 방치된 빈집을 무조건 철거·정비하는 것이 아닌, 청년과 노인, 다문화 가정 등 주민 맞춤형 공간으로 재창출하려는 시도를 본격화하고 있다. 이는 빈집을 더 이상 도시 미관과 안전관리의 대상으로 바라보는 것이 아니라, 주민 복지·문화·공동체 회복의 거점으로 변모시키려는 노력이라 할 수 있다.

전라북도 완주군은 ‘희망하우스 빈집 재생사업’을 통해 지역 내 노후 빈집을 보수하여 저소득층과 귀농·귀촌인에게 무상으로 임대해 왔다. 최근에는 이 범위를 확대하여 외국인 유학생이나 이주노동자의 정착을 지원하는 문화교류공간으로까지 발전시켰다. 실제로 완주군 삼례에서는 빈집을 활용한 ‘글로컬 문화 프로그램’이 열려, 전통 음식 만들기, 의상 체험, 캘리그래피 엽서 쓰기 등을 주민과 외국인 유학생이 함께 즐기며 교류하였으며, 2박 3일간 ‘별별궁리·별별놀이터’라는 캠프를 열어 중국, 베트남, 우즈베키스탄 등에서 온 유학생과 지역 예술가가 교류하는 자리를 갖기도 하였다.[16] 이처럼 빈집이 단순한 주거 문제가 아니라, 다양한 주민 집단을 연결하는 문화적 매개체로 활용되고 있는 것이다.

---

16) “빈집에 옹기종기 모여 주민들 문화생활”. (2024.12.17.)
[출처: 동아일보] https://www.donga.com/news/Society/article/all/20241217/130655773/2

전라남도 해남군은 빈집을 철거하고 주택을 새로 짓는 '빈집재생 프로젝트'의 지원대상을 확대하여 전입 예정자뿐만 아니라 전입 2년 이내 군민까지 포함시켰으며, 기존에 필수 요건이었던 건물 등기조건을 완화하여 더 많은 주민이 사업에 참여할 수 있도록 개선하였다.[17] 해남군의 이러한 변화는 행정 편의보다, 주민 수요를 우선시하는 방향으로의 전환을 보여주며, 실제 정착지원과 인구유입 효과로 이어질 것으로 기대받고 있다.

중앙정부 차원에서도 주민 관점의 전환이 정책적으로 뒷받침되기 시작하였다. 2025년 5월 발표된 「범정부 빈집정비 종합계획」은 전국 단위의 빈집 관리체계를 구축하는 동시에, 농어촌·도시 등 지역별 특성을 반영한 활용전략을 제시하였다. 특히, 농촌 빈집을 리모델링하여 청년·귀촌인·노인 맞춤형 공간으로 조성하거나, 도시 빈집을 주차장·공원 등 주민 생활기반시설로 전환하는 내용이 담겼다.[18] 이는 빈집 정책의 중심 방향이 정비·관리가 아닌, 주민 체감형 활용으로 이동되고 있음을 보여준다. 또한 '빈집애(愛) 플랫폼'을 통해 빈집 정보를 주민과 공유하고, 거래·활용 사례를 확산하는 것도 주민참여를 정책적으로 촉진하는 장치라 할 수 있다.

이러한 모습들은 지방행정을 주민의 눈높이에서 다시 해석하는 신호탄이라 할 수 있다. 과거에는 빈집을 '문제'로만 바라보았다면, 이제는 주민의 생활환경을 풍요롭게 하고 공동체 회복을 촉진하는 '자원'으로 재정의되고 있다. 특히, 주민이 주체로 참여하지 않는 빈집 정비는 단기적인 성과에 머물 수밖에 없다는 시각이 확산되면서, 지방행정은 주민의 목소리를 적극적으로 반영하고, 주민 스스로 활용방안을 설계할 수 있도록 지원하는 방식으로 나아가고 있다.

앞으로의 지방행정은 빈집을 주민의 주거 안정, 세대 간 돌봄, 청년 정착, 지역 활력 회복을 실현하는 전략적 자산으로 다루게 될 것이다. 청년 창업 공간, 노인 돌봄 거점, 마을공동체 문화센터, 다문화 교류 공간 등 다양한 활용 모델들이 확

17) "해남군, 방치 빈집 철거·신축 사업 신청 문턱 낮췄다". (2025.06.12.)
[출처: 더팩트] https://news.tf.co.kr/read/national/2214261.htm

18) "4개 부처 합동, 범정부 빈집정비 종합계획 발표". (2025.05.01.)
[출처: 행정안전부 보도자료] https://www.mof.go.kr/doc/ko/selectDoc.do?bbsSeq=10&docSeq=61555&listUpdtDt=2024-10-25++10%3A00&menuSeq=971&utm

산되면서 빈집은 지방의 위기를 되살리는 기회의 플랫폼으로 재탄생할 전망이다. 이와 같은 주민 관점으로 전환되는 지방행정의 모습은 빈집 활용을 위한 새롭고 다양한 방식에서 발견되고 있다.

"주민이 곧 농촌의 디자이너, 미래를 함께 그리다"

농촌 공간의 재창조: 농촌의 새로운 얼굴, 가능성으로 공간을 채우다

2025년 농촌 공간을 바라보는 지방행정의 관점은 근본적인 변화를 맞이하고 있다. 과거에는 농촌 공간을 생산기반 확보와 개발·정비의 대상으로 여겨졌다면, 이제는 주민 스스로가 공간을 설계하고 활용하는 주민주도형 재창조과정으로 전환되고 있는 것이다. 이는 농촌을 지방소멸 위기의 공간이 아니라, 주민의 삶과 지역공동체의 미래를 새롭게 디자인하는 가능성의 장(場)으로 해석하려는 흐름이라 할 수 있다.

강원도 철원군은 최근 농촌 공간 재구조화 기본계획 수립과정에서 주민 설명회를 개최하여 주민의 목소리를 직접 반영하였다. 이는 행정주도적 계획 수립에서 벗어나, 주민이 주체적으로 참여하여 마을의 미래상을 함께 그려가는 대표적 사례이다. 주민들은 생활환경 개선, 문화·복지 인프라 확충, 농촌형 정주공간 조성 등에 대한 의견을 제시하고, 계획 단계부터 적극적인 역할을 요청받고 있다.[19] 이러한 과정은 정책 설계자이자 주체자로서 주민의 위상을 한 단계 강화하는 계기가 되고 있다.

법·제도적 기반도 주민 관점으로 재편되고 있다. 2024년 도입된 농촌공간계획제도는 주민 의견수렴을 의무화하고, 공동체 계획을 토대로 행정이 지원하는 구조를 갖추었다. 이를 통해 농촌 공간은 토지이용구획을 넘어, 교육·복지·문화·생태가 어우러진 생활권 단위의 공간계획으로 확장되고 있다.[20] 특히, 2025년부터 여

---

19) "철원군, 농촌공간 재구조화 기본계획 위한 이장설명회 마무리". (2025.07.30.)
[출처: 전국매일신문] https://jeonmae.co.kr/news/articleView.html?idxno=1171199

20) "농촌공간계획, 지역의 미래를 준비하는 출발점". (2025.02.07.)

러 지방자치단체가 농촌공간계획제도를 본격적으로 도입하면서 주민주도의 농촌 계획 수립이 제도적으로 가능해졌으며, 이는 지방행정의 중요한 전환점으로 평가된다.

이러한 변화는 농촌 공간을 바라보는 시각 자체를 바꾸고 있다. 과거 행정편의적 개발 중심에서 벗어나, 주민이 원하는 생활공간과 공동체 기반을 어떻게 확보할 것인지가 정책의 핵심으로 자리 잡고 있는 것이다. 농촌 공간을 주민이 설계하고, 지방자치단체가 이를 제도적·정책적으로 뒷받침하는 구조가 마련되면서, 농촌은 단순히 '지켜야 할 공간'이 아니라, '새로운 기회와 지속가능성을 창조하는 공간'으로 거듭나고 있다.

앞으로의 지방행정은 농촌 공간을 주민의 삶과 직결된 생활터전으로 바라보고, 주민이 곧 농촌의 공간 디자이너이자 미래 설계자로 성장할 수 있도록 지원할 것이다. 주민주도형 공간계획은 공동체를 회복하고 세대와 계층을 연결하며, 농촌의 지속가능성을 강화하는 핵심 동력이 될 전망이다. 이는 곧 농촌정책에서도 주민 관점으로의 전환이 본격적으로 시작되고 있음을 보여주는 대표적 사례라 할 수 있다.

"AI에서 지역혁신까지, 에듀테크로 진화하는 지방교육"

지방교육의 전환점, 에듀테크 시대:
AI로 진화하는 지방교육의 미래

2025년 지방교육은 학생과 학부모가 직접 체감할 수 있는 주민 관점으로의 전환을 본격화하고 있다. 과거 지방교육이 시설 확충이나 교사 배치, 학급수 조정 등과 같은 공급자 중심의 과제에 집중하였다면, 이제는 AI와 디지털 교과서를 매개로 학생 개개인에게 맞춤형 학습 경험을 제공하고, 학부모가 정책효과를 확인할 수 있는 구조로 빠르게 진화하고 있다. 이는 교실 수업의 혁신을 넘어, 지역사회의 미래를 함께 설계할 수 있는 미래인재 양성을 위한 시도들이라 할 수 있다.

[출처: 한국농촌경제연구원 주간브리프] https://www.krei.re.kr/krei/page/17?cmd=view&pageIndex=1&pst=502791&utm

2024년 개최된 '에듀테크 코리아 페어'는 이러한 변화의 모습을 확인할 수 있었다. 기술 중심의 전시회가 아니라, 학생과 학부모가 직접 참여하는 체험관과 홍보관을 중심으로 운영되어 미래교육의 방향성을 체험·공유하는 자리였다. 특히, AI 기술을 활용한 맞춤형 학습, 실시간 피드백, 다양한 교육자료의 접근성을 통해 기존의 종이 교과서가 제공할 수 없는 새로운 교육 경험을 제공하였다.[21] 이는 디지털 교과서와 AI 학습 보조도구가 현장에서 실제로 어떻게 활용될 수 있는지 주민이 직접 평가하고 개선 의견을 제시하는 통로가 마련된 사례로 주목된다.

세종시교육청은 이를 한 단계 더 확장하였다. 세종SW교육체험센터는 환경·안전·건강을 주제로 AI 기반 학습 프로그램을 마련하여, 학생들이 생활과 밀접한 문제를 AI로 분석하고 해결해보는 경험을 제공하고 있다. '현장+AI' 프로그램은 실제 환경 데이터를 분석하여 오염 문제를 시각화하고, '안전+AI'는 스마트시티와 자율주행기술을 체험하며 도시안전 인프라를 이해하게 하였으며, '건강+AI'는 학생들이 직접 건강관리 애플리케이션을 기획·제작하여 AI 헬스케어의 가능성을 탐구할 수 있도록 구성되었다.[22] 학생과 교사 모두 실제 문제해결 경험이 학습동기를 높였다는 긍정적인 반응을 보였고, 교육청은 이를 창의융합 인재양성의 핵심모델로 확산할 계획이다. 이는 주민의 일상과 직결된 문제를 교육과정 속에서 해결하도록 유도함으로써, 지방교육을 곧 '지역사회 혁신의 장'으로 확장한 사례라 할 수 있다.

이러한 변화는 지방교육에 대한 기대를 근본적으로 바꾸고 있다. 더 이상 교육은 교실 안의 학습문제에 국한되지 않으며, 학생 개개인의 학습 경험, 학부모의 만족도, 지역사회의 교육 자산 활용까지 통합적으로 고려하는 종합적 영역으로 확장되고 있다. 앞으로의 지방교육은 AI와 에듀테크 도입에 그치지 않고, 이를 기반으로 학생맞춤형 학습 경로 설계, 학부모 의견의 실시간 반영을 통한 교육 개선, 지역사회와 연계된 교육 콘텐츠 개발, 디지털 격차 해소를 위한 취약계층

---

21) "교육의 미래, '2024 에듀테크 코리아 페어'에 다녀왔어요". (2024.10.02.)
[출처: 대한민국 정책브리프] https://www.korea.kr/news/policyNewsView.do?newsId=148934401&utm

22) "2025년 소프트웨어·인공지능 교육 프로그램 운영". (2025.04.14.)
[출처: SNS타임즈] https://www.thesnstime.com/2025nyeon-sopeuteuweeo-ingongjineung-gyoyug-peurogeuraem-unyeong/?utm

맞춤 지원 등 다양한 전략을 포괄하게 될 것이다. 이러한 변화는 학생뿐만 아니라 지역사회 전체의 삶과 밀접하게 연결되며, 지역사회혁신과 학생·학부모·주민참여를 촉진하는 새로운 패러다임으로 진화하고 있음을 보여준다. 결국, AI와 에듀테크는 기술적 도구를 넘어, 지방교육과 지역사회혁신을 연결하는 매개자로 자리 잡을 것이며, 지방교육은 지역사회와 주민의 삶 속에서 실질적인 변화를 만들어가는 핵심 동력으로 작동하게 될 전망이다.

"지방과 주민이 지키는 우리 지역"

재난·위기관리의 나침반: 지방주도의 재난·위기관리, 새로운 기준이 되다

2025년 주민 관점에서 재난·위기관리의 패러다임 전환이 본격적으로 나타나고 있다. 그동안 재난·위기관리정책은 중앙정부의 지침과 매뉴얼을 중심으로 운영되었다. 그러나 기후위기의 심화와 대형재난의 빈발은 기존 방식의 한계를 드러냈고, 이제는 지방자치단체와 지역주민이 스스로 위험에 대비하고 지역 단위에서 대응역량을 키우는 것이 무엇보다 중요해졌다. 이에 지방자치단체는 주민이 일상생활 속에서 체감할 수 있는 맞춤형 대응체계를 설계하고, 주민참여를 전제로 한 지역 중심의 재난·위기관리 모델을 적극적으로 확산시키고 있다.

무엇보다도 생활밀착형 대응이 강화되고 있다. 행정안전부가 발표한 「2025년 여름철 자연재난 종합대책」은 폭염과 산사태 등 지역특성별 위험요인을 세밀히 분석하고, 주민맞춤형 행동지침과 재난도우미를 마련하였다.[23] 이는 재난 상황에서 주민이 단순히 지시를 따르는 존재가 아니라, 스스로 위험을 인지하고 행동할 수 있는 능동적 주체임을 전제로 한 변화이다. 동시에 각 지방자치단체는 재난대응 매뉴얼을 주민친화적으로 개편하고, 체험형 교육 및 모의훈련 등을 통해 주민주도의 대응역량을 높이고 있다.

---

23) "2025년 여름철 자연재난 종합대책 발표". (2025.05.26.)
[출처: 행정안전부 카드뉴스] https://www.mois.go.kr/frt/bbs/type002/commonSelectBoardArticle.do?bbsId=BBSMSTR_000000000205&nttId=117949&utm

지역 사례를 보면 이러한 변화는 더욱 분명하다. 경상남도 김해시는 공동주택 단위로 ‘재난대응 오픈 채팅방’을 개설하여 주민들에게 실시간으로 정보를 공유하고 위기상황에서 즉각적으로 서로 지원할 수 있는 체계를 구축하였다.[24] 이는 기존 유선 중심 정보전달의 한계를 넘어, 주민들이 생활공동체 기반의 신속한 대응 주체로 자리 잡도록 한 것이다. 또한 경상북도 경산시는 집중호우에 따른 산사태 발생을 가정한 주민대피 시스템 훈련을 실시하였다. 주민, 이장, 공무원, 소방, 경찰 등이 함께 참여하였으며, 전세버스 운송업체와 협력하여 주민을 안전하게 대피시키는 등 민관 협력 기반의 현장대응체계를 실험하였다. 더 나아가 드론, AI 영상관제, 마을대피소 안전점검 등 첨단기술과 주민참여를 결합하여 지역 맞춤형 대응체계를 강화하고 있다.[25]

이러한 움직임은 지역의 위기 대응을 넘어, 주민 관점의 재난·위기관리체계가 정착되고 있다는 점에서 의미가 크다. 이제 주민은 재난·위기 대응과정에서 지역사회와 공동체의 안전을 함께 지키는 능동적인 주체로서 인정받고 있으며, 지방자치단체 역시 주민맞춤형 지원 서비스를 확대하여 민관 협력과 지역 네트워크를 통해 재난·위기관리의 기반을 강화하고 있다. 따라서 앞으로의 재난·위기관리정책은 사후복구 중심에서 벗어나, 주민의 일상생활 속 예방과 대비를 중시하는 방향으로 진화할 것이다. 고령화, 도시화, 기후변화로 복잡성이 커지는 재난환경 속에서 주민의 경험과 참여를 지방행정에 반영하는 참여형 재난·위기관리체계는 더욱 확산될 전망이다. 이는 지역사회를 지탱하는 중요한 기반으로 작용하게 될 것이다.

24) “김해시 신속한 재난 대응 … ‘공동 주택 재난 대응 오픈 채팅방’ 운영”. (2025.06.17.) [출처: 쿠키뉴스] https://www.kukinews.com/article/view/kuk202506170137

25) “경산시, 경북형 주민대피 시스템 훈련 실시 … 민관 협력 중심 실전 대응력 강화”. (2025.06.09.) [출처: 아이뉴스24] https://www.inews24.com/view/1852195

“주민의 삶을 바꾸는 지방분권, 주민을 중심에 세우다”

이제는 지방시대: 지역맞춤형 지방분권,
지방이 변화의 중심에 서다

2025년 지방행정의 변화는 주민 관점을 바탕으로 한 지역맞춤형 지방분권이 본격적으로 주목받고 있다는 점에서 큰 의미를 가진다. 그동안 지방자치단체는 중앙정부의 정책방향과 예산에 의존하는 집행기관으로 인식되는 경우가 많았다. 그러나 인구감소 및 지방소멸, 지역 경쟁력 강화, 중앙정치의 불신 심화라는 복합적인 도전과 위기 속에서 이제는 중앙정부 주도만으로는 지역문제를 해결할 수 없다는 사회적 공감대가 확산되고 있다. 이에 따라 지역특성과 주민의 요구를 반영한 지방자치분권이 지방행정의 새로운 패러다임으로 자리 잡아가고 있다.

무엇보다 지방이 스스로 지역문제에 대한 해답을 찾아가는 주체로 나서고 있다는 점이 주목된다. ‘2025년 주요현안 해법회의’에서는 지방소멸 극복과 주민 안심 안전을 지방시대의 핵심과제로 제시하고, 지역이 중심이 되는 새로운 행정 질서가 강조되었다.[26) 이는 권한 이양을 넘어, 주민이 체감할 수 있는 지역 중심의 행정을 실현해야 한다는 점을 분명히 한 것이라 할 수 있다.

지역사회 역시 같은 문제의식을 공유하고 있다. ‘무늬만 지방자치는 안 된다’는 지적이 잇따르고 있으며, 지방자치분권의 성패는 제도의 설계가 아니라, 주민의 참여와 관심에 달려 있다는 인식이 커지고 있다. 주민이 직접 목소리를 내고 정책과정에 참여해야만 실질적인 변화가 가능하다는 점이 강조되는 것이다.[27) 이는 제도적 틀을 갖추었다고 해서 지방자치가 완성되는 것이 아니라, 주민참여와 감시, 그리고 공동체적 실천이 뒤따를 때 비로소 의미 있는 성과로 이어진다는 점을 여실히 보여주는 것이다.

특히, 민선 지방자치 30주년을 맞아 제기된 평가에서도, 주민 중심의 지방자치

---

26) “‘2025년 주요현안 해법회의’ 사전 합동브리핑”. (2025.01.14.)
[출처: 행정안전부 동영상뉴스] https://www.mois.go.kr/video/bbs/type019/commonSelectBoardArticle.do%3Bjsessionid%3D7jOSIB-ozDXBe8lBjrjxaKGW.node20?bbsId=BBSMSTR_000000000255&nttId=115163&utm

27) “무늬만 지방자치 안돼 … ‘지방분권형 개헌’ 적극 추진을”. (2025.06.04.)
[출처: 뉴시스] https://www.newsis.com/view/NISX20250604_0003200834

실현은 핵심과제로 떠올랐다. 지역맞춤형 정책 설계, 주민참여예산제 확대, 생활권 단위 행정 강화 등은 주민이 지방행정의 공동 설계자이자 동반자로 자리매김하는 변화를 의미한다.[28] 이러한 흐름은 지방자치단체가 중앙정부로부터 권한을 위임받는 수준을 넘어, 주민의 삶에 맞춘 정책을 설계할 수 있는 책임 있는 주체로 변화되고 있음을 보여준다.

이와 같은 변화들은 주민 관점에서 바라보는 지방자치분권이라는 새로운 기준을 제시한다. 중앙－지방 간 수직적 관계에서 벗어나, 지역이 스스로 문제를 정의하고 해법을 찾아가는 방식은 주민이 곧 지방자치분권의 중심이라는 사실을 명확히 한다. 나아가 지방자치단체는 주민과의 소통, 민관 협력, 지역의 협력적 거버넌스 등을 강화함으로써, 지방자치분권의 성과가 주민의 삶의 질 향상으로 직결되도록 하는 지방행정 혁신을 요구받고 있다.

앞으로의 지방자치분권은 주민의 참여와 지역맞춤형 지방행정이 결합된 실질적인 지방자치분권으로 나아가게 될 것이다. 고령화, 인구감소 및 지방소멸, 지역격차 확대라는 구조적 위기 속에서 주민 중심의 지방행정은 지방이 살아남기 위한 현실적인 해법이자 새로운 기회가 된다. 결국 2025년은 지방이 변화의 중심에 서며, 주민 관점에서 바라보는 지방자치분권의 새로운 기준을 세운 해로 기록될 것이다.

---

28) “지방자치 30년, 주민 중심의 지방자치 실현 필수”. (2025.04.03.)
[출처: kbcNEWS] https://news.ikbc.co.kr/article/view/kbc202504030022

02 현장과의 접점이 강화되다

2025년 지방행정의 또 다른 주요 변화는 '현장과의 접점 강화'에서 찾을 수 있다. 이는 주민 중심 행정이 구체적인 실천 단계로 나아가고 있다는 점에서 중요한 진전을 의미한다. 그동안 지방행정은 정책 설계나 계획 수립 중심이었다면, 이제는 지역주민들이 실제로 생활하고 있는 공간, 즉 '현장'에서의 만남을 핵심가치로 삼는 방향으로 전환되고 있다. 지방행정의 역할은 정책집행을 넘어, 주민의 삶의 맥락 속에 스며드는 조력자로 진화하고 있다. 복지, 고용, 교육, 안전, 환경 등 다양한 분야에서의 정책들이 더 이상 문서에서만 머무르지 않고, 실시간 피드백과 현장 중심의 문제해결구조를 통해 실제 정책효과를 창출하는 방식으로 구현되고 있다. 특히, 급격한 환경변화와 복잡한 지역사회의 문제에 대응하기 위해 지방행정의 민첩성과 유연성이 요구되며, 이는 현장 접점의 중요성을 더욱 부각시키고 있다.

"현장에서 피어나는 다이버시티"

**다이버시티: 외국인 인력,
지방을 되살릴 열쇠**

이러한 변화는 특히 외국인 인력과 관련된 정책에서 뚜렷하게 나타나고 있다. 과거 외국인 근로자에 대한 정책은 노동력 확보와 체류관리 중심의 사무적 접근에 머무는 경우가 많았다. 그러나 2025년의 지방행정은 외국인 인력의 삶의 질과 권리를 중심에 두는 '현장 기반 행정'으로 탈바꿈하고 있다. 지방자치단체는 외국인 근로자들이 실제로 일하고 생활하는 현장을 직접 찾아가 문제를 청취하고, 상황과 여건에 맞는 맞춤형 해결방안을 설계하는 방식으로 정책을 운영하고 있다. 이는 외국인 인력을 단순히 '일하는 사람'이 아닌, 지역사회의 '함께 사는 이웃'으로 인정하기 시작한 행정문화의 변화라 할 수 있다.

실제 현장과의 접점이 강화되고 있는 지방행정의 모습은 전국 방방곡곡에서 다양하게 시도되고 있다. 이는 현장에서 시작되는 정책이 지방행정의 새로운 표준으로 자리 잡고 있음을 보여준다. 경기도 포천시는 외국인 근로자를 고용하고 있는 지역기업을 직접 방문하여 현장의 의견을 청취하고, 근무환경과 고용안정에 대한 현실적인 대안을 모색하는 소통의 기회를 가졌다.[29] 이는 현장 방문을 넘어, 정책기획과정에 현장의 목소리를 사전에 반영하는 구조를 갖춘 것으로 평가된다. 즉, 지방행정과 현장이 연결되고 있음을 보여주는 사례라 할 수 있다.

경기도 광주시는 '찾아가는 한국어교실'을 운영하여 외국인 근로자가 한국어를 익혀 일상생활에 적응하고 지역사회와의 소통을 원활하게 할 수 있도록 지원하고 있다.[30] 이 프로그램은 교육장소가 외국인 근로자의 생활권으로 직접 이동하여 수업을 진행한다는 점에서 찾아가는 행정서비스의 대표 사례로 꼽힌다. 현장에 찾아가 실제 참여율과 학습효과를 높이고자 한다는 것이다. 외국인 근로자에게도 공공서비스의 공간적 접근성과 수요자 맞춤형 행정이 시도되고 있다. 이러한 노력은 언어장벽 해소를 통해 사회통합 가능성을 실질적으로 확장하고 있다.

전라북도 정읍시는 외국인 계절근로자에 대한 실태점검을 통해 근로환경과 인권 문제를 직접 확인하고 있다.[31] 이는 외국인 근로자의 권익 보호와 함께, 고용현장에서의 인권 기반 행정을 실천하는 사례로, 지방행정이 외국인 근로자의 처우 및 생활환경까지 책임지는 방향으로 진화하고 있음을 보여준다. 기존의 단속

---

29) "백영현 포천시장, 현장 소통 청취 행정 박차". (2025.06.16.)
[출처: 전국매일신문] https://www.jeonmae.co.kr/news/articleView.html?idxno=1156803

30) "광주시, 외국인 근로자 한국어 교육 지원 강화한다". (2025.06.16.)
[출처: 노컷뉴스] https://www.nocutnews.co.kr/news/6355137?utm_source=naver&utm_medium=article&utm_campaign=20250616095528

31) "정읍시, 외국인계절근로자 실태점검 … 근로환경·인권보호". (2025.06.09.)
[출처: 뉴시스] https://www.newsis.com/view/NISX20250609_0003206307

중심 행정이 가져올 수 있는 반발과 불신을 최소화하고, 외국인 근로자의 인권과 권익보호를 중심에 둔 지방행정으로 패러다임을 전환하고 있다는 점에서 중요한 의미를 갖는다. 예방과 지원 중심으로 운영되며 현장과의 접점을 높이는 문제해결 중심적 접근이 특징이라 할 수 있다.

이러한 사례들은 외국인 인력을 각자의 삶을 살아가는 주민으로 인식하고 있다는 지방행정의 전환점을 의미한다. 외국인 근로자 및 외국인 주민들의 삶을 중심에 두고, 현장에서 행정서비스 제공과 정책적 신뢰를 확보해 나가고 있다는 점에서 중요한 시사점을 제공한다. 지방자치단체, 외국인 근로자, 고용기업 등이 현장에서 함께 대화하고 협력하는 구조가 형성되면서, 문제를 사전에 발굴·예방하고, 정책의 실행가능성을 높이는 선순환체계가 작동되고 있다. 지방행정이 책상 위의 계획에서 벗어나, 노동현장과 생활환경에서 작동하는 구조로 진화하고 있다는 점은 외국인정책의 체감도를 높이는 데 결정적인 역할을 하고 있다. 특히, 다문화적 배경을 가진 외국인 주민들과의 현장에서의 상호작용은 지방행정의 포용성과 사회통합, 그리고 지역활력을 강화하는 데 실질적 토대가 되고 있다.

앞으로 이러한 '현장 중심 행정'은 더욱 강화될 것으로 전망된다. 특히, 외국인 인력이 정주형 인구로 전환됨에 따라, 단기적 고용 문제를 넘어 장기적으로 이들의 삶의 질을 보장하기 위한 통합적 행정지원체계가 고도화될 것이다. 언어·복지·주거·노동환경 등 다양한 영역을 포괄하는 다차원적 접근이 더욱 중요해질 것이며, 이에 따라 지방행정의 기획－실행－평가구조도 현장과 연계된 형태로 재편될 것이다. 무엇보다도, 이러한 흐름은 외국인 인력을 지역사회의 동등한 구성원으로 인정하는 인식의 전환을 이끌며, 주민과 동일한 시선으로 바라보는 포용적인 행정문화의 정착으로 이어질 것이다. 이는 결과적으로 지방행정의 지속가능성과 신뢰성을 강화하는 데 중요한 토대가 될 것으로 기대된다.

“현장에서 만나는 지방의료, 스마트의료로 가까워지다”

경계를 허무는 스마트의료:
원격의료가 그리는 지방의료의 새로운 풍경

현장과의 접점이 강화되는 모습은 의료분야에서도 찾아볼 수 있다. 그동안 의료정책은 제도 설계나 병원 중심의 공급체계에 치우쳐 있어, 실제 주민들이 생활하는 현장에서의 의료 공백을 제대로 메우지 못한다는 한계가 지적되어 왔다. 그러나 이제는 의료현장의 수요와 환자·지역주민의 목소리를 반영하고, 주민 생활권에서 즉각적인 대응이 가능한 구조로 전환하고자 하는 모습이 보이고 있다. 즉, 의료정책은 주민이 체감하는 생활현장에서의 의료 접근성 보장으로 무게중심을 옮기고 있다.

이러한 변화는 원격의료와 같은 스마트의료정책에서 잘 드러난다. 원격의료 논의가 의료계와 정부 간의 제도적 공방에 머물렀다면, 이제는 주민과 환자의 실제 삶의 맥락 속에서 해법을 찾는 방향으로 전환되고 있다. 다양한 의료 전문가, 소비자, 환자의 목소리를 직접 청취하고, 이를 정책 논의와 실행에 반영하는 과정에서 국민을 중심에 두어야 한다는 목소리가 높아지고 있다.[32] 이는 정부와 의료계 간의 합의와 더불어 국민 중심의 현장 행정이 원격의료 정착의 핵심이라는 점을 잘 보여준다.

한편, 시장조사에 따르면 세계 디지털 헬스케어 시장은 2024년 398조 원에서 2033년 2,231조 원 규모로 확대될 전망이고, 특히 디지털 헬스케어는 의료 접근성이 떨어지는 지역주민에게 실질적인 도움을 줄 수 있으며, 이동성과 실효성을 갖춘 솔루션들이 더 많은 현장에 적용될 전망이다.[33] 이러한 성장세는 스마트의료가 지역 현장에서 실질적인 효과를 낼 수 있는 가능성을 뒷받침한다.

실제 사례에서도 현장에서의 스마트의료가 조금씩 구현되고 있다. 제주·강원

32) “지역의료 위기 … 원격협진·주치의제도 등 과감히 도입해야”. (2025.08.08.)
[출처: 국민일보] https://www.kmib.co.kr/article/view.asp?arcid=1754464666&code=11131100&cp=nv

33) “섬으로 간 대응 … ‘AI로 의료 사각지대 해소’”. (2025.06.16.)
[출처: 한경 BIO Insight] https://www.hankyung.com/article/2025061685811?utm

등은 섬·산간 등 의료취약지를 중심으로 AI 기반 원격의료 시스템을 구축하여 현장 적용을 본격화하고 있다. 제주특별자치도는 2025년부터 도내 48개 보건진료소와 제주대병원 등 11개 의료기관을 연결하여 디지털 화상진료와 스마트 돌봄 서비스를 제공하고 있으며, 강원특별자치도는 원주를 AI 헬스케어특구로 지정하여 국민건강보험공단 검진 데이터를 국내 최초로 활용하는 등 디지털 전환의 기반을 마련하였다.[34] 또한 경기도 안산시는 AI와 IoT를 연계한 지속 가능한 공공의료 시스템을 추진하여 환자의 생활권 속에서 데이터를 기반으로 한 맞춤형 건강관리를 제공하고 있다. 안산시는 고려대학교 안산병원과 협력하여 도서지역에 원격의료 기반 공공의료 서비스를 본격화하였는데, 특히 반지형 자동혈압계, 연속혈당측정기, 웨어러블 심전도기 등 장비를 보급하여 주민들이 일상공간에서도 건강정보를 자동 측정하고, 이를 보건진료소 및 병원과 실시간으로 연계할 수 있도록 하였다.[35] 이러한 노력들은 현장 상황에 적합한 맞춤형 의료지원을 가능하게 하고 있다.

이러한 스마트의료 사례들은 지방의료 서비스가 병원과 보건소 등 특정 공간에 한정되지 않고, 주민이 생활하는 현장 곳곳으로 스며들고 있음을 보여준다. 그동안 지방의료 서비스는 실제 생활공간에서 체감하기 어려운 한계가 있었지만, 이제는 지방행정이 의료사각지대 주민들을 직접 찾아가 맞춤형 현장 행정을 실현하고자 노력하고 있다. 원격의료와 현장 중심 행정서비스가 결합하면서 주민들의 의료 접근성이 획기적으로 개선되고 있으며, 이를 통해 의료 불평등 해소와 지방행정에 대한 신뢰 확보라는 두 가지 효과를 동시에 거두고 있다. 즉, 지방행정이 첨단기술을 활용하여 현장성을 강화하고, 주민 삶의 질을 직접적으로 끌어올리고 있다.

앞으로 현장 중심의 스마트의료는 더욱 확산될 것으로 전망된다. 원격협진, 주치의제도, 생활권 기반 건강관리 시스템 등은 의료취약지 주민에게 새로운 안전망이 될 뿐만 아니라, 건강 문제를 조기에 예방·관리할 수 있을 것이다. 특히, 지

34) "섬으로 간 대응 … 'AI로 의료 사각지대 해소'". (2025.06.16.)
[출처: 한경 BIO Insight] https://www.hankyung.com/article/2025061685811?utm

35) "안산시, AI·IoT 연계한 지속 가능한 공공의료 본격 추진". (2025.06.12.)
[출처: 데일리안] https://www.dailian.co.kr/news/view/1509780/?sc=Naver

방자치단체는 공공의료 인프라 구축과 함께 주민의 목소리를 실시간으로 반영하는 주민체감형 지방행정체계를 강화하여 지방의료 서비스의 질을 한층 높여갈 것으로 기대된다. 이러한 모습들은 주민의 일상생활 속에서 구현되는 지방의료를 만들어가며, 지역이 주도하는 새로운 보건·의료모델의 기반이 될 것이다.

"현장에서 시작되는 지방행정체제"

하이브리드 지방행정: 미래를 지향하는 지방행정체제,
특별과 통합, 그리고 제3의 형태

2025년 지방행정의 또 다른 특징은 "하이브리드 지방행정체제"에 대한 논의가 활발해지고 있다는 점이다. 기존 지방행정체제는 지난 30여 년간 국가균형발전과 지방분권을 위한 제도적 기반을 제공했지만, 급격히 변화하는 인구구조·산업환경·디지털 전환 속도를 따라가지 못한다는 한계를 드러냈다. 이에 따라 광역과 기초, 특별과 통합을 넘나드는 새로운 형태를 찾아나서고 있다. 중요한 것은 이러한 논의가 제도 설계의 차원에 머무르지 않고, 주민이 살아가는 현장에서 직접 체감할 수 있는 방식으로 추진되고 있다는 점이다. 다시 말해, 지방행정체제 개편 담론의 출발은 현장과의 접점이 강화되는 흐름 속에서 의미를 가지게 된다.

경상남도 창원특례시는 미래지향적 지방행정체제 개편 방향을 행정의 관점을 넘어, 찾아가는 자치분권 아카데미를 통해 주민과 직접 소통하며 정책 공론화를 진행하였다. 저출생·고령화·산업구조 재편이라는 위기를 지방 차원에서 어떻게 헤쳐 나갈지에 대한 심도 있는 토론이 이어졌으며, 지방행정체제 개편 논의가 현장에서의 신뢰와 공감 없이는 실효성을 가질 수 없다는 점을 다시금 확인시켜 준 자리가 되었다.[36] 주민, 공무원, 전문가 100여 명이 함께 모여 특례시의 위상, 분권방향, 지방시대의 과제를 논의한 것은 현장에서 주민이 직접 목소리를 내고 정책 설계에 참여하는 구조를 마련하였다는 점에서 의미가 크다. 이처럼 창원시의 사례는 지방행정체제 개편 담론이 현장에서 주민과의 접점을 만들어 나갈 때, 비

36) "창원시, 미래지향적 지방행정체제 개편 방향 모색: 올해 첫 '찾아가는 자치분권 아카데미' 운영". (2025.03.26.) [출처: 경남일보] https://www.gnnews.co.kr/news/articleView.html?idxno=607202&utm

로소 호응과 당위성을 가진다는 사실을 보여주는 것이다.

제주특별자치도에서는 30년 전 설계된 지방행정체제가 오늘날의 급격한 변화에 대응하지 못한다는 현장의 지적이 제기되었다. 인구 이동, 관광산업 변화, 기후위기 등 새로운 변수들 앞에서 기존 행정구조가 경직적으로 반응하면서 주민 체감형 문제해결이 지연되고 있다는 것이다. 미래지향적 행정체제개편 자문위원회는 권고안을 통해 광역·기초 통합, 특례시 확대, 기능조정 등을 제시하였으나, 지역 특수성이 고려되지 않은 획일적인 개편은 오히려 현장의 목소리와 충돌을 일으킬 수 있다는 우려도 제기되었다.[37] 이는 곧 지역 현장에서 요구하는 의견들이 반영되지 않을 경우, 지방의 실제와 괴리될 수 있음을 경고하는 사례라 할 수 있다. 현장 의견을 기반으로 지역별 맞춤형 해법을 찾아나가는 것이 왜 필수적인지를 잘 보여주는 것이다.

앞으로의 지방행정체제 개편 논의는 '광역이냐, 기초냐', '특별이냐, 통합이냐'라는 이분법적인 선택지를 넘어서게 될 것이다. 각 지역의 조건과 주민의 필요는 획일적으로 규정할 수 없기 때문이다. 이에 현장의 수요와 지역별 특성을 반영한 다양한 형태의 실험과 모델들이 등장하게 될 가능성이 크다. 주민이 실제로 원하는 것은 지방행정체제의 형태나 방식이 아니다. 지역 현장에서 얼마나 신속하고 유연하게 문제를 효과적으로 해결할 수 있느냐가 핵심이다. 따라서 향후 지방행정체제 개편의 성공 여부는 주민참여를 전제로 한 제도 설계, 현장에서 바로 작동하는 실험적 운영, 지속 가능한 환류와 조정에 달려 있다. 이는 곧, 지방행정체제 개편 논의가 회의실이나 정리된 보고서로 완결될 수 없다는 점을 의미한다. 지역주민과 행정이 함께 토론하고, 현장에서 시도하며, 피드백을 거쳐 다듬어지는 과정 속에서만이 지속 가능한 지방행정체제가 만들어질 수 있다. 이러한 점에서 성공적인 지방행정정체제 개편은 주민 삶의 문제를 얼마나 반영하고 효과적으로 해결했는가로 평가받게 될 것이다.

37) "지방행정 '통합－광역화' 방점찍은 정부, 제주 행정체제 개편 '빨간불'". (2025.01.22.) [출처: 제주의소리] https://www.jejusori.net/news/articleView.html?idxno=433595

“현장에서의 작은 실천이 큰 변화를 가져오다”

로컬 그린 리더십:
기후위기를 넘어 지속가능성을 향한 지방의 도전

기후위기 대응 분야에서도 현장과의 접점이 강화되는 모습은 분명히 드러나고 있다. 기후와 환경 문제는 추상적인 목표가 아니라, 주민들이 피부로 느끼는 생활 현안이라는 점에서 현장에서 실천하는 지방행정의 필요성이 갈수록 커지고 있다. 이에 2025년 지방행정은 현장에서 출발하는 ‘로컬 그린 리더십’을 통해 새로운 방식의 대응을 모색하고 있다. 이제는 지역주민이 실제 생활하는 현장에서의 만남과 실천을 핵심 가치로 삼는 방향으로 나아가고 있다. 종이 위의 정책과 행정이 아니라, 주민이 생활하는 마을, 학교, 기업현장에서 직접 이루어지는 모습으로 변화되고 있다. 이처럼 지방행정은 주민이 살아가는 공간을 기반으로 기후위기 대응방향을 설계하고 실행하는 데 힘을 쏟고 있다.

경상북도 포항시는 글로벌녹색성장기구(GGGI)와 손잡고 녹색성장과 탄소중립 사업을 발굴하고 있다. 2025년 5월 포항에서 열린 세계녹색성장포럼(WGGF)에서는 정부·국제기구·시민사회가 함께 지속 가능한 발전을 위한 방안을 논의하였다. 포항시와 GGGI는 도시 단위에서 추진 가능한 탄소감축모델을 설계하고 현장에서 실행하겠다는 약속을 담은 양해각서를 체결하였으며, 녹색 전환이 국가적 노력뿐만 아니라 도시와 지역, 그리고 지역사회 구성원인 시민, 기업, 연구자, 시민사회 등 다양한 주체들의 적극적인 행동과 참여에 달려 있다는 데 의견을 모았다.[38] 이는 지방 차원에서의 리더십을 통해 국제협력을 현장의 실행으로 연결한 대표적인 사례라 할 수 있다.

환경부와 한국환경공단은 전국 226개 기초지방자치단체가 모두 탄소중립 기본계획을 수립한 것으로 계기로, 중앙－지방 간 협력체계를 강화하고 있다. 특히, 대구광역시 달서구, 전라북도 전주시, 서울특별시 노원구 등은 각각의 지역 여건

38) “GGGI, 2025 세계녹색성장포럼(WGGF) 참석: 지역·글로벌 파트너십 기반 녹색전환 협력 강화”. (2025.05.16.) [출처: GGGI] https://gggi.org/gggi-joins-forces-with-local-and-global-stakeholders-for-green-growth-at-world-green-growth-forum-2025/?utm

에 맞는 에너지 절약, 재생에너지 확대, 시민참여 프로그램을 마련하여 주민이 직접 참여하는 방식으로 정책을 운영하고 있다.[39] 이는 지역특성에 맞춘 맞춤형 탄소중립 실천이 지방과 현장에 뿌리내리고 있음을 보여준다.

경기도교육청은 '학교 RE100 실천 프로젝트'를 통해 교실과 운동장 같은 학교 현장을 기반으로 재생에너지 활용, 잔반 감축, 전기 절약 등을 추진하고 있다. 이는 지속 가능한 탄소중립 실천 학교문화 확산을 위해 화석연료 사용을 줄이고 재생에너지 기반 전기 사용을 확대하는 국제 캠페인의 일환이자, 학교 맞춤형 탄소중립 실천활동이다.[40] 이를 통해 학교 현장에 적합한 환경 실천 방안을 모색할 수 있었으며, 학생과 교사가 함께 참여하는 이 프로그램은 교육 현장으로 중심으로 한 생활형 탄소중립 실천의 대표적인 사례라 할 수 있다.

이러한 사례들은 기후위기 대응이 추상적 규범에서 벗어나, 주민 생활현장 중심의 실천으로 이동하고 있음을 잘 보여준다. 주민들은 이제 환경정책을 '행정이 하는 일'로 바라보는 것이 아니라, 자신의 생활공간에서 체감할 수 있는 변화로 인식하기 시작하였다. 이러한 인식의 변화에는 현장에서 시작된 로컬 그린 리더십이 있었다. 지방자치단체는 지역주민이 살아가는 공간에서 기후위기에 대한 문제인식과 실천의 중요성을 체감할 수 있는 방향으로 정책을 추진하고 있는 것이다.

앞으로 지방행정은 환경정책의 설계와 실행에 있어 주민참여를 아우르는 구조를 더욱 강화할 것으로 전망된다. 학교, 마을, 기업 등 일상공간에서 탄소중립을 실천하는 모델은 전국으로 확산될 가능성이 높다. 지방자치단체는 기후위기 대응과정에서 민간기업, 교육기관, 시민사회 등과 긴밀히 협력하여 주민이 주체가 되는 실행체계를 만들어 나갈 것으로 기대된다. 이를 통해 기후위기 대응 등 환경정책은 주민 생활 속에서 곧바로 작동하는 행정방식으로 자리 잡을 것이다.

---

39) "중앙·지방 정부 '탄소중립' 힘 모은다". (2025.04.21.)
[출처: 에너지데일리] https://www.energydaily.co.kr/news/articleView.html?idxno=155288

40) "경기도교육청, 탄소중립 학교 RE100 실천 프로젝트 가동". (2025.05.07.)
[출처: NPS통신] https://www.nspna.com/country/?mode=view&newsid=753976

“지방의 새로운 희망을 현장에서 찾다”

153만 호 빈집의 역습:
지방의 위기가 기회로 바뀌는 전환점

2025년 지방행정의 핵심 화두 중 하나는 빈집 문제이다. 전국적으로 153만 호에 달하는 빈집 문제는 지방소멸과 도시쇠퇴의 상징적 현상으로 부각되고 있다. 빈집은 안전사고, 범죄 위험, 환경훼손, 지역 이미지 저하 등 다양한 부정적 파급효과를 낳는다. 하지만 최근 지방행정은 이를 위기 요인으로만 보지 않고, 현장에서의 즉각적인 대응을 통해 지역 재생과 공동체 회복의 기회로 전환하고자 하는 노력을 강화하고 있다. 즉, 빈집이 놓여 있는 마을과 골목, 주민생활공간을 중심으로 한 다양한 정책적 실험들이 이루어지고 있다. 이는 지방행정이 위기를 현장에서 풀어내며 새로운 변화를 만들어가는 모습을 보여준다.

그동안 빈집정책은 체감하기 어렵다는 비판을 받아왔다. 중앙 차원의 지표관리나 계획 수립은 있었지만, 정작 빈집이 위치한 현장의 목소리가 정책에 반영되지 못했기 때문이다. 이에 새롭게 추진되는 것은 빈집우선정비구역 지정과 현장대응이다. 지방자치단체장이 빈집우선정비구역을 지정하고 안전사고·범죄 발생 우려가 있는 특정 빈집을 철거하지 않는 소유주에게는 연 1,000만 원의 이행강제금을 부과할 수 있도록 「농어촌정비법」을 개정해 시행하였다.[41] 또한 공무원과 전문가가 직접 현장을 방문하여 쓰레기 방치, 안전 위험, 주민 불편을 확인하고 맞춤형 대안을 마련하기 위해 노력하고 있다. 이는 빈집 문제를 철거해야 할 대상으로 보던 관점에서 벗어나, 지역특성과 주민 의견을 반영한 맞춤형 해결체계를 가능하게 한다. 현장에서 출발한 정책은 주민 체감도를 높이고 지역사회와 지방행정 간 신뢰를 구축하는 데 중요한 토대가 되고 있다.

전북특별자치도는 ‘희망하우스 빈집재생사업’을 통해 노후화된 빈집을 주거복지 자원으로 재활용하고 있다.[42] 빈집을 리모델링하여 청년과 신혼부부에게는

41) “현장 체감 어려운 ‘빈집 정책’ … 국비 지원 확대 절실”. (2025.02.19.)
[출처: 농민신문] https://www.nongmin.com/article/20250217500677?utm

42) “[포커스: 가파른 빈 집 증가세 … 따라가지 못하는 ‘미봉책]”. (2025.05.06.)

저렴한 임대주택으로, 고령자에게는 돌봄 연계형 주거지로 제공하면서 다양한 계층의 삶을 지원하고 있다. 중요한 점은 이러한 사업이 실제 빈집이 산재한 현장에서 주민과 함께 설계되고 있다는 것이다. 이는 마을 재생과 공동체 복원의 촉진제로 기능하며, 지역주민의 체감도를 높이고 있다.

강원특별자치도는 빈집 정비를 현장에서 답을 찾는 행정으로써 접근하고 있다. 빈집 밀집 지역을 직접 방문하여 범죄 우려, 청소년 유해환경, 주민 불안 요인을 확인하고, 주민과 함께 개선방안을 모색하고 있다. 또한 이러한 경험을 축적하여 다른 지역에도 적용할 수 있는 빈집 정비 성공모델을 개발하고 있다.[43] 이는 중앙정부 지침에 의존하지 않고, 지역 현장에서 만들어낸 해결책이 표준화·제도화되어가는 과정을 보여줄 것으로 기대된다. 즉, 지방행정이 문제가 발생하고 있는 현장을 정책 설계의 출발점으로 삼는 모습으로 변화되고 있다는 점에서 큰 의미가 있다.

빈집 문제에 대한 대응방식의 변화는 지방행정의 패러다임이 계획 중심에서 현장 중심으로 옮겨가고 있음을 상징한다. 앞으로 빈집은 청년 창업 공간, 공동육아 돌봄센터, 문화·예술공간, 사회적 경제활동 거점 등 다양하게 활용될 전망이다. 이는 빈집이 더 이상 지역의 부담이 아니라 혁신자원으로 재탄생하는 과정이라 할 수 있다. 또한 빈집 문제 해결과정에서 주민, 민간 전문가, 사회적 기업 등이 함께 참여하면서 거버넌스 구조가 강화되고 있다. 현장에서의 대화와 협력은 정책의 실행가능성을 높이고, 사전 예방 중심의 관리체계를 정착시키는 데 기여할 수 있다. 특히, 인구감소와 고령화로 인한 지방소멸의 위기 속에서 빈집 재생은 지역공동체 유지·강화와 사회통합의 새로운 수단으로 부각될 것이다. 이처럼 153만 호의 빈집은 지방의 위기를 상징하기도 하지만, 현장에서 기회를 창출할 수 있는 열쇠가 될 수도 있다.

[출처: 전북도민일보] https://www.domin.co.kr/news/articleView.html?idxno=1513296&utm

43) "강원도, 빈집정비 성공모델 현장에서 찾는다". (2025.05.22.)
[출처: 아시아투데이] https://www.asiatoday.co.kr/kn/view.php?key=20250522010011184

“현장의 목소리로 새롭게 그려지는 농촌의 얼굴”

농촌 공간의 재창조: 농촌의 새로운 얼굴, 가능성으로 공간을 채우다

농촌 공간의 재창조 역시 현장을 중심으로 이루어지고 있다. 최근 농촌 공간은 주민이 실제 생활하는 마을 현장에서 필요와 아이디어를 반영하는 새로운 정책 실험의 장으로 변모하고 있다. 이는 주민과 현장을 공간 재창조의 출발점으로 삼는 접근으로, 농촌의 지속가능성과 경쟁력을 확보하고자 현장과의 접점을 강화하고 있는 지방행정의 주목할 만한 변화라 할 수 있다.

정부는 농촌공간계획제도를 통해 마을 주민의 생활수요와 아이디어가 정책 설계 단계부터 반영될 수 있는 환경을 조성하고 있다. 농림축산식품부는 2025년 2월 ‘농촌공간계획 활성화 방안’을 발표하고 농촌의 소멸위기, 난개발 등 농촌이 직면한 구조적 문제에 대응하고 있다. 농촌이 있는 139개 시·군은 「농촌공간 재구조화 및 재생지원에 관한 법률」에 근거하여 정주여건 개선, 경제 활성화, 농촌다움 보전을 위한 공간계획을 수립하고 있으며, 기본계획(10년)과 시행계획(5년)을 연계하여 다양한 농촌사업과 국비지원을 통합적으로 집행하는 체계로 개편되었다. 더불어 농촌특화지구제도를 도입하여 주거·산업·경관 정비 등 기능별 활성화를 촉진하고 농지전용규제 완화 및 절차 간소화를 통해 지방자치단체가 자율적으로 농촌공간 재구조화와 재생사업을 추진할 수 있도록 제도적 기반을 정비하고 있다. 특히, 상향식 계획 수립을 위해 주민들이 직접 참여해 지역 현안과 해결방안을 모색하고, 필요한 재생사업 등을 발굴하는 시범사업을 도별로 1곳을 추진하고 있다. 이를 통해 농촌 주민의 정책 효능감을 높이고, 현장의 수요와 아이디어가 농촌공간계획에 반영되는 환경을 조성하고 있다.[44] 이러한 모습은 농촌 주민들이 정책 설계의 공동 참여자로 나설 수 있는 구조로서, 행정이 현장과 직접적으로 연결되는 중요한 변화로 평가할 수 있다.

이와 같은 정책의 성과는 현장에서 확인되고 있다. 전라북도 순창군은 ‘사람

---

44) “농촌공간 개선 통합지원 규모 최대 400억 원으로 확대”. (2025.02.10.)
[출처: 대한민국 정책브리핑] https://www.korea.kr/news/policyNewsView.do?newsId=148939439&utm

중심 공간'이라는 철학을 바탕으로 현장 기반 농촌공간 재구조화를 성공적으로 실현하고 있다. 주민이 직접 빈집 활용과 마을회관 리모델링 등 생활공간의 문제를 제안하고 해법을 공동 설계함으로써 정주인구 증가라는 가시적인 성과를 만들었다. 민선8기 이후 총 1,140억 원 규모의 국가예산을 확보하고 중앙정부정책과 지역맞춤형 전략을 효과적으로 연결하였으며, 각종 전원마을(백산·운북·방축지구)과 청년보금자리, 지역활력타운은 주거복지와 공동체 회복을 함께 이끌어내는 모델로 자리 잡았다.[45] 순창군의 성과는 현장 기반 기획·전략과 부서 간 협업, 주민참여형 설계라는 3박자가 맞물린 결과라는 평가를 받고 있다.

현장의 의견이 반영된 농촌공간계획에 대한 전문가들의 목소리도 높아지고 있다. 2025년 5월 개최된 농촌공간 재구조화 정책 세미나에서는 '현장 주도 농촌공간계획'이 중요한 화두로 다루어졌다. 기존에는 농촌계획이 전문가 중심, 행정주도 방식으로 진행되면서 주민 체감도가 낮다는 지적이 많았기 때문에, 농촌 현장에서 지방자치단체, 주민, 전문가가 함께 참여하여 농촌공간계획을 수립·실행하는 구조를 확립하는 것이 무엇보다도 중요하다는 데 의견이 모아졌다.[46]

이러한 모습들은 현장에서 주민 목소리를 우선적으로 반영하여 농촌 공간을 재설계하려는 움직임이 본격화되고 있음을 보여준다. 이는 현장 기반 기획과 전략이 농촌 공간의 활력을 불러오고, 주민의 정책 체감도를 높이는 핵심 요인임을 입증한 사례들이라 할 수 있다. 무엇보다 사람 중심의 농촌공간 재구조화는 농촌 정책의 새로운 방향성을 제시한다. 인구감소와 공동체 해체라는 중대한 도전에 직면한 많은 농촌지역에서, 이는 새로운 해법과 돌파구로 기능할 수 있는 이정표로 평가된다. 농촌공간정책의 변화는 농촌의 외형을 바꾸는 데 그치지 않고, 지역사회 재생, 사회통합, 주민역량 강화라는 다층적 효과를 불러오고 있다. 앞으로 농촌 공간은 청년 귀농·귀촌을 위한 창업 기반, 문화·여가 공간, 생태·환경 보전지대 등으로 발전하는 다기능 복합공간의 성격을 띠게 될 가능성이 크다.

---

45) "[기획] 10개 공모사업 국비 1140억 확보 … '농촌공간 재구조화' 역점". (2025.06.17.) [출처: 한국농어민신문] https://www.agrinet.co.kr/news/articleView.html?idxno=337695

46) "[광주·전남지회–농촌공간계획연구위원회] 2025 학·연·관 농촌공간 재구조화 정책세미나 개최". (2025.05.29.) [출처: 대한국토·도시계획학회] https://www.agrinet.co.kr/news/articleView.html?idxno=337695

이러한 변화의 출발점은 언제나 현장과 주민의 목소리이다. 농촌의 골목길, 마을회관, 논과 밭에서 주민이 직접 체감하는 문제와 아이디어가 곧 정책의 핵심 자원이 되고 있다. 이는 지방행정이 '현장과 행정, 그리고 주민'이라는 협력구조로 진화하고 있음을 보여준다. 결과적으로 현장 중심의 농촌 공간 재창조는 농촌을 새로운 가능성과 활력을 품은 공간으로 전환시키는 동력이 될 것이다. 위기를 기회로 바꾸는 힘은 현장에서 주민과 함께 미래를 설계하는 데서 비롯된다는 사실이 분명해지고 있다.

"AI와 함께, 작은 교실에서 큰 미래를"

지방교육의 전환점, 에듀테크 시대:
AI로 진화하는 지방교육의 미래

AI 기반의 에듀테크는 더 이상 시범사업이나 연구과제가 아니다. 지금은 학교 교실과 마을 학습공간 속에서 살아 움직이는 교육 실험으로 자리 잡고 있다. 과거 지방교육정책은 주로 ICT 인프라 확충이나 격차 해소를 명분으로 사업들이 추진되었지만, 실제 교실에서는 체감도가 낮아 '정책 따로, 현장 따로'라는 한계가 컸다. 이제는 AI 기술이 교사의 수업 도구로 들어오고, 학생의 개별 학습과정 속으로 스며들면서 교육정책이 현장에서 작동하는 구조로 전환되고 있다.

지방교육청들의 움직임은 이를 뚜렷하게 보여준다. 경상북도 청도교육지원청은 AI 기반 학습시스템을 도입하여 소규모 학교를 새로운 모델로 탈바꿈시키고 있다. 한때 학생 수 감소로 폐교 위기에 놓였던 작은 학교들이, AI 교육과 마을 연계 프로그램을 통해 지역사회의 활력을 되살리는 실험장이 된 것이다. 청도지역 초·중학교에는 인공지능 학습시스템과 스마트교실이 전면 도입되었다. 학생들은 자기주도 학습 능력과 디지털 리터러시를 동시에 키우고 있으며, 교사들은 데이터를 활용한 맞춤형 수업으로 교육의 질을 높이고 있다. '작은 학교 살리기' 프로젝트도 주목할 만하다. 지역마을과 협력하여 전통문화 체험, 특산물 교육, 마을교사제 운영 등을 통해 학부모와 학생들의 만족도를 높였고, 실제 전입 학부모 비율이 증가하는 성과를 거뒀다. 또한 기초학력 책임지도제와 '청도 마음돌봄 센터'를 운영하여 기초학력 보장과 정서적 안정도 동시에 챙겼다. 교사 연수와 학생 참여형 수업 개선 프로젝트는 수업 만족도와 교사 업무 만족도를 모두 끌어 올렸다.[47]

전라남도교육청은 조도 도서학교를 직접 찾아가 스마트교실 구축과 교육격차 해소방안을 논의하였다. 도서·벽지학교들은 오랜 기간 인프라 부족으로 학생들의 학습권 보장에 어려움을 겪어왔다. 그러나 이제는 현장을 직접 확인하고 즉각적으로 대응하는 새로운 모습들이 활발히 나타나고 있다. 전남교육청은 진도군 조도면의 조도중·고등학교, 조도초등학교, 조도초거차분교장을 방문하여 교육환경을 점검하고 교육공동체와 간담회를 가졌다. 이 자리에서 과학실 현대화, 행정선 지원 확대, 교육 정원 확보, 스마트교실 구축, 교직원 관사 개선 등 현장의 요구가 제기되었다. 특히, 조도초등학교는 AI·SW 교육과 토론 중심 수업으로 학생들의 디지털 문해력 향상을 이끌고 있었다.[48] 이에 전남교육청은 현장 의견을 반영한 디지털 교육 확대·지역맞춤형 자원 지원을 위해 노력하고 있다.

경상북도 청도교육지원청과 전라남도교육청의 사례는 한 가지 메시지를 공유한다. 지방교육은 현장과 교실에서 스스로 해법을 만들어내는 주체적인 실험 공간이라는 점이다. AI 에듀테크 도입, 스마트교실 구축, 작은 학교 살리기와 같은 노력들은 모두 교사·학생·지역사회의 요구에서 출발하여 실질적인 변화를 만들어내고 있다. 앞으로 이러한 현장 중심 정책이 확산될수록 지방교육은 교육격차 해소를 넘어, 지역사회의 미래를 준비하는 핵심 동력으로 자리매김할 것이다. 지방행정 전반에서 강조되는 '현장과의 접점 강화' 흐름 속에서 지방교육이 보여주는 모습들은 지방교육의 체질을 바꾸는 분기점이 되고 있다.

---

47) "청도교육지원청, AI 기반 학습·작은 학교 살리기 성과 … 지역 교육 새 모델 제시". (2025.06.11.) [출처: 경북일보] https://www.kyongbuk.co.kr/news/articleView.html?idxno=4044015

48) "전남교육청, 조도 도서학교 현장 방문 … 교육격차 해소 방안 논의". (2025.06.10.) [출처: 글로벌경제신문] https://www.getnews.co.kr/news/articleView.html?idxno=825181#google_vignette

“일상 속 위험을 현장에서 지켜내다”

재난·위기관리의 나침반:
지방주도의 재난·위기관리, 새로운 기준이 되다

중앙정부 지침과 일률적 매뉴얼에 의존하여 운영되던 재난·위기대응체계가 이제는 지방자치단체가 직접 현장에서 대응력을 높이고 주민과 함께 문제를 해결하는 방식으로 진화하고 있다. 이는 재난·위기상황이 복합적·일상적 위험으로 확산되는 가운데, 주민 생활과 긴밀히 연계된 현장에서의 대응이 필요하다는 현실적 요구에서 비롯된 변화이다. 지방행정은 재난·위기 현장에서의 신속한 맞춤형 대응을 위해 노력하고 있다.

2025년 상반기에 실시된 안전한국훈련은 이러한 변화의 방향을 잘 보여준다. 과거처럼 형식적인 시연에 머무르지 않고, 화재·지진·집중호우 같은 실제적 위험을 가장한 훈련이 이루어졌다.[49] 주민과 공무원이 함께 참여하여 상황을 풀어가는 과정은 단순한 훈련을 넘어 함께 대응하는 경험을 쌓는 자리였다. 이를 통해 주민은 수동적인 보호의 대상에서 벗어나 능동적으로 대처할 수 있는 주체로 자리매김하였고, 공무원 또한 실제 위기 대응에 가까운 숙련도를 확보할 수 있었다.

최근 지방자치단체들은 24시간 모니터링, 마을 순찰대, 드론 예찰, 무더위 쉼터 등 생활현장에 뿌리내린 대응 시스템을 확장하고 있다.[50] 이러한 변화들은 모두 주민의 곁에서 작동하고 있다. 더 이상 재난·위기관리는 ‘언젠가 올 대형사고에 대비하는 일’이 아니라, 매일의 삶 속 위험을 세밀하게 관리하는 과정으로 전환되고 있는 것이다. 잇따른 폭염과 집중호우, 산불 등의 재난들은 중앙정부의 일률적 지침만으로는 지역별 지리적·기후적 특수성을 담아내기 어렵다는 사실을 명확히 드러냈다. 이에 따라 지방자치단체는 지역의 위험요소를 미리 점검하고, 지역별로 특화된 예방 프로그램을 운영하며, 주민과 끊임없이 소통하는 체계

---

49) “2025년 상반기 안전한국훈련 실시”. (2025.05.14.)
[출처: 대한민국 정책브리핑] https://www.korea.kr/news/policyNewsView.do?newsId=148943162

50) “2025년 여름철 자연재난 종합대책 발표”. (2025.05.26.)
[출처: 행정안전부 카드뉴스] https://www.mois.go.kr/frt/bbs/type002/commonSelectBoardArticle.do?bbsId=BBSMSTR_000000000205&nttId=117949&utm

를 마련하고 있다.

앞으로의 재난·위기관리 방향은 '예방–대응–회복'을 연결하는 순환 구조를 구축하는 데 있다. 여기에 인공지능, 빅데이터, 드론 등과 같은 신기술이 더해지면 마을 단위에서 재난·위기상황을 실시간으로 감지하고 즉각적으로 대응할 수 있는 지능형 재난·위기관리가 현실화 될 수 있다. 무엇보다 중요한 것은 주민이 체감하는 안전 의식에 있다. 지방자치단체가 주민과 손을 잡고 위험요인을 조기에 발굴하며, 재난·위기 발생 시 곧바로 협력할 수 있는 체계를 마련해야 한다. 그렇게 될 때, 재난·위기관리는 특정 부처의 업무가 아닌, 주민 삶의 전반을 뒷받침하는 필수 공공서비스로 자리매김할 수 있다.

현장 중심의 재난·위기관리는 주민 생명과 안전을 지키는 최후의 울타리이자, 지방이 주도하는 새로운 재난·위기관리 질서를 여는 출발점이 될 것이다. 불확실성과 위험이 상시화된 시대에, 지방자치단체의 현장 대응력은 주민안전을 지탱하는 가장 믿을 만한 기반으로 자리 잡아가고 있다. 나아가 이러한 변화는 지역별 특성을 반영한 맞춤형 재난·위기관리체계로 발전하고 있다. 지방자치단체는 각기 다른 위험요인을 고려한 대응체계를 설계하고 실행할 수 있는 주체가 되고 있다. 이는 지역을 넘어 대한민국의 안전 수준을 끌어올리고, 국가 전체의 재난·위기대응체계를 한층 더 든든하게 세우는 힘이 되고 있다.

"지방분권, 현장의 힘을 키우다"

이제는 지방시대: 지역맞춤형 지방분권,
지방이 변화의 중심에 서다

2025년 지방행정의 흐름을 특징짓는 두드러진 변화 중 하나는 '지방시대' 추진과 함께, 현장에서 체감되는 지방분권이 한층 더 중요해지고 있다는 점이다. 그동안 지방분권 논의는 주로 중앙정부의 권한을 어디까지 이양할 것인가, 제도적 장치를 어떻게 설계할 것인가에 머물렀다. 그러나 이제는 상황이 달라졌다. 주민이 매일 살아가는 지역 현장에서 발생하는 문제를 어떻게 해결할 것인가가 지방분권의 중심 주체가 되었고, 지방자치단체는 스스로의 권한 행사를 주장하고 있다. 이는 지역의 현실을 가장 잘 알고 있는 주체가 바로 현장과 맞닿아 있는 기초지방자치단체라는 인식에 기반하며, 중앙이 주도하고 지방이 따르던 구조에서 지방이 주도하고 중앙이 지원하는 구조로의 대전환을 보여준다. 다시 말해, 현장과의 접점이 강화되고 있는 시대적 흐름이 지방분권의 핵심 동력으로 작동하기 시작하였다.

대한민국시장군수구청장협의회가 채택한 공동건의문은 이러한 변화를 잘 드러낸다. 헌법 개정을 통한 자치분권 원칙 확립, 기초지방자치단체와의 소통 강화, 국정운영 참여 확대 등 5대 분야 21개 과제를 제안하고, 현장에서 체감되는 문제 해결의 필요성을 중앙정부에 직접 전달하였다.[51] 이는 중앙정부의 결정을 수동적으로 따르는 방식으로는 더 이상 지역문제를 해결할 수 없다는 현장의 목소리를 제도 개혁 요구로 구체화한 사례라 할 수 있다. 즉, 지방분권 담론이 구호에 머물거나 당위성에 그치는 것이 아니라, 현장에서 발화된 요구가 국가적 의제로 승격되는 과정이 본격화되고 있다.

특히, 빠르게 변화하는 지역 현안은 중앙정부 중심의 일률적 제도나 정책으로는 대응하기 어렵다는 목소리가 갈수록 커지고 있다.[52] 농촌, 어촌, 도서지역, 도시 등 지역마다 처한 상황은 다르고, 주민 수요 또한 다양할 수밖에 없다. 따라서 각 지역의 특성을 반영하여 지역 현장에서 정책을 설계·집행·평가할 수 있도록 권한을 지방에 이양해야 한다. 그 과정에서 무엇보다 중요한 것은 기초단위의 자율성과 현장 대응력이다. 이는 지방행정이 중앙정부의 하부집행기구 역할에서 벗어나, 주민과 함께 현장의 변화를 설계하는 정책 주체로 변모하는 과정이다. 지방행정이 살아 움직이는 주민 삶의 맥락 속에 들어가 현장과의 접점을 강화하는 방향으로 나아가고 있는 것이다.

특히, 지방소멸 위기는 인구감소 문제가 아니라, 지역경제의 붕괴, 공동체 해체, 사회활력 저하로 이어지며, 국가 전체를 흔드는 위험으로 확산될 수 있다. 따

---

51) "대한민국시장군수구청장협의회, 지방분권 강화 공동건의문 채택". (2025.06.17.)
[출처: 뉴스핌] https://www.newspim.com/news/view/20250617000906

52) "국가소멸 막을 해법은 '자치분권 제도개혁". (2025.06.02.)
[출처: 내일신문] https://www.naeil.com/news/read/550023?ref=naver

라서 단기적 지원이나 선심성 대책이 아니라, 지방 스스로 생존의 활로를 찾도록 돕는 과감한 분권형 제도 개혁이 요구되고 있다.[53] 자치분권형 개헌을 통해 지방자치단체의 권한과 책임을 헌법에 명시하고, 중앙부처가 보유한 핵심 권한을 과감히 지방으로 넘겨야 한다는 요구가 확산되는 것도 같은 맥락이다. 이러한 변화의 방향성은 현장에 더 가까운 권한의 이양, 현장에 더 민첩한 대응, 현장에서 주민과 함께하는 제도 개선으로 수렴된다. 현장에 대한 접점 강화가 지방의 생존을 좌우하는 관건이 되고 있는 것이다.

결국, 현장 중심의 지역맞춤형 지방분권은 지방시대 실현의 핵심이자, 주민 삶의 질을 결정하는 전환의 동력이 될 것이다. 앞으로의 지방분권은 중앙 권한의 지방이양을 넘어, 지역맞춤형 정책 설계와 현장 해결력을 제도화하는 방향으로 발전할 것이다. 주민이 곧바로 체감할 수 있는 지방행정의 성공사례가 쌓일수록, 지방분권은 더 이상 구호나 당위성에 그치는 것이 아니라 실제 생활 속에서 구현되는 지방의 힘으로 자리매김하게 된다. 궁극적으로 이러한 변화는 지방을 중앙의 보조적 위치에 묶어두지 않고, 국가운영의 중심축으로 세우는 대전환을 의미한다. 주민의 삶과 맞닿아 있는 현장의 힘을 키우는 것이 곧 지방시대의 실질적 기반이자, 국가 전체의 균형발전과 지속가능성을 뒷받침하는 결정적 토대가 될 것이다.

53) "'지방이 중심이 되는 대전환 필요' … 지방분권 강화 촉구". (2025.04.22.)
[출처: 아이뉴스] https://www.inews24.com/view/1837028

03 지방이 주체로서 자리 잡아가다

2025년, 지방행정의 또 다른 중요한 흐름은 지방자치단체가 더 이상 정책 수용자가 아니라, 주도적인 정책 설계자이자 실행자로서 자리 잡아가고 있다는 점이다. 중앙정부 주도의 일방향적인 정책 이행 구조에서 벗어나 지방자치단체가 자체적인 판단과 역량을 바탕으로 지역의 여건에 적합한 정책을 주도적으로 설계·조정하는 '지역주도형 지방행정'이 본격화되고 있다. 이는 정책 및 행정서비스와 관련된 권한의 확대만을 의미하는 것이 아니라, 지역의 문제를 진단하고 이에 대한 해법을 직접적으로 실행할 수 있는 실질적인 역량의 강화로 이어지고 있다.

"지방이 주도하는 다이버시티, 다채로운 미래를 만들어가다"

다이버시티: 외국인 인력,
지방을 되살릴 열쇠

그동안 외국인정책은 중앙정부가 일률적으로 정책방향을 설정하고, 지방자치단체는 이를 수동적으로 집행하는 구조로 운영되어 왔다. 그러나 외국인 인력이 실제로 지역에 거주하고, 공동체의 일원으로 생활하는 공간이 '지역'이라는 점에서 외국인정책의 무게중심이 점차 중앙에서 지방으로 이동하고 있다. 이러한 전환에 따라, 지방자치단체는 지역의 산업구조, 인구특성, 정주여건 등을 고려한 외국인 인력수요 관리, 복지지원, 통합서비스 등을 자율적으로 설계하고 운영하는 방향으로 진화하고 있다. 이는 정책의 실효성을 높일 뿐만 아니라, 외국인 인력이 지역사회 구성원으로 자리 잡기 위한 기틀을 다지는 기반이 되고 있다.

이러한 흐름은 각 지역의 구체적인 사례에서도 확인할 수 있다. 경상남도는 외국인 근로자 고용이 밀집된 지역에 '외국인근로자 정착지원 복합센터'를 설치하여, 체류 지원, 법률 상담, 생활서비스, 통역 등 다양한 기능을 통합하여 제공하고 있다.[54] 단순한 행정 창구를 넘어, 지역 내 외국인과 관련된 문제들을 분석하고 정책 대안을 종합적으로 설계하는 허브 역할을 수행하고 있다. 지방자치단체가 정책 및 행정서비스의 제공주체뿐만 아니라, 정책기획의 주체로 이동하고 있음을 보여주는 대표적인 사례라 할 수 있다.

울산광역시는 고용노동부와 협력하여 '조선업 맞춤형 외국인 인력 양성 시범사업'을 추진하고 있다. 이는 울산의 산업 특성에 부합하는 해외 거주 외국인 인력을 선발하고, 직무교육을 거쳐 지역 조선업체에 직접적으로 연계 배치하는 방식으로 이루어진다.[55] 이 과정에서 울산광역시는 기업에 대한 협조기관이 아니라, 직접 교육 커리큘럼을 설계하고 지역산업 수요를 조율하는 '정책 조율자'로서의 역할을 수행한다. 이는 중앙 주도의 표준형 모델이 아닌, 지역 기반 맞춤형 외국인 인력정책이 충분히 가능하다는 점을 입증한 선도적 사례로 평가할 수 있다.

전라남도 영암군은 외국인 주민이 전체 인구의 21.2%를 차지하는 현실에 발맞추어 주도적으로 다문화 통합전략을 본격화하고 있다. 외국인 특화거리 및 커뮤니티 공간 조성, 외국인주민 군정 모니터링단, 외국인 자원봉사단을 운영하고 있다.[56] 특히, 외국인주민 군정 모니터링단은 정책 제안과 통번역, 군정 홍보 역할을, 외국인 자원봉사단은 환경정화, 방범활동 등의 역할을 수행하고 있다. 이처럼 영암군은 자체적인 전략을 통해 외국인 근로자 등 외국인 주민이 지역공동체의 일원으로 자리 잡을 수 있도록 노력하고 있다. 지방자치단체의 주도적인 노력은 지역 내에서 외국인들이 안정적으로 생활하고 공동체로 참여하는 데 실질적으로 기여하고 있다.

이러한 사례들은 지방자치단체가 지역의 여건과 수요에 맞춰 외국인정책을 주

---

54) "경남도, '외국인근로자 공공주거시설 지원' 공모사업 선정". (2025.03.26.)
[출처: 경남도민일보] http://www.gndomin.com/news/articleView.html?idxno=428387

55) "외국인 노동자 모십니다 … 일손 부족한 조선업계, 인력 유치 사활". (2025.03.14.)
[출처: 매일경제] https://www.mk.co.kr/news/economy/11263526

56) "영암군, 청년·귀농·다문화 아우르는 '머물고 싶은 도시' 만든다". (2025.06.19.)
[출처: MTN뉴스] https://news.mtn.co.kr/news-detail/2025061908022065020

도적으로 기획하고 실행하고 있다는 점에서 이전과는 다른 중요한 시사점을 제공한다. 과거처럼 중앙정부의 정책방향과 지침을 일방적으로 수용하는 방식이 아닌, 지방자치단체 스스로 지역의 문제를 정의하고 해결방안을 모색하는 능동적이고 주도적인 행정방식이 빠르게 자리 잡고 있다. 이와 함께 지역 내 민간기관, 기업, 주민 등과의 협력체계도 자연스럽게 형성되면서 정책효과의 지속가능성과 확산 가능성이 함께 높아지고 있다. 이는 지역 기반의 협력적 거버넌스 행정모델이 지역사회에서 실제로 작동 가능하다는 것을 보여주는 긍정적인 모습이다.

앞으로 지역주도형 외국인정책으로의 전환은 더욱 가속화될 것으로 보인다. 이제는 외국인 근로자 및 외국인 주민을 지역경제와 지역사회의 지속 가능한 구성원으로 인식하고자 하는 지방자치단체 스스로의 노력이 본격화되고 있기 때문이다. 특히, 지역 현장의 특성과 수요에 근거한 실효성 높은 정책 운영을 가능하게 하고 있으며, 외국인 인력이 지역사회에 안정적으로 정주하고 기여할 수 있는 기반을 마련하고 있다. 지방자치단체가 주도하는 외국인 인력정책은 고용정책의 영역을 넘어, 지방소멸 대응, 지역경제 활성화, 다문화사회 정착, 지역공동체 회복 등 복합적인 정책과제의 해결수단으로 진화하게 될 것이다.

"주민이 체감하는 스마트의료, 지방이 새롭게 열어가다"

경계를 허무는 스마트의료: 원격의료가 그리는 지방의료의 새로운 풍경

보건·의료분야에서 진행되고 있는 원격의료와 디지털 헬스케어 전환은 지방행정이 문제해결의 주체로서 혁신을 주도하고 있는 모습을 보여준다. 의료서비스가 실제로 제공되고 주민이 진료를 받는 현장이 곧 '지역'이라는 점에서, 보건·의료혁신의 최전선은 지방에 있다. 이에 따라 지방자치단체는 의료취약지 공백 해소, 공공병원의 디지털 전환, 지역맞춤형 의료서비스 설계 등에서 적극적으로 주도권을 행사하고 있다. 이러한 모습은 지역 스스로 주민의 건강 문제를 정의하고 해결방안을 실행하는 지방주도 행정으로의 전환을 의미한다.

구체적인 사례에서도 이러한 모습이 확인된다. 전라남도 해남군, 충청남도 청양군, 경상남도 하동군 등은 의료인력이 부족한 면 지역 보건지소를 중심으로 원격협진체계를 구축하여 운영하고 있다.[57] 공중보건의사와 원격으로 연결된 의료진은 고령 환자나 만성질환자를 대상으로 진료와 처방을 제공함으로써, 대면진료가 어려운 상황에서도 의료접근성을 크게 개선하였다. 특히, 보건지소의 기능이 축소되어 의료 공백이 커지고 있는 현실에서, 원격의료가 대안으로 자리매김하고 있다. 지방자치단체가 원격의료 인프라를 직접 관리·운영하고 운영방향을 조정하고 있다는 점에서 과거와는 다른 의미 있는 변화라 할 수 있다.

또한 일부 지방의료원은 AI 기반 진료지원, 원격 모니터링, 환자 포털 시스템을 도입하며 본격적인 디지털 트랜스포메이션에 착수하였다.[58] 지방의료원이 자체적으로 생존전략을 수립하고 있음을 보여준다. 특히, 환자 데이터 표준화, 실시간 진단 보조, 응급실 간 정보 공유 같은 시도가 이루어지면서, 주민에게는 더 나은 의료 접근성을 제공하고, 지방의료원에는 지속 가능한 운영모델을 제공하는 기반이 마련되고 있다. 이는 지방의료원이 자율적으로 혁신을 모색하는 움직임으로써 큰 의미를 지닌다.

그동안 원격의료정책은 주로 중앙정부 주도로 논의되어 왔으나, 실제 현장에서의 적용과 효과성은 지역 의료현장의 수요와 조건에 의해 결정된다. 지역별 인구구조, 의료인력 수급 상황, 보건지소의 기능과 역할 등은 중앙정부 차원에서 일괄적으로 관리하기 어려운 영역이다. 이 때문에 지방자치단체가 직접 문제를 진단하고 대안을 설계하는 사례들이 점차 늘어나고 있다.

앞으로 지역 주도의 스마트의료와 원격의료가 실현되는 모습들은 더욱 가속화될 것이다. 지역의 의료 공백을 메우는 차원을 넘어, 지방소멸에 대응하고 돌봄과 복지서비스를 통합하며, 나아가 지역경제 활성화와도 긴밀하게 연결되면서 복합적인 파급효과를 창출할 것이다. 결국, 원격의료는 지방자치단체가 주민의 건강권을 보장하고 지역사회의 지속가능성을 높이는 전략적 수단으로 자리 잡게

---

57) "비대면진료, 의료취약지 진료공백 해소 한계 … 보건지소 기능 정립 우선". (2025.02.26.) [출처: 뉴스1] https://www.news1.kr/bio/general/5700916

58) "[2025년 신년특집] 디지털 기반 필수의료 혁신성과 제고를 위한 준비와 과제 ⑤". (2025.01.03.) [출처: 뉴스1] https://www.whosaeng.com/157764?utm

될 것이다. 나아가 지역별로 축적된 데이터와 경험은 중앙정부의 공공의료정책에도 환류되어 '지역에서 시작된 혁신'이 국가정책을 선도하는 새로운 모델을 제시하게 될 것이다. 이처럼 지방은 국가의료정책의 방향을 견인하는 주체로 성장하게 될 것으로 기대된다.

"지역이 설계하고 완성하는 지방행정체제로 나아가다"

하이브리드 지방행정: 미래를 지향하는 지방행정체제,
특별과 통합, 그리고 제3의 형태

우리나라의 지방행정체제는 오랫동안 중앙의 틀 속에서 움직여 왔다. 제도 개편이나 행정구역 조정은 중앙정부가 설계하고 지방은 이를 단순히 이행하는 구조가 일반적이었다. 하지만 인구감소, 지방소멸, 행정수요의 다변화와 같은 새로운 도전에 직면하면서 이러한 방식으로는 더 이상 지역의 현실을 담아낼 수 없다는 인식이 확산되고 있다. 바로 이 지점에서 지방행정체제 개편의 새로운 동력이 등장하고 있다. 그것은 다름 아닌 지역 스스로가 주체가 되어 미래를 설계해야 한다는 요구이다. 이러한 변화의 배경에는 지역별로 상이한 행정수요와 주민의 요구가 자리한다. 중앙의 일방적인 결정들은 지역의 현실을 충분히 반영하지 못하였으며, 그 결과 현장에서는 제도와 실제 수요 간 괴리가 커졌다. 이에 따라 지역이 스스로 필요를 판단하고 맞춤형 대안을 설계해야 한다는 요구가 커지고 있다.

구체적인 움직임은 최근 제도적 논의에서도 확인된다. 상향식 특례부여제 신설 추진은 지역의 특수성을 제도 안으로 끌어들이려는 대표적 사례이다. 정부는 시·도가 원하는 특례를 발굴하여 중앙에 건의하면 심의·의결하는 상향식 특례부여 제도 신설을 추진한다고 발표하였다.[59] 과거처럼 중앙이 일괄적으로 특례를 부여하는 것이 아니라, 지역이 스스로 필요를 제기하고 이를 법·제도에 반영할 수 있도록 길을 열어주려는 시도라 할 수 있다. 이는 시·도에 대한 특례부여를 지역이 주도하는 행정체제 개편의 한 축으로 설정한 것이다. 해당 제도가 도

59) "지역주도 행정체제개편 닻 올린다 … '상향식 특례부여제' 신설". (2025.01.14.)
[출처: 데일리안] https://www.fnnews.com/news/202501141420420236

입되면 시·군·구와 함께 시·도 차원에서도 지역맞춤형 특례제도가 완성되는 의미 있는 변화라 할 수 있다. 지방행정체제 개편을 위한 밑그림에서도 지방주도의 행정통합 권고가 제시되었다.[60] 이는 과거처럼 중앙이 통합을 주도하는 하향식 방식에서 벗어나, 지역 스스로 통합의 필요성을 진단하고 주민 합의를 통해 추진하는 상향식 접근이다. 행정통합이라는 굵직한 제도 변화조차도 이제는 지역 주도의 기획과 실행을 통해 진행되고 있다는 점에서 주목할 만하다.

또한 지역이 스스로 지방자치단체의 형태를 결정할 수 있다는 논의가 본격적으로 제기되고 있다.[61] 이는 주민 의사가 제도의 핵심 설계 원리로 작동해야 한다는 것을 의미하며, 행정구역이나 제도의 기술적 조정이 아닌, 국민주권을 제도적으로 구현하는 새로운 단계로 나아가는 것을 의미한다. 특별지방자치단체, 행정통합 등 비교적 다양한 선택지가 만들어졌고, 그 선택권은 전적으로 지역과 주민에게 주어져야 한다는 인식이 확산되고 있는 것이다. 이는 지역 스스로의 선택을 통해 미래전략을 실현하기 위한 자율적인 모델 설계가 가능해졌다는 점에서 의의가 크다.

앞으로 지역 주도의 지방행정체제 개편은 지역사회 전반의 지속가능성과 직결되는 전략으로 발전할 것이다. 지역은 스스로의 여건과 특성에 맞는 행정모델을 선택할 수 있어야 한다. 무엇보다 지방행정체제 개편이 형식적인 행정구조·행정구역 재편에 머물지 않고, 권한, 재정, 인력 등이 실질적으로 분권되는 방식으로 추진될 때만이 주민의 체감도가 높아지고 지방행정의 지속성이 보장될 수 있다. 결국, 지역 주도 지방행정체제 개편은 '주민이 원하는 지방행정체제'를 구현하는 제도적 장치이자, 국가 전체의 균형발전전략과 긴밀히 연결되는 과제라 할 수 있다.

---

60) "베일 벗은 지방행정체제 개편 밑그림 … 지방 주도 '행정통합' 권고". (2025.01.22.) [출처: 머니투데이] https://news.mt.co.kr/mtview.php?no=2025012209022365048

61) "민주당 '10대 공약'에 '지역주도 행정체제' 반영 … 제주도 주민투표 탄력받나". (2025.05.12.) [출처: 헤드라인제주] https://www.headlinejeju.co.kr/news/articleView.html?idxno=569191

“기후위기 해법, 지역의 손끝에서”

로컬 그린 리더십:
기후위기를 넘어 지속가능성을 향한 지방의 도전

기후위기는 인류가 직면한 시대적 과제이지만, 그 최전선에 서 있는 것은 바로 지역이다. 전력 사용, 교통, 쓰레기, 녹지관리와 같은 생활 단위의 선택들이 모여 거대한 탄소 발자국을 남기거나 줄이기 때문이다. 주민의 삶 가까이에서 정책을 설계하고 실행하며, 그 성과와 한계를 직접 확인하고 있는 지방자치단체의 역할은 기후위기 대응의 실질적인 동력으로 작용하고 있다. 이러한 전환을 견인하는 힘이 바로 ‘로컬 그린 리더십’이다. 지방자치단체는 도시와 마을의 일상 속에서 기후위기 해법을 찾아내고 있으며, 그 과정에서 쌓이는 경험과 교훈은 점차 기후정책의 성패를 가르는 핵심 요소로 부각되고 있다. 이제 지역은 녹색 전환을 실제로 구현하는 전진기지가 되고 있다.

2025년 4월 경기도 고양시에서 열린 ‘세계 지방정부 기후총회’는 기후위기 대응을 위한 지방자치단체의 위상을 단적으로 보여주었다. 전 세계 도시 대표들이 모여 기후위기 대응 전략을 논의한 자리에서, 지방자치단체들은 서로의 정책을 비교하고 혁신을 교환하는 동등한 파트너로서 목소리를 냈다. 특히, 지방자치단체 주도의 기후변화 대응 및 과학기술 솔루션, 기후경제, 시민참여, 기후격차 해소 등을 논의하여 지역기후행동을 촉진하고 지구 온난화 등 기후위기 극복에 기여하기 위한 방안들을 모색하였다.[62] 이는 중앙정부 중심의 기후 거버넌스가 지역 중심으로 재편되고 있음을 상징하는 장면이었다.

고양시는 탄소중립과 녹색성장을 도시 운영의 핵심 전략으로 삼아, 재생에너지 확대, 친환경 교통체계 도입, 생활 속 녹색정책 추진을 가속화하고 있으며, 주민이 체감할 수 있는 구체적 변화로 이어지고 있다. 미세먼지 방진창 설치, 도시숲·포켓숲 47개소 운영, 도로변 가로숲 14곳, 24개 공원 리모델링 등 녹지공간

---

62) “Cities steer the climate agenda: ICLEI Leaders convene in Goyang ahead of COP30”. (2025.04.17.) [출처: ICLEL] https://iclei.org/news/cities-steer-the-climate-agenda-iclei-leaders-convene-in-goyang-ahead-of-cop30/?utm

확대를 추진하고, 민간·공공 1,000여 곳에 태양광·태양열·지열 등 신재생에너지 설비를 보급하였으며, 2020년부터 5년 연속 'RE100 재생에너지 보급 달성률' 최우수 S등급을 달성하였다.[63] 이처럼 작은 변화들이 차곡차곡 쌓여 도시의 미래상을 바꾸어 나가고 있다.

충청남도는 '충남형 기후외교'라는 독창적 접근을 통해 '로컬 그린 리더십'의 무대를 국내를 넘어 국제적으로 확장하고 있다. 해외 지방정부와 직접 파트너십을 맺고 공동의 탄소감축 목표를 설정하는 한편, 국제사회에 지역의 경험을 공유하는 등 지방외교의 새로운 가능성을 열어가고 있다.[64] 이는 지방자치단체가 국제무대에서 독자적인 발언권을 확보하고, 글로벌 기후 거버넌스의 주체로 참여할 수 있음을 증명한 것이다.

이러한 사례들이 보여주는 의미는 분명하다. 기후위기 대응은 국가 간 합의나 중앙정부의 정책만으로는 결코 충분하지 않다. 일상의 변화를 만들어내는 출발점은 지역이며, 주민이 직접 참여하고 지방자치단체가 창의적으로 실행할 때, 비로소 지속가능성은 현실로 다가온다. 변화는 '지역의 손끝'에서 시작되는 것이다. 그리고 이러한 노력들이 모일 때, 그것은 국가 전체의 대응력을 끌어올리고 국제사회와 연결되는 거대한 힘으로 확장된다.

앞으로, '로컬 그린 리더십'은 환경의제를 넘어, 주민 삶의 질 향상, 사회적 연대 강화, 지역경제 활성화와 같은 폭넓은 가치와 긴밀하게 결합될 것이다. 지역에서 축적되는 다양한 경험과 성과들은 국제사회로 뻗어나가게 될 것이다. 결국, 지역이 길러낸 작은 녹색의 싹은 국가와 세계의 숲을 이루는 결실로 증명될 것이며, 이는 기후위기를 넘어서는 새로운 문명의 토대를 이룰 것이다.

---

63) "고양시, 탄소중립·녹색성장 선도 … 친환경 도시 혁신 가속". (2025.06.11.)
[출처: 국민일보] https://www.kmib.co.kr/article/view.asp?arcid=0028235562&code=61121111&cp=nv

64) "(기획4) '탄소중립 연대 국제 확장' … 충남형 기후외교 성과". (2025.06.13.)
[출처: TJB대전방송] https://www.tjb.co.kr/news05/bodo/view/id/77039/version/1

“지방이 주도하는 빈집의 기적”

153만 호 빈집의 역습:
지방의 위기가 기회로 바뀌는 전환점

지방행정은 빈집 문제에 대한 새로운 해법을 주도적으로 만들어가고 있다. 최근 사례는 이를 잘 보여준다. 2025년 5월 정부와 지방자치단체는 전국 13만 4,000호의 빈집을 대상으로 통합관리체계를 가동하였다. 특히, 주목할 점은 지방자치단체가 직접 관리 주체로 참여하여, 지역 실정에 맞는 맞춤형 해법을 마련하고 있다는 점이다. 시·군·구 단위의 정비 역량을 강화하고, 도시와 농어촌으로 이원화된 빈집관리체계를 통합할 수 있도록 표준 조례안을 마련하였다.[65] 인구감소지역 등 적극적 정비가 필요한 지역에는 빈집 전담부서 설치를 지원하고, 현장 담당자의 업무절차도 간소화하였다.[66] 지방세 납세정보와 행정정보공동이용을 연계하여 소유자를 신속하게 파악할 수 있도록 한 것도, 지방자치단체가 빈집 문제를 책임 있게 관리할 수 있도록 제도적 권한을 확대한 사례이다.

더 나아가 일부 농촌지역에서는 지역 주도의 모델사업이 추진되고 있다. 경기도 김포시, 전라남도 강진군, 경상남도 남해군, 경상북도 청도군 등은 농촌 빈집 정비사업 시범지역으로 지정되어 지역특성을 반영한 재생모델을 구축하고 있다. 강진군은 농촌체험민박과 마을호텔, 문화공간을 조성해 관광·체류형 지역경제를 육성하려 하고, 청도군은 마을호텔과 체험 공간 조성, 마을 도슨트 양성 프로그램을 추진 중이다. 남해군은 워케이션 공간과 주민 공동이용시설을 결합하여 생활환경 개선과 신경제활동 창출을 동시에 꾀하고 있다. 또한 김포시는 농촌 빈집 철거 비용의 90%(최대 400만 원)를 보조하는 인센티브를 마련하여, 자발적 정비를 촉진하고 지역환경 개선에 나서고 있다.[67] 이러한 모델들은 지방자치단체가 주

---

65) “전국 ‘빈집’ 13만 4000호 … 정부·지자체 통합관리 나선다”. (2025.05.01.)
[출처: 부산일보] https://www.busan.com/view/busan/view.php?code=20250501095117915l9&utm

66) “4개 부처 합동, 범정부 빈집정비 종합계획 발표”. (2025.05.01.)
[출처: 해양수산부 보도자료] https://www.mof.go.kr/doc/ko/selectDoc.do?bbsSeq=10&docSeq=61555&listUpdtDt=2024-10-25++10%3A00&menuSeq=971&utm

67) “빈집 재생 지원 사업, 지역사회 안정과 혁신적 재모델링을 통한 주거 문제 해결 모색”. (2025.04.17.)

도하는 복합적인 투자와 정책을 통해 지역사회 활성화와 주거 안정성을 확보할 수 있는 기회를 제공한다.

빈집 문제는 주민과 가장 가까운 단위에서 문제를 확인하고, 지역의 사회·경제적 맥락을 반영한 대응이 이뤄질 때 효과가 나타난다. 다시 말해, 빈집 정비와 활용은 지방이 주체로 나설 때 가능한 성과이다. 성공모델은 다른 지역으로 확산되고, 실패 경험은 교훈으로 남아 새로운 정책 설계의 자원이 될 것으로 기대된다. 앞으로 빈집 관리·활용은 지방의 지속가능성을 가늠하는 전략적 과제로 자리매김할 것이다. 버려진 공간이 재탄생하면서 지역의 활력을 되살릴 것이다. 빈집 문제 해결과정은 지방이 스스로 위기를 기회로 전환하고 주도적인 행정역량을 키워나가는 무대가 될 것이다.

"농촌의 위기, 지방의 힘으로 기회가 되다"

농촌 공간의 재창조: 농촌의 새로운 얼굴,
가능성으로 공간을 채우다

농촌은 오랫동안 인구감소와 고령화, 산업 기반 쇠퇴라는 삼중의 어려움 속에서 공간이 비워지고 기능이 약화되는 위기를 겪어왔다. 한때는 '소멸'의 상징처럼 여겨졌던 농촌 공간이지만, 최근에는 오히려 새로운 가능성을 담아낼 전환의 무대로 주목받고 있다. 생활 기반을 재구조화하고 미래세대를 위한 정주여건을 조성하는 흐름이 본격화되고 있다. 그 중심에는 스스로의 미래를 준비하는 지역의 주도성이 자리한다.

충청남도는 직접 농촌 공간 재구조화 과제를 발굴하는 시도를 이어가고 있다. 농촌 정주 여건 개선, 중심지 및 기초생활거점 조성, 도농 교류 활성화, 농촌 융복합산업 등 다양한 정책 연계 방안을 모색하고 있다.[68] 이 과정에서 새정부 국

[출처: goover] https://seo.goover.ai/report/202504/go-public-report-ko-6fcf73b5-33bc-4c59-ab5a-902b211620a5-0-0.html?utm

68) "충남도, '농촌 공간 재구조화' 신정부 과제 논의". (2025.05.08.)
[출처: 충청일보] https://www.ccdailynews.com/news/articleView.html?idxno=2341801

정 방향에 맞는 과제 발굴을 위해 전문가와 현장의 의견을 적극 수렴하고 있다. 이는 광역·기초지방자치단체가 힘을 모아 맞춤형 정책을 직접 설계한다는 점에서 중요한 의미를 지닌다.

경상북도는 개별 시·군 단위를 넘어 광역 차원의 종합계획을 마련해 농촌 공간 개발을 추진하고 있다. 농림축산식품부 주관 '2025년 농촌협약' 공모에서 상주시와 문경시가 선정되어 국비 506억 원을 확보했으며, 이는 기초생활권(365 생활권) 조성을 통해 30분 내 기초서비스, 60분 내 복합서비스, 5분 내 응급대응체계를 구축하는 사업이다.[69] 경상북도는 2020년 이후 매년 시·군이 연이어 선정되었고, 총 20개 시·군, 7,327억 원 규모 사업을 추진해 왔다. 경상북도의 성과는 중앙과 지방이 공동 목표를 세우고, 지역에 꼭 필요한 사업을 종합적으로 계획한 결과라 할 수 있다. 이는 개별 지역의 분절적 사업을 넘어, 광역적 조율과 협력을 통한 농촌 재생의 동력 강화 전략으로 평가할 수 있다.

중앙정부 또한 지방주도의 농촌 공간 정비를 뒷받침하는 방향으로 전환하고 있다. 농림축산식품부는 지방자치단체가 빈집 리모델링, 청년·귀농귀촌인 주거지 조성, 산책로·휴게 시설 설치 등 공간정비를 추진하면 최대 100억 원을 지원하는 '농촌특화지구형 농촌공간정비사업'을 도입하였다.[70] 1차 대상지로 전라북도 순창군과 전라남도 신안군이 선정되었으며, 이는 「농촌공간 재구조화법」을 근거로 지방자치단체가 주도적으로 특화지구를 기획·운영할 수 있도록 한 새로운 모델이다. 지방자치단체 차원에서는 구체적인 계획을 직접 수립하였다는 점에서 의미가 크며, 중앙정부는 지역이 계획을 실행할 수 있는 재정적·제도적으로 뒷받침하는 역할로 바뀌어 가고 있다.

이러한 변화들이 우리에게 주는 시사점은 분명하다. 농촌 공간 문제는 지역의 참여와 주도성이 필수적이다. 주민과 함께 공간의 미래를 논의하고, 지방자치단체가 이를 정책으로 구체화할 때, 농촌의 위기는 새로운 기회로 전환될 수 있다. 앞으로 농촌 공간의 재창조는 농촌 공간을 자원으로 탈바꿈하여 지역사회에 새

---

69) "경북도, 2025년 농촌협약 2개 시군 선정, 전체 시군 농촌공간개발". (2025.05.13.)
[출처: 농수축산신문] https://www.aflnews.co.kr/news/articleView.html?idxno=295439

70) "농식품부 '지자체 주도 농촌 공간 정비, 최대 100억 지원'". (2025.03.30.)
[출처: 뉴시스] https://www.newsis.com/view/NISX20250329_0003118588

로운 활력을 불어넣을 것이다. 이는 지역이 진정한 주체로 자리 잡아가는 과정이자, 농촌의 위기를 기회로 바꾸는 새로운 도전의 이름이 될 것이다.

"에듀테크, 지방교육의 날개가 되다"

지방교육의 전환점, 에듀테크 시대:
AI로 진화하는 지방교육의 미래

AI와 디지털 기술의 확산은 우리나라 교육체제 전반을 근본적으로 흔들고 있다. 특히, 수도권 중심의 교육격차가 뚜렷한 현실에서, 에듀테크는 지역의 불균형을 완화하고 새로운 기회를 창출하는 중요한 열쇠로 떠오르고 있다. 교육의 장(場)이 더 이상 특정 지역에 종속되지 않고, 지역이 스스로 미래교육을 설계하는 주체로 떠오른다는 점에서 지금은 '지방교육의 전환점'이라 부를 만하다.

이미 이러한 변화는 지역에서 구체적으로 나타나고 있다. 교육부 중심주의가 종언을 고하고, 시·도교육청이 AI 교육과 창의교육을 중심으로 자율적 모델을 구축하려는 흐름이 뚜렷해지고 있다. 부산광역시교육청은 디지털 교과서, 맞춤형 학습 지원 플랫폼, 교사 연수체계 강화 등 지역 차원의 에듀테크 생태계 조성을 추진하고 있다. 총 308억 원이 투입되며, 이 중 222억 원은 개별 맞춤형 학습환경 구축에 배정되었다. AI 기반 교수학습 시스템(31억 원), 학습 데이터랩(3억 원), AI 기반 늘봄학교 운영 및 통학차량 지원(105억 원), 학교 공간 재구조화와 평생교육 기반 강화(41억 원) 등이 포함되었다.[71] 이는 지방교육청이 에듀테크 시대를 준비하기 위해 적극적으로 나서고 있음을 보여준다.

새정부 역시 AI 교육 대전환을 국가적 과제로 제시하며 교육 패러다임의 주도권을 중앙에서 지방으로 이동시키고 있다. 미래교육자치위원회가 발표한 정책안은 전국 4대 권역 AI 교육특구 지정, 국산 AI 교사 '튜터지피티(TutorGPT)' 개발, 전 국민 AI 리터러시 강화, 생애주기별 3단계(A·B·C) 교육체계 도입 등을 골자로 한다. 리터러시(A), 응용(B), 개발(C)로 구성되는 이 체계는 연령별 수준에 맞

71) "'AI 학습·늘봄학교·학교안전'에 1000억 … 김석준 교육감 추경 승부수". (2025.05.26.)
[출처: 부산일보] https://www.busan.com/view/busan/view.php?code=2025052609550268152

춘 AI 이해·활용·개발 능력을 체계적으로 길러낸다는 목표를 담고 있다.[72] 초등은 놀이·윤리 중심의 리터러시, 중등은 알고리즘 기반 실습형 교육, 고등은 진로 연계 고급 AI교육이 주축이다. 나아가 지역산업과 연계한 AI 융합교육이 각 권역별 특구에서 실증될 예정이다. 특히, 튜터지피티는 학생 개별 수준에 맞춘 학습 지원과 교사의 보조역할을 수행함으로써 수업 내 격차 해소와 학습 혁신을 이끌 핵심 도구로 기대된다. 이처럼 새정부의 정책방향은 교육 패러다임의 주도권이 중앙에서 지방으로 이동하는 흐름이 공식적으로 확인된 셈이다.

이러한 과정에서 중요한 과제는 창의력 분권이다. AI 시대의 창의력은 더 이상 수도권에 집중되어서는 안 되며, 전국 어디서든 아이들이 상상하고 도전할 수 있는 분산형 창의력 네트워크가 필요하다는 목소리가 높아지고 있다. 이를 위해 각 시·도교육청 산하에 창의교육 허브센터를 설립하여 지역이 직접 미래교육의 방향을 설계하고 정책 인프라를 구축해야 한다는 것이다.[73] 이는 중앙이 아닌 지방이 교육의 기획자이자 설계자로 자리매김하는 변화를 의미한다.

앞으로 지방주도의 에듀테크 혁신은 학습격차 해소를 넘어, 지역인재 육성, 창의적 인재 순환, 지역활력 제고와도 긴밀하게 연결될 것이다. 지역에서 시작된 교육 혁신은 대한민국 전체의 교육 패러다임을 재편할 것이며, 수도권 중심 교육 구조를 넘어서는 새로운 국가균형성장 모델로도 발전할 것이다. AI와 디지털 기술을 매개로 한 지방의 창의적 도전은 대한민국 교육의 이정표를 제시할 것으로 기대된다. 결국, 지방을 살리는 교육이 곧 대한민국을 살리는 길이다.

---

72) "국민주권정부, AI 교육시대 개막 … 교권보호·교육부 대수술 예고'". (2025.06.04.)
[출처: 내일신문] https://www.naeil.com/news/read/550149?ref=naver

73) "지방을 살리는 교육이 곧 대한민국을 살리는 길". (2025.06.07.)
[출처: 오마이뉴스] https://www.ohmynews.com/NWS_Web/View/at_pg.aspx?CNTN_CD=A0003137977&CMPT_CD=P0010&utm_source=naver&utm_medium=newsearch&utm_campaign=naver_news

“지방의 경험을 통해 우리의 안전을 책임지다”

재난·위기관리의 나침반:
지방주도의 재난·위기관리, 새로운 기준이 되다

재난과 위기는 더 이상 특정 지역이나 일시적 사건으로 국한되지 않는다. 기후변화, 사회적 재난, 예기치 못한 사고는 어느 곳에서든 발생할 수 있으며, 피해의 범위도 갈수록 광범해지고 있다. 이에 따라 재난·위기관리의 중심도 점차 중앙에서 지방으로 이동하고 있다. 주민 곁에서 위험을 가장 먼저 감지하고, 대응의 최전선에 서는 주체는 바로 지역이기 때문이다. 이에 지방자치단체가 스스로 기준을 세우고 대응체계를 주도하는 시대가 열리고 있다.

서울특별시 중랑구의 재난관리평가 우수기관 선정은 지역의 주도적 역할을 잘 보여준다. 중랑구는 책임자의 재난안전 리더십, 방재시설 유지·관리, 보행자 중심 교통안전정책, 위기관리 매뉴얼 관리 및 민관 협력체계 구축, 24시간 재난상황 대응체계 및 실제 사례 기반 대응력, 재난 이후 현장 수습과 재해구호 인프라 관리 등 전 분야에서 높은 평가를 받았다.[74] 특히, 재난안전상황실 운영 및 모바일 상황실 도입, 재난대응 교육, 피해주민 지원체계 구축, 5회 연속 자연재해 안전도 최고 등급 달성은 지역이 스스로 대응체계를 설계하고 실행해 낸 성과였다. 이처럼 실효성 있는 대응체계 구축은 지역이 주도적인 역할을 수행한 결과라 할 수 있다.

인천광역시 부평구 역시 생활안전 전반의 대응역량을 높이며 최우수 평가를 받았다. 행정·재정관리 리더십, 위기대응체계, 재난 수습 및 복구 분야에서 두각을 나타냈고, 주민안전을 최우선으로 하는 ‘안심부평’을 실현하고 있다.[75] 주민과 밀접한 생활현장에서 위기대응능력을 높인 사례라 할 수 있다.

또한 공공기관과 지방자치단체의 협력체계는 민관이 공동으로 위기대응구조를

---

74) “중랑구, 2025년 재난관리평가 ‘우수기관’ 선정”. (2025.06.16.)
[출처: CNB저널] https://weekly.cnbnews.com/news/article.html?no=180103&utm

75) “부평구, 2025년 재난관리평가 ‘최우수’ 기관 선정”. (2025.06.10.)
[출처: 뉴스그라운드] https://www.newsground.co.kr/news/articleView.html?idxno=1014&utm

설계하는 기반이 되고 있다. 중부발전과 지방자치단체의 협업은 민관 공동대응의 우수사례이다. 실제 태풍, 집중호우, 화재, 분진폭발 등 다양한 재난사례를 반영한 훈련은 기관 간 협력과 주민참여를 결합하여 실질적인 대응역량을 높이고 있다. 이를 통해 재난관리자원의 적시 동원, 유해물질 확산 대응, 주민대피훈련, 전력 복구까지 이어지는 종합적인 시스템을 구현하였다.[76] 이는 지방자치단체가 혼자 재난·위기에 대응하는 것이 아니라, 네트워크 기반의 재난관리 거버넌스를 구축해 나가고 있음을 보여준다.

이러한 사례들은 지방자치단체가 중심이 되어야 하고, 민간·공공기관·주민과 함께 협력하는 구조가 마련될 때, 진정한 성과가 가능하다는 시사점을 준다. 즉, 재난·위기관리의 성공은 지방이 주체가 되고 협력적 거버넌스체계가 작동할 때 비로소 보장된다. 앞으로 지방주도의 재난·위기관리는 선제적 예방, 체계적 대비, 신속한 회복을 포괄하는 관리체계로 발전해 나갈 것이다. 이는 각 지방자치단체의 경험들을 통해 실현된다. 재난·위기관리의 새로운 기준은 중앙이 아닌 지역의 현장에서 만들어지는 시대가 도래하고 있으며, 이는 지방이 주체로서 자리 잡아가는 중요한 증거라 할 수 있다.

"지역맞춤형 지방분권, 지방을 대한민국의 중심으로 만들어가다"

이제는 지방시대: 지역맞춤형 지방분권,
지방이 변화의 중심에 서다

지방자치 30년의 성과는 지방이 더 이상 중앙정부 권한의 범위 안에서만 움직이는 수동적 존재가 아님을 입증해 왔다. 실제로 지방자치단체는 지역특성을 살린 정책을 추진하여 주민 생활과 직결된 문제를 해결하는 데 있어 중요한 성과를 거두었다. 예를 들어, 도시재생, 문화·관광자원 개발, 농촌 공동체 활성화 등은 지역 단위에서 주도적으로 설계되고 실행된 대표적인 사례들이다. 그러나 모든 지방에 동일한 권한을 부여하는 방식은 분명 한계가 있다. 수도권과 비수도권,

76) "중부발전, 행안부 '2024 재난대응 안전한국훈련' 5년 연속 우수". (2025.04.01.)
[출처: 서울와이어] https://www.seoulwire.com/news/articleView.html?idxno=645114&utm

대도시와 농촌지역의 여건과 역량은 크게 다르기 때문이다. 따라서 지역적 특성과 상황을 고려하지 않은 균등한 분권은 자칫 지역 간 격차를 확대하거나 행정의 비효율성을 초래할 수 있다. 지방의 자립을 위해서는 맞춤형 권한과 자율성을 차등적으로 부여하는 것이 필요하다. 이를 통해 주민 삶의 질을 높이고 지역발전의 선순환 구조를 만들어 낼 수 있으며, 그 결과 지방이 자립할 수 있다.

'지역맞춤형 지방분권'은 지역 실정에 따라 권한을 부여하는 새로운 패러다임이다. 지방자치단체는 중앙정부보다 지역 상황을 더 잘 알고 있으므로, 스스로 정책을 설계하고 집행하는 것이 더 합리적이고 효율적이다. 그러나 지역맞춤형 지방분권이 성공적으로 작동하기 위해서는 자치역량 강화와 책임성 확보가 반드시 병행되어야 한다. 더불어 주민참여 확대, 지방의회 견제기능 강화, 행정 투명성 제고 등과 같은 장치도 뒷받침되어야 한다. 실제로 역대 정부는 권한 이양을 꾸준히 추진해 왔으나, 재정권한 부족, 중앙주도적 접근으로 인해 실효성이 떨어졌다는 비판을 받아왔다. 권한만 넘겨받고 재정·인력이 뒤따르지 않으면 지방의 부담만 커진다는 지적이 대표적이다.[77]

최근의 제도 변화는 이러한 한계를 보완하려는 시도라 할 수 있다. '특별자치시·도', '특례시', '특별지방자치단체', 그리고 지역 특수성을 반영한 맞춤형 특례제도는 차등분권의 제도적 기반을 마련하였다.[78] 이는 획일적인 권한배분에서 벗어나, 지방자치단체가 스스로 필요성을 제안하고 중앙과 협의하는 방식으로 전환되는 특징을 지닌다(유수동·박현욱, 2023). 특히, 특례제도의 확대는 지역의 창의적 정책 실험을 가능하게 하고, 지역맞춤형 행정모델을 제도적으로 인정하는 계기가 된다. 나아가 중앙정부 입장에서도 지방의 정책성과와 책임성을 객관적으로 평가할 수 있는 근거를 마련해주기 때문에, 지방분권 추진의 신뢰도를 높이는 효과를 가져올 수 있다.

제주특별자치도의 '제주형 사무배분'은 지방이 주도하는 분권모델의 대표적 사례이다. 제주특별자치도는 중앙의 설계가 아니라 자체적으로 도지사와 시장의

---

77) "[자치시대] 지방분권 정책의 패러다임 변화, 차등적 지방분권". (2025.04.22.) [출처: 중부일보] https://www.joongboo.com/news/articleView.html?idxno=363690651

78) "[혁신도시는 지금] 지방자치 30년, 지방자치단체 변해야 산다". (2025.02.18.) [출처: 강원일보] https://www.kwnews.co.kr/page/view/2025021811450323476

역할을 재설계하였다. 상하수도, 대중교통, 지하수관리처럼 도민 모두에게 균등한 서비스가 필요한 분야는 도 차원에서 통합 관리하고, 공공체육시설 운영, 소규모 농기계 지원 등 주민 밀착형 사무는 시장이 담당한다.[79] 이러한 구조는 단순히 권한을 배분하는 것이 아니라, 정책효과와 책임성을 극대화한 것이다. 주민요구에 신속히 대응하는 시장, 도 차원에서 통합 관리하는 도지사라는 새로운 역할분담은 지방분권의 새로운 운영 원리로 작동할 수 있다. 특히, 제주형 분권모델은 지역이 직접 권한배분을 설계하였다는 점에서 중요한 의미를 지니며, 향후 다른 지역으로 확산 가능한 지역맞춤형 분권의 본보기가 된다. 이는 중앙정부 주도의 분권이 아닌, 지역 주도의 분권 역시 가능하다는 점을 보여주는 좋은 선례라 할 수 있다.

이러한 흐름은 분명한 메시지를 전한다. 지방분권은 중앙의 하향식 정책으로는 완성될 수 없다. 지역이 스스로 제도를 설계하고, 주민과 함께 맞춤형 권한을 행사할 때 비로소 정책의 효과성과 책임성이 확보된다. 앞으로의 지방분권 핵심은 바로 "지역맞춤형 지방분권"이다. 중앙–지방 간 분권, 시·도–시·군·구 간 분권 모두 지역맞춤형으로 이루어지게 될 것이다. 차등적 권한 배분, 지역이 설계한 제도, 주민참여 기반의 실행력이 결합될 때 지방은 지방(地方)이 아니라, 대한민국 변화를 이끄는 중심이 된다. 나아가 "지역에서 시작된 분권이 국가 혁신을 견인하는 구조"로 발전할 것이다. 곧 지역이 진정한 주체로 자리 잡는 시대가 열리고, 이는 대한민국의 지속 가능한 발전을 위한 가장 든든한 토대가 될 것이다.

79) "제주형 사무배분, 지방자치분권의 새로운 모델을 향해". (2025.04.25.)
[출처: 헤드라인제주] https://www.headlinejeju.co.kr/news/articleView.html?idxno=568139

제2부

다가온 2026 지방행정 트렌드

(Upcoming 2026 Local Administration Trends)

01 주민참여의 진화, 주민이 주인이 되다: 지방을 움직이는 힘! 주민자치회

1. 주민이 주인이 되는 진정한 자치가 시작되다

"주민자치회는 더 이상 동네 일을 논의하는 회의체에 머물러서는 안 된다. 지역의 문제를 주민 스스로 발굴하고 해결하며, 자치의 힘으로 지역을 움직이는 실질적인 주체로 거듭나야 한다. … **주민이 주인이 되어 지역문제를 해결**하고, 그 성과를 다시 주민이 공유하는 구조 …"

광주매일신문, 2025.07.27.

"주민자치회는 … **주민이 주인이 되는 마을을 실현**하기 위한 풀뿌리 조직이다. … 주민자치회를 통해 더 많은 주민의 목소리가 반영되고, 마을의 내일이 주민 스스로 결정되는 구조가 되길 바랍니다. …"

당진시대, 2025.07.11.

"올해는 지방자치가 부활된 지 30주년이 되는 해지만 아직 우리는 2~3할 자치 수준에 머물고 있다. … 대한민국의 주인은 국민이고 지방정부의 주인이 될 수 있는 역량을 키워야 한다. … 새정부는 국민주권정부를 내세우고 있고 이를 실현하는 것이 주민자치 … 국민다운 국민, **주민다운 주민이 돼야만 주권자로서의 대접**을 받을 수 있다."

강원도민일보, 2025.06.16.

2025 한국지방자치학회 하계학술대회
(2025.08.29.)

2025 한국지방자치학회 동계학술대회
(2025.02.21.)

주민자치의 출발점, 주민자치회

최근 주민자치회를 바라보는 시선과 담론의 변화는 우리 사회가 주민자치의 새로운 단계로 접어들었음을 보여준다. 과거의 주민자치회가 행정기관의 보조적 회의체 또는 지역사회의 단순한 협의창구 역할에 그쳤다면, 이제는 지역문제를 스스로 찾아내고 해결하며, 그 과정을 지역주민과 지역사회에 공유하는 '주민자치 실천의 장'으로 전환되고 있다. 주민은 더 이상 수혜자나 협조자의 위치에 머물지 않고, 지역사회의 미래를 결정하고 이끌어 나가는 실질적인 주체로 거듭나고 있다.

이러한 변화는 단지 주민자치활동의 활성화나 양적 확대를 넘어, 풀뿌리 민주주의의 실질화를 의미한다. 주민자치회는 이름 그대로 주민이 주인이 되는 마을과 지역을 만들어 나간다. 이에 주민 스스로 결정하고 실천하며, 그 성과를 다시 공동체와 나누는 공간이 되어야 한다는 사회적 기대가 점점 커지고 있다. 특히, 지역사회 내의 다양한 목소리를 담아내고, 지방행정과의 협치를 이끄는 주민자치활동으로 자리매김하려는 흐름은, 주민자치회가 더 이상 행정의 하부조직이 아닌 민주적 지역공동체의 중심이 되어야 한다는 인식을 확산시키고 있다. 그러나 이러한 긍정적인 변화에도 불구하고, 우리 사회는 여전히 제한된 수준의 자치권에 머무르고 있다는 성찰 역시 제기되고 있다. 제도의 틀은 어느 정도 갖추어졌지만, 실질적인 주민참여, 자율성, 책임성은 여전히 미흡하다는 평가가 계속되어 왔다(유수동·박현욱, 2025; 유수동·전성훈, 2017; 전대욱 외, 2022). 결국 주민이 우리 지역의 주인이라는 인식 아래, 스스로 주권자로서의 역량과 의식을 갖추는 것이 주민자치와 지방자치의 완성으로 이어질 수 있다.

우리가 주목해야 할 점은 이러한 변화들이 단순한 선언에 그치지 않고, 실제 지역 현장에서 점차 가시화되고 있다는 것이다. 주민자치회는 다양한 지역에서 활발히 활동하고 있으며, 지역문제를 주민 스스로 해결하려는 다양한 시도들이 점차 확산되고 있다. 이는 단지, 주민자치회의 활성화를 넘어, 주민이 자치의 핵심 주체로 전환되고 있다는 점을 보여주는 증거들이다. 주민자치회는 지역사회의 정책결정과 사업 실행에 실질적으로 참여하며, 일상의 문제를 스스로 논의하고 해결하는 공간으로 자리 잡아가고 있다. 특히, 다양한 세대와 계층이 함께 참여하고, 지방행정과 주민 간의 협치구조가 정착되는 흐름은 자치의 민주성과 지속가능성을 높이는 중요한 기반이 되고 있다.

2026년은 주민이 주인이 되는 자치의 실현이 본격화되는 해로 자리매김할 것으로 기대된다. 주민자치는 더 이상 일부 지역의 특별한 사례나, 먼 미래의 이상이 아니다. 주민이 직접 나서고, 지역을 변화시키며, 자신의 삶을 스스로 결정하는 과정을 통해 실질적 자치는 우리 일상 속에 뿌리내리고 있다. 그리고 그 출발점과 중심에는 바로 '주민자치회'가 있다. 주민자치회는 지방을 움직이는 힘이 어디에서 비롯되는지를 분명하게 보여준다.

2. 지금이야말로 주민자치회에 주목해야 한다

참여 없는 참여에서 주인이 되는 참여로

지방자치가 부활한 지 30년이 되었으나, 실질적인 주민참여는 여전히 제한적이라는 지적이 계속되어 왔다. 많은 지방자치단체들이 주민자치(위원)회, 주민참여예산제, 설명회·공청회, 각종 위원회 등을 통해 주민의견을 수렴하는 제도와 절차 등을 운영하고 있으나, 그 내용은 행정 주도의 형식적 참여에 머무는 경우가 많았다.

실제로 한국리서치 설문조사(2022)[80]에 따르면, 대부분의 국민들은 주민참여 경험이 없으며, 지방자치에 대한 인식 역시 부정적인 것으로 나타났다. 구체적으로 주민직접참여제도와 주민자치센터 프로그램·자원봉사에 대한 참여 경험이 없다는 응답은 각각 79%, 69%로 나타났으며, 주민자치위원회에 대해서는 응답자의 74%가 모른다고 응답하였다. 지방자치 인식에 대한 문항에서는 54%가 지방자치제도가 나의 삶의 질을 높여주지 않았다고 응답하였고, 41%는 지방자치가 지역 발전에 기여하는 바가 크지 않다고 응답하였다.

이러한 경향은 2025년에도 크게 변화되지 않았다. 한국리서치 설문조사(2025)[81]에 따르면, 지방자치단체가 운영하고 있는 다양한 참여제도에 참여한 경험이 있다고 응답한 시민은 10명 중 1~2명에 그쳤다. 구체적으로 참여 경험이 있는 비율은 시·도 15%, 시 16%, 군·구 19%로, 광역지방자치단체와 기초지방자치단체 모두에서 참여 경험 비율은 20%를 넘지 못한 것으로 나타났다. 또한 지방자치단체장이 위촉한 인사들이 다수를 차지하는 각종 위원회에서도 전문성과 주민 대표성 부족이 지속적으로 지적되고 있으며(전성훈·석호원, 2022), 지방의회 차원에서도 주민참여 보장을 제도적·절차적으로 확대해야 한다는 목소리도 존재한다(유수동·유자영, 2025).

80) 한국리서치와 명지대학교 미래정책센터는 2022년 4월 22일부터 25일까지 전국 만 18세 이상 남녀 1,000명을 대상으로 설문조사를 진행하였다.

81) 한국리서치와 수원시정연구원 데이터분석센터는 2025년 4월 21일부터 23일까지 전국 만 18세 이상 성인 1,000명을 대상으로 설문조사를 진행하였다.

그림 2-1 주민참여 경험과 지방자치위원회에 대한 인식

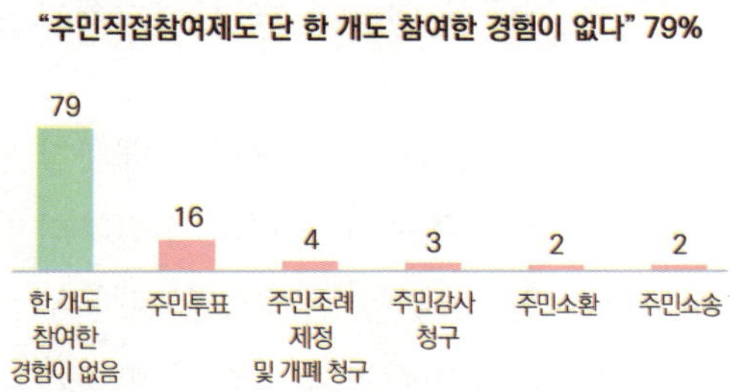

질문: 다음의 지방자치법에 보장된 주민의 직접참여제도 중 참여 경험이 있으신 것을 모두 응답하여 주십시오.

비고: 복수응답

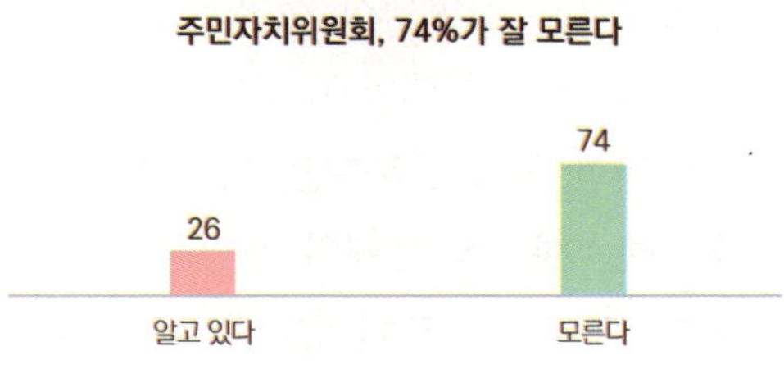

질문: 선생님께서는 주민자치위원회의 활동에 대해 얼마나 알고 계십니까?

비고: 알고 있다(대체로 알고 있다+매우 잘 알고 있다), 모른다(대체로 모른다+전혀 모른다)

자료: 한국리서치(2022)

그림 2-2 지방자치단체 참여제도에 대한 참여 경험

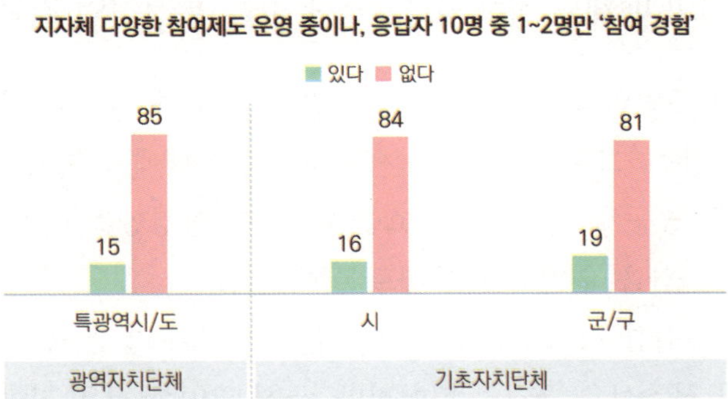

질문: 귀하는 현재 거주하고 계신 지역의 정책결정과정에 직접 참여한 경험이 있습니까?

자료: 한국리서치(2025)

이러한 현실은 주민참여가 제도적으로는 확대되고 있음에도 불구하고, 실질적인 주민 관심과 영향력 사이에 여전히 깊은 괴리가 존재함을 보여준다. 주민참여제도는 운영되고 있지만, 의사결정에 실질적으로 영향을 미칠 수 있는 권한이 주어지지 않거나, 참여의 효과를 체감하기 어려운 구조는 결국 주민의 참여동기 저하와 정책·행정에 대한 불신으로 이어지게 된다(남태우·유수동, 2016; 유수동, 2021).

특히, 형식적·수동적인 참여만 반복되는 상황은 주민참여의 피로감을 유발하고, 결과적으로 지방행정 전반에 대한 신뢰도 저하와 민주적 정당성 약화로 연결되는 악순환을 초래할 수밖에 없다.

이러한 구조적 문제를 해소하기 위해서는 주민이 실질적으로 영향력을 행사할 수 있는 제도적 설계와 운영방식의 전환이 필수적이다. 주민이 정책의 수립부터 집행, 평가에 이르기까지 주도적으로 참여하고 결정할 수 있는 실질적인 권한 부여가 필요한 것이다. 바로 이 지점에서 주민자치회를 주민참여의 형식적 한계를 돌파하고, 실질적인 주민자치를 실현하는 핵심 매개로서 주목할 필요가 있다. 주민자치회는 주민이 단지 의견을 내는 존재가 아니라, 우리 지역의 기획자이자 집행자로 전환될 수 있는 구조적 기반을 제공하며, 지방행정의 신뢰 회복과 지방자치의 내실화를 위한 실천적인 대안으로 그 중요성이 더욱 부각되고 있다.

주민이 배제된 정책의사결정에 따른 부정적인 결과들

지방행정에서 주민의 의견을 형식적으로만 수렴한 채 정책을 결정하고 행정서비스를 제공할 경우, 그 부작용은 단순히 행정의 실패에 그치지 않는다. 지역사회 전반의 신뢰, 공동체 기반, 정책 효율성에까지 악영향을 미치며, 장기적으로는 지방자치의 근간을 위협하는 문제로 이어진다.

주민의 삶과 밀접한 정책일수록 주민의 실제 요구와 생활 경험이 반영되지 않을 경우 정책의 실효성은 급격히 떨어진다. 특히, 지방행정은 최일선의 현장에서 지역사회 구성원들과 밀접하게 소통하며 주민들의 삶의 질을 향상시키기 위한 정책 및 공공서비스를 제공하는 역할을 수행하고 있다(유수동·전성훈, 2025)는 점에서 주민의견 반영과 주민참여는 매우 중요할 수밖에 없다.

주민의 의견을 반영하지 않은 정책은 그 실행과정에서 반발과 갈등을 초래하기 쉽다(유수동 외, 2023). 주민들은 자신의 목소리가 무시되었다고 느끼며, 정책의 정당성 자체를 문제 삼는다. 이로 인해 행정은 수차례 재협의나 설득과정을 거쳐야 하고, 이는 정책추진 지연과 사회적 비용 증가로 이어진다. 나아가 이러한 경험들이 반복되면 주민들 사이에 정치적 냉소와 무관심을 고착시키게 된다.

결과적으로 주민이 배제된 의사결정은 지방자치단체와 지방행정에 대한 불신 심화, 정책의 추진력과 지역사회와의 협력 가능성 약화로 이어질 수밖에 없다.

지방행정과 주민의 관계뿐만 아니라, 주민 간 갈등을 유발할 수도 있으며, 때로는 지역공동체의 분열을 심화시키기도 한다. 예를 들어, 생활쓰레기 처리시설이나 공공주택 입지 선정과 같은 사안에서 사전 소통 없이 일방적인 결정이 이루어질 경우, 이해관계자 간의 갈등과 집단적인 반발이 나타난다. 이 과정에서 지역사회는 상호불신과 대립의 분위기로 경직되고, 공동체 기반이 약화된다(유수동·박현욱, 2024). 이러한 현상은 일시적인 것에 그치지 않고, 주민 간 신뢰 상실, 주민참여 침체, 지역사회 붕괴 등으로 연결되며, 지방자치의 운영 기반 자체를 훼손하게 된다.

미래세대를 위한 지속 가능한 정책 설계 실패 가능성 역시 높아진다. 지방행정은 당장의 결과뿐만 아니라, 중장기적인 관점에서 지역의 방향성을 설정해야 한다(유수동 외, 2025). 그러나 주민 의견이 배제된 채 단기적 성과 위주의 정책이 반복될 경우, 중장기 전략의 부재로 인해 미래세대를 위한 기반 조성에 실패하게 된다. 청년정책, 주거정책, 문화정책, 교통·인프라 등 미래세대를 위한 계획들은 다양한 세대의 의견을 반영한 참여적인 설계가 필수적이다. 그럼에도 불구하고, 주민참여가 배제되면 정책과 행정은 당장의 필요나 관성에 따라 기획될 수밖에 없으며, 이는 결국 세대 간 불균형과 지역 침체, 지방소멸 등의 위험을 가중시킬 수 있다.

이처럼 지방행정에서 주민의 목소리가 배제되었을 때 초래되는 부정적인 결과들은 행정의 비효율성이나 정책실패에 국한되지 않는다. 그것은 곧 주민참여와 관심 저하, 지방행정 전반에 대한 신뢰 약화, 지역공동체 기반의 붕괴 등으로 이어지며, 장기적으로는 지방자치와 민주주의의 본질 훼손이라는 더 심각한 위기를 초래할 수 있다. 따라서 주민이 자치의 진정한 주체로서, 정책의사결정과정에 실질적으로 참여할 수 있는 구조적인 전환이 절실하다. 이러한 관점에서 주민자치회는 주민참여를 형식이 아닌 현장의 힘으로, 제도에서 실천으로 전환시킬 수 있는 중요한 실험이자, 주민자치활동의 진화된 결과로 주목할 필요가 있다.

왜 주민자치회에 주목해야 하는가?

지금 우리가 주민자치회에 주목해야 하는 이유는 하나의 지방(주민)자치제도 확대나, 사업 활성화 때문이 아니다. 주민자치회는 지방행정의 한계를 극복할 수 있는 실천적 대안이자, 지역사회의 회복력과 지방자치·주민자치 및 민주주의의 실질화를 견인할 수 있는 핵심축이기 때문이다. 그동안 지방행정은 관 주도의 공공서비스 제공방식, 상명하달식 의사결정, 형식적인 주민참여제도 등 구조적인 한계에 직면해 있었다. 주민자치회는 이러한 구조를 보완하는 주민 중심의 거버넌스 전환모델로 기능할 수 있다. 주민자치회는 단순히 주민의견을 수렴하는 창구가 아니라, 지역의 문제를 정의하고 해결방식을 설계·실행하며, 평가까지 함께하는 주민자치모델을 추구한다. 이는 공공정책에 대한 주민의 신뢰도를 높이고, 책임성과 투명성을 강화하는 데 기여한다.

현대 민주주의가 직면한 주요 과제 중 하나는 정치·행정과 시민의 거리감 해소이다(유수동·박현욱, 2024). 주민자치회는 생활 속 민주주의를 실현하는 가장 효과적인 플랫폼이다. 주민들이 일상의 문제를 직접 다루고 결과를 체감할 수 있을 때 민주주의는 추상적인 개념이 아니라, 실천 가능한 일상적 경험이 된다. 이처럼 주민자치회는 참여의 장벽을 낮추고, 주민의 정치적 효능감을 높이며, 민주적 시민성을 길러내는 사회적 장치로서의 가치를 갖는다.

주민자치회는 지역에 내재한 자원과 역량을 발굴하고 조직화하여, 행정이 미치지 못하는 문제들을 실질적으로 해결할 수 있다. 고령화, 청년 유출, 돌봄 공백, 빈집, 지역경제 침체 등 다양한 지역문제들은 중앙정부나 지방자치단체의 일반적인 해법만으로는 해결이 어렵다. 주민자치회는 이러한 문제를 주민의 시선과 삶의 경험을 바탕으로 진단하고, 작지만 지속 가능한 대안을 만들어내는 실험장이 되고 있다. 이 과정은 주민 개개인의 역량을 키우고, 공동체의 연대감과 회복탄력성을 높이는 효과로 이어진다.

지방행정에서 흔히 반복되는 문제 중 하나는, 단체장의 교체나 담당자의 부서이동에 따라 정책의 방향과 관심이 바뀌고 사업이 단절되는 것이다. 주민자치회는 이러한 행정의 한계를 보완할 수 있는 지속 가능한 기반이 된다. 행정은 유동적이지만, 주민은 지역을 떠나지 않고 지속적으로 문제를 인식하고 해결을 시도한다. 주민자치회가 실질적으로 법제화되고, 지역의 안정적인 의사결정기구로 자리매김할 경우, 지방행정과 정책의 일관성, 지역특화성, 중장기적 비전·계획 수립에 결정적인 역할을 할 수 있다.

결국 주민자치회는 '왜 새로운가'보다, '왜 지금 중요한가'에 대한 질문에 대답하는 존재이다. 인구감소와 지방소멸, 지역공동체 해체, 참여민주주의의 실효성 저하 등 복합적인 구조적 위기가 가속화되는 오늘날, 주민자치회는 제도 실험이나 지역 단위 사업조직이 아니라 주민자치를 실현하고 지역을 재구성하는 가장 현실적이고 지속 가능한 전략이다. 주민자치회는 행정의 손길이 닿지 못하는 영역에서 지역사회 스스로를 진단하고 공동의 문제를 정의하며, 공동체 내 자원과 역량을 조직하여 실행하는 새로운 방식의 공공성을 만들어내고 있다. 이러한 맥락에서 주민자치회는 국가의 복잡한 행정체계를 보완하는 하위 단위가 아닌, 새로운 민주주의와 지방(주민)자치의 거점으로 이해되어야 한다. 주민의 삶과 가장 가까운 곳에서 문제를 다루고, 이해관계자 간 조정·합의를 거쳐 정책적 해결을 실현한다는 점에서 주민자치회는 형식적·절차적 참여기구가 아니라 생활정치의 핵심 무대가 될 수 있다. 특히, 주민참여가 제도화되지 않거나, 주민의 역량이 축적되지 않은 상태에서는 정책의 지속성과 공동체의 회복력 모두 약화될 수밖에 없다. 주민자치회는 이러한 상황을 극복하기 위한 주민참여의 제도적 안전망 역할을 수행한다.

우리는 주민자치회를 더 이상 지방행정의 보조적 기구나 실험사업으로 간주해서는 안 된다. 주민자치회는 지역사회의 미래를 주민 스스로가 설계하고 책임지는 지방자치구조로의 전환을 가능하게 하는 핵심적인 기반이다. 국가가 감당하거나 파악할 수 없는 복잡한 사회문제를 풀어갈 지역 단위의 소규모 민주주의 실천장이며, 공공성과 공동체성, 자율성과 책임성을 동시에 실현할 수 있는 매우 중요한 공간이다. 지금 이 시기를 놓친다면, 주민자치회는 제도 안에 갇힌 명목상의 기구로 전락할 수 있으며, 그 기회비용은 지역과 주민의 삶에 고스란히 전가될 것이다.

주민자치회는 대한민국 지방자치 30년의 축적된 경험을 토대로 한 주민중심·지방주도·현장중시의 무대가 될 것이며, 동시에 향후 30년의 지속 가능한 지방(주민)자치를 설계하고 이끌어나갈 주체가 될 것이다. 지금이야말로 우리는 주민자치회를 제도적으로 정착시키고, 전국에서 실질적으로 작동할 수 있도록 전폭적인 지원과 투자에 나서야 할 결정적 시점이다. 따라서 우리는 주민자치회를 지방자치의 보완재가 아닌, 새로운 지방자치 패러다임의 중심축으로 인식하고 정책적 우선순위의 핵심으로 삼아야 한다. 지방자치분권과 지역활력, 그리고 참여민주주의를 실현하기 위한 출발점은 바로, 지금 주민자치회로부터 시작되어야 한다.

3. 지방에서 일어난 변화, 주민자치회가 만들어가다

그렇다면, 주민자치회의 중요성에 대해 그동안 중앙정부와 지방자치단체는 응답해 왔는가? 지난 세월 중앙정부는 주민자치회를 시범적으로 운영하고 점진적으로 개선 및 제도화하고자 하는 노력을 꾸준히 이어왔다. 그러나 그 접근방식은 법제화·제도화보다는 시범사업 중심, 권한 강화보다는 역할 유도, 구조 개선보다는 절차·운영 개선에 가까웠다는 점에서 평가와 반성이 필요하다.

반면, 지방자치단체는 지역 여건과 주민 수요에 따라 보다 현장 중심적이고 실험적인 대응을 이어왔다. 일부 선도 지방자치단체들은 지역사회의 문제를 주민자치회와 함께 해결하려는 협치 기반을 구축하였고, 주민자치를 단순한 참여가 아닌 지역발전을 위한 새로운 행정방식으로 재정립하려는 모습을 보여주고 있다. 그러나 이러한 노력 역시 모든 지역에서 균등하게 이루어진 것은 아니다. 대부분의 지방자치단체는 중앙정부의 시범사업과 가이드라인에 의존하여 소극적으로 대응하거나, 인적·재정적 기반이 부족하여 주민자치회를 단순한 회의체나 행사조직으로 운영하는 경우도 적지 않다(유수동·박현욱, 2025). 또한 지방자치단체 내부에서도 행정과 주민자치회 간 역할 혼선, 주민자치에 대한 이해 부족 등으로 일관된 정책 추진이 어려운 실정이다.

결과적으로 중앙정부는 주민자치회의 도입과 발전을 위한 기반을 마련하는 데 일정한 기여를 하였으나, 주민자치회가 실질적인 자치기구로 작동할 수 있도록 하는 구조적 전환에는 미흡하였다. 지방자치단체는 다양한 시도를 하였으나, 체계화와 확산에는 한계가 존재하였다. 지금 필요한 것은 주민자치회를 지방행정의 파트너로 인식하고, 중앙정부가 그 실천을 뒷받침할 수 있는 명확한 법제화·제도화와 지속 가능한 재정·운영 기반을 갖추는 일이다.

10여 년이 넘는 시범사업, 주민자치회

1999년 도시지역 278개 동사무소의 기능전환사업을 통해 주민자치센터와 주민자치위원회가 시범 운영되었으며, 2000년에는 농촌지역 읍·면·동사무소를 대상으로 확대되었다. 이 과정에서 주민자치위원회가 등장하였으며, 이는 지역주민들이 문화, 여가, 복지, 주민편익 및 시민교육 프로그램 운영 등을 통해 지역공동체를 형성할 수 있도록 지원하기 위한 목적이었다. 이처럼 읍·면·동 기능전환에 따른 주민자치센터 설치, 주민자치위원회 운영은 지방자치의 본질적인 요소인 주민자치를 실현하기 위한 핵심적인 제도로서 기존의 기관 주도적인 행정에서 벗어나 주민주도적인 행정으로 전환하고자 하였다는 점에서 큰 의의가 있었다(유수동·전성훈, 2017). 즉, 주민자치센터에서 주민자치위원회가 지역 내 다양한 현안을 논의하고 처리하게 되면서 주민자치 역량 강화를 위한 기반이 마련되었다고 평가된다(전대욱 외, 2022).

그러나 제도 도입 목적과는 달리, 주민자치센터가 이전 동사무소인 주민센터의 하부기관에 해당하는 역할을 수행하였고, 실제로 운영되는 것은 교양 및 여가, 취미 프로그램 운영에 그쳤다(김주원, 2018). 주민자치센터에서 운영하는 프로그램들이 평생교육 및 민간부문의 프로그램과 중복됨으로 인해 발생하는 민간경제 침해 문제(서재호, 2016)도 제기되었다. 행정기관 주도로 주민자치센터의 실질적인 사무기능이 운영되었고, 읍·면·동 행정기관의 장이 주민자치위원을 임명하였으며, 대부분의 지역에서는 헬스 등 건강 관련 프로그램 위주로 운영되었다. 더불어 지방자치단체의 예산지원에 의존하여 운영되면서 실질적인 주민자치 실현과 자치역량 강화에 많은 한계가 나타났다(유수동·전성훈, 2017).

대부분의 주민자치센터와 주민자치위원회에서 발생하는 문제점들을 해결하기 위해 2010년 10월「지방행정체제 개편에 관한 특별법」이 제정되면서 주민자치회의 설치와 기능, 구성 등에 대한 근거를 마련하였다. 이와 함께 지방자치발전위원회는 주민자치회의 실질적인 운영을 통한 주민자치 권한을 강화하기 위해 시범실시를 추진하였으며, 지방행정체제 개편추진위원회 내 근린자치분과위원회는 주민자치회 모델정립을 위해 주민자치회의 지위 및 기능에 따라 협력형, 통합형, 주민조직형의 모델을 확정하였다(한국지방자치학회, 2011). 그러나 통합형과 주민조직형은「지방자치법」과「지방행정체제 개편에 관한 특별법」 등에 따라 시범실시가 불가능한 것으로 판단되었다. 더불어 주민자치회 시범실시를 위해 안전행정부(현 행정안전부)는 주민자치 담당공무원과 지역주민들을 대상으로 설문조사를 실시하였고, 그 결과 3,028개 읍·면·동에서 협력형을 가장 선호하는 것으로 나타나 협력형을 일부 수정하여 주민자치회 시범실시 모델로 선정하였다(김필두, 2014).

이후 2013년 5월 제정된「지방분권 및 지방행정체제개편에 관한 특별법」을 근거로 주민자치회 시범실시가 시행되었다. 2013년 안전행정부(현 행정안전부)는 기초지방자치단체를 대상으로 공모 실시와 신청을 받아 7월부터 전국 31개 읍·면·동에 주민자치회를 시범실시하였으며, 1억 원의 특별교부세 예산지원을 하였는데, 이 중 10개소는 안심마을형 주민자치회로 추가적으로 5억 원의 특별교부세 예산지원을 하였다(최인수·전대욱, 2021).

2018년 7월 문재인 정부는「주민자치회 시범실시 및 설치·운영에 관한 조례안」의 개정을 통해 풀뿌리 자치의 활성화와 민주적 참여의식 고양을 주민자치회 시범실시의 목표로 설정하고, 주민자치회의 설치 및 운영에 관하여 표준조례안[82]을 지방자치단체에 안내하였다.「지방자치분권 및 지방행정체제개편에 관한 특별법」에 의해 주민자치회를 시범실시하게 되었으며, 주민자치회의 민주적 대표성과 운영에 있어 민주성 확대를 위한 자치계획 수립, 주민총회 개최, 분과위원회의 개방된 운영 등의 내용을 담은 표준조례안을 제·개정하여 지방자치단체에 안내하였다(최인수·전대욱, 2021).

82) 행정안전부는 주민자치회 설치·운영에 관한 지방자치단체의 조례 제·개정에 도움을 주고자 2013년「주민자치회 시범실시 및 설치·운영에 관한 조례안」을 제정하여 안내하고 있으며, 2022년부터 행정안전부에서는「주민자치회 시범실시 및 설치·운영에 관한 표준조례안」의 '표준조례'를 '참고 자치법규'로 용어를 변경하여 사용하고 있다(전대욱 외, 2022: 23).

이후 2019년 3월 자치분권위원회는 자치분권 시행계획을 확정 발표하였다. 주민자치회의 대표성을 제고하고 활성화를 위해 「지방자치법」을 개정하여 행정·재정적 지원 근거를 명시하고자 하였으나, 주민자치회 설치와 운영, 기능 등을 포함한 「지방자치법」 전부개정법률안이 2020년 5월 20대 국회 회기 만료와 함께 폐기되었다. 2020년 7월 21대 국회에 들어와서 정부 입법 발의로 '주민자치회 설치 및 운영'에 관한 내용이 빠진 「지방자치법」 전부개정법률안이 국회에 입법 발의되었으며, 이후 2022년 1월 13일 「지방자치법」이 전부 개정되었다. 이처럼 주민자치회는 법률적 기반이 아닌, 「주민자치회 시범실시 및 설치·운영에 관한 표준조례안」을 중심으로 점차적으로 개선되어 왔다.

「주민자치회 시범실시 및 설치·운영에 관한 표준조례안」은 2013년 제정 이후 2023년까지 총 7차례 개정되었으며, 주민참여 확대와 제도 운영의 자율성 및 실효성 확보에 중점을 두었다. 특히, 2020년 제6차 개정안은 주민자치회의 기능을 주민자치업무, 협의업무, 수탁업무로 구체화하고 위원 정수를 최소 30명 이상으로 확대하며 위원 자격을 만 18세 이상의 주민등록자뿐만 아니라 일정 조건의 외국인 및 지역 내 기관 종사자 등으로 확대하였다. 위원 선정 방식은 이통장 추천 및 공개모집 후 위원선정위원회에서 선출하던 방식에서 벗어나 공개모집과 교육 이수 후 공개추첨방식으로 바뀌어 다양한 계층의 참여를 유도하였다.

2023년 제7차 개정안은 자율성과 지역맞춤형 주민자치회 운영을 대폭적으로 강화한 것이 특징이다. 위원 정수의 최소 기준(30명 이상)을 삭제하고 읍·면·동별 다양한 현실과 지역 여건을 반영하여 자율적으로 정하도록 하였으며, 위원 자격도 해당 읍·면·동에 1년 이상 거주한 주민으로 명확화하였다. 위원 선정 방식은 공개추첨 방식에만 의존할 경우 적극적인 주민참여가 제한된다는 문제를 반영하여, 위원선정위원회를 통한 선출 등 다양화를 허용하고 지방자치단체의 재량권을 확대하였다. 더불어 위원 사전교육 이수에 대한 의무도 완화하여 교육 여부와 시간은 지역 실정에 따라 자율적으로 결정하도록 하였다. 간사 및 사무국과 관련해서 2020년 개정안에서는 간사를 외부 주민도 맡을 수 있게 하고 사무국 설치를 허용하였으나, 2023년에는 지역사회와 무관한 인력 채용과 수당 지급을 방지하기 위해 해당 규정을 간소화하여 지역 여건에 따라 간사 및 사무국 운영을 자율화하도록 하였다. 주민총회 및 자치계획 수립은 2018년 개정안에서 처음 규정되었으나, 2023년에는 해당 절차의 부담을 고려하여 의무조항을 임의조항으로 전환하였다. 운영의 투명성을 제고하기 위해 보조금 집행 시 증빙 후 정산 원칙을 명시하고 운영세칙, 감사결과, 위원선정 등 주요 정보의 공개를 강화하였다. 미공개 시 지방자치단체의 장이 공개를 요청할 수 있도록 근거도 마련하였다. 한편, 지방자치단체의 지원 사항으로는 행정적·재정적 지원, 주민참여 확대를 위한 교육과 시책 마련, 전용 사무실 제공 등이 명시되었으나, 2023년 개정안에서는 주민주도성을 침해할 수 있다는 이유로 법인·단체 등의 지원 항목은 삭제되었다.

종합해보면, 7차례에 걸친 「주민자치회 시범실시 및 설치·운영에 관한 표준조례안」 개정은 주민자치회의 실질적인 자율성과 주민주도성을 강화하고, 참여 장벽을 낮추며, 행정지원의 범위와 형식을 재정립하고자 한 것으로 평가할 수 있다. 이는 다양한 지역 여건을 반영한 탄력적 운영을 가능하게 하면서도 주민자치회의 투명성과 책임성을 확보하고자 한 노력의 일환이라 할 수 있다. 그럼에도 불구하고, 여전히 주민자치회의 제도적 안정성과 실질적 기능 수행에는 한계가 존재한다. 위원 구성의 대표성 확보, 주민참여의 제한, 지역 간 운영 격차 해소, 행정기관과의 권한 및 역할분담 등은 지속적인 보완이 필요한 과제로 남아 있다(유수동·박현욱, 2025). 특히, 「주민자치회 설치·운영에 관한 조례」를 통해 지역맞춤형 운영을 어느 정도 가능하게 하지만, 일부 지방자치단체에서는 제도·사업의 형식화, 운영 미흡, 주민 무관심 등의 문제가 나타날 수 있어, 주민자치회의 정착을 위한 실효성 있는 중앙정부 차원의 지원과 지속적인 성과 모니터링이 병행될 필요가 있다.

지역을 가장 잘 알고 있는 주민들, 스스로 지방을 살리고자 움직이다

지방자치단체는 주민자치회의 활성화를 위한 다양한 시도를 전개하고 있다. 「주민자치회 설치·운영에 관한 조례」 제정, 지원센터 설치, 주민자치교육 확대, 자치(마을)계획 수립, 우수사례 공유 등 지방 차원의 안정적인 주민자치회 운영·실행의 틀을 마련하기 위한 움직임이 전국에서 나타나고 있다. 특히, 일부 지방자치단체에서는 주민자치회를 마을계획 수립, 지역예산 편성, 공공서비스 설계·제공 등에 실질적으로 참여시키면서 생활자치 실현을 위한 구체적인 실험을 시도하고 있다.

예를 들어, 고양시 행신2동 주민자치회는 지역의 하천변 방치 공간을 마을 자원으로 활용하여 대규모 연꽃밭을 조성하였다. 단순 조경을 넘어 주민들이 직접 연근을 심고, 생태체험, 연잎밥·연잎차 만들기 체험, 경로당 방문 연꽃 반려식물 가꾸기, 사계절 생태교육 등 다양한 프로그램을 운영하였다. 이 사업으로 마을에 활기를 불어넣었고, 주민참여도와 마을 만족도가 크게 향상되었으며, 지역 명소로 발돋움하였다.[83)]

시흥시 정왕2동 주민자치회는 '산소 심는 마을' 프로젝트를 통해 민·관·학 협력 탄소중립 실천 사업을 추진하였다. 구체적으로 학부모 환경활동가 양성, 청소년 환경교육, 자원순환가게 운영, 탄소가계부 작성, 나무 심기 등 일상 속 환경운동 실천에 주력하였다. 실제로 116명이 참여하고 61,500kg CO2 감축과 615그루 식재 효과를 거뒀으며, 실천성과 지속가능성 측면에서 높은 평가를 받았다.[84)]

수원시 율천동 주민자치회는 학교－마을 연계 교육, 생태환경 프로젝트, 축제 운영 등 12개 마을공간에서 19개 프로그램을 실시하였다. 마을 내 학생과 주민이 함께 방과후 진로체험, 생태자원순환, 환경문화체험을 실시하여 공동체 소통과 학교－마을 연대 모델을 제시하였으며, 주민주도형 마을자치의 성공사례로 평가받았다.[85)]

부산시 동래구 안락1동 주민자치회는 '지구를 쓰담쓰담'이라는 플로깅(걷기＋쓰레기 줍기) 캠페인을 운영하였다. 동네 경로당과 긴밀히 협력하여 고령자와 청년, 어린이까지 전 세대를 아우르는 맞춤 플로깅 일정을 짜고, 수거한 재활용품은 지역자원순환센터에 바로 연계하여 즉각적인 환경개선 효과를 가져왔다. 또한 플

---

83) "행신2동, 경기도 주민자치 한마당 '대상'". (2025.07.11.)
[출처: 고양신문] https://www.mygoyang.com/news/articleView.html?idxno=84876

84) "2025년 경기도 주민자치 우수사례 한마당 '최우수상' 쾌거". (2025.07.09.)
[출처: 시대일보] https://m.sidaeilbo.co.kr/1199628

85) "수원시, '2025년 경기도 주민자치 우수사례 한마당'에서 우수상". (2025.07.09.)
[출처: 미디어투데이] https://www.mediatoday.asia/1447587

로깅 중간에는 동네 '길고양이 급식소' 점검, 빈집 골목 환경정화 등 주민체감형 프로그램이 더해졌다. 주민들은 마을환경 개선과 동시에 자연스럽게 소통과 유대감을 쌓았다는 점이 높이 평가받았다.86)

서울시 성동구 주민자치회에서는 각 동별로 '마을의제 발굴 설문'과 '주민 리더십 교육'을 체계적으로 시행하였다. 주민 스스로가 노후주택 개선, 무단투기, 골목문화 활성화 등 마을 내 산재한 문제들을 찾고, 직접 워크숍과 교육에서 리더십을 학습하여 본인이 마을사업을 기획하는 데까지 이르렀다. 특히, 동별 주민 간 교차 토론, 의제 심화 조사, 제안 실무화 프로젝트 운영이 이루어졌으며, 주민참여 리더 300여 명을 양성하여 성장하는 풀뿌리 민주주의의 모습을 구체적으로 그려나가고 있다. 이는 큰 공감대를 형성하여 성동구 전역의 실질적인 지역혁신으로 확장되었다는 평가를 받고 있다.87)

주민자치회는 지역공동체 활성화, 공간 재생, 환경 개선, 교육 연계, 세대 통합, 지역 거버넌스 강화 등 다양한 방식으로 주민자치의 외연을 확장하고 있다. 각 사례들은 하나의 사업 추진을 넘어, 주민 스스로가 지역문제를 발견하고 해결하는 자치역량을 키우는 과정이자, 지속 가능한 풀뿌리 민주주의 구축의 밑거름이 되고 있다는 점을 보여준다.

그러나 이러한 진전에도 불구하고, 여전히 주민자치회가 실질적인 주민주도의 자치기구로 작동하기에는 구조적 한계가 존재한다. 첫째, 주민자치회의 법적 지위와 역할이 명확히 정립되지 않아 지역 간 편차가 크고, 행정의 해석에 따라 기능이 축소되거나 왜곡될 여지가 존재한다. 둘째, 안정적인 재정지원체계와 독립적인 운영을 위한 제도적 뒷받침이 부족하여 주민자치회의 자율성과 지속가능성이 위협받고 있다. 셋째, 주민자치회를 행정의 하부기구로 인식하거나 사업의 도구로 활용하려는 경향도 여전히 남아 있다. 이는 주민자치회의 본래 목적을 훼손할 수 있는 위험요인이다.

86) "'2025년 부산광역시 주민자치 활성화 워크숍' 열린다". (2025.07.04.)
[출처: 서울경제TV] https://www.sentv.co.kr/article/view/sentv202507040032

87) [출처: 성동구 마을자치 지원센터 홈페이지] https://sdmaeul.org/ (검색일: 2025.08.02.)

표 2-1 주요 주민자치회 우수사례

구분	핵심사업	주요 내용 및 효과	시사점
고양시 행신2동 주민자치회	연꽃밭 조성 및 생태체험 프로그램	▪ 하천변 방치 공간을 연꽃밭으로 재생 ▪ 연근 심기, 연잎밥·연잎차 체험 등 주민참여형 프로그램 운영 ▪ 경로당, 생태교육 등 연계 확산 ▪ 주민참여도 및 마을 만족도 향상, 지역명소화	▪ 방치 공간을 지역자원으로 전환한 창의적 활용 사례 ▪ 주민의 자발적 참여가 지역공동체 활성화로 직결됨을 보여줌
시흥시 정왕2동 주민자치회	'산소 심는 마을' 탄소중립 프로젝트	▪ 민·관·학 협력 기반 환경실천사업 ▪ 환경활동가 양성, 자원순환가게 운영, 나무심기 등 ▪ 116명 참여, CO_2 51,500kg 감축 등	▪ 일상생활 속 탄소중립 실천을 주민자치 영역으로 확장한 모델 ▪ 실질성·지속가능성을 모두 확보한 주민주도형 환경사업 사례
수원시 율천동 주민자치회	학교-마을 연계 교육 및 생태 프로젝트	▪ 12개 마을공간에서 19개 프로그램 운영 ▪ 진로체험, 생태자원순환, 환경문화체험 등 ▪ 공동체 소통 및 학교-마을 연계 강화	▪ 교육과 마을자치의 연계를 통해 세대 간 통합 및 지역교육 공동체 기반 마련 ▪ 주민주도 교육모델의 지역 확산 가능성 제시
부산시 동래구 안락1동 주민자치회	'지구를 쓰담쓰담' 플로깅 캠페인	▪ 세대별 맞춤형 플로깅 캠페인 ▪ 경로당 협력, 자원순환 연계 ▪ 길고양이 급식소 관리, 빈집 환경정화 등 ▪ 주민 간 소통·유대감 형성	▪ 고령자부터 어린이까지 아우르는 세대통합형 주민활동 사례 ▪ 환경개선과 사회적 관계망 강화라는 이중 효과 창출
서울시 성동구 주민자치회 (동)	마을의제 발굴 및 주민 리더십 교육	▪ 주민 설문조사를 통한 문제 발굴 ▪ 워크숍, 리더십 교육, 실무화 프로젝트 운영 ▪ 주민 리더 300명 양성 ▪ 전 구역으로 지역혁신 확산	▪ 주민주도의 정책 설계와 실행 기반 마련 사례 ▪ 풀뿌리 민주주의 실현을 위한 구조화된 참여 시스템 모델로 확산 기대

자료: 저자 작성

그럼에도 불구하고, 긍정적인 변화의 조짐도 분명히 나타나고 있다. 주민자치회는 지역에 뿌리내린 다양한 실험들을 통해 새로운 가능성을 열어가고 있다. 각 지역의 주민들이 공동체적 삶을 회복하고 생활 주변 문제들을 스스로 해결하려는 움직임이 점차 확산되고 있다. 이는 제도적 완비 이전에 '주민 스스로 지방을 살리는 실천적 행동'으로서 중요한 의미를 갖는다. 특히, 지역 내 다양한 세대와 계층이 공존하고 협력하는 사례들이 늘어나면서, 주민자치회는 지역사회 통합과 사회혁신의 플랫폼으로 성장하고 있다.

해외사례 1. 일본 정내회(町內會)가 주는 시사점: 주민 삶에 밀착된 주민자치조직

일본의 정내회(町內會)는 시정촌(市町村)보다 더 작은 단위에서, 주로 세대 단위의 자발적 가입을 통해 구성되는 대표적인 지역사회 주민자치조직이다. 역사적으로는 농업 및 수리(水利)의 지역공동체에서 유래하였으며, 이는 공동체의 상호협력과 생존을 위한 집단 원리를 기반으로 한다. 이러한 전통은 근대 도시화 과정에서 자연발생적으로 확대되었고, 그 형성 동기는 지역 친목, 대지진 등 재난대응에서 비롯된 생활안전, 그리고 공동체 유대의 필요성에 있었던 것으로 분석된다(菊池 美代志, 2002). 정내회는 지역 내 환경미화, 주민 상호 간 연락체계 운영, 집회시설 유지관리, 방재, 복지 등 생활밀착형 공동활동을 전개한다. 일본 「지방자치법」 제260조의2는 정내회를 '지연(地縁) 기반 단체'로 정의하며, 지역사회의 유지와 발전에 기여하고 있다고 평가한다(岩垣 京之, 2025).

정내회는 시민사회조직으로서 다음과 같은 다층적 기능을 수행하고 있다. 사회적 자본 축적으로 주민 간 신뢰와 협력을 형성하고, 세대·계층 간 연결망을 확대하여 네트워크를 강화한다. 지역의 주요 사안에 대한 의견을 개진하여 정책 참여를 활성화하고, 복지·방재·환경관리 등의 분야에서 행정과의 연계를 통해 공공서비스를 보완한다. 운영구조 측면에서는 자치회장, 간사 등 임원을 두고 정기총회, 분과위원회 등 민주적 운영원칙을 기반으로 한다. 주민자치활동은 자원봉사를 중심으로 이루어지며, 재정은 주로 회원 회비와 지역 지원금으로 충당된다. 최근에는 고령화와 신규 회원 부족, 활동의 관행화 및 행정 의존도 증가 등 구조적 문제가 심화되고 있다. 시골의 경우, 많은 사람들이 자발적으로 정내회에 가입하였으나, 최근 도시지역에서는 가입률이 점차 감소하는 경향을 보이고 있으며, 이는 공동체 기반 약화와도 맞물려 있다(馬場 健彦, 2021).

정내회는 지방행정과의 연계 속에서 방범, 방재, 복지, 환경관리, 마을축제 등 주민복리와 관련된 다양한 사업을 수행하며, 협력적 거버넌스를 강화하고 있다. 특히, 정내회를 활용한 지역공동체 회복, 지방소멸 대응, 주민참여형 복지모델 실험 등이 활발히 진행되고 있다. 그러나 여전히 법적 지위와 안정적인 재원 확보의 한계, 회원 구성의 다양성 부족, 형식적·관행적 운영 등 근본적인 문제는 중요한 과제로서 지속적으로 논의되고 있는 상황이다(馬場 健彦, 2021; 岩垣 京之, 2025).

일본 정내회 사례가 우리나라 주민자치회에 주는 시사점은 다음과 같다. 첫째, 주민자치의 일상화를 강화할 필요가 있다. 정내회는 주민들의 일상생활과 직접적으로 연결된 방재, 복지, 환경 등을 중심으로 운영되어 생활밀착형 주민자치조직의 모델을 보여준다. 우리나라 주민자치회 역시 마을 단위에서 실질적인 문제해결기능을 강화하고, 주민 삶과 직접적으로 연계된 의제들을 다루는 방향으로 전환할 필요가 있다. 둘째, 지역 기반 조직의 자발성과 연대성에 주목해야 한다. 정내회의 지역공동체 기반, 즉 지역 중심의 소속감과 연대 의식은 주민자치의 지속성과 참여동기, 동력을 높인다. 주민자치회 역시 지역공동체를 기반으로 하는 신뢰 관계 형성에 주력해야 할 것이다. 셋째, 지방행정과의 연계 강화와 주민주도성의 균형을 이루어야 한다. 정내회는 행정과 유기적으로 연계·협력하면서도 자율성과 주민주도성을 유지하려는 구조를 가지고 있다. 주민자치회도 위임된 역할 수행에 그치지 않고, 주민들이 정책 제안, 집행, 평가 등에서 실질적인 권한과 책임을 분담받는 구조로의 전환이 필요하다. 마지막으로, 정내회와 주민자치회는 고령화, 다양성 부족 등 지속가능성에 대한 위기를 공유하고 있다. 정내회가 겪고 있는 고령화, 신규 회원 부족, 형식적 운영 등의 문제는 주민자치회에서도 유사하게 나타나고 있다. 이를 극복하기 위해서는 청년·여성·이주민 등 다양한 계층과 세대의 주민참여를 확대하고, 유연하고 개방적인 주민자치 플랫폼으로 발전될 필요가 있다.

해외사례 2. 영국 패리쉬 위원회(Parish Council)가 주는 시사점: 법적 권한과 재정 자율성에 기반한 주민자치의 구현

영국 패리쉬(Parish)는 가장 기초적이고 독립적인 지방정부 계층이다. 패리쉬 위원회(Parish Council)는 공식적으로 법적 권한을 가진 총회이며, 지역 차원의 선출조직으로 준자치단체이다. 패리쉬 위원회는 지역 내 다양한 사안에 대해 실질적인 의사결정과 정책실행 권한을 갖고 있다. 이는 단순한 자문기구나 주민참여조직이 아닌, 공공서비스를 계획하고 운영할 수 있는 주체적인 조직이라는 점이 특징이라 할 수 있다.

패리쉬 위원회는 Local Government Act 1972, Public Health Act 1936 등에서 규정한 다양한 재량권을 활용하여 주민 실생활에 영향을 미치는 정책결정에 주도적으로 관여한다. 회의는 정기적으로 개최되며, 주민의 발언권과 참여권이 법적으로 보장되어 있다. 패리쉬 위원회는 공공부지 소유, 행사 주최, 정보공개, 공공기금관리 등 다방면에 걸쳐 실질적인 책임을 진다. 패리쉬 위원회의 주요 기능은 지역계획, 도시공간관리, 커뮤니티센터 운영과 공공시설 유지 등이다. 예산이 소요되는 행정서비스는 상급 행정계층 등에서 일부 권한을 위임받아 제공하고 있으며, 공공시설 이용료 징수, 임대 수입 등 자체 재원을 보유하고 있다. 실제 패리쉬 위원회의 예산은 주로 지역 세금(Precept)으로 충당하며, 지방정부 및 민간 보조금을 통해 다양한 지역프로그램을 운영한다. 이처럼 패리쉬 위원회는 비교적 자립적이고 유연한 재정운영이 가능하다.

패리쉬 위원회는 다른 행정계층(County, Region, District)과 협력하여 정책적 연계성을 높이며, 전통적으로 지역사회의 대표성, 주민참여 확대, 민간단체와의 협력 강화가 매우 중요시된다. 최근에는 기후변화, 지속가능발전, 지역복지와 같은 새로운 정책영역까지 다루는 등 역할이 확대되고 있다.[88]

영국 패리쉬 위원회 사례가 우리나라 주민자치회에 주는 시사점은 다음과 같다. 첫째, 법적 권한과 자치의 제도화이다. 패리쉬 위원회는 법률에 근거한 권한과 재량권을 보유하고 있으며, 실제 실행능력을 가지는 구조로 작동한다. 주민자치회 역시 명확한 법적 근거 확보를 통해 권한 부여, 자율성 확보, 공공서비스 수행 등이 필요하다는 점을 시사한다. 둘째, 실질적인 주민참여가 제도적으로 보장되어 있다. 패리쉬 위원회 회의에서는 주민의 발언권과 참여권이 법적으로 보장되어 있어, 공론장이 실질적으로 작동하고 있다. 이는 주민총회나 자치계획 수립 시, 형식적 절차가 아닌 실질적 참여와 의사결정구조의 제도화를 위한 개선 방향을 제시한다. 셋째, 지방세 기반의 재정 자율성이다. Precept[89]를 통한 주민 부담

88) [출처: Newport Parish Council 홈페이지] https://newportessex-pc.gov.uk/ (검색일: 2025.08.07.)

89) Precept는 지방세에 추가로 부과하는 세금 항목으로, 패리쉬 위원회나 지방경찰청 등 특정 지방 조직이 자체적으로 필요한 예산을 마련하기 위해 해당 지방자치단체의 주민들에게 별도 징수 요청서를 발행해서 추가 세금을 걷는 제도이다.

세금은 지역문제 해결에 직접적으로 사용되며, 주민과 자치조직 간 책임성과 신뢰를 동시에 강화한다. 주민자치회 역시 지방자치단체의 위임·위탁사무 중심에서 벗어나, 주민의 선택과 책임을 기반으로 하는 재정운영모델을 개발할 필요가 있다. 넷째, 협력적 거버넌스의 강화이다. 패리쉬 위원회는 상급 지방정부와의 정책 협력뿐만 아니라, 민간단체, 지역기업, 자원봉사조직과의 연계를 통한 거버넌스 구조를 강조하고 있다. 이는 주민자치회가 지방자치를 위한 파트너로 자리잡고, 협력적 거버넌스의 주요 주체가 되어야 한다는 점을 보여준다. 마지막으로, 주민자치조직의 활동 영역을 확장해 나가는 것이 필요하다. 패리쉬 위원회는 주민 편의서비스 제공에 그치지 않고, 기후변화나 사회적 약자 보호, 지역공동체 회복 등 사회적 의제에 대한 선도적 대응기구로 발전하고 있다. 주민자치회 역시 지역특성에 맞는 사회적 의제를 발굴·설계하고 대응할 수 있는 역할과 기능 강화가 필요하다.

4. 주민자치회가 만드는 지방자치, 우리의 삶을 완성하다

주민자치회가 주민자치와 지방자치를 채워 나가다

새정부는 '국민주권정부'를 선언하고, 민주주의의 질적 회복과 직접민주주의 강화를 통해 민주주의 강국으로 나아가겠다는 비전을 제시하고 있다. 국민참여 확대와 책임 있는 국정운영을 주요 기조로 내세우며, 정부정책과 정치 전반에 대한 국민의 신뢰 회복을 중요한 과제로 설정하고 있다. 사회 전반에 퍼진 불신과 갈등의 심화를 고려할 때, 정책결정과정에서 주민의 실질적인 참여와 의사표현의 권리를 보장하는 것은 민주주의 정착을 위한 핵심과제로 부각되고 있다. 이에 따라 기존의 대의민주주의의 한계를 보완하고, 주민들이 의제설정과 정책결정과정에 직접 참여할 수 있는 직접민주주의 방식의 제도적 확대가 본격화될 것으로 전망된다. 특히, 새정부는 주민자치회의 본격 실시를 발표(국정기획위원회, 2025a) 하면서 주민자치의 새로운 전환점을 강조하고 있다. 국정운영의 패러다임을 국민주권 중심으로 재편하고자 하는 이러한 변화는 일상 속 민주주의 실현과 지역 단위 자치의 강화로 이어질 가능성이 높다.

이러한 맥락에서 2026년을 기점으로 주민자치회는 제도적 기반 위에서 전국적으로 확산되는 전환점을 맞이할 것으로 전망된다. 주민자치회를 지방행정의 공식적인 의사결정 및 공공서비스 제공 주체로 인정하고, 이를 뒷받침하는 법제도적·재정적 지원체계가 마련될 것이다. 이러한 변화는 다음의 방향을 중심으로 본격화될 것이다.

먼저, 주민자치회의 실질적인 법제화와 제도적 안착이 이루어질 것이다. 주민자치회가 「지방자치법」 또는 독립된 개별법 등을 통해 명문화되어 현재와 같은 임시적·불안정한 운영이 아니라, 공적인 권한과 책임을 갖춘 기구로 기능할 수 있게 된다. 이를 통해 주민자치회는 지역의제 발굴, 계획 수립, 예산 편성 및 집행, 평가에 이르는 전 과정에서 주체적인 역할을 담당하게 될 것이다. 주민자치회는 주민주도형 거버넌스로 전환시킬 수 있는 플랫폼으로서, 기존 주민참여형 행정의 한계를 뛰어넘고, 지방행정 패러다임을 주민 중심으로 전환시킬 것이다. 특히, 주민자치회 법제화는 중앙정부와 지방자치단체, 주민자치회 간 권한과 책임의 분배를 재조정하면서 주민자치 중심의 수평적인 분권체계 구축으로 이어질 수 있다.

이와 관련하여 주민자치회의 권한과 역할은 점차 확장될 것이다. 주민자치회가 지역정책 및 공공서비스 계획 수립부터 사업 집행까지 직접 수행할 수 있도록 제도적 권한 이양과 전문성 강화가 이루어질 것이다. 이를 통해 주민자치회는 지방행정과 지역사회의 동반자 관계로 발전되어 분업과 협력을 수행하는 진정한 주민자치 운영체로서 재정립할 것이다. 특히, 수탁사업의 다양화와 주민자치센터 중심의 단순 위탁구조가 탈피될 것이다. 주민자치회가 교육, 복지, 환경, 문화 등 다양한 분야의 공공사업을 수탁·운영하게 되며, 시·군·구 행정과 기능적으로 분업하게 될 것이다.

또한 전국적인 차원에서 주민자치회 단일모델이 아닌, 지역의 역사, 사회, 인구구조 등에 따른 차별화된 운영모델들이 실험될 것이다. 예를 들어, 농촌지역은 마을공동체 회복과 생활밀착형 서비스를 중심으로, 도심지역은 다원화된 주민의견을 조정하고 조율하는 거버넌스 중심으로 발전하는 등 지역특성에 맞는 맞춤형 확산 전략들이 활발하게 나타날 것이다. 더불어 기존 주민자치회 운영 경험이 있는 지역은 실질적인 권한 이양을 중심으로 발전시키고 미설치 지역(주민자치위원회)은 단계적인 접근과 시범 확산 방식으로 추진되는 등 지역 여건에 따른 다층적인 추진전략이 시도될 것이다.

더불어 주민자치회의 자율성과 책임성을 제고하기 위해 재정적 자립 기반이 강화될 것이다. 주민자치회를 둘러싼 가장 시급한 과제 중 하나는 운영의 자립성 확보이다. 현재 주민자치회는 대다수 운영비와 사업비를 시·군·구 운영보조금에 의존하고 있으며, 이는 독립성과 책임성을 훼손하는 요인이 되고 있다. 이러한 점에서 2026년에는 주민자치회의 재정구조를 강화하기 위한 방안이 적극적으로 검토될 것이다. 그중 가장 실용적인 방안으로 주민세 일부를 환원하여 주민자치회의 재원으로 활용하는 방식이 주목받게 될 것이다. 물론, 회비제도를 기반으로 한 주민 스스로의 주민자치회 재정조달 시스템 역시 강화되어 자생력을 높여나갈 것으로 예상된다. 주민자치회 재정 운용의 투명성과 공공성 문제는 매우 중요하기 때문에, 회계의 복식부기, 정기적 감사제도, 수입·지출 공개 등 공공조직으로서의 회계 책임체계 마련이 필수적으로 이루어질 것이다.

주민자치회의 일반운영비는 지방자치단체의 장의 재량에 좌우되는 민간경상보조사업 방식으로, 지역 간 격차가 크고 안정성이 매우 낮다. 이를 개선하기 위해 행정안전부의 표준조례를 넘어, 「지방재정법 시행령」 수준에서 읍·면·동 단위의 세대 수, 인구, 면적 등을 기준으로 산정된 운영비 보조금을 확보하는 방향이 적극적으로 검토될 것이다. 지방자치단체의 장의 재량이 아닌 법정 지원 항목으로 명문화하는 것이다. 이를 통해 주민자치회의 공익성을 감안하여 일정 부분의 운영비용을 공공예산으로 감당하게 될 것이다.

주민자치회의 법제화를 통한 공식적인 제도화와 확산은 주민자치의 내용과 방식, 책임과 권한의 배분 문제로 귀결될 것이다. 2026년은 이러한 전환의 시발점이 될 것이며, 중앙정부와 지방자치단체, 지역주민 모두가 공익성과 책임성을 바탕으로 주민자치회를 통해 주민자치와 지방자치의 내용을 채워나가는 실천이 활발히 이루어질 것이다.

풀뿌리 민주주의의 정착, 우리의 삶이 자치되다

주민자치는 더 이상 제도나 주민자치기구의 문제가 아니다. 그것은 '누가 우리 삶을 결정하는가'에 대한 본질적인 질문이며, 지역을 단위로 한 일상적 민주주의, 즉 풀뿌리 민주주의의 실천 그 자체이다. 다가온 2026년의 주민자치회는 그동안의 제도적 실험이나 행정지원사업의 대상이 아닌, 지역사회의 자율성과 공공성을 동시에 확장하는 생활자치의 실질적 주체로 자리매김할 것으로 전망된다.

주민자치는 근린지역을 단위로 주민들이 직접적으로 대면하고 스스로 공동체를 형성하여 지역문제를 해결하기 위해 직접 참여하는 것이다. 주민자치활동이 이루어지는 과정에서 주민의 자발적인 참여와 조직화를 통해 스스로 지역사회의 문제와 의제를 발굴하고 해결해 나가게 되며, 이때 지역공동체의 역량이 발휘된다(유수동, 2022). 주민자치는 주권자인 국민, 즉 지역의 주민이 자신들과 관련된 정책입안과정과 의사결정에 직접 참여하는 형태로 일상의 민주주의를 실현하기 때문에, 간접민주주의의 한계를 극복할 것으로 기대되고 있다. 특히, 주민자치회는 주민의 자발적인 참여와 조직화, 지역의 의제설정과 실행, 지역공동체 역량 강화 등 주민자치활동을 통해 지역사회를 실질적으로 변화시키는 플랫폼으로서 그 역할이 매우 중요하다. 그러나 이와 같은 주민자치회의 중요성에도 불구하고, 주민자치의 현실은 녹록지 않았다.

그럼에도 불구하고, 주민자치회는 지역 현장에서 멈춰 있지 않았다. 제도의 미비와 정책 우선순위에서 멀어졌음에도, 전국 각지의 주민자치회는 실질적인 활동과 성과를 기반으로 지역의 변화와 사회혁신을 주도하였다. 특히, 2026년에는 다양한 지역에서 주민자치회에 대한 참여·활동의 확대와 다양화, 성과들이 가시화되면서 '주민이 주인이 되는 지방자치'의 핵심적인 주체로 재조명될 것으로 기대된다. 전국 어디에서나 주민자치회를 중심으로 주민총회, 마을계획, 생활의제 발굴, 공공서비스 제공 등 실질적인 활동들이 확산될 것이다. 과거 단순한 '자문·협의기구'였던 주민자치회는 이제 마을과 지역의 정책을 스스로 설계하고 실행하는 주민자치조직으로 진화될 것이다. 주민자치회는 청년, 여성, 노인, 다문화 주민 등 다양한 계층이 함께 참여하는 민주적 공론의 장이 되고, 지역갈등을 조정하고 공동체 문제를 해결하는 현장중심의 숙의 플랫폼으로서 기능하게 될 것으로 기대된다.

또한 주민자치회는 복지, 문화, 환경, 안전 등 지역생활 전반에 걸쳐 주민의 실질적 삶을 바꾸는 프로젝트를 직접 주도할 것이다. 그동안 현장에서는 실질적인 주민자치의 중심으로서 주민자치회의 가능성과 역량을 입증하였다. 자치의 힘은 중앙이 아닌 지역에서, 제도가 아닌 사람과의 관계에서, 그리고 실천에서 출발한다. 주민자치회는 우리 곁에서, 우리의 삶 속에서 자치를 만들어 갈 것이며, 더 이상 제도와 지방행정의 주변부에 머무르지 않고 지역사회 변화와 사회혁신의 동력으로 자리 잡게 될 것이다.

이러한 맥락에서 주민자치회는 주민(시민)참여의 최일선 플랫폼으로서 그 중요성이 더욱 주목받게 될 것이다. 주민자치회는 마을과 지역문제에 대한 주민의 주도적인 해결능력을 키우고, 주민참여와 주민자치를 실현하는 실천적인 기제로 자리 잡을 수 있는 기반이기 때문이다. 주민들이 일상생활 속에서 주민자치의 효능감을 체감하고, 정책 설계와 공공서비스 제공에 적극적으로 참여하는 구조는 민주주의의 생활화를 가능하게 하는 실험장이 될 것이다. 이는 새로운 지방행정의 모습이라 할 수 있다. 결국, 2026년 주민자치회의 모습은 국민주권 실현을 위한 핵심 수단이자, 풀뿌리 민주주의의 지속 가능한 토대를 확장하게 될 것으로 기대된다. 주민자치회의 법제화와 제도화는 시범사업과 같은 불안정한 사업이나 일회성 정책이 아니라, 향후 지방행정의 근간을 바꾸는 중장기적인 정책방향으로 자리매김할 것이며, 이에 따라 주민자치회는 주민이 주인이 되는 주체로서, 지방을 움직이는 힘이 되어갈 것이다.

5. 주민자치회, 일상에서 미래를 설계하고 혁신을 이끌다

2026년, 주민자치회는 지역사회를 이끄는 핵심 주체이자, 지방을 움직이는 풀뿌리 민주주의의 플랫폼으로 자리 잡을 것이다. 즉, 주민들이 지역의 주체가 되어 자발성과 책임감을 가지고 지역문제를 해결해 나가는 풀뿌리 민주주의의 실천 기반이 될 것이다. 이를 위해서는 주민자치가 일상생활에서 정착될 수 있는 종합적인 정책 설계와 실행전략이 필요하다. 구체적으로 법·제도적 기반의 정비와 함께 실질적인 권한 부여, 주민과 지방행정 간 협력적 거버넌스 구축, 운영의 자율성과 안정성을 위한 행정적·재정적 지원, 주민참여 기반 확대 등 다층적인 전략이 병행되어야 한다.

정책방향: 새로운 주민자치의 장을 열어 나가다

주민자치회의 활성화를 위해서는 다층적이고 유기적인 접근이 필요하다. 더불어 주민자치회 자체적인 노력뿐만 아니라 중앙정부, 지방자치단체, 지역주민, 사회활동가, 전문가 등 다양한 행위자 간의 협력이 전제되어야 한다.

무엇보다 먼저, 주민자치를 위한 실질적인 법제화와 권한 부여가 핵심적인 과제이다. 그동안 지방행정의 보조적 기구로 기능하였던 주민자치회가 지역의 정책과 공공서비스를 설계·집행·평가하는 실질적인 참여 주체로 자리매김하도록 행정적 권한 이양과 자율성 보장이 필요하다. 이를 통해 주민자치회는 명실상부한 풀뿌리자치의 활성화와 민주적 참여의식 고양을 위한 중심 기구로 기능할 수 있다. 더불어 행정기관과의 역할분담, 주민과의 책임 관계, 지방의회와의 관계 등 주민자치회의 기능과 역할을 둘러싼 다양한 법·제도적 관계 정립도 동시에 이루어질 필요가 있다.

둘째, 주민자치회의 법·제도적 기반 강화와 함께 지역맞춤형 운영모델의 허용이 필요하다. 주민자치회는 협력형이라는 전국적 단일모델을 일률적으로 적용하기보다, 지역특성과 주민의 자치역량, 지방행정의 수요 등을 반영할 수 있는 다양한 유형의 운영모델을 인정해야 한다. 중앙정부와 지방자치단체는 주민자치회 유형을 다변화하고, 이를 뒷받침할 수 있는 우수사례분석, 가이드라인 마련, 자율성 확대 등의 정책적 지원을 아끼지 말아야 한다. 특히, 기존 주민자치회 운영모델의 분화가 아닌, 지역적 특수성을 설계 자체에서부터 반영하는 구조로의 대전환이 요구된다.

셋째, 주민자치회와 주민, 지방행정 간 협력적 거버넌스체계 구축을 통한 진정한 지방자치의 구현이 이루어져야 한다. 이는 주민자치회가 주민의 의견을 수렴하는 것을 넘어, 주민이 주인으로서 지역 내 의사결정의 전 과정에 참여하는 구조로 전환하는 것을 의미한다. '주민주도＋행정지원'의 원칙 아래, 주민이 가장 잘 알고 있고 가장 잘할 수 있는 영역과 기능은 주민자치회에 맡기고, 행정은 이를 적극적으로 보조하고 지원하는 방식으로 역할을 재정립해야 한다. 나아가 지방자치단체의 장의 교체나 행정 담당자의 인사이동에도 흔들림 없는 지속 가능한 협력체계를 제도적으로 구축해야 한다.

넷째, 주민자치회의 안정적인 운영을 위한 재정·인력·교육 기반의 확충이 필수적이다. 현재 대부분의 주민자치회는 사업역량 및 전담인력, 주민 관심도 및 참여, 운영비 부족 등으로 인해 자율적·독립적인 운영이 어려운 상황이다. 따라서 지방자치단체는 주민자치회에 대한 별도 예산을 확보하고, 중장기적으로는 주민자치회와 주민참여예산 간 연계를 강화할 필요가 있다. 더불어 컨설팅, 멘토링 중심의 맞춤형 지원체계를 통해 주민자치회의 기획력과 갈등조정능력, 회계·행정 실무 등 역량을 체계화하는 것이 핵심이다.

다섯째, 주민참여 확대를 위한 참여 플랫폼 구축과 자치문화의 조성이 함께 추진되어야 한다. 주민자치는 일상에서 실천될 때 가장 큰 효과와 효능감을 경험하게 된다. 주민자치활동을 일상생활과 연결하여 참여의 동기를 강화하고 참여자 간 상호책임과 공동체 의식을 고양시켜야 한다. 주민자치회는 회의기구가 아니라, 주민들이 자발적으로 모이고 소통하며 공공성을 실현하는 생활공동체의 중심이 되어야 한다.

주민자치회의 법·제도적 기반 강화와 중앙정부 및 지방자치단체의 행정적·재정적 지원이 뒷받침되더라도, 주민자치회의 활성화는 쉽게 달성되지 않는다. 자치역량의 지역 간 격차, 제도화 이후의 정체 가능성, 행정과의 갈등조정 등의 과제가 여전히 남아 있다. 이에 실질적인 권한 부여, 맞춤형 운영, 지방행정과의 협력적 관계, 인프라 및 자치문화 조성이라는 다층적인 전략을 통해 일상생활 속에서 주민이 주인이 되고, 지역의 미래를 함께 설계하는 새로운 주민자치의 장이 열려야 한다.

단기과제: 시범실시를 넘어, 주민자치의 미래를 다지는 설계

주민자치회가 더 이상 '시범실시, 시범사업'의 이름 아래 머무르지 않고, 실질적인 자치의 주체로 자리매김하기 위해서는 단기적으로 반드시 해결해야 할 과제가 존재한다. 현재까지 중앙정부는 주민자치회를 '시범'과 '사업' 중심으로 접근하는 경향이 강하다는 점이다. 제도적 설계와 권한 부여보다는 시범사업과 우수사례 발굴에 머무르고 있어, 주민자치회가 제도적 틀 안에서 자율적이고 지역특성에 적합하게 작동할 수 있는 여건 조성이 더디게 진행되고 있다. 실제로 지역별 주민자치회의 운영 수준과 활성화, 지원체계, 권한 범위 등은 매우 상이하며, 제도적 불완정성과 정책적 관심 부족, 지원체계 미비 등이 주민자치회의 한계를 구조적으로 고착시키고 있다. '시범실시, 시범사업'이라는 꼬리표는 주민자치회의 발전과 확산을 어렵게 만들고, 풀뿌리자치의 활성화와 민주적 참여의식 고양을 위한 주민자치회의 역할과 기능을 제한하고 있다.

이러한 점에서 단기적으로 주민자치회의 안정적인 법적 기반을 확립하고 제도설계를 구체화하는 작업이 최우선으로 이루어져야 한다. 현재와 같은 제도적 불확실성과 법적 미비는 사실상 지방자치단체에 따라 해석과 적용이 달라질 수밖에 없으며, 소극적인 행태에 머물러 주민자치회의 발전가능성을 상당히 제약하게 된다. 이에 우선적으로 「지방자치법」이나, 「지방자치분권 및 지역균형발전에 관한 특별법」에 주민자치회의 설치 및 운영 등에 필요한 사항을 구체적으로 규정할 필요가 있다. 현재 「지방자치분권 및 지역균형발전에 관한 특별법」 제40조에 주민자치회의 설치 등에 관한 내용이 규정되어 있으나, 그 내용이 구체적으로 명시되어 있지 않은 상황이다. 특히, 주민자치회의 설치 시기, 구성, 재정 등 주민자치회의 설치 및 운영에 필요한 사항은 따로 법률로 정한다고 되어 있으나 (「지방자치분권 및 지역균형발전에 관한 특별법」 제40조 제6항), 현재 조문에서 위임한 사항을 규정한 하위법령이 미비되어 있다. 이에 주민자치회의 설치 및 운영 등에 관한 법령을 제·개정하거나, 「주민자치회 구성 및 운영에 관한 법률(주민자치회법)」, 「주민자치기본법」 등과 같은 독립적인 개별 법률 제정을 통해 주민자치회의 법적 지위를 확립해야 한다. 단기적인 법률 제·개정이 어려운 경우, 「지방자치분권 및 지역균형발전에 관한 특별법」 제40조 제6항에 따른 하위법령을 조속히 마련하여, 최소한의 제도적 안정성부터 확보할 필요가 있다. 이와 같은 제도적 장치를 강화함으로써 주민자치회는 실질적인 주민자치기구로 발돋움할 수 있게 될 것이다.

두 번째 과제로는, 주민자치회 운영방식에 있어 지역특성을 고려한 맞춤형 운영모델을 개발·실험·적용하는 것이 필요하다. 지역의 사회적·경제적·문화적·지리적 특성과 맥락을 충분히 고려하여 다양한 유형의 운영모델을 시범적으로 개발·적용하고, 그 결과를 바탕으로 정책화하는 작업이 병행되어야 한다. 수도권과 비수도권, 대도시, 도시지역과 농산어촌, 인구감소지역 등은 주민자치의 필요성과 방법, 그 활동내용이 다를 수밖에 없기 때문에, 이를 고려한 다양한 주민자치회 운영모델과 방식을 개발·적용할 필요가 있다. 이에 중앙정부는 기본적인 제도적 틀과 가이드라인, 지원체계를 제공하되, 지역주민들과 지방자치단체가 스스로 주민자치회의 운영방식과 활동방향을 선택하고 설계할 수 있도록 자율성과 유연성을 보장하는 것이 필요하다. 이와 같은 주민자치회 운영모델의 다양성도 법제화 과정에서 명확하게 반영되어야 한다. 더불어 지방자치단체 단위에서도 주민자치회 관련 조례나, 운영지침의 차별화가 필요하며, 지역맞춤형 지원체계도 강화되어야 한다.

세 번째 과제는 지방행정과의 협력 기반 강화이다. 주민자치회가 실질적인 영향력을 갖기 위해서는 행정과의 관계 재정립이 필수적이다. 이를 위해 단기적으로는 지방자치단체와 주민자치회 간 공식적인 역할 분담체계 구축이나, '주민자치회와 지방자치단체 간 협약제도'와 같은 방안도 고민해볼 필요가 있다. 주민이 중심이 되고 지방행정은 이를 지원하는 구조가 정착되어야 한다. 이는 현재와 같은 사무의 일부나 업무 위임을 넘어서, 정책 수립과 집행, 평가과정 전반에 주민이 실질적으로 참여하고 권한을 행사할 수 있도록 보장하는 체계여야 한다는 것이다. 동시에 지방공무원의 주민자치에 대한 이해도와 실행역량도 함께 제고되어야 하며, 협력에 기반한 행정운영을 유도하기 위한 교육과 내부 지침 개선도 병행되어야 한다. 이처럼 주민과 지방행정이 동등한 파트너십을 기반으로 지역 내 공동 문제해결에 나설 수 있는 협치문화의 조성이 요구된다.

네 번째 과제는 운영 기반의 안정화이다. 주민자치회가 독립성과 전문성을 확보하기 위해서는 재정과 인력의 지원이 전제되어야 한다. 단기적으로 지방자치단체는 주민자치회에 대한 예산 배분과 지원을 확대해야 하며, 주민자치회 전담 인력 및 사무공간 확보, 실무교육 강화, 민간 전문가와의 연계, 별도 중간지원조직 설치 등을 통해 운영의 전문성을 강화할 필요가 있다. 청년·여성·시니어 리더 양성 프로그램, 실무형 주민자치 아카데미, 주민자치 컨설턴트 양성과정 등의 교육 기반 확충도 병행되어야 한다. 특히, 사업기획 역량, 마을·자치계획 수립 및 공공갈등 관리능력 등 미래지향적 자치역량을 갖춘 주민 리더 육성 역시 매우 중요하다.

마지막으로, 주민이 자치의 주체로서 역할을 할 수 있도록 참여 기반 확대와 자치문화 조성이 필요하다. 이를 위해 마을 앱, 커뮤니티 채널 등 디지털 기술을 활용한 온라인 플랫폼을 구축하고, 분과회의, 소모임, 마을총회 등 오프라인 기반의 생활 속 참여 공간이 동시에 활성화되어야 한다. 특히, 청년, 장애인, 이주민 등 다양한 계층이 주민자치의 구성원으로 자연스럽게 참여할 수 있도록 제도적 장치와 성숙한 자치문화의 형성이 요구된다. 지역 미디어, 마을 방송, SNS 등 다양한 홍보·소통채널을 통해 주민자치회의 활동을 적극적으로 알리고, 지역주민들의 관심과 참여를 독려할 수 있는 미디어 전략 강화도 이루어져야 한다. 지역 내에서 주민자치회를 통한 주민자치 성공사례를 적극적으로 공유하고 확산하여 주민자치의 확산과 자긍심을 높이는 노력도 필요하다.

중기과제: 주민자치의 일상화

중기적으로는 주민자치회의 안정적인 법적 기반 마련 이후, 실제 지역의 다양한 이슈 해결에 주체적으로 참여하고 주민의 일상 속에 자치가 녹아드는 체계를 정착시키는 것이 핵심이다. 중기적으로 주민자치회는 주민자치를 '제도'에서 '생활'로, '참여'에서 '실천'으로 전환시키는 것을 목표로 한다. 이를 위해 첫째, 주민자치회가 지역문제를 기획·집행·평가하는 실질적인 공공조직으로 기능할 수 있도록 권한과 책임을 확대해야 한다. 이를 위해 자치계획 수립권, 생활의제 집행권, 운영예산의 기획·편성·집행권, 마을자산 관리·운영 등 구체적인 권한이 법령과 조례를 통해 명시적으로 보장되어야 한다. 또한 주민자치회의 권한 확대에 따른 책임성과 투명성을 담보하기 위해 활동에 대한 평가와 환류, 내부 통제 및 보고체계 등도 함께 정비할 필요가 있다.

둘째, 지역별 주민자치회 운영모델의 다양성과 자율성을 제도적으로 뒷받침할 필요가 있다. 수도권과 비수도권, 도시와 농촌 등 지역 여건과 주민 수요의 차이를 반영하여 운영모델, 사업유형, 참여방식, 거버넌스 구조 등을 자율적으로 설계할 수 있는 유연한 틀이 마련되어야 한다. 단기적으로 다양한 주민자치회 운영모델을 개발하여 현장에 시범 적용하였다면, 중기적으로는 지역의 자율성과 창의성을 반영한 운영모델별 가이드라인을 마련해야 한다. 이때, 가이드라인은 주민자치회가 주체가 되어 자율적인 준수와 함께 다양한 방식으로 적용 및 발전시킬 수 있도록 유도해야 한다. 중앙정부는 교육, 컨설팅, 재정 등 범용적인 기반을 지원하고, 지방자치단체와 주민자치회는 지역맞춤형 운영모델 설계·활용에 대한 권한과 재량권을 가질 수 있는 방향으로 전환될 필요가 있다.

셋째, 주민자치회와 지방자치단체 간 지속 가능한 협력체계 구축이 필수적이다. 단기적으로 역할분담과 협약제도를 시도하였다면, 이러한 노력들이 일회성에 그치지 않도록 중기적으로는 이에 대한 성과평가와 개선방안을 마련하는 등 상시적인 협력체계로 이어져야 한다. 이를 위해 주민자치회–지방자치단체 간 정기적인 협력체 구성·운영, 공동 정책개발 프로세스 구축, 민관 공동사업 및 평가체계 구축 등 구체적인 방안들을 확대해 나가야 한다. 주민자치회가 지방행정체계의 한 축으로 정립될 수 있도록 제도화하는 것이 필요하며, 이를 위한 법적·행정적 기반을 마련해야 한다.

넷째, 주민자치회의 역량 제고와 지속가능성을 담보하기 위한 전문인력 육성과 자치역량 강화체계도 중기과제로 중요하다. 주민자치활동의 내실화를 위해 실무자, 활동가, 주민 리더, 공무원 등을 대상으로 한 표준화된 역량 교육체계 구축이 필요하며, 지역맞춤형으로 지속적으로 발전시켜 나갈 필요가 있다. 지역대학 및 시민사회단체 등과 연계한 교육협력체계 강화, 인증제 기반의 교육 프로그램 도입도 고려해볼 필요가 있다. 더불어 지역자치지원센터 등 중간지원조직의 전문성을 강화하고, 주민자치 컨설턴트 등록제 등 전문가 인력풀의 제도화를 통해 주민자치활동의 질적 기반을 확대해 나가야 한다.

마지막으로, 자치문화의 일상화와 참여 플랫폼의 정착도 중기적으로 중요한 과제이다. 온라인·오프라인을 아우르는 상시적인 주민참여체계 구축을 통해 소규모 생활의제 제안－의사결정－환류구조로 이어지는 일상적인 참여 메커니즘을 마련하는 것이 필요하다. 더불어 청년·장애인·이주민 등 소외계층의 포용적 참여 기반을 마련함으로써 주민자치회의 사회통합적 기능을 지속적으로 강화해야 한다. 이는 궁극적으로 주민자치회가 지역사회 통합 거버넌스로 진화하기 위한 토대를 형성하게 될 것으로 기대된다.

장기과제: 사회혁신을 이끄는 주민자치회

장기적으로 주민자치회는 지역사회의 다양한 문제들을 해결하고 사회발전을 주도하는 사회혁신의 플랫폼으로 전환되어야 한다. 이는 주민자치회가 지역 내 복잡한 사회문제들을 실험하고 해결해 나가는 혁신 주체이자 실험의 장으로 기능하면서 풀뿌리 민주주의 기반의 사회혁신의 동력으로 진화하는 것을 의미한다. 이제 주민자치는 '누구를 위한 자치인가'를 넘어, '무엇을 변화시킬 것인가'에 집중해야 한다.

첫째, 사회문제 해결을 위한 지역사회 협력 생태계 구축이 필요하다. 사회혁신은 고립된 개인이나 집단이 아닌, 협력적 거버넌스 생태계 안에서 가능하다. 과거에는 소수의 사람들과 리더십에 의해 사회적 변화와 혁신이 주도되었으나, 복잡·다양한 사회문제로 인해 이제는 문화적 기반에 주목해야 한다(유수동, 2021). 사회구성원 누구나 혁신가가 될 수 있다는 것이다(Mulgan, 2007). 충족되지 않는 욕구에 대한 인식과 함께 이를 어떻게 충족시킬 것인가에 대한 아이디어에서부터 사회혁신이 시작된다. 이러한 점에서 주민자치회는 사회혁신을 위한 좋은 출발점이 될 수 있다. 이러한 점에서 주민자치회는 시민사회, 공공기관, 민간기업, 대학 등과 협력하여 다양한 사회문제를 발굴·공론화하고, 공동의 해결책을 설계·실행하는 지역의 사회혁신 허브로 기능해야 한다. 특히, 사회적 경제, 커뮤니티케어,

에너지 전환, 기후위기 대응 등 복합적인 지역과제에 대해 실험적인 프로젝트들을 상시적으로 운영할 수 있는 구조를 구축해야 한다. 이를 통해 주민자치회는 지역사회 문제해결의 현장 실험실이자 사회혁신을 위한 플랫폼이 될 수 있다.

둘째, 주민자치회를 통해 혁신역량을 갖춘 주민 리더십을 발굴 및 육성해야 한다. 지속 가능한 사회혁신의 핵심 자원은 바로 사람이다. 지역의 문제를 스스로 진단하고 해결할 수 있는 기획자, 실행자, 중재자로서 주민 리더를 지속적으로 양성해야 한다. 주민자치회는 이러한 리더십을 키우는 인큐베이터이자 학습공동체로서 기능해야 한다. 이를 위해 주민자치대학, 사회혁신 리빙랩, 청년·여성·시니어 리더십 아카데미 등 다양한 참여형 교육 플랫폼이 마련되어야 하며, 다양한 계층과 세대가 함께 참여하는 통합형 참여문화를 조성하는 것이 중요하다. 더불어, 실험과 실패를 용인하고 그 경험을 자산화할 수 있는 지역문화의 정착도 필요하다. 주민자치회는 실패를 통한 성찰, 성찰을 통한 개선의 과정을 통해 사회혁신을 일상화하는 학습조직으로 성장해야 한다.

셋째, 장기적으로 주민자치회는 디지털 기술을 기반으로 하는 사회혁신 모델을 구현해야 한다. 주민자치회는 디지털 기술을 활용하여 지역사회 문제에 대한 진단, 숙의, 해결까지 전 과정을 혁신할 수 있는 체계를 갖추어야 한다. 지역문제 해결에 있어 실증적 데이터 수집, AI 기반 주민수요 파악 및 정책 설계, 주민참여형 온라인 플랫폼, 디지털 숙의 공간 등은 필수적인 인프라가 되어야 한다. 지역의 공공문제를 보다 정확하게 진단하고, 주민의 아이디어를 실행 가능한 혁신활동으로 전환할 수 있어야 한다. 이를 통해 주민자치회는 풀뿌리 민주주의와 사회혁신의 플랫폼으로 진화할 수 있다.

넷째, 지역공동체 복원과 사회적 연대를 촉진해야 한다. 사회혁신의 핵심은 배제된 이웃을 포함하는 포용적 공동체의 회복이다(유수동, 2021). 주민자치회는 노인, 장애인, 청년, 이주민 등 다양한 사회집단의 삶을 연결하고, 이들이 지역에서 공존하고 협력할 수 있는 구조를 만들어낼 수 있어야 한다. 특히, 돌봄, 주거, 복지, 교육, 문화 등 삶의 기본 조건에 대한 사회적 해결력을 갖춘 지역사회 시스템을 구축하는 것이 중요하다. 주민자치회는 이러한 시스템의 중심에서 사회적 연대 공간으로서 기능하고, 단절된 일상과 관계를 회복하는 공공 커뮤니티의 기반이 되어야 한다.

마지막으로, 주민자치회가 사회혁신을 이끄는 주체가 될 수 있도록 지원체계 구축이 필요하다. 주민자치회가 공공서비스의 공동 기획자로 참여하여 공공부문이 포착하지 못한 사회문제를 직접 해결하는 기능을 수행할 수 있는 제도적 기반을 마련해야 한다. 즉, 주민자치회가 공공부문과 대등한 파트너로서 지역문제해결의 전 과정에 참여할 수 있는 법적 권한과 정책적 책임을 부여할 수 있는 제도적 정비가 필요하다. 또한 주민자치회가 사회혁신을 주도하려면, 독립성과 지속가능성이 확보된 재정이 뒷받침되어야 한다. 주민세 환원, 주민참여예산 통합운용, 사회투자펀드 운영 등 다양한 재원조달 방식이 마련되어야 하며, 동시에 회계의 투명성을 보장하는 복식부기, 정기적 감사제도, 재정정보 실시간 공개 시스템 등이 제도화되어야 한다. 이는 단지 주민자치회가 공공부문으로부터 배분받은 예산을 집행하는 주민자치조직이 아니라, 지역 내 자원배분을 설계하고 조정하는 구조로 전환되어야 한다는 것이다. 주민이 낸 돈이 주민의 손에 쓰이고, 주민의 삶을 변화시킬 수 있을 때, 주민자치회는 진정한 사회혁신의 주체가 될 것이다.

표 2-2 2026 지방행정 트렌드 대응과제: 지방을 움직이는 힘! 주민자치회

구분	대응과제		
	주요 과제	목표	주요 내용
단기과제 시범실시를 넘어, 주민자치의 미래를 다지는 설계	주민자치회의 안정적인 법적 기반 확립	제도적 불확실성 및 법적 미비 극복	▪ 법령에 주민자치회 설치 및 운영에 필요한 구체적 사항 규정 ▪ 주민자치회의 설치 및 운영 등에 관한 법령 제·개정 ▪ 「주민자치회법」, 「주민자치기본법」 등 개별 법률 제정 ▪ 하위법령 정비
	맞춤형 운영모델 개발·실험·적용	지역특성을 반영한 실효성 있는 제도 설계	▪ 지역특성을 반영한 다양한 운영모델 개발·시범 적용 ▪ 법제화 과정에 주민자치회 운영모델 다양성 반영 ▪ 차별화된 조례 및 운영지침 마련 ▪ 지역맞춤형 지원체계 강화
	주민자치회-지방행정 간 협력 기반 강화	주민자치회와 지방행정과의 관계 재정립	▪ 주민자치회와 지방자치단체 간 공식적인 역할 분담 체계 구축 ▪ 주민자치회-지방자치단체 간 협약제도 도입 검토 ▪ 지방공무원의 주민자치 이해도 및 실행역량 제고 ▪ 협력 기반 행정운영을 위한 교육 및 내부지침 개선

	주민자치회 운영 기반 안정화	주민자치회의 안정적 활동 여건 보장 및 지속성 확보	▪ 지방자치단체의 예산 배분 및 지원 확대 ▪ 주민자치회 전담인력 및 사무공간 확보 등 ▪ 민간 전문가 연계 및 중간지원조직 설치 확대 ▪ 주민 리더 육성 및 실무자 교육체계 강화
	주민참여 기반 확대 및 자치문화 조성	주민참여 활성화	▪ 디지털 기술 활용 온라인 플랫폼 구축 ▪ 오프라인 기반의 생활 속 참여 공간 활성화 ▪ 다양한 계층의 주민자치활동 참여 독려 ▪ 다양한 홍보·소통채널로 주민자치 성공사례 확산
중기과제 주민자치의 일상화	실질적 권한 부여 및 책임성 강화	주민자치회의 실행력 확보	▪ 자치계획 수립권, 생활의제 집행권, 예산 운용 등 권한 부여 ▪ 마을자산 관리·운영권 확보 ▪ 법령·조례 등에 주민자치회 권한의 명시적 규정 ▪ 주민자치회 활동에 대한 평가와 환류, 내부 통제 및 보고체계 등 구축
	운영모델의 다양성·자율성 보장	지역맞춤형 주민자치 실현	▪ 자율적 운영모델 설계·선택 지원 ▪ 운영모델별 가이드라인 마련 ▪ 교육, 컨설팅, 재정 등 범용적 기반 지원 ▪ 지역맞춤형 제도적·행정적 지원
	지속 가능한 협력체계 구축	주민자치회-지방자치단체 간 협력적 거버넌스 정착	▪ 주민자치회-지방자치단체 역할분담에 대한 성과평가 및 개선방안 마련 ▪ 주민자치회-지방자치단체 간 정기적 협력체 구성·운영 ▪ 공동 정책개발 프로세스 및 평가체계 구축 ▪ 협력 기반 제도화
	주민자치 역량 강화 및 전문인력 육성	주민자치활동의 내실화	▪ 지역맞춤형 역량 강화 교육체계 구축 ▪ 지역대학·시민사회단체 등과 연계한 교육협력체계 강화 ▪ 인증제 기반의 교육 프로그램 도입 ▪ 주민자치 컨설턴트 등록제 등 전문가 인력풀 제도화
	자치문화의 일상화 및 참여 플랫폼 정착	자치의 생활화 및 주민참여 확대	▪ 온라인·오프라인을 아우르는 상시적인 주민참여체계 구축 ▪ 소규모 생활의제 제안-의사결정-환류 구조 마련 ▪ 소외계층의 포용적 참여 확대 ▪ 지역사회 통합 거버넌스 기반 마련
장기과제 사회혁신을 이끄는 주민자치회	사회혁신 생태계 구축	주민자치회를 사회혁신의 플랫폼으로 전환	▪ 주민자치회의 사회혁신 허브기능 강화 ▪ 시민사회, 민간기업, 대학 등과 협력하여 사회문제 발굴·공론화, 해결책 설계·실행 ▪ 다양한 지역주체와의 협력을 통한 협력적 거버넌스 강화 ▪ 사회적 경제, 커뮤니티케어, 에너지 전환 등 실험적 프로젝트 운영

	혁신형 주민 리더십 육성	변화와 실험을 주도하는 주민 리더 양성	▪ 기획자, 실행자, 중재자 등 주민 리더 지속적 양성 ▪ 주민자치대학, 사회혁신 리빙랩, 청년·여성·시니어 리더십 아카데미 등 다양한 참여형 교육 강화 ▪ 다양한 계층과 세대가 함께 참여하는 통합형 참여문화 조성 ▪ 사회혁신을 일상화하는 지역문화 정착
	디지털 기반 사회혁신 모델 구현	디지털 기술 기반 지역문제 해결 및 혁신체계 강화	▪ 디지털 기술을 활용한 지역사회 문제 진단, 숙의, 해결 프로세스 구축 ▪ AI 기반 주민수요 파악 및 정책 설계·실행 ▪ 주민참여형 온라인 플랫폼, 디지털 숙의 공간 조성 ▪ 디지털 기반 혁신체계 구축
	지역공동체 복원 및 사회적 연대 촉진	지속 가능하고 통합된 지역공동체 조성	▪ 다양한 사회집단 간 협력을 위한 지역사회구조 형성 ▪ 돌봄·주거·복지·교육 등 공동해결 시스템 구축 ▪ 주민자치회의 사회적 연대 역할·기능 강화 ▪ 주민자치회 중심 지역공동체 및 커뮤니티 기반 강화
	지속 가능한 지원체계 강화	주민자치회의 사회혁신 주도를 위한 기반 강화	▪ 주민자치회의 권한 및 정책적 책임을 위한 제도적 정비 지속 ▪ 주민세 환원, 주민참여예산 통합 운영, 사회투자펀드 운영 등 다양한 재원조달 방식 마련 ▪ 복식부기, 정기적 감사제도, 재정정보 실시간 공개 시스템 제도화 ▪ 주민자치회의 지역 내 자원배분 설계·조정 구조 강화

▼ ▼ ▼ ▼ ▼ ▼ ▼ ▼ ▼ ▼ ▼ ▼

기대효과	▪ 주민자치의 일상화 • 자치계획, 의제설정, 정책·사업 집행, 공공서비스 제공 등에 주민이 주도적으로 직접 참여함으로써 일상생활 속 주민의 결정권과 권한·책임 강화 ▪ 지역문제 해결 중심의 분권형 거버넌스 정착 • 지방행정과 주민이 협력하여 생활밀착형 문제를 함께 해결하는 구조로 전환 ▪ 주민자치회가 사회혁신의 핵심 공간으로 발전 • 주민자치회가 사회혁신의 플랫폼으로 기능하고, 정책 실험과 지역특화 프로젝트 주도 ▪ 포용과 통합의 지역공동체 실현 • 다양한 계층·세대가 참여하고 연대하여 지역 내 사회통합 실현 ▪ 지속 가능한 주민자치 생태계 조성 • 주민자치회에 대한 법·제도·재정·인력 기반이 안정화되어 지속 가능한 주민자치구조 확립

자료: 저자 작성

다가올 2026년, 지방정부 민선9기 지방행정의 선택은 "주민자치가 지방을 움직일 수 있는가"에 달려 있다

2026년 지방선거는 "우리 지역이 앞으로 어떻게 변화될 것인가, 그리고 이러한 변화의 흐름 속에서 주민이 얼마나 결정권을 갖게 될 것인가"를 판가름하는 분기점이 될 것이다. 민선9기는 주민이 주인되는 지방행정을 실현할 수 있는 골든타임이자, 우리 지역 주민자치의 방향성과 수준을 결정짓는 중요한 시기이다.

진정한 주민자치의 완성은 행정관료나 정치인이 아닌, 지역의 주권자인 주민들에게 달려 있다. 그렇기에 민선9기를 준비하는 지금, 앞으로 있을 지방선거에서 주민자치회 활성화와 주민자치·주민참여를 위한 구체적인 비전과 실행계획이 제시되었는지를 꼼꼼히 살펴봐야 한다. 선언적인 차원에서 주민참여 확대에 머무르는 것이 아니라, 주민과 함께 지역문제를 발굴·해결해 나가고, 지방행정과의 협력적 활동들을 강화하는 방안 등이 포함된 실질적인 공약인지를 따져보아야 한다. 주민자치회를 어떤 방식으로 지원하고 육성할 것인지, 주민자치회와 함께 지역발전을 어떻게 이끌어나갈 것인지에 대한 명확한 로드맵을 제시한 후보가 누구인지를 판단해야 한다.

특히, 주민자치에 대한 이해와 관심, 그리고 경험을 갖춘 후보를 선별해야 한다. 정치적 배경이나 행정경력이 아니라, 지역주민과 함께 협력적으로 문제를 해결해 온 경험, 주민주권의 가치를 실천해 온 이력이 있는 후보가 민선9기의 주민자치를 제대로 이끌 수 있다. 후보가 지역의 문제를 '자신의 문제'로 받아들이고 있는지, 주민자치회를 복지·교육·안전·환경 등 생활밀착형 정책과 사업의 주체로 인식하고 있는지, 그리고 주민의 삶을 주민 스스로 결정할 수 있도록 어떠한 지원과 기반을 마련할 것인지를 집중적으로 판단해야 한다. 결국, 우리는 주민자치회와 주민참여가 지방을 움직일 수 있다는 신념과 철학을 가진 후보를 선택해야 한다.

2026년은 지방정부 민선9기가 출범하는 해가 아니라, 대한민국 지방자치와 우리 지역 주민자치의 새로운 도약을 위한 대전환의 해가 되어야 한다. 주민자치회가 활성화되고 실질적인 권한과 책임을 가질 것인지, 아니면 여전히 시범사업에 머물 것인지를 결정짓는 갈림길 앞에서, 지방정부 민선9기 지방행정과 주민의 선택은 '우리의 삶을 우리가 자치할 수 있는가'에 대한 응답이 될 것이다.

02 지방소멸 대응의 새로운 기준, 생활인구에 기반한 지방주도 활력 증진!

1. 지속 가능한 지역 인구정책 시작, 생활인구의 도입

"'인구감소가 곧 쇠퇴를 의미하지는 않는다'는 점을 시사한다. 오히려 생활인구를 기반으로 … 인구구조의 제약을 뛰어넘는 새로운 지역 모델로 거듭날 수 있다."

영암신문, 2025.08.08.

"인구는 단순한 숫자가 아니라 움직임이다. '누가 이 지역에 살고 있는가'보다 '얼마나 많은 사람이 이 지역을 찾고, 머무르고, 소비하느냐'가 지방의 지속가능성을 좌우한다. 지방은 살아 있는 공간이어야 하며, 그 살아 있음을 증명하는 바로미터가 생활인구다. … 지금 우리는 … 지방 인구정책의 패러다임 시프트를 목격하고 있다. 지방의 미래는, 그곳에 '사는' 사람이 아니라 그곳을 '살리는' 사람들의 움직임에 달려 있다."

매일신문, 2025.05.22.

"생활인구는 전북을 살리는 에너지다. … 지역과 사람을 연결한다. 생활인구 관점으로 머무는 인구를 늘려가는 지속 가능한 전북의 밑그림을 그리고 있다."

전북일보, 2025.06.19.

KRILA – KOSTAT 국제포럼(2025.09.15.)

한국지방행정연구원 – 통계청 MOU(2025.09.11.)

인구 문제의 새로운 기준, 생활인구

우리나라는 저출생 심화에 따른 총인구 감소와 더불어, 수도권 집중 심화로 인한 지방소멸 위기에 직면해 있다. 지방의 인구감소는 단순한 숫자의 변화가 아니라, 학교와 병원의 폐쇄, 일자리 축소, 지역경제 침체 등 지방소멸 위기로 이어지고 있다. 게다가 교통과 통신의 발달로 사람들의 생활 반경이 거주지를 넘어 확대되면서, 기존의 주민등록인구 기준만으로는 지역의 실제 활력을 설명하기 어려운 상황이 되었다.

이러한 변화 속에서, 2023년 1월 시행된 「인구감소지역 지원 특별법」을 통해 새로운 인구 개념인 생활인구가 도입되었다. 생활인구는 한 지역에 주민등록이 되어 있지 않더라도, 통근·통학·관광·업무·정기적 교류 등 다양한 목적으로 일정 기간 체류하며 생활을 영위하는 사람, 외국인등록 또는 국내거소신고를 한 외국인을 포함한다. 이로써 정주인구의 한계를 넘어, 실제 지역에 머물며 활동하고 소비하며 사회·경제적 영향을 미치는 사람까지 인구 범위에 포함하게 된 것이다.

생활인구의 의미는 단순한 법적 정의를 넘어선다. 원격근무를 위해 지방에서 일정 기간 거주하는 근무자, 주말마다 농촌을 찾는 도시민, 매달 고향을 방문하는 귀향객, 지역 축제를 즐기는 관광객 모두가 생활인구의 구성원이다. 이들의 존재는 지역경제의 매출과 고용, 공동체의 유지와 회복력에 직결되며, 지역소멸 대응의 새로운 활력원이 될 수 있다.

생활인구는 인구감소 문제에 대한 새로운 시각을 제시함과 동시에, 연결과 순환을 바탕으로 각 지방자치단체의 특성에 맞춘 실질적인 인구활력 증진 대안을 모색하는 기준이 되고 있다. 인구 패러다임이 '머무는 곳'에서 '움직이고 연결되는 흐름'으로 전환되면서, 주민등록인구에만 의존하던 정책은 지역을 실제 오가며 일하고 배우고 소비하는 사람들의 활동을 반영하는 방향으로 고도화되고 있다. 이들의 '생활 경로'가 정책에 반영됨으로써 지역 간 연결을 강화하는 기반이 마련된 것이다. 생활인구가 늘어날수록 사람과 자본, 정보와 문화가 지역 안팎을 오가며 순환하고, 이는 지방이 고립된 섬이 아니라 상호작용하는 네트워크의 일부로 기능하게 만든다. 이제 지방자치단체와 중앙정부는 이러한 연결과 순환을 촉진하는 정책 설계가 가능해졌고, 공공서비스 제공은 물론 교통·관광·문화·교육 등 다양한 분야에서 새로운 기회를 창출할 수 있게 되었다.

2026년은 이러한 변화를 실질적으로 가속화하는 첫 번째 해가 될 전망이다. 분기별로 제공되는 생활인구 통계의 1년 단위 분석이 가능해지면서 지역에서는 정밀하고 종합적인 인구 이동과 체류 실태를 파악할 수 있게 되었다. 아울러 생활인구의 소비 패턴, 직업군 등 세부 데이터 항목도 고도화되어 보다 다각적이고 깊이 있는 정책기획이 가능해졌다. 이러한 데이터 기반 정책은 실효성 높은 대응책 마련을 촉진하며, 생활인구 개념이 단순한 이론을 넘어 행정과 정책 현장에 깊이 뿌리내리는 중요한 전환점이 될 것이다.

2. 생활인구를 통해 바라본 지역의 변화와 특성

생활인구의 개념 도입

생활인구는 특정 지역에 거주하거나 체류하면서 생활을 영위하는 사람으로서 주민등록인구「주민등록법」제6조 제1항에 따라 주민으로 등록한 사람, 통근, 통학, 관광 등의 목적으로 방문하여 체류하는 사람으로서 월 1회, 하루 3시간 이상 머무는 체류인구, 등록외국인 및 국내거소신고를 한 외국인을 포함한다. 생활인구는「인구감소지역 지원 특별법('23.01.01. 시행)」을 통해 법적 근거가 마련되었고, 세부 요건은 동법 시행령과 「생활인구 세부요건 등에 관한 규정('23.05.18.)」에 규정되어 있다.

생활인구 데이터의 산정 대상은 「지방자치분권 및 지역균형발전에 관한 특별법」 제2조 제12호에 따라 인구감소지역으로 지정된 시·군·구를 대상으로 하며, 현재 89개 인구감소지역시·군·구가 산정 대상이다. 생활인구의 산정은 월별로 이루어지고, 공표는 분기별로 통계청 홈페이지를 통해 이루어지고 있다. 생활인구는 통계작성 및 이용활성화를 위해 도입된 실험적통계(2024-002호)이다. 데이터의 산정은 민관데이터 가명결합 방식으로 이루어지며, 이때 활용되는 자료는 주민자료(행정안전부), 외국인등록·국내거소신고자료(법무부), 통신 모바일(SKT, KT, LGU+), 신용카드 사용액(신한, 삼성, BC, 하나), 직업(KCB) 등이다.

행정안전부와 통계청은 2023년 충청북도 단양과 충청남도 보령(관광), 강원특별자치도 철원(군인), 전라남도 영암과 경상북도 영천(통근), 전라북도 고창(외국인), 경상남도 거창(통학) 등 5개 유형, 7개 시범지역을 대상으로 생활인구를 산정하였다. 이들 지역의 산정 결과를 바탕으로 2024년 1분기 생활인구부터 전체 89개 인구감소지역 시·군·구를 대상으로 하는 생활인구 산정 결과가 공표되고 있다.

그림 2-3 생활인구의 구성

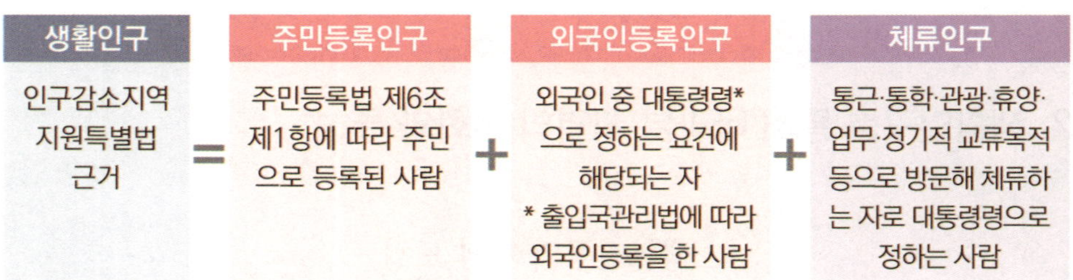

자료: 하혜영·류영아(2022)

인구감소지역의 생활인구 특성

2025년 6월, 2024년 4/4분기 생활인구 산정 결과가 공표되면서, 89개 인구감소지역은 2024년 1년치의 생활인구 데이터 활용이 가능해졌다. 통계청 보도자료에 따르면, 12월 기준 인구감소지역의 생활인구는 22,443천 명이며, 이 중에서 체류인구는 17,576천 명으로 등록인구(4,867천 명) 대비 3.6배에 달하는 것으로 나타났다. 계절별로 살펴보면, 휴가철인 8월, 인구감소지역의 생활인구는 33,618천 명으로 가장 많고, 등록인구 대비 체류인구 배수는 5.9배에 달하는 것으로 나타났으며, 겨울철인 12월과 1월까지 감소한 뒤 다시 증가하는 경향을 보인다.[90)]

2024년 12월을 기준으로 살펴보면, 인구감소지역 체류인구의 평균 체류일수는 3.6일, 체류시간은 12.1시간, 평균 숙박일수는 4.1일로 나타났다. 숙박형 체류인구의 비중은 강원(51.8%)에서 높게 나타나고, 광역시(25.9%)에서 낮은 수준을 보였다. 반면, 체류인구의 평균 숙박일수는 강원(3.3일)이 가장 짧게 나타났다. 이를 통해 강원 지역은 단기 숙박 형태의 체류인구 비중이 크고 광역시는 일상적인 체류 비중이 높으며, 강원은 단기 관광, 광역시는 통근·통학 또는 생활서비스 이용을 위한 체류 특성을 추론할 수 있으며, 인구감소지역에 따라 체류인구의 특성이 차이가 나타난다는 것을 알 수 있다.

---

90) "'24년 4/4분기 생활인구 산정 결과". (2025.06.25.)
[출처: 통계청] https://kostat.go.kr/board.es?mid=a10301010000&bid=246&list_no=437347&act=view&mainXml=Y

그림 2-4 '24년 월별 생활인구 규모 산정 결과

자료: 통계청(2025.06.25.)

표 2-3 인구감소지역 체류인구 배수 상위 지역

구분	2024년 3월		2024년 6월		2024년 9월		2024년 12월	
	시·군·구	배수	시·군·구	배수	시·군·구	배수	시·군·구	배수
1	전남 구례군	18.4	강원 양양군	17.4	강원 양양군	14.9	전북 무주군	10.6
2	강원 양양군	10.2	경기 가평군	15.6	인천 옹진군	14.6	강원 평창군	10.3
3	경남 하동군	10.0	강원 고성군	15.4	경기 가평군	14.1	강원 양양군	10.3
4	경기 가평군	9.9	인천 옹진군	13.7	강원 고성군	13.3	강원 고성군	10.2
5	인천 옹진군	8.5	강원 평창군	12.2	강원 평창군	12.5	인천 옹진군	8.5
6	강원 고성군	8.4	충북 단양군	10.2	충남 태안군	10.1	경기 가평군	7.9
7	경북 청도군	7.8	충남 태안군	9.7	대구 군위군	9.8	강원 정선군	7.6
8	강원 평창군	7.7	강원 정선군	8.8	강원 정선군	9.4	부산 동구	7.0
9	경북 영덕군	7.5	강원 홍천군	8.6	충북 단양군	9.2	경북 영덕군	6.8
10	전남 담양군	7.0	인천 강화군	8.4	인천 강화군	9.1	강원 홍천군	6.5

자료: 통계청, 2024년 각 분기 생활인구 산정 결과 취합.

그림 2-5 체류인구 규모 및 배수 분포

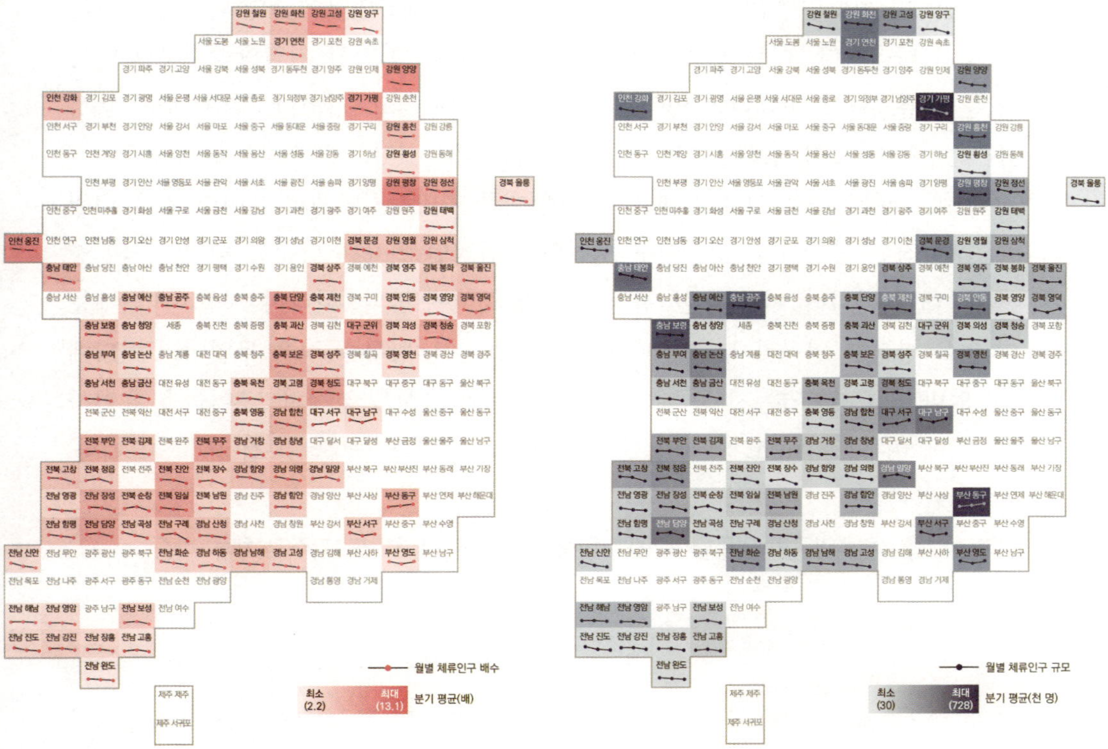

4/4분기 체류인구 배수 분포　　　　4/4분기 체류인구 규모 분포

자료: 통계청(2025.06.25.)

지방자치단체의 정책 활용도 수준과 범위는 아직 제한적인 수준

2024년부터 생활인구 데이터가 산정·공표되면서 지방자치단체의 관심과 활용의 의지는 상당히 높은 수준이다. 하지만 아직까지 생활인구 도입 목적과 취지에 맞추어 실제 지역 현장에서 어떻게 적용할지에 관한 논의는 부족한 상황이다. 따라서 각 지방자치단체는 생활인구 데이터를 단순한 참고자료 수준으로 소비하는 경우가 많아 데이터가 가진 잠재력이 충분히 발휘되지 못하고 있다.

먼저, 생활인구는 통근·통학·관광·업무·정기적 교류 등 다양한 목적을 포괄하지만, 다수의 인구감소지역에서는 관광 등 단기체류인구에 제한되어 접근하는 경향이 나타난다. 이로 인해 생활인구제도의 본래 취지인 지역활력 제고보다는 단순한 유입규모 확대라는 양적 성과에 치중하게 되고, 다양한 체류인구의 특성을 반영하지 못한 정책 설계로 이어질 가능성이 있다.

둘째, 생활인구와 이들의 체류 특성에 대한 지방자치단체의 데이터 활용 범위가 제한적인 상황이다. 생활인구 도입의 궁극적인 목표는 단순한 체류인구의 양적 확대가 아니라 이를 통한 지역의 활력 제고에 있다. 따라서 지방자치단체는 지역을 방문한 인구가 누구이며 어디에서 왔는지, 방문 목적은 무엇이며 어디에서 얼마나 소비하였는지 등 다양한 생활인구의 특성을 분석하고, 이들을 유인하는 것에 머무르지 않고 지역의 활력을 제고하기 위한 구체적인 접근이 필요하다.

그림 2-6 체류인구의 업종별 사용액 비중과 지역별 타 시·도 거주지 체류 비중

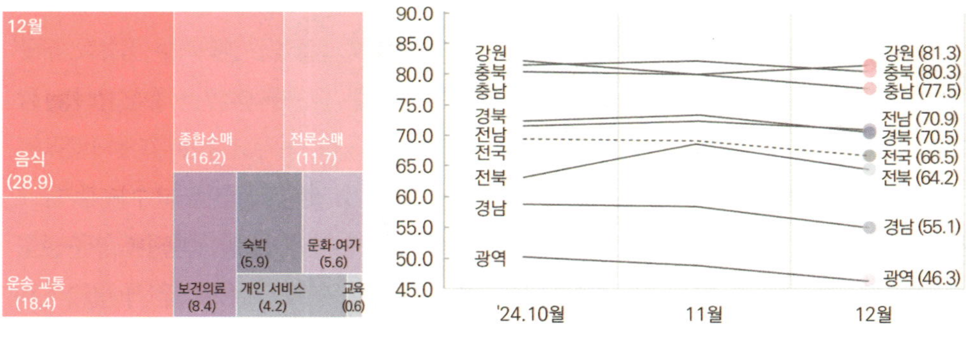

업종별 신용카드 사용액 비중 | 타 시·도 거주자의 체류 비중

자료: 통계청(2025.06.25.)

마지막으로 체류인구의 흐름 특성을 기반으로 한 지역 간 연계와 협력이 충분히 이루어지지 않고 있다는 점이다. 생활인구는 단순히 지역 내 유입 인구수를 의미하는 것이 아니라, 다양한 목적과 시간대, 그리고 공간적 이동을 포괄하는 동태적 개념이다. 그러나 다수의 인구감소지역에서는 이러한 흐름 특성을 고려한 정책 설계가 부족하여, 실제 이동 경로나 체류 패턴을 활용한 생활권 연계, 지역 간 순환, 관계 형성 전략이 미흡한 실정이다. 그 결과, 지역 활성화나 장기적 지역활력 제고라는 제도 도입의 본래 목적이 충분히 구현되지 못하는 점도 한계로 나타나고 있다.

한편, 일본에서는 단계별 관계 특성을 고려한 정책적 접근을 통해 지방창생정책을 추진하고 있다(이소영·김도형, 2021). 일본 정부는 제2기 '마을·사람·일자리 창생종합전략'을 통해 관계인구를 "지속적이고 다양한 형태로 지역과 관계를 맺는 사람들"로 정의하고, 지방과 연계 강화 및 인구 흐름 촉진을 위한 핵심 시책으로 추진하고 있다. 이때, 관계인구는 지역과의 관계 정도와 거주지 거리를 고려해 '근거리·원거리 지역연고자', '왕래하는 사람', '관계가 있는 사람' 등으로 세분화된다. 이러한 단계적 접근은 단순 체류 중심의 정책을 넘어, 장기적 지역활력과 연결된 전략적 자원으로 인구를 관리할 수 있음을 보여준다.

그림 2-7 지역과 관계성에서 본 관계인구의 형태

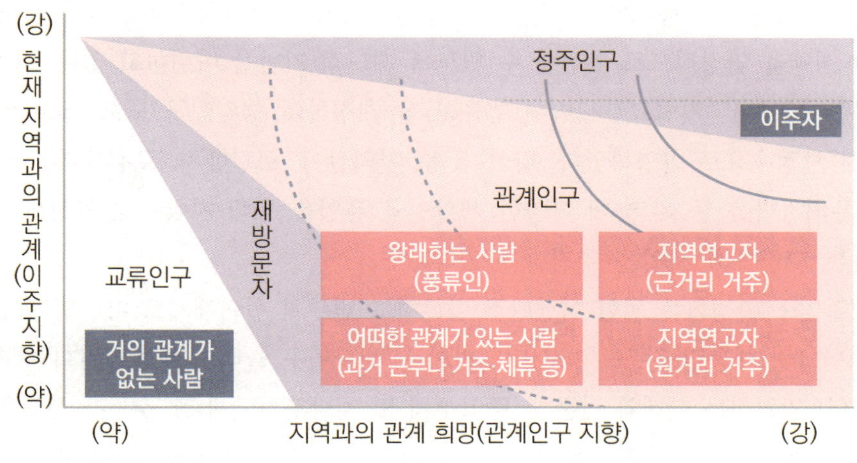

자료: 總務省(2018). 이소영·김도형(2021 재인용)

3. 생활인구 활성화를 위한 지방자치단체와 중앙정부의 움직임

생활인구를 활용한 지역의 활력 기반 마련을 위한 중앙정부의 노력

중앙정부는 생활인구 데이터가 인구감소지역의 활력을 증진하기 위한 기반이 되도록 다양한 노력을 기울이고 있다. 먼저, 인구감소지역 지방자치단체가 맞춤형 인구활력 증진 시책에 활용할 수 있도록 통계 항목을 지속해서 고도화해왔다. 2023년 시범지역에 대한 산정 이후, 2024년 1분기에는 통신데이터를 활용해 생활인구 규모와 체류시간을 산출하고, 2분기부터는 신용카드 및 신용평가 전문회사(KCB) 정보를 추가로 활용하여 성별·연령별 현황, 체류일수·숙박일수·재방문율, 카드 사용액·유형 등 정책 설계에 유용한 다차원적 지표를 제공하고 있다. 나아가, 통계청은 빅데이터 플랫폼상에 시·군·구별 다양한 생활인구 데이터를 탑재하여 활용도를 제고하고 있다. 이러한 통계 고도화는 지역의 특성과 체류 특성을 반영한 맞춤형 정책 수립이 이루어지는 데 기여하고 있다.

둘째, 생활인구 통계에 기반하여 인구감소지역 지방자치단체가 활력 증진을 위한 시책을 안정적으로 추진할 수 있도록 제도적 기반을 마련하고 있다. 행정안전부는 2025년 「지방교부세법 시행규칙」을 개정하여 생활인구가 보통교부세 산정 시 보정수요로 반영하였다. 나아가, 두 지역살이, 로컬벤처, 로컬유학, 워케이션, 은퇴자마을 등 지역 내 다양한 생활인구 유입을 통해 지역경제 활성화를 도모하는 고향올래 사업을 추진하고 있다.

생활인구 활성화를 위한 어젠다를 발굴하고 범부처 협력체계도 마련되고 있다. 2024년 1월 대통령 직속 지방시대위원회는 '생활인구 늘리기 특별위원회'를 출범하였다. 위원회는 학계와 전문가, 중앙부처 및 지방자치단체 담당자 간 협업을 바탕으로 생활인구 활성화를 위한 정책 어젠다 발굴, 맞춤형 특례 도출, 행정·재정적 지원방안을 논의하며 범부처 의견수렴을 위한 창구의 역할도 수행하였다. 또한 세컨드홈 활성화, 관광 인프라 조성, 외국인 유입 지원 등 인구감소지역 부활 3종 프로젝트를 추진하였다. 이를 통해 중앙정부는 생활인구를 기반으로 한 지역활력 증진을 위한 제도적·정책적 기반을 체계적으로 마련하고, 지방자치단체가 실질적인 인구활력 증진 전략을 추진할 수 있는 환경을 조성하는 데 기여하고 있다.

표 2-4 생활인구 활성화를 위한 참고조례안의 구성

구분	내용
제1조(목적)	인구감소지역 생활인구 확대 지원을 위해 필요한 사항 규정
제2조(정의)	"생활인구" 및 "생활시·군·구민"에 대한 정의
제3조(책무)	생활인구 확대를 위한 시장·군수·구청장의 책무
제4조(다른 조례 관계)	다른 조례에 특별한 규정이 없는 경우 이 조례 규정에 따름
제5조(기본계획)	생활인구 확대를 위한 기본계획을 5년마다 수립
제6조(시행계획)	기본계획 실행을 위한 연도별 시행계획 수립
제7조(사업 추진)	생활인구 확대 지원을 위한 각호의 사업 추진
제8조(등록제)	내국인 및 외국인이 신청하는 경우 생활시·군·구민으로 등록
제9조(등록증)	디지털관광주민증 또는 유사한 증표로 대체 가능
제10조(제도 운영)	등록제 운영을 위한 시스템 구축, 인센티브 제공 등
제11조(입장료 감면 등)	생활시·군·구민에게 공공시설물, 주요 관광지 입장료 감면 가능
제12조(개인정보보호)	생활시·군·구민 등록과정에 취득한 개인정보에 대한 보호조치
제13조(협력 구축)	생활인구 시책의 원활한 시행을 위한 법인·단체와 협력 구축
제14조(사무 위탁)	생활인구 지원사업의 원활한 시행을 위한 사무 위탁 가능
제15조(포상)	생활인구 확대에 기여한 공무원, 개인에 대한 포상
제16조(시행규칙)	조례 외 사항은 규칙으로 정함

자료: 행정안전부(2025.08.26.)

더 나아가, 2025년 8월에는 인구감소지역 지방자치단체의 맞춤형 생활인구정책 추진을 제도적으로 뒷받침할 수 있도록 참고조례안도 제공하였다. 참고조례안에서는 지역별 생활인구 특성에 맞는 인구활력전략을 추진할 수 있도록 생활인구 등록제 도입·운영, 생활인구 확대를 위한 다양한 사업의 근거 마련, 생활인구 지원 기본계획 및 시행계획 수립 등을 규정하고 있다.[91] 특히, 지방자치단체

91) "제2의 거주지에서 지역 맞춤형 지원받으세요! '생활인구 등록제' 도입". (2025.08.25.) [출처: 행정안전부 보도자료] https://www.mois.go.kr/frt/bbs/type010/commonSelectBoardArti

는 생활시·군·구민 명칭을 부여해 지역과 관계를 맺는 등록제를 운영할 수 있고, 등록된 생활인구에게 행사·축제 정보 제공, 숙박·교통지원, 맞춤형 혜택 제공 등 다양한 참여 기회를 마련할 수 있다. 이를 통해 생활인구정책이 단순히 정주인구 중심의 접근에서 벗어나, 실제 해당 지역에 체류하며 소비하고 활동하는 생활 기반 중심의 정책으로 전환되는 계기가 될 것으로 기대된다.

지방자치단체의 생활인구 관심 증대 및 활성화 정책 도입 시작

2023년 「인구감소지역 지원 특별법」 시행 이후, 생활인구 개념에 대한 지방자치단체의 관심이 빠르게 확대되고 있다. 한국언론진흥재단 빅카인즈에 따르면, '생활인구' 키워드 관련 뉴스 건수는 2023년 1월 177건에 불과했으나, 2025년 7월에는 867건으로 크게 증가하였다. 연관어 분석에서도 전북, 괴산, 담양 등 다양한 지방자치단체가 핵심 키워드로 나타나, 생활인구가 지방자치단체의 주요 정책 의제로 부상했음을 보여준다.

그림 2-8 생활인구 키워드의 뉴스기사 건수 추이와 3개월간 연관어 결과

자료: 빅카인즈 홈페이지(bigkinds.or.kr)(확인일: 2025.08.21.)

---

cle.do?bbsId=BBSMSTR_000000000008&nttId=120002

그림 2-9 최근 3개월간 생활인구 키워드의 연관어 결과(2025.6.~8.)

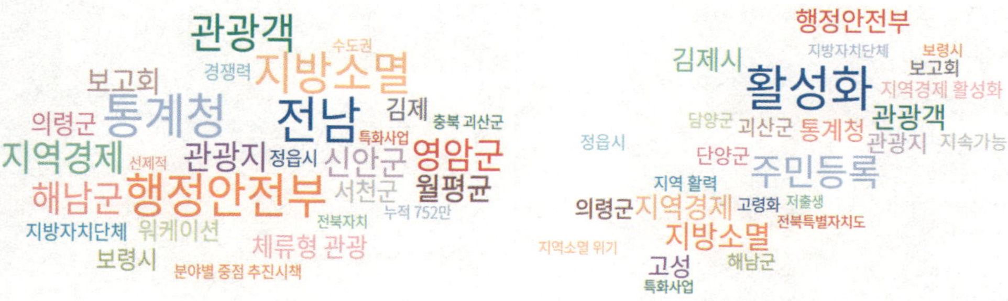

분석 건수 100건 기준　　　　　분석 건수 500건 기준

자료: 빅카인즈 홈페이지(bigkinds.or.kr)(확인일: 2025.08.21.)

경상북도는 2023년부터 지역의 생활인구 유입과 정착을 촉진하기 위한 '인구 대반전 프로젝트'를 추진하고 있다. 해당 프로젝트는 경북 로컬 체인지업 사업, 경북 스테이 프로젝트, 경북형 소규모 마을 활성화 사업, 이웃사촌마을 확산 사업 등 4가지 프로그램으로 구성된다. 이 중에서 '경북 로컬 체인지업 사업'은 지역의 자원을 기반으로 창의적인 아이디어를 가진 인재 발굴·개발과 지역 내 정착 지원을 목표로 지역대학 연계 로컬 스쿨 운영, 지역 거점 활용 전문인력 양성, 사업화 자금 지원 등 단계적 프로그램을 통해 청년 인구 유입과 지역 정착을 촉진하는 사업이다. 반면, '경북 스테이 프로젝트'는 대도시 생활인구 확보를 통한 지역경제 활성화와 정주인구 유입을 목표로 도시민들이 주말이나 휴일을 보낼 수 있는 체류형 야외정원을 조성하는 경북형 작은 정원(클라인가르텐) 조성, 두 지역 살기 기반 조성, 유휴자원 활용 지역활력 사업, 1시군-1생활인구 특화 프로젝트 등을 추진하는 사업이다.

그림 2-10 경북의 작은 정원(클라인가르텐) 조성 공모사업

봉화군 웰니스 정원

성주군 가야산 그리네 마을

자료: 경북신문(2022.04.11.)

지방자치단체 차원에서 생활인구 유입 시책을 체계적으로 추진하기 위한 제도적 기반도 마련되고 있다. 2023년 1월 1일 「인구감소지역 지원 특별법」이 시행됨에 따라 인구감소지역 지방자치단체 차원의 인구정책 기본조례가 제정되었다. 이어서 2023년 12월 전북특별자치도 남원시에서 생활인구 확대에 초점을 맞춘 기본조례가 제정된 이후 전북특별자치도 김제시, 2024년 12월 전라남도 신안군 등 다른 지방자치단체의 조례 제정으로 확산되고 있다. 2025년 5월에는 광역지방자치단체 중 최초로 전라남도에서 「전라남도 생활인구 유입을 위한 상생 관광 활성화 조례」가 제정되면서 지방자치단체의 생활인구 시책 추진을 위한 제도적 근거가 마련되어 가고 있다.

표 2-5 지방자치단체의 생활인구 조례 제정 현황

구분	지역명	조례명	제정일
광역	전라남도	전라남도 생활인구 유입을 위한 상생 관광 활성화 조례	2025.05.15.
기초	전북특별자치도 남원시	남원시 생활인구 기본 조례	2023.12.26.
	경상남도 하동군	하동군 생활인구 기본 조례	2024.11.15.
	전북특별자치도 김제시	김제시 생활인구 기본 조례	2024.11.05.
	전라남도 신안군	신안군 생활인구 기본 조례	2024.12.31.
	강원특별자치도 양양군	양양군 생활인구 기본 조례	2024.07.19.
	전북특별자치도 부안군	부안군 생활인구 기본 조례	2025.02.10.
	경상남도 사천시	사천시 생활인구 기본 조례	2025.03.20.
	경기도 안성시	안성시 생활인구 기본 조례	2025.04.18.
	경상남도 거창군	거창군 생활인구 기본 조례	2025.05.07.
	전라남도 장성군	장성군 생활인구 기본 조례	2025.07.23.
	강원특별자치도 홍천군	홍천군 생활인구 확대 지원 등에 관한 조례	2025.07.25.

자료: 법제처 국가법령정보센터 홈페이지(확인일: 2025.08.21.)

4. 생활인구에 기반한 지역 인구정책의 변화 흐름

데이터 기반의 맞춤형 생활인구 활성화 정책 발굴 및 추진

2024년 1~4분기 생활인구 데이터가 모두 공개되면서 인구감소지역 지방자치단체는 이제 연간 단위의 생활인구 특성 분석이 가능해졌다. 이는 그동안 생활인구 활성화 정책이 주로 경험적 판단이나 단기 수요에 의존해 추진되었다면, 이제는 데이터에 기반하여 지역특성에 부합하는 맞춤형 전략으로 전환할 수 있는 기반이 마련된 것이다.

전북특별자치도는 2025년 5월 '생활인구 TF'를 출범하여 지역의 생활인구 특성을 정밀 분석하고, 이를 토대로 20개 선도과제를 제안하며 본격적인 정책 추진에

나섰다. 경상북도 또한 경북연구원과 협력해 통계청 및 카드사 데이터를 분석하고, 여행과 휴식을 넘어 배움과 자기계발까지 포함하는 '경북형 런케이션(Learncation)', 권역별·시군별 특화 프로젝트, 재방문을 유도하는 리워드 멤버십 및 로컬패스 등 데이터 기반 정책 아이디어를 제시하고 있다.

이러한 흐름은 생활인구정책이 유입 규모 확대에 머물지 않고, 연령·성별·체류 특성·소비 행태 등 다차원적 데이터를 활용해 지역별 특성에 맞춘 세밀한 정책 설계로 발전하고 있음을 보여준다. 중앙정부와 지방자치단체는 생활인구를 통해 지역활력 증진과 인구감소 대응의 정책환경을 마련하고 있으며, 지방자치단체 차원의 선제적 연구와 TF 구성을 통해 실질적 실행 기반을 다져가고 있다.

관계·순환·연계 중심 인구 전략으로 확장

생활인구는 기존의 정주인구 중심의 정태적인 인구 개념을 시공간적 흐름이라는 동태적 개념으로 전환하는 의미를 지닌다. 이는 단순히 지역 내 유입 규모를 측정하는 차원을 넘어, 인구감소시대 지역활력 제고를 위해 지역과의 관계를 형성하고 지역 간의 순환, 생활권 연계 등을 통해 인구감소 시대 지역활력을 제고하기 위한 정책적 활용 가능성을 확대한다. 이러한 관점에서 다수의 지방자치단체에서는 단일 지방자치단체 차원의 생활인구 전략을 넘어 생활인구 특성에 기반하여 지역 간의 연계협력을 통해 시너지를 창출하기 위한 전략으로 나아가고 있다.

전라남도 강진·해남·영암 3개 군은 2024년부터 '강해영 프로젝트'를 추진하고 있다. 해당 프로젝트는 세 지역이 각 지역의 고유한 역사, 문화, 자연 자원을 연결하여 단일 관광벨트를 개발하고 통합 브랜드 및 마케팅을 통해 생활인구의 유입 확대와 체류기간 및 범위 확대를 도모하는 사업이다. 해당 정책은 단일 지역이 아닌 권역 단위의 협력모델을 통해 관광·문화 자원을 융합하고, 지역 간 순환을 촉진하는 전략으로 발전시키고 있다는 점에서 생활인구정책이 새로운 확장의 방향을 제시하는 사업이라고 볼 수 있다.

표 2-6 강해영 프로젝트 개요

<table>
<tr><th colspan="2">구분</th><th>내용</th></tr>
<tr><td colspan="2">사업 개요</td><td>전남 지역 연계 관광 활성화를 통해 인구소멸에 대응</td></tr>
<tr><td colspan="2">참여 주체</td><td>3개 지역 지방자치단체, 문화관광재단, 전남대 문화전문대학원 등</td></tr>
<tr><td colspan="2">사업 목적</td><td>▪ 지역 관광 거버넌스 구축
▪ 생활인구 유입을 통한 인구소멸 대응
▪ 공동관광 브랜드 및 콘텐츠 개발
▪ 관람객 유치를 통한 지역경제 활성화
▪ 지역연계 주민주도 관광사업 추진을 통한 일자리 창출</td></tr>
<tr><td rowspan="3">사업 내용</td><td>브랜딩 및 홍보</td><td>▪ 강·해·영 캐릭터 개발 및 브랜딩
▪ 공동사업설명회
▪ 팝업스토어 운영
▪ 국내·외 관광박람회 참가
▪ 강해영 캐릭터 개발 및 브랜딩
▪ 강해영 온라인 마케팅
▪ 강해영 홍보팸투어 진행 등</td></tr>
<tr><td>관광사업 개발 및 운영</td><td>▪ 지역을 연계한 융·복합 관광 콘텐츠 개발 및 운영
▪ 강진·해남·영암 연계 1박2일 강해영 시티투어 운영
▪ 특별이벤트 '강해영을 찾습니다.' 진행</td></tr>
<tr><td>지역주민 역량 강화</td><td>▪ 지역주민 및 관광사업체 역량 강화
▪ 지역 관광인력 전문성 강화를 위한 교육 및 프로그램 운영
▪ 강해영 프로젝트 활성화를 위한 관·학 포럼 및 세미나</td></tr>
</table>

자료: 해남문화관광재단 홈페이지(https://www.haenamct.or.kr/)

수도권 생활인구의 유입을 위한 농촌유학 활성화 사업도 추진되고 있다. 강원특별자치도 고성군은 2025년 행정안전부 '고향올래 공모사업'에 선정되어 농촌유학 활성화를 위한 체험형 교육·체류 프로그램을 운영을 추진하고 있다. 'Hip한 농촌에서 유학海볼래'라는 컨셉으로 공현진리를 중심 거점으로 체류형 유학과 지역특화 콘텐츠를 결합한 체험 중심 교육 프로그램을 구성하였다. 이를 통해 수도권 가족을 대상으로 한 1년 체류 로컬유학, 지역자원 기반 직업 체험 '고성 키자니아', 계절형 캠프, 이웃사촌 리빙랩 등 다양한 프로그램을 통해 생활인구 유입을 촉진하며, 농어촌 학교 중심의 교육 기회 제공과 지역사회와의 상생 기반 정착 시스템 구축으로 단순 체류를 넘어 장기적 정주 및 지역활력 제고를 도모하고 있다. 이처럼 지방자치단체들은 단일 지역 차원의 생활인구정책을 넘어, 생활인구 특성을 고려한 지역 간 연계와 협력을 통해 시너지를 창출하는 방향으로 전략을 확장하고 있다.

체류 및 소비특성에 근거한 소비 활성화 및 정주화 전략으로 발전

최근 지방자치단체의 생활인구정책을 단순한 유입 인구 확대에서 벗어나 지역경제 활성화와 체류인구 정주화로 연결하는 방향으로 발전시키고 있다. 특히, 통신 데이터를 기반으로 산출된 체류인구 규모와 체류시간뿐만 아니라, 신용카드 및 신용평가 정보를 활용해 분석된 소비특성, 성별·연령별 체류 패턴, 재방문율 등 다차원적인 지표가 지방자치단체의 정책 설계에 제공되면서 생활인구의 구체적인 체류 및 소비특성에 근거하여 지역경제 활성화와 정주화 타겟 특성에 부합하는 보다 세밀화된 전략으로 발전하기 위한 논의가 활발히 이루어지고 있다.

경상북도 청도군은 이러한 흐름 속에서 '생활인구 40만 명 달성'을 군정 목표로 제시하며, 생활인구를 지역경제와 정주화로 이어가기 위한 다양한 전략을 추진 중이다.[92] '모이다, 콤팩트시티 청도' 사업을 통해 주거·문화·일자리·교통이 결합된 복합생활거점을 조성하고, 외국인 근로자 숙소 건립 및 교류 프로그램을 통해 장기 체류 기반을 마련하고 있다. 또한, '만원주택사업'을 통해 빈집을 활용한 저렴한 주거공급을 실현함으로써 생활인구를 관계인구, 나아가 정주인구로 전환하는 실질적 시도를 이어가고 있다.

반면, 충청북도 제천시와 단양군, 경상북도 봉화군과 안동시는 '2025년 Better里 생활인구 충전 지원사업'을 통해 지역의 자원을 기반으로 지역경제 활성화를 위한 로컬생태계 구축을 추진하고 있다.[93] 해당 사업은 인구감소지역에 숙박, 콘텐츠 서비스, 모빌리티, 로컬 비즈니스 등 관광벤처기업과 유관 스타트업의 비즈니스 모델을 적용해 사람들이 지속적으로 머무는 도시를 만드는 것을 목표로 문

---

92) "경북 청도군, '40만 생활인구 달성' 목표 제시". (2025.02.18.)
[출처: 농민신문] https://www.nongmin.com/article/20250218500212

93) "'2025년 Better里 인구감소지역 생활인구 충전 지원사업' 참여 기업 6월 27일까지 모집". (2025.06.20.)
[출처: 뉴스와이어] https://www.newswire.co.kr/newsRead.php?no=1013504

화체육관광부와 한국관광공사가 진행하는 사업이다. 이 중에서 봉화는 자연, 안동은 전통문화 자원을 활용하여 지역을 찾는 생활인구가 소비와 체험으로 연결될 수 있도록 지원하며, 관광 스타트업과 협업해 새로운 콘텐츠를 실증하는 과정에서 지역경제 활성화 효과를 검증하고 있다. 이러한 전략은 단기적 관광 수요 창출을 넘어, 지속적인 재방문과 장기 체류로 이어지는 경제적 선순환 구조를 만드는 데 초점을 두고 있다.

그림 2-11 생활인구를 활용한 지역활력 증진 전략 추진 사례

청도군 콤팩트시티 구상도

자료: 뉴시스(2025.04.02.)

2024년 배터里 프로젝트 포스터

자료: 디스커버리뉴스(2024.06.21.)

이와 같은 데이터 기반을 활용하여 지방자치단체는 지역특성과 생활인구의 특성을 고려한 맞춤형 정책을 수립하고 있다. 먼저, 생활인구의 소비 행태와 체류 특성을 반영해 지역 상권과 관광·문화 프로그램과의 연계를 강화함으로써 경제적 파급 효과를 확대하고 있다. 또한 체류시간과 활동 범위를 확대하는 프로그램 설계는 주민과 생활인구 간의 관계 형성 및 재방문을 촉진하여 단기적 방문을 장기적 체류와 정주로 연결하는 전략적 기반을 제공한다. 이러한 정책방향은 생활인구 데이터를 단순 지표로 활용하는 것을 넘어, 지역경제와 지역사회 활성화를 동시에 고려하는 맞춤형 전략으로 고도화되고 있음을 보여준다.

5. 생활인구에 기반한 지역의 인구활력 증진 방향과 실행전략

정책방향: 생활인구 데이터에 기반하여 지방이 주도하는 맞춤형 인구활력 증진

생활인구 활성화 정책은 지방주도, 데이터 기반을 핵심 원칙으로 인구감소 시대 인구감소지역특성에 부합하는 실질적인 인구활력 증진 전략으로 나아가야 한다. 즉, 인구감소지역은 생활인구의 체류, 소비, 관계 특성을 정밀하게 파악하고, 이를 바탕으로 지역특성에 부합하는 정책을 주도적으로 설계·추진함으로써 현장의 필요와 지역 자원을 반영한 맞춤형 인구활력 전략을 구현해야 한다. 이를 위해 생활인구 활성화 정책은 단순한 체류인구 양적 확대 또는 유치 자체에 머무르지 않고, 인구의 시공간적 흐름 특성에 근거한 연계·협력, 소비 활성화 및 정주화 전략으로 발전해야 한다. 이를 위해 기존의 관이 주도하는 방식에서 벗어나 민·관·지역사회가 함께 참여하는 다층적 협력 거버넌스를 구축함으로써, 인구감소와 지방소멸 위기 속에서 지속 가능한 지역의 활력 증진을 실현하는 방향으로 나아가야 한다.

단기과제: 인구감소지역 지방자치단체의 생활인구 데이터 활용 기반 구축

단기적 측면에서는 인구감소지역 지방자치단체가 해당 지역의 생활인구 데이터를 정책에 효과적으로 활용할 수 있도록 기반을 구축하는 것이 필요하다. 이를 위해 먼저, 조례 제정을 통해 지방자치단체의 생활인구 활성화 정책을 안정적으로 추진할 수 있도록 제도적 추진 기반 마련이 필요하다. 각 지방자치단체는 행정안전부에서 2025년 8월에 마련한 참고조례안을 바탕으로 생활인구 활성화를 위한 조례와 지역특성에 부합하는 생활인구 활성화 계획을 수립하여 시책의 추진 근거를 마련하고, 인구감소지역대응기본계획, 기금투자계획과 유기적으로 연계하여 실행력을 높일 필요가 있다.

둘째, 생활인구 데이터 활용 및 분석기반 구축이 요구된다. 이를 위해 먼저, 지역별 특색을 반영한 생활인구 등록제를 시행하여 지역 고유의 생활시민·군민을 확보하고, 생활인구 데이터와 연계하여 타겟층별 수요에 부합하는 사업이 기획·추진될 필요가 있다. 더불어, 지방자치단체 담당자의 활용역량을 강화하기 위해 생활인구 데이터 활용 경진대회, 담당자 워크숍 등을 정례적으로 개최하여 정책의 현장 적용력을 높이는 것도 필요하다.

셋째, 생활인구 활성화 추진체계 구축이 이루어져야 한다. 지방자치단체 내 생활인구 데이터 담당자를 지정하고 이들을 대상으로 역량 강화 교육을 통해 데이터의 체계적 운영을 지원해야 한다. 또한 부서 간 협업을 위한 생활인구 활성화 TF를 운영하여 부서별 사업의 생활인구 연계를 강화하고, 대학·전문가·기업 등이 함께 참여하는 민관 협력체계를 구축함으로써 생활인구정책을 다층적으로 뒷받침할 필요가 있다. 이러한 단기과제들은 지방자치단체가 생활인구 데이터에 기반하여 주도적으로 정책을 기획하고 집행할 수 있는 최소한의 토대를 제공한다는 점에서 중요한 의미를 가진다.

중기과제: 데이터 기반 성과 창출 및 사업의 고도화

중기적으로는 지방자치단체에 구축된 생활인구 활용 기반을 바탕으로 지역특성에 부합하는 인구활력의 실질적인 성과를 창출하는 단계로 나아가야 한다. 이를 위해 먼저, 지방자치단체 간 연계·협력체계 구축이 필요하다. 생활인구는 특정 지역으로의 유입에 국한되지 않고 지역 간 이동과 흐름 속에서 형성되므로 인구 유출입 특성을 반영한 지방자치단체 협력체계를 마련해야 한다. 이를 통해 각 지방자치단체는 인구활력 증진을 위한 공동사업을 발굴·추진하고, 성과를 널리 확산하기 위한 행사와 교류 프로그램을 운영함으로써 협력의 성과를 창출하고 확산할 필요가 있다.

둘째, 지방자치단체의 생활인구정책 활용도 제고 지원이 필요하다. 생활인구 데이터는 단순한 통계가 아니라 정책 설계의 핵심 자원이므로, 생활인구 데이터의 항목을 확대 및 고도화할 필요가 있다. 또한 현재 인구감소지역에 국한된 생활인구 산정 및 공표 대상을 관심지역 등으로 점진적으로 확대하여 정책의 파급력을 넓히는 한편, 각 지방자치단체가 데이터에 쉽게 접근하고 활용할 수 있도록 빅데이터 플랫폼을 고도화하여 활용성을 강화해야 한다.

셋째, 생활인구 사업 추진성과 제고가 필요하다. 각 지방자치단체는 생활인구의 체류·소비·재방문 특성을 면밀히 반영하여 기획된 맞춤형 사업을 본격적으로 추진하고, 지역 생활인구의 소비특성과 로컬 자원을 연계한 제품 및 서비스의 고도화를 통해 지역경제 활성화를 촉진해야 한다. 더 나아가, 관계 수준(방문-재방문-정착 등)에 따른 단계별 맞춤형 지원 및 정착정책을 마련하여 생활인구가 지역 정주로 이어질 수 있는 구조를 만들어야 한다. 이러한 중기과제는 생활인구 정책이 기반 구축을 넘어 실질적인 성과를 창출하고, 지역 간 연계와 데이터 고도화, 소비·정주 전략으로 확장되는 데 기여할 것이다.

장기과제: 생활인구 전략의 지속가능성 제고

장기적으로는 생활인구정책을 단순한 사업 단위의 추진을 넘어 데이터 기반의 지속 가능한 인구활력 증진 전략으로 발전시킬 필요가 있다. 이를 위해 먼저, 데이터 기반 예측 및 정책 설계 고도화가 필요하다. 축적된 생활인구 데이터를 기반으로 분석체계를 고도화하고, 다양한 변수와 환경변화에 대응할 수 있는 정책 시뮬레이션 및 시나리오 분석 기반을 갖출 필요가 있다. 아울러 이를 바탕으로 새로운 정책 아이디어에 대한 실증·모니터링체계와 연계하여 실험하고, 그 성과를 데이터로 다시 환류하는 구조를 구축함으로써 생활인구정책이 데이터에 기반하여 혁신적으로 진화할 수 있도록 구조를 마련할 필요가 있다.

둘째, 생활인구 시책의 성과관리 및 환류체계 구축이 필요하다. 생활인구정책이 단발적인 사업 수준에 그치지 않고 장기적 성장 전략으로서 지속가능성을 확보하기 위해서는 사업의 목적에 부합하는 효과를 종합적으로 측정해야 한다. 이를 통해 사업별 성과를 객관적으로 평가하고, 문제점을 신속히 발굴하여 환류체계를 마련할 필요가 있다.

셋째, 생활인구 거버넌스체계를 고도화하고 안정적인 재정 기반 마련이 필요하다. 단기적으로 구축된 민관협력 구조를 발전시켜 지역 내, 지역 간 다층적 거버넌스로 확장하고, 이를 통해 지역 자원과 정책 역량을 결집해야 한다. 동시에 지방자치단체 간 연계 사업과 공동 플랫폼 구축을 통해 초광역 차원의 협력 기반을 강화할 필요가 있다. 나아가 안정적인 생활인구정책 추진을 위해 중앙정부 지원사업 등과 연계한 안정적인 재정 기반을 마련하여 장기적 추진 동력을 확보할 필요가 있다. 이러한 장기과제는 데이터 기반의 지속 가능한 인구활력 선순환 구조를 확립하는 데 기여할 것이다.

표 2-7 2026 지방행정 트렌드 대응과제: 생활인구에 기반한 지방주도 활력 증진!

구분	대응과제		
	주요 과제	목표	주요 내용
단기과제 지방자치단체 내 생활인구 데이터 활용 기반 구축	지방자치단체 제도적 추진 기반 마련	지역맞춤형 생활인구정책 추진 기반 마련	▪ 생활인구 확대 지원 등에 관한 조례 제정 ▪ 지역특성에 부합하는 기본계획 및 시행계획 수립 ▪ 인구감소지역대응기본계획·기금투자계획 연계 강화
	데이터 활용/분석 기반 구축	생활인구 특성에 기반한 맞춤형 정책 설계 지원	▪ 지역특성을 반영한 생활인구 등록제 시행 ▪ 지역 생활인구 데이터에 기반한 사업 기획 및 추진 ▪ 지방자치단체 활용역량 강화를 위한 경진대회/워크숍 개최
	생활인구 활성화 추진체계 구축	민관협력 기반 생활인구 활성화 추진체계 구축	▪ 생활인구 데이터 담당자 지정 및 역량 강화 교육 ▪ 생활인구 활성화 TF 운영 및 부서 협력 기반 마련 ▪ 대학·전문가·기업이 참여하는 민관 협력체계 구축
중기과제 데이터 기반 성과 창출 및 사업 고도화	지방자치단체 간 연계·협력체계 구축	지방자치단체 간 협력체계 구축 및 협력사업 추진	▪ 생활인구 유출입 특성 기반 지방자치단체 협력체계 구축 ▪ 인구활력 증진을 위한 공동사업 발굴 및 추진 ▪ 공동사업 성과 확산을 위한 행사 및 교류프로그램 개최
	정책 활용도 제고 지원	산정 범위 확대, 항목 고도화 및 플랫폼 구축	▪ 생활인구 데이터 항목 보강 및 지표 고도화 ▪ 인구감소지역에서 관심지역 등 대상 지역 확대 ▪ 지방자치단체 활용성 제고를 위한 빅데이터 플랫폼 고도화
	생활인구 사업 추진 성과 제고	소비 활성화 및 정주화 촉진 사업 시행	▪ 지역 체류·소비·재방문 특성을 반영한 맞춤형 사업 추진 ▪ 소비특성과 로컬 자원을 활용한 제품/서비스 고도화 ▪ 관계 수준(단계)별 맞춤형 지원 및 정착정책 추진
장기과제	데이터 기반 예측 및 정책 설계	생활인구 분석 고도화를 통한	▪ 축적된 체류·소비·관계 데이터 기반 분석체계 고도화

<table>
<tr><td rowspan="3">생활인구
전략의
지속가능성
제고</td><td>고도화</td><td>미래 대응력 강화</td><td>▪ 데이터 기반 정책 시뮬레이션 및 시나리오 분석 수행
▪ 혁신적 정책 아이디어 실증 및 모니터링체계 구축</td></tr>
<tr><td>성과관리 및
환류체계 구축</td><td>생활인구정책의
성과 분석을 통한
지속가능성 제고</td><td>▪ 생활인구 활성화 정책에 대한 성과관리체계 구축
▪ 다차원 지표(체류/소비/정착)를 활용한 효과 측정
▪ 사업별 문제점 발굴 및 환류체계 구축</td></tr>
<tr><td>거버넌스 고도화
및 안정적인 재정
기반 마련</td><td>지속 가능한
중장기 생활인구
추진체계 확립</td><td>▪ 지역 내 민관협력 구조를 장기적 거버넌스로 확립
▪ 지역 간 연계 사업 및 공동 플랫폼 구축
▪ 안정적인 생활인구정책 추진을 위한 재정 기반 마련</td></tr>
</table>

▼ ▼ ▼ ▼ ▼ ▼ ▼ ▼ ▼ ▼ ▼ ▼

<table>
<tr><td>기대효과</td><td>▪ 인구감소지역의 정밀한 데이터 기반 생활인구정책 추진을 통한 정책의 실효성 제고
• 데이터 기반의 생활인구 분석과 지방주도적 정책 설계를 통해, 단순한 인구 유입이 아닌 체류·소비·정주로 이어지는 실질적인 인구활력 증진 효과를 창출
▪ 지속 가능한 인구활력 창출 구조 확립을 통한 지방소멸 대응 및 국가균형성장에 기여
• 생활인구에 기반한 지역경제 활성화 및 정주화를 통해 지역의 활력을 제고하여 구조적인 저성장 및 인구감소 문제를 극복하고 이를 통한 국가균형성장 달성에 기여
▪ 인구의 시공간적 흐름 특성에 기반하여 행정구역을 넘은 초광역 연계협력 기반 확립
• 생활인구정책이 개별 지방자치단체 차원을 넘어 초광역협력체계로 확장되면서, 지역 간 순환·연계·상생의 구조를 구축하고 국정과제인 지역소멸 대응과 국가경쟁력 강화에 전략적으로 기여</td></tr>
</table>

자료: 저자 작성

다가올 2026년, 지방정부 민선9기 지방행정의 선택은 "생활인구 데이터에 기반한 지방주도적 지방소멸 대응"에 달려 있다

2026년은 인구감소와 지방소멸 위기에 직면한 우리 사회가, 생활인구라는 새로운 인구개념을 바탕으로 데이터 기반의 지방주도 전략으로 도약할 수 있는 분기점이 될 것이다. 민선9기 지방정부는 생활인구정책을 통해 지역의 인구활력을 되살리고, 지역의 성장이 국가의 성장을 견인하는 국가균형성장의 토대를 구축할 수 있는 결정적인 시기를 맞이하고 있다.

생활인구정책의 핵심은 단순히 머무는 인구의 수를 늘리는 데 있지 않다. 체류·소비·관계·정주로 이어지는 인구의 흐름을 정밀하게 파악하고, 이를 토대로 지역맞춤형 전략을 설계·실행하는 데 있다. 지방자치단체가 주도적으로 이러한 변화를 이끌어낼 때, 생활인구정책은 선언적인 구호를 넘어 실질적인 성과로 이어질 수 있다. 이를 위해서 생활인구정책은 데이터 기반의 인구 및 소비특성 분석과 예측, 이에 근거한 맞춤형 사업 기획 및 집행, 지방자치단체 간 연계협력의 구조를 포괄해야 한다. 동시에 단편적인 일회성 사업 추진에 머무르지 않고, 지속가능한 성과관리와 환류체계, 안정적인 재정 기반을 함께 구축해야 하며, 이 과정에서 지방자치단체와 중앙정부, 지역사회와 민간이 함께 참여하는 다층적 협력 거버넌스가 핵심적 역할을 하게 될 것이다.

이를 통해 기대되는 효과는 분명하다. 첫째, 인구감소지역은 데이터 기반 생활인구정책을 통해 보다 정밀하고 실효성 있는 인구활력 증진 전략을 구현할 수 있다. 단순한 유입이 아닌 체류·소비·정주로 이어지는 선순환 구조를 만들어낼 수 있다. 또한 지역경제 활성화와 정주화로 연결되는 지속 가능한 인구활력 창출 구조가 마련되면서 지방소멸 위기에 실질적으로 대응하고, 구조적 저성장을 극복하여 국가균형성장에 기여할 수 있다. 더 나아가, 생활인구정책은 개별 지방자치단체를 넘어 초광역적 연계와 협력으로 확장되어, 지역 간 순환·연계·상생의 구조를 구축하게 될 것이다. 이는 국정과제인 지역소멸 대응과 국가경쟁력 강화에도 전략적으로 기여할 수 있다.

결국, 다가올 2026년 민선9기의 선택은 "생활인구 데이터에 기반한 지방주도적 지방소멸 대응"에 달려 있다. 이것이 선언에 그칠지, 아니면 지역의 실질적 활력 회복과 국가 균형성장의 전환점이 될지는 지방자치단체와 지역사회의 결단에 달려 있다.

03 청년의 삶을 바꾸는 종합지원, 지속 가능한 지역을 여는 길

1. 청년의 멈춤과 도전에서 새로운 사회적 전환이 시작된다

"**쉰다는 말조차 사치, 그냥 포기한 상태** … 아무리 발버둥 쳐도 희망이 보이지 않는 현실에 직면하다 보니 이렇게 힘들게 고생할 바에야 그냥 쉬는 게 낫겠다 싶었습니다. … 대학 교육까지 마친 청년들이 마냥 쉬고 있는 건 기본적으로 갈 만한 일자리 자체가 매우 부족하기 때문 … 노동시장이 이들을 제대로 흡수하지 못하면서 청년 고용 미스매치와 고학력 공급 초과 현상이 더욱 심화되고 있다.

중앙선데이, 2025.05.31.

"'쉬었음' 상태로 분류된 청년이 50만 명을 넘어서며 역대 최대치를 기록 … 실효성 부족과 낮은 접근성, 위축된 채용 시장이 맞물리며 정부정책과 청년 체감 사이의 온도차는 좀처럼 좁혀지지 않고 있다. … 앞으로 단순한 정보 제공을 넘어, 청년들이 **다시 시작할 수 있도록 연결**해 주는 제도적 설계가 필요하다."

브릿지경제, 2025.03.31.

"부산고용노동청은 청년들을 위한 진로탐색·취업지원 인프라를 확대하기로 … 사업비는 총 75억 2,000만 원이다. … 청년들은 청년성장(청년카페), 직장적응, 청년도전 세 가지 분야에서 부산노동청의 지원을 받을 수 있다. … 취업지원책 확대는 반갑지만, **일자리 등 고질적인 문제는 해결되지 않고 있다는 지적**도 있다."

부산일보, 2025.03.02.

한국지방행정연구원 개원 41주년 기념 세미나 (2025.09.05.)

한국지방행정연구원 청년정책 아이디어 공모전(2024.11.04.~11.15.)

일 할 기회의 축소와 청년정책의 전환

2009년 글로벌 금융위기 이후 청년 실업은 전 세계적으로 심각한 사회문제로 부상했다. 우리나라에서도 청년은 주요 정책 대상군으로 부각되었으며, 초기에는 '청년 실업' 자체, 즉 고용 여부를 중심으로 한 정책들이 주를 이루었다. 그러나 점차 단순히 일자리 제공에 그치지 않고, 교육 격차, 소득 불평등, 노동시장 이중구조, 인구구조 변화, 생애주기 변화 등 청년의 삶 전반을 다루는 접근으로 확장되었다. 이러한 관점의 확대는 청년 고용 문제가 단순 경제적 지표라는 인식에서 벗어나, 사회적 불평등, 지역 격차, 세대 간 갈등, 저성장시대 산업구조 변화, 장기적 국가 경쟁력 등 개인과 산업, 국가의 유기적 연결에 기반한 거시적 구조변화와 그에 따른 개인과 가족의 대응 전략이라는 관점이라는 인식의 전환을 반영한다.[94] 2025년 새롭게 출범한 이재명 정부는 국정과제 123을 발표하고, 청년정책에 이러한 관점의 변화를 반영하고 있다.

글로벌 금융위기 이후 청년들과 산업 모두 종전과 다른 환경에 적응해야 했다. 정부 또한 정책 대상과 환경의 변화를 면밀히 읽어 시의적절한 대응의 일환으로써 경제, 사회, 문화 전반의 환경변화를 청년정책의 구조적 조건으로 상정하고, 단순 일자리 알선에서 청년의 생애주기 특성에 적합한 융합적 지원으로 전환을

94) "청년들 만난 이 대통령 '새 정부가 할 일은 기회를 많이 …". (2025.09.19.)
[출처: 대한민국 정책브리핑] https://www.korea.kr/news/policyNewsView.do?newsId=148949676

이루었다. 글로벌 금융위기와 뒤따른 경기침체 및 인력구조 변화로 청년 인력을 필요로 하는 일자리의 공급 자체가 줄어들었다. 과거에 비해 청년들이 일할 기회 자체가 감소한 것에 이어서, 임금, 지역, 안정성, 워라밸 측면에서 청년들이 선호할 만한 소수의 일자리를 향한 경쟁은 더 치열해졌다. 청년들이 괜찮은 일터로 인식하는 최소 조건은 "깨끗한 화장실"로 대표되듯 상식적 조직문화와 안전한 근무환경이지만,[95] 일터 규모가 작을수록 청년들의 상식선에 맞는 조건도 기대하기 어려운 형편이다. 우리나라 특유의 대규모 대졸 신입 공채가 줄어들고 경력직 중심의 소규모 채용이 늘어난 점도 경제활동을 처음 시작하는 청년들에게는 불리한 변화였다. 구직 기회가 차단 혹은 그 기회가 굉장히 줄어든 상황에서, 청년들의 구직은 그 기간이 길어지고, 비자발적으로 구직활동을 포기 혹은 보류하는 청년들이 늘어나기 시작했다.

일자리정책의 맥락에서 청년정책에 주목할 때, 비경제활동 청년 집단, 그중에 '쉬었음' 청년으로 불리는 집단의 등장은 정책의 수립과 집행에 새로운 도전이 되고 있다. 최근의 비경제활동 청년들의 특수성은 취업 시장의 구조변화와 더불어, 이 집단이 근로를 유지하기 어려운 신체적·정신적 여건에 있다는 점이다. 한국고용정보원의 2024년 조사에 따르면, 경제활동이나 구직을 쉰 청년 4명 중 1명은 우울과 불안 등 심리적·정신적 어려움으로 인해 '쉬었음' 청년이 되었다.[96] 청년세대에 만연한 만성적 불안과 위기감은 주기적으로 발생하는 글로벌 경제위기와 그에 따른 불안정 고용 및 저임금 일자리 증가와 무관하지 않다. 또한 대기업 정규직으로 대표되는 소수의 좋은 일자리 기회를 두고 형성된 사회적 위계와 무한 경쟁 속에서 청년들은 이중 삼중의 심리적·경제적 압박감을 버티며 대기업 정규직 입직을 위해 각종 교육과 훈련을 이유로 취업을 전략적으로 보류하고 있다. 기약 없는 취업 준비 과정속에서 취업과 결혼, 출산은 생애주기상 경제적 독립 그 다음의 과업으로, 그 나이가 점점 늦어지는 경향으로 이어진다.

정부는 청년들의 심리적·정신적 어려움 등 청년의 근로 의욕과 생산활동으로

---

95) "'화장실조차 지옥' … 청년들이 말하는 '일자리의 하한선'". (2025.08.26.)
[출처: 뉴스락] https://www.newslock.co.kr/news/articleView.html?idxno=114416

96) "늘어나는 '쉬었음' 청년과 'N잡러', 청년 고용 불안정의 두 얼굴". (2025.07.30.)
[출처: NEWNEEK] https://newneek.co/@newneek/article/34427

의 진입을 가로막는 문제들을 복지정책 차원에서 중요한 개입의 지점으로 수용하며 청년정책 서비스 내용에 중요한 전환을 이루었다. 청년들의 불안감을 증가시키고 생산활동에서 이탈을 초래하는 또 다른 요인은 교육과 직업훈련 기간 및 투자비용이 증가하는 현실이다. 같은 위기 대응 전략의 맥락에서 상당한 청년들은 2개 이상의 직업을 동시에 유지하며 생활비 부족과 추후 직면할 경제위기 또는 실직에 대비하여 여유·비상 자금을 마련하고 있다. 유사한 맥락에서 최근 두드러지는 청년들의 금융 자산 형성에 대한 높아진 관심은 청년들이 혹시 미래에 닥칠 경제적 위기 또는 만연하는 불안정성에 얼마나 민감하게 대응하는지를 반영한다(국무조정실, 2025). 구직을 위한 교육 투자 및 대기 시간의 장기화, 근로소득이 아닌 재테크에 대한 관심 증가 또는 소위 "N잡러"로 불리는 불안정 노동을 여러 개 병행하는 청년의 증가는 모두 청년들이 반복되는 경제위기와 금융소득 대비 근로소득의 가치재고, 안정적이지 않은 미래에 대응하는 개인적인 방식으로 볼 수 있다.

청년들이 처한 사회적 지지 네트워크의 변화도 청년정책 환경변화의 중요한 요인이다. 노년기에 접어든 원가족과의 동거의 연장, 1인 독립 가구의 가장이 되거나, 결혼과 동거를 통한 새로운 가구 구성 등 하나의 가족 및 가구 구성 형태로 단정짓기 어려운 형편이다. 청년들은 생애주기상 이행기(과도기)에 해당하기 때문에 다른 생애주기 집단에 비해 다양한 가족 전략을 선택할 수 있다. 상술한 경제환경의 변화에 연동된 개인과 생애주기 조건이 긴밀히 영향을 주고받으며 청년세대, 청년의 일자리 문제에 대한 사회문화적 관심과 이해가 고도화되었다. 초창기 일자리 연결 중심의 청년정책은 해가 거듭되며 경제, 결혼과 출산, 가구 형태, 교육, 지역사회 네트워크, 돌봄서비스 지원, 복지 지원 등 다양한 지원체계와 제도의 종합적 대응이 필수적인 복합적 성격의 정책으로 전환되고 있다.

지방자치단체가 청년을 지역의 주요 정책대상이자 사업분야로 고려하기 시작함에 따라 청년정책은 또 한번의 중요한 분기점을 맞이하고 있다. 특히, 지방소멸 및 지역산업 쇠퇴, 산업 인력부족 문제로 어려움을 겪는 지방자치단체들이 이러한 개별 지역 특수성을 반영한 청년정책을 주도적으로 이끌고 있다. 단순히 일자리 연결을 넘어서, 지역산업의 고도화와 인구구조 변동, 지역의 문화적 인프라 조성 등을 청년정책과 함께 고려하기 시작한 것이다. 청년인구, 특히 여성청년 인구 유출, 제조업 중심의 전통적 지역산업, 청년 친화적인 지역문화 인프라 부족, 외국인 인구의 유입 등 변화하는 정책환경에서 청년을 중요한 정책대상이자 파트너로 삼고, 청년들이 일자리를 갖고 정주할 수 있도록 청년정책의 관점을 확대시킨 울산광역시의 사례가 대표적이다.

2. 지금, 비경제활동 청년세대에 대한 이해

청소년에서 성인의 이행기, 청년세대

청년의 사전적인 정의는 신체적·정신적으로 한창 성장하거나 무르익은 시기에 있는 사람이다. 우리 사회는 2020년 「청년기본법」 제정에 따라 청년의 나이를 19~34세 이하인 사람으로 정의하고 있으나, 다른 법령과 조례에서 청년에 대한 정의를 개별적으로 적용할 수 있는 조항을 두어, 법령마다 청년에 대한 정의가 상이하다. 또한, 사회적으로 청년은 학업, 취업, 결혼, 출산 등 성인 역할을 준비하는 과도기로 인식되고 있다. 이러한 맥락에서 최근 청년은 매우 다양한 차원에서 '정책수요'에 따라 상이하게 정의되고 있으며 그 대상범위도 점차 확장되고 있다. 하지만 동일한 점은 모두 청년을 성인이 되는 '이행기'로 인식하고 있다는 점이다.

최근 우리나라에선 교육기간 증가, 취업, 결혼 및 출산연령의 상향조정에 따라 '이행기 청년'이라는 개념이 강조되고 있다. '이행기 청년'이란 아동기의 의존적인 성격과 성인으로서의 책임감과 독립성이 동시에 장기적으로 나타나는 기간을 의미한다. 이러한 '이행기 청년' 현상은 성인기에서 이루어지는 안정적인 노동, 주거지 독립, 경제적 자립, 결혼, 출산과 같은 사회적 행위가 생략되거나 지연되는 사회변화가 복합적으로 나타나기 때문에 사회의 맥락에 따라 정의되고 있다. '이행기' 청년 프레임을 통해 최근 늘어나는 교육기간, 구직기간, 만혼 및 비혼 경향을 이해할 수 있다.

표 2-8 '이행기 청년'과 관련된 개념

개념	정의
니트족	▪ 교육·고용·훈련에 참여하지 않고 일할 의지도 없는 청년 무직자 ▪ 취업 의지가 있는 실업자나 프리터족과 구별됨
캥거루족	▪ 성인이 되었으나 경제적으로 독립하지 못하고 부모에게 의존하는 청년 ▪ '부모로부터의 독립'에 초점을 둔 개념
리터루족	▪ '돌아가다(Return)'와 '캥거루(Kangaroo)족'의 합성어 ▪ 결혼 후 독립했다가 다시 부모님 세대와 재결합해서 사는 자녀 세대들을 가리킴
프리터족	▪ 정규직 대신 아르바이트로 생계를 유지하는 사람 ▪ 과거 비자발적에서 최근엔 워라밸을 중시한 자발적 유형 증가
프리커족	▪ 일정 기간 일한 뒤 일정 기간 쉬며 자기개발·여가를 즐기는 사람 ▪ 프리터족과 달리 저축·보험 등 미래 대비 특징
'쉬었음' 청년	▪ 취업자나 실업자가 아닌 비경제활동 청년을 대상으로 '지난주에 주로 무엇을 하였습니까'에 대한 질문에 '쉬었음'이라고 대답한 청년을 의미[97]

자료: 유자영·이경은(2024)

경제활동은 청년의 생애주기에서 핵심적인 과업이다. 따라서 청년의 생산활동으로의 유입과 경제활동 유지를 지원하는 것은 청년정책의 주요 과제라고 할 수 있다. 청년을 경제활동인구와 비경제활동인구로 나누었을 때, 비경제활동인구에 속하지만 근로 의욕이 있는 집단은 중요한 정책 대상이 된다. 이러한 맥락에서 최근 정책환경의 변화로 '쉬었음' 청년 인구의 증가에 주목할 필요가 있다. 통계상 '쉬었음'은 학업, 군복무, 질병 등 명확한 사유 없이 지난 한 주 동안 취업이나 구직활동을 하지 않은 경우이다. '일할 의지'는 있다는 점에서 기존의 니트족과 다르나, 그 인구가 점차 늘어난다는 점은 문제로 지목되고 있다. 통계청 고용동향에 따르면, 2025년 7월 기준 20대 '쉬었음' 청년 인구는 약 42만 1천 명으로 관련 통계 집계 이후 역대 최대치를 기록했다. 코로나19 이전까지만 해도 30만 명대에 머물렀던 수치가 이후 40만 명대를 돌파했고, 감소세로 전환하지 못한 채 고착화되고 있다. 이는 코로나19 이후 경직된 고용 시장, 신입 채용 축소와 경력

97) 다른 응답 항목은 육아, 가사, 정규교육기관 통학, 입시학원 통학, 취업을 위한 학원·기관 통학(고시학원, 직업훈련기관 등), 취업준비, 진학준비, 연로, 심신장애, 군입대 대기, 기타가 있음.

직 선호, 양질의 일자리 부족 등이 복합적으로 작용한 결과로 분석된다. 실제로 2025년 상반기 채용 공고 14만 건 중 82%가 경력직 위주였고, 신입 채용은 2.6%에 불과했다.

표 2-9 연령계층별 '쉬었음' 인구

(단위: 천 명, %, 전년동월대비)

구분	2024.7			2025.6			2025.7			
	천 명	구성비	증감	천 명	구성비	증감	천 명	구성비	증감	증감률
전체	2,511	100.0	243	2,434	100.0	60	2,580	100.0	69	2.8
15~29세	443	17.7	42	408	16.8	-17	436	16.9	-7	-1.5
15~19세	27	1.1	0	12	0.5	-19	15	0.6	-12	-42.8
20~29세	416	16.6	42	396	16.3	2	421	16.3	5	1.2
30~39세	288	11.5	28	295	12.1	10	312	12.1	24	8.3
40~49세	284	11.3	29	262	10.8	-3	265	10.3	-19	-6.7
50~59세	394	15.7	31	380	15.6	17	409	15.9	16	3.9
60세이상	1,101	43.9	114	1,089	44.7	54	1,157	44.8	55	5.0
70세이상	181	7.2	56	208	8.5	36	227	8.8	46	25.3

자료: 통계청(2025.08.13.)

정부는 '쉬었음' 청년을 시급한 정책적 개입을 요하는 새로운 인구집단으로 문제성을 인식하고 적극적인 정책 대응을 시작하였다. 이에 따라 정부는 직장경험 및 구직 적극성, 개인적 특성에 따라 '취준－적극형', '취준－소극형', '이직－적극형', '이직－소극형', '취약형' 5유형으로 분류하였다. 구직의사의 고저에 따라 서로 다른 정책요구를 인지하고, 구직의사가 낮은 유형의 경우 '구직의사를 증진'하는 방향으로, 구직의사가 높은 유형의 경우 '적합한 일자리를 매칭'하는 방향으로 정책방향을 제시할 필요가 있다. 구직의사가 낮은 집단은 적극적 개입이 요구되는데, 이들이 방치될 경우 일종의 '니트'인구로 편입될 가능성이 높기 때문이다. 구직의사가 높은 유형(취준－적극형, 이직－적극형)의 경우에도 구직기간이 장기화

될 경우 반복되는 좌절로 구직의사가 낮아지기 전에 적극적으로 일자리 기회를 제공하고 매칭을 도모해야 한다.

표 2-10 비경제활동 '쉬었음' 청년 유형화

유형		특성	쉬었음 이행과정 및 전망
취준	적극형	직장경험 X 구직의욕 ↑	졸업 후 충전을 위해 쉬는 상태, 구직의지와 계획은 있지만 진로에 대해 일부 불안감
	소극형	직장경험 X 구직의욕 ↓	지속적 취업 실패 등으로 쉬었음 기간이 장기화되며 구직의욕 감소, 도전 어려움
이직	적극형	직장경험 O 구직의욕 ↑	경력개발을 위해 퇴직, 재취업계획은 있지만 시간을 두고 준비하고 있는 상태
	소극형	직장경험 O 구직의욕 ↓	소진, 적성 불일치 등으로 퇴직, 상향이직 기대 불투명으로 구직계획이 어려움
취약형		환경적 취약성↑	부정적 경험, 질병·장애, 가족돌봄 등으로 사회참여 의욕이 낮거나 일자리 진입이 어려움

자료: 관계부처합동(2023)

근로 의지가 있지만 경제활동을 하지 못하고 있는 이 노동시장 밖의 청년들은 적절한 정책적 지원과 환경이 조성되면 경제활동에 참여할 가능성이 높다.[98] 통계의 '쉬었음'의 의미가 단순히 '노력하지 않는다'는 부정적 의미로 이해되기 보다는 구직의욕이 꺾이고 노동시장 진입을 단념한 청년 집단을 포괄하는 용어로 이해되어야 하며, 이들을 대상으로 적극적인 정책을 수립함으로써, 이들이 교육–취업–독립 가구 구성–출산의 생애주기에서 이탈하지 않고 경제적 역량을 발휘할 수 있도록 지원해야 한다.

98) 2024년 한국은행이 발간한 경제전망보고서에 따르면 2024년 기준 '쉬었음' 청년 약 45만 명 중 취업 경험이 없는 청년은 5만 명 이하였으며 약 71.8%가 비자발적인 사유로 일을 쉬게 된 것으로 밝혀졌다(한국은행, 2024). 즉, 대부분의 '쉬었음' 청년은 취업 경험이 있었으며 또한 자발적으로 일을 그만두지 않았다.

비경제활동 청년의 사회적 고립과 생애주기 이탈

지금 우리가 청년세대의 구직 및 일자리 문제에 주목해야 하는 이유는 청년 일자리 문제가 단순히 청년 개인의 선택이나 태만, 산업의 인력 배치 문제만이 아니라 사회적 관계망의 약화, 심리적 지지의 부재, 자립 역량의 저하가 맞물리며 나타나는 생애 전반의 구조적 현상이기 때문이다. 고립 은둔 청년 문제도 근로의욕이 있으나 쉬고 있는 청년들과 유사한 배경을 공유한다. 청년들은 사회와 단절된 채 장기간 고립 상태에 놓일 경우 가족·친구·지역사회와의 연결고리가 끊어지고 이는 곧 불안·우울·자존감 저하로 이어진다. 2022년 서울시 고립·은둔 청년 실태조사에 따르면 서울시에 거주하는 청년 약 13만 명이 고립·은둔 상태(서울특별시, 2022)이며, 이는 이러한 문제가 개인적이거나 일시적 현상이 아니라 사회 전반의 활력에 위기 요소임을 보여준다.

고립이 지속될수록 청년들은 교육－취업－독립 생계의 생애주기 경로에서 벗어나게 된다. 대화상대와 심리적 지지기반 상실의 기간이 길어질 경우 취업·학업·자기계발 역량이 약화되며 이는 사회 복귀를 어렵게 만든다.[99] 이 지점에 정책적 개입은 경제적 지원은 물론 정서적 지지, 사회적 관계망 복원, 멘토링과 자조모임 등 청년의 사회적으로 재연결되어 생애주기 트랙에 복귀할 수 있는 다양한 장치들이다. 이런 장치들은 청년이 자신감을 회복하고 미래계획을 바탕으로 다시 사회 속으로 복귀하는 데 결정적인 역할을 할 수 있을 것으로 기대한다.

경제적 구조는 비경제활동 청년 증가에 어떠한 영향을 미쳤는가? 한국 사회에서 청년층은 취업난과 낮은 임금, 높은 주거비와 생활비 부담 속에 놓여 있으며, 이는 비경제활동 상태를 장기화시키는 핵심 요인이 되고 있다. 실제로 2025년 상반기 채용 공고의 82%가 경력직 위주였으며 신입 채용은 2.6%에 불과했다. 이는 사회초년생인 청년들이 직면한 기회의 부족 문제를 드러내며, '기회의 제공'이 왜 2025년 발표된 정책과제 중 청년정책의 기조여야 하는지를 방증한다.[100]

---

99) 고립 상태의 청년들은 어려움에 직면했을 때 대화할 상대가 없다. 2023년 통계청 '사회조사' 자료에 따르면 우울하거나 낙심할 때 '이야기할 사람이 없다'고 응답한 청년이 31.6%에 달했다.

100) "청년들 만난 이 대통령 '새 정부가 할 일은 기회를 많이 …". (2025.09.19.)
[출처: 대한민국 정책브리핑] https://www.korea.kr/news/policyNewsView.do?newsId=148949676

비경제활동 청년에 대한 복지체계의 접근은 매우 시의적절하고 타당하지만, 그 부담과 한계 또한 예상된다. 기존 복지제도는 다수의 비경제활동 청년과 이들의 사회적·경제적 고립을 아직까지는 포착하지 못하고 있다. 다른 나라의 사례에 따르면 온라인과 느슨한 연결망을 통해 이들에게 접근하고 있는데, 우리나라의 경우 온라인 자가진단, 24시간 상담창구 등 새로운 맞춤형 지원체계가 요구된다. 만약 비경제활동 청년과 그로 인한 사회적 고립 문제를 방치할 경우, 이로 인한 사회적 비용은 당장 연간 약 6.7조 원에 이를 것으로 추정된다.[101] 이는 단순한 복지 지출 부담이 아니다. 청년 개인과 국가 모두의 입장에서, 청년 시기라는 경제적 부가가치 창출의 아주 초창기에 있는 인구를 경제활동 인구로 전환하지 못했을 때 발생하는 생애 전반의 기회비용이 된다는 데 문제가 있다. 단순히 취업할 '의지가 없다'는 고정관념은 한국경제의 현실과 다르다. 제조업·건설업 등 전통 산업에서 청년층 고용이 빠르게 감소하고 있어 청년층의 새로운 일자리 기회가 줄었다. 숙박·음식업 등 진입 장벽이 낮은 업종조차 코로나19 이후 회복되지 않았으며 청년층 고용률은 2025년 7월 기준 45.8%로 전년 대비 0.7%p 하락했다. 이러한 구조적 요인으로 인한 비경제활동 청년 증가는 청년층의 평생 취업 기간을 평균 2년 단축시키고, 평생 소득을 약 13.4% 감소시키는 결과로 이어지고 있다.

취업 기회의 감소, 반복되는 구직실패와 청년들의 상식선에 맞지 않는 일자리 현실은 청년들에게 무기력과 좌절감을 전염병처럼 확산시킨다. 생애주기의 시작점에서 경제력을 확보하고 독립 가구의 구성, 출산으로 사회적 관계를 적극적으로 넓혀가야 하는 청년의 때에 맞닥뜨린 경제적·사회적 고립은 장기적 삶의 계획을 불가능하게 한다는 점에서 그 파급력이 상당하다. 전국적으로 약 50만 명에 달하는 구직을 중단하고 사회적 관계마저 단절한 고립은둔 청년은 "일할 의지는 있으나 기회가 없다"는 절망감을 토로한다. 현재 우리 사회가 직면한 청년문제는 단순한 청년 고용문제를 넘어 지역사회의 활력, 정신건강, 가구 구성의 변화, 출산·인구감소, 범죄 위험의 증가와도 유관한 측면이 있다.

비경제활동 청년 문제와 이들의 사회·경제적 고립은 단순한 양적 고용 부족이

---

101) 한국은행 보고서에 따르면, 2024년 기준 '쉬었음' 청년 중 다수는 이미 취업 경험이 있으며, 약 71.8%가 비자발적 사유로 일을 쉬게 된 것으로 나타났다.

나 일자리 매칭 문제로만 축소될 수 없다. 질적 고용 불균형, 구조적 취업난, 사회적 기회 불평등, 지방의 취약한 산업구조 등의 전반이 청년들에게 기회를 축소하고 있다. 따라서 일자리 기회를 늘리는 동시에 청년층의 고용 질 개선, 신입 채용 활성화, 산업구조 전환 대응, 사회적 안전망 확충 등 다각적 정책이 요구된다. 또한 이들의 특성과 배경을 면밀히 이해하고 맞춤형 지원을 통해 청년이 노동시장에 재진입하여, 생애주기의 전반에서 이탈하지 않고 버틸 수 있는 동기를 제공하는 것이 핵심 과제라고 할 수 있다.

지역의 관점에서 바라본 청년세대의 경제활동

청년들이 몰리는 서울·수도권 중심의 청년정책을 지역의 관점에서 조망하면 청년 문제는 일자리를 제공하고, 이들의 경제활동이 생애 과업의 달성으로 연결되는 것을 지원하는 문제로 접근할 수 있다. 지역사회에서 직면하는 청년 문제는 수도권의 경우와 차이가 발생하는 이유는 이미 다수의 청년이 수도권에 집중되어 비수도권 기초체력이 줄어들고 있는 현실에서 기인한다. 청년이 몰려들어 경쟁이 치열한 수도권과 달리, 청년이 떠나가는 지역, 특히 인구소멸 지역에서 필요로 하는 청년정책은 수도권의 정책 수요와 체질이 다르다. 지역에서는 청년의 경제활동 지원뿐 아니라 삶의 기반 전반, 청년들의 라이프스타일을 지역에서 실현시키는 복합적인 접근이 요구된다. 그렇지 않을 경우, 일회성 지원정책을 계기로 지역으로 이주한 청년들이 좋은 일자리를 찾기 어렵거나, 안정적인 주거환경을 확보하지 못하고 결국 지역을 다시 떠나기도 한다.[102] 다시 말해, 청년과 함께 지역산업, 지역공동체, 지방자치단체 간의 협업으로서 청년정책이 요구된다. 이미 다수의 청년이 수도권에 집중되어 비수도권 기초체력이 줄고 있는 실정이지만, 인구소멸에 대응하고자 하는 관점에서 잘 짜여진 청년정책은 인구소멸 지역에 큰 활력을 가져올 뿐만 아니라, 한국 사회 전반의 생산인구 감소 문제에 청년정책을 통한 대응역량을 키울 수 있다. 청년세대와 소멸 위기 지역은 협업을

102) "'청년 없으면 미래도 없어' … 전주시, 청년 끌어안기 주력 (전주)". (2025.02.07.)
[출처: B tv news] https://news.skbroadband.com/news/articleView.html?idxno=177792

통해서 서로의 정책적 필요를 만족시킬 수 있다.

지방에서 청년들이 줄어드는 것은 소멸지역의 숙명이 아니라 청년정책의 설계와 지역 전략의 문제라는 점이 다양한 성공적인 정책사례를 통해 드러나고 있다. 청년들이 고향을 떠나는 경우와, 반대로 수도권이 아니지만 청년들이 모여드는 지역을 비교하면 청년정책의 시너지 효과를 극명히 확인할 수 있다. 경상북도 의성군은 한때 지방소멸위험지수 1위를 기록했지만, '이웃사촌시범마을' 사업을 통해 2년 반 동안 162명의 청년 인구를 유입시키는 성과를 거두었다.[103] 전라북도 김제시는 인구감소지역으로 지정되었음에도 불구하고 청년가구당 최대 1억 1,800만 원의 혁신적 지원정책으로 주목받고 있다.[104]

단기 체류라도 청년이 지역문제에 기여하고, 콘텐츠를 만들고, 작은 프로젝트를 기획하는 등의 역할을 통해 청년들이 지역에 관계를 맺고 생산활동으로 연결시키기도 한다. 경상북도 문경시의 리플레이스처럼 한옥스테이와 카페를 시작으로 지역문화를 재탄생시키는 로컬크리에이터들,[105] 인천광역시에서 로컬 브랜드를 개발하는 청년 창업가[106]들이 바로 이러한 변화를 이끌고 있다. 드물지만, 지역으로의 청년 유입을 성공시킨 사례들이 시사하는 바는 명확하다. 지방에 청년들이 줄어드는 것은 숙명이 아니라 정책 설계와 지역 전략의 문제라는 것이다. 인구소멸 지역이 추구해야 하는 청년정책은 청년을 일자리를 찾아 이주하고, 주거비를 지원받으며, 생활비를 보조받는 정책의 수동적 수혜자로 보아서는 큰 변화를 만들기 어렵다. 청년들을 지역을 다시 살아나게 하는 설계자이자 공동체의 재건축자로 상정하고 정책 전반을 설계한 경우, 청년들이 일자리를 지역에 만들고 지역은 청년 인구를 늘릴 수 있었다. 주거비 보조, 일자리 알선, 창업지원금 등으로 지방에 거주하는 청년들에게 일시적 숨통은 틔울 수 있다. 하지만 정작

---

103) "'의성 이웃사촌시범마을' 지방소멸 극복 롤모델 급부상". (2022.04.05.)
[출처: 경북도민일보] http://www.hidomin.com/news/articleView.html?idxno=480665

104) "김제 청년형 1억원 지원정책 효과 주목". (2021.12.15.)
[출처: 전북타임즈] https://www.jeonbuktimes.co.kr/news_view.jsp?ncd=121059

105) "[인재가 지역을 바꾼다] 공간의 가치를 재창출하는 '리플레이스'". (2024.09.02.)
[출처: 영남일보] https://www.yeongnam.com/web/view.php?key=20240825010003078

106) "인천시, 인구감소(관심) 지역에 새바람 불어넣을 청년 로컬크리에이터 모집". (2023.04.11.)
[출처: 한국강사신문] https://www.lecturernews.com/news/articleView.html?idxno=123423

청년이 '어디에서, 누구와, 어떻게 살아갈 것인가', 즉 삶의 기반과 라이프스타일 전반에 대한 구조적인 고민이 함께 이루어져야 청년의 장기적 정착이 이루어지고, 지속 가능한 지역문화, 공동체 감성, 청년 노동력을 중심으로 한 산업 생태계가 생성될 수 있다. 궁극적으로 청년이 지역을 살리고, 지역이 청년을 키우는 선순환 구조를 만드는 지점에 청년정책의 역할이 있다.

비경제활동 청년들이 겪는 사회적 단절과 고립감은 작은 규모의 공동체적 관계, 대면 상호작용에 기반한 연결망의 활성화를 필요로 하는데, 지방의 작은 지역사회는 이를 가능하게 해준다. 이 부분이 청년의 일자리 복귀정책과 지역의 인구정책이 서로 시너지를 낼 수 있는 지점이다. 최근 청년 문제는 단순히 경제적 지원만으로는 해결되지 않는 복합적 성격을 갖고 있다. 물론, 이전에 비하여 대면 상호작용을 어려워하거나, 관계를 덜 중시하는 오늘날의 청년세대의 특성을 고려하면, 이러한 현상은 다소 자연스러운 결과일 수 있다. 그러나 청년세대의 우울이 과도한 경쟁, 취업불안, 불안정 노동과 밀접하게 관련이 있다면, 이를 완화할 수 있는 사회적 환경을 조성해주는 것이 공공의 중요한 역할이자 책임이 된다. 도시에 비하여 지역은 경쟁이 완화되고, 지속 가능한 활동을 통해 무기력감에서 벗어날 수 있다면, 지역은 청년세대에게는 새로운 기회의 공간이 될 수 있다. 똑똑한 청년들은 국가와 지역발전을 위해 서울로 보내고, 이를 당연히 여기는 정책지향이 오늘날의 지역공동체의 잠식, 수도권 선호 현상 결과를 초래했다고 봐도 무리는 아니다. 따라서 지역이 주도하는 청년정책을 통해, 다양한 지향을 가진 청년들이 자기 삶의 주체로서 내가 원하는 곳에서 의미 있게 사는 삶이 성공한 삶이라는 시각의 전환이 필요하다.

지역사회에 청년들의 삶의 기반을 마련하는 것이 비단 정부와 기업, 그리고 지역사회가 해당 지역에 '양질의 일자리를 얼마나 많이 창출해주는가'로 수렴되는 것은 지역사회 차원에서도 지속 가능하지 않으며, 서울·수도권과 비교해서 청년 유입에 메리트가 되기 어려울 것이다. 이것 역시 외부요인에 의존하는 것에 불과하며, 대기업이 몰려있는 수도권에 비해 지역의 일자리는 그 질과 양의 성격이 다르기 때문이다. 지역사회에서 청년 인구 소멸 문제에 적극적으로 지속 가능하게 대응하기 위해서는 지역에 이미 존재하는 산업, 자원, 역량을 연계하고 고도화하여 청년의 일자리와 지역의 삶을 녹여내는 접근이 필요하다. 지역의 고유 산업을 질적으로 강화하여 좋은 일자리의 상식적 수준을 만족시키는 것이 삶의 기반 조성과, 공동체 문화를 통한 지역만의 라이프스타일 형성과 반드시 함께해야 한다. 대표적인 산업 고도화 정책으로는 지역특화산업 육성정책(RIS, Regional Innovation System)이 있으며, 대학, 지방자치단체, 기업이 함께 지역 주력산업을 혁신하는 것으로, 지역 내 청년인재고용이나 이들의 창업을 지원하는 형태로 이루어지고 있다.[107] 특히 산업통상자원부는 지역의 뿌리산업, 제조업에 스마트공장, AI, 친환경기술을 접목해 경쟁력을 확보하는 등의 꾸준한 시도를 해 오고 있다. 이러한 정책들은 청년에게 단순히 '지원금'을 제공하는 것이 아닌. 지역산업 내 고용과 관련한 구조적 지원을 강조한다.

지역은 청년세대들을 수용하고 이들과 함께 생존해가야 하는 주체로 인지될 필요가 있다. 지역사회가 일방적으로 청년세대에게 혜택을 주기보다는 청년과 지역 간의 상생형 정책 프레임을 형성해나가야 하며, 이때 주지해야 할 관점은 다음과 같다. 먼저, 지역은 청년의 특성이 다양한 만큼 지역도 자연환경, 산업구조, 인구구조 등 매우 다양하기 때문에, 지역특성을 고려한 청년정책이 필요하다. 농촌은 창업과 귀농연계, 제조업 기반 지역은 제조업 디지털화, 관광도시는 문화콘텐츠 개발 등에 초점을 둔다. 둘째, 지역도 단기간에 인구유입과 지역내총생산(GRDP) 증가를 기대하기는 어렵고, 쇠퇴한 지역산업을 도모할 수 있는 다양한 정책들이 필요한 것이다. 셋째, 지역은 청년과의 관계 회복, 기성세대와 청년세대와의 소통을 통해 상호 간의 이익을 증대할 수 있어야 한다. 청년세대가 기성세대의 디지털도우미로 활동하며, 낙후된 지역산업의 고도화를 지원하는 등의 기여를 생각해볼 수 있다. 넷째, 지역은 중앙에서 설계한 공모사업을 지역수요에 부합하도록 응용하거나 새롭게 기획할 수 있어야 하며, 청년이 정책의 공동 설계자로 참여하듯이, 지방자치단체는 중앙정책의 공동 설계자로 참여할 수 있어야 한다. 마지막으로 지역에서도 산업, 인구, 정주 기반의 지속가능성을 추구하는 것이 중요하다. 그러나 이를 긴 호흡으로 마주할 필요가 있다. 즉, 모든 청년을

---

107) "RIS사업 5년동안 혁신인재 3100명 양성". (2025.02.16.)
[출처: 울산신문] https://www.ulsanpress.net/news/articleView.html?idxno=545019

정주인구로 만드는 정책보다, 청년의 특성에 따라, 지역의 산업에 따라 어떤 집단의 청년들은 정주인구로, 다른 집단의 청년들은 생활인구로, 또 다른 집단의 청년들은 다양한 지역에서 살아가는 인구로 남을 수 있는 유연하고 다층적인 청년정책 설계가 필요하다.

3. 2025년 이재명 정부 국정과제 속 청년정책

중앙정부의 움직임

2025년 새롭게 출범한 국민주권정부는 123대 국정과제를 발표하고 각자도생이 아닌 '공존동생'의 원칙으로 삶의 질과 행복을 높여가는데 국가정책 비전을 제시하였다. 특히 국정목표 'IV'에 해당하는 "기본이 튼튼한 사회", 즉 행복과 안전, 존중받는 사회환경을 만들고, "인구위기를 극복하는 대전환" 전략의 일환으로 청년을 위한 포괄적 정책 패키지가 포함되어 있고, 국무조정실과 다수의 정부부처가 종합적인 정책 실행을 위하여 함께 참여한다. 이는 곧 국정 목표로써 청년정책은 경제적 및 사회적 삶의 통합적 지원을 통해 사회 전반의 생산성을 제고하며, 청년 스스로 가능성을 실현할 수 있는 삶을 설계하는 것임을 알 수 있다. 「국정과제 123」 중 청년 맞춤 정책의 세부 내용은 청년의 경제활동 기회를 확대하여 최종적으로 청년들이 경제적으로 자립하고, 생애주기의 선순환 속에서 미래를 준비할 수 있도록 설계되어 있다. 국정과제 속 청년정책은 청년정책의 최종목표, 청년이 주도적 생산인구로 개인과 사회를 위해 중장기적 생애전망을 계획하고 실현해 나가는 것이지만, 이를 위해 몇 가지 중요한 사전 지원과 준비 단계까지 청년정책의 범주로 포함하고 있다.

표 2-11 국정과제 123 대표 청년정책과 회복-자립 프로세스

과제명	(89) 청년의 정책 참여 확대와 기본생활 지원으로 함께 만드는 미래		
과제 목표	▪ 일자리, 주거, 자산, 교육, 복지 등 청년 삶 전반에 대한 실질적 지원을 강화 ▪ 국가정책과정에서 청년 당사자성 강화 및 지속 가능한 청년정책 지원체계 구축		
주요 내용	청년교육 등 생활 지원	▪ 맞춤형 국가장학금(인문100년, 희망사다리Ⅱ장학금) 및 취업 후 상환 학자금 대출 지원 확대 ▪ 식사·문화·교통 등 청년 생활밀착 지원 • 천원의 아침밥, 청년문화예술패스 • 첫 국민연금 보험료 지원 등	회복
		▪ 취약청년(고립·은둔, 가족돌봄, 자립준비청년 등) 선제발굴 및 맞춤형 지원 강화	회복
	청년주거안정 강화	▪ 청년 선호 지역에 특화공공임대, 기숙사형 청년주택, 기숙사 등 공급 확대 ▪ 청년 월세 지원 등 청년 주거비 지원 강화	회복, 자립
	청년정책 기반 강화	▪ 청년연령 현실화 추진 ▪ 통합적 청년정책 지원체계·인프라 강화 ▪ 지역 청년 참여 기반 확산 • 온라인 청년정책통합 플랫폼('온통청년') 고도화 • 전담지원 및 연구체계 구축 • 지역청년지원센터의 지역허브역할 강화 • 청년친화도시 및 지역특화 청년사업 확산 등	연결, 참여
	청년 당사자성 강화	▪ 청년이 직접 정책을 제안하는 참여 시스템 강화 ▪ 청년 신문고·공모전 등 참여 채널 다각화 ▪ 청년 보좌역 제도 개선 등 청년 목소리 확대	참여
	청년의 일할 기회 확대	▪ 청년 맞춤형 취창업 지원 강화 • 국민취업제도 구직활동지원금 확대 및 자발적 이직자 ▪ 생애 1회 구직급여 지급 추진 ▪ AI 분야 등 채용연계형 직업교육훈련 프로그램 확산 • 지역, AI·딥테크 창업 중점 지원 • AI 등 기술분야 청년창업기업 소득세·법인세 감면 검토	자립
	자산형성 지원 강화	▪ 청년 목돈마련 지원상품 및 청년 맞춤형 재무상담 신설 ▪ 중소기업 근속 청년 추가 인센티브 지원	자립

자료: 이재명 정부 국정과제 및 고용노동부 홈페이지를 참고하여 재구성

청년문제는 단순히 경제적 지원만으로 해결되지 않는 복합적 성격을 갖고 있다. 국정과제에서 제시된 주요 내용은 단순한 자립이 아니라 "회복 → 연결 →

참여 → 자립"의 순환 구조의 패러다임을 담고 있는 것은 그 때문이다. 첫째, 회복(Recovery) 단계에서는 청년의 심리적 안정과 자존감 회복이 우선되어야 한다. '청년교육 등 생활 지원', '청년 주거안정 강화'가 이에 해당한다. 둘째, 연결(Connection) 단계에서는 사회적 관계망 복원과 공동체 참여 기회가 제공되어야 한다. '청년정책 기반 강화'의 세부 사업들이 이에 해당한다. 셋째, 정책과정에서의 주체적 역할과 지역사회 문제해결에 당사자로서 참여(Participation)를 위한 단계로는 '청년 당사자성 강화', 일부 '청년정책 기반 강화'의 세부 프로그램들이 해당한다. 마지막으로 자립(Independence) 단계에서는 경제적 독립과 함께 지속 가능한 삶의 기반이 마련되어야 한다. '일할 기회 확대', '자산형성', 또 '주거안정'의 일부 정책은 청년들의 지속 가능한 자립을 위한 과제에 속한다. 청년의 삶의 기반 마련을 위한 정책 설계로의 전환은 정부와 기업, 그리고 지역사회가 '양질의 일자리를 얼마나 많이 창출해주는가'로만 수렴되던 선형적(Linear) 정책모델에서 순환적(Cyclical) 정책모델로, 결과에서 과정 중심으로, 개별 지원에서 관계 지원으로 전환되었음을 의미한다.

4. 청년의 경제활동 기회 증진을 위하여 중앙과 지방은 이렇게 움직이고 있다

중앙정부의 사례

정부는 2022년부터 청년 고용을 촉진하기 위해 기업을 대상으로 '청년일자리도약장려금'사업을 운영 중이다. 청년일자리도약장려금은 청년을 고용한 사업주에게 창출된 일자리에 대한 인건비를 보조하는 사업으로 청년 고용을 촉진하고 기업의 청년 채용을 확대하기 위한 정책으로 설계되었다. 일정 요건을 충족한 기업이 청년을 정규직으로 채용하여 일정 기간 이상 고용을 유지할 경우 정부가 장려금을 지급하는 방식으로 운영되고 있으며, 이 과정에서 기업은 청년 채용에 따른 초기 부담을 완화할 수 있고 청년은 안정된 일자리에서 장기근속을 기대할 수 있다. 특히, 기존과 달리 기업뿐 아니라 청년 당사자에게도 직접 보조금을 지급하는 구조적 보완이 이루어졌다. 기존의 유형Ⅰ은 만 15~34세의 취업애로 청년을 정규직으로 채용한 5인 이상 기업에 최대 1년간 720만 원을 지원하는 방식이었지만, 2025년부터 신설된 유형Ⅱ는 제조업 등 빈 일자리 업종에 특화되어 기업에는 동일하게 최대 720만 원, 청년 개인에게는 480만 원의 추가 지원을 제공한다. 이러한 변화는 재정지원의 수혜 범위를 기업 중심에서 청년까지 확대한 것으로 청년의 근속 의지를 강화하고 고용 안정성을 제고하는 효과를 낼 수 있는 중요한 전환점으로 평가된다. 또한 고용노동부는 청년 고용상황의 악화와 기업의 경력직 선호로 인해 청년층의 노동시장 진입이 어려워지고 있는 현실을 감안하여 2025년 추가경정예산에 청년일자리도약장려금을 포함시켰다. 이를 통해 당초 지원대상인 10만 명에 대학교 졸업예정자 7,000명까지 지원범위를 확대하여 지원할 예정이다.

2025년 9월 10일, 고용노동부는 모든 청년에게 더 나은 일자리 기회를 보장하기 위한 '일자리 첫걸음 보장제' 추진방안을 발표한 바 있다.[108] 청년 타운홀 미팅 등 간담회, 조사연구, 심층면접 등 데이터와 당사자 시각을 바탕으로 마련된 추진방안은 청년들의 정책 수요에 맞추어 장기 미취업 청년, 구직 청년, 재직 청년의 3유형으로 분류하여 일할 기회의 확대를 지원하고 있다. 장기 미취업 청년에게는 발굴과 회복, 새출발의 기회를 제공하고, 구직 청년은 인공지능 관련 산업 등 기회가 많은 산업으로의 연계 및 초기 경력 형성 지원으로 일할 기회를 보장하며, 경제활동 인구인 청년에게는 기본을 지키는 직장환경을 보장하는 것으로 정책방향을 잡고 있다. 비경제활동 청년에게는 이들을 정책의 범주 안으로 발굴하는 것과 이들의 회복과 재도전을 지원한다. 구체적으로는 고용보험 DB와 연결하는 '일자리 첫걸음 플랫폼'을 구축하고, 실업 및 훈련 이력을 활용하여 장기 미취업 위험군(약 15만 명)을 선별한다. 또한 미취업 청년 일자리 지원 시스템 구축에 온라인과 오프라인을 유기적으로 연결하여 온라인 심리상담, 커리어 진단 등으로 진입장벽을 낮추고, 오프라인의 지원사업으로 연계한다. 청년들의 회복을

108) "(청년의 첫걸음을 응원하는) 「일자리 첫걸음 보장제 추진방안」". (2025.09.10.)
[출처: 국회도서관 국가전략정보포털] https://nsp.nanet.go.kr/plan/main/detail.do?nationalPlanControlNo=PLAN0000055722&listChk=list&nationalCode=

지원하는 전 과정에서 심리상담을 지속 병행한다. 이밖에 청년 고용 법·제도 등의 인프라를 정비의 일환으로 '쉬었음' 청년 지원 등을 위한 「청년고용촉진특별법」을 정비한다.

두 번째 집단인 '일하고 싶지만 일할 기회를 갖지 못한 청년'에게는 현장의 일경험 기회 자체를 제공하고, 구직활동을 적극적으로 돕는 것을 목표로 한다. 기회 확대의 차원에서, 대기업 청년 일경험·훈련 확대 캠페인을 실시하고, 권역별 정부–지방자치단체–지역은행–지역대학이 함께하는 지역별 청년 채용박람회를 개최한다. 청년성장의 맥락에서 훈련–일경험–채용을 유기적으로 연결하는데, AI산업에 필요한 인재 확보 전략과 병행함으로써 효과를 확대한다. 구직기간 중 생계부담 완화를 위해 구직촉진수당을 단계적으로 인상하며, 1:1 취업지원에 필요한 데이터를 AI를 활용하여 서비스를 제공한다.

세 번째로, 일하고 있는 청년들의 일터에서 존중받으며 지속적인 경제활동을 하게 돕는다. 경제활동을 지속하는 데 장애가 되는 현실은 상식적이지 않은 직장문화로 지목되고 있는데, 이는 입사 전에는 회사의 직장문화가 기본을 지키는 곳인지 알기 어렵다는 정보 불균형에 기인한다. 따라서 '기본을 지키는 중소기업' 정보를 제공하고, 중소기업 근로여건 개선을 정책적으로 지원하고자 한다. 청년 구직자에게 기본을 지키는 기업 정보를 제공하여 체불·산재·괴롭힘 없는 회사에 취업할 수 있도록 지원한다. 권익보호의 일환으로 청년 비중이 높은 플랫폼·프리랜서 노동자를 보호하는 「일터 권리보장 기본법」의 제정을 계획하고 있다. 청년들의 자산형성을 지원하기 위해 청년미래적금을 신설하고 지역 중소기업 근속장려금을 확대하며, 구직자 중심 진로·경력 상담을 모든 재직 청년에게 확대하여, 일하는 기간 중 경력개발과 직무 전환을 지원한다.

청년에게 도전의 기회를 확대하는 일환으로, 오는 2027년을 목표로 준비중인 자발적 퇴사자를 위한 구직급여제도도 청년들의 경력 개발과 일자리 적응에 활용될 수 있다. 현재는 자발적 퇴사자는 구직급여 대상이 아니나, 자발적 퇴사자라하더라도 생애 한 번은 구직급여를 신청할 수 있도록 법적 기반을 마련하고 있다. 첫 직장이 적성에 맞지 않거나, 정보의 불균형, 경험의 미비 등으로 첫 직장 입사에서 취약한 상황일 수밖에 없는 사회 초년생, 또는 비상식적인 직장문화와 환경 때문에 고민 중인 청년들에게 유용한 제도가 될 수 있다. 청년들이 실패를 두려워하지 않고, 자신에게 맞는 일자리에 한번 더 도전하는 기회를 가질 수 있도록 사회가 배려해야 한다는 공감대에서 출발한 정책이다.

고용노동부는 비경제활동 청년들을 대상으로 구직단념 예방, 구직단념 청년 의욕 고취, 직장 적응 지원 3단계로 나눠 각각의 지원사업을 운영 중이다. 먼저 구직단념 예방의 경우 취업 실패, 이직 등 비경제활동 청년들의 구직 단념을 예방하기 위해 2024년부터 청년성장프로젝트를 신설하여 지방자치단체 청년카페를 통해 운영 중이다. 현재 2025년 기준 전국 88개소 이상으로 확대되었다. 청년카페는 지역특화사업도 적극 운영 중이다. 지역 내 대학 및 대학일자리센터와 협업하여 참여자를 발굴하고 지역특화기업과 연계한 맞춤형 취업을 제공한다. 또한 청년들에게 업무 역량 프로그램 및 심리상담 등을 제공하여 지방자치단체의 정주여건 개선 사업과도 연계·지원하고 있다. 마지막으로 구직단념 청년을 대상으로는 구직 의욕고취, 사회활동 참여를 지원하는 '청년도전지원사업'도 확대 지원하고 있다. 청년도전지원사업은 심층상담, 사례관리, 진로탐색, 자신감 회복 및 취업역량 강화 및 수당(최대 300만 원)을 제공하며 이수 시 국민취업지원제도, 취업시고용촉진장려금 연계까지 가능하게 한다. 마지막으로, 취업에 성공한 청년들의 직장적응에 도움을 주는 프로그램으로 경직적 기업문화 개선 및 취업 초기 청년의 직장적응을 지원하는 온보딩(On-boarding) 프로그램을 신설하여 운영 중이다.

청년들의 고립과 사회적 단절 문제의 중요성을 인식한 정부는, 2023년 12월 13일 이들의 사회적 복귀를 지원하기 위한 '고립·은둔청년 지원 방안'을 발표하였다. 이는 정부 차원에서 고립·은둔 청년의 발굴과 지원을 구체화한 최초의 대책이다. 보건복지부는 위기청년을 조기 발굴하는 것을 목적으로 고립·은둔 위기징후를 조기 포착하기 위한 체계 마련에 나섰다. 온라인, 129콜, 자원봉사 모니터링단 운영, 지역협력망을 구축하여 운영하고 있다. 이 중 온라인, 129콜은 상시 운영하여 원스톱 창구로 역할하며 위기 청년을 조기 발굴하고, 전담지원체계(청년미래센터)는 대상 청년들의 원인별·단계별 맞춤형 서비스를 제공한다. 129콜의 경우 단일 번호로 도움 요청을 우선 접수받고, 이를 해당 지역의 청년미래센터로 연계하는 역할을 담당한다. 현재 인천, 전북, 충북, 울산 4개의 지역에서 청년미래센터가 운영 중이다. 129콜 사업은 서울시 자체사업 참여자 대상 간담회에서 나왔던 의견에서 시작되었다. 청년들이 사회적 시선을 의식하지 않고 당면한 어려움을 상담받을 수 있는 전담센터의 필요성이 제기되면서, 현장의 요구에서 시작된 맞춤형 정책이라는 데 그 의의가 있다.

위의 정책을 통해 발굴된 위기 청년들을 위한 전담지원체계라고 할 수 있는 청년미래센터는 보건복지부와 국토교통부가 협업하여 지원하고 있다. 구체적으로 지역 공모를 통해 선정된 4개의 지역(인천, 충북, 전북, 울산)에 청년미래센터를 설치하고 각 센터당 14명의 전문인력들을 배치하여 도움이 필요한 청년들을 발굴하고, 취약청년들이 안정적으로 자립할 때까지 지속적으로 밀착 관리한다. 또한 기존 서비스와 연계하여 일상돌봄 청년 1인가구까지 연계 지원을 강화할 예정이며 중앙－지방자치단체－민간 협업하에 특화형 매입임대제도 등을 활용하여 고립·은둔 고위험 청(소)년을 위한 공동생활·커뮤니티 등 공간조성(중장기)을 추진 중에 있다.

표 2-12 주체별 청년정책 지원 서비스

구분		사업명	주요 지원내용
중앙정부	보건복지부	고립·은둔 청년지원 시범사업	■ 청년미래센터 설치, 맞춤형 지원체계와 선도모델 마련 • 시범사업: 인천, 울산, 충북, 전북
	고용노동부	일자리 첫걸음 보장제	■ 청년유형별 정책수요를 파악하여 맞춤형 정책 제공 ■ 쉬었음: '일자리 첫걸음 플랫폼' 구축, 각 부처 청년 DB 활용 장기 미취업 위험군 선별(약15만 명), 포용적 일경험 확대 ■ 구직: 대기업 청년 일경험 확대 캠페인, 지역별 청년 채용박람회, AI 활용인재 3단계 트랙 신설(훈련-일경험-채용), 전산업 AI 인재 활용 위한 KDT 개편, 구직촉진수당 단계적 인상, 생애노동소득 개념 및 AI 이용 1:1 취업지원 제공 ■ 일하는 청년: 청년미래적금 신설, 지역 중소근속장려금 확대, 재직 청년에게 진로·경력 상담 제공, 임금체불 근절, 포괄임금제 제한, 가짜 3.3 감독 및 노동자 추정제도 마련, 「일터권리보장 기본법」 제정
		청년성장 프로젝트	■ 구직단념청년(6개월 이상 실업 등) 중심으로 지방자치단체 주도 조기 개입과 입사 초기 청년의 적응 지원 등
		청년도전지원사업	■ 구직단념청년 등을 대상으로 맞춤형 프로그램을 제공하여 청년의 구직의욕 고취, 노동시장 참여 및 취업 촉진 지원

	문화체육관광부	문화케어 프로그램	▪ 청년 대상으로 문화케어 프로그램을 운영(사회적 관계 형성)하고, 고립·은둔 성향이 강한 청년을 고립·은둔 청년 지원사업과 연계·지원
	교육부	학생맞춤통합지원	▪ 학생의 복합적 어려움(경제적·심리적·정서적 어려움, 학교폭력, 아동학대 등) 조기 발견, 사업 간 연계와 전문인력 간 협력을 통한 학생 성장 지원 ▪ '학교맞춤통합지원' 시스템 구축, 학생맞춤지원 실태조사, 학내 통합지원팀 구성·운영, 선도학교 및 시범교육지원청 운영 등
	여성가족부	고립·은둔 청소년 원스톱 패키지 시범사업	▪ 9~19세 고립·은둔 청소년 발굴 및 청소년기 특성을 고려한 방문 상담, 방문학습 등 종합지원 프로그램 제공
지방자치단체(예)	서울	고립·은둔 청년 지원사업	▪ 만 19~39세 청년을 대상으로 고립의 정도에 따라 상담, 회복 프로그램, 사회활동 및 직무교육 등 다양한 맞춤형 지원을 제공
	경기	경기 고립·은둔 청년 지원사업	▪ 도내 만 19~39세 청년을 상담 및 맞춤형 프로그램 지원 등을 통한 고립·은둔 청년의 일상회복 및 자립 지원
	대구	사회적 고립 청년 마음 돌봄사업	▪ 정신건강 전문기관과 연계해 '청년상담소'를 운영, 전문 심리상담사와 일대일 대면 상담을 통해 청년들에게 심리적 지원과 사회적 관계 형성 기회를 제공
민관협업	청년 미래센터·청년재단 등 민간기관		▪ 사회관계망 형성, 멘토링, 체험활동, 자조모임 등 다양한 프로그램 제공, 취약청년 발굴 및 민·관 자원 연계 허브 역할

자료: 저자 작성

광역지방자치단체의 사례

부산광역시는 청년정책 분야에서 민간과의 협력적 거버넌스를 선도적으로 구축한 대표적 사례이다. 부산청년정책연구원이 부산시 청년희망정책과 제1호 비영리사단법인으로 설립되어 청년정책과 제도를 모니터링하고 문제점을 분석하여 현실적 대안과 해결방안을 제시하는 역할을 수행하고 있다. 이는 단순한 정책 수혜자가 아닌 정책의 공동 설계자로서 청년이 참여하는 혁신적 모델로 볼 수 있다.[109] 부산청년플랫폼을 중심으로 한 정책 전달체계는 청년정책조정위원회, 청년정책네트워크(청정넷), 부산청년멘토단, 부산청년봉사단 등 다층적 참여 구조를 구축하고 있다. 청년활동 마일리지 제도는 청년들의 다양한 사회참여활동을 포

109) [출처: 부산청년정책연구원 홈페이지] https://youngbusan.or.kr/

인트로 환산하여 실질적 혜택과 연결시키는 방식은 참여 동기를 높이는 혁신적 접근이다.[110] 청년문화 콘텐츠와 주거를 결합한 해운대구의 '해운대 청년 창업주거 복합공간(부산창업가꿈)' 입주기업 모집사업은 창업과 정착을 동시에 지원하는 통합적 모델로 평가받고 있다.[111]

대전광역시는 지역산업특성과 청년정책의 당사자성을 결합하여 청년의 네트워킹과 취·창업정책을 연계시킨 성공적인 사례이다. 대전시는 2024년 1,961억 원을 투입하여 청년정책 5대 분야 66개 사업을 추진하는 대규모 정책 패키지를 운영하고 있다. 일자리 분야 98억 원, 주거 분야 1,475억 원, 교육 분야 186억 원, 복지·문화 분야 151억 원, 참여·권리 분야 51억 원을 지원하는 체계적 접근이 특징이다. 무엇보다 주목할 점은 재단법인 대전청년내일재단의 설립이다. 이 재단은 청년정책에 대한 전담·전문기관으로 청년 일자리, 주거, 복지, 문화 등을 유기적으로 연결하여 종합적인 청년정책을 수행하고 대전의 특화정책을 발굴·진행하는 역할을 담당한다. 과학기술 중심 도시라는 대전의 특성을 살린 '대전형 코업청년 뉴리더 양성사업(20억 원)'과 '나노전문인력 양성사업(11억 원)' 등은 지역산업 특성과 청년정책이 효과적으로 결합된 사례로 평가된다.[112]

기초지방자치단체의 사례

청년미래센터가 없는 기초지방자치단체 단위에서도 청년들을 위한 사업을 진행하고 있다. 고용노동부가 지원하고 각 지방자치단체가 운영하는 청년도전지원사업으로 '구직단념 청년'에게 프로그램을 제공하여 구직 의욕 고취, 노동시장 참여, 취업 촉진을 도모하고자 하는 사업이다. 청년도전지원사업은 고용노동부가 제시한 기본 틀(대상, 운영 기간, 지원 구조)에 따라 진행되지만, 실제 운영은 각 지방자치단체가 담당한다. 이에 따라 지방자치단체별로 지역특성과 청년들의 상황

110) [출처: 부산청년플랫폼 홈페이지] https://young.busan.go.kr/index.nm

111) "청년 창업·주거특화시설 '부산창업가꿈' 5호점 개소". (2025.03.04.) [출처: 영남매일] http://www.ynnews.kr/news/articleView.html?idxno=226977

112) "청년의 꿈이 실현되는 일류경제도시 대전". (2024.03.05.) [출처: 대전광역시 보도자료] https://www.daejeon.go.kr/drh/board/boardNormalView.do?boardId=nomal_0189&menu-Seq=1632&ntatcSeq=1450090453&pageIndex=94

을 반영한 다양한 프로그램이 설계·운영되고 있다.

서울특별시 동작구의 경우 청년도전지원사업은 단순한 취업 연계 프로그램을 넘어, 청년들의 삶을 다시 일으켜 세우는 회복의 과정으로 기능한다. 'READY, SET, GO!'라는 이름으로 추진되는 이 사업은 비경제활동 청년들을 대상으로, 다시금 자신감을 찾고 사회적 활동을 시작할 수 있도록 설계되었다. 이는 단기·중기·장기과정으로 나누어져 있으며, 단기과정에서는 심리적 안정을 회복하고, 중기과정에서는 취업 준비와 역량 강화를, 장기과정에서는 실질적인 구직활동과 연계를 중심으로 진행된다. 참여 청년에게는 최소 50만 원에서 최대 250만 원까지 참여 수당과 인센티브가 지급되며, 이는 단순한 금전적 지원이 아니라 과정 참여와 성취를 독려하는 실질적 장치로 작동한다. 나아가 프로그램 수료 후에도 국민취업지원제도, 일자리 사업 등과 연계하여 지속적인 취업활동을 지원한다는 점에서, 동작구 청년도전지원사업은 일시적 쉼 이후 청년들이 다시 노동시장에 안착할 수 있도록 돕는 중요한 매개체로 자리매김하고 있다.

경기도 안양시의 경우 청년도전지원사업으로 18~34세의 구직단념 청년 혹은 18~39세의 지역특화청년[113]을 대상으로 사회활동 참여의욕 고취를 위한 맞춤형 프로그램(상담·사례관리·진로탐색·취업역량 강화 등) 제공하고 있다. 또한 안양시는 공통 프로그램 외에도 지역특화 프로그램(비대면 온라인강의, 직무멘토링)을 운영하고 있다. 공통 프로그램인 사례관리, 자신감 회복, 진로탐색, 취업역량뿐만 아니라 직무멘토링, 취업박람회, 기업탐방, 자율적인 커뮤니티활동 등을 통해 청년들이 고립되지 않고 사회적 활동을 이어가도록 지원한다. 즉, 청년들이 자기 탐색과 역량 강화를 동시에 경험할 수 있는 구조를 설계하여, 단순히 구직 기술을 익히는 것 이상으로 자기개발과 공동체 경험, 일경험 기회를 제공하고 있다.

인천광역시 동구는 2025년 5월 장기 비경제활동 청년에 대한 체계적인 지원을 위해 지역 유관기관들과의 협의체를 구성하였다. 협의체는 유유기지 동구청년21, 인천동구정신건강복지센터, 인천동구청소년상담복지센터, 송림종합사회복지관, 창영종합사회복지관, 동구노인인력개발센터 등 지역 청년 지원 관련 주요기관 담

113) 「안양시 청년 기본 조례」 제2조에 따른 만 18~39세 이하 또는 생계형 아르바이트(주30시간 미만 근로자) 청년 중 구직단념청년 문답표 21점 이상(만점 30점)인 청년.

당자 14명으로 구성되었으며 구직단념 청년 발굴 및 고립·은둔 청년 사례 연계 방안, 청년도전지원사업 참여 청년 모집 협조, 기관 간 사업 정보 공유 등에 대해 논의를 진행하였다. 특히 회의에 고립 청년 지원 분야에서 활동해온 '니트컴퍼니' 관계자를 초청하여 사례 중심 강의를 진행함으로써 사회적으로 단절된 청년들에게 효과적으로 접근할 수 있는 실질적인 방식을 공유했다. 또한 현재 동구에서 진행하고 있는 2025년 청년도전지원사업과 연계하여 정책의 효과성을 높이는 방법을 모색하기도 했다. 인천 동구 민관협의체는 개별 기관의 분절적 지원을 넘어 지역 청년의 종합적이고 지속 가능한 대응을 모색하는 중요한 출발점이라고 할 수 있으며, 이는 지역사회의 다양한 자원을 모아 청년들이 다시 사회와 재결합할 수 있도록 제도적 기반을 마련한 사례로 평가할 수 있다.

경기도 용인시에서는 '용인청년 LAB'을 중심으로 '다시, 봄 프로젝트'를 운영하였다. 이는 단순한 취업 연계가 목적이 아니라, 정서적 안정과 사회적 재연결을 중시하여 참여 청년이 자기 강점을 찾고 심리적 회복을 경험하도록 지원하는 프로그램이다. 인생길 탐색, 강점 기반 멘탈코칭, 면접·스피치 훈련, 문화체험 등으로 구성되어 청년들이 점차 자신감을 되찾고, 사회와 다시 연결되는 계기를 제공하였다. 특히 이후 단계에서는 태니지먼트 검사, 퍼스널 브랜딩, 가상회사 체험과 같은 심화 교육이 이어졌으며, 색채심리·AI 특강 등 자기 이해와 진로 설계로 발전되었다. 소규모 그룹 운영을 통해 참여자 간 교류와 상호 지지가 가능했고, 실제 후기를 통해 프로그램의 효과성이 확인되었다. 이는 단순한 일회성 체험을 넘어, 청년이 사회로 나아갈 실질적 기반을 마련한 사례로 평가받고 있으며, 지역 내 청년정책의 새로운 모델로 자리매김하고 있다.

민간에서 시작했지만 지방자치단체와 협업한 사례도 있다. 사단법인 '니트생활자'의 니트컴퍼니가 그 예시이다. 니트컴퍼니는 가상 회사 프로그램으로 무업(NEET)·고립 청년(20~39세)들이 실제 회사와 유사한 환경에서 '입사'하여 100일간 온라인, 오프라인 회사놀이와 프로젝트를 수행하며 일상 루틴, 소속감, 도전 경험을 얻는 프로그램이다. 니트컴퍼니는 무업상태를 단순한 결손기가 아니라 사회적 전환의 시간으로 해석하여 개인의 루틴 회복과 사회 관계망을 재구축할 수 있는 계기를 마련한다. 2020년 임의의 단체에서 시작된 니트생활자는 2021년

사단법인으로 전환되었으며, 같은 해 서대문구의 청년도전지원사업과 연계하여 채식 소모임과 같은 공동 프로젝트를 운영하기도 하였다. 이는 지방자치단체가 청년들에게 단순한 일자리 연계 정책만 제공하는 것이 아니라 청년 개개인의 흥미와 생활양식을 존중하는 프로그램을 운영했다는 점에서 의의가 있다. 이후 영등포구, 용산구, 동작구 등에서도 지역 내 장기 비경제활동 청년의 사회 복귀를 돕기 위해 니트컴퍼니와 협업하여 심리상담·관계 회복·진로 탐색·취업 등 프로그램을 운영하였다. 특히 동작구의 경우 프로그램 종료 후에도 취업지원, 무료 건강검진 등 청년정책과 연계하여 지속적으로 사회 복귀를 지원하고 동작이수사회복지관을 통해 상담과 사례관리를 이어갈 예정이다.[114] 한편 용산구의 경우 2024년에 이어 2025년에도 니트컴퍼니를 운영하고 있다. 2024년 1기는 100일간 34명의 참가자가 참여하여 총 5명의 취업자를 배출하는 성과를 거두었으며 2025년에는 용산구의 대표적인 청년 커뮤니티 공간인 용산 청년지음에서 니트컴퍼니 2기를 운영 중이다.[115]

하기의 기초지방자치단체들의 공통점은 청년을 정책의 수혜자가 아닌 지역발전의 주체로 인식하고, 주거, 일자리, 공동체를 통합한 청년정책을 제공한다. 청년에게 통합적 생활 기반을 마련하기 위한 장기적이고 지속 가능한 관점에서 청년 일자리정책에 접근한다. 또한 지역의 고유한 자원과 특성을 활용하여 표준화된 정책모델이 아닌 맞춤형 솔루션을 개발하고 있다는 점에서 미래의 청년정책의 방향성을 제시하고 있다.

114) "동작구, 고립·은둔 청년 지원 프로그램 '동작 니트컴퍼니' 눈길". (2025.08.19.)
[출처: 문화일보] https://www.munhwa.com/article/11526636

115) "용산구, '용산 청년지음' 청년 맞춤형 프로그램 운영". (2025.03.17.)
[출처: 신아일보] https://www.shinailbo.co.kr/news/articleView.html?idxno=2021250
"용산구, 가상회사 '니트컴퍼니' 활동 공유회 성료". (2024.07.24.)
[출처: 전국매일신문] https://www.jeonmae.co.kr/news/articleView.html?idxno=1058783

우수사례 1. 경기도 광주시

경기도 광주시는 광주청년통합플랫폼을 통해 청년정책을 통합 운영하면서도, 지역의 고유한 문화적 자산을 청년정책과 연계하는 특화 전략을 추진하고 있다. 광주시문화재단을 중심으로 한 문화예술 기반 청년정책은 단순한 경제적 지원을 넘어 예술과 공동체를 기반으로 한 청년정책 실험을 진행하고 있다. '지역예술인과 함께 키우는 삶꽃 공모사업', '문화시즈닝 참여자 모집',[116] '거리로 나온 예술'[117] 등의 프로그램은 청년들이 문화예술활동을 통해 지역사회와 관계를 형성하고 소속감을 발달시킬 수 있는 기회를 제공한다. 이는 앞서 제시한 "회복 → 연결 → 참여 → 자립"의 순환 구조를 문화적 접근으로 구현한 사례로 해석할 수 있다.

우수사례 2. 충청북도 청주시, 충청남도 천안시, 전라북도 전주시

청주, 천안, 전주는 최근 몇 년간 비수도권 도시 가운데 청년 유입 비율이 가장 높은 도시로 주목받고 있다. 청주시는 출생지 기반 정착 인구가 51.7%, 최근 5년 내 동일 지역 거주자가 76.4%로, 유입된 청년의 장기 정착률이 매우 높다. 이는 충북도청과 혁신도시 이전, 대학교 밀집, 안정적인 중견기업 등 복합적인 요인이 작용한 결과이다. 천안시는 출생지가 외부인 청년이 71.4%로, 전국에서 유입 청년 비율이 가장 높은 지역 중 하나다. 수도권 접근성, 대규모 산업단지와 대학교, 교통·주거 여건 등이 유입을 촉진한 요인이다. 하지만 장기 정착률은 청주보다 다소 낮아, 유입된 청년을 붙잡는 정책이 과제로 남아 있다. 전주시는 지역 출신 청년이 많고, 동시에 41.4%의 외부 유입 청년도 존재하는 '복합형' 도시이다. 문화적 자산, 전통과 청년창업의 융합 기반, 청년허브 공간 등이 청년층의 유입과 정착을 모두 유도하고 있다. 이 세 도시는 각기 다른 방식으로 청년 유입과 정착을 이루고 있으며, 지역특성에 기반한 맞춤형 청년정책의 우수사례로 평가할 수 있다(김가현, 2025).

---

116) [출처: 광주시문화재단 홈페이지] https://www.nsart.or.kr/board/general.do?act=read&bpoId=1158

117) [출처: 경기도 광주시 홈페이지] https://www.gjcity.go.kr/portal/bbs/view.do?bIdx=326563&mId=0201010000&ptIdx=1&utm

우수사례 3. 전라북도 완주군, 전라북도 김제시

'청년메카완주'라는 브랜드로 운영되는 완주군의 청년정책은 청년들이 지역문제의 직접적인 해결 주체로 참여하는 구조를 만들어 냈다. 완주군은 전국 청년 비율 대비 완주군 청년 비율이 유의미하게 줄고 있는 상황에서도 "가능하다면 완주에서 일하고 싶다"는 답변 비중이 굉장히 높다는 점에 주목하여 정책을 설계했다. 완주군의 '지역주도형 청년일자리 사업'[118]은 마을기업·협동조합·농어업법인 등 지역법인과 기업에 취업한 청년들의 임금을 지원해 지역일꾼으로 성장하도록 돕는 제도로, 단순한 일자리 매칭을 넘어 지역 정착과 공동체 형성을 동시에 추진한다. 완주군로컬JOB센터[119]는 장기 비경제활동 청년의 취업활동을 끌어내기 위한 농촌일자리 체험 프로그램을 제공하며, 구직을 단념한 지역 청년들에게 사회활동 참여 유도와 다양한 취업정보를 안내하고 있다. 영덕군과 완주군을 포함한 전국 39개 지역이 참여하는 행정안전부의 '청년마을 만들기 지원사업'은 청년이 직접 사업을 기획하고 지역에 정착하는 구조의 대표적 사례이다. 와인, 스마트팜, 동물·자연 치유, 뮤직 빌리지 등 지역마다 독특한 주제로 청년들이 지역자원을 활용한 새로운 일거리를 만들어 수익을 실현하면서 정착으로 이어지게 하는 혁신적 모델이다.[120] 김제시의 경우는 앞서 분석한 바와 같이 청년가구당 최대 1억 1,800만 원의 경제적 혜택을 보장하면서도, 다자녀가정 행복드림 매칭사업과 같은 민관협력 모델, 인구 감수성 교육을 통한 공무원 인식 전환, 김제 노을피크닉과 지평선 김장나드리 페스티벌 등을 통한 생활인구 확대 전략을 통합적으로 추진하고 있다.[121]

---

118) [출처: 청년메카완주 홈페이지] https://youth.wanju.go.kr/index.wanju?menuCd=DOM_000000102001000000

119) [출처: 완주군로컬JOB센터 홈페이지] http://www.wanjujob.or.kr/web/page.php?pcode=BC

120) "와인·스마트팜·뮤직빌리지 … 인구감소지역에 청년 생활인구 늘린다". (2023.04.09.) [출처: 뉴스1] https://www.news1.kr/society/general-society/5009285

121) "김제시 인구정책, 지역소멸 위기 대응 '모범답안'". (2023.12.06.) [출처: 뉴스핌] https://www.newspim.com/news/view/20231206000011

해외 주요국가의 청년정책 경향

해외사례 1. 일본: 법제화를 통한 청년친화적 기업문화 확산

일본의 청년정책은 법적 기반을 통해 청년 고용 안정과 기업문화 개선을 동시에 추구하는 모델이다. 2015년 제정된 「청소년고용촉진법」은 청년이 적성과 능력에 맞는 직업을 선택하고 직업능력을 개발해 사회적 기여를 할 수 있도록 하는 목적을 두고 있다. 해당 법의 핵심은 첫째, 사업주에게 청년에게 필요한 직장 정보를 적극적으로 제공하도록 법으로 명시했다는 점이다. 따라서 기업은 모집과 채용 현황, 직업능력 개발, 정착 지원 등에 관한 정보를 청년 구직자에게 제공해야 하며, 만약 노동기준법, 최저임금법 등을 위반한 기업은 일정 기간 신규 학졸자 모집이 제한된다. 둘째, '청년 응원 인정제도'를 통해 청년 채용과 육성에 적극적인 중소기업을 인증하고, 인증 기업에는 금융·조달·채용 지원 등 다양한 혜택을 제공한다. 이러한 제도를 통해 청년 친화적 기업문화를 확산시키는 유인 장치로 작동할 것으로 기대한다.

2022년 기준 906개 기업이 청년 응원 인증을 받았으며, 인증 기업들은 이를 적극적으로 홍보하여 응모자도 증가한 것으로 확인된다. 또한 유급, 육아휴직 활용이 증가하거나 노동환경 개선 등의 효과가 확인되었다. 일본 정부는 법 시행뿐만 아니라 동시에 청년고용센터(20개소)와 청년지원 코너·창구(200개소)를 전국적으로 설치해 직업 상담, 취직 서류 작성지원, 면접 대비, 직업훈련, 취업 후 정착 지원 서비스를 제공하고 있다. 이는 제도가 단순한 선언에 머무르지 않고, 청년의 구직과정 전반과 취업 후 적응까지 포괄하는 실행력을 갖추었음을 보여준다.

해외사례 2. 뉴질랜드: Youth One Stop Shops(YOSS)

"One person, many needs, one place"라는 철학하에 12~24세 청년을 위한 심리·법률·주거·의료 통합 지원센터를 운영하는 YOSS는 청년들이 겪는 복합적 문제에 대한 원스톱 솔루션을 제공한다. 이 모델의 핵심은 트라우마 기반 접근법을 적용하여 심리상담과 내러티브 테라피를 병행한다는 점이다. 청년들이 자신의 이야기를 재구성할 수 있도록 돕는 내러티브 테라피는 단순한 증상 완화를 넘어 근본적인 자아 회복을 지원한다. YOSS의 독특한 특징 중 하나는 비판단적 공간으로 설계된 '청년 라운지'의 운영이다. 이곳에서 청년들은 공식적인 상담이 아닌 비공식적 대화를 통해 자연스럽게 도움을 받을 수 있으며, 이는 서비스 접근 장벽을 낮추는 중요한 역할을 한다. 사회적 연결 요소로는 그룹활동, 스포츠, 음악 기반 공동 프로그램을 통해 청년들 간의 자연스러운 관계 형성을 지원하고 있다. 특히, 고립된 청년들을 위한 '찾아가는 청년 멘토링 서비스'는 도시와 농촌지역 모두를 포괄하여 지역 격차 없는 서비스를 제공한다는 점에서 의미가 크다. YOSS가 청년의 '회복탄력성(Resilience)'을 주요 성과지표로 설정한 것은 정책평가의 패러다임 전환을 보여주는 사례로, 단순한 서비스 이용률이나 취업률이 아닌 청년의 내재적 회복역량을 중시하는 철학을 반영한다.

해외사례 3. 캐나다: YESS(Youth Employment and Skills Strategy)[122)]

변화하는 노동시장이 교육－직업훈련－취업의 순서를 따르는 전통적 구직 경로에 더 이상 의존할 수 없게 된 청년들에게 미친 영향을 고려하여 캐나다 정부는 2019년 고용사회개발부(ESDC) 주도로 Youth Employment and Skills Strategy (YESS)를 발표했다. YESS는 노동시장 진입에 장벽을 경험하는 15세에서 30세 사이 청년들의 구직활동과 취업을 지원하기 위한 사업으로, 비자발적 비경제활동 청년들이 그 대상이다. 그 정관(규약)에 구체적 사업 목적 및 운영 대상 프로그램 2가지인 the Youth Employment and Skills Strategy Program(YESSP)과 캐나다 하계 일자리(Canada Summer Jobs)사업을 명시하고 있다. YESSP는 청년들이 당면한 취업 장벽 극복을 돕는 다양한 프로그램을 수행할 수 있도록 고용사회개발부(ESDC)가 민간·비영리 수행기관에 보조금을 제공하여 사업을 수행하게 한다. 지원내용에는 멘토링, 코칭, 직업훈련, 부양가족돌봄지원, 정신건강 상담 등 통합형(Wrap－around) 서비스, 그리고 유급 직무 배치 등이 있다. 캐나다 하계 일자리 사업은 비영리단체, 공공부문, 그리고 상시 근로자 50명 이하의 민간 부문 고용주에

122) https://www.canada.ca/en/employment－social－development/news/2025/02/program－overview

게 임금보조금을 제공하여, 청년들을 위한 양질의 하계 고용 기회를 창출한다.

YESSP를 제공할 비영리, 민간 주체들 대상으로 매년 프로젝트를 공개 공모하는데, 정관(규약)에 명시된 구체적 사업 목적에 부합하는 프로그램을 제안한 기관들이 선정 대상이다.[123] 2023년과 2024년에 시작한 사업은 2025년까지 마무리되어야 하며, 수행한 사업의 결과에 대한 평가를 거쳐서 사업 지속이 결정된다. 2019년 첫 해에는 1912년부터 청년들에게 멘토링을 제공해 온 빅브라더 빅시스터 캐나다(Big Brothers Big Sisters Canada)와 파트너십을 맺고 프로그램을 시작했다.

해외사례 4. 영국: WHP(Work and Health Programme), WHP Pioneer

영국의 직업과 건강 프로그램(WHP, Work and Health Programme)은 장애인, 장기 실업자, 취약계층을 대상으로 지속 가능한 취업을 돕는 DWP(노동연금부) 계약형 고용지원이다. 2017년 처음 시작 시작된 후 2023년에는 한국의 '쉬었음'에 해당하는 경제적 비활동층까지 확대한 WHP Pioneer가 추가되었다. 핵심은 지역 고용주 연결, 보건·사회돌봄 서비스와의 연계, 개인별 맞춤 지원과 같은 통합적·전인적(Holistic) 지원체계 간의 연계가 핵심이다. 주로 지역의 취업지원센터(Job Centre Plus)의 직업 코치를 통해 프로그램에 참가할 수 있다.[124] WHP는 장기실업자와 장애인을 포함한 구직 취약집단을 대상으로 개인 맞춤형 취업계획과 지역 파트너십을 통해 취업·보건 서비스를 연계한다. 통상 최대 15개월 동안 지원을 받을 수 있으며, 취업 후에도 최대 6개월까지 지원을 받을 수 있다. 지역의 취업지원센터(Job Centre)에서 지역 실정에 맞춘 모델(컨소시엄 포함)로 운영한다. WHP Pioneer 프로그램은 특히 비경제활동층에 초점을 맞춰 '빠른 취업 후 현장 코칭(Place & Train)'과 정신건강 지원을 결합한 프로그램이다. WHP Pioneer는 '비경제활동(Economically Inactive)' 참여 요건을 명시하고, 비경제활동 청년도 대상에 포함한다. 무엇보다, 비경제활동 청년에게는 강도 높은 구직 활동에 대한

---

123) https://www.canada.ca/en/employment-social-development/programs/summer-work-experience/terms-conditions.html?utm_

124) https://www.gov.uk/government/publications/work-and-health-programme-including-jets-provider-guidance

의무를 완화하고, 프로그램 참여 조건에서 자산이나 소득수준을 삭제하여 심리 및 건강 문제로 일자리에서 이탈했거나, 구직에 어려움을 겪는 청년의 진입을 확대했다. 정신건강 관리, 구직 코칭, 직무 배치의 3가지 요인을 통합한 서비스 패키지를 운영한다.[125] 전반적으로 의욕이 저하된 구직자들의 참여를 높이기 위해 교통비 지원 또는 아동 돌봄 지원 등도 포함한다.[126] Pioneer는 2023년부터 광역맨체스터와 런던 일부 지역에서 비경제활동층에 대한 집중형 지원을 시범·확대했는데, 지방자치단체 및 지역 커뮤니티와의 파트너십 성과를 정책 성공의 중요한 요인으로 지목하고 있다.

5. 우리는 청년의 일상적 기본생활을 위하여 앞으로 이렇게 준비해야 한다

정책방향: 잠시 멈춤도 삶의 일부가 되는 종합적이고 장기적인 정책 설계

오늘날 청년세대가 느끼는 불안정성은 삶의 다양한 영역에서 복합적으로 나타나고 있다. 20대 경제활동율이 낮아지고 학업과 구직에서 잠시 '멈춤'을 선택한다고 해서 이들이 아무런 활동을 하지 않은 것은 아니다. 오랜 기간에 걸쳐 청년이 지역을 이탈하여 수도권으로의 이동하는 모습과 비경제활동인구 비율이 증가하는 현상은 공통의 사회적 배경과 생애주기의 특성, 그리고 청년이 추구하는 가치에 기인한다. 이들은 교육, 일자리, 문화, 주거 등 중 한 가지 요인만으로 구직기간이 길어지거나, 대기업만을 선호하거나, 고향을 떠나 도시로 이동하는 것은 아니다. 생애주기에 걸맞은 생애전망을 계획하고 전망할 수 있는 소득, 경력개발, 직장문화, '지역'이 제공하는 다양한 삶의 기회를 종합적으로 고려한다. 이는 곧

---

125) https://www.gov.uk/government/publications/work-and-health-programme-including-jets-provider-guidance/chapter-2b-participant-identification-eligibility-and-referral-whp-pioneer?

126) https://data.parliament.uk/DepositedPapers/Files/DEP2025-0364/205._Work_and_Health_Programme_and_Pioneer-Guidance_V29.0.pdf?

청년들의 교육 및 구직준비에 청년의 대부분 시기를 보내지 않게 하려면, 이제는 장기적 시각에서 교육, 일자리, 거주지역 문화 등 삶의 조건 전반을 개선하는 큰 맥락에서 정책적 변화가 요구된다는 의미이다. 이는 곧 지역사회와 국가가 청년들의 경제활동과 일상생활을 종합적으로 지원해야 한다는 점을 시사한다. 장기적 시각에서 교육, 일자리, 정주환경을 개선하고 단기적으로는 비경제활동 청년들이 고립되지 않도록 공동체활동 및 일경험의 기회와 회복의 시간을 허용하고, 구직기간 중에는 사회적 안전망 속에서 경제적 불안정성을 최소화하며, 노동법을 지키는 직장문화를 확산시켜 청년이 생애주기의 다음 단계를 전망하고 싶고, 다음을 계획할 수 있을 만한 조건을 제공해야 할 것이다.

단기과제: 청년의 기본생활안정과 심리회복을 위한 기본안전망 구축

청년세대의 길어지는 교육·구직 혹은 단념의 시간이 다시 경제활동과 생애주기의 선순환 속으로 연결되기 위한 중요한 과정임을 인식하고, 국민주권정부의 '생애주기 전반 기본생활 지원'의 맥락에서 안전망을 제공해 줄 필요가 있다. 어쩔 수 없이 잠시 멈추더라도 생존이 위협받지 않아야 하므로, 주거와 건강, 생계 등은 유지할 수 있는 안전망을 제공해 이들이 다시 사회와 연결될 수 있도록 하는 지원들로 구성되어야 한다.[127] 기본적으로는 청년의 길어지는 비경제활동 상태를 노동 여부에 초점을 두지 않고, 이들이 성인 이행기 과정에서 제도적 공백과 불안정성으로 교육·구직·보류를 선택할 수밖에 없었던 배경을 존중하는 자세가 필요하다. 고용노동부의 '일자리첫걸음 보장제'의 청년 생활안정 지원 확대 프로그램의 취업지원 전 심리상담 및 일상회복 지원, 구직촉진수당, 생애 1회 구직 급여 지급 등으로 경제적 및 심리적으로 위기에 놓인 장기간 구직 또는 구직 단념 청년들에게 최소한의 사회안전망 역할을 할 수 있다. 또한 청년기본주거 보장을 강화하기 위해 저렴한 임대주택, 청년 월세 지원, 맞춤형 공공분양 및 고품질 공공임대주택을 청년에게도 공급 확대를 추진중이다.

---

127) "정부, '보편적 청년정책' 추진 … 일자리·자산형성 돕는다". (2025.09.22.)
[출처: 연합뉴스] https://www.yna.co.kr/view/AKR20250922096000001?input=1195m

첫째, 장기간 비경제활동 청년들의 경우 단기간의 생활비가 제공되어야 한다. 구직단념 청년 대상으로 단기간의 생계비를 지원하거나 구직수당을 확대 제공함으로써 생계안전망을 보장해줄 필요가 있다. 특히 이들을 위한 단기 공공일자리를 제공하여 일시적으로 소득을 확보하여 제도권 밖으로 나가지 않도록 보호해주어야 한다. 물론, 이러한 생계비 지원은 단기간에 한정하고, 이들이 회복할 수 있는 준비를 할 수 있는 일종의 완충기간을 마련해주는 것에 한해야 한다. 생존불안 때문에 학업이나 구직에 집중하지 못하는 것을 방지해주는 것이지, 이를 통해 영구적인 소득을 보장해주는 것이 목적이 아니기 때문이다. 예를 들어, 3~6개월 정도의 현금 지원을 제공하되, 이들이 나름의 활동성을 입증할 수 있도록 정책을 설계할 필요가 있다. 학업이나 구직은 이들에게 다소 큰 결심을 해야 할 수 있기 때문에, 이들이 사회적으로 고립되지 않을 최소한의 활동을 조건을 제시하는 것이다. 학업과 구직 관련 상담 참여, 사회봉사·커뮤니티활동 연계 등을 예로 들 수 있다.

둘째, 최근 지역에서는 청년들의 안정적인 정착을 위하여 주거비용을 지원하는 등의 주거 안정 프로그램을 제공하고 있다. 서울시에서 가장 먼저 시작한 청년월세지원 프로그램은 현재 전국적으로 시행되고 있다. 전주시의 청년만원주택과 같은 주거비 경감모델 등을 참고하여 청년들이 비경제활동 기간 동안 주거로 인해 삶에 위협을 받는 일들을 미연에 방지하고, 이후의 삶에 대해서 고민할 수 있는 여건이 마련되면 좋을 것이다. 또는 최소한의 비용으로 공동의 주거공간을 제공하고, 같이 사는 조건으로 지역사회와 관련된 과제를 함께 수행하게 하여, 지역사회에 대한 이해나 소속감 인식을 증진할 수도 있다.

셋째, 심리건강상담 프로그램을 제공해주어야 한다. 청년들의 구직기간이 길어질수록 이후 사회적으로 고립될 가능성이 높고, 스스로 은둔을 선택할 수 있기 때문이다. 지역 내 장기간 구직실패를 경험한 청년들은 위축된 심리상태로 세상으로의 한걸음을 두려워하는 경우가 많았다(유자영·이경은, 2024). 청년들은 자신들의 상태를 공유하고 회복할 수 있는 기회에 대한 갈급함을 가지고 있었지만, 특히 지역사회에서는 이들을 위한 심리상담이나, 네트워크, 다양한 활동이 포함된 정책프로그램이 부족하여 이에 대한 수요가 상당하다는 것을 확인할 수 있었다. 이들을 위해 기본적으로 지역 보건소나 청년센터 기반의 심리상담·정신건강 서비스를 무상으로 제공해주는 것이 필요하다. 다만, 심리적으로 위축된 상황에서 해당 서비스의 효과를 증진하기 위해서 비대면 원격 상담의 방식으로 접근성을 높이거나, 또래 상담사(Peer Counselor)제도를 도입하여 세대적 공감을 통한 신뢰나 심리적 지지 확보를 극대화할 수 있을 것이다. 그 외에 오늘날 청년세대들이 공통적으로 경험하는 우울·불안·스트레스와 관련하여 전문적인 정신건강 프로그램을 제공하는 것이 필요하다.

마지막으로, 비경제활동 청년의 사회복귀를 돕는 마중물의 역할로 청년들이 참여하는 다양한 지역사회 공동체활동을 인정하고 지원해줄 수 있다. 비록 청년이 경제활동을 하지 않아도 지역사회에서 일정한 활동을 하는 경우, 공식 경력으로 인정해주는 방식이 있다. 마을의 디지털 도우미, 고령층 대상 IT교육 등 봉사활동, 마을돌봄 등 어떤 방식으로든 지역에 기여할 수 있는 범위 내 활동에 대하여 '경력크레딧'으로 인정해주는 것이다. 해당 크레딧이 어느 정도 축적되면, 상태 전환의 준비가 된 것으로 간주하고 지방자치단체가 제공하는 구직프로그램이나 지역산업의 맞춤형 직무교육으로 연결되도록 프로그램을 설계할 수 있다. 이러한 최소한의 활동을 보장함으로써 교육과 취업 사이의 전환기의 청년들은 사회와의 연결을 유지할 수 있다.

중기과제: 청년의 사회경제적 기본역량 강화 및 참여 기회 확대

중기적으로는 청년의 기간을 언제든 새로운 시작과 재도약의 기회로 고려할 수 있어야 한다. 청년들은 이 시기를 스스로 불안감을 느끼면서도, 본인들에게 필요하거나 불가피하게 겪게 되는 기간으로 인식하는 경향이 높다. 이 과정에서 주변의 시선이 아무것도 하지 않는, 가치가 없는 기간이라는 인식이 강해지면, 이들은 심리적으로 더욱 위축될 수밖에 없다. 따라서 청년 시기가 준비, 회복, 재도전의 기간이라는 인식을 전제로 다음과 같은 지원을 확대할 필요가 있다.

첫째, 지역 기반 직무교육이 실질적으로 제공될 필요가 있다. 특히 비수도권은 수도권에 비하여 청년들이 지역을 떠나기 때문에 발생하는 문제와 지역에 남은 청년들이 구직과 경제활동을 단념하기 때문에 발생하는 문제들의 이중 위기에 직면하고 있다. 청년들이 원하는 일자리가 수도권에 집중된 양질의 일자리라는 점을 고려하여, 지역기반 산업에서 제공하는 '일자리' 정보를 공유하고, 해당 일자리에서 요구하는 직무에 대한 교육이 필요하다. 지역 청년들은 지역의 산업과 해당 산업에서 제공하는 일자리에 대한 정보가 부족하다는 언급을 하고 있다. 따라서 청년들이 구직단계로 전환되기 직전인 고등학교와 대학교에서 진로탐색과 취업역량을 강화할 수 있도록 지역 내 주요 산업 직종, 직무 관련 강연과 일경험 등을 제공할 필요가 있다. 실제로 지역 강소기업을 소개하고 해당 사업체에서 근무하고 있는 청년들의 목소리에 기반한 진로교육을 실시하고, 지역 내 취업 성공 사례 공유 등을 통해서 청년들의 지역 내 사업체에 대한 이해를 증진시킬 수 있다. 고용노동부 '일자리 첫걸음 보장제'는 권역별 정부-지방자치단체-지역은행-지역대학이 함께하는 지역별 청년 채용박람회 릴레이 개최를 제안하고 있다. 많은 청년들이 구직과정에서의 본인의 적성과 흥미를 파악하기 어렵고, 첫 번째 일자리에 대한 두려움과 실패로 경제활동을 단념하는 경우가 많았다. 따라서 학업단계부터 청년의 적성과 흥미, 지역사회에서 요구하는 인재 조건에 기반한 탐색이 충분히 이루어져야 할 것이다.

둘째, 실질적 일경험의 확대가 필요하다. 민관협업을 통해 기업탐방·프로젝트·인턴 등 양질의 다양한 청년 일경험 기회를 확대할 필요가 있다. 즉, 양질의 일자리에 대한 경험 확장은 기업들의 적극적 참여가 전제되어야 가능하므로 기업들이 적극적으로 참여할 수 있는 유인기제가 필요하며, 이들의 사회적 기여에 대한 세금 혜택 등을 확대 제공할 필요가 있다. 현재 고용노동부의 '청년도전지원사업'과 '국민취업제도'에 구직자의 직장 적응력을 향상할 수 있는 취업 지원 프로그램이 존재하나, 지역별로 민긴기업의 참여도는 상이하다. 지방자치단체는 이들의 참여를 증진할 수 있는 유인기제를 설계하여 지역의 강소기업들이 해당 프로그램에 참여할 수 있도록 해야 한다. 기업의 신규공채가 감소하고 있는 오늘날, 채용과정에서 '직무 관련 근무 경험'으로, 대학의 진로·취업 시스템도 일경험 중심으로 전환되어야 할 것이다. 양질의 일경험 기회라고 했을 때 어떤 기관들을 참여시킬지 세부적인 고민이 필요하고, 대학과 기업 모두가 만족하는 결과를 도출하기 위한 노력이 필요하다. 뿐만 아니라, 창업을 위한 일경험 역시도 함께 고려되어야 한다.

셋째, 커뮤니티를 통한 다양한 층위의 관계망 형성을 통해 청년들의 사회적 안전망으로 기능하도록 한다. 앞서 언급했듯이, 청년세대는 입시와 구직과정에서 유발되는 과도한 경쟁으로 일종의 소진을 경험하고 있다. 경제적인 자립 이전에 심리사회적인 회복을 통한 자립이 우선이며, 이는 입시와 구직의 성공을 통한 쓸모를 인정하는 것이 아닌, 관계를 통한 존재의 인정에서 시작될 수 있다. 우선 학업이나 구직과 무관한 커뮤니티활동을 하는 것도 의미가 있겠으나, 중기적으로는 비경제활동 기간을 줄이거나 그 기간을 심리적으로 건강하게 보낼 수 있는 커뮤니티의 활성화를 지원할 필요가 있다. 장기간의 사회적 고립을 경험한 청년들은 지역 내 존재하는 다양한 일자리의 직종별 직무별 정보를 공유할 수 있는 커뮤니티와 이를 통한 연결에 대한 욕구가 있었다. 특히 구직 지연 및 실패로 인해 주변인과의 사회적 관계가 점차 단절되고, 니트화되면서 고립을 경험하였기 때문에 본인과 유사한 상태에 있는 청년들과 함께 교류하면서 위로받고, 프로그램을 함께 듣는 것도 하나의 정규적 루틴으로 만들면서 낮아진 구직의욕을 고취시킬 수 있다. 또한 지역에서 청년시절을 보내고, 취업에 성공한 선배들과의 관계 형성은 매우 중요하다. 지역 내에서 구직과 직무, 더 나아가 지역에서 삶을 꾸려나가는 '선배'에 대한 갈급함이 매우 크기 때문이다. 청년세대는 점차 인구가 감소하고 있는 지역에서의 삶을 상상하기에는 경험이 부족하기 때문에, 먼저 경험한 이들과 직접적으로 소통하기를 원하고 있었다(유자영·이경은, 2024). 취업 준비 중인 미취업자는 이러한 멘토링 프로그램을 통해서 실무를 파악할 수 있고, 이력서 작성과 면접을 준비할 기회가 될 수 있을 것이다. 또한 이미 취업한 청년들도 자신의 과거 경험을 미취업 청년에게 공유함으로써, 정서적 보람을 느끼는 계기가 될 수 있다. 다만, 사회적 고립과 단절이 오래된 '쉬었음' 청년의 경우 직접 대면하여 관계를 형성하는 것을 원하기도 하지만, 비대면 혹은 익명으로 정보를 주고받는 방식을 선호할 수 있기 때문에 청년들의 사회적 준비 정도에 따라 단계별로 프로그램을 구성할 필요가 있다.

넷째, 청년들의 지속적인 경제활동을 지원하고, 주기적인 경제위기 및 불가피한 실업 상황에의 대비, 그리고 미래 생애 전망을 준비하기 위하여 청년들의 자산형성을 돕는 경제·금융 교육 및 지원이 필요하다. 비경제활동 청년뿐 아니라 생애 첫 경제활동을 시작한 청년, 계약직 청년, 프리랜서나 플랫폼 노동 등 청년들의 고용환경은 다소 안정성이 떨어지는 편이다. 지역의 일자리 특성이 대부분 중소기업이거나 농림축산업, 창업 등 대기업 정규직 중심의 일자리와 다소 차이가 있다는 점도 반영하여, 청년들이 생애 초기부터 금융지식을 가지고 소득을 안전하고 합리적으로 관리할 수 있도록 지원할 필요가 있다. 청년의 목돈 마련을 위해 고용노동부를 통해 제안 및 운영되고 있는 청년미래적금과 지역 내 중소기업 근속 장려금을 지역특성에 맞춰서 구체화할 필요가 있다. 「국정과제 123」에 따르면 청년 맞춤형 재무상담 신설로 청년의 경제적 자립을 뒷받침하며, 중소기업 근속 청년에게는 추가 인센티브를 지원하고자 한다. 특히 군복무 시에 받는 월급 관리에 금융 교육을 제공한다거나, 학자금 부담을 완화하여 자산형성을 지원하는 방법도 제안할 수 있다.

장기과제: 청년주도의 지역혁신을 통한 지속가능성 확보

지역에서의 청년 인구 유출과 경제활동을 단념한 청년 증가는 다양한 원인에 의해 발생하고 있지만, 그 근본적인 원인은 유사하다고 판단된다. 대부분의 지역 청년들은 지역의 교육, 일자리, 정주여건 등에서 삶의 기회가 부족하다고 인식하고 있기 때문이다. 지역에서 이미 존재하는 산업과 자원에서 비롯되었던 일자리가 감소하고, 다양한 기업이 수도권으로 집중되는 현상은 지역의 청년들의 입장에서는 수도권의 청년들에 비해 기회의 축소로 경험한다. 예를 들어, 경남과 울산 지역은 수년간의 제조업과 조선업의 침체로 이미 청년들이 지역을 많이 떠나갔으며, 산업의 침체가 해소되고 있는 최근에는 제조업과 조선업은 한국 청년 대상으로 정규직을 채용하지 않고, 또 청년들도 해당 산업의 일자리를 원하지 않는다. 오랫동안 문제가 되어 온 2차산업 분야의 '미스매치' 문제에 대한 해결은 청년 실업 문제에 접근하는 하나의 방안이 될 수 있다.

첫째, 지역산업 고도화를 통한 근로환경개선을 통해 지역의 청년들이 지역에서 원하는 일자리를 찾을 수 있는 환경을 조성해 주어야 한다. 청년친화적 노동환경을 지역에서 제공해야 한다. 청년세대가 원하는 일자리 특성에 부합하는 산업은 분명히 존재하며, 이러한 환경의 조성을 통해서 오래된 미스매치로 인한 문제점을 해소해야 한다. 2차산업이 발달한 지역의 청년들은 지역에서 일할 이유를 찾기 어렵기 때문에 노동시장 진입을 미루거나 쉬는 상태로 전환된다고 언급한 바 있다. 이러한 문제를 해결하기 위해 단순히 고용된 상태를 유지하는 일자리를 양산하기보다 고부가가치 산업으로의 전환이 요구된다. 다만, 지역의 산업구조를 전환하는 것이 현실적으로 어려울 경우, 전통 산업의 운영방식을 디지털 방식으로 전환하여야 한다. 예를 들어, 농업 및 수산업 분야에 IoT, AI를 활용하여 스마트팜, 스마트양식장을 확대하고, 이를 기반으로 청년의 창업인큐베이팅을 지원하는 방안 등을 제안할 수 있을 것이다. 뿐만 아니라 농업 및 수산업에서도 이러한 기술 고도화나 상품 개발, 디지털 마케팅 등 기존 산업 영역을 확대하도록 해야 한다.

둘째, 청년이 지역에 머물면서 헌신할 수 있는 제도적·문화적 기반을 구축할 필요가 있다. 앞에서 언급한 청년이 원하는 산업의 고도화 및 일자리 창출이 지속 가능하기 위해서는 해당 일자리를 제공하는 지역이 청년에게 머물고 싶고, 살고 싶은 지역이어야 한다. 이른바, 정주여건의 개선이 필요하며 문화공간 마련이나 주거지원 등을 통해 청년의 라이프스타일이 그 지역에 정착될 수 있도록 해야 한다. 다만, 이러한 정주환경의 개선은 상당히 장기적인 과제이며, 소요되는 비용도 간과할 수 없다. 따라서 실제 '쉬었음' 청년이 스스로 지역의 정주환경을 내가 살기 좋은 곳으로 만들어 보는 다양한 소규모 실험을 진행해보고, 궁극적으로 지역의 정주환경의 개선을 도모하는 방법도 제안해볼 필요가 있다.

표 2-13 2026 지방행정 트렌드 대응과제: 청년의 삶을 바꾸는 종합지원

구분	대응과제		
	주요 과제	목표	주요 내용
단기과제 기본생활 안정과 심리회복을 위한 기본안전망 구축	생애주기 전반 기본생활 지원	일자리 첫걸음 보장으로써 사회적 안전망	▪ 학업·구직을 위한 비경제활동 상태를 사회적 활동으로 인정하는 인식 전환 ▪ 고립·단절된 청년들을 다시 생애주기의 선순환 속으로 연결시키기 위한 준비와 지원
	기본 생계 안정 보장	학업·구직기간 중 단기적 생계 위기에서 벗어나 준비에 집중	▪ 단기간 현금 지원(3~6개월) 또는 구직수당 확대 ▪ 단기 공공일자리 제공으로 일시적 소득 확보 ▪ 활동 입증 조건 부여(상담·사회봉사·커뮤니티활동) ▪ 영구적 소득보장이 아닌 회복 준비의 완충적 역할로 제도권에서 벗어나지 않는 것을 목표
	주거 안전망 강화	주거 불안을 예방하고 안전한 거주공간 지원	▪ 청년 주거비 경감 모델 도입(예: 서울시 청년월세 지원, 전주시 청년만원주택) ▪ 주거비용 지원으로 생계 위협을 차단하고, 최소한의 인권이 보장되는 주거공간에서 미래 진로·삶을 준비
	사회적 재연결을 위한 마음건강 회복	심리적 안정과 신뢰 기반을 회복하여 사회 참여 촉진	▪ 지역 보건소·청년센터 기반 무상 심리상담·정신건강 서비스 제공 ▪ 비대면 원격 상담 및 또래상담사(Peer Counselor) 제도 도입 ▪ 우울·불안·스트레스 대응 전문 프로그램 제공 ▪ 청년들의 심리 상태 공유 및 지지 네트워크 구축
	자원봉사 등 비경제적 사회활동의 경력화	지역사회활동을 통한 인맥 확대와 직무교육 전환 촉진	▪ 지역사회활동(마을의 디지털 도우미, 봉사활동 등)을 경력크레딧으로 인정 ▪ 일정 경력크레딧 축적 시 지역산업 직무교육 혹은 지역 제공 구직프로그램 연계
중기과제 사회경제적 기본역량 강화 및 참여 기회 확대	지역기반 직무교육 제공	지역산업 맞춤 일자리 정보 제공과 직무 역량 교육으로 청년들의 지역 정착 유도	▪ 지역기반 산업의 직종·직무 관련 강연 및 정보 제공 ▪ 지역 강소기업 소개 및 청년 근무자 경험 공유 ▪ 지역 내 취업 성공사례 확산 및 청년 적성·흥미 기반 탐색 지원 ▪ 고등학교·대학교, 군생활 단계에서 진로탐색 및 취업역량 강화 ▪ '일자리 첫걸음 보장제'의 정부-지방자치단체-지역은행-지역대학 공동 지역별 청년 채용박람회
	실질적 일경험의 기회 확대	다양한 일경험 기회를 통해 직장 적응력과 취업 성공 가능성 제고	▪ 기업탐방·프로젝트·인턴 등 양질의 다양한 청년 일경험 기회 확대 ▪ 기업참여 유인기제 설계 ▪ 대학의 진로, 취업 시스템을 일경험 중심으로 전환하고 직무 관련 근무 경험을 제공해야 함

<table>
<tr><td></td><td></td><td></td><td>▪ 창업을 위한 일경험을 포함하여 설계</td></tr>
<tr><td></td><td>고립방지 및 사회적 안전망 구축</td><td>커뮤니티를 통한 다양한 층위의 관계망 형성</td><td>▪ 학업·구직의 과도한 경쟁에서 벗어난 심리적 안정을 위한 커뮤니티 활성화
▪ 다양한 직종, 직무 정보 공유가 가능한 네트워크 구축
▪ 지역 '선배'와 관계구축 독려
▪ 구직중 청년의 경우 본인과 유사한 상태의 청년 동료들과 만나 교류하며 구직의욕 고취
▪ 대면·비대면·익명 기반 교류 프로그램 단계적 구성도 고려</td></tr>
<tr><td></td><td>청년 맞춤형 금융 교육과 자산형성 지원 강화</td><td>청년의 안정적 소득 관리와 자산형성, 경제적 자립 지원</td><td>▪ 청년 대상 금융 교육 및 자산형성 지원 확대
▪ 지역특성 반영한 청년미래적금, 근속장려금 구체화
▪ 군복무, 학자금 등 초기 생애단계 재정관리 지원</td></tr>
<tr><td rowspan="2">장기과제

청년주도의 지역혁신을 통한 지속가능성 확보</td><td>청년 고용 미스매치 해소</td><td>지역에서 청년이 원하는 일자리를 찾을 수 있게 근로환경 개선</td><td>▪ 단순히 고용만 유지하는 상태가 아닌 고부가가치 사업 전환 및 전통 산업 디지털화
▪ 스마트팜, 스마트양식 등 신기술 활용 및 창업 지원
▪ 청년세대가 선호하는 일자리 특성 반영한 산업환경 구축</td></tr>
<tr><td>청년이 머물고 싶은 정주환경 기반 조성</td><td>청년의 지역 정착을 통해 지속 가능한 산업 고도화와 일자리 창출</td><td>▪ 문화공간 마련, 주거지원 등 정주환경 개선
▪ 청년 라이프스타일 반영한 지역 정착 지원
▪ 청년 주체의 소규모 실험을 통한 지역 정주환경 개선</td></tr>
</table>

▼ ▼ ▼ ▼ ▼ ▼ ▼ ▼ ▼ ▼ ▼ ▼

<table>
<tr><td>기대효과</td><td>▪ 청년의 기본적 삶의 안정성 확보
• 주거·생계·심리지원 등 안전망 제공으로 생존불안 해소 및 학업·구직 집중 여건 마련
▪ 사회적 연결망 회복 및 확대
• 공동체활동·경력크레딧 제도 등을 통해 사회적 고립 예방, 소속감과 자존감 회복
• 비경제활동 청년들이 심리적·경제적 회복 지원
▪ 지역산업과 청년 역량의 매칭 강화
• 청년의 막연한 불안감 해소 및 구체적인 생애전망 설계
• 지역기반 직무교육·일경험 확대를 통해 산업수요와 청년수요 간 '미스매치' 완화
• 수도권 집중으로 인한 지역 청년의 기회 축소 문제 완화
▪ 지속 가능한 지역혁신 기반 조성
• 청년주도의 창업·산업 고도화·정주환경 개선으로 지역혁신 주체화
• 청년수요에 부합하는 일자리 창출
• 살고 싶은 문화적·제도적 정주환경 개선으로 청년의 지역 정착 유도</td></tr>
</table>

자료: 저자 작성

다가올 2026년, 지방정부 민선9기 지방행정의 선택은 "지역이 청년세대의 기본생활을 지원할 수 있는가"에 달려 있다

2026년 지방선거는 이재명 정부의 '기본사회' 철학을 지역 차원에서 구체적으로 실현하여, 우리 지역의 미래인 청년들의 기본 소득, 주거, 교육, 돌봄을 어떻게 보장할 것인지를 판가름하는 분기점이 될 것이다. 민선9기는 활력 있는 지방의 생동감을 회복할 수 있는 골든타임이자, 우리 지역에서 청년들이 경제활동과 일상생활 전반에서 지속 가능한 삶을 이끌어갈 수 있는 중요한 시기이다.

우리 사회의 청년들이 직면하고 있는 문제는 전혀 새로운 것이 아니다. 다만, 그 정도와 수준이 매년 악화되고 있는 실정이다. 따라서 청년들이 불안정성에서 벗어나 자신의 잠재력을 발휘하고 새로운 출발선에 설 수 있도록 사회의 전반적인 분야의 정책들을 연계하여 확장할 필요가 있다. 특히, 지역사회는 이들의 든든한 버팀목이 되어주어야 한다. 그렇기에 민선9기를 준비하는 지금, 우리는 청년들이 생계 걱정 없이 일상을 영위하고, 자신의 선택을 존중받으며 성장을 준비할 수 있는 안전망이 지역에 갖춰져 있는지 꼼꼼히 살펴봐야 한다. 단순히 선언적인 차원에서 '청년지원 강화'에 머무르는 것이 아니라, 청년이 기본적인 삶의 조건을 보장받고 경제적 자립뿐만 아니라 사회적·문화적 주체로서 자리매김할 수 있도록 실질적인 공약을 제시하는 민선9기를 구성해야 한다.

2026년은 민선9기가 출범하는 동시에 우리 지역의 생존과 '보편적 기본사회'로의 전환을 위한 중요한 시점이 될 것이다. 정부가 제시한 '일자리 첫걸음 보장제' 등의 기조는 청년의 회복과 도전을 확실하게 지원해야 한다는 정책적 신호이다. 지방정부 역시 청년들의 기본권 보장을 중심으로 하는 미래형 청년정책 전략 구현이 절실히 요구된다.

04 지역균형성장의 새로운 전략, 지역과 주민이 완성하는 에너지 대전환

1. 지방이 주도하는 에너지 전환이 시작되고 있다

"'중앙정부 주도의 대규모 재생에너지 사업이 아닌 시민이 주체가 된 소규모 분산형 전력체계를 확산하는 방향으로 에너지정책의 전환이 필요하다'고 말했다."

최승국(태양과바람에너지협동조합 이사장), 에너지데일리, 2021.07.01.

"'에너지고속도로'는 호남·영남 등 대규모 재생에너지 발전지와 AI 데이터센터, 첨단산업단지를 고압 송전망으로 직결하는 국가 전략사업이다. 기존 수도권 중심 전력망에서 벗어나 지역별 발전과 수요를 연결해 송전 손실을 줄이고, 산업 수요 증가에 대응할 수 있는 전력 공급망을 확보한다는 계획이다."

투데이에너지, 2025.08.13.

제8회 MeTTA 포럼(2024.10.29.~11.01.)

제29회 한일지역정책연구회(2024.12.04.)

기후위기, 지역이 답하다

기후위기의 심화는 더 이상 추상적 경고가 아니라, 일상 속에서 체감되는 현실이 되었다. 폭염과 재난의 빈발은 에너지 소비와 생산체계의 근본적 전환을 요구하며, 탄소중립 목표를 앞당길 수 있는 새로운 전략을 필요로 한다. 이 글이 전하고자 하는 핵심은 분명하다. 에너지 전환과 탄소중립 목표를 신속하고 효과적으로 달성하기 위해서는 지역이 더 큰 책임과 권한을 갖고 주도적으로 나서야 한다는 점이다.

그동안 한국의 에너지 전환은 중앙정부 중심의 계획과 정책에 크게 의존해 왔다. 그러나 이러한 방식만으로는 지역의 다양성과 특수성을 충분히 반영하기 어렵고, 변화의 속도를 따라가기도 힘들다. 실제 전환은 주민들의 생활과 산업 현장에서 실행될 수밖에 없으며, 지역과 주민의 참여 없이는 지속가능성을 담보하기 어렵다.

이 과정에서 정부는 지역과 주민의 참여를 촉진하기 위한 법제도 기반을 구축하고 있다. 「분산에너지특별법」은 지역 단위 자립과 주민참여 기반을 강화한다는 점에서 의미가 있다. 주민참여형 재생에너지 제도 역시 지역의 수용성을 높이고 에너지 전환을 일상화하는 중요한 장치가 될 수 있다. 앞으로의 과제는 이와 같은 법제도 기반을 바탕으로 지역이 주도적으로 설계하고 실행하는 에너지 전환 전략이 실질적으로 작동할 수 있는 환경을 조성하는 것이다.

에너지 전환을 단순한 공급 확대가 아니라 지역이 스스로 생산한 에너지를 활용하고, 그 혜택을 지역사회에 되돌리는 구조로 연결할 때 지속가능성이 확보된다. 바로 이 지점에서 에너지 전환과 지역균형성장은 만날 수 있을 것이다. 수도권 중심의 전력 구조를 넘어, 재생에너지가 풍부한 지방에서 에너지 자립과 지역경제 활력을 동시에 이루어내는 것이야말로 한국 사회가 지향해야 할 길이다.

세계가 주목하는 지역 주도의 에너지 전환

국제적으로도 에너지 전환의 무게 중심은 중앙집중식 공급체계에서 벗어나,

분산형 전원과 지역 중심 전략으로 빠르게 이동하고 있다. 이는 기후위기 대응의 실질적 해법이 현장에서의 참여와 실행에 달려 있다는 공감대가 확산되었기 때문이다. 유럽연합(EU)의 REPowerEU계획은 재생에너지 투자를 가속화하는 동시에, 지역 당국이 직접 계획 수립과 집행에 참여할 수 있도록 제도적 권한을 강화하고, 지역맞춤형 투자와 혁신을 촉진할 것을 권고한다.[128] 즉, 단순히 국가 차원의 공급 확대가 아니라, 지역 단위의 실천을 통해 재생에너지 전환을 현실화하려는 것이다. 미국의 인플레이션 감축법(IRA) 역시 기후·청정에너지 분야에 사상 최대 규모의 투자를 단행하면서 지역 참여를 제도적으로 보장하는 장치를 마련했다. 특히 '에너지 커뮤니티(Energy Community)' 제도를 통해, 화석연료 의존도가 높았던 지역이나 에너지 취약지역을 지정하고, 그곳에서 청정에너지 프로젝트에 참여하는 주민이나 기업에게 10% 추가 세액공제라는 강력한 인센티브를 부여했다.[129] 일본도 예외가 아니다. 일본 정부는 2050 탄소중립 달성을 위한 'GX(그린 트랜스포메이션) 로드맵'을 마련하며, 재생에너지를 주력 전원으로 삼는 동시에 "지역 주도의 재생에너지 도입"을 전략적 핵심으로 내세우고 있다(한국에너지경제연구원, 2023). 이는 각 지방자치단체가 재생에너지계획을 수립하고, 주민 참여형 프로젝트를 통해 지역경제 활성화와 에너지 자립을 동시에 추구하도록 하는 방향이다.

이처럼 세계 각국은 중앙정부의 정책 지원을 기반으로 지방자치단체와 지역주민이 에너지 전환의 핵심 주체로 나서도록 제도적·재정적 장치를 마련하고 있다. 이는 에너지 전환이 더 이상 중앙정부의 지시와 지원만으로 추진되는 과제가 아니라, 지역이 스스로 참여하고 주도하여 완성해가는 시대에 접어들었음을 보여준다.

---

128) European Commission. (2022, May 18). REPowerEU Plan (COM(2022) 230 final). EUR-Lex.
129) World Resources Institute. (n.d.). Redefining America's 'Energy Communities' Can Maximize the IRA's Clean Energy Benefits. WRI. (접속일: 2025.08.19.)

한국, 지역 주도의 에너지 전환을 향하여

한국은 국제적 흐름에 발맞추어 전력계통 재설계와 지역 중심의 재생에너지 확대라는 중요한 전환점에 서 있다. 새정부 국정과제의 네 번째 전략은 '기후위기 대응과 지속 가능한 에너지 전환'이며, 경제성장의 대동맥, 에너지고속도로의 구축(국정과제 38)은 해당 전략의 핵심적인 국정과제로 선정되었다. 이를 통해 대규모 에너지고속도로라는 대규모 송전망 확충을 통해 해상풍력 등 대규모 재생에너지 전력을 주요 수요지와 직접 연결하는 한편, 전력 소비지 인근에 발전원을 배치하는 분산형 에너지 시스템을 병행 구축할 계획이다. 이는 단순한 공급 확대를 넘어, 지역에서 생산된 전력이 곧바로 지역산업과 경제활동에 활용될 수 있도록 함으로써, 재생에너지 전환과 지역균형성장을 동시에 도모하려는 전략이라고 볼 수 있다.[130]

궁극적으로 세계가 속도를 높이는 에너지 전환을 한국 사회가 어떻게 완성할 수 있을지에 대한 해답은 지역 현장에 있다. 중앙정부가 정책적 방향과 제도적 지원을 제공하고, 지방자치단체와 주민이 에너지 전환의 실행 주체로 나설 때 비로소 균형 잡힌 성과가 만들어진다. 이는 수도권에 집중된 에너지 구조를 넘어, 지역이 에너지를 생산·소비하고, 일자리를 창출하며, 경제적 활력을 되찾는 지역균형성장전략으로 이어진다. 다시 말해, 지역과 주민이 주도하는 혁신 모델을 만들어낼 때 비로소 한국의 에너지 전환은 진정으로 완성될 것이다.

2. 에너지 전환을 둘러싼 지역 현장의 변화와 한계

이제 중요한 것은 이러한 변화가 실제로 우리 지역 현장에서 어떤 모습으로 나타나고 있으며, 또 어떤 과제를 드러내고 있는가이다. 에너지 전환의 최전선인 지방 현장에서는 이미 다양한 변화와 도전이 동시에 전개되고 있다. 주요 특징들

130) "尹 정부 에너지 밑그림 … 핵심은 '에너지 고속도로'·분산에너지". (2025.06.18.)
[출처: 에너지경제신문] https://edata.ekn.kr/article/view/ekn202506270002

을 하나씩 살펴보면 다음과 같다.

발전은 지방에서, 소비는 수도권에서: 심화되는 에너지 불균형

우리나라는 오랫동안 해안가를 중심으로 원자력·석탄 등 대규모 발전소를 건설하고, 수도권으로 전력을 송전하는 중앙집중식 전력 구조를 유지해왔다. 이러한 구조는 지방을 '발전지', 수도권을 '소비지'로 고착화시키며 심각한 불균형을 초래하였다. 2024년 기준, 서울의 전력자급률은 10%에 불과하여 전력소비량 대비 자체 생산량이 매우 낮은 상태이다. 서울의 전력소비량은 2024년 50,352GWh로 지속 증가하고 있으나, 자체 발전설비는 서울화력발전소(800MW) 등을 포함해 총 1.1GW 수준에 그치고 있다.[131] 반면 동기간 다른 지역의 전력자급률을 살펴보면 경북 216%, 충남 214%, 강원 213%, 인천 186% 등 일부 지역은 자체 소비량의 2배 이상을 생산했다.[132]

이러한 전력 생산·소비의 불균형은 재생에너지 확대에서도 동일하게 반복된다. 2024년 현재 우리나라 전체 재생에너지 발전 비중은 약 10%에 불과하며, 정부가 설정한 2025년 목표(15%)를 달성한 지방자치단체는 전라남도(16%), 전라북도(19%), 제주도(20%) 등 3곳뿐이다.[133]

전력 소비가 가장 많은 수도권이 정작 재생에너지 생산에서는 최저 수준에 머문다는 것은 에너지 전환의 균형성과 지속가능성 측면에서 모순적인 현실이다. 수도권은 막대한 전력 수요를 감당하면서도 자급 능력이 극히 낮아 외부 지역의 공급망에 과도하게 의존하고 있고, 이는 송전망 혼잡과 계통 불안정을 심화시키는 구조적 원인으로 이어진다. 나아가, 지방은 발전 부담을 떠안으면서도 소비 혜택은 수도권에 집중되는 불합리한 구조에 직면하여 지역주민들의 반발과 갈등 요인이 증폭되고 있다. 이렇듯 재생에너지 확대가 지역경제 활성화와 주민참여로 이어지지 못하고, 수도권 중심의 수요 충족 수단으로만 기능한다면 정의로운

131) [출처: 서울특별시 에너지 정보 홈페이지] https://energyinfo.seoul.go.kr/main/main
132) "정부, 2026년부터 지역별 전기요금 차등화 추진". (2024.11.24.)
[출처: 동아일보] https://www.donga.com/news/Economy/article/all/20241122/130485758/2
133) [출처: 한국에너지공단 신재생에너지센터 홈페이지] https://www.knrec.or.kr/biz/main/main.do

전환이라는 정책적 목표 역시 달성하기 어렵다.

재생에너지 확대의 역설: 빈발하는 출력제어와 전력망 한계

전력계통의 한계와 지역 간 불균형은 단순히 에너지 효율성 문제를 넘어, 재생에너지 발전량의 직접적인 손실로 이어지고 있다. 특히, 제주도를 비롯한 전남 일부 지역에서는 풍력·태양광 설비가 빠르게 확대되면서 발전기의 출력제어가 빈번하게 발생하고 있다. 출력제어란 태양광이나 풍력과 같은 재생에너지 발전 시설에서 생산되는 전력이 시간대별로 수요를 초과하거나 송배전망 용량을 넘어서 계통의 안정성을 위협할 때 발전소의 출력을 의도적으로 제한(감발·정지)하는 제도를 의미한다. 즉, 전력망에 공급되는 전기량이 과도할 경우 블랙아웃 등 계통불안정이 발생하지 않도록, 발전사업자에게 발전량 감축이나 발전 중단을 명령하는 조치이다. 이는 전력 수요가 적은 경부하(輕負荷) 시기나, 재생에너지가 집중된 지역에서 주로 시행되고 있으며, 발전사업자는 해당 시간대에 경제적 손실을 감수하게 된다.

2015년 처음으로 출력제한이 시행된 이후, 제주도에서의 출력제어 빈도는 매년 가파르게 증가하여 지난 해에는 풍력과 태양광을 합쳐 181차례나 발전이 강제로 제한되었다.[134] 2024년에도 8월 말까지 이미 83회에 달해, 생산된 전력을 활용하지 못한 채 버려야 하는 심각한 상황이 이어지고 있다. 이러한 현상은 이제 제주를 넘어 육지부에서도 나타나고 있다. 전남 지역의 경우 2023년 한 해 동안 26회 출력제어가 발생했으며, 2024년 들어서는 1분기에만 20회가 보고되었다.[135]

이러한 현상은 지역 차원에서 재생에너지 확대가 안고 있는 구조적 제약을 그대로 보여준다. 제주와 전남 등 일부 지역에서 발생한 출력제어는 단순히 지역의 문제가 아니라, 앞으로 전국 곳곳에서 재생에너지가 확대될수록 반복될 수밖에 없는 구조적 한계임을 시사한다.

---

134) "제주도 재생에너지 '출력제어' 올해만 83건 에너지 낭비에 경제도 손실". (2024.10.14.)
[출처: 제이누리] https://www.jnuri.net/news/article.html?no=60681

135) [출처: 한국전력거래소 홈페이지] https://www.kpx.or.kr/

성장의 그림자: 재생에너지와 주민 갈등의 교차점

해상풍력과 수상태양광을 제외한 육상풍력·태양광 발전의 확대는 필연적으로 주거지와 인접한 지역에서의 개발을 수반한다. 이는 토지 이용 갈등, 환경훼손 우려, 주민 반발 등 사회적 갈등을 불러올 가능성을 높인다. 특히, 사업 수익이 지역으로 충분히 환원되지 않는 구조에 대한 불만, 사업자가 장단점을 충분히 공개하지 않는 불투명한 의사소통, 그리고 에너지 기업 전반에 대한 낮은 신뢰도 등이 주민 반대의 핵심 요인으로 지적되고 있다(최승호, 2022).

이러한 문제를 최소화하기 위해서는 사전에 입지 가능 지역을 과학적·계획적으로 제시하고, 개발계획을 충분히 공개하여 지역사회와 합의를 도출하는 과정이 필수적이다. 그러나 실제 사업 추진 과정에서는 입지 후보지에 대한 사회적 합의가 부족하거나, 개별 개발계획에 대한 공고·공람 절차가 형식적으로 운영되는 경우가 많다. 실제 현장에서는 경관 영향이나 이격거리 규제로 인한 갈등, 특정 지역 풍력단지 개발에 대한 주민 반대, 발전설비로 인한 저주파 소음 피해 보상 요구 등 다양한 갈등 사례가 반복적으로 나타나고 있다(이상범 외, 2024).

한편, 일부 지역에서는 주민참여형 사업모델이 도입되어 긍정적인 효과를 거두는 사례도 나타나고 있다. 전라남도 신안군에서는 주민들이 태양광 발전 사업에 직접 지분을 투자해 수익을 공유하는 구조를 마련함으로써, 갈등을 최소화하고 지역 내에서 안정적인 사업 운영이 가능해졌다(우양호, 2023). 그러나 이러한 사례는 아직 제한적이며, 전국적으로는 여전히 주민 수용성 문제가 재생에너지 확대의 가장 큰 걸림돌 중 하나로 남아 있다.

지역산업과 에너지 전환의 속도 차이: 심화되는 격차와 정책적 대응

에너지 전환은 전 지구적 과제이지만, 그 속도와 양상은 지역의 산업구조와 사회·경제적 여건에 따라 크게 달라지고 있다. 대도시와 신산업 중심지는 비교적 빠른 속도로 재생에너지 설비를 도입하고, 전기차 충전 인프라나 스마트그리드 등 신기술 기반의 에너지체계를 확충하고 있다. 이러한 지역은 이미 탈탄소 경제로의 전환을 새로운 성장 동력으로 인식하고, 관련 기술과 산업을 선도적으로 수용하며 경쟁력을 확보하는 단계에 진입하고 있다.

반면, 지방은 사정이 다르다. 태양광·풍력 등 재생에너지 설비가 집중적으로 설치되면서 전력 자립률이나 재생에너지 비중 자체는 수도권보다 높은 편이다. 그러나 이는 주로 '발전(공급)' 부문에서의 성과일 뿐, 지역 내부의 '소비·활용' 인프라는 여전히 낙후되어 있다. 노후화된 공장 지대나 소규모 산업단지는 공정의 전기화가 충분히 이루어지지 않아 화석연료 의존도가 높고, 농어촌 마을 또한 건물 단열, 난방 연료 전환, 전력망 현대화 등의 인프라 개선이 도시에 비해 늦게 진행되고 있다. 그 결과 재생에너지를 많이 생산하고도, 지역주민과 산업이 체감하는 비용 절감이나 온실가스 감축 효과는 제한적이다(박기현·김창훈, 2023; 한국에너지공단, 2024).

정부는 이러한 간극을 완화하기 위해 다양한 정책을 추진 중이다. 대표적으로 RE100 산업단지 지정과 분산에너지 특구 도입은 지역산업의 에너지 전환을 촉진하고, 재생에너지 기반 전력 공급을 안정적으로 확보하기 위한 제도적 장치로 평가된다. 또한 지역별 전기요금 차등화 방안은 전력 소비가 많은 산업을 에너지 공급이 풍부한 지역으로 유도하여, 수도권 과밀 문제를 완화하는 동시에 지방의 산업 경쟁력을 강화하려는 분권형 전략의 일환으로 제시되고 있다.

그러나 이러한 정책적 노력에도 불구하고, 에너지 전환은 전국적으로 동시에 동일한 속도로 추진되기 어려운 성격을 지닌다. 각 지역의 산업구조와 사회적 맥락이 크게 달라 차별화된 전환 양상이 나타날 수밖에 없으며, 정책이 현장에서 실질적인 효과를 발휘하기까지는 상당한 시간과 비용이 소요된다. 결국 전환 속도의 불균형은 당분간 불가피할 것으로 전망된다.

3. 에너지 전환을 위한 지방자치단체와 중앙정부의 새로운 움직임

해외사례를 통해 본 지방자치단체와 중앙정부의 시너지

해외사례 1. 독일 지역 에너지협동조합이 주는 시사점: 주민참여형 재생에너지 모델 확산

독일은 '에너지 전환(Energiewende)'정책을 통해 재생에너지 비중을 빠르게 높여왔으며, 그 과정에서 시민 에너지협동조합이 핵심적 역할을 해왔다. 1980년대부터 주민들이 공동 투자 형태로 풍력·태양광 발전소를 소유·운영하기 시작했고, 2006년 협동조합법 개정으로 재생에너지 투자에 협동조합 참여가 더욱 촉진되었다. 후쿠시마 원전사고 이후 협동조합 수는 급증하여 2017년에는 1,000개를 넘었고, 개인 조합원들은 평균 1,000~6,000유로를 출자하여 주로 태양광 설비에 투자함으로써 독일 태양광 보급이 가속화되었다.[136]

구체적인 실행 사례로 바이에른(Bayern)주를 들 수 있다. 바이에른주는 에너지 전환을 지역 의제로 승화시켜, 2023년 기준 주 내에 약 260개의 시민에너지 협동조합이 활동 중이다. 대표적인 빌트폴츠리트(Wildpoldsried) 마을은 인구 2,500명에 불과하지만 태양광 11개, 풍력 5기, 바이오가스 3곳 등을 통해 연간 약 5만 MWh의 전력을 생산하여 자체 소비의 321%를 충당하고 있으며, 초과전력 판매로 연간 600만 유로(약 85억 원)의 수익을 올린다.[137] 이 수익은 지역의 공공시설, 공동기금, 복지·교육 서비스에 재투자되어 지역경제 활성화와 주민 복리 향상에 쓰인다.

이러한 경험은 시민이 투자자로 참여해 혜택을 공유하면 재생에너지 프로젝트의 지역 수용성과 지속가능성이 크게 높아짐을 시사한다. 독일 사례의 교훈은 제

---

136) "신재생에너지 강국 독일·덴마크 '주민참여·공동투자'로 길을 찾다". (2020.08.06.) [출처: 대한민국 정책브리핑] https://www.korea.kr/news/contributePolicyView.do?newsId=148875577

137) "독일, 시민 에너지조합 州에만 260개 … 수익은 공공시설·기금 등 재투자 [이재명 정부가 주목해야 할 해외 지방정책]". (2025.07.03.) [출처: The Voice of Us] https://www.thevoiceofus.co.kr/news/article.html?no=13799

도적 뒷받침 아래 주민이 주체가 되는 에너지 전환모델의 성공 가능성이다. 우리나라도 협동조합 등 주민참여형 사업을 지원하고 금융·정책적 기반을 갖춘다면 주민이 에너지 생산 주체가 되어 재생에너지 보급이 앞당겨질 것이다.

해외사례 2. 덴마크 해상풍력·지역난방 모델: 주민지분 의무화와 지방정부 에너지 역할 확대

덴마크는 1970년대부터 시민과 지역공동체가 주도한 풍력발전으로 에너지 전환을 시작한 나라이다. 초기에는 원전 반대 시민들이 소형 풍력터빈을 직접 개발하고 협동조합을 구성해 풍력발전소를 세웠다. 정부는 1985년 풍력 지분소유 제한법을 제정하여 특정 개인이나 대형 조합이 풍력을 독점하지 못하도록 1인 투자지분을 제한하고(소비전력 기반 투자, 최대 6,000kW), 가정이 소유한 풍력발전기에는 세제 혜택과 계통연계 비용 지원을 제공함으로써 소규모 시민풍력 확산에 유리한 환경을 만들었다.[138)]

이후 이러한 제한은 폐지되었으나, 주민지분 참여를 의무화하는 새로운 제도가 도입되었다. 2009년부터 풍력발전기 또는 단지 건설 시 반경 4.5km 이내 지역주민들에게 전체 건설비의 20%까지 우선 투자기회를 부여하고, 모두 채우지 못하면 해당 지방자치단체 거주자들이 참여하도록 법으로 규정한 것이다.[139)] 해상풍력의 경우에도 터빈 16km 이내 연안지역 주민에게 차순위 참여권을 주었다. 이러한 제도를 통해 현재 덴마크에서는 설치된 풍력발전 설비의 60%가 5인 이하 소규모 협동조합·회사 소유가 되었다. 협동조합들은 발전소 계획단계에서부터 지역주민 공청회를 열어 입지·예산을 함께 논의하고, 주민 의견을 사업에 반영함으로써 갈등을 사전에 예방하였다. 덕분에 풍력발전이 지역사회에 빠르게 뿌리내릴 수 있었다(Güell, 2021).

덴마크 사례의 시사점은 중앙과 지방의 역할분담을 통한 지역 주도 에너지 전

138) "신재생에너지 강국 독일·덴마크 '주민참여·공동투자'로 길을 찾다". (2020.08.06.) [출처: 대한민국 정책브리핑] https://www.korea.kr/news/contributePolicyView.do?newsId=148875577

139) [출처: 한국에너지기술평가원 홈페이지] https://www.ketep.re.kr/

환이다. 중앙정부는 제도적 틀과 정책목표(2050년 화석연료 제로 등)를 제시하고 지원하며, 지방자치단체는 그 안에서 지역 실정에 맞는 에너지계획을 수립·실행하는 구조이다. 특히, 주민이 에너지 생산에 직접 투자·참여하도록 법으로 뒷받침하여 '에너지 민주주의'를 구현한 점은 주목할 만하다. 이는 재생에너지 개발이 단순한 개발이익이 아닌 공공재 성격을 지니며, 지역사회와 이익을 공유해야 지속 가능하다는 철학에 기반한다. 우리나라에서도 대규모 풍력·태양광 추진 시 주민지분 참여제를 고려하고, 지방자치단체가 지역 에너지 이용을 선도하도록 권한을 부여한다면 덴마크와 같은 높은 수용성과 효율성을 기대할 수 있을 것이다.

해외사례 3. 네덜란드 주민지분 참여 목표제의 시사점: 재생에너지 개발의 민주화 촉진

네덜란드는 중앙정부 차원에서 주민참여를 제도적으로 확대하는 정책을 도입해 에너지 전환을 지역 주도로 끌어가는 대표적 사례로 주목받고 있다. 특히, 2019년 「기후에너지협약(Climate Agreement)」을 통해 대규모 재생에너지 프로젝트의 50% 이상을 지역주민과 지역기업이 소유하도록 권장하는 목표를 설정했다(van Dam et al., 2021). 이는 에너지 공급 확대를 넘어, '누가 에너지 전환의 주체가 될 것인가'라는 문제를 제도적으로 풀어내려는 시도로 평가된다.

이러한 정책 기조 아래 네덜란드에서는 풍력·태양광·지열 등 신규 프로젝트 개발 단계에서 지역주민을 단순한 수혜자가 아닌 투자자이자 사업 파트너로 참여시키는 다양한 모델이 확산되고 있다. 예컨대 개발사업자는 지분투자 기회 제공, 협동조합 설립, 지역 기금 조성 등 여러 형태의 참여 방안을 통해 주민과 지방자치단체가 발전 수익을 공유할 수 있도록 유도하고 있다(DLA Piper, 2024). 이를 통해 사업은 사회적 정당성을 확보하고, 지역사회는 경제적 이익과 에너지 자립 효과를 동시에 기대할 수 있다.

이 사례가 보여주는 시사점은 분명하다. 에너지 전환을 단순히 중앙정부 주도의 설비 확대 정책으로 추진할 경우 지역의 반발과 갈등을 피하기 어렵다. 반대로, 네덜란드처럼 제도적으로 주민과 지방자치단체의 소유와 참여를 보장하면에너지 전환은 지역 기반의 사회적 합의 속에서 추진될 수 있다. 이는 재생에너지 보급과정이 '기술적 전환'만이 아니라, '사회적 전환'의 성격을 함께 지니고 있음을 보여주는 중요한 사례라 할 수 있다.

국내 지방자치단체와 중앙정부의 움직임

한국의 경우 중앙정부 주도의 제도 설계가 강한 구조를 보인다. 「분산에너지 활성화 특별법」 제정, 분산에너지 특화지역 지정, 전력망 확충과 같은 제도적 장치들은 모두 국가 차원에서 마련된 것으로, 분산형 에너지 전환을 위한 기본 틀을 형성한다. 결국 한국의 에너지 전환은 중앙정부가 강력한 제도적 기반을 마련하고, 그 위에서 지방자치단체와 주민이 점차 주도권을 확보하며 실험적 모델을 확산하는 '결합형 구조'로 이해할 수 있다. 이는 한국이 해외사례와는 다른 문화적·제도적 조건 속에서, 중앙집중적 틀과 지역 주도의 실험을 동시에 결합해 가는 과도기에 있음을 보여준다.

분산에너지 시스템 구축을 위한 제도적 움직임

우리나라에서도 분산형 에너지 확산과 주민 수용성 제고를 위해 중앙정부와 일부 지방자치단체가 다양한 정책을 시행하고 있다. 그 핵심에는 2023년 6월 제정되어 2024년 6월부터 시행된 「분산에너지 활성화 특별법」이 있다. 이 법은 중앙집중식 전력 시스템이 가진 구조적 한계를 보완하고, 지역 단위에서의 에너지 자립을 촉진하기 위해 마련된 제도적 기반이다.[140] 대규모 송전망 건설과정에서 발생하는 사회적 갈등과 막대한 비용 문제를 줄이고, 동시에 지역 내에서 생산한 전기를 지역에서 우선 활용할 수 있도록 유도한다는 점에서 의의가 크다. 특히, 분산에너지 설치의무제는 제도의 실행력을 담보하는 장치로 자리 잡고 있다. 연간 20만 MWh 이상 전력을 사용하는 건축물이나 100만㎡ 이상 규모의 도시개발

140) "분산에너지 활성화 특별법 6월 14일부터 시행된다". (2023.01.26.)
[출처: 산업통상자원부] https://www.motie.go.kr/kor/article/ATCL3f49a5a8c/166706/view

사업 시행자는 일정 비율의 분산에너지를 반드시 설치해야 한다. 이 비율은 2026년 2%에서 시작해 점차 상향되어 2040년 이후에는 20%까지 확대될 예정이다. 수도권은 100%, 비수도권은 0%라는 지역별 차등 비율을 적용하고 있는데, 이는 전력 수요가 집중된 수도권의 에너지 자립도를 높이고, 장거리 송전에 따른 구조적 비효율을 해소하려는 취지이다.[141]

또 하나 주목할 점은 분산에너지 특화지역 지정이다. 2025년 5월 산업통상자원부는 최종 후보지로 제주, 부산, 경기, 경북(신산업 활성화형)과 울산, 충남, 전남(수요 유치형) 등 7곳을 발표했다. 비록 에너지위원회의 최종 지정 절차가 아직 마무리되지 않았지만, 해당 지역이 특화지역으로 확정될 경우 상당한 제도적 혜택을 얻게 된다. 예컨대, 기존 「전기사업법」 등으로 제한되던 신사업 실증을 허용받고, 지역별 차등 전기요금제를 도입할 수 있으며, 지역 발전사가 직접 전기를 판매할 수 있는 전력 직접거래제도 허용된다.[142] 이는 지역 차원의 새로운 전력시장을 창출한다는 점에서 의미가 크다.

즉, 「분산에너지 활성화 특별법」은 중앙정부가 제도적 기반을 마련하고, 지방자치단체가 현장에서 실행력을 확보하는 방식으로 에너지 전환을 지역 중심으로 재편하려는 움직임이라 할 수 있다. 이러한 정책은 단순한 기술적 전환을 넘어, 지역이 에너지 생산과 소비의 주체가 되어 갈등을 줄이고 지역경제를 활성화하는 분권형 에너지체계로의 변화를 예고하고 있다.

재생에너지 이익공유를 통한 주민참여형 사업에 대한 지원 강화

정부는 2016년부터 주민이 참여하는 재생에너지 개발사업에 대해 신재생에너지 공급인증서(REC) 가중치를 부여하는 방식으로 제도적 지원을 제공해왔다. 이어 정부는 2023년 1월 4일 발표된 '주민참여사업 제도 개선방안'을 후속 조치로

---

141) "분산에너지 설비 설치계획서 제출 및 설치확인 등에 관한 규정 제정·시행". (2025.02.05.) [출처: 김·장 법률사무소] https://www.kimchang.com/ko/insights/detail.kc?sch_section=4&idx=31493

142) "제주·부산 등 7개 지역, '분산특화지역' 후보지 선정". (2025.05.21.) [출처: 산업통상자원부] https://www.motie.go.kr/kor/article/ATCL8764a1224/155118876/view

구체화하여, 같은 해 2월 「신재생에너지 공급의무화제도 관리·운영지침」을 개정해 시행에 들어갔다.[143] 이번 개정은 단순히 주민참여를 장려하는 수준을 넘어, 참여를 통한 실질적 혜택과 이익 배분을 제도적으로 보장하려는 성격을 갖는다. 이러한 변화는 제도 자체가 형식적 참여에 머물지 않고, 실질적으로 지역공동체와 수익을 나누는 체계로 자리 잡도록 유도하는 장치라 할 수 있다.

표 2-14 신재생에너지 공급의무화제도의 주요 내용과 목적

구분	주요 내용	목적
참여 기회 확대	발전소 인근 주민·농축산어업인에게 참여 기회 확대, 일정 비율 이상 참여 보장	단순 명분이 아닌 실제 소득·생활 기반 기여
참여 대상 확대	기존: 발전소 주변 지역주민 변경: 송변전 설비 인근 주민까지 확대	참여 범위의 실질적 확대
참여 범위 확대	기존: 읍·면·동 단위 변경: 시·군·구 단위(100MW 이상 발전사업)	더 많은 주민이 이익공유에 참여 가능
REC 가중치 조정	발전원별 사업비 규모·운영 특성 반영해 가중치 조정 → 특정 발전원 편중 방지	주민참여 수익의 균형적 분배
해상풍력 우대	해상풍력에 육상풍력보다 높은 가중치 부여	대규모 단지 개발 갈등 완화, 지역 참여 촉진

자료: 산업통상자원부(2023)

이와 같은 정책적 흐름 속에서 경기도 여주시 구양리의 재생에너지 사업은 '마을주도 태양광 발전소'의 대표적 성공사례 중 하나이다. 구양리 주민들은 2021년 구양리 햇빛두레발전협동조합을 설립하여 마을회관 지붕, 창고, 체육시설, 주차장 등 공유시설과 일부 농지에 총 1메가와트(MW, 997킬로와트) 규모의 태양광 발전시설 6곳을 설치한 것이다. 이 사업은 산업통상자원부의 '햇빛두레' 사업 지원을 받아 추진된 것으로, 주민 자금을 투입하지 않고 장기 저리 융자를 통해 약 16억 7천만 원의 사업비를 충당한 것이다. 현재 발전소 운영으로 발생하는 월평균 수익은 약 1천만 원 수준이며, 이는 모두 마을 복지에 재투자되고 있다. 예를

143) "재생에너지 주민참여제도 개편으로 주민 수용성 강화". (2023.01.26.)
[출처: 산업통상자원부] https://www.motie.go.kr/kor/article/ATCL3f49a5a8c/166706/view

들어 마을버스 운영, 공동식당 운영, 정원사업 추진 등 주민의 생활환경 개선에 활용되고 있는 것이다. 이 사례의 특징은 주민이 직접 의사결정과 운영에 참여한다는 점, 발전소 설치 위치와 운영방식을 마을이 스스로 결정하고 수익을 공동체에 환원한다는 점, 그리고 고령화로 발생한 유휴부지를 활용하여 재생에너지 생산과 마을 복지를 연결하는 선순환 구조를 만들었다는 점이다.[144)][145)]

여주 구양리의 태양광 협동조합은 외부 사업자가 수익을 가져가고 일부만 주민에게 배분하는 기존 방식과 차별화된 모델이며, 주민주도로 소득 창출·에너지 전환·복지 확대를 동시에 달성한 전국적 모범사례이다. 이렇듯 주민참여형 사업은 지역경제 활성화와 사회적 수용성을 높이는 동시에, 인구소멸 위기에 대응하는 하나의 전략으로 기능할 수 있다.

그러나 여전히 풀어야 할 과제도 남아 있다. 일부 사업에서는 주민이 직접 투자하기보다 사업자가 대출이나 정책자금을 활용해 형식적으로 주민참여를 충족하는 사례가 발생하고 있으며, 이로 인해 제도의 실질성이 약화될 수 있다는 비판이 제기된다. 따라서 앞으로는 금융 지원체계의 정비, 지역별 역량 강화, 주민이 주체적으로 참여할 수 있는 구조 마련이 병행되어야 한다. 그래야만 제도가 단순한 보급 촉진 장치를 넘어, 지역 중심의 지속 가능한 에너지 전환을 견인하는 실질적 수단으로 자리매김할 수 있을 것이다.

전력망 확충을 위한 에너지고속도로

한편, 재생에너지 설비 급증에 따른 전력망 인프라 확충도 중앙정부의 중요한 과제가 되었다. 정부는 전력 공급 안정을 확보하고 재생에너지 발전량 증가에 대비하기 위해 일명 '에너지고속도로' 구축계획을 발표했다. 새정부 국정과제로 제시된 에너지고속도로 계획에 따르면, '제11차 전력수급기본계획'을 통해 2030년

---

144) "이재명이 찾아간 여주 구양리 … 넉달간 수익 9271만원 비결은". (2025.05.08.) [출처: 한겨레] https://www.hani.co.kr/arti/society/environment/1195868.html

145) "버스도, 밥도 공짜 … 월 천만원 수익내는 마을의 비결: 태양광 소득을 마을복지에 사용하는 여주 구양리 태양광 마을". (2024.07.26.) [출처: 오마이뉴스] https://www.ohmynews.com/NWS_Web/View/at_pg.aspx?CNTN_CD=A0003048937

대까지 서해안을 축으로 하는 대규모 송전망을 우선 구축하고 이후 남해안과 동해안을 연결하여 2040년대에는 한반도 전역을 U자 형태로 잇는 국가 기간망을 완성한다는 비전을 세웠다. 이를 통해 영·호남 및 강원 지역의 풍부한 재생에너지 발전을 수도권 등 수요지와 효율적으로 연결하여 지역 간 전력 불균형을 해소하고자 한다. 실제로 정부는 2030년까지 송전망 용량을 30% 이상 확대하고 재생에너지 발전 설비를 2022년 대비 두 배 이상(35.1GW → 78GW)으로 늘리는 목표를 추진 중이다. 한국전력공사 역시 이러한 정책기조에 맞춰 송전망 확충사업에 속도를 내고 있으며, 예비타당성조사 면제, 설계·시공 동시입찰, 핵심 기자재 국산화 등 특단의 대책을 마련하여 에너지고속도로의 적기 건설을 뒷받침하고 있다.[146]

이 에너지고속도로 구상의 가장 큰 의의는 국가 기간망 차원에서 재생에너지 전용 송전망을 처음으로 제도화했다는 점이다. 과거에는 발전소 입지에 따라 송전설비를 개별적으로 확충하는 방식이 주를 이루었지만, 이번 계획은 서해안·남해안·동해안의 재생에너지 자원을 한 축으로 묶어 장기적으로 한반도 전체를 관통하는 U자형 전력망을 완성하겠다는 국가적 청사진을 제시했다는 데 의미가 있다. 다만 이는 어디까지나 지방에서 생산된 전력을 수도권으로 원활하게 수송하는 효율적 관리 방안으로, "발전은 지방에서, 소비는 수도권에서"라는 구조 자체를 바꾸는 것은 아니다.

따라서 송전 인프라 확충만으로는 불균형 구조의 근본적 모순을 해소하기 어렵다. 수도권 내 재생에너지 발전 비중을 대폭 확대하거나, 전력 다소비형 산업을 지방으로 이전하는 등 발전과 소비의 공간적 재편이 함께 이루어져야만 진정한 의미의 균형성장이 가능하다. 에너지고속도로는 이러한 구조 전환을 보완하는 수단으로 기능할 수 있지만, 그것만으로는 지역균형성장의 해법이 되기 어렵다는 점을 인식할 필요가 있다.

146) "새정부의 에너지 전환 방향". (2025.07.04.) [출처: 대통령직속 2050 탄소중립녹색성장위원회] https://www.2050cnc.go.kr/base/board/read?boardManagementNo=69&boardNo=5691&searchCategory=&page=1&searchType=&searchWord=&menuLevel=2&menuNo=97

지방에서의 움직임: 지방자치단체의 조례화

마지막으로, 일부 지방자치단체의 조례 제정 움직임도 주목된다. 전국 여러 지방자치단체들이 재생에너지 사업에서 주민참여와 이익공유를 제도화하기 위한 조례를 마련하여 시행 중이다. 대표적으로, 전라남도 신안군은 「신재생에너지 개발이익 공유 등에 관한 조례」를 국내 최초로 제정하고 대규모 태양광·해상풍력 사업에 주민참여 모델을 적극 도입하고 있다. 이 조례에 따라 신안군 각 읍·면 단위로 주민협동조합을 조직하고, 발전사업의 지분 참여 기회를 주민들에게 부여하였다. 그 결과 2024년 말 기준으로 약 2만 명에 달하는 지역주민들이 일명 "햇빛연금"으로 불리는 태양광 발전 이익배당을 정기적으로 받게 되었고, 이를 통해 주민 소득이 증대되고 인구 유입까지 나타나는 등 지역경제에 긍정적 효과가 나타나고 있다(김준영, 2025).

이밖에도 전라남도 영광군, 경상남도 창원시 등 여러 지방자치단체에서 재생에너지 이익공유 및 주민참여 지원 조례를 도입하여, 사업 허가단계부터 주민 설명회와 투자 참여를 의무화하고 발전수익의 일정 부분을 지역사회에 환원하도록 하는 장치를 마련하고 있다. 이러한 지방자치단체 차원의 노력은 지역맞춤형 에너지 거버넌스 형성과 주민 신뢰 확보에 기여하며, 중앙정부정책을 현장에서 구현하는 보완적 수단이 되고 있다.

시사점 1: 에너지 자립형 지역 모델 구축

유럽의 여러 사례가 보여주듯, 에너지 전환은 단순한 공급 확대가 아니라 지역 단위의 자립모델 구축으로 이어질 때 지속가능성이 담보된다. 독일과 덴마크에서는 이미 지방자치단체와 주민이 함께 설립한 협동조합이나 비영리 에너지회사가 전력과 열을 동시에 공급하며, 이익을 지역사회에 재투자하는 구조가 자리 잡았다. 이러한 모델은 지역이 에너지의 생산자이자 소비자가 되는 '내생적 순환 구조'를 형성한다는 점에서 큰 의미가 있다. 한국에서도 「분산에너지특별법」 시행과 함께 일부 지방자치단체가 자체 에너지 협동조합 설립, 지방 에너지공사 추진,

지역 에너지 기금 조성 등을 시도하고 있으나, 아직은 전국적 확산이 부족하고 지방자치단체의 재정적·제도적 권한도 미흡하다. 향후 이러한 시도가 제도적으로 뒷받침된다면 해외와 같은 자립형 구조를 국내에서도 구축할 수 있을 것이다.

시사점 2: 주민참여 이익·공유 제도의 적극적 제도화

해외에서는 주민이 단순 보상금 수혜자가 아니라, 프로젝트의 이해관계자이자 공동 소유자로 참여하는 구조가 보편화되어 있다. 덴마크는 법률로 주민지분 참여를 의무화했고, 네덜란드는 재생에너지 프로젝트 절반 이상을 주민·지역기업 소유로 권장하여 사회적 정당성을 확보했다. 반면 한국은 REC 가중치 부여와 주민참여사업 제도 개선으로 제도적 기반을 마련했지만, 실제 현장에서는 사업자가 대신 투자하거나 형식적으로 참여를 충족하는 사례가 여전히 존재한다. 그럼에도 신안군 햇빛연금이나 제주 공유기금처럼 주민에게 실질적으로 이익을 공유하는 사례가 점차 확산되는 것은 긍정적인 흐름이다. 앞으로는 이러한 제도를 전국적으로 제도화하고, 참여 범위를 확대하며, 주민이 '투자자이자 수혜자'로 자리잡도록 하는 것이 필요하다.

시사점 3: 지방자치단체 중심의 인프라 확충과 중앙 - 지방 협력

대규모 송전망을 중심으로 한 '에너지고속도로' 구상은 우리나라가 가진 중앙정부 주도의 강점을 보여주는 사례이다. 서해안·남해안·동해안의 재생에너지를 수도권 수요지로 연결하는 U자형 국가 기간망은 전력 수송의 효율성을 높이는 데 기여할 수 있다. 그러나 이것만으로 지역 간 불균형 구조 자체가 해소되는 것은 아니다. 해외처럼 지방자치단체가 자체 네트워크를 운영하거나 지역 전력망 확충에 직접 관여하지 못하는 것은 여전히 큰 한계이다. 따라서 향후에는 중앙정부의 국가적 인프라계획과 지방자치단체의 분산형 전원 계통 접속 노력이 조화를 이루어야 하며, 이를 위해 중앙-지방 협의체 제도화, 지방자치단체의 배전망 투자 권한 확대 등이 필요하다.

시사점 4: 지방행정 역량 강화와 재정적 지원

해외의 성공 사례는 지방자치단체가 전문성과 재정권한을 확보했을 때 가능했다. 덴마크의 경우 지방자치단체가 열공급법에 따라 난방계획 권한을 갖고, 비영리 난방회사가 장기 저리융자를 통해 설비 투자를 감당하면서 주민 부담을 최소화할 수 있었다. 우리나라 지방자치단체들은 아직 전문인력과 재정적 자율성이 부족해 제도를 적극적으로 활용하는 데 어려움을 겪고 있다. 「분산에너지특별법」 시행을 계기로 중앙정부가 재정 지원과 권한 이양을 확대하고, 지역 에너지센터 설립·전문인력 양성 등을 체계적으로 추진해야 한다. 그래야만 지방자치단체가 독자적 실험을 이어갈 수 있고, 주민이 체감할 수 있는 정책 성과가 만들어질 것이다.

4. 지방 단위 에너지 전환을 향한 변화의 흐름

재생에너지 중심 전력 구조의 가속화

전 세계적으로 재생에너지로의 전환 속도가 더욱 빨라지고 있다. 각국은 2050년 탄소중립을 목표로 전력 생산에서 재생에너지의 비중을 급격히 높이고 있으며, 일부 시나리오에서는 2030년까지 전력의 약 45~50%를 재생에너지로 공급하고 2050년에는 65~85%까지 확대될 것으로 전망된다(Chen et al., 2024). 유럽연합(EU)은 2030년까지 전력 생산의 약 69~83%를 태양광·풍력 등 재생에너지로 충당하겠다는 공격적인 목표를 세워 두고 있다(European Parliament, 2025).

이러한 재생에너지 중심 전력 구조의 가속화는 필연적으로 전력망 운영과 에너지정책 전반에 큰 변화를 가져오고 있다. 재생에너지의 변동성으로 인해 전력 공급 안정성을 확보하기 위한 새로운 기술과 정책 수단의 필요성이 대두되었고, 이에 따라 에너지 시스템의 유연성(Flexibility) 확보가 핵심 과제로 부상했다. 발전 믹스의 중심이 화석연료에서 태양광·풍력 등으로 이동하면서, 전통적인 화력

발전이 담당해왔던 조정력은 줄어드는 반면 잦은 출력 변동과 간헐성을 보완할 첨단 대응 전략이 요구되는 것이다. 결국 미래 전력망은 재생에너지 비중 확대와 더불어 에너지 저장, 수요관리, 송배전망 강화 등의 분야에서 장기적 투자가 진행되고, 에너지 전환과정 전체를 긴 안목에서 관리해 나가는 전략적 접근이 필요하다.

분산형 에너지와 섹터커플링의 부상

분산형 에너지란 소비 지역 인근에서 중소규모로 전기를 생산하는 개념으로, 지역의 태양광·풍력, 열병합발전 등을 통해 지역 수요를 현지에서 충당하는 방식이다. 이러한 분산 발전 확대는 송전 부담을 줄이고 지역별 전력자급률을 높여 에너지 공급의 지역 편중을 완화하는 이점이 있다. 특히 에너지 인프라 투자를 통한 지역균형성장전략이 부각되면서, 한국도 분산형 발전 시스템을 병행 추진하여 지역에서 생산된 전력이 곧바로 지역산업과 경제활동에 활용되는 구조를 지향하고 있다. 예를 들어, 새정부의 국정과제는 재생에너지 발전단지와 주요 산업단지를 직접 연결하는 송전망 확충과 함께, 전력 소비지 인근에 발전소를 짓고 지역별 차등 전기요금을 도입하여 산업을 수도권에서 지방으로 분산시키려는 계획을 담고 있다.[147] 이는 에너지 전환과 지역경제 활성화를 도모하는 새로운 전략으로 지역의 인구유출을 막고 지역의 지속 가능한 성장을 도울 것으로 기대된다.

한편, 재생에너지의 변동성 문제와 잉여 전력 활용 문제를 해결하기 위해, 전 세계 에너지 분야에서는 섹터커플링(Sector Coupling) 개념이 중요한 미래 트렌드로 떠오르고 있다. 섹터커플링이란 전력·열·가스·수송 등 에너지 소비 부문들을 유기적으로 연계하여 에너지의 형태를 전환·저장함으로써 전체 시스템의 효율성과 안정성을 높이는 전략이다(European Parliament, 2025).

147) 이재명 대통령의 G7 에너지 분야 발언과 대선 공약, 국정과제 연계 자료를 토대로 작성.

그림 2-12 섹터커플링의 개념도

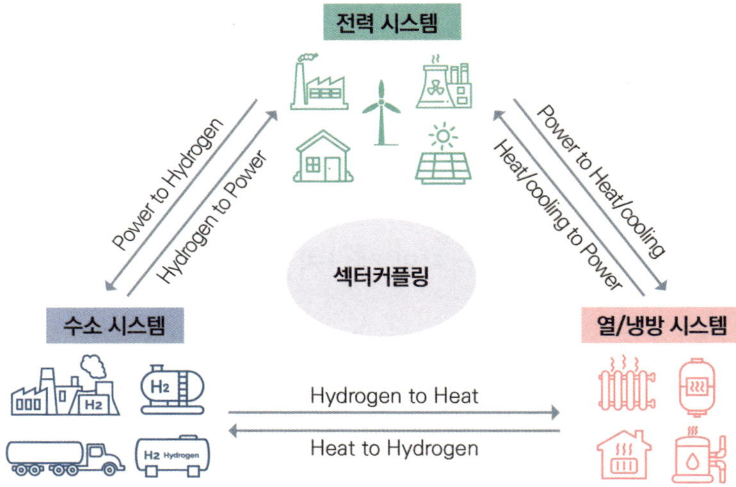

자료: 한국전기안전공사 네이버블로그(https://blog.naver.com/kescomiri/223911261517?trackingCode=rss)

구체적으로는 전력 부문과 난방·냉방 부문의 연계, 전력과 수송 부문의 연계(예: 전기차 충전), 나아가 전력과 수소 연계 등이 포함된다. 예를 들어, 재생에너지 발전량이 수요보다 과잉일 때 전력을 이용해 수소를 생산(Power-to-Gas)하거나 전기 보일러·히트펌프를 가동해 열에너지로 전환(Power-to-Heat)함으로써 남는 전기를 저장·활용할 수 있다. 수소는 이렇게 전기에서 전환된 화학에너지 형태로 저장되었다가 연료전지 등을 통해 다시 전기나 열로 활용되거나, 산업·수송 연료로 사용될 수 있어 장주기 저장수단으로 각광받는다. 이와 함께 전기차와 그 배터리도 중요한 섹터커플링 자원으로 부상하고 있다. 전기차를 충전하는 시점을 조절해 수요관리 자원으로 삼거나, 필요시 차량 배터리에 저장된 전력을 다시 그리드로 보내는 양방향 충전(Vehicle-to-Grid, V2G)을 통해 가상 발전소(VPP) 역할을 하도록 하는 연구도 활발하다(REN21, 2024).

섹터커플링 기술의 발전은 재생에너지의 출력제한(Curtailment)을 최소화하고 에너지 효율을 극대화하는 특징이 있다. 발전과 최종소비 부문을 연계해 재생에너지 활용을 극대화하고 에너지 생산·소비 양측에서 동시에 탄소배출을 줄이는 수단이라는 점에서 탄소중립 사회의 에너지 시스템 안정성을 높이는 열쇠로 인식된다. 앞으로 '파워-투-가스(P2G)'를 통한 그린 수소 생산, 지역 단위의 열에너지 저장 시스템, 산업 공정의 전기화 등 다양한 섹터커플링 적용사례들이 실증·확대되면서, 에너지 전환의 시스템 통합적 혁신이 가속화될 전망이다.

지역 단위 에너지 자립을 위한 ESS 스마트그리드의 전략적 역할

국제에너지기구(IEA)는 2024년 보고서에서 태양광과 풍력이 간헐성(Intermittency)과 지리적 편재성(Geographical Mismatch)이라는 구조적 한계를 가진다고 지적했다(International Energy Agency, 2024). 이러한 불안정성을 해결하는 핵심 기술이 바로 '에너지저장장치(ESS)'이다. ESS는 재생에너지가 과잉 생산되는 낮 시간대에는 전력을 저장하고, 해가 지거나 풍속이 줄어드는 시간대에 이를 방전하여 공급함으로써 간헐성을 완화한다. 에너지경제연구원 분석에 따르면, 4시간 용량의 리튬이온 ESS는 태양광 발전소 출력 변동의 최대 87%를 흡수할 수 있는 것으로 나타났다. 이는 단순히 '저장'의 기능을 넘어, 재생에너지를 시장에 안정적으로 연계하고, 지역 내 소비와 산업활동에 활용할 수 있도록 전환하는 '전력 완충 장치' 역할을 한다.

ESS와 함께 스마트그리드(Smart Grid) 기술도 중요하다. 미국 전기전자공학자협회(IEEE)는 스마트그리드를 "양방향 통신 인프라와 실시간 모니터링, 자동화 제어기능을 통합하여 전력 생산과 소비를 최적화하는 시스템"으로 정의한다. 스마트그리드는 분산된 태양광·풍력 발전원을 통합적으로 관리하고, 수요반응(DR, Demand Response) 프로그램을 통해 소비 패턴을 조정함으로써 재생에너지의 지리적 편재성을 완화한다. 미국 에너지부(DOE) 연구에 따르면, 스마트그리드를 도입하면 송전 손실률을 기존 68%에서 34%로 줄일 수 있다. 이는 장거리 송전에 따른 비효율을 최소화하고, 지역 단위 전력망이 더욱 효율적으로 운영될 수 있음을 보여준다.[148]

148) "기획 | ESS와 스마트그리드, 재생에너지의 생명줄". (2025.02.20.)
[출처: planet03] https://www.planet03.com/post/

그림 2-13 스마트그리드 개념도

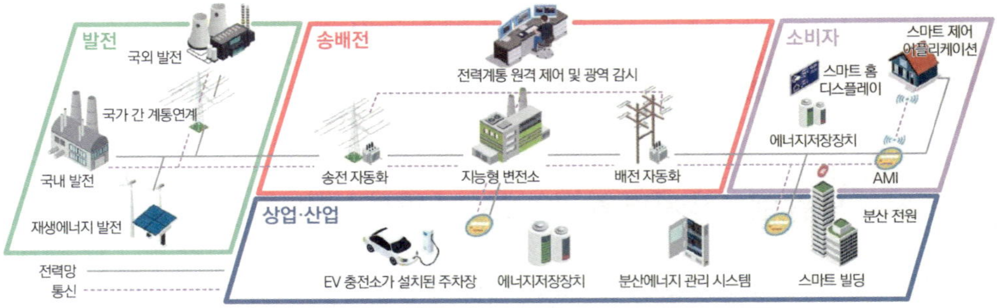

자료: 한국스마트그리드사업단 홈페이지(https://www.smartgrid.or.kr/main.php)

독일·덴마크·네덜란드의 에너지 협동조합과 커뮤니티들은 이미 ESS와 스마트그리드를 기반으로 잉여 전력을 저장·거래하거나, 공동 저장장치와 전기차 충전 인프라를 결합한 '지역 전력 플랫폼'을 운영하고 있다. 이는 단순한 전기 생산을 넘어 지역 전력의 안정적 소비, 주민 수익 공유, 에너지 자립을 동시에 실현하는 구조를 만들어낸다(Hockenos, 2025). 국내에서도 제주도, 신안군 등을 중심으로 마이크로그리드 실증사업과 에너지자립마을 조성이 추진되고 있으며,[149)150)] 「분산에너지 활성화 특별법」 시행 이후에는 ESS, 가상발전소(VPP), 배전망 운영자(DSO) 제도가 결합된 새로운 전력 운영모델이 시도되고 있다.

궁극적으로 ESS와 스마트그리드는 단순히 기술적 보완 수단이 아니라, 지역 단위 분산형 에너지 시스템을 완성하는 양대 축이다. ESS는 간헐성을 흡수하고, 스마트그리드는 분산 자원을 통합·최적화함으로써, 지역에서 생산된 전력이 안정적이고 효율적으로 소비될 수 있는 기반을 마련한다. 이는 지역경제 활성화, 주민 이익공유, 국가 차원의 탄소중립 목표 달성까지 연결되는 전략적 자산이라 할 수 있다.

---

149) "분산에너지 특화지역 1호, 제주도가 돼야 하는 이유는?". (2023.07.07.)
[출처: 헤드라인제주] https://www.headlinejeju.co.kr/news/articleView.html?idxno=519340

150) "[출발! 서해안 시대] 신안군, 전국 최초 '햇빛아동수당' 지급". (2023.05.23.)
[출처: KBS뉴스] https://news.kbs.co.kr/news/pc/view/view.do?ncd=7682018

5. 지방과 주민이 완성하는 지속 가능한 에너지 전환 방향과 실행전략

정책방향: 지방이 주도하고, 주민이 체감하며, 중앙이 지원하는 에너지 대전환

결국, “지방이 주도하고, 주민이 체감하며, 중앙이 지원하는” 삼각구조야말로 에너지 대전환을 끝까지 추진하는 핵심 동력이 될 것이다. 이러한 구조 속에서 단기·중기·장기과제가 유기적으로 연결되어 실행될 때, 우리는 기후위기 대응과 지역균형성장이라는 두 마리 토끼를 모두 잡는 에너지 전환의 성공을 경험할 수 있을 것이다. 이제 남은 과제는 각 주체가 자신의 역할을 인식하고 과감하면서도 지속적인 실천을 이어가는 것이다. 지방은 과거 중앙만 바라보던 자세에서 벗어나 권한과 책임을 가지고 앞장서고, 주민은 에너지 전환의 수혜자이자 참여자로서 일상의 변화를 받아들이며, 중앙은 이를 뒷받침할 정책적·재정적 지원과 제도 정비를 아끼지 않을 때 비로소 에너지 대전환은 우리 삶 속에 온전히 정착할 것이다. 앞으로 다가올 에너지 미래는 이러한 삼각 협력에 달려 있으며, 각자의 자리에서 준비한 대로 실천해나간다면 지속 가능한 에너지경제와 탄소중립 사회가 눈앞의 현실로 다가올 것이다.

단기과제: 주민참여 확대와 분산에너지 시범사업 추진

단기과제 1. 주민참여·이익공유형 재생에너지 제도 확대

재생에너지 사업에 지역주민이 투자하고 수익을 공유하는 제도를 더욱 확산해야 한다. 주민들은 협동조합이나 펀드를 통해 지역 태양광·풍력발전 지분을 보유함으로써 발전 수익을 얻는다. 이를 통해 재생에너지 시설을 내 일처럼 여기게 되고, 사업에 대한 긍정적 인식이 확산된다.

지방자치단체는 발전사업 인허가 시 주민지분 참여를 권고하거나 조건부로 부여해 민간사업자가 주민과 이익을 나누도록 유도한다. 또한 이익공유 조례를 통해 주민참여 기준과 배분방식을 명확히 하고, 지역 에너지공사나 협동조합을 설립·육성하여 주민의 투자 참여를 지원해야 한다. 일부 지방자치단체가 도입한 태양광 발전 수익 기반 주민복지기금, 햇빛연금 등이 벤치마킹 사례가 될 수 있다.

중앙부처는 주민 투자 비율에 따른 REC 추가 가중치 상향, 해상풍력 등 대규모 사업의 주민 혜택 확대 등을 법령에 반영하고 전국으로 확산시켜야 한다. 또한 주민이 쉽게 참여할 수 있는 투자 모델을 다양화하고, 우수사례 전파 및 홍보·교육을 강화하여 인식 제고에 힘써야 한다. 무엇보다 주민참여형 사업의 갈등 중재와 제도 미비점 보완이 필요하다. 단순히 제도를 도입하는 수준을 넘어, 실제 현장에서 신뢰할 수 있는 참여와 공정한 이익 배분이 이루어져야 한다. 이를 위해 분쟁 예방 장치, 표준계약서 도입, 주민 역량 강화 교육 등을 병행해야 하며, 궁극적으로는 주민참여형 재생에너지 사업이 지역사회에 뿌리내릴 수 있도록 장기적 제도화를 추진해야 한다.

단기과제 2. 지역특화 분산형 에너지 시범사업 추진

각 지역의 특성과 수요에 맞는 분산형 에너지 모델을 실증하고 확산해야 한다. 지역 단위에서 전기와 열을 자체적으로 생산·소비하는 마이크로그리드나 에너지자립섬 같은 프로젝트를 단기적으로 적극 지원하는 것이 목표다.

지역주민은 프로슈머(Prosumer)로서 건물 옥상에 태양광을 설치하고 남는 전기를 마을 마이크로그리드에 공급하거나, 가정용 ESS를 활용해 전기를 저장·방출함으로써 지역 단위 에너지 자립에 기여할 수 있다. 또한 피크 시간대 전력 절약, 수요 반응 프로그램 등에 참여해 마이크로그리드의 안정적 운영을 도울 수 있다. 울릉도 주민들이 태양광·풍력으로 생산한 전기를 저장장치로 모아 사용함으로써 디젤 발전 감소 효과를 체감하는 사례가 대표적이다.

지방자치단체는 지역특화 에너지사업을 발굴하고, 이를 국가 공모사업이나 특별법상의 특구로 지정받아 추진해야 한다. 풍력이 풍부한 해안 지방자치단체는 풍력+ESS 기반 마이크로그리드, 공장이 밀집한 산업단지 지역은 공장 지붕 태양광과 폐열 활용 열 마이크로그리드 등의 모델을 계획할 수 있다. 지방자치단체는 필요한 부지를 확보하고 인허가를 신속히 처리하며, 지역 내 이해관계자 협의체를 구축해 프로젝트를 조율하는 중재자 역할을 맡아야 한다.

중앙정부는 분산에너지 특화지역 지정 및 재정 지원을 통해 지역 시범사업을 체계적으로 뒷받침해야 한다. 매년 여러 지역을 분산에너지 특구로 선정해 규제 특례를 적용하고, 장주기 ESS, V2G 등 핵심 기술 실증사업에 예산을 투입해야 한다. 또한 유관기관과 협력하여 지방자치단체 공무원 대상 교육·컨설팅을 제공하고, 시범사업의 성과를 평가·공유하는 플랫폼을 마련해야 한다. 중앙정부의 역할은 전국 각지에서 다양한 분산형 모델이 나오도록 마중물 투자를 하고, 성공 사례를 법·제도 개선으로 이어지게 하는 것이다.

중기과제: 제도 혁신과 융합 인프라로 지역 에너지 전환 가속화

중기과제 1. 지방자치단체 재생에너지 의무할당제 도입

중앙정부 차원의 신재생에너지 의무공급(RPS)을 넘어, 지방자치단체별로 일정 비율의 재생에너지 보급 목표를 법정 의무화하는 방안을 중기적으로 추진해야 한다. 이는 각 지방자치단체가 자율적 목표를 갖고 에너지 전환에 나서도록 책임과 동기를 부여하는 제도이다. 이미 독일은 지방자치단체별로 풍력발전 적정 입지면적을 할당하고, 중국은 각 성(省)의 전력소비 중 재생에너지 비중을 의무할당하는 등 지역 단위 재생에너지 의무제를 시행 중이다(녹색에너지전략연구소, 2024). 중기적으로 이 제도를 도입하면, 지역별 여건에 맞춘 재생에너지 확산을 촉진하고 중앙과 지방 간 에너지 전환 책임 분담을 명확히 할 수 있을 것이다.

제도가 도입되면 지방자치단체는 단순한 행정 집행자가 아니라, 에너지 전환의 주체로서 구체적 실행계획과 제도적 장치를 마련해야 한다. 우선 태양광·풍력 설비 확대, 외부 재생전력 조달(PPA·녹색요금제), 화석연료 기반 공공시설의 전환 등을 포함한 종합계획을 수립해야 한다. 이를 위해 지방자치단체장은 정치적 의지를 갖고 예산을 확보하며, 전담 부서·지방에너지공사 설립, 전문인력 양성 등 행정적 기반을 강화해야 한다. 지역특성에 맞춘 전략도 필수적이다. 도시는 건물옥상 태양광이나 제로에너지건축물, 농촌은 영농형 태양광·바이오가스, 해안과 도서 지역은 해상풍력·마이크로그리드를 확대하는 방식이다.

중앙정부는 「신재생에너지법」과 「전기사업법」 개정을 통해 제도의 법적 근거와 평가체계를 마련해야 한다. 지역별 차등 목표를 설정하고, 목표 달성도에 따라 패널티·인센티브를 병행해야 한다. 국고보조, 녹색전력 구매 연계, 재정지원 등을 통해 지방자치단체의 재원조달을 지원하며, 매년 지역별 재생에너지 자립률을 조사·평가해 정책에 환류해야 한다. 이러한 구조가 정착된다면, 지방자치단체는 국가 에너지 전환의 실질적 실행 주체로 자리매김할 수 있을 것이다.

중기과제 2. 섹터커플링 기반 지역 에너지 전환 플랫폼 구축

섹터커플링은 발전소·열공급시설·전기차 충전 등을 하나의 시스템으로 통합·제어하는 지역 에너지 전환 플랫폼을 가능하게 한다.

주민은 히트펌프를 설치해 전력 공급이 풍부한 시간대에 가동함으로써 전력－열 연계를 실천하고 요금을 절감할 수 있다. 전기차 보유자는 충·방전을 통해 가정이나 마을 전력에 기여하는 V2G 서비스에 참여할 수 있으며, 이를 통해 수요측 유연성을 확보하고 정전을 예방할 수 있다. 이러한 변화를 위해 장비 설치비 지원, 요금 할인 등 유인책과 함께 섹터커플링의 취지와 절약 효과에 대한 홍보가 필요하다.

지방자치단체는 지역특성에 맞는 전기－열 통합 에너지 시스템 구축을 주도해야 한다. 대도시는 CHP와 지역난방 설비를 연계해 잉여 전력을 열저장에 활용하고, 산업단지에서는 폐열과 재생전력을 결합한 통합 시스템을 도입할 수 있다. 이러한 다양한 방안을 종합해, 지방자치단체는 전력·열 공급자와 소비자, ICT 기업이 함께 참여하는 스마트 인프라를 구축해야 한다. 아울러 지역 에너지센터를 중심으로 수요와 공급을 실시간으로 관리하고, AI 기반 수요 신호를 제공함으로써 효율적인 에너지 운영체계를 만들어야 한다. 이를 뒷받침하기 위해 관련 조례 제정, 에너지공동체 시범사업 참여 등 제도적 기반 마련도 병행되어야 한다.

중앙정부는 섹터커플링 기술·사업 모델의 제도 개선과 재정 지원을 뒷받침해야 한다. '전력 → 열 전환'을 전력거래 및 용량시장 자원으로 인정해 인센티브를 제공하고, 핵심기술(R&D) 개발과 해외사례 연구를 통해 법·제도 개선을 추진해야 한다. 또한 섹터커플링이 온실가스 감축에 기여하는 만큼 탄소크레딧 부여나 배출권 제도 개선과 연계해 확산을 촉진해야 한다.

장기과제: 인프라 대혁신과 거버넌스 확립으로 에너지 대전환 완성

장기과제 1. 송전망·변전소 보강 및 에너지고속도로 완성

재생에너지 대규모 보급을 위해 전국 차원의 송·배전 인프라 확충은 장기적으로 반드시 달성해야 할 핵심 과제이다. 특히 '에너지고속도로' 전략은 서·남·동해안의 재생에너지를 주요 수요지와 연결하는 국가 기간망으로, 에너지 전환을 뒷받침하는 국가적 기반 인프라라 할 수 있다. 이는 재생에너지가 전력체계의 주축이 되는 시기에 필연적으로 요구되는 국가적 투자이며, 우리나라가 장기적으로 준비해야 할 전략적 목표이다.

대규모 송전망 건설에는 주민의 이해와 협조가 필수적이다. 정부와 한전은 피해 주민에게 적절한 보상과 지역발전기금을 제공하고, 주민은 공정한 보상체계를 요구하며 투명한 협의를 진행해야 한다. 아울러 송변전설비 주변에 재생에너지 클러스터나 연구시설을 유치해 지역발전 기회로 삼을 수 있다. 도서지역 주민은 송전 인프라 확충으로 안정적 전력공급과 전기품질 개선의 혜택을 얻을 수 있다.

지방자치단체는 송전망 건설에 필요한 인허가, 주민 설득, 부지 확보 등에서 적극적으로 나서야 한다. 지역 이익에만 매몰되지 않고 광역적 관점에서 균형 잡힌 입장을 취하며, 주민에게 송전망의 상호 이익을 설득력 있게 설명해야 한다. 또한 중앙과 협의해 환경훼손을 최소화하고 지하화, 교통회랑 활용 등 수용성을 높이는 방안을 검토해야 한다. 인허가 절차를 신속히 처리하고, 송전망 구축을 지역개발 사업과 연계해 실질적 이득으로 연결해야 한다. 지방-중앙 간 협약을 통해 로드맵을 공유하고 공동 대응체계를 마련하는 것도 중요하다.

중앙정부와 한전은 HVDC망을 국가 프로젝트로 추진해 대규모 예산과 첨단기술을 투입해야 한다. 특별법을 통한 인허가 간소화, 공기업 및 에너지특별회계 활용, 선제적 투자 집행이 필요하다. 또한 HVDC 핵심기술 국산화와 해외 협력을 지원해 기술 자립을 앞당기고, 발전설비 확충계획과 송전망계획을 정합성 있게 조율해야 한다. 중앙정부와 한전은 전국을 하나의 그리드로 묶어 지방 재생에너지를 국가적 자산으로 연결하는 '에너지 전환의 동맥'을 구축하고, 이를 재생에너지 확대의 전제조건이자 동시에 장기간에 걸쳐 추진해야 할 국가적 과제임을 분명히 할 필요가 있다.

장기과제 2. 지역 에너지거버넌스와 권한·재정분권

지속 가능한 에너지 전환을 위해서는 중앙 주도의 일방향 정책을 넘어 지방자치단체·주민·민간이 함께하는 다층적 거버넌스가 필요하다.

주민은 단순 수혜자가 아니라 능동적 참여자로서 에너지위원회·시민협의체에 참여해 입지와 혜택 논의에 기여하고, 재생에너지 사업 지분을 보유해 감시자이자 주주로서 투명성·이익배분과정에 참여할 수 있다. 또한 마을 단위 절약·소규모 발전·공유를 통해 지역 에너지 자립과 공동체 결속을 강화한다.

지방자치단체는 중앙 지시를 따르는 집행기관을 넘어 정책 설계자로서 에너지 전담조직을 강화하고, 잠재량·소비·산업구조에 맞는 실행전략을 마련해야 한다. 시장·군수 직속 위원회 등 제도화된 거버넌스 기구를 운영하며, 정보 공개와 주민 소통을 통해 신뢰를 확보해야 한다. 재정은 중앙 보조금에만 의존하지 않아야 하며, 동시에 공공건물 태양광, 하수열 활용 등 자체 수익형 사업을 발굴해 재정 기반을 다져야 한다.

중앙정부는 큰 방향과 목표를 제시하되 권한 이양과 제도 정비를 통해 지방 자율성을 보장해야 한다. 분산에너지 특별법 등에서 부여된 권한이 실질적으로 작동하도록 승인 절차를 간소화하고, 국가 에너지계획에 지방 의견을 의무 반영하며 중앙–지방 협의회를 운영해 상향식 거버넌스를 구축해야 한다. 예산은 블록그랜트 방식 배분(중앙정부가 지방정부나 하위기관에 특정 목적의 '묶음 예산'을 지원하는 방식)이나 지방 부담금 활용 권한 부여로 재정분권화를 촉진할 수 있다. 또한 교육·교류·에너지센터 설립 지원으로 역량을 강화하면서, 전국적 목표와의 정합성은 관리해야 한다. 결국 에너지 전환은 '지역 주도–중앙 지원' 구조로 자리잡아야 한다.

장기과제 3. 출력제어 최소화를 위한 대규모 저장·변환 인프라 확충

재생에너지 확대에 따른 출력제어 문제를 해소하려면, 남는 전기를 적극적으로 활용할 수 있는 저장·변환 인프라를 장기적으로 확충해야 한다. 발전공기업과 민간기업은 초대형 배터리 팜 건설을 추진하고, 풍력·태양광 사업자는 열저장·전기차 충전 등 다양한 활용 모델을 도입해 부가가치를 창출해야 한다. 잉여전력을 기반으로 지역산업 공정이나 냉난방 부문을 지원하면 경제성이 높아져 민간 투자를 촉진할 수 있다. 다양한 저장·변환 기술이 실증되고 비용이 낮아지면, 출력제어 최소화는 한층 현실화될 것이다.

지방자치단체는 입지 선정, 인허가, 주민 수용성 확보에서 중요한 역할을 맡는다. 대규모 ESS 단지 유치를 위해 부지 제공과 인센티브를 추진하고, 폐염전·산업부지 등 유휴 부지를 활용한 저장단지 조성을 검토할 수 있다. 안전 우려를 해소하기 위해 환경·안전 평가를 철저히 관리하고, ESS 화재 대비 소방 설비와 모니터링체계를 강화해야 한다. 아울러 저장·변환 시설을 지역산업과 연계해 농산물 저장비용 절감, 해수담수화 가동 등 지역경제 활성화 효과로 연결하면 주민 수용성도 높아질 수 있다.

중앙정부는 시장 제도 개선과 투자 지원을 통해 기반을 마련해야 한다. 대용량 ESS와 열저장 설비에 경제성을 부여하기 위해 별도의 정산 제도나 용량시장 개설이 필요하다. 또한 수천억 원 규모의 프로젝트에 저리융자·보증 등 금융지원을 제공하고, 신기술 인프라는 SPC 설립 등 공공–민간 합작 투자로 뒷받침해야 한다. 마지막으로 출력제어율을 일정 수준 이하로 낮추겠다는 구체적 목표와 지표를 제시해 정책 의지를 분명히 하고, 이행상황을 점검해야 한다. 이러한 장기 신호와 지원 속에서 저장·변환 인프라가 전국적으로 확충된다면, 재생에너지 전력 과잉과 낭비 문제는 크게 완화될 것이다.

표 2-15 2026 지방행정 트렌드 대응과제: 지역과 주민이 완성하는 에너지 대전환

<table>
<tr><th rowspan="2">구분</th><th colspan="3">대응과제</th></tr>
<tr><th>주요 과제</th><th>목표</th><th>주요 내용</th></tr>
<tr><td rowspan="2">단기과제

주민참여 확대와 분산에너지 시범사업 추진</td><td>주민참여·이익공유형 재생에너지 제도 확대</td><td>주민이 투자자·수혜자로 참여, 재생에너지 수용성 제고</td><td>▪ 주민협동조합·펀드 통한 투자
▪ 발전사업 인허가 시 주민지분 참여 의무화·조례 제정
▪ 중앙정부 REC 가중치 확대·인센티브 강화</td></tr>
<tr><td>지역특화 분산형 에너지 시범사업 추진</td><td>지역 단위 에너지 자립 기반 조성</td><td>▪ 마이크로그리드, 에너지자립섬 시범사업 지원
▪ 지방자치단체 특화모델(산업단지 태양광·폐열활용 등) 발굴
▪ 중앙정부 분산에너지 특구 지정·재정 지원</td></tr>
<tr><td rowspan="2">중기과제

제도 혁신과 융합 인프라로 지역 에너지 전환 가속화</td><td>지방자치단체 재생에너지 의무할당제 도입</td><td>지방정부의 책임·동기 부여, 지역맞춤형 확산</td><td>▪ 자체별 재생에너지 보급 목표 법정 의무화
▪ 주민·기업의 공동 달성 참여
▪ 중앙정부: 법적 근거 마련, 목표 달성률 평가 및 인센티브·패널티 운영</td></tr>
<tr><td>섹터커플링 기반 지역 에너지 전환 플랫폼 구축</td><td>전기·열 연계로 출력제어 최소화, 수요관리 강화</td><td>▪ 주민: 가정용 ESS·히트펌프·V2G 활용
▪ 전력·열 통합 관리 시스템·스마트에너지 인프라 구축
▪ P2H 제도화, 기술 R&D 투자, 온실가스 감축 연계</td></tr>
<tr><td rowspan="3">장기과제

인프라 대혁신과 거버넌스 확립으로 에너지 대전환 완성</td><td>송전망·변전소 대규모 보강 및 에너지고속도로 완성</td><td>전국 단위 재생에너지 연계망 구축</td><td>▪ 주민의 수용성 제고·지역발전기금 수혜
▪ 인허가·주민 설득, 송전망 연계 개발사업 추진
▪ HVDC망 구축, 대규모 투자·기술개발</td></tr>
<tr><td>지역 에너지 거버넌스정착·지방-중앙 분권 강화</td><td>지방주도형 에너지정책 확립</td><td>▪ 주민의 의사결정 참여·감시자 역할
▪ 에너지위원회 제도화, 자체 예산 기반 확보
▪ 중앙정부의 권한 이양, 블록그랜트 지원, 중앙-지방 협의체 운영</td></tr>
<tr><td>출력제어 최소화를 위한 대규모 저장·변환 인프라 확충</td><td>재생에너지 100% 활용, 안정적 전력공급</td><td>▪ ESS, 열 저장 투자 확대
▪ 부지 제공·수용성 관리, 지역산업 연계 활용
▪ 시장 제도 개선, 정책금융·R&D 지원, 감축목표 설정</td></tr>
<tr><td>기대효과</td><td colspan="3">▪ 주민자치와 참여 기반 강화
• 단기적으로 주민참여형 재생에너지 제도와 이익공유 모델 확산 → 주민이 단순 수용자에서 생산·투자 주체로 전환
• 장기적으로 주민 스스로 마을 단위 에너지 자치계획을 세우고 실행하는 구조 정착 → 일상적 자치와 권한 강화
▪ 지역문제 해결 중심의 분권형 거버넌스 확립</td></tr>
</table>

	• 지방자치단체별 재생에너지 의무할당제 도입 → 중앙·지방 간 책임 분담 명확화 • 섹터커플링 기반 플랫폼 운영 → 갈등해결과 정책집행이 지역 단위에서 조율되는 분권형 구조 확립 ▪ 혁신 플랫폼으로서의 주민자치 발전 • 주민협동조합·에너지공사·마이크로그리드 시범사업 → 주민자치회가 에너지 혁신 실험장으로 기능 • 시간이 지남에 따라 지역특화형 전환모델이 축적 → 사회혁신 플랫폼으로 발전 ▪ 포용적 공동체 형성과 사회적 통합 • 발전이익 공유·전기요금 절감·지역복지기금 조성 등 주민 체감형 혜택 확대 • 다양한 계층·세대의 참여 촉진 → 갈등 감소, 공동체 연대 강화 → 사회통합 효과 창출 ▪ 지속 가능한 분산형 에너지 생태계 조성 • 장기적으로 송전망·변전소 보강 및 '에너지고속도로' 구축 → 재생에너지 확대의 전제조건 마련 • 저장·변환 인프라 확충, 권한·재정분권 병행 → 주민참여·지방자치단체 중심의 지속 가능한 에너지 전환 생태계 정착

자료: 저자 작성

다가올 2026년, 지방정부 민선9기 지방행정의 선택은 "에너지와 균형성장의 동행"에 달려 있다

다가온 2026년 지방선거는 단순한 권력 교체를 넘어, 지역사회가 기후위기와 에너지 전환의 거대한 흐름 속에서 어떤 선택을 내릴 것인지를 가늠하는 분수령이다. 민선9기의 출발점은 더 이상 중앙정부정책의 단순 집행이 아니라, 지역 차원의 독자적 전략을 통해 탄소중립과 균형성장을 동시에 추진해야 하는 시점이다.

특히, 지금 논의되는 주민참여형 재생에너지 제도, 분산형 전원 확대 실험, 지방자치단체 재생에너지 의무화, 섹터커플링 기반의 지역 플랫폼, 그리고 송전 인프라 확충은 추상적 비전이 아니라 구체적 공약과 실행계획으로 제시되어야 한다. 이러한 계획 속에서 주민이 체감할 수 있는 이익공유와 생활 속에서 실현 가능한 에너지 서비스가 담기지 않는다면, 선거 이후의 약속은 공허한 구호로 끝날 수밖에 없다.

따라서 유권자에게 중요한 것은 단순히 "재생에너지 확대"를 외치는 목소리가 아니다. 진정한 판단 기준은 후보가 지역의 에너지 전환을 주민과 함께 어떻게 제도화하고, 중앙과 지방의 권한을 어떻게 조율하며, 갈등을 조정하는 실질적 해법을 갖추고 있는가에 있다. 정치적 이력이나 화려한 구호보다 중요한 것은, 후보가 지역주민과의 협력을 기반으로 분산형 에너지체계를 설계하고 지역경제 활성화까지 연결할 수 있는 능력을 보여줄 수 있는지다.

결국 이번 선거는 지방정부가 "에너지와 균형성장의 새로운 질서"를 스스로 만들어갈 수 있는지에 대한 시험대이며, 주민의 선택은 곧 "우리의 에너지 미래를 지역 스스로 결정할 수 있는가"라는 질문에 대한 실질적 대답이 될 것이다.

05 진정한 자치분권의 초석을 다지다: 5대 초광역권 – 3대 특별자치도 실현을 통해

1. 이제는 '5극 3특'의 시대

"정부는 관계부처 합동으로 발표한 '새정부 경제성장전략'에서 수도권 집중을 완화하고 지방 자율 성장을 뒷받침하기 위한 지역성장 청사진을 공개했다. … 정부는 중앙정부와 초광역특별자치단체 간 '지역발전투자협약'을 체결하고, 지역균형발전특별회계 내 초광역 단위 사업을 단계적으로 지원할 계획이다."

연합뉴스, 2025.08.22.

"국정기획위원회가 발간한 '이재명정부 국정운영 5개년 계획(안)'에 따르면 정부는 수도권 일극체제 극복을 위해 5극 초광역권(수도권·동남권·대경권·중부권·호남권)별 특별 지자체를 설치해 운영하기로 했다. …"

머니투데이, 2025.08.20.

"역대 정권별 균형발전정책과 달리 이재명 정부는 출범 전부터 5극 3특에 대한 연구와 함께 정부 출범 이후 17개 시·도에 필요한 사업 등을 전수 조사하여 지역별 특성화 방안을 고민하는 등 초광역권 신설 및 기존 특별자치도의 권한을 강화하기 위한 제도적 기반을 마련하는 구체적인 계획을 수립하고 있다."

시·도 관계자A

국정기획위원회 국가균형성장특별위원회–
한국지방행정연구원 정책간담회(2025.08.08.)

'충청광역연합의 의미' 토론회(2025.03.20.)

주민과 지역 중심의 5대 초광역권 설정과 3대 특별자치도 강화

2026년에는 17개 광역 시·도 간 초광역권의 설정과 실현, 강원·전북·제주 등 3개 특별자치도 권한의 강화가 새로운 패러다임으로 자리 잡을 것이다. 1995년 제1회 전국동시지방선거를 시작으로 지방자치제도가 부활하였고, 역대 정부는 '보충성의 원칙'에 입각하여 다양한 방면에서 지방자치를 강화하고 지방분권을 실현하고자 다양한 제도와 정책을 발표하였다. 그러나 2006년 '제주특별자치도의 출범' 이외에는 가시적인 성과는 없었다. 여전히 중앙과 지방의 입법권, 조직권, 행정권, 재정권 등은 큰 틀에서 8대2 구조에서 벗어나지 못하는 실정이기 때문이다. 중앙정부는 광역 시·도를 비롯한 지방자치단체에 대해서 지리적 범위 등이 국한되었기 때문에 보다 많은 권한을 부여하기 어렵다는 기조하에서 '5+2 초광역경제권', '지역행복생활권', '광역연합' 등이 이루어지면 보다 많은 권한을 부여하겠다고 계획하였으나, 현재까지도 실현된 적은 없었다. 그러나 이제는 지역주민의 적극적인 요청에 따라 기초지방자치단체에서는 100만 특례시가 출범하였고, 광역지방자치단체에서는 강원, 전북 등이 특별자치도로 변화하였다. 또한 현 정부도 '5극 3특의 구현', '국가자치분권회의 신설' 등과 함께 관련 법령 등을 개정하겠다고 발표하면서 어느 때보다 적극적인 변화가 나타날 것으로 전망된다.

2. 지방의 위기, 초광역협력으로 풀다

지역 간 인구 불균형, 수도권 집중이 발생하였다

우리나라의 지역 간 불균형은 모두가 심각성을 공감하지만, 오랫동안 해결하지 못한 난제이다. 또한 총인구는 지속적으로 감소할 것으로 예상되며 2022년 5,167만 명에서 2030년 5,131만 명으로 줄어들고, 2072년에는 3,622만 명까지 감소할 것으로 전망된다. 이는 단순한 인구수의 감소를 넘어 인구구조 전반의 변화로 이어진다. 구체적으로 생산연령인구(15~64세) 비중은 71.1%에서 45.8%로 감소하며, 학령인구(6~21세)는 750만 명에서 278만 명, 청년인구(19~34세)는 1,061만 명에서 450만 명으로 급감할 것으로 예측된다. 반면, 같은 기간 65세 이상 고령인구의 비중은 17.4%에서 47.7%로 크게 증가한다.

이러한 인구감소 추세 속에서 수도권의 인구 비중은 확대되었다. 2019년 말 수도권의 인구는 처음으로 전체 인구의 절반을 넘어섰으며, 2025년 7월 주민등록 인구 기준으로 수도권(서울, 인천, 경기) 인구는 약 2,600만 명, 비수도권 인구는 약 2,500만 명으로 전체 인구의 약 50% 이상이 수도권에 집중되어 있다.

그림 2-14 지역별 인구 현황(2025년 7월 기준)

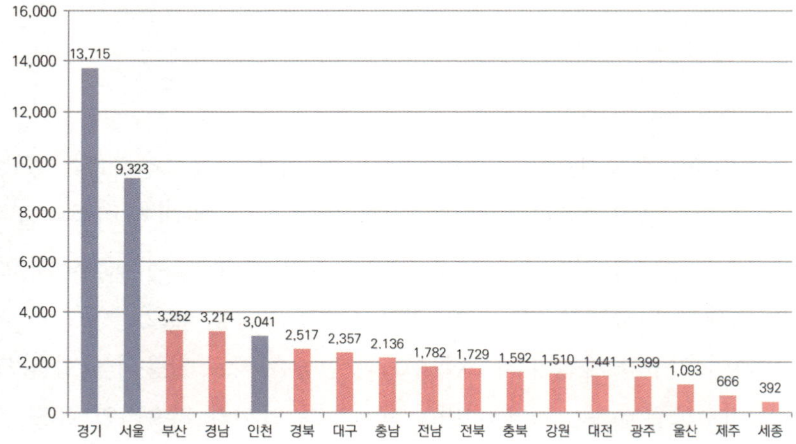

자료: 저자 직접 작성. 국가통계포털(kosis)

앞으로 인구 분포에서 수도권과 비수도권 간의 격차는 한층 더 확대될 것으로 예상된다. 수도권 인구 비중은 2025년 51.0%에서 2040년 52.6%, 2050년에는 53.3%까지 오를 것으로 전망된다. 이러한 추세는 수도권의 성장이 곧 비수도권의 위축을 동반한다는 사실을 보여준다. 수도권이 확대될수록 비수도권은 생산연령층과 학령인구의 급격한 감소, 청년 인구의 지속적인 유출로 인해 경제적 기반을 잃어갈 가능성이 크다(박경현 외, 2024). 인구감소 속도가 빨라질수록 이러한 격차는 더욱 심화될 것이라는 우려가 제기된다.

그림 2-15 수도권-비수도권 인구 비중 추이(2025~2050년)

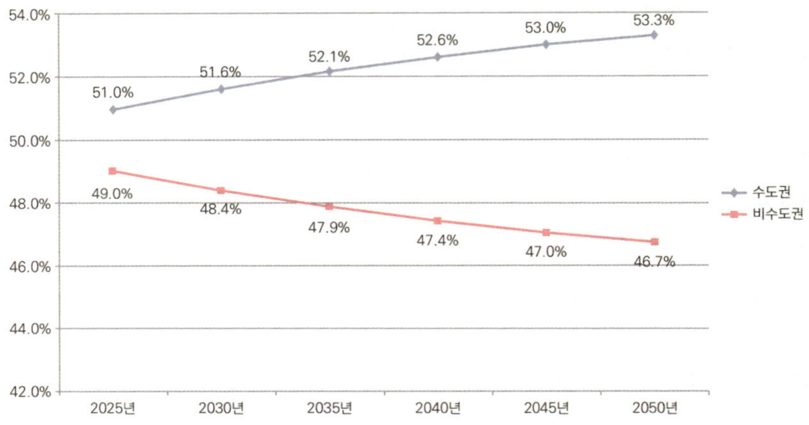

자료: 저자 직접 작성. 국가통계포털(kosis)

특히, 청년층이 수도권으로 몰리면서 수도권 내부에서는 주택가격 상승과 교통 혼잡과 같은 비효율적 현상이 더욱 두드러지고 있다. 반대로 비수도권 지역은 청년 인구의 부족과 급격한 고령화로 인해 노동력 확보에 어려움을 겪고, 이로 인해 지역경제가 위축되고 있는 상황이다(김예성·하혜영, 2022).

이로 인하여 인구와 자원의 과도한 수도권 편중은 국토 활용의 균형을 크게 왜곡시키며, 비수도권에서는 경제 기반 약화, 우수 인재의 지속적인 유출, 고등교육체계의 붕괴로 이어져 결과적으로 국가 전체 경쟁력에도 부정적인 영향을 미치고 있다(국가균형발전위원회, 2023).

경제적 측면에서 보면, 수도권의 지역내총생산(GRDP) 비중은 꾸준히 확대되어 왔으며, 특히 2014년에 50%를 초과한 이후에는 상승 속도가 더욱 빨라졌다. 반대로 경상·전라·제주로 구성된 남부권의 GRDP 비중은 같은 기간 지속적으로 줄어들고 있다. 2023년 기준으로 전국 1,000대 기업 중 수도권에 본사를 둔 기업은 전체의 74.4%를 차지하며, 이들이 기록한 매출은 전국 총매출의 85.1%에 달해 수도권 집중도가 더욱 두드러진다. 이러한 흐름은 고용에서도 나타나고 있으며, 2025년 4월 기준 수도권의 취업자 비중은 51%에 이르고 있다(국정기획위원회, 2025c).

그림 2-16 수도권과 남부권 지역내총생산(GRDP) 비중 추이

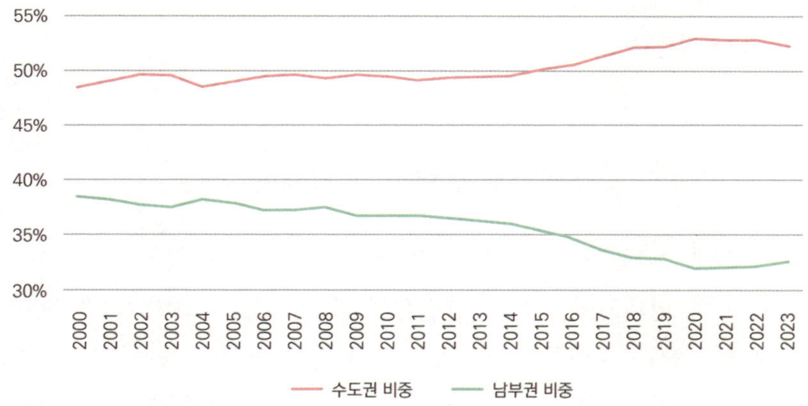

자료: 국정기획위원회(2025c)

공공 인프라와 서비스 제공 수준에서도 수도권과 비수도권 간 격차가 뚜렷하다. 의료, 교육, 문화, 교통 등 핵심 생활서비스가 수도권에 집중되면서 지역주민들의 삶의 질 차이가 크게 벌어지고 있다(국정기획위원회, 2025c). 이러한 불균형은 곧 지방소멸 위험으로 이어지고 있으며, 2024년 기준 전국 228개 시·군·구 가운데 105곳이 소멸위험지역으로 지정될 정도로 상황이 심각하다.

그림 2-17 지역별 제조업생산지수 추이

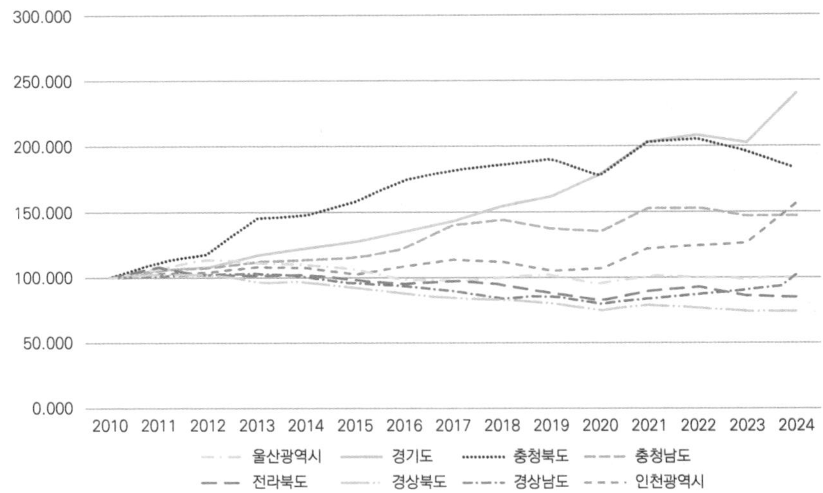

자료: 국정기획위원회(2025c)

초광역권 협력은 왜 필요한가

일반적으로 초광역권이란 "행정구역은 구분되어 있으나 일상생활 또는 경제활동이 기능적으로 연계되어 있는 공간집적체"를 의미한다. 20세기 중반부터 세계적으로 복수의 도시-지역들이 인구성장과 외연적 확산을 통해 인근 지역과 섞이면서 연속성을 가진 하나의 거대 도시·경제권역으로 병합되는 현상이 관찰되면서 메갈로폴리스, 메가시티리전, 메가리전 등 다양한 형태의 초광역적 공간구조가 등장하였고(박경현 외, 2021), 이에 대한 학술적인 논의가 이루어졌다.

우리나라에서는 2000년대 들어 국가균형발전과 국가경쟁력 강화를 위하여 초광역권에 대한 논의가 활발하게 이루어졌다(강현수·강민규, 2020). 노무현 정부 때부터 시행된 '국가균형발전 5개년 계획'에 광역 차원의 계획과 사업이 포함되었으며, 이명박 정부에서는 '5+2 광역경제권 사업'을 의욕적으로 추진한 바 있으나, 뚜렷한 성과를 얻지는 못했다.

그러나 광역지방자치단체 중심의 산업 및 광역교통정책의 비효율성에 대한 비판과 비수도권 경쟁력 강화에 대한 요구가 높아지면서 광역지방자치단체 간 협력과 경쟁을 통해 중복투자 방지와 사업추진의 효율성을 확보하고, 인적·물적 자원의 한계를 극복하기 위해 광역지방자치단체를 중심으로 초광역권 협력에 대한 자발적인 움직임이 활발해졌다. 특히, 코로나19와 같은 초광역적 감염병에 대한 예방이나 행정구역을 넘어서는 산불 등 자연재해에 대한 대응과 같은 초광역적 공공서비스의 제공 또한 요구되고 있다(김예성·하혜영, 2022).

지방자치단체 간 연계와 협력이 필요한 이유 각종 선행연구에서 다음과 같이 제시하고 있다(강현수·강민규, 2020; 김예성·하혜영, 2022; 임승빈, 2023). 첫째, 도시화가 촉진되면서 생활권과 경제권이 지방자치단체의 행정구역을 넘어서는 경우가 많아지고 있다. 도시가 점차 확장되어 생활권과 경제권이 겹치게 되고, 각종 행정사무에 대한 상호 협력의 필요성이 증가하고 있다.

둘째, 초광역권 협력은 지방자치단체의 부(−)의 외부효과(Negative Externality)를 분산 혹은 분담하거나 줄일 수 있다. 혐오시설이나 위험시설 등과 같은 특정의 행정서비스는 시설이 입지하는 특정 지역에 부의 외부효과를 초래하게 되고, 상대적으로 이것을 이용하는 인접 지역이나 지방자치단체는 무임승차의 효과가 발생하기도 한다. 이러한 특정 행정서비스의 경우 관련 지방자치단체가 공동으로 협력하여 처리하는 광역행정방식을 채택함으로써 부의 외부효과를 분산시키고 분담할 수 있다.

셋째, 초광역권 협력은 지방자치단체 간의 재정 및 행정서비스의 형평적 배분에 기여할 수 있다. 지방자치단체의 행정 및 재정력의 격차로 인해 지역 간 행정서비스의 수준에 차이가 발생할 수 있다. 그러나 초광역권 협력은 지방자치단체가 제공하는 행정 및 재정적 서비스에 대한 불평등을 해소하고 지방자치단체 간에 균질한 행정서비스를 제공하는데 기여할 수 있다.

넷째, 초광역권 협력은 지방자치단체 간의 갈등해소와 조정의 역할을 수행할 수 있다. 지방자치제도의 실시로 각종 도시계획 수립이나 집행 시 지방자치단체 간 갈등과 마찰 현상이 심화되고 있는데, 초광역권 협력을 통하여 이러한 갈등해소와 조정에 기여할 수 있을 것이다.

한편, 초광역권 협력의 한계로 복수의 지방자치단체가 함께 의사결정 시 만장일치를 이루지 못할 수도 있다는 점이다(김예성·하혜영, 2022). 그리고 행정사무의 실시 주체나 사무의 법률적 책임소재를 명확하게 정하지 못할 수 있다. 또한 지방자치단체 간의 광역연계를 통한 행정서비스를 제공할 경우에 지역주민의 감시가 쉽지 않고, 지역주민의 의사 역시 반영하기 어렵다는 단점이 지적되기도 한다.

3. 지방이 주도할 때 비로소, 초광역협력이 현실이 된다

지방주도로 초광역권 협력을 추진하다

협력사례 1. 부산·울산·경남 초광역권 협력

2022년 4월 「부산울산경남특별연합규약」이 행정안전부의 규약 승인을 받으면서 '부산울산경남특별연합(이하, 부울경 특별연합)'이 공식적인 설치 절차가 완료되었고, 사무처리 개시일은 부칙으로 2023년 1월 1일로 정했다. 부울경 특별연합은 우리나라에서 처음으로 지방자치단체가 주도하여 초광역권 협력을 구축한 사례이다. 부울경은 2021년 2월 「동남권 메가시티 구축 전략 보고」를 통하여 광역지방자치단체 간 초광역권 협력 추진을 공식화하였고, 3개 시·도의 합의하에 같은 해 7월에는 특별지방자치단체 설치 준비를 위한 '부울경 특별지방자치단체 합동추진단'을 구성하였다. 합동추진단은 부울경특별연합 설치를 위한 준비 조직 성격으로 설치 업무를 위한 컨트롤 타워의 역할을 수행하였다(김예성·하혜영, 2022).

2021년 3월, 부울경 3개 시·도연구원은 「동남권 발전계획」을 공동으로 수립해 발표하였다. 이 계획은 부울경 메가시티를 "부울경이 인구 1천만 명에 가까운 대도시권을 형성해 1일 생활이 가능한 기능적으로 연결된 단일 광역경제권"으로 정의하고, 부산·울산·창원·진주 등 4대 거점 도시의 기능을 확대하며, 거점 도시를 중심으로 네트워크를 구축해 인근 중소도시와 농어촌을 연결해 하나의 공동체를 조성하는 공간 전략을 제시하였다(김예성·하혜영, 2022). 또한 인접 도시권인 대구·경북, 광주·전북·전남 지역 간의 연계를 통하여 유연한 광역권을 구축하는 계획을 수립하였다.

2022년 4월, 부·울·경 특별연합은 각 시·도의회에서 「부산울산경남특별연합 규약」의 의결, 부·울·경과 행정안전부의 「부산울산경남특별연합 대상 분권협약서」 발표 등에 따라 본격적으로 특별지방자치단체 설치에 탄력을 받았다.

부울경 특별연합이 처리하는 초광역 사무는 광역철도망·도로망·대중교통망 구축, 탄소중립·수소경제권 구축, 항공산업·조선산업·자동차산업 육성 등 총 18개 사무를 선정하였다. 또한 중앙행정기관장으로부터 위임받은 사무는 3개로 대도시권 광역교통 관리에 관한 사무, 광역간선급행버스체계 구축·운영에 관한 사무, 2개 이상 시도에 걸친 일반물류단지의 지정에 관한 사무 등이었다(「부산울산경남특별연합 규약」 제6조 제2항).

다음으로, 부울경 특별연합의 경비는 구성 지방자치단체 분담금, 사용료 및 수수료, 사업 수입, 국가의 보조금 또는 지원금, 그 밖에 수입으로 정하였으며(동규약 제17조), 특별연합의 의회 의원과 집행부의 장은 간선으로 선출하며, 특별연합 의회는 구성 지방자치단체 의회가 선임한 지방의회의원으로 구성하며, 의원 정수는 27명이고, 시·도별 의원정수는 각 9명으로 정했으며, 임기는 2년으로 하였다(동규약 제9조 및 제10조).

협력사례 2. 광주·전북·전남 초광역권 협력

2020년 이후로 광주·전남은 행정통합 및 초광역권 협력을 본격적으로 논의하기 시작하면서 다양한 추진단계와 협력체계를 구축하였다. 2020년 9월 광주·전남 행정통합 논의가 공식 제안되었고, '광주·전남 행정통합 준비단'이 출범하였다. 같은 해 11월, 양 시·도는 「광주·전남 행정통합 논의를 위한 합의문」을 공동 발표하며, 통합 추진에 대한 기본방향성과 공감대를 형성하였다. 이후 행정통합 논의는 초광역권 협력으로 확대되었다. 2023년 2월, 광주전남연구원이 「광주·전남 행정통합 등 논의에 관한 연구」를 발표하였고, 통합 가능성, 추진과제 및 제도적 기반에 대한 분석결과를 제시하였다(박경현 외, 2024). 이러한 논의를 바탕으로 같은 해, 10월 광주·전남 초광역권 발전계획을 수립하기도 하였다.

2024년 7월 광주광역시, 전라북도, 전라남도 등 3개 광역지방자치단체는 7년 만에 '제12회 호남권 정책협의회'를 개최하였고, 초광역권 협력을 통한 "하나의 경제공동체"를 실현하고, 지역의 지속 가능한 성장을 도모하기 위한 호남권 메가시티 경제동맹 공동선언을 체결하였다. 공동선언은 지방소멸 위기, 지역 간 불균형, 재정제약 등 호남권이 직면한 구조적 과제를 공동의 협력으로 극복하고자 하는 강한 의지를 담았다.[151)]

공동 선언문을 통하여 3개 시·도 간 및 수도권과의 접근성을 강화하기 위한 초광역 교통망을 확충하고, 경제동맹의 핵심인 재생에너지·이차전지·바이오·모빌리티 등 산업분야 신규 사업 발굴·협력, 지방 소멸 및 지방재정 위기 극복, 동학농민혁명 선양 및 5·18정신 헌법 전문 수록 등 호남권 정체성 확보, 호남권 메가시티 경제동맹을 위한 초광역협력체계 구축 등을 효과적으로 실행하기 위해 특별법 제·개정 등 입법 및 국가예산 확보에 상호 협력하기로 합의하였다. 특히, 호남권 교통망 확충을 위해 고속도로 남북 2축·3축·4축 노선 중복에 따라 교통 정체가 심화하고 고속도로 접근이 취약한 지역이 발생하고 있어 노선 신설 및 조정 등 건의를 통해 호남고속도로 중복 구간 및 지·정체 구간 해소와 수도권과의 접근성을 강화해 나가기로 하였다.[152)]

협력사례 3. 대구·경북 초광역권 협력

2020년 이후로 추진되었던 초광역권 협력의 가장 큰 특징은 지방주도로 이루어지고 있다는 점이다. 초광역협력이 실효성을 거두기 위해서는 실행력과 지속가능성이 담보되어야 하는데, 부울경을 비롯하여 대구·경북, 광주·전남, 대전·세종·충남·충북 등은 지방자치단체가 자발적으로 초광역권 발전계획을 수립하

---

151) "제12회 호남권 정책협의회, 7년 만에 전북자치도에서 열려". (2025.07.04.) [출처: 뉴데일리 호남·제주] https://gj.newdaily.co.kr/site/data/html/2024/07/04/2024070400210.html

152) "제12회 호남권 정책협의회, 7년 만에 전북자치도에서 열려". (2025.07.04.) [출처: 뉴데일리 호남·제주] https://gj.newdaily.co.kr/site/data/html/2024/07/04/2024070400210.html

고, 특별지방자치단체 설립 및 행정통합을 논의하는 등 적극적으로 초광역권 협력을 추진하였다.

대구·경북은 2020년 1월 행정통합을 공식적으로 선언하였다. 이후 대구·경북연구원에 '대구·경북행정통합연구단'을 신설하여 대구·경북 행정통합의 경제·행정·사회적 차원의 필요성 및 근거와 「대구·경북행정통합 기본구상」을 마련하였다.

2020년 9월에는 대구·경북행정통합에 대한 시·도민 의견 수렴 및 공론화 과정을 담당하는 '대구경북행정통합공론화위원회'가 출범하였으며, 공론화위원회 산하에 「대구경북행정통합특별법(안)」 제정을 지원하는 연구단을 두어 입법절차를 지원하도록 하였다. 공론화위원회의 공론화 활동 결과 행정통합은 중장기과제로 추진하기로 합의하였으며, 2022년 3월 특별지방자치단체 설립을 위한 '대구경북광역행정기획단'이 공식적으로 출범하였다. 그러나 통합 추진에 대한 정치적·사회적 공감대 미흡 등으로 인하여 기획단은 2022년 7월에 해산되면서 통합 추진이 일시적으로 중단되었다. 이후 대구·경북은 행정통합 추진이 한계에 부딪힘에 따라 실질적 협력과 실행 중심의 초광역권 발전전략 수립으로 전환하였다. 이에 2023년 10월, 「대구·경북 초광역권 발전 종합계획」을 수립하였고, 2024년 2월에는 「초광역권 발전 시행계획」을 마련하였다(박경현 외, 2024).

2024년 6월 대구·경북 간 행정통합 재추진이 공식적인 합의가 이루어졌으며, 2024년 10월에는 대구·경북 통합 지방자치단체 출범을 위한 4개 기관(지방시대위원회, 행정안전부, 대구광역시, 경상북도) 간의 「대구·경북 통합을 위한 공동 합의문」을 발표하였다. 공동 합의문을 통하여 대구광역시와 경상북도는 지역 내 균형발전을 적극 추진하고, 지방시대위원회와 행정안전부는 입법 절차와 행·재정적 지원을 위하여 노력하고, 국가사무를 적극 이양하는 것을 합의하였다.[153]

협력사례 4. 대전·세종·충북·충남 초광역권 협력

2020년 11월, 제29회 충청권 행정협의회에서는 충청권 메가시티 추진을 위한

153) "대구·경북 통합 지방자치단체, 2026년 7월 출범 목표로 추진". (2024.10.21.) [출처: 대한민국 정책브리핑] https://www.korea.kr/news/policyNewsView.do?newsId=148935293

공식 합의문이 채택되었고, 이에 따라 구체적인 정책 수립 작업이 본격화되었다. 2021년에는 충청권 광역생활경제권 전략수립 연구용역이 3월부터 12월까지 추진되었고, 그 결과로 같은 해 12월 「충청권 광역생활권 전략」이 수립되었다. 이어서 2022년에는 초광역협력 중장기 발전전략 수립용역이 진행되었고, 같은 해 8월 충청권 행정협의회를 통하여 특별지방자치단체 설립과 한시기구 구성에 대한 합의가 이루어졌다(박경현 외 2024).

2023년 1월 충청권 특별지방자치단체 합동추진단이 출범하였고, 같은 해 11월 특별지방자치단체의 기본계획과 초광역권 발전계획의 수립, 「충청지방정부연합 규약(안)」이 마련하면서 초광역권 협력에 대한 토대를 구축하였다.

2024년 3월, 대전·세종·충북·충남 등 4개 시·도의회가 규약안을 심의·의결하였고, 같은 해 5월 행정안전부는 '충청지방정부연합'이라는 명칭의 변경을 조건으로 승인하였다.[154]

2024년 12월 18일, 전국 최초의 특별지방자치단체로 '충청광역연합'이 출범하였고, 이에 따라 '충청광역연합의회'도 수립되었다. 「충청광역연합 규약」에 따라 충청광역연합의 사무는 초광역 도로망·철도망 구축, 산업발전 선도사업·첨단바이오산업·미래모빌리티 부품사업 등 육성, 지역기업 육성 및 인재 양성 등 총 20개로 규정되었고, 광역간선급행버스체계 구축·운영에 관한 중앙부처의 사무를 위임받기도 하였다(「충청광역연합 규약」 제6조).

또한 '충청광역연합의회'의 구성은 각 시·도의회별 의원 4명으로 총 16명이 구성원이며, 연합 규약의 개정, 연합조례 제·개정 및 폐지, 연합의 장 선출, 구성단체의 가입·탈퇴에 대한 동의, 예산의 심의·확정·결산 승인, 연합 사무처리를 위한 기본계획 등 총 6개 의결사항에 대한 권한이 부여되었다(「충청광역연합 규약」 제8~11조).

154) '지방정부'라는 용어의 사용이 헌법·법령 규정 취지에 위배되고 추후 명칭 사용 시 국민·공무원의 혼선이 우려됨에 따라 다른 명칭으로 변경 시, 특별지방자치단체의 설치를 승인한다(충청권 특별지방자치단체 합동추진단 보도자료, 2024.05.24.).

지방주도 초광역권 협력의 결과

2020년 이후 부·울·경 특별연합, 광주·전북·전남 초광역권 협력, 대구·경북 통합 지방자치단체 설치 등 지방주도로 초광역권 협력을 추진하였으나, 현재까지 실현된 사례는 없었다.

2022년 6월, 제8회 지방선거 이후 울산·경남은 기존의 입장을 번복하여 특별연합에서 탈퇴한다고 선언하고 각 시·도의회에서 규약안을 폐지하였고, 마찬가지로 부산광역시의회에서 2023년 6월 규약안 폐지를 의결하면서 부·울·경 특별연합은 결성되지 못하였다.155)

2025년 6월, 광주·전북·전남 초광역권 협력은 이재명 정부의 출범과 함께 '5극 3특 추진'을 발표함에 따라 전북특별자치도는 별도의 체계를 구축하고, 광주·전남은 특별지방자치단체 설치를 추진하는 것으로 결정되었으나 아직까지 공식적인 조직으로 출범되지 않았다.

대구·경북 통합 지방자치단체 설치는 양 시·도 간 통합청사의 설치 방식, 기초지방자치단체의 자치권 보장 여부, 지역 여론 수렴절차 등 핵심 쟁점에 대한 양측의 입장 차이가 있어서 추진에 어려움을 겪었다. 통합 지방자치단체의 청사 위치와 관할구역 설정방식에서 대구광역시는 통합시를 3개 권역으로 나누고, 권역별로 각각 통합청사를 설치하는 방안을 제안하였다. 이 구상에 따르면 대구광역시청은 대구와 경상북도 서부권(김천, 구미, 영천 등), 경상북도청은 북부권(안동, 영주, 예천 등), 포항시청은 동부권(포항, 경주, 영덕 등)을 관할하게 된다. 이러한 분권형 청사 모델은 각 권역에 부시장을 임명하여 운영하는 구조였다. 반면, 경상북도는 현행 대구시청과 경상북도청 체계를 유지하고, 청사별 관할 구역은 별도로 정하지 않는 형태를 주장하였다(박경현 외, 2024). 이외에도 기초지방자치단체의 자치권 문제 등 다방면에서 의견 차이를 좁히지 못하면서 통합 지방자치단체의 설치가 진행되지 않았다.

대전·세종·충북·충남의 초광역권 협력은 2024년 12월 18일, '충청광역연합'

155) "부산시의회, 부울경 특별연합 폐지 규약안 표결 끝 통과". (2023.02.28.) [출처: 연합뉴스] https://www.yna.co.kr/view/AKR20230208065700051

이 출범됨에 따라 최초의 특별지방자치단체 설치라는 성과가 도출되었다. 2025년 2월에는 충청광역연합의 '2025년 주요업무계획'을 발표와 함께 1개 비전, 3개 전략, 11개 이행과제를 선정하여 초광역권 협력이 지속적으로 추진될 가능성이 높다.

2020년 이후 광역 시·도 중심으로 지리적 특성을 바탕으로 4개 초광역권 협력이 추진되었으나 2개는 실패하였고, 1개는 변경되어 진행 중이며, 유일하게 충청권을 중심으로 '충청광역연합'이 출범하면서 성공을 거두었다.

중앙주도의 초광역권 협력은 실패하였다

우리나라에서 국가균형발전이 국정과제의 주요 의제로 등장한 시점은 노무현 정부 때이다. 이전 정부에서도 국가의 균형발전을 위한 지역발전정책이 논의되었지만, 각 부처별로 산발적으로 추진되면서 정책 연계나 통합적 조정이 이루어지지 못하였다(송우경, 2018).

노무현 정부는 2004년 「국가균형발전 특별법」을 제정하고, 범부처 차원에서 균형발전정책을 효율적으로 추진하기 위하여 대통령 소속으로 국가균형발전위원회 설치, 국가균형발전특별회계를 조성 등 국가균형발전정책 추진의 기반을 마련하였다. 국가균형발전위원회는 2006년부터 시·도를 초월한 광역권 구상을 발표하였다. 2006년 11월 제3회 지역혁신박람회에서 4대 초광역경제권(수도권·충청권·호남권·영남권)을 구상·발표하였으며, 2007년 9월 제4회 지역혁신박람회에서 5+2 초광역경제권(수도권·충청권·호남권·대경권·동남권 5대 초광역경제권+강원권·제주권 2개 지역경제권) 구상을 발표하였지만(강현수·강민규, 2020), 정권이 교체되면서 구체적인 정책방안이 마련되지는 못하였다.

이명박 정부는 지역 경쟁력을 강화하는 것에 초점을 두고 지역균형정책을 추진하였다. 전 국토를 기초생활권, 광역경제권, 초광역개발권으로 설정하는 3차원 지역발전 방안을 수립하였는데, 이 중에서 5+2 광역경제권에 가장 역점을 두고 추진하였다. 5+2 광역경제권은 시·도 중심의 행정구역을 넘어 기존 광역지방자치단체를 2~3개씩 합쳐 규모의 경제나 연결의 경제에 따른 시너지 효과를 창출하기 위해 추진되었으며, 16개 광역시·도를 5개 광역권(수도권, 충청권, 호남권, 대경권, 동남권)과 2개 특별 광역권(제주도, 강원도)으로 구성하였다. 이명박 정부의 광역경제권 정책은 행정구역을 초월한 지역 간 연계협력 및 상생발전의 기반을 구축하였다는 평가를 받고 있다. 반면, 권역별 광역경제권 발전계획 자체가 지역적 특성과 연계되어 있지 못하고 대부분 단기간 가시적 성과를 얻을 수 있는 소위 '돈 되는 사업'에만 집중하게 되어 지방자치단체들 간 유사한 사업을 계획하였고, 이에 따라 중복투자가 발생하였다는 비판을 받고 있다(김예성·하혜영, 2022).

박근혜 정부의 균형발전정책은 초광역협력사업보다는 지역경제 활성화를 통한 삶의 질 개선에 초점을 맞추었고, 지역행복생활권(56개), 중추도시생활권(20개), 경제협력권(16개) 사업을 추진하였다. 지역행복생활권은 중심도시, 농촌중심지, 배후마을을 포함하는 개념이며, 지역주민과 지방자치단체가 주도하여 중심도시, 농어촌중심지, 마을을 공공·상업서비스를 기반으로 유기적으로 연계한 권역이다. 시·군이 자발적으로 인근 지역과 협의해 생활권을 설정하고 발전계획을 수립하면 정부는 맞춤형 지원을 한다. 경제협력권은 지역의 경제발전과 성장잠재력 확충에 필요한 산업 및 교통 등의 협력사업 추진을 위하여 특별시·광역시·특별자치시 및 도·특별자치도가 상호 협의하여 설정한 권역이다. 비수도권 14개 시·도를 대상으로 2~3개 시·도가 한 개의 협력사업을 선정하여 공동 육성하는 사업으로 연접하지 않은 시·도들이 산업생태계를 반영하여 경제협력권 등을 구성하였으나 실제로 실현되지는 않았다(이원도·유수동, 2023).

문재인 정부는 5대 국정목표 중 하나로 '고르게 발전하는 지역'을 선정하고 지역 간 불균형 발전을 해소시키기 위해서 골고루 잘사는 균형발전과 지역이 주도하는 체계를 확립하는 분권형 거버넌스를 강조하였다. 부울경을 중심으로 지역이 주도하는 초광역협력 추진이 활발해지자 정부는 2021년 10월 균형발전정책의 새로운 핵심전략으로 지역이 주도하는 "초광역협력"을 선정하고, 「초광역협력 지원전략」을 발표했다. 정부는 초광역협력 지원전략에서 초광역협력의 유형을 다양하게 제시하였다. 초광역협력은 기능에 따라 초광역적 행정수요 대응, 일일생활권 구축, 산업·인재양성 생태계 조성으로 구분할 수 있으며, 공간에 따라 대도시권 형성, 중소도시권·강소권, 초광역 선형 벨트 등 총 6가지 유형으로 구분할 수 있다(관계부처 합동, 2021). 다만 수도권–비수도권 간 격차가 증가하였고, 인구감소에 따른 지역소멸 위기가 심화되는 등 문제가 발생하였다는 비판도 존재한다(국가균형발전위원회, 2021).

지난 20년간 초광역권 협력 등을 포함한 균형발전 추진체계의 구축 및 운영과정에서 다음과 같은 공통된 문제점 및 한계가 지적되어 왔다. 첫째, 균형발전 추진체계의 단절성 및 연속성의 부족이다. 대통령 5년 단임제의 정치적 특수성으로 인해서 5년마다 새로운 정부의 출범과 더불어 기존 균형발전 추진체계가 폐지되고 새로운 균형발전 추진체계가 신설되는 과정에서 추진체계의 연속성이 확보되지 못하고 기구축된 협력체계가 지속되지 못하는 문제점이 반복되고 있다. 특히, 지방에서는 균형발전 관련 조직과 역할이 역대 정권마다 변경되는 과정에서 추진체계 관련 경험과 사회적 자산(예: 지역혁신협의회·지역혁신연구회, 광역경제권위원회, 생활권발전협의회 등)이 축적되지 못하고 지역 내 수용성(뿌리내림)도 제약하는 결과를 초래하고 있다.

둘째, 균형발전 추진체계의 유연성과 구성 주체의 자율성 및 창의성을 유인하는 시스템의 부족이다. 「국가균형발전특별법」 및 「지방분권균형발전법」에 근거하여 중앙 단위와 지방 단위에 추진체계가 구성된 이후에 운영과정에서 주기적인 모니터링 및 중간평가를 통해 추진체계를 수정·보완하려는 정책의 유연성이 부족하였다. 또한 지방에 구성된 지역혁신협의회, 광역경제권발전위원회, 생활권발전협의회의가 특별법에서 규정한 사항 외에도 지역의 특성과 여건을 고려하여 자율적·창의적으로 균형발전, 광역권 협력사업, 생활권 연계사업 등에 관한 사항을 기획·심의·협의·조정·추진을 유도하는 지원체계가 부족하였다.

끝으로, 실질적으로는 중앙정부 주도의 하향식 정책추진으로 광역지방자치단체 간 연계협력이 이루어지지 않았으며, 초광역 단위의 비전과 목표가 제시됐으나 지역의 필요에 의해 기획되고 합의된 것이 아니라 중앙정부가 제시한 비전과 목표였기 때문에 지속적으로 추진되지는 못하였다.

해외사례: 일본의 간사이 광역연합

'일본 경제단체연합회'는 저출산·고령화와 인구감소라는 문제 속에서 지역사회와 경제가 전반적으로 어려움에 직면해 있다고 지적하였다. 특히 수도권, 그중에서도 도쿄로의 과도한 집중은 대규모 재난 발생 시 국가 전체의 위험을 크게 높이는 요인으로 작용한다고 경고하였다. 이에 따라 '일본 경제단체연합회'는 도·도·부·현 체제를 보완할 수 있는 '초광역 지방자치단체'의 필요성을 제안하였다(조재욱, 2023). 또한 오사카, 교토, 고베 등을 중심으로 활동하는 '간사이 경제연합회'도 1960년대부터 도쿄권 일극화에 대한 위기의식을 공유하며 그 대안을 모색해 왔다. 이러한 노력이 집약된 결과물이 '간사이 광역연합'이었다(부산일보, 2022).

간사이 광역연합은 일본에서 최초로 여러 도·도·부·현이 협약을 통하여 설립한 광역적 성격의 지방자치단체 연합체이다. 간사이 지역의 2부 5현이 연대하여 2003년부터 7년간 준비과정을 거친 후 2010년 12월 공식 출범하였다. 이후 확대과정을 통하여 2023년부터는 교토·오사카부, 시가·효고·와카야마·돗토리·도쿠시마현, 그리고 새롭게 참여한 나라현까지 포함한 2부 6현과 인구 50만 명 이상인 오사카·사카이·교토·고베시 등 4개의 정령시가 함께 참여하고 있다(조재욱, 2023).

간사이 광역연합이 지향하는 목적은 크게 세 가지로 정리할 수 있다. 첫째, 지방분권개혁의 새로운 돌파구를 마련하여 분권형 사회를 실현하는 것이다. 이를 위해 국가의 지방행정기관이 수행하던 사무와 권한을 이전받을 수 있는 제도적 기반을 마련하고, 이양된 권한을 주민의 감시와 참여 속에서 자율적으로 결정하고 책임 있게 집행하는 체제를 확립하려는데 있다. 둘째, 간사이 전역을 포괄하는 광역행정 시스템을 구축함으로써 기존에 중앙정부가 개별 자치단체별로 분절적으로 담당해 오던 업무를 통합적으로 운영하려는 것이다. 셋째, 국가의 지방행정조직이 맡아오던 도로·하천 관리와 같은 광역사무를 연합 차원에서 일원화하여, 국가와 지방이 중복적으로 처리하던 이중행정의 비효율성을 제거하고 행정의 효율성을 제고하는 것을 목적으로 하였다(최환용, 2021).

기본적으로 간사이 광역연합은 7개 분야에 대하여 처리권한을 가지고 있으며, 구체적인 내용은 다음과 같다.

표 2-16 간사이 광역연합 처리사무

분야	사무 주요 내용
광역방재	▪ '간사이 광역방재계획'의 수립 ▪ 재해 발생 시의 상호지원체제 강화, 대규모 광역재해를 상정한 광역대응 추진 ▪ 방재분야의 인재 육성, 구호물자의 공동비축 검토·실시 등
광역관광·문화·스포츠 진흥	▪ '간사이 관광·문화 진흥계획'의 수립 ▪ 광역관광루트 개발 ▪ 해외 등 관광홍보 및 프로모션 전개, 각종 관광통계 조사 등
광역산업진흥	▪ '간사이 광역산업 비전계획'의 수립 ▪ 산업클러스터 연계, 간사이 중소기업 성장 지원 ▪ 합동프로모션비즈니스 매칭, 전략 프로모션 전개, 지역경제 활성화 방안 마련 등
광역의료	▪ '간사이 광역구급의료 연계계획'의 수립 ▪ 광역적인 닥터헬기의 배치 및 운항 ▪ 광역구급의료체제의 구조화 추진, 재해 발생 시 광역의료체제 강화 등
광역환경보전	▪ '간사이 광역환경보전계획'의 수립 ▪ 재생 가능 에너지 확대, 온실가스 감축을 위한 광역대응 추진 ▪ 자연공생형·순환형 사회 만들기, 환경인재 육성 등
자격시험·면허	▪ 준간호사·조리사·제과위생사 등 시험의 실시, 면허교부 ▪ 독극물 취급자·등록판매자 등 시험의 실시 등
광역직원연수	▪ 정책형성 능력 연수 등 광역직원에 대한 연수 추진 ▪ 광역연합 소속 지방자치단체 간 교육 교류 ▪ 인터넷을 활용한 연수 실시 등 교육 효율화 추진
기타	▪ 광역적 행정 추진 관련한 정책의 기획 및 조정, 간사이 광역계획의 종합 조정, 교통·물류기반정비의 검토, 행정위원회 사무의 공동화 검토 등

자료: 금창호(2018a), 조성호·문영훈(2019) 등 재구성

이외에도 간사이 광역연합은 지속적으로 권한 및 사무의 이양을 요청하고 있는 실정이다. 대규모 재난 발생 시 신속한 피해지역 지원, 간사이 관광본부를 중심으로 민관연계 관광, 닥터헬기의 공동운영, 간사이 소재 공항의 공동운영, 도로·하천 등 공동관리 등으로 권한을 확대하고자 노력하고 있다(최환용, 2021).

간사이 광역연합은 '광역연합의회－광역연합장'의 기관대립형으로 구성되었다. 광역연합의회는 의결기관으로서 일본 「지방자치법」에서 정한 조례의 제정 개폐, 예산의 의결, 결산의 인정 등 의결사항과 함께 선거 등 보통지방공공단체와 같은

권한을 행사하고 있다. 광역연합의원들은 회원 지방자치단체로 참여하고 있는 지방의회에서 대표의원들을 선출하였다. 의원 정수는 「간사이 광역연합 규약」으로 규정하였고, 의장 및 부의장을 포함한 39명으로 각각 부·현·시에서 선출하는 의원 수는 다음 표와 같다(조성호·문영훈, 2019).

표 2-17 지방자치단체별 광역연합의회 의원 수

지방자치단체	의원 수	지방자치단체	의원 수	지방자치단체	의원 수
오사카부	5명	효고현	5명	시가현	4명
교토부	4명	와카야마현	4명	나라현	3명
도쿠시마현	3명	오사카시	3명	돗토리현	2명
교토시	2명	사카이시	2명	고베시	2명

자료: 조성호·문영훈(2019) 재구성

광역연합위원회의 위원장(광역연합장)은 구성 지방자치단체장 중에서 투표로 결정하며 임기는 2년이다. 광역연합장이 구성 지방자치단체장 중에서 부광역연합장을 선임하며, 회계관리자를 임명한다. 조직으로는 선거관리위원회, 감사위원, 공평위원회를 두고 있으며, 기타 조직으로 광역연합협의회를 두고 있다. 광역연합협의회는 광역연합의 중요 시책 중 주민 등으로부터 폭넓은 의견을 청취하고 관계기관과의 협의를 실시하는 것이 사무사업의 원활한 추진에 기여한다고 광역연합장이 인정하는 사항을 관장한다. 구성원은 주민(지역단체, 경제단체 등)과 전문가, 광역연합장, 구성 지방자치단체의 장, 광역연합에 참여하지 않는 관계 지방공공단체의 장, 시장회·정촌회 관계자들이 참여하고 있다(금창호, 2018).

간사이 광역연합의 사무국은 본부사무국과 분야사무국으로 조직되며, 광역연합의회 및 광역연합위원회 등의 업무를 지원한다. 사무국의 주요 업무는 본부사무국을 중심으로 총무, 기획, 자격시험, 면허관리 등을 처리하며, 자격시험·면허 등을 제외한 분야사무국은 광역연합위원회 담당위원의 부·현에 분산 배치하고 부·현·시 직원들이 광역연합 직원을 겸임하는 형태이다(조성호·문영훈, 2019).

간사이 광역연합의 예산은 크게 총무비, 사업비, 특정사업비로 구분되며, 주요 재원은 구성 지방자치단체가 분담하는 분담금으로 충당된다. 분담 기준은 각 사업의 성격에 따라 달리 적용된다. 예를 들어, 광역방재, 광역의료, 광역환경보전과 같은 분야는 전적으로 인구 규모에 비례하여 분담하도록 하고 있다. 반면, 광역관광이나 광역산업진흥 분야는 인구 규모와 더불어 숙박업소나 사업체 수를 각각 50%씩 반영하여 산정한다. 또한 자격시험 업무의 경우에는 최근 3년간 평균 응시자 수를 기준으로 비용을 나누는 방식을 취한다(금창호, 2018).

표 2-18 간사이 광역연합 예산분담 기준

구분		내용
총무비	총무/기획부문	균등할당 원칙
	자격시험/면허 등의 인건비	과거 3년간 평균 응시자 수 비례 할당
사업비	광역방재	인구비례 할당
	광역관광/문화진흥	인구비례 할당(50%), 숙박시설 수 할당(50%)
	광역산업진흥	인구비례 할당(50%), 사업소 수 할당(50%)
	광역의료	인구비례 할당
	광역환경보전	인구비례 할당
	자격시험/면허 등	과거 3년간 평균 응시자 수 비례 할당
	광역직원연수	수강자 수 비례 할당
특정사업비	특정 단체에 한정	인구비례 할당(50%), 이용실적 할당(50%)

자료: 금창호(2018) 재구성

간사이 광역연합은 출범 이후 10여 년 동안 여러 협력사업을 통하여 일정한 성과를 축적해 왔다. 우선, 광역 차원의 행정 연계를 통하여 개별 지방자치단체가 수행하기 어려운 행정 수요를 공동으로 처리함으로써 행정 비용 절감과 정책적 시너지 창출을 이루었다는 평가가 많다. 대표적인 성과로는 광역의료 부문에서 닥터헬기 공동 운영으로 7대의 닥터헬기를 배치하여 공동으로 운영함으로써, 30분 이내 응급 의료체계를 마련하였다는 점은 높이 평가된다. 또한 재난대응에서도 긍정적인 사례가 있다. 동일본대지진 당시 카운터파트 방식으로 재해 지역을 신속히 지원하였고, 이는 이후 일본 전역에서 대규모 재난 지원의 모델로 자리 잡았다. 이와 더불어 문화청의 교토 이전 성사 역시 간사이 광역연합이 거둔 중요한 정치적·상징적 성과로 꼽힌다. 다음으로 일부 사무조합과 달리 다양한 분야의 사무를 종합적으로 다룰 수 있는 체계를 갖추었다는 점, 광역계획을 통해 개별 지방자치단체의 사무까지 포괄하여 광역적 정책조정기능이 강화되었다는 점 등도 장점으로 꼽힌다. 또한 광역연합은 국가나 도·도·부·현으로부터 직접 권한을 이양받을 수 있어 지방분권 추진의 잠재적 수단이 될 수 있다는 긍정적인 평가도 있다(권오철, 2022; 금창호, 2018).

그러나 간사이 광역연합이 당초 내세웠던 핵심 목표인 분권사회의 실현은 기대만큼 진전되지 못하였다는 지적도 있다. 중앙정부의 권한 이양은 정권 교체 과정에서 좌절되었고, 언론과 학계에서는 "분권형 사회 실현은 여전히 멈춰 있다"거나 "존재감이 약하다"는 비판을 제기해 왔다. 실제로 간사이 광역연합을 오랫동안 이끌었던 효고현지사는 닥터헬기나 관광 협력 같은 부분적 성과는 인정하면서도 중앙권한 이양의 부진에 대해서는 아쉬움을 토로하기도 하였다. 또한 제도 운영방식과 관련한 한계도 지적된다. 광역연합의 장과 의회 의원은 주민 직선이 아니라 구성 지방자치단체를 통한 간접 선출방식으로 민주적 정당성과 주민참여가 부족하다는 비판이 있다. 이로 인하여 광역연합이 주민들로부터 멀어지고 지역사회 내 관심도 낮다는 문제가 발생하였다. 더불어 재원 및 리더십 문제도 지속적으로 제기된다. 독자적인 과세권이 부재한 상황에서 재정적 자립도가 낮고, 구성 지방자치단체 간 이해관계 충돌이 발생할 경우 이를 조정할 수 있는 제도적 장치가 미비하다는 점은 광역연합의 안정적 운영을 저해하는 요소로 꼽힌다. 현장 공무원들 사이에서도 협력체계의 실효성에 대해 의문이 제기되고 있는 실정이다(권오철, 2022; 금창호, 2018).

간사이 광역연합은 광역 차원의 협력과 일부 정책의 성과측면에서는 시사하는 바가 크다. 다만, 중요한 목표였던 중앙권한의 지방이양과 지방분권 강화 측면에서는 여전히 한계가 있으며, 제도적 민주성·재정적 자율성 확보라는 과제가 여전히 남아 있다고 할 수 있다.

4. 국가균형성장의 길, '5극 3특'으로 향하다

국정기획위원회 출범과 역할

국정기획위원회는 대통령직인수위원회 없이 임기가 시작된 이재명 정부의 어려운 상황에 신속하고 효과적으로 대응하기 위해 비상한 각오로 출범하였다. 긴급한 국정 현안에 대응해야 하는 정부를 도와 치열한 논의와 소통을 통해 5년간 국정운영의 청사진이 될 국정과제를 선정하기 위하여 55명의 기획위원 중심으로 전문 분야별 분과를 구성하였다. 국민주권위원회 및 자문단을 통해 전문가 의견과 함께 국민 의견을 적극 수렴하여 대통령의 국정철학을 바탕으로 선거 공약과 각 부처의 업무계획을 종합하고, 내·외부 전문가의 의견은 물론 국민의 정책 제안까지 반영하였다. 집중된 정부 권한의 분산과 기후위기 대응, AI 대전환 등 시대적 과제에 선제적으로 대응하기 위해 정부조직 개편 방향에 대한 검토도 함께 진행하였다(국정기획위원회, 2025d).

국정기획위원회는 상황의 복잡함과 엄중함을 고려해 국정운영의 방향과 과제를 신속하게 정립하는 동시에 구체적 과제 실행방법과 계획에 대해 치열하면서도 최대한 효과적으로 논의를 진행하였다. 국정여건, 국정운영방향에 대한 열띤 토론을 통해 이재명 정부가 추진해야 할 과제의 목표와 시점을 명시한 국정운영 5개년 계획을 수립하였다(국정기획위원회, 2025d).

국정기획위원회를 통한 "국정운영 5개년 계획" 수립

국정기획위원회는 전문성과 효율성의 조화를 위해 적재적소에 분야별 전문가를 배치하여 체계적으로 조직을 구성했고, 분과위와 TF, 특별위 운영을 병행하였다. 국정기획, 경제1, 경제2, 사회1, 사회2, 정치·행정, 외교·안보 총 7개 분과를 구성해 전문적·체계적 활동을 효율적으로 수행하였다. 또한 지역이 주도하는 균형성장을 위해 '국가균형성장특별위원회'를 별도로 운영하여 균형성장전략과 지역공약에 대한 심도 있는 검토를 추진하였다.

그림 2-18 국정운영 5개년 계획 수립과정

자료: 국정기획위원회(2025c)

구체적으로 108회에 걸쳐 업무 추진 현황과 공약 이행계획을 보고 받았으며, 8회의 전체 회의, 707회의 분과별 회의, 200회의 TF 회의를 개최하였고, 각 분과 자문위원과 전문위원 간 비공식 토론도 상시 진행하였다. 이행계획 수립의 현장성을 높이기 위해 자율주행 기술개발(현대차 남양연구소), AI 데이터센터(삼성 SDS), 방위산업 강국(HD 현대중공업), 재난·안전(이태원 참사 현장) 등의 정책 현장도 방문해 생생한 의견을 청취하기도 하였다.

국정운영 5개년 계획의 큰 특징 중 하나는 국민주권 확립을 위한 소통 노력으로 국정기획위원회 아래에 국민주권위원회를 두고 '모두의 광장'을 통하여 총 1.4만여 건의 국민제안을 검토해 국정운영계획에 반영한 것이다. 계획의 전문성과 정합성을 높이기 위해 각 분과 기획위원과 전문위원은 의정활동을 통해 전문성이 검증된 국회의원과 각 분야에서 역량을 발휘한 전문가, 정책 실무에 뛰어난 각 부처 국장급을 중심으로 위촉하였다. 이재명 정부를 구성하는 3대 축인 여당, 대통령실, 정부를 대표해 더불어민주당 정책위의장, 대통령실 정책실장, 국무조정실장을 부위원장으로 위촉해 당·정·대의 모든 역량을 집중하였다.

국정기획위원회 7개 분과별로 소관 공약을 분석, 공약의 내용과 정책 분야, 유사성 등을 고려하여 국정과제로 재구성하였다. 대통령선거 정책공약집뿐만 아니라 선거 유세 과정에서 제시한 분야별 정책발표문까지 자세히 검토하여 국정과제에 반영하였다.

각 분과별로 부처 업무보고, 전문가 간담회, 현장방문, 심층토론을 통하여 공약 이행방안을 구체화하고, 공약 이행을 위해 필요한 정책과제를 추가하였고, 선거과정에서 각종 협회·단체와 체결한 정책협약 및 야당이 제시한 공약과 정책제안 중 여당 공약과 유사한 내용도 충실히 검토하여 반영하였다.

국민주권위원회를 통해 접수된 정책 제안 중 공약과 관련성이 높거나 정책화가 필요한 사항을 국정과제에 포함하였고, 분과별로 제안한 국정과제제안은 국정기획위원회 차원의 종합 검토, 관계기관 의견수렴을 거쳐 이행가능성, 과제 간 정합성 등을 검증하는 절차를 진행하였다. 이를 통하여 국가비전, 5대 국정목표, 23대 추진전략으로 국정운영 5개년 계획체계를 구성하고, 123대 국정과제를 내용에 따라 23대 추진전략별로 배치하여 국정과제체계를 완성하였다.

표 2-19 이재명 정부 국가비전-원칙-목표-전략-과제

국가비전	국민이 주인인 나라, 함께 행복한 대한민국				
국정원칙	경청과 통합, 공정과 신뢰, 실용과 성과				
국정목표	국민이 하나되는 정치	세계를 이끄는 혁신경제	모두가 잘사는 균형성장	기본이 튼튼한 사회	국익 중심의 외교안보
추진전략	1. 국민주권과 민주주의의 확립	1. AI 3대 강국 도약	1. 자치분권 기반의 균형성장	1. 생명과 안전이 우선인 사회	1. 국민에게 신뢰받는 강군
	2. 정의로운 국민통합의 실현	2. 기초가 탄탄한 과학기술	2. 활력이 넘치는 민생경제	2. 내 삶을 돌보는 복지	2. 평화 공존과 번영의 한반도
	3. 문제를 해결하는 유능한 정부	3. 혁신으로 도약하는 산업 르네상스	3. 협력과 상생의 공정경제	3. 국민건강을 책임지는 보건의료	3. 세계로 향하는 실용외교
		4. 기후위기 대응과 지속 가능한 에너지 전환	4. 희망을 실현하는 농산어촌	4. 인구위기를 극복하는 대전환	
		5. 성장을 북돋는 금융혁신		5. 누구나 존중받는 일터	
				6. 내 삶에 기회를 여는 성평등	

				7. 각자의 가능성을 키우는 교육	
				8. 함께 누리는 창의적 문화국가	
123대 국정과제	19개 과제	29개 과제	23개 과제	37개 과제	15개 과제

자료: 국정기획위원회(2025d) 재구성

모두가 잘사는 균형성장을 위한 '5극 3특'의 실현

이재명 정부의 5대 국정목표 중 "모두가 잘사는 균형성장"은 4개 전략과제로 구성되어 있으며, 이 중에서 추진전략 "자치분권 기반의 균형성장"의 국정과제 9개 중 "5극 3특과 중소도시 균형성장"이 포함되어 있다.

이재명 정부가 추진전략으로 제시한 "자치분권 기반의 균형성장"은 수도권 일극 집중과 지방자치단체의 경쟁력 약화로 대한민국의 지속가능성을 저하시킨다는 문제에서 출발한다. 특정 지역에 자원을 집중적으로 투자하는 불균형성장과 중앙정부 주도의 기존 균형발전전략으로는 잠재성장률을 높이고 삶의 질을 향상시키는 데 한계가 존재하기 때문이다.

이러한 한계의 해결책으로 이재명 정부는 5극 3특을 중심으로 초광역권을 형성하여 지역이 주도하는 균형성장전략을 제시하였다. 이는 해당 초광역권별로 좋은 일자리, 매력적인 정주·교통 여건, 우수한 지역 대학과 교육환경, 첨단산업 등을 육성하여 글로벌 경쟁력을 갖출 수 있도록 중앙정부가 지원하는 구조이다. 이와 함께 행정수도로써 세종특별자치시를 완성하고, 2차 공공기관 이전 등을 통하여 새만금, 부산지역 등을 대상으로 균형거점도 함께 육성하여 인구소멸 위기지역의 활력을 제고하는 것을 목표로 한다.

또한 지역이 자기책임하에 자율적으로 정책을 결정하고, 집행할 수 있도록 실질적인 자치분권체계의 확립을 통하여 지속 가능한 균형성장 기반을 구축하고자 한다. 그 방식은 중앙권한의 과감한 지방이양, 지방재정 확충을 통한 자주재정권 확대, 자치입법권 강화 등으로 지역에 혁신동력을 확보하는 것이다.

표 2-20 이재명 정부 국정과제

국정목표	모두가 잘사는 균형성장
추진전략	자치분권 기반의 균형성장
국정과제 (주관부처)	[국정49] '5극 3특'과 중소도시 균형성장(행안부·국토부)
	[국정50] 행정수도 세종 완성(국토부·행복청)
	[국정51] 2차 공공기관 이전 등 균형성장 거점 육성(국토부·산업부)
	[국정52] 주민 삶의 질 향상을 위한 자치분권 역량 제고(행안부)
	[국정53] 지방재정 확충으로 자치재정권 확대 및 지역경제 활성화(행안부·기재부)
	[국정54] 소멸위기지역 재도약을 위한 지원 강화(행안부)
	[국정55] 지역교육 혁신을 통한 지역인재 양성(교육부)
	[국정56] 북극항로 시대를 주도하는 K-해양강국 건설(해수부)
	[국정57] 교통혁신 인프라 확충(국토부)

자료: 국정기획위원회(2025d) 재구성

이러한 추진전략을 구현하기 위하여 국정과제로 "5극 3특과 중소도시 균형성장"을 제시하였다. 5극(수도권, 동남권, 대경권, 중부권, 호남권)별로 특별지방자치단체의 설치와 운영을 위하여 지원하고, 기존 3개 특별자치도에 대해서는 맞춤형 특례를 부여한다는 계획이다.

해당 국정과제의 세부과제로는 특별지방자치단체 출범 지원, 행정체제 개편 추진, 특별자치도 성장 지원, 혁신·일자리 거점 조성, 광역교통망 연계, 중소도시 육성 등 크게 6가지를 선정하였다.

'특별지방자치단체 출범 지원'은 수도권(서울, 인천, 경기), 동남권(부산, 울산, 경남), 대경권(대구, 경북), 중부권(대전, 세종, 충북, 충남), 호남권(광주, 전남) 등 5개의 극별로 특별지방자치단체를 출범시키기 위하여 중앙정부 차원에서 적극적인 지원을 나선다는 것이다.

둘째로 '행정체제 개편 추진'은 공공서비스 광역화를 위한 공공협약제도를 도입하고, 지역 주도의 행정체제 개편을 추진하여 주민 삶의 질과 지역 경쟁력을 제고시킨다는 것이다.

셋째로 '특별자치도 성장 지원'은 제주특별자치도, 강원특별자치도, 전북특별자치도 등 3개 특별자치도를 5극 수준으로 육성하기 위하여 개별 특별법을 개정하고, 특화성장지역을 조성하고 지역특성에 맞는 전략산업 육성, SOC 인프라 구축 등을 지원하겠다는 것이다.

넷째로 '혁신·일자리 거점 조성'은 전략산업 선정·지원 등을 위하여 혁신거점 제도기반을 마련하겠다는 과제이다. 구체적으로 권역별 신성장 산업 육성을 위한 첨단국가산업단지 조성 및 기존 산업단지의 개선, 도심융합특구·기업형 혁신도시·캠퍼스 혁신파크 등 기업·대학·연구기능의 융복합 단지 조성, 외국투자 유치를 위하여 경제자유구역 활성화, 연구개발특구 등을 창업거점으로 활용하겠다는 것이다.

다섯째로 '광역교통망 연계'는 5극 3특 광역권 간 연계를 위하여 광역철도·도로를 중심도시와 인접 생활권 등을 고려하여 광역교통수단을 확충하겠다는 것이다.

끝으로 '중소도시 육성'은 투자선도지구, 기업혁신파크 등을 경제거점으로 조성하기 위하여 주거·생활SOC 활용, 빈 건축물의 정비, 관광거점 육성 등을 추진하는 것이다.

이처럼 이재명 정부는 출범과 함께 국가균형성장, 그중에서도 초광역권 협력에 초점을 맞추어 국정목표를 설정하고 전략과제와 국정과제, 세부과제 등을 보다 세밀하게 계획하여 자치분권 기반의 국가균형성장으로 고르게 잘 사는 대한민국을 구현하고자 한다.

5. 자치분권과 '5극 3특'이 이끄는 미래

2025년 6월, 이재명 정부는 출범과 함께 5대 국정목표로 "모두가 잘사는 균형성장"을 선정하였다. 노무현 정부부터 수도권과 비수도권 간의 격차를 해소하기 위하여 다양한 방식으로 노력하였으나, 균형발전 추진체계의 단절성 및 연속성 미흡, 균형발전 추진체계의 유연성 및 자발성·창의성을 유인하는 시스템 부족 등으로 인하여 해결하지 못하고 있다. 역대 정권별로 지역이 주도하는 상향식 방식을 추진하겠다고 계획을 수립하였으나 실현시키지는 못하였다. 이러한 상황에서 이재명 정부는 '자치분권 기반의 국가균형성장'을 실현하고자 5극 3특을 시작으로 다양한 목표를 수립하였고, 지역이 주도하는 상향식 방식도 구체적으로 계획하였다. 역대 정권이 균형발전을 실패한 근본적인 원인은 중앙과 지방의 상호 협력이 부족했다는 점이다. 중앙은 지방에 대한 지원에 적극적이지 않았고, 지방은 '충청광역연합'을 제외하고는 상호 간 연계 협력을 원활히 완성하지 못하였다. 이에 이제는 중앙과 지방이 함께 협력하여 초광역권을 실현하기 위한 단계적인 계획을 수립해야 할 시점이다.

정책방향: 자치분권 기반 5극 3특 중심의 국가균형성장

현재 우리나라는 수도권 집중 현상, 지역산업의 위기, 인구구조의 급변화 등이 가속화되어 국가 불균형이 심각한 위기로 대두하였다. 그동안의 국가균형발전정책은 수도권 과밀 억제와 비수도권 배려 중심의 접근에 머물렀지만, 이제는 지역을 국가성장의 주체로 세우는 '5극 3특' 전략으로의 전환이 필요하다. 즉, "지역이 잘 되어야 국가가 산다"라는 원칙 아래, 초광역권과 특별자치도의 자율성을 강화하고 지역특화산업을 육성함과 동시에 청년 및 지역 중심의 일자리 생태계를 창출하는 분권형 성장전략이 요구된다.

단기과제: 5극 3특 구현을 위한 기반 조성

5극 3특 체제를 안정적으로 추진하기 위해서는 무엇보다 이를 제도적으로 뒷받침할 수 있는 법적 기반을 마련하여야 한다. 초광역권 특별지방자치단체 설치와 권한·재정을 명확히 규정하는 「5극 3특 특별법」을 제정하고, 이를 토대로 지방주도의 행정체제 개편이 체계적으로 선행되어야 한다. 우선, 5대 초광역권(수도권, 동남권, 대경권, 중부권, 호남권)별로 특별지방자치단체를 구성·운영하여 권역 단위의 자치역량을 강화하고, 동시에 기존 개별 법률로 규정하고 있는 3개 특별자치도(제주·강원·전북)의 권한을 강화하기 위한 통합 특별법을 마련하여 권한과 자율성을 실질적으로 확대하여야 한다. 나아가 이러한 제도적 기반 위에서 5극

3특 전략이 실질적인 성과로 이어질 수 있도록 지방자치단체 전반에 대한 자주재정권 강화, 인구감소지역에 대한 맞춤형 지원 확대, 국가균형성장 거버넌스 구조의 근본적 개선 등 후속 정책방안을 종합적으로 모색할 필요가 있다.

첫째, 지방자치단체의 자주재정권 강화를 통해 지방주도의 성장 기반을 확립하여야 한다. 현재 우리나라 국세와 지방세 비율은 여전히 중앙집권적 구조를 벗어나지 못하고 있으며, 이로 인해 지방자치단체의 자율성이 제약받고 있다. 따라서 국세－지방세 비율을 단기적으로는 7:3, 궁극적으로는 6:4까지 개선하여 지방의 자주재정권을 강화하여야 한다. 동시에 5극 3특 등 국가균형성장전략에 대응할 수 있도록 지방교부세율을 인상하여 지방재정의 여력을 확충할 필요가 있다. 더 나아가 국고보조사업은 포괄보조화로 전환하고, 보조사업에 대한 지방자치단체의 재량권을 확대함으로써 획일적·중앙집권적 재정집행구조에서 벗어나야 한다. 이러한 재정분권이 실현될 때, 지방자치단체는 지역의 특성과 수요에 맞는 정책을 설계·추진할 수 있으며, 이는 곧 지방의 자율성과 창의성을 기반으로 한 지속 가능한 성장동력 확보로 이어질 것이다.

둘째, 인구감소 위기지역에 대한 맞춤형 지원 강화와 공공서비스의 광역화를 통해 지역주민의 삶의 질을 제고하여야 한다. 현재, 다수의 농산어촌과 중소도시는 급격한 인구감소로 인해 학교·병원·교통 등 필수 공공서비스 유지조차 어려운 상황에 직면해 있다. 이에 대응하기 위해서는 복수주소제와 생활권 중심의 접근을 기반으로 한 집약형도시 모델을 확산시켜 인구와 공공서비스 자원을 효율적으로 배치하여야 한다. 동시에 고향사랑기부제 활성화, 지방소멸대응기금의 전략적 활용 등을 통해 인구감소지역으로의 인구와 자원 유입을 촉진시켜야 한다. 또한 현재 지정된 인구감소지역을 재검토 및 재지정할 필요가 있으며, 수도권과의 거리, 지역소멸도 등에 따른 차등지원 원칙과 기준을 확립하여야 한다. 이를 통해 맞춤형 지원의 효율성을 높이고, 자원이 분산되지 않도록 집중적인 투자가 가능해질 것이다. 마지막으로, 공공서비스의 광역화를 실현하기 위해 중앙－지방 간 연계·협력 사무를 발굴하고, 공공협약제도를 활성화하여 권역 단위에서 효율적인 서비스 제공이 가능하도록 제도를 개선하여야 한다. 이러한 노력을 통해 인구감소지역의 정주여건을 안정시키고, 장기적으로는 주민 삶의 질을 실질적으로 향상시킬 수 있을 것이다.

셋째, 국가균형성장 거버넌스 구조 개선을 위하여 균형성장의 범정부 컨트롤타워로서 지방시대위원회의 기능을 대폭 강화하여야 한다. 지금까지 균형발전정책이 실질적 성과를 내지 못한 주요 원인 중 하나는 부처별 칸막이에 따른 유사사업의 중복 추진, 그리고 균형성장 지원정책에 대한 부처의 반발이었다. 이러한 구조적 문제를 해소하기 위해서는 대통령 소속 전담 위원회의 기능을 강화하고, 균형발전에 필요한 예산을 정비하는 것이 필요하다. 지방시대위원회가 정책 조정, 사업 조율, 성과관리기능 등을 총괄하도록 권한을 대폭적으로 확대하여야 한다. 나아가 균형발전 재정체계 또한 재설계가 요구된다. 기존에 부처별로 분산·편성되던 지방자치단체 보조금을 시·도가 직접 편성·운용할 수 있도록 지역균형발전특별회계의 자율계정으로 이관하고, 그 안에 '초광역권 계정'을 신설함으로써 권역 단위의 전략사업 추진이 가능하도록 하여야 한다. 이러한 개편을 지방이 주도적으로 권역별 성장전략을 설계하고 실행할 수 있는 구조가 확립될 것이며, 국가균형성장정책의 실효성과 책임성이 한층 강화될 수 있을 것이다.

중기과제: 5극 3특 실현 및 분야별 지원 추진

단기과제를 통해 「5극 3특 특별법」이 제정된 이후에는, 본격적으로 5개 초광역권 특별지방자치단체를 신설하고, 3개 특별자치도의 권한을 실질적으로 강화하는 단계로 나아가야 한다. 이를 위해 국가 차원의 산업전략과 각 지역의 여건을 균형 있게 고려한 '5극−3특'별 지원 절차를 구체화하여야 한다. 절차적으로는 "① 중앙정부가 산업별 중장기 전략을 제시 → ② 5극 간 연계, 3특별 지역주민 등을 포함하여 필요한 산업에 대한 수요를 조사 → ③ 소관부처 및 5극−3특 간 산업별 지역배분 검토 및 선정" 등과 같은 체계적인 절차를 마련하여야 한다. 더불어 5극 3특의 실질적 성장을 위해서는 권한 이양을 넘어, 분야별 맞춤형 지원 방안을 적극 모색하여야 한다. 우선 권역별 산업 특화발전을 저해하는 불필요한 규제를 과감히 철폐하여 혁신적인 투자환경을 조성하고, 중앙정부 차원에서 R&D, 인프라, 인력양성 등을 포괄하는 종합 패키지 지원을 추진하여야 한다. 또한 수도권 집중을 완화하고 권역의 균형을 촉진하기 위해 2차 공공기관 지방이전을 신속히 추진하고, 철도·도로·공항을 포함한 권역 간 광역교통망 구축을 통해 인적·물적 교류를 활성화하여야 한다. 이러한 제도적·재정적 지원이 병행될 때, 5극 3특 전략은 국가 전체의 지속 가능한 균형성장 거점으로 자리매김할 수 있을 것이다.

첫째, 각종 분야별 규제를 철폐하여 5극 3특의 혁신성장을 지원하여야 한다. 초광역권과 특별자치도별로 메가특구(거대 규제 프리존 등)를 지정하여 해당 권역의 전략산업 육성을 가로막는 규제를 과감히 완화하거나 철폐할 필요가 있다. 예를 들어 A권역은 AI 휴머노이드, B권역은 AI 자율주행차, C권역은 바이오·의료, D권역은 기후·환경규제 등을 제외하는 방식으로 권역별 특화산업의 발전을 촉진할 수 있다. 이러한 규제혁신은 민간투자를 유도하고 권역별로 차별화된 산업 생태계를 조성하는 기반이 될 것이다.

둘째, 중앙정부 차원의 종합적·통합적 지원체계 구축이 필요하다. 지금처럼 개별 부처가 중복적으로 유사 사업을 지원하는 방식에서 벗어나, 중앙정부가 5극 3특을 대상으로 R&D 관련 사업을 통합적으로 관리하고, 해당 분야와 연계된 생산·물류·주거·문화·교육 등 인프라까지 패키지 형태로 함께 지원하여야 한다. 예를 들어, 바이오산업 R&D 지원과 함께 인근에 연구인력이 정주할 수 있는 주거단지와 문화·교육시설을 동시에 조성하는 식으로 '산업–생활–문화'가 결합된 통합지원모델을 실현하여야 한다. 이는 권역별 산업 육성의 효율성을 높이고, 중장기적으로 지역 내 정주여건 개선에도 기여할 수 있다.

셋째, 2차 공공기관 이전과 권역 간 교통망 확충을 통한 균형성장거점 육성이 절실하다. 현 정부 임기 내에 2차 공공기관 이전을 속도감 있게 추진하고, 새만금 글로벌 메가샌드박스 지정이나 재생에너지 거점 조성 등 권역별 전략 거점을 구축하여야 한다. 또한 국가간선 철도, 도로망 등 광역 교통 인프라를 새롭게 확충하고 5극 3특 간 연계를 강화함으로써, 인력·물자·자본의 원활한 이동이 가능하도록 하여야 한다. 이는 지역 간 연결을 넘어, 권역 간 경제적 시너지를 창출하고 국가 전체의 균형성장을 촉진하는 핵심 인프라가 될 것이다.

장기과제: 5극 3특 내 지역산업 육성 및 일자리 창출

중기과제가 완료된 이후에는 각 5극별 특성과 강점을 살린 분야별 전략산업을 집중 육성하여 지역 내 양질의 일자리를 창출하고, 이에 준하는 권한을 3특별로 부여함으로써 균형 있는 권역발전구조를 확립하여야 한다. 이는 지역주민이 체감할 수 있는 일자리와 생활여건 개선으로 연결됨으로써 국가균형성장의 성과를 실질적으로 확산시키는 데 기여할 것이다. 현재까지 17개 광역시·도의 주요 정책사업과 지역적 여건 등을 고려한 결과, 권역별 산업 육성 방향은 다음과 같이 정리할 수 있다. 수도권은 세계와 경쟁하는 글로벌 경제수도로 육성하고, 대경권은 기존 제조업 기반을 고도화하여 제조·첨단산업의 집적지로 전환하여야 한다. 또한 중부권은 세종과 대전을 중심으로 행정·과학수도로 발전시켜 국가운영과 과학기술 혁신의 거점으로 삼고, 호남권은 재생에너지와 AI 인프라를 결합한 AI-에너지 선도지역으로 육성하여 미래산업 전환의 핵심 동력원으로 성장시켜야 한다. 이러한 권역별 전략은 국가의 균형성장을 견인하는 동시에, 지역 스스로가 자립적 성장동력을 확보할 수 있는 토대가 될 것이다.

첫째, 수도권은 글로벌 경제수도로 도약하여 세계와 경쟁할 수 있는 금융·비즈니스·문화·물류 등의 핵심 거점으로 성장시켜야 한다. 구체적으로 서울은 여의도 금융허브와 용산국제업무지구를 하나의 축으로 연결하여 글로벌 자본과 기업들이 집결하는 세계적 수준의 금융·비즈니스 거점으로 육성한다. 또한 홍릉과 상계 일대는 바이오메디컬 클러스터로, 세운상가, 남대문, 동대문, 성수동 등은 도심제조업 밸리로, 구로, 금천, 양재 등은 AI·IT산업 밸리로 특화하여 서울 전역이 산업별 혁신지대로 재편되도록 한다. 다음으로, 세계 반도체산업의 중심지로 육성한다. 반도체 메가 클러스터의 조기 완성을 위한 투자 인센티브를 제공하고, 안정적인 전력·용수 공급 등 필수 자원을 적극적으로 지원한다. 판교·광교·안산·고양 등 주요 테크노밸리는 IT, 바이오, 게임, 자율주행, 방위산업 등 특화도시로 발전시키며, 접경지역은 평화경제특구를 조성하여 평화산업과 녹색산업을 연계한 새로운 성장모델을 창출한다. 끝으로, 인천은 공항과 항만 인프라를 기반으로 한 물류·첨단산업 허브로 발전시킨다. 인천국제공항, 항만, 배후도시를 연계하여 국제 물류망을 강화하고, 송도, 영종도, 시흥 일대를 첨단 연구개발과 생산기능이 결합된 바이오 메가 클러스터로 육성한다. 또한 남동, 반월, 시화 등 노후산업단지는 스마트 그린산단으로 재정비하여 첨단기술·친환경산업으로 전환함으로써 지역산업의 지속가능성을 높여야 한다.

둘째, 동남권은 '제조업벨트 르네상스'를 통해 국가 제조업 재도약의 중심지로 육성하여야 한다. 부울경 지역은 경쟁력을 갖춘 제조업 기반과 항만 인프라를 보유하고 있으며, 북극항로 개척과 대륙철도 연결이라는 새로운 기회 요인을 활용할 수 있는 최적의 입지를 갖추고 있다. 여기에 미래산업 전환을 위한 적극적 투자와 해양수산부 이전 등을 결합하여 동남권을 글로벌 물류·산업 중심의 해양수도로 구현할 필요가 있다. 구체적으로 부산은 해양수산부와 해양 관련 공공기관을 이전하여 해양수도의 위상을 확립하고, 국내외 해운·물류 대기업 본사를 유치하기 위한 세제 및 입지 인센티브를 마련하여 글로벌 해양클러스터를 조성하여야 한다. 울산은 기존의 자동차·석유화학·조선산업 기반을 활용하되, 이를 친환경·스마트산업으로 전환하여 글로벌 친환경 미래산업의 거점으로 육성하여야 한다. 경남은 우주·항공·방위산업을 중심으로 산업구조를 고도화하고, 스마트 조선산업의 메카로 발전시켜 첨단 제조업 혁신의 중심축을 담당하여야 한다. 이러한 전략을 통해 동남권은 제조업 집적지를 넘어, 해양 물류와 첨단 제조업이 융합된 글로벌 혁신산업권으로 도약할 수 있으며, 국가경제 전반의 수출 경쟁력 강화와 균형성장의 핵심 거점으로 자리매김하게 될 것이다.

셋째, 대경권은 전통 제조업과 첨단산업을 융합한 '제조·첨단산업 중심 권역'으로 육성하여야 한다. 이 지역은 자동차부품, 섬유, 철강 등 기존 산업 기반을 보유하고 있어, 이를 고도화하면서 동시에 AI 로봇·이차전지·바이오 등 미래 전략산업을 결합할 수 있는 잠재력이 크다. 대구·구미·포항 등은 기존 산업 기반을 활용하여 차세대 전고체 배터리 및 리사이클링 R&D 역량을 강화하고, 이를 토대로 이차전지 산업벨트와 미래형 자동차부품 클러스터를 조성하여야 한다. 또한 자동차부품 기업이 친환경자동차와 첨단부품산업으로 원활히 전환할 수 있도록 자동차부품 R&D센터를 설치하고, 스마트 생산설비를 기반으로 한 산업생태계를 구축함으로써 제조업 전반의 경쟁력을 강화하여야 한다. 다음으로 대구와 경북을 연계하여 바이오 산업벨트를 조성한다. 대구 첨단의료복합단지에서는 신약 개발, 혁신형 의료기기, 디지털 헬스케어를 집중적으로 육성하고, 경북바이오산업연구원과 포스텍 등은 바이오·신소재 분야 연구개발을 선도할 수 있도록 지원하여야 한다. 이를 통해 대경권은 바이오·백신산업의 거점으로 성장할 수 있다. 더불어 구미 로봇직업혁신센터와 AI 로봇 딥테크 유니콘 기업을 연계하여 AI 로봇 전문인력 양성체계를 강화하고, 포항은 수소·철강·신소재 특화지구를 조성하여 대경권 전반을 신산업 전환의 핵심 거점으로 발전시켜야 한다. 이러한 전략을 종합적으로 추진할 경우, 대경권은 기존 제조업의 경쟁력을 유지하면서도 첨단산업과 신산업을 아우르는 대한민국 대표 융합산업 권역으로 도약할 수 있으며, 청년 일자리 창출과 지역 내 지속 가능한 성장 기반 확립에도 크게 기여할 것이다.

넷째, 중부권은 충청광역연합을 중심으로 행정·과학수도로 조성하여야 한다. 수도권 과밀 문제를 완화하고 국가균형성장을 견인하기 위해 세종을 실질적 행정수도로 완성하는 것이 핵심 과제이다. 이를 위해 2차 공공기관 이전을 신속히 추진하고, 국회 세종의사당과 대통령 세종 집무실을 현 정부 임기 내 건립하며, 장기적으로는 국회 본원과 대통령 집무실의 완전 이전에 대한 사회적 합의를 도출하여야 한다. 이를 통해 세종은 명실상부한 국가 행정의 중심지로 자리매김할 수 있을 것이다. 다음으로, 대전은 대덕연구특구를 글로벌 과학기술 혁신 클러스터로 전환하여야 한다. 이를 위해 글로벌 융합연구 네트워크를 강화하고, 과학기술 분야 R&D 예산을 대폭 지원하며, 연구자와 기술인력의 정주여건 개선을 위한 재정적 지원을 병행하여야 한다. 충북은 제약·바이오·백신 분야를 아우르는 글로벌 바이오산업 클러스터로 육성하고, 충남은 차세대 디스플레이산업을 활성화하여 첨단 제조업 경쟁력을 강화하여야 한다. 이로써 대전－세종－충북－충남을 연결하는 유기적인 첨단 산업벨트가 구축될 수 있다. 또한 보령·태안 등 석탄화력발전소 폐쇄 지역은 태양광·풍력·그린수소를 활용한 재생에너지 거점으로 전환함으로써, 에너지산업의 친환경적 전환을 선도하는 동시에 지역경제 재활성화의 모범사례를 만들어야 한다. 이와 같은 전략이 실현될 경우, 중부권은 국가 행정과 과학기술을 아우르는 대한민국의 새로운 두뇌이자 심장으로 부상하여, 국가균형성장의 핵심축으로 기능하게 될 것이다.

다섯째, 호남권은 AI－에너지 선도지역으로 육성하여야 한다. 이미 약 10GW 규모의 재생에너지 설비가 상업 운전 중이며, 2031년까지 추가로 32GW 규모의 재생에너지 설비가 확충될 예정으로, 국내 최대 규모의 재생에너지 인프라를 보유하게 된다. 이러한 기반을 토대로 호남권은 AI 데이터센터와 재생에너지를 결합한 친환경 디지털산업의 중심지로 발전하는 것이 적합하다. 구체적으로 광주는 기존의 '국가 AI 데이터센터'를 확장하고, '국가 AI 컴퓨터센터(가칭)'를 신설하여 국내를 넘어 글로벌 수준의 AI 선도도시로 조성한다. 전남은 풍부한 해상풍력·태양광 자원을 활용하여 재생에너지산업의 핵심 거점으로 발전시켜야 한다. 이를 위해 각종 전용 부두와 배후단지를 설치하여 산업단지와의 연계를 강화하고, 광주·새만금·전남 및 전북 일부 지역을 포괄하는 RE100 산업단지를 조성함으로써 글로벌 친환경 기업유치 기반을 마련한다. 호남권은 재생에너지와 AI를 결합한 데이터·에너지 융합 모델, 그리고 화이트바이오 등 미래 신산업의 발전지로 육성될 수 있다. 이러한 전략을 통해 호남권은 에너지 공급지를 넘어, AI와 재생에너지 융합을 선도하는 혁신산업권으로 도약할 수 있으며, 국가 탄소중립 목표 달성과 함께 지역경제 활성화 및 청년 일자리 창출에도 크게 기여할 것이다.

마지막으로, 강원·전북·제주 등 3개 특별자치도의 경우에는 접경 5극과의 연계·협력체계를 구축하여 권역발전전략에 참여하면서도, 독자적인 특화전략을 통해 5극에 준하는 성장거점으로 육성하여야 한다. 이를 위해 각 특별자치도의 고유한 자원과 여건을 기반으로 한 특성화 산업을 강화하는 동시에, 중앙정부는 부처별 권한을 과감히 이양하고 충분한 재정적 지원을 병행하여야 한다. 예를 들어, 강원은 접경지역의 평화경제와 에코관광산업, 전북은 새만금을 활용한 글로벌 신산업 전초기지, 제주는 탄소중립·스마트관광산업의 메카로 발전시킬 수 있다. 이러한 지원과 권한의 이양이 동시에 이루어질 때, 3특은 5극 전략을 보완하면서도 자체 성장축으로 기능하여 국가균형성장의 다핵체계를 완성하는 데 중요한 역할을 하게 될 것이다.

5극 3특 전략의 핵심은 지역특화 전략산업 육성과 청년·지역 중심의 일자리 창출, 그리고 자치분권형 거버넌스 구축에 있다. 각 지역은 고유한 부존자원과 산업 인프라를 최대한 활용하여 성장동력을 확보하고, 중앙정부는 이를 제도적·재정적으로 적극 뒷받침하여야 한다. 특히, 디지털 전환, ESG, 청년인재 양성 등 미래지향적 요소와 결합할 때, 5극 3특 전략은 권역개발전략을 넘어, 국가 전체의 지속 가능한 균형성장을 견인하는 종합적 발전모델로 자리매김할 수 있다. 이는 지역의 자율성과 창의성을 존중하는 동시에, 국가적 차원에서 성장과 분권을 동시에 달성하는 새로운 패러다임으로 기능하게 될 것이다.

표 2-21 2026 지방행정 트렌드 대응과제: 5대 초광역권-3대 특별자치도 실현

구분	대응과제		
	주요 과제	목표	주요 내용
단기과제 5극 3특 구현을 위한 기반 조성	체제 구축을 위한 법적 근거 마련	5극 3특 특별법 제정	▪ 5극 특별지방자치단체 신설 및 운영 규정 ▪ 3개 특별자치도 개별법 통합 및 권한 강화
	지방자치단체 자치재정권 강화	지방재정 확충	▪ 국세-지방세 비율 7:3 달성 및 6:4 목표 설정 ▪ 5극 3특 대상 지방교부세율 인상 ▪ 국가보조사업의 포괄보조화
	국가균형성장 거버넌스 개선	지방시대위원회 기능 강화	▪ 위원회에 전부처 컨트롤기능 부여 ▪ 지특회계 내 초광역권 계정 신설
중기과제 5극 3특 실현 및 분야별 지원 추진	5극 3특 실현	5극 3특 대상 지원 절차 마련	▪ 5개 특별지방자치단체 신설, 3개 특별자치도 권한 강화 ▪ 5극 3특 대상 지원 절차 마련
	5극 3특 성장 지원	분야별 규제 철폐	▪ 권역-분야별 규제 철폐 ▪ 메가 특구 지정
	5극 3특 통합패키지 지원	권역별 R&D 사업 통합지원	▪ 분야별 유사 R&D 통합 및 5극 3특 종합지원 ▪ R&D 연계 인프라(생산, 물류, 교육) 통합지원
	균형성장거점 육성	공공기관 이전, 광역교통망 구축	▪ 2차 공공기관 이전 추진 ▪ 5극 3특 간 철도, 도로망 구축 및 연계
장기과제 5극 3특 내 지역산업 육성	수도권: 글로벌 경제수도 육성	금융, 비즈니스, 물류의 거점	▪ 서울, 세계적 금융·비즈니스 거점 조성 ▪ 인천, 물류·첨단산업 육성 및 물류 허브 조성 ▪ 경기, 세계 반도체산업 중심지로 육성
	동남권: 제조업벨트 르네상스	물류와 산업 중심 해양수도	▪ 부산, 해양클러스터 조성 및 해양수도 육성 ▪ 울산, 글로벌 친환경 미래산업 육성 ▪ 경남, 스마트 조선산업 메카 조성
	대경권: 제조·첨단산업 지역	AI산업 및 첨단부품 중심 거점	▪ 대구, 이차전지 산업벨트 및 자동차 부품 클러스터 조성 ▪ 대구-경북, 바이오 산업벨트 구축 ▪ 경북, 바이오·신소재 개발지역 조성

	중부권: 행정·과학수도 조성	행정수도 확립, 과학 혁신 클러스터 조성	▪ 세종, 2차 공공기관, 국회, 대통령실 등 이전 ▪ 대전, 대덕연구특구 과학기술 혁신 클러스터 조성 ▪ 충북, 글로벌 바이오산업 클러스터 육성 ▪ 충남, 미래형 디스플레이산업 육성
	호남권: AI·에너지 선도지역 육성	AI 및 에너지 선도도시 조성	▪ 광주, 국가AI 컴퓨터센터 신설 등 선도도시 조성 ▪ 전남, 재생에너지산업 중심지 조성

▼ ▼ ▼ ▼ ▼ ▼ ▼ ▼ ▼ ▼ ▼ ▼

기대효과	▪ 자치분권 기반의 5극 3특 중심의 국가균형성장 • 전 지역 잠재성장률 3% 회복, 비수도권 GRDP 50% 회복 ▪ 행정수도 완성 • 국정운영 효율화 및 균형성장 촉진 ▪ 2차 공공기관 이전 등 균형성장 거점 육성 • 2차 공공기관 이전, 새만금 지역 재도약, 남부산업벨트 육성 등 ▪ 주민 삶의 질 향상을 위한 자치분권 역량 제고 • 지역특성에 맞는 자율적 정책 시행으로 주민 삶의 질 향상 ▪ 지방재정 확충을 통한 지역경제 활성화 • 주민·지방주도의 분권정책 추진을 위한 재원 확보 및 경제 활성화

자료: 저자 작성

다가올 2026년, 지방정부 민선9기 지방행정의 선택은 "5극 3특의 추진이 국가균형성장의 전환점이 될 수 있는가"에 달려 있다

지금까지 수도권 일극체제의 심화는 지역 간 불균형과 지방소멸 위기를 초래해 왔다. 인구와 산업, 교육, 문화가 수도권으로 몰리면서 비수도권은 기반을 잃고, 젊은 세대는 떠나며, 지역은 고령화의 그늘에 갇혀 있다. 이러한 구조적 위기를 극복하지 못한다면 지방자치의 미래는 공허한 구호에 그칠 수밖에 없다.

다가올 민선9기는 바로 이 난제를 풀 수 있는 적절한 시점이다. 중앙정부가 제시한 '5극 3특' 구상은 단순한 제도 개편이 아니라, 지방이 스스로 성장축을 만들 수 있는 기반을 마련하려는 시도이다. 수도권·동남권·대경권·중부권·호남권으로 이어지는 다핵적 초광역체계와 강원·전북·제주의 특별자치도 권한 강화는 "서울 중심의 나라"에서 "지역이 함께 이끄는 대한민국"으로 가기 위한 첫걸음이다.

그러나 제도의 설계만으로는 충분하지 않다. 초광역권 협력이 실제로 작동하려면, 각 지방자치단체가 단순한 행정적 통합을 넘어 주민의 삶을 개선하는 실질적 성과를 만들어야 한다. 광역교통망 확충, 산업벨트 구축, 혁신거점 조성 같은 정책은 단순한 계획에서 그치는 것이 아니라, 청년이 일자리를 얻고 주민이 정주할 수 있는 생활정책으로 이어져야 한다.

따라서 2026년은 "누가 더 큰 권한을 가지느냐"의 해가 아니라, "누가 주민과 함께 자치분권을 실현하느냐"의 해가 되어야 한다. 중앙정부는 권한을 과감히 이양해야 하고, 지방자치단체는 주민의 참여와 감시 속에서 책임 있는 성과를 내야 한다. 주민 또한 방관자가 아니라 지역의 주권자로서 목소리를 내야 한다.

결국 우리는 선택해야 한다. 여전히 중앙의 그림자에 머무를 것인가, 아니면 초광역권 협력과 특별자치도의 성장을 통해 "우리 삶의 문제를 우리 스스로 해결할 수 있는가"라는 새로운 자치분권의 길로 나아갈 것인가. 2026년은 그 물음에 답을 내리는 역사적 분기점이 될 것이다.

06 지방의 미래를 여는 힘: 맞춤형 재정분권 실현

1. 분권의 완성, 사무와 재정의 균형 위에 세워지다

"진정한 지방분권을 위해서는 지역이 스스로 판단하고 책임질 수 있는 권한과 그에 상응하는 재정 자원이 뒷받침되어야 한다. 해상풍력단지를 조성하려 해도 3MW 이상 발전 사업의 허가권이 중앙에 있다. 김 양식장 허가 확대 역시 중앙과 싸우지 않으면 얻어내기 힘들다. 연방제 수준의 재정분권이 되어야 실질적인 지방자치가 가능하다. 지자체 평균 재정자립도는 43.2%로 진정한 지방분권을 위한 자율성과 책임성, 경쟁력 확보가 어려운 실정이다. 전체 조세 수입 중 국세와 지방세(25.4%) 비율을 단계적으로 6:4 혹은 5:5까지 확대해야 한다."

경향신문, 2025.07.09.

"지방재정만 놓고 본다면 재정분권 필요성은 매우 높다. 지방세 징수액 규모는 1995년 15조 3,000억 원에서 2023년 112조 5,000억 원으로 7.5배 늘어났다. 2010년 지방소득세·지방소비세 도입, 2020년부터 시행된 1·2단계 재정분권에 기인한다. 이러한 재정분권정책으로 지방 세입이 증가했지만 지방재정은 오히려 중앙정부 의존도가 심해지는 양상을 보여 문제이다. 국세가 지원금 형태로 지방에 배분되는 지방교부세는 1995년 5조 5,000억 원에서 2023년 67조 5,000억 원 규모로 확대됐다. 반면 전체 조세에서 지방세가 차지하는 비중은 30년 전과 마찬가지로 20% 수준에 그쳤다. 이는 지자체에 지방세 신설권 등을 부여하는 재정분권 필요성이 제기되는 이유이기도 하다."

인천일보, 2025.07.02.

"지방이 재정적으로 중앙에 예속된 구조가 여전한 것은 아주 심각한 문제다. 지방자치제 시행 30년이 지났지만, … 수도권 일극체제와 지방소멸 위기가 심화하고 실효적인 자치분권이 이뤄지지 않는 원인은 열악한 지방재정에 있다. <u>정부가 분권을 명목으로 지방에 이전하는 권한이 계속 늘고 있으나 정작 지역 살림과 업무 추진에 필요한 재원 충당 방안을 보장하지 않아 속 빈 강정에 불과하다는 비판이 나온 지 오래다. 이런 처지로는 진정한 지방시대의 실현은 요원할 수밖에 없다."</u>

부산일보, 2023.11.02.

<u>"지방정부의 재정이 중앙정부가 나눠주는 국세 위주로 꾸려진다는 점에서 주민주도로 지역발전을 모색하는 게 어렵다.</u> … 정부 공약대로 국세와 지방세의 비율이 6대 4 수준은 돼야 한다."

한국경제, 2019.12.26.

제1차 지방자치혁신 포럼(2025.07.22.)

제30회 한·일 지역정책연구회(2025.05.14.)

사무 중심 분권에서 재정 중심 분권으로의 전환

1995년 지방자치제가 전면 도입되면서 지방자치단체는 지역발전을 위한 다양한 노력을 본격적으로 펼치기 시작했다. 그 이전, 흔히 '관선시대'라 불리는 시기에는 중앙정부가 인사·행정·재정을 직접 통제하며 단체장을 임명하였다. 이 때문에 단체장의 관심은 주민의 복리와 지역발전보다는 중앙정부의 지휘와 인사권, 행·재정권에 맞추어질 수밖에 없었다. 그러나 지방선거를 통해 단체장을 주민이 직접 선출하게 되면서 정책의 무게중심은 자연스럽게 주민에게로 이동하였다. 그 결과, 단체장들은 지역을 어떻게 발전시킬 것인지, 주민의 삶과 행복을 어떻게 높일 것인지에 집중할 수밖에 없는 환경이 마련되었다.

문제는 지역발전과 주민복리 증진을 위해 필요한 재원을 충분히 확보하지 못했다는 데 있다. 사회가 다변화되고 시민의 권리 의식이 확산되면서 지역사회에 대한 행정수요는 급격히 증대하였다. 과거 중앙정부 지시에 종속되었던 지방행정의 기능은 이제 주민 요구를 적극적으로 반영하는 방향으로 전환되었다. 기업 유치와 일자리 창출뿐만 아니라, 교육·환경·보건·복지·도로·교통 등 다양한 분야에서 행정서비스 개선 요구가 본격적으로 제기되기 시작한 것이다. 그러나 이러한 새로운 수요를 관선시대에 마련된 지방재정제도로는 충족하기 어려웠다. 당시 조세제도는 국세 80%, 지방세 20%라는 구조적 비중으로 설계되어 있었으며, 당시의 행정수요 수준에서는 큰 문제가 되지 않았다. 하지만 현재와 같이 다층적이고 고도화된 행정서비스 수요를 충족하기에는 전체 세입의 20%에 불과한 지방세 재원으로는 한계가 분명하다.

지방재정이 당면한 어려움은 재정자립도에서 극명하게 나타난다. 전체 세입에서 자체세입이 차지하는 비중을 나타내는 재정자립도는 지방자치제가 전면 실시될 때 63%를 넘었는데, 30년이 지난 2025년에는 43%로 무려 20%p나 급락하였다. 해결해야 할 지방행정수요의 43% 정도만 자체세입으로 충당 가능하고, 나머지 57%는 중앙정부가 지원하는 각종 보조금으로 해결해야 하는 실정이다. 이러한 사정은 재정적으로 빈곤한 지역이나 부유한 지역을 막론하고 정도의 차이만 있을 뿐 사정은 비슷하다. 재정적으로 가장 부유한 서울특별시와 강남구를 보면, 30년 전 재정자립도는 각각 98%, 97%이었다. 사실상 자신들의 행정수요를 중앙정부의 지원 없이도 자체세입만으로 충당할 수 있었다. 그러나 이들 지역의 재정자립도는 2024년 기준 각각 74%와 55%로 크게 하락하였는데, 가장 부유한 서울특별시와 강남구 조차도 중앙정부의 재정지원 없이는 지방자치단체로서 부여된 행정책임을 수행하기 어렵게 된 것이다.

지방재정이 이처럼 어려운 국면에 직면하게 된 배경은 몇 가지 요인으로 설명될 수 있다. 첫째, 앞서 언급한 바와 같이 지방자치제가 전면적으로 실시되었음에도 불구하고 중앙정부와 지방자치단체 간의 재정 관계는 여전히 관선시대의 틀을 벗어나지 못한 것이 근본적인 원인이다. 둘째, 저출산·고령화라는 거대한 인구학적 변화가 중요한 요인으로 작용하였다. 이미 2000년대 초반부터 일부 지역은 고령사회에 진입하기 시작했으며, 청년 인구의 유출과 저출산이 맞물리면서 인구감소가 현실적 문제로 부상하였다. 이에 지방자치단체는 노령층과 영유아를 대상으로 한 복지 수요에 대응할 수밖에 없었고, 이 문제는 지역 존속과 직결된 생존 과제로 간주되어 재원 배분에서 최우선순위를 차지하였다. 셋째, 지역 간 불균형 발전 문제에 대응하기 위한 행정수요가 지속적으로 확대되었다. 저발전 지역에서 수도권과 대도시로의 인구 유입이 가속화되면서 지역 간 격차가 심화되었고, 지역 쇠퇴·인구감소·고령화의 악순환을 차단하기 위해 교육·의료·복지·문화·지역경제 등 전 영역에서 정주환경 개선이 필수 과제로 대두되었으며 이에 따른 재정 수요도 크게 증가하였다. 넷째, 국고보조사업의 무분별한 신설과 급격한 확장이 지방재정 악화의 또 다른 원인이 되었다. 국가 차원의 고령화·인구감소·복지수요·균형발전 요구가 증대하면서 중앙부처는 다양한 국고보조사업을 발굴·확대하였고, 이는 지방비 부담을 가중시켜 지방재정자립도의 급격한 하락을 초래하는 주요 요인으로 작용하였다.

역대 정부는 지방재정의 구조적 문제를 해소하기 위해 노력해 왔다. 참여정부는 지방분권과 지역균형발전을 국정과제로 삼아 국가균형발전특별회계를 설치하고, 지방양여금을 폐지·흡수하였으며, 163개 국고보조사업을 지방으로 이양하면서, 이양비용 보전을 위해 분권교부세도 한시적으로 운영하였다. 그러나 사회복지 분야 중심의 사업 이양으로 분권교부세가 부족하다는 지적이 제기되었고, 일부 사업은 다시 국고보조사업으로 환원되었다. 반면, 나머지는 보통교부세에 편입되어 결국 지방자치단체의 재정부담으로 귀착되었다. 그 결과 기초연금, 의료급여, 생계급여, 아동수당, 장애인활동지원 등 주요 복지사업의 지방비 부담액은 2018년 5.9조 원에서 2021년 8.8조 원으로 3년간 50% 이상 급증하면서 지방재정의 지속가능성을 위협하는 구조가 나타난 것이다(주윤창, 2021; 하능식, 2016).

한편, 2010년 지방소비세가 도입되면서 정부 간 재정관계 변화의 전기가 마련되었다. 재정분권은 당초 이명박 정부의 최우선 국정과제가 아니었으나, 수도권 규제 합리화로 인한 비수도권 시·도의 반발이 유발되면서 부가가치세의 5%로 하는 지방소비세 도입이 결정되었다. 이어서 박근혜 정부는 지방소득세의 독립

세화, 지방소비세 확대 조치를 취하였다. 다만, 지방소비세율 인상(부가가치세 5%에서 11% 인상)은 취득세율 영구인하에 따른 지방세수 감소 보전 용도이었기 때문에 지방세입의 순증효과는 매우 제한적이었다. 2018년 정부는 새로운 재정분권 추진방안을 수립하여 지역의 자율성과 책임성 강화, 국가균형발전을 정책목표로 제시하였다. 이에 따라 지방소비세율 확대 등 재정분권정책이 본격화되었고, 2019년부터 지방세 확충과 연계하여 5.8조 원 규모의 재정사업이 2020년 지방으로 이양되었다(변재연, 2023).

2018년 이후 추진된 지방이양사업으로 2020년 1단계 지방이양사업에서는 13개 부처 39개 세부사업(약 3.6조 원 규모)이, 2022~2023년에 시행된 2단계 지방이양사업에서는 12개 부처 41개 세부사업(약 2.3조 원 규모)이 지방으로 이양되었다. 당초 정부는 늘어난 지방소비세 재원을 바탕으로 전환사업을 안정적으로 운영하려 했으나, 실제로는 지방자치단체의 부담을 덜어주기 위해 지역상생발전기금(전환사업보전계정)을 활용하여 해당 사업비의 국비분을 2026년까지 한시적으로 보전하는 방식이 도입되었다(변재연, 2023).

1단계 재정분권은 지방소비세율 인상을 통해 지방재정의 자율성을 강화하는 데 중점을 두었다. 그러나 지방소비세가 광역지방자치단체 세목에 한정되면서 기초지방자치단체의 세원 확충은 반영되지 않아 지역 간 격차 문제가 남았다. 아울러 지방소비세율 인상에 따른 지방교부세 감소분에 대한 보전도 이루어지지 않았다.

2단계 재정분권은 코로나19 확산과 경기 둔화, 복지 수요 증가 등 예기치 못한 재정 환경의 변화 속에서 추진되었으나, 당초 목표보다 축소된 성과에 그쳤다. 결국 국세와 지방세의 7:3 구조 달성은 현실적으로 어려워졌고, 재정분권은 여전히 진행 중인 과제로 남아 있다.

우리나라는 지방분권을 강조하며 사무 권한의 지방이양을 지속적으로 추진해왔으나, 이에 상응하는 재정권한 확대는 충분히 뒷받침되지 못했다. 2003년 국정과제 채택 이후 분권교부세 도입, 지방소비세율 확대 등 제도적 보완이 이루어졌지만, 사회복지 분야를 중심으로 한 지방비 부담은 급격히 증가하여 지방재정의 구조적 불균형을 심화시켰다. 특히 광역 중심의 세원 확충에 비해 기초지방자치단체의 세입 기반은 취약한 상태로 남아 있어, 지방분권의 성과가 현장에서 체감되지 못하는 한계가 드러나고 있다. 따라서 앞으로의 분권은 단순한 사무이양을 넘어, 지방자치단체가 자율성과 책임성을 발휘할 수 있도록 재정분권을 심화·강화하는 방향으로 나아갈 필요가 있다.

2. 지방재정 환경의 구조적 한계

지방행정 환경변화

지방행정의 환경은 최근 국가사무의 지방이양이 연속적으로 추진되면서 구조적 변화를 겪고 있다. 국민의 정부 이후 각 정부에서 자문기구를 중심으로 중앙사무의 지방이양을 일반 과제로 상시화하였고, 특히, 문재인 정부 들어 추진된 「지방일괄이양법」을 통해 개별 부처 차원의 지연·미이행 사무까지 포괄적으로 이양하는 방식이 제도화되었다(김홍환, 2021). 제1차 일괄이양 이후에도 제2차 일괄이양이 준비되는 등, 중앙사무의 지방이양은 단발적 사건이 아니라 지속되는 정책 경향으로 자리 잡았다는 점에서 지방행정의 과업 범위와 책임성이 구조적으로 확대되었다고 평가할 수 있다(김홍환, 2021).

현재 지방이양사업은 「재정분권 추진방안」(2018)에 따라 지방소비세율 인상과 연동해 중앙정부의 국고보조사업 일부를 지방자치단체 자체사업으로 전환한 정책(행안부 예규상 '지방자치단체 전환사업')이다. 1단계(2020)에서 13개 부처 39개 사업(약 3.6조 원), 2단계(2022~2023)에서 12개 부처 41개 사업(약 2.3조 원)이 지방으로 이양되었다. 전환 초기의 재정 공백을 완화하기 위해 지역상생발전기금 내 전환사업보전계정으로 2026년까지 기존 국비분을 한시 보전하고, 이 기간에는 과거 국비 규모를 기준으로 우선 배분하되 2027년부터는 지방소비세 배분방식에 따라 일반 규정대로 편입한다. 행정안전부는 「지방자치단체 기금관리기본법」과 운영기준에 따라 전환사업의 운영지원·성과관리를 수행하며, 보전금이 사업 목적에 적정하게 투자·집행되는지를 점검한다.

표 2-22 지방이양사업 연도별 상황

구분	2019	2020	2021	2022	2023	2024	2025	2026
1단계 사업	이양 결정	2020년 이양, 3년간 보전			2026년까지 추가 보전			
2단계 사업			이양 결정	2022년 또는 2023년 이양, 2026년까지 보전				

자료: 국회예산정책처(2023)

그러나 권한의 이양이 재정분권의 진전으로 바로 이어지지는 않았다. 실제로 이양사무 수행을 위한 인건비·경상비·사업비 등 재정수요는 증가하였지만, 비용 보전 방식은 한시적·특별회계 중심의 조치에 머물렀고, 지방교부세를 통해 "이미 보전되고 있다"는 논리에 가려 안정적 재원보전 장치의 제도화가 지체되었다. 그 결과 지방자치단체는 이양사무의 집행과정에서 추가 인력운영비와 운영경비, 그리고 사업비 수요를 자체 재원 또는 보통교부세 범위 내에서 흡수해야 하는 상황이 반복되었고, 이로 인해 지방재정의 경직성과 매칭 부담이 확대되는 현상이 관찰된다. 특히 이양사무의 비용을 산정·보전하는 기준과 절차가 충분히 객관화되어 있지 않다는 지적은, 권한 이양과 재정분권의 비대칭을 상징적으로 드러낸다.

이와 같은 비대칭은 '매칭 부담'의 확대를 통해 더욱 두드러진다. 중앙·지방 간 재원분담 구조가 충분히 설계되지 않은 채 사무가 이양될 경우, 지방자치단체는 법령에 의해 사실상 수행을 강제로 받는 사무에 대해 재정적 선택의 여지가 제한되며, 그 집행비용의 일부를 자체 재원으로 의무적으로 분담해야 한다. 이러한 구조에서는 지방의 정책선택권과 우선순위 결정권이 약화되고, 결과적으로 중앙정부의 재정적·제도적 의존성이 유지·강화되는 경향이 나타난다. 다시 말해, 권한은 이양되었으나, 재원 보장장치의 내실화가 미흡할 경우, 지방은 국가이양사무 이행과정에서 실질적 결정권을 확보하지 못한 채 집행 책임만 확대되는 '권한-재원 괴리(Mandate-Money Gap)'에 직면한다.

지방재정의 현주소

우리나라의 지방분권은 2000년대 중반 이후 본격적으로 실시한 것으로 볼 수 있으며, 재정적 측면에서는 분권교부세 도입이 있었던 2005년 이후 이루어졌다. 그 이후 2017년 '자치분권'을 100대 국정과제에 포함하며 새로운 국면이 되었다. 2017년 「1단계 재정분권 추진방안(2019~2020년)」 및 「2단계 재정분권 추진방안(2021~2022년)」을 발표하며, 국세 대 지방세 비중을 7대 3으로 개선하고, 장기적으로 6:4까지 개선하고자 했다.[156] 재정분권을 위해 다음의 5가지 부문에 대한 개편이 있었다. ① 지방소비세율의 순차적인 확대, ② 국고보조사업을 중심으로 중앙기능의 지방이양, ③ 소방안전교부세율을 담배분 개별소비세의 20%에서 25%로 인상, ④ 지방소비세 소비지수로 편입 및 지역상생발전기금 모수 확대, ⑤ 지방교부세 감소액 보전은 하지 않으나, 지방교육재정교부금의 법정률 인상을 통해 감소분을 보전 등이다.

그러나 현재 국세와 지방세 세수구조를 살펴보면, 재정분권을 위한 노력에도 불구하고 비중이 개선되지 않거나 오히려 격차가 더 커졌다. 2014년 23.1%였던 지방세 비중은 등락을 거듭하다 2020년 26.3%로 증가했으나 이후 계속 낮아져, 2022년 23%로 2014년 수준으로 돌아갔다. 재정분권에 대한 여러 정책이 실시되었으나 여전히 지방자치단체의 자주적 재원 확보에는 한계가 있는 상황이다.

그림 2-19 국세 및 지방세 비중

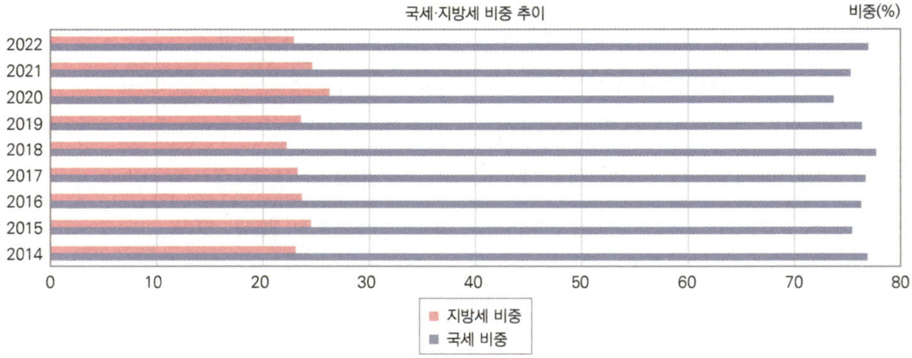

156) 행정안전부 「자치분권 로드맵(안)」(2017.10.26.); 「자치분권 종합계획(안)」(2018.9); 「재정분권 추진방안」(2018.10.30.)

구분	2014	2015	2016	2017	2018	2019	2020	2021	2022
조세	267.2	288.9	318.1	345.8	377.9	383.9	387.6	456.9	514.5
(GDP대비,%)	17.1	17.4	18.3	18.8	19.9	19.9	20.0	22.0	23.8
국세	205.5	217.9	242.6	265.4	293.6	293.5	285.5	344.1	395.9
(국세 비중,%)	76.9	75.4	76.3	76.7	77.7	76.4	73.7	75.3	77.0
지방세	61.7	71.0	75.5	80.4	84.3	90.5	102.0	112.8	118.6
(지방세 비중,%)	23.1	24.6	23.7	23.3	22.3	23.6	26.3	24.7	23.0

자료: 지표누리 홈페이지(https://www.index.go.kr/)

지방자치단체의 자주적 재원 운영이 어렵다는 것은 재정자립도를 통해서도 확인할 수 있다. 아래 표는 2024년(자체수입 기준) 전국 243개 지방자치단체의 재정자립도 분포를 유형별로 집계한 결과이다. 분포의 핵심 특징은 저(低)자립도 구간에 집중되어 있다는 점이다. 자립도 10~20%인 지방자치단체가 104개(42.8%)로 가장 많고, 20~30% 구간이 50개(20.6%), 10% 미만이 54개(22.2%), 30~40%가 23개(9.5%)이다. 반대로 40% 이상은 합계 12개(4.9%)에 불과하며, 70% 이상은 서울시 1곳뿐이다. 결과적으로 재정자립도 30% 미만 지방자치단체가 208개(85.6%)로 절대다수를 차지해, 전체적으로 자체재원 기반이 매우 취약함을 보여준다.

유형별로 보면, 시·도는 상대적으로 중상위 구간(30% 이상)에 일부 분포하지만, 시와 구는 10~30%에 대거 몰려 있고, 군은 20% 미만 구간 비중이 93.9%로 높아 구조적으로 취약하다. 이는 지방소비세 중심의 세입 확충 효과가 광역에 편중되고, 기초단위(특히 군 지역)로 충분히 파급되지 못한 결과로 해석할 수 있다. 결국 "권한-재원 불일치"의 현주소를 수치로 확인시켜 주며, 재정의 동반 분권과 기초단위 중심의 보강 없이는 자치의 실질화가 어렵다는 점을 시사한다.

표 2-23 지방재정자립도 분포(2024년 기준)(최종 기준)

구분	시도		시		군		구		합계	
	개	비중	개	비중	개	비중	개	비중	개	비중
70% 이상	1(서울시)	5.9	0	0.0	0	0.0	0	0.0	1	0.4
50~70%	1	5.9	1	1.3	0	0.0	1	1.4	3	1.2
40~50%	3	17.6	3	4.0	0	0.0	2	2.9	8	3.3
30~40%	7	41.2	12	16.0	0	0.0	4	5.8	23	9.5
20~30%	5	29.4	24	32.0	5	6.1	16	23.2	50	20.6
10~20%	0	0.0	28	37.3	33	40.2	43	62.3	104	42.8
10% 미만	0	0.0	7	9.3	44	53.7	3	4.3	54	22.2
합계	17	100.0	75	100.0	82	100.0	69	100.0	243	100.0

주: 개별 값을 반올림함에 따라 합계가 100%와 일치하지 않을 수 있음.
자료: 행정안전부(2025)

또한 이전재원 의존도 측면에서도 추세적으로 큰 폭의 개선은 확인되지 않는다. 지방교부세가 형평기능을 수행하고, 보조금이 정책집행의 통로가 되지만, 기초단위의 필수지출(복지·보건·치안·SOC 유지관리 등)과 매칭 부담이 커지면서 의존재원을 줄이기보다는 유지·확대할 유인이 강한 구조가 지속되고 있다(전성만 외, 2025). 아래의 그림에서 확인할 수 있듯, 전체 지방재원 중 이전재원이 차지하는 비중은 지방세 비율보다 항상 높았으며, 더욱이 점차 증가되는 추세를 보여, 2009년 이후로는 지방세출 비율에 비해서도 이전재원의 비율이 높게 형성되고 있다. 또한 2020년부터는 이전재원의 비중이 과반을 넘어서고 있는 실정이다(2020년 51.0%, 2021년 50.5%, 2022년 51.6%).

그림 2-20 지방세·지방세출·이전재원 비율 변화 추이

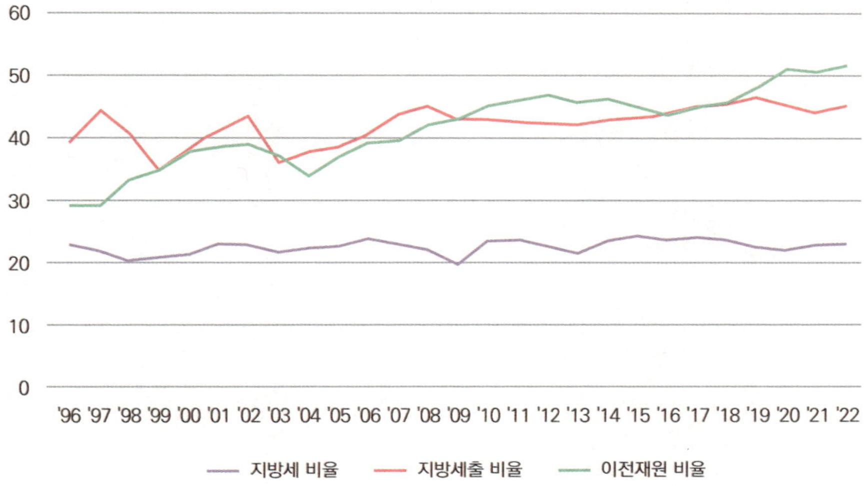

자료: 전성만 외(2025)

다음의 그림을 통해 의존재원 비중은 모든 유형의 지방자치단체에서 뚜렷한 증가 추세를 보였음을 확인할 수 있다. 특별시·광역시는 2008년에 20%대를 넘어선 이후 상승세가 이어져 2020년대 들어 30%대에 진입하였고, 광역도 역시 40% 중후반대를 유지하다 2008년 50%대로 올라선 뒤 2022년에는 54.7%에 이르렀다. 기초지방자치단체 중에서도 도시지역의 급증이 두드러져, 시(市)는 1996년 25.1%에서 출발해 2000년대 내내 30% 중후반대를 유지하다가 2010년부터 40%를 상회, 2020년에 50%를 넘고 2022년에는 53.3%까지 상승하였다. 자치구는 빈약한 자체세원을 배경으로 의존재원 비중이 빠르게 확대되어 2006년 50%대, 2011년 60%대에 진입한 뒤 2022년 64.7%에 도달했으며, 군(郡)은 2022년 의존재원 비중이 68.8%에 달해 재정자립 기반의 취약성이 가장 큰 것으로 나타났다.

그림 2-21 지방세입 대비 의존재원 비중 추이

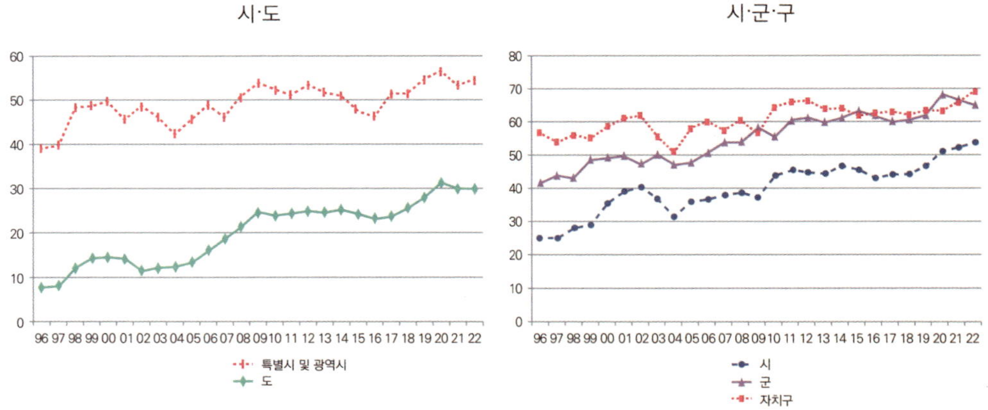

자료: 전성만 외(2025)

총 세입과 이전재원에 대한 내용을 포괄하는 지표가 수직적 재정불균형 지수(VFI, Vertical Fiscal Imbalance)로, 과세권과 지출책임의 괴리를 표현하는 지수이다. 현재의 세입 현황을 보면 세입은 광역(시·도)과 수도권에 더 모이고, 지출책임과 수요는 기초(시·군·구)에 상대적으로 두텁게 분포하고 있다. 결과적으로 VFI는 최근에 가까워질수록 낮아졌고, 지방소비세 인상만으로는 기초의 자주재원 기반을 두껍게 만들기 어려웠다는 것을 보여주고 있다. 따라서 광역에서 기초로 세입을 보강(공유·공동세, 재정보전 공식 상시화 등)하고, 교부세의 보전·형평기능을 강화하며, 보조금은 포괄화·성과연동으로 전환해 세입 편차와 수요 편차의 연결고리를 다시 맞춰야 할 필요성이 있다(전성만 외, 2025).

그림 2-22 지방재정분권지수 추이

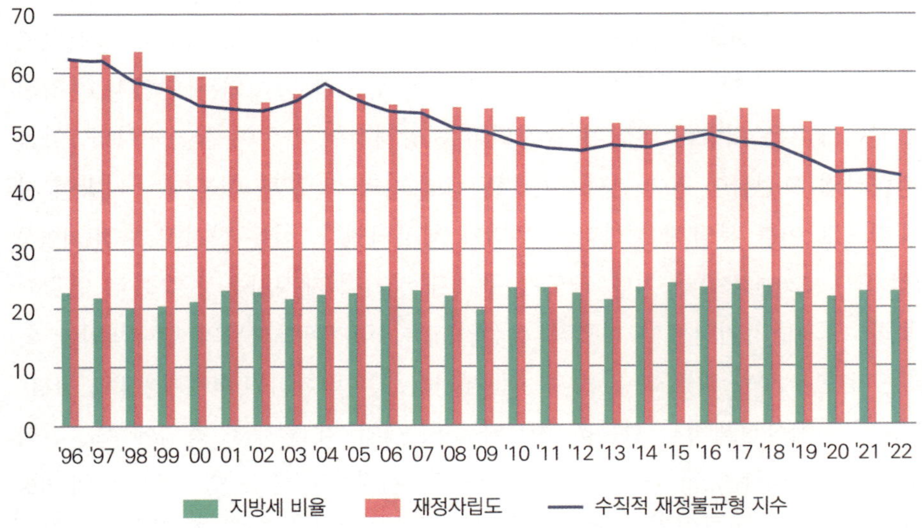

주: 수직적 재정불균형도는 (1−(이전재원/총세입)) 산식으로 구하였으며, 1에 근접할수록 수직적 불균형도는 낮다는 것을 의미함.

자료: 전성만 외(2025)

지역의 자율성과 책임성 확대에 관한 공무원 인식도

이러한 맥락에서 지방분권을 일선에서 집행하고 있는 담당 공무원들은 어떠한 상황에 직면해 있을까. 재정분권과 지방이양 이후 공무원 인식조사 결과를 종합하면, 형식상 자율성과 책임성은 확대되었다는 긍정 평가가 존재함에도 불구하고, 현장의 체감은 '재정적 측면의 어려움'에 모아지고 있다.

국회예산정책처가 2023년 지방이양사업이 있었던 15개의 중앙부처(기획재정담당관실)와 17개 시·도(예산실) 담당자들을 중심으로 실사한 설문조사에 따르면, 예산편성·집행과정에서의 재량 증대와 지방의회·단체장의 관심 제고 등 자율성 확대 요인이 관찰되었다. 그러나 동시에 단체장 의지에 따른 예산 집중, 집행률 저하(특히 기초지방자치단체), 이월액 증가 등 책임성의 실질적 구현을 제약하는 문제가 공통적으로 지적되었다. 무엇보다 "사무는 내려왔으나 돈은 충분히 내려오지 않았다"는 인식이 강하며, 이양사무 수행에 필요한 인건비, 경상경비, 사업비가 안정적으로 보전되지 않아 자체재원 부담과 매칭 재원 확보 압력이 상시화되었다는 응답이 다수 확인된다. 가령, 매년 사업 규모가 증대되는 난임시술 지원 등의 분야에서는 지방비 부담이 누진되어 지방재정의 가중이 불가피하다. 아울러 전환사업 보전금이 2026년까지만 지원됨에 따라, 2027년 이후에는 지방이 자체 재원으로 이를 부담해야 한다는 우려가 제시되었다. 이는 한시적 보전(지역상생발전기금, 2026년까지)에 기댄 과도기 구조가 장기적 재정자율성 강화로 연결되지 못하고, 지방자치단체가 실질적 결정권 없이 국가이양사무의 집행책임만 확대되는 '권한-재원 괴리'를 낳는다는 문제의식을 피력한다(국회예산정책처, 2023).

또한 국회예산정책처의 설문조사에 따르면, 세입·세출 구조 측면에서도 인식조사와 정량지표가 일치하는 신호가 포착된다. 지방세 확충은 주로 시·도세(지방소비세) 중심으로 이루어져 기초지방자치단체의 재정여력 확대 효과가 제한적이었고, 그 결과 재정자립도·재정자주도는 오히려 하락세를 보이며(특히 비수도권·군 지역), 자체사업 비중은 감소하고 보조사업 비중이 증가하는 등 세출 자율성도 약화되는 경향이 확인된다. 실무자들은 이 같은 구조가 이양 이후 늘어난 필수사업 수요와 의무적 매칭 부담[157]과 결합하면서, 신규 우선과제에 대한 재원배분을 더 어렵게 만든다고 평가하였다. 더불어 전환사업 평가는 지방자치단체의 이행상황(편성·집행) 중심으로 설계되어 있어, '자율성·책임성'이라는 정책목표의 실증 검증과 사업별 성과 환류가 미흡하다는 비판도 제기된다. 요컨대 공무원 인식의 핵심은 "사무이양 속도에 비해 재정이양과 제도적 보전 메커니즘의 내실화가 뒤따르지 않았다"는 데 있으며, 이는 중앙정부 의존 구조의 지속과 함께, 국가이양사무 이행에 대한 지방의 실질적 결정·조정 권한 부재라는 제도적 한계로 귀결된다.

일선 실무자들뿐만 아니라 지방의 최고 의사결정자와 의회 리더들 역시 지방

157) 구체적으로 "현재 재정 보전금은 정액(이양되는 국고보조사업 국비 규모)으로 정해져 있으나 이양된 사업 중에는 사회복지, 공공의료, 자치경찰사무 등 행정적 수요가 지속적으로 증가되는 사업들이 많고, 특히 도로, 하천, 상수도 등 SOC 사업은 수요, 물가 상승 등 여러 요인에 의해 대규모 사업비가 필요"하다는 의견이 제시되었다.

분권을 위해서는 지방재정의 확충이 필요하다는 것을 강조하고 있다. 이하의 그림은 경향신문이 시·도지사와 광역의회, 기초의회 의장단을 대상으로 지방자치에 대한 설문조사를 실시한 결과이다(설문조사 실시일: 2025.11.12.~25.). 먼저 "지방정부의 권한과 자원이 충분한가"라는 질문에 대해 응답자의 과반이 부정적으로 평가했다. "그렇지 않다" 57.6%(76명), "전혀 그렇지 않다" 21.2%(28명)로, 총 78.8%가 현 수준을 불충분하다고 보았다. 중립 응답("보통이다")은 16.7%(22명)에 그쳤고, 긍정 응답("그렇다" 3.8%, "매우 그렇다" 0.8%)은 합계 4.6%에 불과했다. 이는 지방자치단체가 실질적으로 정책을 설계·집행할 권한과 그에 상응하는 재정 자원이 부족하다는 현장의 체감을 명확히 보여준다.

또한 재정분권과 자치권 강화를 위해 가장 시급한 과제를 묻는 질문에서는 응답이 한쪽으로 압도적으로 쏠렸다. "지방재정 확충"이 81.4%(114명)로 1위를 차지했으며, 그 다음으로 "조례 제정의 자율성" 11.4%(16명), "단체장의 권한 강화" 2.9%(4명), "기타" 4.3%(6명) 순이었다(총 140명 응답, 복수응답). 즉, 권한 논쟁이나 제도 세부 개선보다 일반재원 확충과 세입자율성 제고가 현장의 최우선 과제로 인식되고 있음을 시사한다.

종합하면, 지방의 최고 의사결정자와 의회 리더들은 권한-재원 간 불일치를 핵심 문제로 인식하고 있으며, 해법 역시 재정 기반의 실질적 확충(세입분권·교부체계 보완·매칭부담 완화 등)에 우선순위를 두고 있다. 이는 향후 자치권 강화 논의가 규범적 권한 이전을 넘어 재정의 동반 분권과 안정적 일반재원 확보 장치의 설계에 집중되어야 함을 뒷받침한다.

이상과 같은 설문조사 결과들은 지방이양과 재정분권의 진전에도 불구하고 현장은 "권한은 늘었지만 돈은 부족하다"는 구조적 모순에 직면해 있음을 알려준다. 사무가 지방으로 내려오면서 재량과 책임의 형식은 확대되었지만, 인건비·경상경비·사업비를 안정적으로 뒷받침할 상시 보전장치가 미흡해, 매칭 부담과 자체재원 압박이 상시화되었다. 특히, 복지·공공의료·자치경찰·SOC 유지관리 등 수요와 물가에 민감한 전환사업에서 지출이 증가하면서, 2026년 한시보전 종료 이후 지방의 재정 위험이 커질 우려가 있다. 그 결과 지방자치단체에서는 자체사업 비중이 줄고 보조사업 의존이 확대되며, 집행률 저하, 이월액 증가 같은 책임성 왜곡이 재생산될 가능성이 존재하게 된다.

그림 2-23 지방자치 설문조사(시도지사와 광역의회, 기초의회 의장단)

지방정부의 권한과 자원이 충분하다고 생각하십니까?

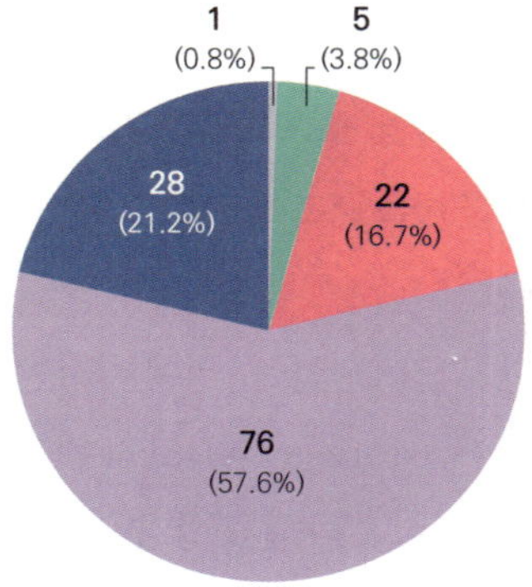

구분	명	비율
매우 그렇다	1	0.8
그렇다	5	3.8
보통이다	22	16.7
그렇지 않다	76	57.6
전혀 그렇지 않다	28	21.2
합계	132	100.0

재정분권, 자치권 강화를 위해 가장 시급한 과제는(복수응답)?

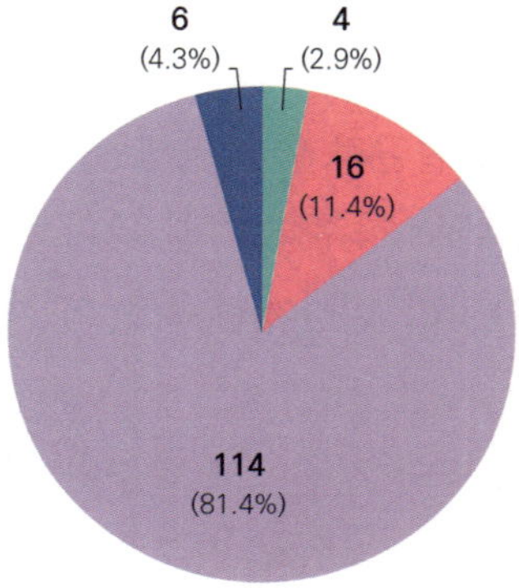

구분	명	비율
단체장의 권한 강화	4	2.9
조례 제정의 자율성	16	11.4
지방재정 확충	114	81.4
기타	6	4.3
합계	140	100.0

주: 참여기관 ① 광역자치단체(시도지사): 16곳(경북 제외), ② 광역의회(시도의회 의장): 13곳(대구, 인천, 울산, 경북 제외), ③ 기초의회(시군구의회 의장): 서울(15), 경기(14), 충북(11), 전북(8), 전남(5), 울산(1), 경북(18), 경남(8), 대구(8), 대전(5), 부산(11) 등 104곳, 총 113곳(무응답 제외)

자료: 경향신문(2025.07.09.)

3. 재정분권 추진의 국내 정책 동향과 국제 비교

정권별 재정분권 추진 정책

우리나라의 지방분권은 1988년 「지방자치법」 전문제정안이 국회를 통과하고, 시·군·자치구의원 선거가 1991년 실시되면서 정치적·행정적 측면의 분권화가 시행되었다(김병준, 2009). 그러나 재정분권이 본격적으로 시작된 것은 2005년 분권교부세가 도입된 참여정부(노무현 정부, 2003~2008)부터이다. 참여정부는 출범과 함께 '획기적 재정분권'을 기치로 내걸고 국가균형발전과 지방분권을 동시 추진하였다. 국세와 지방세의 구조를 재조정하고 신세목을 확대하며 비과세·감면을 정비하는 방식으로 과세자주권을 넓혔고, 국고보조사업의 지방이양에 상응하는 재원 확보 장치로 분권교부세를 신설하였다. 지방교부세 법정률은 2005년 15.0%에서 18.3%로, 같은 해 말 분권교부세분을 포함해 19.13%로, 2006년에는 19.24%까지 상향되었고, 주행세와 담배소비세 인상을 병행하여 지방재정의 자율적 운용 기반을 강화하였다. 요컨대 참여정부는 사무이양과 재원보전의 연계를 제도화하여 분권의 형식과 내용의 정합성을 크게 제고한 시기였다.

이명박 정부(2008~2013)는 지방분권을 보완적·점진적으로 추진하였다. 초기 감세 기조로 종합부동산세 과세완화 및 소득·법인세 인하가 이루어져 지방세입이 압박을 받았으나, 그 과정에서 지방재정의 독립적 세입축을 마련하기 위해 2010년 부가가치세의 일부를 전환한 지방소비세와, 소득할·사업소세를 통합한 지방소득세를 신설하였다. 소비가 수도권에 집중되는 구조적 편중을 완화하기 위해 지역상생발전기금을 도입해 수평적 재정조정을 시도했으며, 재정보전금 개편을 통해 기초지방자치단체가 시·도세인 지방소비세를 일부 이전받을 수 있도록 제도화하였다. 다만 감세에 따른 순세입 감소 효과가 신세목 도입의 확충 효과를 상당 부분 상쇄하여 지방재정 여력의 체감 개선은 제한적이었다.

박근혜 정부(2013~2017)는 "지방재정 확충 및 건전성 강화"를 국정과제로 제시하고, 성장탄력성이 큰 세원을 지방재정의 핵심축으로 재배치하였다. 2014년 지방소비세율을 부가가치세의 5%에서 11%로 대폭 인상하고, 지방소득세를 부가세적 부과에서 독립세로 전환하여 세입의 자주성을 높였다. 반면 2015년 일몰 도래로 분권교부세가 폐지되면서 해당 재원에 연동되어 있던 지방이양사업 다수가 국고보조로 환원되어, 사무이양과 재원자율의 연계가 약화되는 역진적 효과가 발생했다. 결과적으로 세입구조의 개편은 진전했으나, 이양사업의 보조금화로 지방자율성 제고라는 분권의 본래 목적은 일부 훼손되었다.

이후 문재인 정부(2017~2022)는 1단계(2019~2020)와 2단계(2021~2022)로 구성된 단계적 재정분권을 통해 지방세입의 자율성과 책임성을 강화하고 지역 간 격차를 완화하고자 하였다. 지방소비세율을 2019년 15%, 2020년 21%, 2022년 23.7%까지 연속 인상(이후 25.3% 목표 제시)하여 국세:지방세 비율을 78:22에서 최대 72.6:27.4 수준으로 개선하는 한편, 국가균형발전특별회계의 포괄보조를 중심으로 약 3.5조 원 규모의 중앙사무를 지방으로 이양하였다.[158] 또한 인구감소 대응을 위한 지방소멸대응기금(연 1조 원, 2022~2031)을 도입해 지역맞춤형 투자를 지원했다. 2020년 완료된 1단계 재정분권은 크게 5개 부문[159]으로 구분되며, 이때 재정분권의 가장 핵심은 지방소비세율의 인상이었다. 그럼에도 불구하고 세입분권의 혜택이 광역세목(지방소비세)에 집중되어 기초지방자치단체의 체감도가 낮고, 지방교부세 감소분에 대한 명시적 보전이 미흡했으며, 코로나19로 2단계 목표가 하향 조정되는 등 제약이 존재했다. 더불어 지역상생발전기금의 일몰 연장 과정에서 수도권과 비수도권 간 갈등이 재부상하며 수평조정의 정당성과 설계 개선이 과제로 남았다.

종합해보면 참여정부는 사무이양과 재원보전을 함께 하여 분권의 정합성을 구현했고, 이명박 정부와 박근혜 정부는 소비·소득 기반 지방세를 축으로 세입구조를 진전시켰다. 문재인 정부는 지방소비세율의 단계적 인상과 대규모 사무이양, 목적재원 신설을 통해 자율과 책임의 틀을 재정립하고자 하였으나, 코로나19의 여파로 재정분권 2단계 목표를 수정하였으며, 기초단위의 세입확충까지 포괄

---

158) 「자치분권 로드맵(안)」(2017.10.26.), 「자치분권 종합계획(안)」(2018.9), 「재정분권 추진방안」(2018.10.30.)

159) 5개 부문은 다음과 같다. 첫째, 지방소비세율의 순차적인 확대, 둘째, 국고보조사업을 중심으로 중앙기능의 지방이양, 셋째, 소방안전교부세율을 현행 담배분 개별소비세의 20%에서 25%로 인상, 넷째, 지방소비세 소비지수로 편입 및 지역상생발전기금 모수 확대, 다섯째, 지방교부세 감소액 보전은 하지 않으나, 지방교육재정교부금의 법정률 인상을 통해 감소분을 보전.

하는 진전을 보이기에는 한계가 있었다.

해외의 재정분권 사례[160)]

지방분권은 해외 다양한 국가들에서도 오랜 기간 추진되어 왔다. 이하에서는 일본과 프랑스의 지방분권과 재정조정체계를 살펴보고자 한다. 일본은 지방세 확충과 지방교부세 및 국고보조의 축소 등 소위 3위일체 개혁을 통하여 지방재정의 안정과 지출책임의 명확화를 추구하였다. 프랑스는 헌법에 근거한 수직적·수평적 재정조정을 병행함으로써 지역 간 불균형 완화와 제도 일관성을 확보해 왔다.

해외사례 1. 일본: 분권 로드맵의 제도화와 재정 기반의 안정화

일본의 정부는 중앙정부, 광역지방자치단체인 도도부현(都道府県), 기초지방자치단체인 시정촌(市町村) 세 가지로 구분된다. 지방자치단체의 지출규모[161)]는 국내총생산 535조 5,099억 원의 11.9%에 해당하는 63조 4,710억 원으로, 중앙정부 지출 25조 4,665억 원의 약 2.5배에 달한다.

일본의 지방분권 개혁은 2006년 「지방분권 개혁 추진법」을 계기로 추진되어 왔으며, 해당 법을 통해 중앙사무의 지방이양과 규제완화를 제도화하였다. 2014년부터는 지방자치단체가 직접 권한 이양과 규제완화를 제안하는 '제안 모집 방식'을 도입해 농지전용허가 등 구체적 권한 이양을 지속하였다.

재정 측면에서는 편재성이 낮고 세수가 안정적인 지방세 체계를 지향하고 있다. 또한 고령화에 따른 연금·의료·돌봄 등 사회보장 지출 증가에 대응하기 위해 소비세율을 기존 5%에서 2014년 4월 8%로, 2019년 10월 10% 인상하고, 인상분 전액을 사회보장 재원에 사용하고 있다. 이러한 소비세율의 인상은 고령자, 아동, 장애인 등을 위한 복지시설 정비 및 운영, 생활 보호를 담당하고 있는 지방자치단체의 부담을 경감시켜 주기 위한 노력의 일환이다.

---

160) 일본 및 프랑스 사례는 기획재정부(2023a), 「중앙정부의 지방재정 지원 해외사례 연구」 보고서를 토대로 작성하였다.

161) 한화 기준

한편 지방교부세(보통교부세)를 중심으로 한 일본의 지방재정조정은 '기준재정수요액-기준재정수입액' 간 격차(재정부족액)를 보전하는 구조이다. 그러나 최근 도쿄를 제외한 대부분의 도·도·부·현에서 수요가 수입을 상회하는 재정부담 심화가 관찰되고 있다. 이는 교부세의 안정적 기능이 일본에서도 여전히 핵심적 안전망임을 시사한다.

정리하자면 일본은 지방세 확충을 위해 지방교부세와 국고보조금 축소를 연동하여, 지출 증가의 책임을 지방에 명확히 귀속시키고 지방지출을 억제하려는 재정유인 구조를 설계했다. 즉, 증가한 지방세만큼 지방교부세 및 국고보조를 감액(일반재원 내 구성의 대체)하는 원리를 적용하였다. 그러나 지방세원이 빈약한 지방자치단체의 재정상황이 악화되는 문제가 야기되면서 3위일체 개혁에 비판론이 대두하기도 하였다.

우리나라 재정분권의 경우, 재정당국이 일관되게 고수하는 재정중립원칙은 일본식 3위일체 개혁을 참고한 것으로 보인다. 국고보조의 지방이양에 의한 잉여재원을 지방소비세율 인상 재원으로 활용하고, 지방교부세 확대 요구를 억제하려는 의도가 그러하다. 그러나, 일본 사례에서 드러났고, 이미 역대 정부의 재정분권에서 경험하였듯이 재정중립원칙이 개별 지방자치단체 단위에서는 지방세입 순증이 이양비용 보전에 미치지 못하는 경우가 빈번히 발생할 뿐 아니라, 설사 비용보전을 충족한다 하여도 시간이 지나면서 이양사업의 비용이 지속적으로 증가하여 지방세입 순증효과 이상으로 상쇄됨으로써 지방재정의 건전성을 약화시켰다는 사실이다. 이는 세입분권과 세출분권의 균형을 어떤 방식으로 유지하도록 설계할 것인가가 재정분권의 성패에 큰 영향을 준다는 것을 시사한다.

해외사례 2. 프랑스: 헌법에 근거한 수직·수평 재정조정의 병행

프랑스의 지방자치단체는 광역지방자치단체인 데파르트망(Département), 기초지방자치단체인 코뮌(Commune)으로 구성되어 있다. 프랑스의 지방분권은 일반적으로 1982년에 시작되어, 2007년 국가가 관리하던 대도시권 항만의 권한을 지방자치단체로 이양하면서 마무리된 것으로 평가된다. 특히 1986~2002년은 분권 강화를 위한 시기로, 관련 법령의 정비와 보완 조치가 집중적으로 도입되었다.

지방분권이 크게 확대된 것은 2003년 「헌법」 개정을 통해 지역 간 불평등 완화를 국가 목표로 상위법에 명시하고, 지방재정조정제도에 헌법적 근거를 부여하여 법률상 제도로 확정한 이후이다.[162] 이에 따라 국가가 기준과 재원을 설정해 지원하는 수직적 조정(중앙정부－지방정부)과 지방 간 재원을 재분배하는 수평적 조정(지방정부－지방정부)을 병행하는 체계를 운용하고 있다. 구체적으로 프랑스에서는 수직적 지방재정조정을 위해 최소운영교부금(DFM),[163] 도시균등화교부금(DPU),[164] 코뮌 간 연합체 교부금,[165] 도시 연대 및 사회적 결속 교부금(DSU),[166] 농촌연대교부금(DSR),[167] 균등화 국가 교부금(DNP),[168] 사업소세 균등화 데파르트망 기금(FDPTP)[169]이 운용되고 있다. 2004년 개혁을 통해 일반재원인 DGF(일반경상교부금)는 제도 변화를 거치며 배분구조가 조정되어 왔는데, 2018년 이후 레지옹 몫이 축소·폐지되면서 코뮌·EPCI·데파르트망 중심의 재분배로 이동한 바 있다.

수평적 지방재정조정을 위해서는 레지옹 연대기금, 데파르트망의 유상 양도세 균등화 국가기금(FNP DMTO), 데파르트망 기업 부가가치에 대한 기여금 균등화 기금, 일드프랑스레지옹의 데파르트망 연대기금(FSDRIF), 일드프랑스레지옹 코뮌 연대기금(FSRIF), 코뮌 연합체와 코뮌 자원의 균등화 국가기금(FPIC), 등록세에 대한 부가세의 데파르트망 균등화 기금 등이 운용 중에 있다.

프랑스는 1980년대부터 지방분권을 시작하여 2003년 「헌법」 개정을 통해 지방분권에 헌법의 의무와 권한을 부여한 사례이다. 이러한 프랑스 사례는 재정조

162) 2003년 3월 ‘공화국의 분권 조직화에 관한 헌법 개정안(projet de loi constitutionnelle relatif à l'organisation décentralisée de la République)’ 통과

163) 비도시 데파르트망 대상. 주민당 재정력이 비도시 데파르트망 전체의 평균 주민당 재정력의 2배 이하인 데파르트망에 배분

164) 도시 데파르트망에 대한 교부금으로 인구에 비례하여 지방자치단체 사이에 배분

165) 고유세를 가지고 있는 EPCI에 교부

166) 재정이 어려운 코뮌에 대한 지원. 해당 지원의 자원자원으로 비용 규모를 충당하지 못하는 경우에 제공

167) 농촌 코뮌 전체에 적용

168) 코뮌들 간 조세수입의 균등화 보장

169) 낮은 과세력으로 인해 불이익 받는 코뮌을 위해 객관적 기준에 따라 분배되며 재원은 국가출연금 지급연도에 지방의회가 분배

정의 목적과 원칙을 상위법(헌법, 기본법적 장치)에 명시하면 제도 일관성과 예측 가능성을 확보할 수 있다는 것을 보여준다.

4. 재정분권, 어디로 나아갈 것인가

지방재정의 자율성과 책임성 간 조화가 필요하다

우리나라의 정부 간 재정관계는 주로 지방재정관리제도를 기반으로, 중앙정부가 지방자치단체의 재정 운용을 사전에 관리·통제하는 구조로 운영되어 왔다. 즉, 지방재정에 대한 권한이 중앙정부에 집중되어 있고 지방자치단체 스스로 결정할 수 있는 재정자율성이 부족했기 때문에, 노무현 정부 이후 재정분권 추진을 통해 지방자치단체의 재정자율성을 확대하기 위한 방안들이 추진되어 왔다. 그러나 최근 들어 주민참여 활성화, 지방재정정보공개제도 확대, 지방재정부담 심의위원회 운영 등 정책결정과정에 지방자치단체 및 지역주민을 참여시키기 위한 노력들이 이루어져 왔으며, 향후 지역주민과의 관계에서 지방재정의 책임성을 제고하기 위한 방안들이 보다 많이 수행될 것으로 전망된다.

이재명 정부의 재정분권정책 역시 지방재정의 자율성 확대 및 책임성 강화를 목표로 하고 있다. 이재명 정부는 재정분권에 관한 사항을 123대 국정과제 중 53번 국정과제로 제시하고 있다. 보다 구체적으로 이재명 정부는 지방의 자주재원 확충 및 예산편성·집행과정에 대한 주민참여 확대를 통해 지방재정의 자율성과 책임성을 강화할 계획이다. 재정자율성 강화 측면에서는 지방 세입확충 강화, 중앙-지방 기능 조정, 교부세율 상향 조정 등의 추진과제들을 연계하여 국세-지방세 비율을 7:3 수준으로 상향할 계획을 제시하였다. 또한 재정책임성 강화 측면에서는 재정정보 공개 확대를 통한 투명성 증진, 재정 운용에 대한 주민참여 확대, 예산안에 대한 지방의회 심의 내실화 등을 추진할 계획이다(국정기획위원회, 2025b). 이러한 측면에서 향후에는 주민참여를 기반으로 지방자치단체의 재정 운용에 대한 자율성과 책임성을 제고하는 방식으로 재정분권을 추진할 것으로 판단된다. 이를 통해 실질적 재정분권의 기반을 마련하고 지방재정의 지속가능성을 확보하기 위한 노력이 추진될 것으로 전망된다.

5. 지속 가능한 재정분권을 향한 준비

재정분권은 지방자치 및 지방분권을 성공적으로 추진하기 위한 가장 핵심적인 구성요소이다. 지방자치단체가 지역주민의 선호에 맞는 재화와 공공서비스를 공급하기 위해서는 기본적으로 자신이 스스로 벌어들일 수 있는 수입원이 있어야 하며, 자신의 지역 특성에 맞게 지출 우선순위를 결정할 수 있는 권한을 가지고 있어야 한다. 이러한 재정분권이 성공적으로 추진되기 위해서는 무엇보다 지역주민의 관심과 적극적인 참여가 반드시 필요하다. 제2세대 재정연방주의에서 설명하는 것처럼 중앙정부와 지방자치단체의 정책결정자들이 반드시 공익을 위한 정책결정을 내리는 것이 아니기 때문에, 진정한 주권자인 지역주민이 정책결정 전 과정에 참여하여 자신의 지역을 위한 정책결정이 이루어지도록 감시하고 감독할 필요성이 있다. 이러한 측면에서 향후에는 지역주민이 참여하고 중심이 되는 지역맞춤형 재정분권을 추진할 필요성이 있다. 또한 재정분권의 목표는 지방재정의 자율성과 책임성을 동시에 제고하는 것으로 설정할 필요성이 있다. “새는 좌우의 날개로 난다”라는 말처럼 지방재정의 자율성과 책임성이라는 두 가지 핵심 가치가 실현될 때, 우리나라의 재정분권은 성공적으로 추진될 수 있을 것이다.

정책방향: 지역주민이 중심이 되는 맞춤형 재정분권을 실현하다

우리나라 재정분권의 정책방향을 ‘지역주민이 중심이 되는 맞춤형 재정분권 실현’으로 설정하였다. 이는 재정분권 개념과 재정분권을 통해 달성하고자 하는 핵심 가치의 변화 흐름을 반영한 것으로 볼 수 있다. 기존에는 재정분권을 “중앙정부의 재정적 권한을 지방자치단체로 이양하는 것”으로 파악하였으며, 이는 정부간 재정관계 내에서의 권한 이양을 의미하는 것이었다. 이 경우 재정분권은 중앙정부가 주도하고 지방자치단체는 수동적으로 중앙정부의 결정에 따르는 형태로 이루어지게 되며, 이에 따라 모든 지방자치단체에 동일한 수준의 권한이 이양되는 획일적인 재정분권이 추진되었다. 그러나 최근에는 재정분권이 "중앙정부의 재정적 권한과 책임을 지방자치단체로 이양하고, 지방자치단체는 이러한 재정적 권한과 책임을 지역주민에게 제공하는 것"으로 인식되고 있다. 즉, 기존의 정부 간 재정관계 내에 머물러 있던 재정분권의 개념을 지역주민을 포함하는 보다 넓은 개념으로 확장해 나가고 있다. 재정분권 개념을 이렇게 파악하게 되면, 재정분권은 지역주민이 중심이 되는 Bottom-up 형태로 추진되는 것이 바람직하다. 또한 지역주민의 선호와 지역특성을 반영한 재정분권정책을 수립하게 되면, 각 지역의 특성에 맞게 서로 다른 권한과 책임을 부여하는 지역맞춤형 재정분권이 추진될 수밖에 없는 논리구조를 가지게 된다. 이러한 측면에서 지역주민이 중심이 되는 지역맞춤형 재정분권을 향후 우리나라 재정분권의 정책방향으로 설정하였다.

그림 2-24 지역주민이 중심이 되는 지역맞춤형 재정분권의 기본방향

구분	현행		개선 방향
재정분권	중앙정부가 주도하는 획일적 재정분권	→	지역주민이 중심이 되는 지역맞춤형 재정분권
개념정의	정부 간 재정관계 내 권한 이양	→	지역주민에 대한 권한과 책임 이양
추진주체	중앙정부 중심	→	지역주민 중심
핵심 가치	자율성	→	자율성과 책임성 간 조화
정보 공유	공급자 중심	→	수요자 중심
평가기준	투입(Input) 중심	→	결과(Outcome) 중심

자료: 저자 작성

지역주민이 중심이 되는 지역맞춤형 재정분권의 핵심 가치는 재정자율성과 재정책임성 간 조화이다. 우리나라의 경우 중앙정부 중심의 획일적 재정분권에서는 집권적 정부 간 재정관계를 탈피하기 위해 지방자치단체의 재정자율성을 확

보하는 데 초점을 맞추어 왔다. 그러나 새로운 형태의 재정분권에서는 지방자치단체의 재정자율성뿐만 아니라 지역주민에 대한 지방자치단체의 자발적 책임성 확보 기제도 중요하게 인식된다. 지역주민이 자신들의 선호에 맞게 정책을 수립·집행할 수 있도록 하는 만큼, 그에 대한 책임도 지역주민과 지방자치단체 스스로 질 수 있도록 할 필요성이 있다.

단기과제: 재원 확충을 통한 재정분권 기반 마련

첫째, 지방자치단체의 자주재원(지방세, 지방세외수입)을 확충하기 위한 노력이 필요하다. 우리나라의 경우 민선 지방자치 30년 동안 지방자치단체의 재정 여건을 개선하기 위해 다양한 제도 개편이 이루어졌으며, 자주재원 측면에서 양적 증가를 나타낸 것으로 볼 수 있다. 그러나 아직까지 지방재정 여건은 열악한 수준이며, 장기적인 저성장 경제 기조와 비수도권 지역의 급격한 인구감소는 향후 지방재정에 대한 전망을 더욱 어둡게 만들고 있다. 예를 들어, 지방자치 30년 동안 지방자치단체의 자주재원보다 의존재원이 보다 빠르게 증가하여 중앙정부에 대한 지방자치단체의 재정 의존도가 오히려 증가하였으며, 앞으로 이런 추세는 보다 강화될 것으로 전망된다. 그리고 의존재원 중에서도 지방자치단체가 상대적으로 높은 자율성을 가지고 있는 지방교부세보다는 지방자치단체의 지방비 부담을 필요로 하는 국고보조금의 증가가 더욱 두드러지게 나타났으며, 이로 인해 향후 지방자치단체의 재정 경직성은 보다 증가할 것으로 예상할 수 있다(최정우, 2025).

이러한 측면에서 지방세 및 지방세외수입 확충을 통해 재정분권 추진 기반을 마련할 필요성이 있다. 현행 우리나라 지방자치단체 세원의 취약성을 감안할 때, 지방소비세와 지방소득세 등과 같이 세원공동이용방식을 활성화하는 접근방법이 보다 현실적인 것으로 볼 수 있다. 지방소비세의 경우 문재인정부 1·2단계 재정분권을 통해 25.3%까지 세율이 인상되었으며, 재정분권을 통한 자주재원 확충 시 가장 우선적으로 고려되고 있는 세목이다. 이러한 측면에서 지방소비세 세율을 현재보다 인상하는 방안을 검토할 수 있으며, 더 나아가 지방소비세의 근간이 되는 부가가치세의 세율을 현행 10%에서 15%까지 인상하는 방안도 검토해 볼 수 있다(전성만 외, 2025). 지방소득세의 경우에는 개인지방소득세를 중심으로 재원 확충 방안을 마련하는 것이 적절할 것으로 생각된다. 개인지방소득세가 확대될 경우 세수와 지역주민 편익 간 연계성이 강화되고, 지방자치단체의 재정책임성 향상을 유도할 수 있다. 또한 시·군의 주민소득 증진을 위한 노력이 세수확대로 이어지고 증가된 세수를 다시 지역경제 활성화를 위해 투입하는 선순환 구조 구축을 기대할 수 있다(김필헌 외, 2023).

지방자치단체의 자주재원 확충을 위한 또 다른 방법으로는 국세의 지방세 이양을 고려할 수 있다. 국세 중 지방세로 전환을 검토할 수 있는 대상 세목으로는 종합부동산세, 양도소득세, 개별소비세, 농어촌특별세, 주세 등을 들 수 있다. 이와 새로운 지방세 세원을 발굴하여 그에 대한 과세를 실현하는 방안도 추진할 필요성이 있다. 이 경우 현행 제도를 활용하여 지방세 과세대상 세원을 늘리는 방안, 「지방세법」 개정을 통해 지방세 과세대상을 새롭게 세원으로 추가하는 방안, 사회경제적 여건 변화를 반영하여 지방세 세목을 추가적으로 설치하는 방안 등을 고려할 수 있다(전성만 외, 2025).

지방세외수입의 경우에는 기본적으로 사용료, 수수료, 재산임대수입, 사업수입 등과 같은 경상적 세외수입을 확충하기 위한 노력이 필요하며, 특히, 지방자치단체의 유휴 공유재산에 대한 관리를 통해 경상적 세외수입을 확충하기 위한 방안을 마련할 필요성이 있다. 이와 관련하여 행정안전부는 2025년부터 공유재산정책과를 신설하여 공유재산에 대한 관리를 강화하기 위해 노력하고 있으며, 9개 지방자치단체는 공유재산관리기금을 설치·운영하고 있다.

둘째, 중앙정부 이전재원인 지방교부세와 국고보조금에 대한 개편을 통해 지방자치단체의 재정자율성을 확대할 필요성이 있다. 먼저 지방교부세와 관련해서 약 20년간 유지되어 온 지방교부세 법정률(내국세의 19.24%)을 인상할 필요성이 있다. 그리고 보통교부세의 재원보장기능과 재정조정기능을 분리하여 보통교부세는 재원보장기능을 담당하도록 하고, 별도의 교부금(가칭 지역균형발전교부금)을 통해 지역 간 재정격차 조정기능을 수행하도록 할 필요성이 있다. 또는 지방소비세 배분 방식과의 연계를 통해서 지방소비세는 광역지방자치단체에만 배분하고, 보통교부세는 기초지방자치단체에만 배분하는 방식도 고려해 볼만할 것으로 생각된다.

그리고 미래지향적인 재정분권의 본질은 지방자치단체에 대한 중앙정부의 과도한 간섭과 통제를 근절하고 중앙정부와 지방자치단체가 각자의 핵심기능에 집중하도록 기능을 배분하는 것이다. 이를 위해서는 중앙부처의 편의에 의해 편성되는 무분별한 공모사업을 전수 조사하여 과감하게 폐지하거나 지방의 포괄보조사업으로 개편할 필요성이 있다. 이를 위해서는 재정분권이 개별 부처의 관점이 아니라 사업을 집행하는 지방자치단체와 지역주민의 관점에서 주도되어야 한다(손희준, 2025).

셋째, 지방자치단체의 재원 확충을 위해서는 지방채와 고향사랑기부금 등과 같은 나머지 재원들에 대한 제도 개편도 함께 추진될 필요성이 있다. 재정분권 추진과 함께 지방채 발행 및 관리에 있어서도 중앙정부의 통제 중심에서 지방자치단체가 자율적으로 책임성을 확보할 수 있는 방향으로의 전환이 필요하다. 즉, 중앙정부의 통제 없이도 지방자치단체 스스로가 지속 가능하고 감당할 수 있는 범위 내에서 지방채를 효율적으로 사용하기 위한 기준을 개발할 수 있어야 한다. 「지방재정법」 제11조에서는 “지방자치단체의 장은 지방채를 발행하려면 재정 상황 및 채무 규모 등을 고려하여 대통령령으로 정하는 지방채 발행 한도액의 범위에서 지방의회의 의결을 얻어야 한다”라고 규정하고 있다. 특히, 지방채 발행 한도액의 범위 내의 경우에도 외채를 발행하는 경우에는 지방의회의 의결을 거치기 전에 행정안전부장관의 승인을 받도록 하고 있다. 또한 「지방재정법 시행령」 제10조 제2항에서는 “지방채 발행 한도액은 해당 지방자치단체의 전전년도 예산액의 100분의 10의 범위에서 행정안전부장관이 정하는 금액으로 한다”라고 규정하고 있다. 영국은 지방재정 개혁의 일환으로 2004년부터 지방채 자율발행제도를 도입·운영하고 있다. 영국의 지방채 자율발행제도는 지방자치단체의 자율성과 책임성 간의 조화를 모색하기 위해 도입되었으며, 지방자치단체 스스로가 감당할 수 있는 범위 내에서 자율적으로 지방채를 발행할 수 있도록 하였다. 지방채 자율발행제도의 성공적인 운영을 위해서는 지역주민의 선호와 의사를 반영하여 지방채를 발행하는 방안을 마련해야 한다. 지방채 발행으로 인한 재정부담은 결국 현세대 또는 미래세대의 지역주민들에게 귀속되기 때문에, 지방채를 발행하기 이전에 지방채 발행의 필요성 및 타당성을 지역주민에게 설명하고 동의를 얻을 필요가 있다(홍근석·김성찬, 2018).

그리고 고향사랑기부금은 고향에 대한 건전한 기부문화를 조성하고 지역경제를 활성화함으로써 지역균형발전을 도모하기 위한 목적으로 2023년 1월부터 시행되고 있는 제도이다. 그러나 현행 고향사랑기부금은 여러 가지 제약이 존재하고 있으며, 이에 대한 개편 논의가 지속적으로 이루어지고 있는 실정이다. 고향사랑기부금이 지방자치단체 재원 확충 수단으로 활용되기 위해서는 먼저 기부대상을 법인까지 확대할 필요성이 있으며, 기부금 세액공제액을 현행보다 인상할 필요성이 있다.

중기과제: 법·제도 정비를 통한 지속 가능한 재정분권 추진

첫째, 재정분권의 지속가능성을 담보하기 위해서는 지역주민이 지방재정 운용과정에 참여할 수 있는 법적 기반을 마련하는 것이 필요하다. 구체적으로 지방자치단체의 주요 사업과 전체 예산과정에 대한 실질적 주민참여를 담보하기 위해서는 「지방재정법」 제39조의 주민참여예산제도에 대한 개정이 필요하다. 현행 조항은 "지방자치법 제39조에 따른 지방의회의 의결사항은 제외한다"라는 단서조항을 두고 있으며, 이로 인해 예산의 심의·확정, 결산의 승인 등 중요한 사항에 대한 결정권은 제한되고 있다. 주민참여예산제도가 실질적으로 운영되기 위해서는 보다 본질적인 부분에 대한 의사결정권한을 부여할 필요성이 있다. 지방의회와 주민참여예산제도와의 권한배분 문제는 지방의회의 발의를 통해 주요 재정지출에 대한 선택적 재정주민투표를 실시하는 스위스 사례로부터 시사점을 얻을 수 있을 것으로 생각된다.

그리고 자치분권위원회(2018)의 '자치분권 종합계획(안)'에서 제시하고 있는 것처럼 지방재정에 관한 지역주민의 직접 참여를 확대·강화하기 위해서는 「주민투표법」 제7조 제2항을 개정할 필요성이 있다. 현행 조항은 주민투표의 청구대상에서 제외되는 6가지 예외 사항을 규정하고 있으며, 이 중 3번째 예외 사항으로 "지방자치단체의 예산·회계·계약 및 재산관리에 관한 사항과 지방세·사용료·

수수료·분담금 등 각종 공과금의 부과 또는 감면에 관한 사항"을 제시하고 있다. 지방자치단체의 재정책임성을 제고하기 위해서는 「주민투표법」 제7조 제2항의 개정을 통해 지방재정의 주요 분야에 대한 지역주민의 직접참여를 강화할 필요성이 있다. 재정주민투표나 주민총회를 통한 예산·결산의 승인 등에 관한 내용을 규정하는 방안을 검토해 볼 수 있다.

또한 「지방재정법」 제55조의2와 제55조의3에 대한 검토가 필요하다. 현행 조항은 재정위기단체와 재정주의단체의 지정, 재정위기단체와 재정주의단체의 재정건전화계획 수립 의무 등을 제시하고 있다. 지방재정의 건전성과 책임성 제고는 지방자치단체가 자율적으로 추진하는 것이 보다 바람직할 것으로 생각된다. 지금까지 우리나라의 정부 간 재정관계는 중앙정부 중심의 집권적 방식으로 이루어져 왔으며, 이로 인해 지방자치단체 스스로가 자신의 재정문제를 해결하려는 노력을 기울이지 않았다. 이러한 측면에서 지방자치단체의 재정위기에 대해 지방자치단체 스스로가 재정건전화계획을 수립하고, 지방의회와 지역주민이 재정건전화계획의 이행을 감시·감독하는 방안을 마련할 필요성이 있다(홍근석·김성찬, 2018).

둘째, 현행 「헌법」 제59조의 조세법률주의에 기반한 지방세 확충 제약 문제를 해소하기 위해 법정외세 도입을 검토할 필요성이 있다. 「헌법」 제59조는 "조세의 종목과 세율은 법률로 정한다"라고 규정하고 있으며, 이러한 조세법률주의는 지방자치단체의 자체재원인 지방세 확충을 제약하는 요인으로 작용하고 있다. 물론 조세법률주의하에서도 「지방세법」상 지역자원시설세와 같이 임의세 방식으로 과세대상 등 기본적인 과세요건을 정하고 지방자치단체 조례로 선택하는 방식도 가능하지만, 과세대상을 「지방세법」에 추가하는 데에는 사실상 제약이 크다. 우리나라 기초지방자치단체에 해당하는 일본의 시구정촌(市区町村) 법정외세는 2023년 현재 21건, 78억엔(약 676억 원)의 세수를 조달하는 것으로 나타나고 있다. 일본의 법정외세는 기간세 보다는 지방세의 일부분을 확충하는 의미를 갖고 있다. 일부 법정외세 도입에 대한 우려도 있지만 조세법률주의가 무력화되는 것도 아니며, 일본의 사례를 볼 때 지방자치단체의 자율성을 발휘하면서 제한된 범위에서 일부 세수 조달에 기여하는 점을 고려할 필요가 있다(김필헌 외, 2023).

이러한 측면에서 「헌법」 제59조의 조세법률주의 제약을 개정하여 지방자치단체가 발굴한 신세원에 대해서는 당해 지방자치단체의 조례에 근거하여 과세할 수 있도록 하는 법정외세목 신설에 대한 재량권을 부여하는 실질적인 조치가 이루어질 필요성이 있다(전성만 외, 2025).

셋째, 수요자 중심 지방재정공시제도를 운영할 필요성이 있다. 현재 우리나라는 지방자치단체의 재정운영에 관한 정보를 지역주민에게 제공하기 위해 2006년부터 지방재정공시제도를 도입·운영하고 있다. 그러나 현행 지방재정공시제도는 지역주민들이 이해하기 힘든 전문적 수준에서 지방재정정보가 공개되어 공개된 정보의 실효성이 떨어진다. 또한 「지방재정법」과 「지방재정법 시행령」에서는 지방자치단체가 자율적으로 지방재정공시제도를 운영할 수 있도록 규정하고 있지만, 실제로는 지방자치단체들이 행정안전부의 지침 수준에서 형식적으로 지방재정공시제도를 운영하고 있다(국회입법조사처, 2018). 또한 공시결과 수렴된 의견에 대한 환류 메커니즘이 결여되어 있다는 문제점이 지적되고 있다(임성일, 2012).

프랑스의 지방재정 및 공공관리 옵저버는 중앙정부 및 지방자치단체 공무원, 지방재정 전문가, 지역주민 등 다양한 이해관계자들로 구성되며, 지방재정에 관한 정보를 분석·제공하는 역할을 수행한다. 즉, 지방자치단체와 이해관계가 있는 재정법안의 규정 작성에 필요한 분석을 제공하고, 지방자치단체의 재정상황에 관한 연간보고서를 만들며, 지방재정의 발전방안에 관한 연구를 수행한다. 또한 지방자치단체 운영과 관련된 데이터를 수집·분석·관리하는 역할을 수행하며, 우수사례 전파 및 지방재정정책에 대한 평가를 실시한다. 이러한 측면에서 우리나라도 지역주민의 참여를 바탕으로 지방자치단체의 특성에 맞게 자율적으로 지방재정에 관한 정보를 공시하고, 이를 다시 지방자치단체의 의사결정에 반영하는 수요자 중심의 지방재정공시제도를 운영할 필요성이 있다. 이를 위해서는 법적·제도적 기반의 마련과 함께 지역주민에 대한 홍보 및 교육이 함께 이루어져야 할 것이다. 지방재정 관련 정보들은 대부분 전문적인 용어를 포함하고 있기 때문에, 비전문가인 지역주민들이 쉽게 이해하고 활용할 수 없다. 따라서 지방자치단체와 시민단체 등을 중심으로 지방재정과 관련된 홍보 및 교육을 강화할 필요가 있다. 그리고 지방자치단체 홈페이지 및 지방재정365 등에서 수요자가 원하는 정보들을 보다 쉽게 검색하고 활용할 수 있도록 할 필요성이 있다(홍근석 · 김성찬, 2018).

장기과제: 지역주민이 중심이 되는 맞춤형 재정분권 실현

첫째, 지역특성과 지역주민의 선호를 반영할 수 있는 지역맞춤형 재정분권을 추진할 필요성이 있다. 지역맞춤형 재정분권은 재정분권 개혁을 성공적으로 수행하기 위한 접근방법 중 하나로 지방자치단체의 특성을 고려하여 서로 다르게 취급하는 유연한 재정분권 방식을 의미한다. 즉, 기존의 재정분권 방식이 모든 지방자치단체에게 동일한 권한과 책임을 부여하는 것과는 대조적으로, 지역맞춤형 재정분권 또는 차등적 재정분권은 각 지방자치단체의 특수성을 고려하여 서로 다른 권한과 책임을 부여하는 방식이다. 이 경우 지방자치단체가 보유한 자치역량, 지리적 특성, 자치에 대한 의지, 성과 등에 근거하여 지방자치단체에 부여하는 권한과 책임 수준을 결정하게 된다(Allain－Dupré et al., 2020).

지역맞춤형 재정분권의 필요성은 지역별로 요구되는 수요가 다르다는 점을 고려함으로써 보다 많은 편익을 얻을 수 있다는 경제적 측면에서 검토될 수 있다. 즉, 지역맞춤형 재정분권은 지역 수요 및 비용 요인에 대한 보다 질 높은 지식의 활용, 보다 투명한 의사결정, 서비스 공급 등의 지역혁신을 촉진하기 위한 개념이다(Boadway and Dougherty, 2019; OECD/KIPF, 2018). 이러한 측면에서는 지방자치단체별로 서로 다른 규모의 지출 권한을 할당하는 것을 통해 서비스 공급의 효율성을 개선하는 방법이 활용될 수 있다. 즉, 지방자치단체별로 상이한 세입 기반과 공공서비스 공급의 특수한 환경을 고려함으로써 더 많은 역량을 가진 지방자치단체에 보다 많은 조세 자율성을 가지게 할 수 있다. 또한 지역맞춤형 재정분권은 형평성 차원에서도 필요성이 제기될 수 있다. 국가 전체적으로 동일한 서비스 수준에 도달하기 위해 지방자치단체별로 서로 다른 지출 자율성을 부여하는 게 형평성 측면에서 지역맞춤형 재정분권을 정당화하는 논리가 될 수 있다(Bird and Ebel, 2006). 이러한 측면에서 지역맞춤형 재정분권은 이전재원 시스템에서 독특한 서비스 니즈(Needs)를 가지고 있는 지역을 지원하거나 예외적인 운영환경을 가진 지역을 다르게 취급하기 위해 특정 목적의 보조금이나 공식기반 보조금에서 특정 기준을 적용하는 데 활용해 볼 수 있다(제주특별자치도, 2022).

이와 관련하여 IMF는 개발도상국의 재정분권 추진 방안을 제시함에 있어서 지역맞춤형 재정분권 추진을 권고하고 있다. 예를 들어, 콜롬비아의 경우 지출책임성을 배분함에 있어서 지방자치단체의 역량을 고려하고, 지방자치단체의 역량에 따라 지출책임성의 수준을 차등화하는 방안을 제시하였다. 코소보와 마케도니아의 경우 대도시지역과 농촌지역, 재정력이 우수한 지역과 열악한 지역 등 지방자치단체의 특성과 역량에 따라 지출책임성의 배분에 차등을 두도록 하였다. 나이지리아와 마케도니아의 경우에는 다양한 공공서비스 분야 중에서 지출책임성의 배분이 쉽게 이루어질 수 있고 지방자치단체의 책임성이 잘 담보될 수 있는 분야에서 지출책임성의 배분이 우선적으로 이루어져야 한다고 권고하였다(Fedelino & Ter-Minassian, 2010).

둘째, 지방자치단체의 성과관리제도를 개선하여 주민참여형 성과관리제도를 도입할 필요성이 있다. 현행 「지방재정법」 제5조는 지방자치단체의 성과관리에 대해 규정하고 있으며, 「지방재정법 시행령」 제37조의4는 지방보조사업의 성과평가에 대해 규정하고 있다. 그리고 「정부업무평가 기본법」 제18조는 지방자치단체의 자체평가에 대해 규정하고 있다. 현행 지방자치단체의 성과평가 및 성과관리는 중앙정부 주도하에 지방자치단체를 관리하기 위한 목적으로 운영되고 있는 것으로 볼 수 있다. 그러나 미국 아이오와주의 9개 지방자치단체에서 실시한 시민 주도 성과평가와 영국 지방자치단체의 자율적인 지방성과지표 활용 사례를 통해서 볼 때, 지역주민이 참여하여 지방자치단체의 성과를 평가·관리하는 방안을 검토해 볼 수 있다.

지방자치단체의 성과관리에 대한 주민참여는 사업의 전 과정에 걸쳐 이루어질 수 있다. 예를 들어, 지역주민들은 지방자치단체의 성과지표를 설정하는 단계에서 의견을 제시할 수 있으며, 아이오와주 사례에서 제시된 시민 성과팀은 지역특성을 반영한 성과지표를 개발하는 역할을 실제적으로 수행하였다. 사업의 집행단계에서도 성과 모니터링에 적극적으로 참여할 수 있으며, 지역주민들은 직접 현장조사에 참여하거나 만족도 조사의 패널로 참여할 수 있다. 아이오와주 사례에서 9개 지방자치단체들은 시민 성과팀이 개발한 성과지표에 근거하여 주민만족도를 평가하기 위한 방안을 마련하였다. 또한 지역주민들은 성과평가위원회에 참여하여 지방자치단체의 성과를 평가할 수 있다. 또한 재정책임성의 관점에서 지역주민들에게 성과평가 결과를 적극적으로 공개하기 위한 노력이 필요하다. 매년 지역주민들을 대상으로 지방자치단체의 성과평가 결과에 대한 공청회를 개최하고, 주기적으로 지방자치단체의 성과를 뉴스레터 형식으로 주민들에게 발송하도록 하여 성과에 대한 지방자치단체의 책임성을 제고할 필요성이 있다(오영민·이현국, 2016).

마지막으로 지방재정과 지방교육재정 간 연계·통합에 대한 검토가 필요할 것으로 생각된다. 지방재정의 수요자인 지역주민의 입장이나 국가 전체적인 차원에서 볼 때, 지방재정과 지방교육재정의 분리 운영은 효율성과 책임성 측면에서 문제점이 발생할 수 있다. 특히 지방교부세와 지방교육재정교부금이 분리·운영되고 있는 상황에서 지방교육재정교부금의 수요자인 학생 수는 지속적으로 감소하는 반면 내국세 대비 지방교육재정교부금 비중은 지속적으로 증가하여, 국가 전체적으로 자원배분의 비효율성이 발생할 가능성이 존재하고 있다. 지방재정과 지방교육재정의 최종 수요자가 동일한 지역주민이라는 점을 고려한다면, 지방재정과 지방교육재정을 분리·운영하는 현행 제도가 적절한지에 대한 검토가 반드시 필요할 것으로 생각된다.

이와 관련하여 지금까지 지방교육재정 개선방안에 관한 논의는 지방교육재정교부금 산정방식 개편방안에 관한 논의와 일반 지방재정과 지방교육재정 간 관계 재구조화 방안을 중심으로 이루어져 왔다. 이러한 점을 고려하여 단기적 측면에서는 지방교육재정교부금 기준재정수요 및 기준재정수입 산정방식을 개선하기 위한 방안을 마련하고 지방재정과 지방교육재정 간 연계·협력을 활성화하기 위해 공동사업비 확대 등을 검토할 필요성이 있다. 그리고 장기적 측면에서는 현행 지방교육재정교부금 산정방식에 대한 전면 재검토를 통해 지방재정과 지방교육재정 간 통합 방안을 마련할 필요성이 있다.

표 2-24 2026 지방행정 트렌드 대응과제: 맞춤형 재정분권 실현

구분	대응과제		
	주요 과제	목표	주요 내용
단기과제 재원 확충을 통한 재정분권 기반 마련	자주재원 확충	지방재정 자율성 확대	▪ 지방소비세 및 지방소득세 인상 ▪ 국세의 지방세 이양 ▪ 지방세 신세원 발굴 ▪ 공유재산 중심 경상적 세외수입 확충
	지방재정 조정제도 개편	지방재정 자립도 제고	▪ 지방교부세 법정률 인상 ▪ 보통교부세 재원보장기능 및 재정조정기능 분리 ▪ 불필요한 공모사업 축소·폐지 ▪ 포괄보조사업 중심 국고보조사업 운영
	지방채 및 기부금 활용	지방재정 자율성 확대	▪ 기타 지방자치단체 재원 확충 방안 마련 ▪ 지방채 자율발행제도 도입 ▪ 고향사랑기부금 기부대상 확대 ▪ 고향사랑기부금 세액공제액 인상
중기과제 법·제도 정비를 통한 지속 가능한 재정분권 추진	주민참여 근거 법률 정비	직접민주주의 강화	▪ 실질적 주민참여 확대 위한 법률 개정 ▪ 주민참여예산제도 범위 확대(「지방재정법」 제39조) ▪ 주민투표 청구대상 예외 축소(「주민투표법」 제7조) ▪ 재정건전화 조례 제정(「지방재정법」 제55조의2)
	지역특성 반영 법정외세 도입	지방재정 자율성 확대	▪ 「헌법」 제59조 조세법률주의 조항 개정 ▪ 일본 법정외세제도 벤치마킹 ▪ 조례 기반 지방세 과세 ▪ 지역특성 반영한 지방세수 발굴
	수요자 중심 지방재정 공시제도 운영	지방재정 투명성 제고	▪ 지역특성에 맞는 자율적 재정정보 공시 ▪ 지역주민 대상 지방재정 교육 및 홍보 ▪ 수요자 중심 홈페이지 구축 ▪ 지방재정 정보 공시 결과 환류
장기과제 주민이 중심이 되는 맞춤형 재정분권 실현	지역맞춤형 재정분권 추진	지방자치단체 성과 제고	▪ 지방자치단체 재정분권 수준 차등화 ▪ 지방자치단체 역량별 조세 자율성 부여 ▪ 공공서비스 특성별 지출 자율성 부여 ▪ 중앙정부 이전재원 및 지방채 발행 수준 차등화
	주민참여형 성과관리제도 도입	지방재정 책임성 제고	▪ 주민참여 통한 지방자치단체 성과관리 실시 ▪ 미국 시민 주도 성과평가와 영국 지방성과지표 벤치마킹 ▪ 전체 성과관리과정에 대한 주민참여 보장 ▪ 성과평가 환류 및 홍보·공개
	지방교육재정 통합 운영	수요자 중심 효율성 제고	▪ 기준재정수요액 및 기준재정수입액 산정방식 개선 ▪ 내국세 일정률 연동방식 개선

			▪ 공동사업비 확대 등 연계·협력 방안 마련 ▪ 지방재정과 지방교육재정 간 통합
▼ ▼ ▼ ▼ ▼ ▼ ▼ ▼ ▼ ▼ ▼ ▼			
기대효과	▪ 지방자치단체 재정자율성 확대 • 지역주민 중심의 재정분권을 주도함으로써 지역특성을 반영한 자율적인 재정운용 및 재정자율성 확대 ▪ 지방자치단체 재정책임성 제고 • 지방재정 운용과정에 지역주민이 직접 참여함으로써 지역주민에 대한 지방자치단체 책임성 제고 ▪ 지방자치단체 성과 향상 • 지역주민이 참여하는 맞춤형 재정분권 수행과정에서 지방자치단체 역량과 의지에 대한 평가를 수행함으로써 지방자치단체가 성과 향상을 위해 노력할 유인 제공 ▪ 재정분권 개혁의 실행가능성 확보 • 자치역량을 보유한 지방자치단체에 그에 상응하는 권한을 이양함으로써 재정분권 개혁의 실행가능성 확보 가능		

자료: 저자 작성

다가올 2026년, 지방정부 민선9기 지방행정의 선택은 "지역주민이 중심이 되는 맞춤형 재정분권 실현"에 달려 있다

지난 수십 년간 재정분권 논의는 중앙정부의 권한을 지방자치단체에 이양하는 방향으로 전개되어 왔다. 분권교부세 도입, 지방소비세율 확대 등 일정한 제도적 보완이 있었으나, 여전히 지방자치단체는 중앙정부의 지침에 의존하며 수동적으로 대응하는 한계를 드러냈다. 이러한 구조 속에서 재정분권은 획일적이고 일률적인 권한 이양에 머물러, 지역별 특성과 주민의 다양한 요구를 충분히 반영하지 못했다.

그러나 최근 재정분권의 개념은 새로운 전환점을 맞고 있다. 단순히 정부 간 권한을 주고받는 관계를 넘어, 중앙정부의 재정적 권한과 책임이 지방자치단체로 이양되고, 나아가 지방자치단체가 이를 지역주민과 공유하는 구조로 변화하고 있다. 다시 말해 재정분권은 정부 주도의 'Top–down' 방식이 아니라, 주민의 참여와 선호를 반영하는 'Bottom–up' 방식으로 추진되어야 한다는 사회적 요구가 커지고 있는 것이다.

앞으로의 재정분권은 지역별 인구·재정·산업 여건을 반영한 맞춤형 분권으로 추진되어야 하며, 자율성과 책임성의 균형이 핵심이다. 지방자치단체는 주민참여를 확대하고 책임 있는 재정운영 구조를 마련해, 분권이 단순한 권한 이양을 넘어 지역의 지속 가능한 발전을 이끄는 제도로 자리 잡아야 한다.

민선9기 지방행정은 단기적으로 재원 확충을 통한 재정분권 기반 마련에 집중하고, 중기적으로는 법·제도의 정비를 통한 지속 가능한 재정분권 추진 기회를 마련해야 하며, 장기적으로 지역주민이 중심이 되는 맞춤형 재정분권을 실현하는 데 주력해야 한다.

07 현금보다 강한 유효수단: 소비 확대에서 재정 확충까지, 지역화폐의 선순환 전략

1. 지역경제 활력의 새로운 가능성, 지역화폐

"지역화폐는 크게 두 가지로 나뉜다. 상품권을 기반으로 한 공공형 지역화폐와 노동형 교환을 기반으로 한 공동체형 지역화폐다. 현재 대부분 지역화폐로 알고 있는 유형은 공공형 지역화폐로 행정이 발행·지급하고, 소비자는 일정 금액을 캐시백·인센티브·할인 형태로 되돌려 받는 방식이다. 반면 공동체형은 협동조합과 사회적 기업, 지역 상점 등이 중심이 된 방식으로 **주민 간 유대감을 형성해 풀뿌리 민주주의에 기여**하는 장점이 있다."

인천일보, 2020.12.10.

"지난해 지역사랑상품권이 전국 230개 지자체에서 13.3조 규모로 판매되어 코로나19로 **침체된 지역경제에 온기를 불어넣은 것**으로 나타났다."

행정안전부 보도자료, 2021.01.13.

"행정안전부는 **지역사랑상품권 발행 국가지원 의무화** 등을 담은 「지역사랑상품권 이용 활성화에 관한 법률」 개정안이 국회 본회의에서 의결되었다고 밝혔다. … 이번 법 개정은 지방자치단체가 지역경제 활성화 등을 목적으로 지역사랑상품권을 발행하는 경우, 정부가 이에 소요되는 할인 비용 등을 지속적으로 지원함으로써 **안정적인 발행 기반을 조성**했다는데 큰 의의가 있다."

행정안전부 보도자료, 2025.08.04.

2025 한국지방재정학회 춘계학술대회(2025.04.04.)　　제1차 지방자치혁신 포럼(2025.07.22.)

지역경제 활력 회복을 위한 열쇠, 지역사랑상품권

2025년 8월 4일은 우리나라에서 지역화폐[170]의 일종인 지역사랑상품권 발행을 의무화하는 법률개정안이 국회에서 의결된 날이다. 법률 개정안의 핵심 내용은 국가는 지방자치단체의 지역사랑상품권 발행을 국고보조금으로 반드시 지원해야 한다는 것이다. 지금까지 중앙정부는 필요에 따라 선택적으로 지방자치단체의 지역사랑상품권 발행을 지원하였고, 그 규모와 조건도 상황에 따라 달리하였다. 하지만 중앙정부의 지원 규모와 조건에 따라 다르겠지만, 2026년 1월 1일부터 모든 지방자치단체들이 지역사랑상품권을 발행해야 하는 상황이 된 것이다.

지역화폐는 법정화폐의 대안화폐로 불리고 있다. 하지만 엄밀히 말해서 지역화폐는 법정화폐의 대안 수단이라기보다는 보완 수단으로 보는 것이 적합하다. 왜냐하면 지역화폐가 법정화폐를 대체하는 것이 아니라 화폐기능의 일부를 보충적으로 수행하는 수단으로 도입되어 운용되고 있기 때문이다.

지역화폐를 도입하는 목적은 크게 두 가지로 나눌 수 있다. 하나는 지역공동체 구성원 간의 거래관계를 활성화하고 신뢰관계를 강화하기 위한 것이며, 대표적 사례는 레츠(LETS, Local Exchange and Trading System) 방식의 지역화폐가 있다. 지역화폐정책의 또 다른 주요 목적은 지역경제 내에서 자본의 순환을 촉진하고, 자금의 역외 유출을 방지함으로써 지역경제의 자생적 성장 기반을 강화하는 데

170) 지역화폐 용어는 매우 다양한 의미로 사용되고 있다. 다만 현재 우리나라에서 이와 관련한 법률 명칭은 지역사랑상품권이다. 이에 따라 행정안전부는 상품권의 법적 성질 및 법정 통화와의 혼동을 방지하기 위하여 '화폐' 표현은 지양하도록 권장하고 있다.

있다. 이러한 취지에서 도입된 제도적 수단 중 하나로, 현재 국내 다수의 지방자치단체에서 발행·운영 중인 지역사랑상품권을 대표적인 사례로 들 수 있다(최준규·윤소은, 2018).

우리나라에서 1997년 IMF 경제위기는 지역공동체 스스로 위기를 극복하기 위한 대응책을 찾도록 요구하였다. 정부의 재정건전성이 와해되고 한국경제의 구조적 불안정성이 심화되며, 세계경제도 침체기에 접어드는 시기였다. 이에 지역의 풀뿌리 경제를 재건하고 주민의 참여와 지방자치의 정신을 반영하는 대책이 나온 것이다. 즉, 지역 내 경제 선순환을 통한 지역경제 활성화를 위해 주민 간의 상호부조와 비자본주의적 네트워크 형성 등이 지역화폐의 형태로 나타났다. 이처럼 노동과 지역공동체의 가치를 중시하는 관점에서, 주민 상호 간에 자신의 노동력, 기술, 물품 등을 필요로 하는 이에게 제공하고, 동시에 타인으로부터 필요한 자원을 제공받는 형태의 '다자 간 품앗이 제도'로 도입되었다(천경희·이기춘, 2006; 국회예산결산특별위원회, 2017). 이외에도 민간영역에서 품앗이형 지역화폐 발행이 증가하는 상황에서 지방자치단체들이 침체되는 지역경제를 회복시키고 자본의 외부 유출을 방지하기 위하여 고향사랑상품권이라는 명칭으로 지역화폐를 도입하기 시작하였다.

2. 공동체 화폐에서 제도화된 지역화폐로, 변화의 궤적

공동체 화폐의 등장과 성과

1999년 대전 지역에서 한밭레츠가 공동체 화폐 유형의 지역화폐로 등장하였다. 한밭레츠의 출발점은 지역 내 구성원들이 지역화폐 시스템을 통해 서비스와 재화를 상호 교환하는 공동체 기반 경제모델이었다(경기도마을공동체지원센터, 2025; 조혜경, 2018). 한밭레츠는 국내외 경기의 침체 속에서 지역공동체 내부에서 경제를 활성화시키고 지역주민의 소득과 삶의 질 향상을 위해 고안된 것이다. 다음과 같은 목적을 가지고 한밭레츠를 도입하였다.

"지역화폐는 지역주민들끼리 거래되는 그 특성에 의해서 중앙정부의 영향 아래에 발행되는 법정화폐와는 다르게 지역의 소득이나 자금이 지역 밖으로 빠져나가지 않게 하여 지역의 경제적 활력을 높여 나가는 효과가 있다. 그리고 화폐를 유통하는 공동체끼리 지역사회를 재발견하고 공동체의 활력을 높여가는 작용을 할 수 있다. 지역화폐 시스템은 독립적인 형태로 화폐 유통망을 구축함으로써 법정화폐를 대체하는 만큼 지역의 부의 유출을 막을 수 있고 지역경제만의 경쟁력 강화와 다양성 향상에 이바지하게 된다(경기도마을공동체지원센터, 2025)."

그렇지만 한밭레츠의 활용은 시간이 지남에 따라 등락을 겪고 있으며, 최근으로 올수록 거래 현황은 감소하고 있다. 2024년도 거래 건수는 전년도에 비해 552건이 감소하였으며, 두루 거래액은 약 52백만 두루, 현금 거래액은 약 36백만 원으로 전년도에 비해 두루 거래 금액은 430여 만 두루 감소, 현금 거래액은 638여 만 원 증가하였다. 2005년부터 2024년까지 거래 현황표를 보면 2013년과 2014년 한 해 2억 두루 이상의 거래를 했던 해를 중심으로 조금씩 감소하고 있으며, 코로나19가 시작된 2020년 이후 급격하게 거래가 감소하고 있다.

한편, 한밭레츠를 통한 거래는 코로나19 팬데믹 시기에 가장 활성화되었다고 볼 수 있다. 거래 규모는 2022년 이후에 급격히 감소하고 있지만, 현금을 포함한 전체 거래에서 두루가 차지하는 비중은 2022년에 69%로 가장 높았다. 2024년에는 거래 건수가 2,570건을 역대 최저 수준으로 감소하였고, 두루의 비중도 58.8%로 감소하였다. 실제 한밭레츠의 두루를 통한 가구당 연간 평균 거래액이 140,973원까지 줄어들었다.

표 2-25 지역품앗이형 지역화폐 현황

운영 체계명	운영 기관명	운영기관 특성	지역 통화명	회원자격	등록방법
FM 시스템	미래를 내다보는 사람들의 모임	비영리 민간단체	FM (Future Money)	자신의 기술, 서비스를 남과 나누려는 뜻이 있는 15세 이상의 대한민국 국민이면 누구나	직접 방문하여 소정의 약정서를 작성-제출하거나 전화로 가등록 후 약정서를 받아 정식으로 등록

서초 품앗이 저축은행	서초구청 기획예산과	지방자치 단체	GM (Green Money)	18세 이상의 서초구민 또는 직장인	구청, 동사무소에 비치된 소정의 약정서를 작성하여 구청 기획예산과에 제출
송파 품앗이	송파구 자원봉사센터	구립 민영 지역자원봉사센터	SM (Songpa Money)	18세 이상의 송파구 및 인근 지역 주민 또는 직장인	직접 방문하여 가입신청서 작성
경제 활성화 센터	대구 중구청	지방자치단체(경제종합지원센터)	DN (Denarius)	중구 구민 누구나(특별한 제한 없음)	전화 등 통신 및 방문하여 신청서 작성
렛츠 코리아	인천정보통신센터	지역정보화 사업실시 민간기관	AM (Angel Money)	특별한 자격 제한 없음	전화, 인터넷 홈페이지(www.letskorea.org), 직접 방문해 신청서 작성
작아 장터	도서출판 –작은 것이 아름답다	비영리 민간단체	없음	잡지 '작은 것이 아름답다' 구독자	전화, 인터넷 홈페이지, 직접 방문해 신청서 작성
녹색 가게	구리 YMCA	비영리 민간단체	통화 없이 교환권으로 대신	제한 없음	주로 방문
전주 품앗이	전주 근로자 선교 상담소	종교단체	품앗이	제한 없음	통신 및 방문
교육 통화	민들레교육 상생체	비영리 민간단체	민들레	잡지 '민들레' 회원	통신 및 서면
아름다운 지역 공동체 나눔	평화와 참여로 가는 인천연대	비영리 민간단체	나눔	회원 1명의 추천을 받은 사람 또는 사무국과 면담 후 회원 자격이 인정된 사람	전화, 방문, 통신
기술 도구 은행	중앙대부설종합사회복지관	사회복지 기관	CM (Credit Money)	없음	방문 및 인터넷 홈페이지에서 신청
감리교 통합 품앗이	감리교 농촌선교 훈련원	종교단체	품	감리교인	전화, 문서, 방문

자료: 한밭레츠 홈페이지(http://www.tjlets.or.kr/) 자료실

지역품앗이형 지역화폐의 확산과 쇠퇴

지역공동체들이 지역경제 활성화와 공동체 회복 등을 위하여 많은 지역품앗이형 지역화폐를 도입하였다. 전국적으로 많은 민간 공동체들은 품앗이형의 지역화폐를 발행하며, 스스로 네트워크를 구성하여 연대와 협력을 강화하는 노력을 기울였다. 이를 위해 한국지역품앗이네트워크 준비위원회가 구성되고, 협력과 연대를 위한 활동을 추진하였다.

민간공동체 중심의 지역화폐는 구조적 또는 본질적으로 확산이 어려운 상태에 있다. 그 이유는 다양하다. 즉 한정된 공간의 공동체 내부에서만 통용되며, 지역사회의 공동체 회원은 100명 정도로 작은 규모가 많다. 공동체에서 화폐의 발행과 유통을 위해 재원이 소요되는데 소규모 공동체에서 예산을 확보하는 것이 쉽지 않다. 지역화폐에 대해 모든 구성원이 공감하고 동의하는 수준으로 가치를 부여하는 것이 어렵다(조혜경, 2018).

품앗이형 지역화폐의 발행 주체는 비영리민간단체(사회복지기관, 종교단체 등), 지방자치단체, 사회적기업 등 다양하다. 위 표에서 제시한 12개 지역화폐 발행주체별로 분포를 보면, 지방자치단체가 2곳, 비영리민간단체가 5곳, 종교단체 2곳, 사회복지기관 1곳, 사회적(민간)기업 1곳 및 자원봉사센터 1곳 등이다. 지역화폐를 활용하기 위해서는 회원자격을 취득해야 하며, 등록하는 방법은 직접 방문, 인터넷 또는 전화 등을 활용할 수 있다. 회원자격 요건은 제한이 없는 경우가 대부분이지만, 지역이나 연령(성인 기준 18세) 제한 또는 기존 회원의 추천 등으로 제한하는 경우도 있다.

표 2-26 한밭레츠 두루 거래 현황

년도	거래 건수	두루	현금	거래총액	두루비율	전년대비 증가율	가구당 연거래총액
2024	2,570	52,033,593	36,497,780	88,531,373	58.8	-17.7	140,973
2023	3,122	56,335,874	30,114,806	86,450,680	65.2	-21.5	137,660
2022	3,978	80,709,723	36,267,320	116,977,043	69.0	-31.9	187,463
2021	5,842	107,447,937	59,543,196	166,991,133	64.3	-16.2	257,305
2020	6,968	105,413,215	71,778,490	177,191,705	59.5	-21.7	264,465
2019	8,898	133,230,915	90,929,030	224,159,945	59.4	-9.1	334,567
2018	9,792	145,017,478	124,099,270	269,116,748	53.9	21.3	405,908
2017	8,072	125,862,550	117,444,690	243,307,240	51.7	-22.2	368,662
2016	10,372	153,961,889	116,981,229	270,943,118	56.8	-21.9	416,195
2015	13,285	196,252,634	136,835,299	333,087,933	58.9	-18.0	509,309
2014	16,192	210,002,625	182,828,741	392,831,366	53.5	-6.4	546,358
2013	17,308	209,202,345	172,256,410	381,458,755	54.8	8.9	580,606
2012	15,899	184,139,250	163,096,210	346,235,460	53.2	19.7	554,865
2011	13,282	132,187,025	115,757,020	247,944,045	53.3	-7.4	520,891
2010	14,342	126,643,180	137,954,970	264,598,150	47.9	-4.3	578,989
2009	14,983	122,835,290	118,912,850	241,748,140	50.8	41.8	555,743
2008	10,569	96,016,220	85,137,010	181,153,230	53.0	39.9	309,135
2007	7,557	73,737,090	69,999,750	142,736,840	51.7	36.9	261,902
2006	5,520	56,637,340	36,371,350	93,008,690	60.9	16.3	162,887
2005	4,745	65,160,426	56,115,250	121,275,676	53.7	-3.5	202,802

자료: 경기도마을공동체지원센터(2025) 재인용

지역품앗이형 지역화폐의 한계

품앗이 형태의 지역화폐는 전국적으로 활성화되어 법정화폐의 기능을 충분히 보완하는 수준에 이르지는 못한 것으로 평가된다. 지역화폐가 활성화되지 못한

가장 중요한 요인으로는 홍보 부족을 들 수 있고, 이러한 한계점을 극복하고자 지역화폐를 운영하는 기관들은 주민들을 대상으로 지속적인 홍보와 교육을 진행하고 있다. 예를 들어, 서울 관악구의 지역화폐 '모꼬지' 관계자는 "여전히 지역화폐가 무엇인지조차 모르는 주민들이 대다수"라며 "주변에 지역화폐에 대해 알리고, 장점과 시스템을 교육하는 작업을 지속적으로 벌이고 있다"고 설명한다(시사저널, 2016).

지역화폐 확산이 저조한 배경에는 복잡한 이용 절차도 주요 요인으로 작용하고 있다. 거래 완료 후 이용자들은 온라인 플랫폼에 거래 내역을 직접 등록하거나, 운영 사무소를 방문하여 수작업으로 기록을 남겨야 하는 번거로움을 겪어야 한다. 기존 결제 수단인 현금이나 카드 대비 복잡한 사용과정이 지역화폐의 주요 한계점으로 지적되는 것이다. 이러한 문제점을 인지한 지역화폐 운영기관들은 개선방안 마련에 나서고 있으며, 특히 카드형 결제나 모바일 앱 기반 거래 플랫폼 도입을 통해 사용자 편의성 제고를 추진하고 있다. 이처럼 지역화폐의 확산을 저해하는 요인이 존재하지만, 지역공동체들은 이러한 문제들을 해소하기 위한 노력을 기울이고 있다(시사저널, 2016). 지역화폐가 붕괴되는 공동체를 되살리고 지역경제를 활성화시킬 수 있는 대안이라는 판단에 근거하여 그러한 정책을 시행하고 있다(시사저널, 2016). 지역화폐가 궤도에 오르면, 지역경제 활성화로 이어질 수 있을 것이다. 지역화폐는 자본을 축적하기 위한 것이 아니라 자본의 순환을 지향하는 것이다. 따라서 지역주민들 사이의 거래가 활발해질 수밖에 없고, 이는 지역발전의 원동력으로 작용한다는 장점이 있다.

지방자치단체 지역사랑상품권의 등장과 성과

지방자치단체가 발행하는 지역사랑상품권 형태의 지역화폐는 1996년 강원도 화천군과 충청북도 괴산군에서 시작된 것으로 알려져 있다. 이후로 지역사랑상품권은 일부 지방자치단체를 중심으로 발행되었다. 그런데 장기간의 경기침체와 고용위기 등에 따라 중앙정부의 지원이 시작되고 지역사랑상품권 발행이 확산되어 왔다. 예를 들어, 2018년에 산업 및 고용위기 지역으로 지정된 전라북도 군산시와 경상남도 거제시 지역에서 발행하는 지역사랑상품권에 국비를 지원하기 시작하였으며, 2020년 말부터 확산되기 시작한 코로나19 팬데믹 기간에는 재난지원금을 지역사랑상품권으로 지급하면서 전국 지방자치단체에서 지역사랑상품권을 발행하게 되었다. 지방자치단체가 상품권 형식으로 발행하는 대표적인 지역사랑상품권으로는 인천광역시의 인천e음, 부산광역시의 동백전, 충청남도 부여시의 굿뜨래페이 및 전라북도 익산시 다이로움 등이 있다.

인천광역시는 2018년부터 인천e음을 발행하고 있으며, 이는 인천의 지리적 특성상 서울에 인접해 자금이 서울과 경기 지역으로 유출되는 상황을 해결하기 위해 발행하였다. 인천e음은 점진적으로 부가서비스를 확대하고 있으며, 택시호출서비스, 공공 배달서비스 등을 앱에 추가하여 접근성을 높이고 있다.

부산광역시의 '동백전'은 2019년에 처음으로 발행되었다. 부산광역시는 지역사랑상품권의 이용을 통해 수익을 얻는 카드회사 등의 운영수익 일부를 지역사회에 환원하도록 조례에 규정하였다. 그리고 관광상품권 카드를 동백전으로 활용하여 외부 관광객들이 동백전을 사용하도록 촉진하여 지역에서 순환될 수 있도록 하였다.

충청남도 부여시의 '굿뜨래'는 2019년에 발행되었으며, 이는 지역사랑상품권 중에서 대표적인 지역순환형 지역화폐로 볼 수 있다. 이는 자체 결제 시스템을 도입하여 결제에 대한 수수료 등이 외부 지역으로 유출되지 않도록 하고, B2B 거래 시에는 인센티브를 적용하여 자금이 지역에서 순환되도록 설계하였다.

전라북도 익산시의 '다이로움'은 2020년에 발행되었으며, 이는 다른 지역보다 상대적으로 높은 수준인 최대 10%의 지원금을 제공하여 시민들의 참여를 독려하였다. 일반적으로 대부분의 지역사랑상품권은 충전 인센티브 또는 소비 촉진 지원금을 지급하는 형태이지만, 다이로움은 구입 시기에 10% 정도의 지원금을 제공한 것이다. 또한 청년들이 자원봉사, 시정활동을 하면 포인트를 지급해 누적된 포인트를 다이로움으로 지급 받을 수 있도록 하여 지역경제 및 공동체 활성화에 대한 동기부여를 시행하고 있다(최준호 · 이재민, 2024).

표 2-27 지역사랑상품권 주요 내용

지역화폐	주요 내용
인천e음	인천 역외로 빠져나가는 자금을 막기 위해 2018년 시범운영, 2019년 본격적으로 발행. 지방자치단체 최초로 모바일 기반 지역사랑상품권을 발행했으며, 공공배달앱, 기부서비스, 택시호출서비스, 지역쇼핑몰 등을 탑재하여 시민 접근성과 편의성 증대
굿뜨래페이	지역순환경제 활성화를 위해 부여군에서 2019년 발행. B2B 거래가 가능하며, B2B 거래 시 인센티브를 제공, NFC카드 결제방식을 통해 카드 수수료가 빠져나가지 않아 지역사랑상품권 중 지역순환경제 활성화 수단으로 가장 부합하다고 평가되고 있음
동백전	부산 역외 자금 유출을 방지하고, 지역경제와 공동체 활성화를 위해 2019년 발행. 지역화폐 플랫폼에 지역온라인몰, 공공배달앱, 기부서비스 등을 탑재하여 시민 접근성과 편의성을 증대시켰으며, 지방자치단체에서 처음으로 카드사 수익을 지역에 환원하도록 조례에 명문화시킴
다이로움	익산 역외 자금 유출을 막기 위해 2020년 발행. 행정안전부 지침 이전 높은 충전 인센티브(10%), 캐시백(10%) 지급, 청년참여포인트 제도(청년들이 시정 홍보, 자원봉사 등을 통해 마일리지 적립 후 다이로움으로 환급) 등을 통해 지역공동체 활성화 동기 부여

자료: 최준호 · 이재민(2024)

지방자치단체들이 1996년부터 지역사랑상품권을 발행하고, 이는 점차 확산되어 왔다. 이에 중앙부처인 행정안전부는 2017년에 「고향사랑상품권의 발행 및 운영 안내서」를 발행하였다. 다음 해인 2018년에는 산업 및 고용위기지역으로 지정된 전라북도 군산시와 경상남도 거제시가 발행하는 지역사랑상품권에 발행액의 10%를 중앙정부가 지원하기 시작하였다. 즉 지역사랑상품권은 지방자치단체들이 먼저 '고향사랑상품권'의 형태로 발행하기 시작하고, 중앙정부가 지원하는 방식이 추가되면서 전국적으로 확산된 것이다. 이에 따라 2020년 5월 1일에는 「지역사랑상품권 이용 활성화에 관한 법률」이 제정되었으며, 지역사랑상품권 발행 등은 법률에 근거한 사무가 되었으며, 중앙정부는 이를 활성화하는 정책방향을 설정하였다.

법률에 따르면, 지역사랑상품권은 지방자치단체가 발행하고, 해당 지방자치단체 가맹점에서만 사용이 가능한 상품권이다. 지역사랑상품권의 발행 규모는 2018년에는 0.8조 원에 불과하였지만, 매년 증가하여 코로나19 팬데믹 기간인 2022년에는 27.2조 원으로 급격히 증가하였다가 코로나19 팬데믹이 진정된 2024년에는 8.8조 원으로 감소하였다.

지역사랑상품권은 종이류(지류), 모바일, 카드 등 3가지 형태로 발행되고 있으며, 주민 1인당 구매할 수 있는 한도는 월 70만 원, 그리고 보유할 수 있는 한도는 150만 원으로 제한되고 있다. 지방자치단체들은 일반적으로 할인율을 10% 이내에서 운용하도록 되어 있으며, 지역사랑상품권은 법정화폐가 아닌 상품권이므로 5년의 유효기간이 적용되고 있다(행정안전부, 2024a).

표 2-28 지역사랑상품권 개요

구분	내용
개념	지방자치단체가 발행하고 해당 지방자치단체 가맹점에서만 사용가능한 상품권
근거	「지역사랑상품권 이용 활성화에 관한 법률」('20.5.1., 제정) ※ 지방자치단체별 지역사랑상품권 활성화 조례를 통해 운영 중
판매	('18년)0.4조 → ('19년)3.2조 → ('20년)13.3조 → ('21년)23.6조 → ('22년)27.2조 → ('23년)20.9조 → ('24년)8.8조
사용	대형마트, 백화점 등을 제외한 관내 자영업자·소상공인 가맹점
혜택	지방자치단체 자율로 구매할인 또는 포인트 적립(최대 10%)
유형	지류, 모바일, 카드 등 3가지
구매한도/보유한도	1인당 월 70만 원 이내 및 150만 원 이내

자료: 국회예산정책처(2025)

앞에서 간단히 밝힌 것처럼 2022년까지 지역사랑상품권의 발행은 확산되어 왔다. 지역사랑상품권을 발행하는 지방자치단체는 2015년에 30곳에서 2022년에는 232개로 확대되었다. 코로나19가 확산되는 시기인 2021년에 중앙정부를 중심으로 재난지원금이 지급되었는데, 지방자치단체들은 이것을 지역사랑상품권 형태로 지급하였다. 이러한 정책은 지역사랑상품권 발행을 급격히 확산시키는 계기가 되었으며, 이에 따라 거의 대부분인 95.5%의 지방자치단체가 지역사랑상품권을 발행하게 되었다. 2021년의 중앙정부 지원액은 12,522억 원으로 증가하였고, 2022년에도 6,053억 원 정도로 유지되었다. 특히 코로나19 팬데믹 시기에 지역사랑상품권에 대한 사용자 인센티브가 강화되었으며, 이는 지역의 소비 확대를 통한 경기활성화에 기여한 것으로 평가되고 있다(양준석 외, 2022; 이상훈 외, 2019).

표 2-29 지역사랑상품권 연도별 현황

(단위: 개, 억 원)

구분	2018	2020	2021	2022	2023	2024	2025
발행 지방자치단체 수	66	185	187	188	190	190	190
발행 규모	1,264	133,216	235,871	272,196	209,418	175,769	200,000
국비지원액	100	6,689	12,522	7,000	3,522	2,997	10,000
국비지원율	(4개 지자체) 10%	발행액의 4~8%	발행액의 3~8%	발행액의 2~4%	발행액의 2~5%	발행액의 2~5%	발행액의 2~10%
기본 할인율	2~10%	5~10%	10%	10%	7~10%	7~10%	7~15% 이상

주: 1. 해당연도 결산기준, 2025년의 경우 제2회 추가경정예산 기준.
2. 발행규모는 각 지방자치단체에서 행정안전부에 제출한 내역에 근거하며 자체예산으로 추가 발행한 규모는 포함하지 않음.
3. 2022년은 발행비용 예산 1,050억 원을 별도 지원함.
4. 2025년은 예산액 기준이며, 제2회 추경예산 기준으로 국비지원액이 1조 원 편성되었고, 발행규모는 약 29조 원에 이를 것으로 추정됨.

자료: 국회예산정책처(2025)

2025년 7월 말 현재 지역사랑상품권 발행 현황은 특이점을 보인다, 전국 245개 지방자치단체 중 179개가 지역사랑상품권을 발행하고 있는데 17개 시·도 중 8개 특·광역시는 모두 지역사랑상품권을 발행하지만, 9개 도(道) 중에는 3개 도(道)만이 지역사랑상품권을 발행하고 있다.

한편, 226개 시·군·구 중에는 75.7%인 168개 시·군·구가 지역사랑상품권을 발행하고 있다. 서울과 경남은 모든 지방자치단체가 지역사랑상품권을 발행하고 있다. 특·광역시 산하의 군·구는 지역사랑상품권을 발행하지 않고 있는 반면, 도(道) 지역의 군(郡)들은 거의 대부분이 지역사랑상품권을 발행하고 있다. 하지만 부산의 경우는 17개 시(市)와 군·구 중 17.6%인 3곳만이 발행하고 있으며, 울산의 경우에는 모든 5개 군·구가 발행하지 않고 있다.

표 2-30 지방자치단체별 지역사랑상품권 발행 현황(2025년 6월 현재)

지자체	발행	미발행
서울	서울특별시, 서울 25개 자치구	
부산	부산광역시, 동구, 남구	부산 14개 지자체 (동구, 남구 제외)
대구	대구광역시	대구 9개 지자체
인천	인천광역시, 동구	인천 9개 지자체 (동구 제외)
광주	광주광역시	광주 5개 지자체
대전	대전광역시, 중구	대전 4개 지자체 (중구 제외)
울산	울산광역시	울산 5개 지자체
세종	세종특별자치시	
경기	수원, 용인, 고양, 성남, 화성, 부천, 남양주, 안산, 평택, 안양, 시흥, 김포, 파주, 의정부, 광주, 광명, 하남, 군포, 오산, 양주, 이천, 구리, 안성, 의왕, 포천, 양평, 여주, 동두천, 과천, 가평, 연천	경기(광역)
강원	강원특별자치도, 춘천, 원주, 강릉, 동해, 태백, 속초, 삼척, 홍천, 횡성, 영월, 평창, 정선, 철원, 화천, 양구, 인제, 고성	양양
충북	청주, 충주, 제천, 보은, 옥천, 영동, 증평, 진천, 괴산, 음성, 단양	충북(광역)
충남	천안, 공주, 보령, 아산, 서산, 논산, 계룡, 당진, 금산, 부여, 서천, 청양, 홍성, 예산, 태안	충남(광역)
전북	전주, 군산, 익산, 정읍, 남원, 김제, 완주, 진안, 무주, 장수, 임실, 순창, 고창, 부안	전북(광역)
전남	목포, 여수, 순천, 나주, 광양, 담양, 곡성, 구례, 고흥, 보성, 화순, 장흥, 강진, 해남, 영암, 무안, 함평, 영광, 장성, 완도, 진도, 신안	전남(광역)
경북	포항, 경주, 김천, 안동, 구미, 영주, 영천, 상주, 문경, 경산, 의성, 청송, 영양, 영덕, 청도, 고령, 성주, 칠곡, 예천, 봉화, 울진, 울릉	경북(광역)
경남	경상남도, 창원, 진주, 통영, 사천, 김해, 밀양, 거제, 양산, 의령, 함안, 창녕, 고성, 남해, 하동, 산청, 함양, 거창, 합천	
제주	제주특별자치도	

자료: 국회예산정책처(2025)

3. 지역화폐 논의와 확산과정

지역사랑상품권 효과에 대한 논쟁

지역화폐 발행의 정책효과에 대해서는 논쟁이 지속되고 있다. 일부 연구는 지역화폐가 정책 목적의 하나인 지역경제 활성화에 부합하지 않는다는 결과를 제시하고 있다. 반면, 다른 연구는 지역화폐는 지역경제 활성화와 소상공인 보호 등의 긍정적이고 유의미한 효과를 나타낸다는 결과를 제시하고 있다.

지역사랑상품권의 발행이 정책의 목표를 달성하고 정부 재정의 효율성을 제고하지 못한다는 주장이 있다. 지역사랑상품권의 사용에 대해 인센티브를 제공하기 위해 재정을 투입하는 것은 적절하지 못하며, 인기영합주의적 대응에 해당한다는 것이다. 지역사랑상품권은 인접 지역의 소비를 흡수하는 영합(제로섬)게임에 불과하기 때문에 국내 소비를 향상시켜, 국가 경제의 활력을 회복시키는 효과를 명확하게 측정할 수 없다는 것이다. 또한 지역사랑상품권이 소상공인을 보호하는 정책목표를 지니고 있지만, 이는 소상공인이 처한 구조적 문제를 해결하지 못하는 한계가 있다고 지적되고 있다(홍승돈, 2025). 또한 지역화폐가 지역의 고용에 의미 있는 긍정적 영향을 미치지 않는다는 결과를 제시하는 실증연구도 있다.

> "전국 228개 시·군·구를 대상으로 지역화폐의 신규 도입이나 확대 발행은 지역의 고용규모에 유의미한 영향을 미치지 않는 것으로 나타났다. 이러한 결과는 종속변수로 지역 전체 종사자 수, 대분류 기준 도소매업 종사자 수, 중분류 기준 소매업과 음식점 종사자 수 및 소분류 기준 7개 산업 종사자 수 등 모든 경우에서 크게 다른 결과가 나타나지 않았다(송경호·이환웅, 2021)."

반면, 지역화폐는 발행 목적을 유효하게 달성한다는 연구 결과도 존재한다. 지역산업연관분석을 활용하여 지역화폐의 효과를 추정하는 연구들은 지역화폐의 발행이 자기 지역과 다른 지역에 미치는 영향의 변화를 추정한다. 그리고 지역주민에 대한 정부의 지원금을 일반화폐로 지급하는 경우와 지역화폐로 지급하는 경우로 구분하여 생산유발효과, 부가가치유발효과 및 취업유발효과를 추정하고 비교한다.

> "기초연금의 일부를 지역화폐로 지급할 경우, 생산유발효과, 부가가치유발효과 및 취업유발효과 모두 자기 지역 효과가 상승하고, 다른 지역 효과는 하락하였다. 즉 지역화폐로 지급함으로써 타지역으로 유출되는 경제효과가 차단되어 자기 지역의 생산, 부가가치 및 고용이 증가한다는 것을 확인하였다(국회예산결산특별위원회, 2017)."
>
> "투입산출분석결과에 따르면, 청년배당에 의한 경기도 31개 시·군의 총 생산유발효과는 11,191억 원이며, 부가가치유발효과는 5,309억 원, 그리고 취업유발효과는 6,599명으로 추정되었다. 지역화폐로 지급되는 지역사랑상품권은 지역경제에 긍정적 영향을 미치며, 특히 도·소매업, 음식·숙박업, 교육서비스업, 문화 및 기타서비스업에서 상대적으로 크게 나타나는 것으로 추정되었다(이상훈 외, 2018)."

지역사랑상품권의 효과에 대한 논쟁과 함께 부정사용 등에 대한 쟁점도 존재한다. 2020년 「지역사랑상품권법」의 제정에 앞서 2019년 10월 정기국회에서 행정안전위원회는 국정감사과정에서 지역사랑상품권의 불법 유통 현황에 대한 조사 및 단속 강화 필요성을 제기했다. 이에 근거하여 행정안전부는 부정유통 실태조사와 가맹점 등록취소, 계약 해지, 부당이익 환수 등을 후속 조치를 취하기도 하였다(류영아, 2020).

중앙정부의 지역사랑상품권 발행지원(2024년)

지방자치단체에서 시작된 지역사랑상품권 발행은 전국적 수준으로 확대되고 있다. 일반적으로 지방자치단체들이 제공하는 할인율 등의 인센티브는 주민들의 많은 참여를 유인하기 어려운 수준이었다. 그렇지만 코로나19 팬데믹이나 글로벌 경제 위기 등의 상황에서 경기를 활성화하고 소상공인들의 매출을 증대시키기 위해 중앙정부 차원에서 긴급하게 지원금을 지역사랑상품권으로 지급함에 따라 대폭 확대되는 계기가 되었다.

중앙정부는 지역사랑상품권 할인 판매에 소요되는 비용의 일부를 보조하고 있다. 지원의 방법과 규모 등은 중앙정부 예산 편성에 따라 다르다. 특히, 윤석열 정부는 2024년도에 회계연도 2025년 본예산에 지역사랑상품권 발행지원 예산을 편성하지 않았다. 하지만 2025년 6월 4일 출범한 이재명 정부는 추가경정예산을 편성하면서 1조 원의 지역사랑상품권 예산을 포함하였다.

2024년의 경우에는 지역사랑상품권 발행을 지원하는 3,000억 원의 예산이 편성되었다. 다만, 총액 3,000억 원은 일반 할인비용 지원 2,500억 원, 정책사업 할인비용 지원 200억 원, 그리고 재난대응 할인비용 지원 300억 원으로 구분하여 편성되었다. 각각의 예산은 지원대상 지방자치단체와 지원방법 등이 달리 설계되었다.

일반 할인비용 지원의 경우, 지방자치단체를 3개 유형으로 분류하여 차등 적용하는 방식으로 구성되었다. 이에 따라 보통교부세 불교부단체는 할인율을 지방자치단체가 자체적으로 설정할 수 있지만, 국비는 지원하지 않는다. 반면, 일반 지방자치단체는 할인율은 7~10%로 제한하고, 국비지원율은 2%로 하고 나머지 5~8%는 지방자치단체가 부담하며, 인구감소지역으로 지정된 지방자치단체에는 할인율 10%를 적용하면서 국비로 5%로 지원하고 나머지 5%는 지방자치단체가 부담하도록 하였다. 이와 같이 국비를 지원하는 경우, 지역사랑상품권 발행규모는 8.8조 원 정도가 된다(행정안전부, 2024a).

정책사업 할인비용 지원 예산(200억 원)은 지역의 물가안정과 지역문제의 해결을 지원하기 위해 편성되었다. 지역 물가안정을 지원하기 위한 경우, 지역사랑상품권을 사용하는 시점에 총 5%의 추가할인을 적용하는 방식으로 도입되었으며, 5% 중 국비는 3%를 부담하고 지방자치단체는 2% 이상을 부담하는 방식으로 하였다. 한편, 지역문제의 해결을 위해 산후조리원, 구도심 상권, 지역 특산물 온라인 쇼핑몰 등과 같이 특정 가맹점에서 지역사랑상품권을 사용하는 경우에는 5% 이상을 추가 지원한다. 이 경우에는 국비로 2%를 지원하고 나머지 3% 이상은 지방자치단체가 부담하는 방식이다.

끝으로 재난대응 할인비용 지원 예산(300억 원)은 재난이 발생하여 소상공인이 입은 피해를 빠르게 회복시키기 위해 추가 할인을 전액 국비로 지원하도록 편성되었다. 추가할인이 필요한 지역은 고용위기지역, 특별재난지역 등을 의미하며,

상권의 조속한 회복을 위해 지원하는 예산이다.

표 2-31 일반 지역사랑상품권 발행을 위한 할인율과 국비지원율(2024년)

구분	일반지방자치단체*	인구감소지역**	'24년 보통교부세 불교부단체***
할인율	할인율 7~10%	할인율 10%	할인율 자율
국비지원율	국비지원율 2% 지방비 부담 5~8%	국비지원율 5% 지방비 부담 5%	국비지원 없음

주: * 인구감소지역과 '24년 보통교부세 불교부단체를 제외한 지방자치단체
** 인구감소지역 지정된 지방자치단체. 다만 광역시의 구·군 및 미발행 지방자치단체 제외
*** 서울, 경기, 성남, 화성

자료: 이재민(2023)

해외의 지역화폐 발행과 시사점

지역화폐는 해외 다양한 국가들에서도 지역경제 활성화와 공동체 강화를 위한 대안적 제도로 주목받아 왔다. 독일의 슈탈트겔트(StattGeld)는 코로나19 이후 침체된 도심 상권 회복을 목적으로 도입되었으며, 일본의 아톰 화폐(Atom Currency)는 자발적 사회공헌활동을 화폐 가치와 연계하여 지역 정체성과 사회적 연대를 제도화하였다. 영국의 브리스톨 파운드(Bristol Pound)는 지방자치단체와 민간이 협력하여 지역경제 자립을 모색한 대표적 시도였다. 이들 사례는 지역화폐가 단순한 교환 수단을 넘어 경제적·사회적 가치 창출의 매개체로 기능할 수 있음을 보여주며, 향후 한국의 지역화폐 제도 설계와 운영 논의에 시사점을 제공할 수 있다.

해외사례 1. 독일 슈탈트겔트(StattGeld) 사례의 시사점: 코로나19 이후 지역사회 재건[171]

슈탈트겔트(StattGeld)[172]는 독일의 여러 도시에서 지역 상권 활성화 및 지역공동체 강화를 목적으로 도입된 도시 상품권 제도이다. 코로나19 팬데믹으로 인한 경제적 충격 이후, 소매업·외식업·문화시설 등 도심 상권이 크게 위축되면서 이를 회복하기 위한 정책 수단으로 활용되기 시작하였다. 특히, 대형 유통업체나 온라인 쇼핑몰로 소비가 유출되는 현상을 완화하고, 지역 내 소비가 순환되도록 유도하는 것이 주된 목표였다. 더욱이 슈탈트겔트(StattGeld)는 단순한 소비 촉진 수단을 넘어 지역 정체성을 강화하고, 시민들이 도시에 대한 소속감을 느끼도록 하는 공동체적 성격을 지닌다.

슈탈트겔트를 가장 활발하게 활용하고 있는 도시는 대표적으로 오스나브뤼크(Osnabrück)시이다. 오스나브뤼크시는 시 소유 마케팅 회사인 마케팅 오스나브뤼크(Marketing Osnabrück) 유한회사와 협력하여 슈탈트겔트를 발행·유통하고 있다. 오스나브뤼크시의 슈탈트겔트는 2022년 11월부터 유럽 지역 개발 기금(ERDF, European Regional Development Fund)의 틀 안에서 자금 지원을 받고 있으며, 지방자치단체가 지역 상황에 맞는 콘셉트를 통해 미래지향적인 도시 중심지로 거듭날 수 있도록 지원하는 것을 목표로 도입되었다. 이를 통해 시민들이 새로운 방식으로 도시를 삶의 공간으로 이용할 수 있도록 하는 것이 목표로 하고 있다.

오스나브뤼크시의 슈탈트겔트는 개인이 5유로에서 100유로 단위로 카드를 구입하는 방식으로 운영되며, 일단 구입된 카드는 현금으로 환급이 불가능하다. 이용 가능 기간은 구매 연도의 말일로부터 최대 3년간 보장된다. 사용 범위는 소매업, 외식업, 문화·여가시설, 약국, 서비스업 등 다양한 지역 내 가맹점으로 확장되어 있으며, 구체적인 가맹점 목록은 공식 홈페이지를 통해 확인할 수 있다. 나아가 제도의 활성화를 위해 오스나브뤼크시는 2024년부터 지역기업 고용주들과

---

171) 오스나브뤼크 시 홈페이지(https://erleben.osnabrueck.de/en/) 및 마케팅 오스나브뤼크 홈페이지(https://www.marketingosnabrueck.de/)를 참조하여 작성하였다.

172) 슈탈트겔트(StattGeld)는 "~을 대신하다"는 의미의 슈탈트(Statt)와 "화폐"를 의미하는 겔트(Geld)의 합성어로, "화폐를 대신한다"는 의미이다(박희석·정현철, 2024).

협력하여 직원의 급여 일부를 슈탈트겔트로 지급하는 고용주 바우처 프로그램을 도입하였다. 이 프로그램을 통해 고용주는 월 최대 50유로까지 비과세 혜택을 누릴 수 있다.

이러한 제도의 도입은 오스나브뤼크 지역 내 구매력을 집중시키는 효과를 가져왔으며, 특히 코로나19 방역 조치로 어려움을 겪었던 오스나브뤼크의 소매업자, 음식점, 서비스업체의 지속 가능한 발전을 지원하는 역할을 하였다. 더불어 슈탈트겔트에 대한 주민들의 반응도 긍정적으로 나타났는데, 제도 시행 조기 약 두 달 동안 1,100개 이상의 상품권이 판매는 성과를 보였다(박희석·정현철, 2024).

해외사례 2. 일본 아톰 화폐(Atom Currency, アトム通貨) 사례의 시사점: 지역공동체 연대와 사회적 가치 창출[173)]

아톰 화폐[174)]는 2004년 일본 와세다(Waseda)와 다카다노바바(Takadanobaba) 지역에서 처음 시작된 지역화폐이다. 아톰 화폐는 지역 커뮤니티의 육성과 마을 활성화를 위해 발행되기 시작하였다. 구체적으로 지역사회 내에서 사람들의 자발적 활동을 촉진하고, 경제적 가치로 환원되지 않는 사회적 공헌을 지역경제와 연결하고자 하는 문제의식에서 시작되었다. 아톰 화폐는 4가지 이념[환경, 지역(커뮤니티), 국제 협력, 교육]에 따라 행해지는 다양한 사회공헌활동을 지원하며, 이를 통해 지역을 활성화시키는 것이 목표이다.

아톰 화폐는 비매형(Non-sale type)으로 화폐 단위는 4가지 종류[10마력(馬力), 50마력, 100마력, 500마력]가 존재한다. 1마력이 1엔으로 전환되어 가맹점에서 사용가능하다. 아톰 화폐는 매년 4월 7일부터 이듬해 2월 말까지 유통되며, 4가지 이념에 공헌활동에 참여하면 통화를 지급받을 수 있다. 일부 상점에서는 마이백 지참, 개인젓가락 사용 등 일상 소비나 친환경 행동에도 통화를 증정하는 방식도 존재한다. 아톰 화폐의 유통기한은 1년 이내로 비교적 짧은 편이며,[175)] 법정 통

---

173) 아톰 화폐 안내 홈페이지(http://atom-community.jp/)를 참조하여 작성하였다.

174) 아톰 화폐의 이름은 만화 영화 "철완 아톰"에서 아톰이 다카다노바바의 과학성에서 탄생했다는 설정에서 비롯되었으며, 화폐의 단위인 마력은 아톰이 10만 마력의 힘이 있다는 만화 영화의 설정에서 착안한 것이다.

175) 아톰 화폐 제1기~제5기까지는 유통기한을 발행일로부터 6개월로 한정하였으나, 제6기부터 1년

화로 교환은 불가능하다. 2023년 기준 제20기에 도달하였으며, 와세다와 다카다노바바 지역의 가맹점은 약 120지점이 존재한다.

아톰 화폐는 단순한 교환 수단을 넘어 지역사회 참여와 사회적 가치를 경제적 보상으로 연결하는 매개체라는 점에서 의의를 가진다. 주민과 학생이 자원봉사, 환경활동, 지역 행사 지원 등을 통해 화폐를 획득하고, 이를 지역 상점에서 사용하는 과정은 경제적 거래와 공동체적 기여를 동시에 실현하는 구조를 보여준다. 이러한 경험은 지역구성원 간의 연대감을 강화하고, 일상적 소비 행위에 사회적 의미를 부여함으로써 지역 정체성과 지속가능성을 높이는 효과를 낳는다. 따라서 아톰 화폐는 향후 지역화폐 제도의 설계에 있어 공동체적 가치와 사회적 기여를 어떻게 제도화할 것인가에 대한 중요한 시사점을 제공한다.[176)]

해외사례 3. 영국 브리스톨 파운드(Bristol Pound) 사례의 시사점: 민간-지방자치단체 협업[177)]

영국 잉글랜드 남서부 도시 브리스톨시는 2007년 4월 서브프라임 사태의 여파로 지역경제 불안정을 겪으며 높은 실업률과 소득 격차 확대 문제에 직면했다. 해외 금융위기가 자국 경제에 미치는 연쇄 파급효과를 목격한 시민운동 진영에서 경제적 자립을 위한 지역통화 도입을 제안하였다. 이에 2012년 시 당국이 호응하여 지방세 납부 허용 등 제도적 지원을 통해 브리스톨 파운드(Bristol Pound) 운영을 시작했다(서울특별시 강북구청, 2019; 최준호·원도연, 2014 재인용). 브리스톨 파운드는 영국에서 시 전역을 대상으로 발행된 첫 번째 지역화폐로, 지역 안에서 돈이 오래 머물게 하고 지역공동체가 경제적 자립성을 확보하도록 하려는 대안적 시도이다.

브리스톨 파운드는 비영리단체인 브리스톨 파운드 공동체 이익 회사(Bristol Pound

으로 연장되었다.

176) Waseda Weekly(早稲田ウィークリー)(2023.06.19.), “What is the relationship between Atom and Waseda University? Let’s liven up Waseda and Takadanobaba with Atom currency(アトムと早大の関係って？ アトム通貨で早稲田・高田馬場を盛り上げよう)”, (https://www.waseda.jp/inst/weekly/feature/2023/06/19/109757/)

177) 브리스톨 파운드 안내 홈페이지(https://www.bristolpoundlegacy.info/)를 참조하여 작성하였다.

Community Interest Company)와 지역 금융 기관인 브리스톨 신용조합(Bristol Credit Union)이 공동으로 운영하였다. 발행 및 관리 시스템은 금융감독 당국의 규제를 받으면서도, 지역 단위의 자율성을 존중하는 형태로 이루어졌다. 브리스톨 파운드는 영국 파운드(£)와 1:1 비율로 교환 가능하다. 또한 현물 지폐뿐만 아니라 모바일 결제 시스템을 통한 디지털 화폐 형태로도 사용이 가능했으며, 이는 당시 도입된 지역화폐들 중 비교적 선도적인 시도였다. 사용처는 지역 내 소매점, 식장, 카페, 문화시설 등으로 대형 체인점에서는 사용이 제한되었다. 지역화폐에 대한 참여를 독려하기 위해 시 당국은 세금 및 각종 공과금을 Bristol Pound로 납부할 수 있도록 허용하여 제도의 신뢰성을 높이고자 하였다(자본시장연구원, 2019).

그러나 브리스톨 파운드(Bristol Pound)는 2020년 공식적으로 운영이 종료되었다. 초기에는 지역주민과 상점들의 활발한 참여로 제도가 활성화되었으나, 시간이 지남에 따라 참여율이 점진적으로 감소하면서 거래 규모 역시 축소되기 때문이다(박희석·정현철, 2024). 동시에 상용 모바일 결제 서비스의 확산은 지역화폐의 상대적 경쟁력을 약화시키는 요인으로 작용하였다. 더욱이 제도의 확산과정에서 지방정부와 시의회의 적극적 지원이 중요한 기반을 제공하였으나, 2018년 이후 행정적·재정적 지원이 약화되면서 운영상의 지속가능성에 한계가 나타난 것으로 평가된다.[178] 최근에는 Bristol Pay라는 지역 기반의 새로운 디지털 결제 플랫폼으로 전환하는 논의가 이어지고 있다.

4. 지역화폐, 국가의 책임 강화는 어떤 변화를 가져올까?

지역사랑상품권 발행과 지원의 의무화

지역화폐는 지역사회의 회복력 강화에 긍정적으로 기능하며, 다양한 역할의 수행이 필요하다는 점이 부각되고 있다(최준호·원도연, 2024). 이러한 흐름 속에서

178) Cities Today(2020.07.20.), “Cities revisit local currencies to reboot their economies” (https://cities-today.com/cities-revisit-local-currencies-to-reboot-their-economies/?utm_source)

정부는 지역사랑상품권의 안정적 발행 기반을 조성하기 위해 국가의 체계적 지원을 의무화하였다.

2025년 8월 4일 국회에서 의결된 「지역사랑상품권법」의 주요 내용은 다음과 같이 정리할 수 있다. 첫째, 지역사랑상품권 관련 발행 업무와 운영 시스템에 대한 중앙정부 및 지방자치단체의 행정·재정 지원 의무가 명시되었다. 즉 행정안전부 장관은 지방자치단체의 보조금 예산 신청을 예산요구서에 의무적으로 반영하되, 재정부담능력 등을 고려하여 신청 내역을 조정하여 반영할 수 있다. 이에 따라 인구감소지역에는 추가적인 보조금 지원이 가능해진다. 둘째, 행정안전부 장관은 5년마다 지역사랑상품권 활성화 기본계획을 수립하고, 매년 세부시행계획을 수립·시행하며, 이용 실태조사를 3년 이내의 범위에서 반드시 실시하여야 한다. 다만, 이 규정은 5개월 정도의 유예기간을 거친 후에 2026년 1월 1일부터 시행된다.

다만, 지역사랑상품권의 정책효과에 대해서는 아직 논쟁이 존재한다. 특히, 지역사랑상품권 발행에 대한 국가의 재정지원은 국가 전체적 차원에서 유효한 정책수단이 아니라는 주장도 존재한다. 따라서 지역사랑상품권 발행지원의 정책목표가 지역경제의 회복과 소상공인 보호 등에 있다는 점을 보다 명확히 하고, 그에 부합하는 정책을 설계하여 지속가능성을 확보하는 것이 중요하다. 또한 현실적으로 이러한 논쟁은 우리나라 양대 정당 사이에 존재하고 있다. A정당은 "지역경제 활성화라는 명문으로 포장되어 있지만 실상은 국가 재정의 근간을 흔들고, 지방자치의 본질을 훼손하며 지역불평등을 심화시킬 수 있는 법이다. 그리고 세수 부족이 예상되는 어려운 재정여건 속에서 현금성 지원을 법률로 강제하면 재정의 경직성을 높여 더 시급하고 중요한 다른 민생사업의 기회를 박탈할 것이다"라고 비판하고 있다. 반면, 다른 B정당은 "과거부터 지역사랑상품권의 유효성을 인정하고 있으며, 지난 대통령 선거과정에서는 지역화폐가 지역경제 활성화와 소상공인 지원에 큰 효과가 있다"고 주장하였다(연합뉴스, 2025).

5. 지역화폐, 지속 가능한 설계와 운영을 위한 과제

2019년 1월 22일 당시 행정안전부 김부겸 장관은 "지역사랑상품권이 지역경제에 온기를 불어넣는 불씨가 되기를 바란다"고 말했다(행정안전부, 2019). 정부는 지역사랑상품권이 지역 소상공인의 소득 증대와 골목경제 살리기에 효과가 있을 것이라는 판단에 따라 지역사랑상품권 발행을 지지하는 정책기조를 유지하였다. 이 시기에 중앙정부가 지역사랑상품권 발행을 지원하는 방침이 정해지면서 지역사랑상품권을 발행하는 지방자치단체는 70개에서 116개로 급증하였다. 2020년 1월 설명절을 맞이하여 지역사랑상품권을 발행하고 있는 172개 지방자치단체는 지역사랑상품권의 구매한도와 할인율을 확대하여 발행 규모를 3조 원 수준까지 확대하였다. 이러한 흐름 속에서 2020년 5월에 「지역사랑상품권법」이 제정되었으며, 2025년 8월 4일에는 지방자치단체의 지역사랑상품권 발행에 대해 국가지원을 의무화하도록 법률이 개정되었다. 앞으로 지역화폐가 지속 가능한 정책수단으로써 정책목표를 달성하기 위해서는 보다 정교한 준비가 필요하다. 특히 지역사랑상품권 발행에 대한 지원이 의무화된 상황에서 이러한 준비는 이른 시기에 마무리될 필요가 있다. 다만 지역화폐의 지속성과 안정성을 확보하기 위해서는 중장기 시각에서 대안을 마련하고 추진하는 정책기조가 요구된다.

정책방향: 지역화폐의 정책효과 검증 및 지역특성에 적합한 제도 설계

지방자치단체가 발행하는 상품권형 지역화폐의 전달 경로 분석과 그것이 미치는 파급효과를 검증하는 연구가 필요하다. 지방자치단체와 지역 등 다양한 특성을 반영하여 지역사랑상품권이 지역경제 활성화, 소상공인 경영안정화, 골목상권 회복, 지역 일자리 창출 등의 효과를 적절한 모형을 통해 검증하는 것이 중요하다. 「지역사랑상품권법」이 항구적으로 유지되기 위해서는 객관적이고 명확한 정책효과가 존재한다는 것을 증명하는 것이 필요하며, 그러한 연구 결과에 근거하여 거시적이고 장기적인 정책을 수립하는 것이 필요하다.

지역의 산업구조, 인구사회구조, 인프라, 행·재정적 여건 등을 종합적으로 검토하고 분석하는 연구가 필요하다. 그리고 보다 적극적인 관점에는 지역사랑상품권의 특성, 즉 발행 규모, 인센티브, 거래유형(P2P, B2B, B2C 등), 가맹점 범위, 운영비 지원, 형태(종이류, 전자류, 카드류 등) 등을 종합적으로 고려하여 지역적 특성에 적합하게 설계된 지역화폐의 효과를 엄밀하게 검증한 연구 결과에 근거하는 정책 설계가 필요하다.

그리고 전국 지방자치단체의 지역사랑상품권 데이터를 종합하고 관리할 필요가 있다. 지난 10년 이상 지역사랑상품권을 발행하면서 지역경제의 회복을 추진하여 왔지만, 전국적 데이터를 데이터베이스로 구축하여 정책효과를 엄밀하게 검증하는 과정이 미흡하였다. 이러한 한계점을 극복하기 위해 지방자치단체와 중앙정부는 데이터의 통합적 관리방안을 정리하여 실행에 옮겨야 한다.

지역화폐의 정책효과를 명확히 하면서 상황에 적합한 제도 설계를 통해 활성화시켜 나가야 한다. 가장 우선적으로 용어에 반영되어 있듯이 "지역"에 우선하는 정책 기조가 안정적으로 유지되어야 한다. 지역화폐는 기본적으로 국가 전체의 총생산(GDP) 성장을 본원적 목표로 두지 않는다. 지역의 부와 자본이 외부로 유출되지 않고 소상공인 등을 비롯한 취약계층의 사업을 회복시킨다는 목적이 우선되어야 한다.

장기적 시각에서 지역화폐의 확대 방향을 모색하고 적용하는 것이 필요하다. 단순히 지역의 소상공인 업체에서 대금 지급을 위한 매개 수단을 넘어 보다 다양한 용도로 활용될 수 있도록 제도를 개선하는 것이다. 현재의 지역사랑상품권이 법정화폐의 적은 범위에서 보완화폐로 사용되고 있는 한계를 초월하는 제도 개선이 검토될 수 있다. 예를 들어, 지방세 또는 지방자치단체 시설 이용 등에 대한 사용의 대가로 기능하도록 개선하는 것이다.

단기과제: 지역화폐 안정화와 합법화 및 효과 검증

2026년부터 중앙정부는 지방자치단체의 지역사랑상품권 발행에 대해 반드시 지원해야 한다. 이러한 제도 변화에 근거하여 필요한 과제를 다음과 같이 정리할 수 있다.

첫째, 지역화폐 제도의 안정화와 합법화를 위해 발행 목적을 명확히 하고 이에 부합하는 관리·운영체계를 정비할 필요가 있다. 중앙과 지방자치단체는 지역사랑상품권이 단순한 경기부양 수단인지, 소상공인 보호 장치인지, 혹은 지역 내 소비 촉진을 위한 구조적 정책 수단인지에 대한 정책목표를 분명히 해야 한다. 목표가 정리되어야만 발행 규모, 지원 방식, 운영 주체, 관리체계가 일관성을 가질 수 있다.

또한 단기적으로는 지난 10여 년간 축적된 지역사랑상품권 발행·이용 데이터를 활용하여 제도의 효과를 검증할 수 있는 기반을 마련하는 것이 중요하다. 이를 위해 발행·유통·사용 데이터를 통합 관리하고, 소비 구조 변화와 지역경제 파급효과를 계량적으로 분석할 수 있는 시스템을 구축해야 한다. 나아가 빅데이터 기반의 증거기반 정책시스템을 마련함으로써, 지역화폐의 실효성과 지속가능성을 객관적으로 평가하고 향후 제도 발전의 방향성을 제시할 수 있을 것이다.

둘째, 지방자치단체는 지역사랑상품권의 발행 규모를 결정하고 발행 위탁기관과 협약을 체결하고 상품권을 발행한다. 발행위탁기관은 판매대행점으로 지역사랑상품권을 공급하고 이를 구매한 주민은 해당 지역의 가맹점에서 상품권을 사용한다. 그런데 현실에서는 이러한 과정에서 탈법 또는 불법적 행위가 나타날 수 있다. 특히, 지역사랑상품권의 목적에 적합하지 않은 사용 및 유통과정에서 불법행위 등이 발생할 우려가 있다. 이러한 상황을 예방하기 위해 적합한 방안이 마련되고 적용되어야 한다.

예를 들어 현행 제도에 따르면, 가맹점이 거짓이나 그 밖의 부정한 방법으로 등록한 경우, 지방자치단체의 조례가 허용한 업종을 벗어난 경우, 가맹점의 준수사항을 위반하는 경우 등에서 가맹점 등록을 취소할 수 있다. 2023년 하반기에는 93건의 부정유통 사례를 적발하였으며, 2024년 상반기에는 141건으로 적발건수가 증가하였다. 전반적으로 2020년대에 지역사랑상품권의 부정유통 적발건수는 증가하는 추세에 있다. 2021년 상반기와 하반기에는 각각 112건과 990건을 적발하였는데, 2024년 상반기에는 141건을 적발한 것이다. 따라서 지역사랑상품권이 정상적 상태에서 정책이 의도하는 효과를 창출할 수 있도록 시스템을 정비하면서 효과적으로 운영하는 것이 필요하다.

끝으로, 중앙과 지방자치단체는 확산 추세가 감소하고 있는 민간단체 중심의 품앗이형 지역화폐의 활성화를 지원하는 정책을 고려할 필요가 있다. 소규모 지역공동체를 중심으로 회원 중심의 지역화폐를 통해 교환과 협력을 촉진하여 민간 주도로 공동체를 회복할 수 있는 기반을 조성하는 것이 필요하며, 이는 민주주의와 공동체 정신을 동시에 충족시키는 방안이 된다. 다만 정부는 민간단체 중심의 지역화폐 운동을 모니터링하거나 간섭하는 것이 아니라 지원하는 것에 머물러야 할 것이다.

중기과제: 지역화폐의 지속성과 확장성을 반영한 설계와 운영

지방자치단체가 발행하는 지역사랑상품권은 설계 방식에 따라 효과가 크게 달라진다. 지역사랑상품권을 발행하는 목표가 지역경제 활력 회복, 소상공인 보호, 지역자본의 유출 방지 등에 있다. 이러한 정책목표를 달성하기 위한 설계가 중요한 성공의 요건이 된다. 특히 지역사랑상품권이 안정적으로 유지되면서 지역의 경제를 발전시키고 주민의 삶의 질을 향상시키기 위해서는 지속가능성이 가장 중요한 요인이 되어야 한다. 단기적 시각에서 인센티브를 강하게 제공하면서 정부 재정에 부정적 영향을 초래하는 방식은 지양되어야 한다. 따라서 중기과제는 다음과 같이 제시할 수 있다.

첫째, 지역화폐의 발행과 지원은 제도의 지속성을 담보할 수 있도록 안정적인 재원 기반과 예측 가능한 운영체계를 갖추어야 한다. 단기적 재정지원에 의존하는 방식은 지방재정에 부담을 주고 정책의 일관성을 약화시킨다. 따라서 기금 설치 등 안정적 재원 확보 장치를 마련하고, 발행 규모와 지원 수준을 사전에 예측할 수 있는 기준을 제도화해야 한다.

아울러, 지역화폐가 실제 지역경제에 기여하는 정도를 객관적으로 검증하는 장치가 필요하다. 인센티브 수준과 지역경제 파급효과를 분석·평가하는 체계를 마련하고, 축적되는 빅데이터를 기반으로 실증분석을 강화하여 정책효과성을 정기적으로 검증해야 한다. 이러한 과정을 통해 지역화폐 제도의 신뢰성과 지속가능성을 높일 수 있을 것이다.

둘째, 지방자치단체의 지역사랑상품권 발행과 운영에 대한 중앙정부의 관리와 통제를 축소해 나가면서 지역 현장의 자율성을 확대해 나가는 것이 필요하다. 행정안전부를 중심으로 가이드라인을 만들어 전국 공통의 기준을 강제하는 방식은 개선될 필요가 있다. 전국에 존재하는 243개의 지방자치단체의 상황이 다양하다. 행정안전부는 하나의 기준을 제시하고 준수하는 것을 모니터링하며 규제하기보다는 범위를 제시하거나 참고사항을 제공하면서 지역화폐 사업이 지닌 본래의 목표를 달성할 수 있는 방향으로 이끌어가는 것이 적절하다.

셋째, 지역화폐가 지속적으로 확장할 수 있는 기반을 마련하는 것이 필요하다. 지역화폐가 확장할 수 있는 기반을 구축하는 것이 필요하다. 이를 위해서는 지역화폐 발행이 추구하는 정책목표가 명확히 설정되고, 그 효과가 객관적으로 검증되어야 하며, 이를 토대로 보다 넓은 범위로 제도를 확장할 수 있는 여건을 조성해야 한다. 구체적으로는 금융기관의 직접 참여 가능성을 모색하여 유통망의 안정성과 신뢰성을 확보하고, 발행·지원과정에서 재정부담을 절감하면서 정책효과를 높일 수 있는 방안을 강구해야 한다. 또한, 인공지능(AI) 기술을 활용한 분석·운영 기반을 구축하고, 암호화 기술을 활용한 디지털 기반 지역화폐 시스템을 도입함으로써, 보안성과 편의성을 동시에 강화하는 것이 중요하다.

예를 들어, 인공지능(AI) 기술을 활용한 데이터 분석을 통해 발행 수요를 예측하면 지역별 맞춤형 인센티브 설계가 가능하다. 특정 기간에 지역화폐 사용량이 급증하는 지역에서는 발행 물량이나 할인율을 탄력적으로 조정함으로써 재정 효율성을 높이고 정책효과를 극대화할 수 있다. 또한, 암호화 기술을 적용하면 특정 가맹점의 반복 결제를 통한 현금화와 같은 부정 거래를 방지할 수 있으며, 결제 즉시 암호화된 정산 시스템을 통해 가맹점에 지급이 이루어져 실시간 정산이 가능해진다. 이는 가맹점의 현금 흐름을 안정시키고, 제도에 대한 신뢰성을 높이는 데 기여할 것이다.

끝으로 민간단체들이 품앗이형 지역화폐로부터 보다 확장된 형태의 지역화폐를 다양하게 설계하여 도입하고 있다. 이러한 경우에도 변화하는 사회·경제적 상황에 적합하도록 설계하는 것이 중요하다. 한밭레츠의 경우, 탄소배출 절감이나 자원순환의 촉진을 위해 '그루'를 활용하고 있다. 앞에서 언급한 것처럼, 품앗이형 지역화폐는 홍보 부족과 사용의 어려움 등으로 확산되지 못하는 한계가 있다. 민간단체들이 수용하는 범위에서 온라인 또는 디지털 기반의 품앗이형 지역화폐로 발전할 수 있도록 중앙과 지방자치단체의 정책적 지원을 긍정적으로 검토하고 추진할 필요가 있다.

장기과제: 지역화폐 제도 정착 및 안정화

지역화폐의 발행 주체는 크게 지방자치단체와 민간공동체로 구분된다. 다양한 형태와 방식으로 발행 및 유통되는 지역화폐를 활성화시키는 것이 필요하다. 다만, 이는 지역화폐가 법정화폐의 본질적 기능을 침해하는 것까지 용인해서는 안 된다. 지역경제를 활성화시키고 지역사회를 구성하는 주요 주체인 소상공인들이 안정적으로 경영활동을 수행하고 지역주민들이 편리하고 만족하는 소비생활을 영위할 수 있는 기반으로 자리 잡는 것이 중요하다. 이에 따라 장기적으로 지역화폐를 활성화시키고 안정적 제도로 자리 잡기 위한 과제로는 두 가지를 제시할 수 있다.

첫째, 지역경제를 안정화시키고 경쟁력을 확보할 수 있도록 지역화폐의 기능을 확대하여 적용하는 것이 필요하다. 즉, 지역사랑상품권의 활용범위를 넓히는 것이다. 현재 지역사랑상품권의 사용처는 좁게 설정되어 있다. 지역이나 소비자 욕구에 적합하도록 사용처를 확대하는 것이 필요하다. 예를 들어, 현재는 가맹점이 되기 위한 기준이 연간 매출액이 30억 원으로 설정되어 있다. 이는 업종이나 제품의 특성을 간과한 것이므로 상황에 맞도록 기준액을 다양화하여 적용할 필요가 있다.

둘째, 지역사랑상품권 제도의 안정적 정착을 위해서는 발행지원 재원을 안정적으로 확보할 수 있는 제도적 장치가 필요하다. 이를 위해 독립적인 기금이나 특별회계를 설치·운영하여 재원을 상시적으로 마련하고, 그 규모는 단일 기준이 아니라 경제 상황에 따라 탄력적으로 조정될 수 있도록 설계하는 것이 바람직하다. 또한 중앙정부 세입 예산에 지역사랑상품권 지원분을 매년 반영하도록 법적 근거를 확립함으로써 제도의 지속가능성을 보장해야 한다. 이 과정에서 지역화폐 사업을 다른 재정사업과 연계하여 추진함으로써 정책적 시너지와 재정 운용의 효율성을 동시에 높일 필요가 있다.

끝으로, 제도의 기능을 확대하고 이를 뒷받침할 운영 시스템을 마련하는 것이 중요하다. 지역화폐의 발행·유통과정에는 지방자치단체, 금융기관, 민간단체 등 다양한 주체가 참여하므로, 이들 간 협력적이고 숙의적인 거버넌스를 구축하여 제도를 투명하고 합리적으로 운영해야 한다. 특히, 장기적으로는 빅데이터를 체계적으로 수집·분석하고 이를 인공지능(AI)과 연계하여 정책효과를 검증할 수 있는 데이터 활용 시스템을 마련해야 하며, 발행 주체별로 축적된 정보를 공유·통합하는 협력적 관리체계를 통해 지역화폐 제도에 대한 부정적 인식을 완화하고 사회적 신뢰를 확대할 수 있다.

표 2-32 2026 지방행정 트렌드 대응과제: 지역화폐의 선순환 전략

구분	대응과제		
	주요 과제	목표	주요 내용
단기과제 지역화폐의 효율적 운영과 효과 검증	지역화폐 발행의 목표 명확화와 효과 검증	지역경제 회복	▪ 지역사랑상품권 발행 목표 명확화 ▪ 지역사랑상품권 데이터 관리체계 구축 ▪ 민간공동체의 지역화폐 발행과 유통 지원
	부정유통의 방지 및 제도 개선	예산낭비 방지	▪ 지역사랑상품권 유형별 부정유통 실태 분석 ▪ 부정행위 처분의 합리성 제고 ▪ 지역사랑상품권 유통체계 모니터링 강화
중기과제 지역화폐의 지속성과 확장성 확보	지역화폐의 지속성 강화	지역경제 기여도 제고	▪ 기금 설치 등 안정적 재원 확보 방안 마련 ▪ 지역화폐 제도의 예측가능성 제고 ▪ 인센티브 수준과 지역경제 기여도 검증 ▪ 지역화폐 빅데이터 실증분석과 제도 개선
	지방자치단체 자율성과 책임성 확대	지역화폐 활용도 제고	▪ 지역화폐 발행과 운영의 자율성 강화 ▪ 발행 주체와 사용자 중심의 제도 설계
	지역화폐의 확장 기반 구축	지역화폐의 기능 확대	▪ 금융기관의 직접 참여 가능성 모색 ▪ 재정부담 절감과 정책효과 제고 ▪ AI 활용 기반의 검토와 구축 ▪ 디지털 기반 지역화폐 활용 기반(암호화) 구축
장기과제	지역화폐의 기능 확대	지역경제 안정화와 경쟁력 확보	▪ 시장에서의 지불범위의 확대 ▪ 운용재원의 확충과 법률적 보장

제도 정착 및 안정화	지역화폐 발행과 운영 공고화	제도적 안정성 확보	▪ 지역화폐 발행·활용 빅데이터 분석체계 정립 ▪ 협력적 거버넌스 구축과 운영

▼ ▼ ▼ ▼ ▼ ▼ ▼ ▼ ▼ ▼ ▼ ▼

기대효과	▪ 지역경제 활력 회복과 소상공인 보호 • 지역 내 소득격차 해소 및 공동체 건전성 향상 ▪ 지역사랑상품권 발행 정책의 안정성과 예측가능성 제고 • 지방자치단체에 대한 정책 신뢰도 제고 ▪ 지역사회 신뢰도 향상과 공동체 연대·협력 강화 • 사회적 자본의 축적과 경제적 자산의 확대

자료: 저자 작성

다가올 2026년, 지방정부 민선9기 지방행정의 선택은 "안정적 정주여건을 지역사랑상품권을 통해 강화하는 것"에 달려 있다

2026년 7월 1일에는 민선9기 지방정부가 출범한다. 지나간 30년의 지방자치 경험은 앞으로 다가온 민선9기 지방행정의 든든한 밑거름이 된다. 특히, 지역주민의 기본적 삶의 기반이 튼튼하게 정비되어 있어야 한다. 그중에서도 경제적 요인은 가장 핵심적이고 기본적 요소가 된다.

지역사랑상품권은 지역의 경제사회적 여건을 충분히 충족시키는 요인이 아니라, 가장 기본적 수준을 채워주는 하나의 필요조건에 해당한다. 가능하면 지역생산이 최대로 증가하여 주민 1인당 소득수준이 G7 국가 수준에 도달하는 것이 필요하다. 그렇지만 소득불평등이 심한 상태에서 1인당 GRDP만 증가하는 것은 최선의 대안이 될 수 없다. 따라서 모든 주민이 가장 높은 수준의 소득을 창출하고, 골고루 잘사는 지역공동체를 만들어가는 것이 중요하다. 이러한 목표를 달성하기 위해 필요한 정책수단이 바로 지역사랑상품권이 될 수 있다. 지역공동체에서 상대적으로 취약한 위치에 있고 경기침체에 가장 먼저 부정적 영향을 받게 되는 계층을 대상으로 지역사랑상품권을 적극 발행하여 지원하는 것이 필요하다.

민선9기는 앞에서 제시한 단기과제를 내실 있게 추진할 책임이 있고, 중기과제의 기반을 다져야 한다. 이러한 흐름에 근거하여 향후 10년 이후에 지역화폐가 지역경제 활성화와 지역 소상공인 등의 보호의 정책목표를 확실히 달성하고, 나아가 지역공동체가 경제사회적 안정성을 대폭 확보하고 국제 경쟁력이 향상된 곳으로 자리매김하도록 역할을 해야 한다.

08 공공 알고리즘 검증시대: AI 행정의 그림자에 대응하는 지방정부의 책무성

1. AI 행정혁명의 시작과 지방정부의 디지털 전환

"최근 지방정부들이 인공지능(AI)을 행정과 산업 전반에 본격 도입하고 있다. 인구 구조나 산업 기반 등 지역마다 여건이 다른 만큼, AI 기술을 통해 복지·교육·안전·산업 분야 등에서 보다 유연하고 효율적인 행정서비스를 구현하려는 움직임이다. …"

테크월드 뉴스, 2025.07.17.

" … AI 등록제는 인공지능 기술의 불투명성과 신뢰 부족 문제를 완화하고, 윤리성과 책임성을 확보하기 위해 공공에서 추진하는 AI 활용 서비스의 정보를 공개하는 제도다. 공개 대상은 도와 시군, 공공기관이 운영하는 AI 기반 사업이며 …"

수원신문, 2025.07.04.

" … 공무원들이 생성형 AI 활용 시 발생할 수 있는 정보의 신뢰성 문제를 해결하고 민감한 개인정보 유출 등을 막기 위해 '공무원 생성형 AI 활용 윤리지침'을 정한다. … 지침은 공정성, 신뢰성, 책임성, 보안성 등 4가지 핵심 가치를 기반으로 한다. …"

아시아경제, 2025.07.31.

원주시 데이터기반행정 구현 및 디지털 전환 방안 세미나(2024.12.11.)

한국디지털정부학회 출범기념식 및 춘계학술대회(2025.04.11.)

AI 기술의 이해

인공지능(Artificial Intelligence)은 인간의 지적 기능을 컴퓨터가 모방하고 수행하도록 하는 기술을 의미한다. 구체적으로 학습과 추론, 지각, 판단 등 인간의 사고 과정을 모사하는 소프트웨어 및 시스템을 통칭하며, 주어진 환경에서 자율적으로 문제를 해결하고 의사결정을 내릴 수 있도록 설계된다. 즉, AI는 인간이 지능적으로 수행하는 다양한 과업을 기계가 구현하는 기술로써, 검색과 최적화, 기계 학습, 자연어 처리, 컴퓨터 비전 등의 하위 분야를 포괄한다(Russell & Norvig, 2021). 최근에는 대규모 데이터를 기반으로 한 머신러닝과 딥러닝 기법의 발전으로, 과거에는 프로그래밍하기 어렵던 복잡한 패턴 인식과 예측 작업까지 가능해졌다. 예컨대 이미지에서 사물을 식별하거나 방대한 문서에서 의미를 이해하고 요약하는 일, 사람의 음성을 인식하고 대화를 주고받는 일 등을 AI가 수행할 수 있다.

공공행정의 맥락에서 살펴보면, AI 기술은 행정업무 자동화, 정책자료 분석, 대민 서비스 제공 등 다양한 분야에 적용될 수 있다. AI는 학습(Learning), 추론(Reasoning), 지각(Perception), 자율성(Autonomy) 등의 속성을 지니며, 이러한 특성 덕분에 인간의 개입 없이도 일정 수준의 의사결정을 수행할 수 있다. 특히, 최근 발전한 생성형 AI는 방대한 언어·이미지 데이터를 학습하여 새로운 문장이나 그림을 만들어내는 능력을 보이면서 행정 문서에 대한 작성 보조나 민원 답변 작성 등에 활용되고 있다.

정리하면, 인공지능은 "인간이 가진 학습과 사고 능력을 컴퓨터를 통해 구현한 기술”로 정의될 수 있으며(Beck, 1992), 전자적 방법으로 인간 지능의 일부를 실현한 시스템 전반을 가리킨다. 2024년 제정된 「인공지능 발전과 신뢰 기반 조성 등에 관한 기본법」 역시 인공지능을 “학습, 추론, 지각, 판단, 언어의 이해 등 인간이 가진 지적 능력을 전자적 방법으로 구현한 것”으로 정의하여, 기술적 범주를 법적으로도 명시하고 있다. 이처럼 AI는 기술적 개념인 동시에 법·제도적으로도 그 범위와 의미가 규정되고 있는 복합적 개념이라 할 수 있다.

AI 확산과 지방행정

이를 활용한 디지털 행정의 새로운 물결은 이미 우리 곁에서 조용히 시작되고 있다. 주말 밤 늦은 시각에도 주민들은 시청을 방문하지 않고 AI 챗봇을 통해 복지 혜택이나 세금 문의에 답변을 얻는다. 서울특별시의 AI 민원상담 챗봇인 ‘서울톡’은 교통, 세금, 복지 등 수천 건의 질문에 24시간 자동 응답하며 민원창구의 부담을 덜고 있다. 경기도 수원시는 인공지능이 청소년 상담 서비스에 투입되어 은둔형 외톨이 청소년의 징후를 포착하고 맞춤형 지원책을 권고하는 ‘AI 공감 친구’ 시스템을 운영 중이다. 행정 최일선에서 이러한 AI 행정서비스들은 주민 편의를 높이고 업무 효율을 향상시키는 혁신 사례로 주목받고 있다.

그러나 AI 기술이 행정에 스며드는 밝은 면 뒤에는 보이지 않는 그림자도 함께 드리워지고 있다. 예컨대, 호주 정부가 도입한 복지수당 자동산정 시스템 ‘로보데트(Robodebt)’는 알고리즘의 오류로 수만 명의 시민들에게 잘못된 빚을 청구하여 사회적 파장을 일으켰다. 미국 여러 도시에서는 범죄 예측 알고리즘이 일부 인종이나 지역을 편향적으로 ‘위험 지역’으로 분류해 논란이 일기도 했다. 국내에서는 아직 대규모 논란은 없지만, ‘AI 행정의 그림자’, 즉 알고리즘 편향, 불투명성, 책임 회피에 대한 문제가 지적되고 있다. 이러한 문제들은 지방정부가 AI를 활용한 행정을 확대할수록 현실에서 마주하게 될 가능성이 크기 때문에, 이에 대한 선행적인 대응 노력이 필요할 것으로 보인다.

이러한 맥락에서 오늘날의 지방행정은 이전과 다른 책무성의 도전과 마주하고 있다고 할 수 있다. 과거에는 공무원의 판단과 결정에 대한 책임의 확인이 상대적으로 용이하였으나, 이제는 의사결정과정에 AI 알고리즘을 활용하는 경우가 발생할 수 있으며, 이 경우 새로운 책임성과 투명성의 위기가 발생할 수 있다. AI 결정에 오류가 발생해도 누가 책임져야 하는지 명확히 답하기 어려운 상황이 나타나며, 이는 행정 신뢰의 문제로 이어질 수 있다. 이러한 우려를 바탕에 두고, 아래에서는 지방정부의 AI 행정 도입 확산으로 인한 영향과 한계를 짚어보고, 국내외 선도 사례와 최신 기술 및 정책 동향을 살펴보고자 한다. 이를 통해 궁극적으로 공공 알고리즘 검증과 신뢰 확보를 위한 거버넌스의 방향성을 모색하고자 한다.

2. AI 행정 도입 현황과 그림자의 발견

적극적인 AI 도입과 서비스의 확대

오늘날 여러 지방정부들은 이미 행정 전반에 AI와 데이터 기술을 적극 도입하며 디지털 전환을 가속화하고 있다. 인공지능은 이제 소수 연구자가 활용할 수 있는 기술에서 벗어나 시·군·구청 창구와 정책 현장에 파고들고 있다. 예를 들어 지능형 CCTV는 도시에 24시간 안전망을 제공하고 있으며, 서울특별시는 AI CCTV로 화재·폭행 징후를 자동 감지하여 119 출동 시간을 평균 40초 단축시키는 효과를 거두었다. 이러한 효과를 바탕으로 2026년까지 서울 전역의 8만 5천대 CCTV에 AI 기능을 추가할 계획으로, 이른바 도시 관리에 AI 활용의 일상화가 목전에 있다고 할 수 있다. 또한 AI 예측 모델은 교통신호 제어, 범죄 우범 지역 예측, 복지 대상자 발굴 등 다양한 영역에 적용되어 정책의 사전 개입과 맞춤형 서비스 역량 강화에 기여하고 있다. 경기도 수원시는 2024년 전국 최초로 'AI 복지민원 서비스'를 도입하여 복잡한 복지 지침을 생성형 AI 모델로 학습하고, 공무원이 주민 문의에 신속히 답변하는 데 도움을 줄 수 있도록 활용하고 있으며, 이러한 성과를 인정받아 2025년 경기도 정보화 우수사례로 선정된 바 있다. 이처럼 지방행정 현장에서 AI는 단순한 업무자동화 도구를 넘어 정책결정의 보조자이자 서비스 제공자로 그 역할을 확대하고 있다.

AI 기술 활용의 유형화

AI 기술은 활용 목적이나 기능에 따라 다양한 방식으로 유형화될 수 있다. 공공행정 영역에서도 현재까지 축적된 활용 사례와 문헌을 기반으로 여러 분류체계가 제시된 바 있다. 예를 들어, Hoekstra et al.(2021)은 선행연구들을 분석하여 맞춤형 서비스, 행정 프로세스 최적화, 시설 유지관리, 단속·집행, 범죄수사, 지식관리, 정책예측, 정책분석의 여덟 가지로 공공부문 AI 활용 유형을 구분하였다. 이들은 단순히 기술의 종류에 따른 분류가 아니라, 행정의 목적과 정책주기별 기능을 함께 고려해야 한다고 강조하며, 정부가 AI를 어떤 목적으로 활용하는지에 따라 유형을 정의하였다(Hoekstra et al., 2021). 한편 국내 연구에서는 기술 중심의 분류도 시도되었다. 방준성·조수현(2021)은 공공서비스에 도입된 AI 기술 사례들을 대상으로 챗봇, 예측분석, 확장현실(XR), 지능형 IoT, 드론, 클라우드 등 기술 요소별로 유형화하고, 이를 통해 스마트시티와 연계된 서비스 확장의 가능성을 논의하였다. 이처럼 기술 위주 분류, 정책목적 중심 분류, 행정과정 단계별 분류 등 다양한 접근이 존재한다. 위 선행연구를 바탕으로 AI 기반 행정서비스를 유형화하면 다음의 8가지로 정리할 수 있다.

- 대화형 민원 상담: 챗봇이나 음성비서 등을 활용하여 시민의 문의에 실시간 응답하고 정보를 제공하는 서비스 유형. (예: 지방자치단체 AI 챗봇을 통한 24시간 민원응대)
- 맞춤형·능동 행정서비스: 국민 개개인의 상황에 맞춰 필요한 행정혜택이나 정보를 선제적으로 제공하는 서비스. (예: '지능형 국민비서'의 일정별 알림 서비스)
- 공공안전 모니터링: CCTV 영상, 센서 데이터 등을 AI로 분석하여 범죄나 재난 징후를 조기 탐지하고 대응하는 시스템. (예: 지능형 CCTV를 통한 실시간 위험 상황 감지)
- 행정업무 자동화: 문서처리나 데이터 입력 등 반복적인 내부 행정업무를 AI가 자동 수행하여 업무 효율을 높이는 활용. (예: AI OCR로 서류 분류, RPA+AI로 자료 입력 자동화)

- 지식관리 및 내부지원: 방대한 행정 지식과 데이터를 AI가 학습·요약하여 공무원의 의사결정과 학습을 지원하는 형태. (예: 법령 질의에 자동 답변하는 지능형 법령검색 시스템)
- 정책결정 지원 및 예측: 사회경제 데이터에 기반해 AI가 정책효과를 예측·모의실험하여 정책결정을 보조하는 활용. (예: AI로 교통신호 최적화 시뮬레이션, 복지 대상자 예측)
- 시설·인프라 유지관리: 도로·교량·상수도 등 인프라의 센서 데이터를 실시간 분석해 고장이나 이상을 사전에 감지하는 시스템. (예: 상수도 관로 AI 감지로 누수 사고 예방)
- 규제 집행 및 감사지원: 세금 탈루, 금융사기, 복지부정 수급 등 이상패턴을 AI가 탐지하여 단속·감사를 돕는 활용. (예: AI 기반 이상거래 탐지로 탈세 혐의자 선별)

AI 활용의 그늘 1: 차별과 불공정에 대한 우려

하지만 이러한 변화의 이면에서 새로운 문제 상황들이 감지되고 있다. 우선, 알고리즘 편향으로 인한 차별과 불공정 위험이다. AI는 인간의 의사결정을 모방하여 효율성을 높이기 위해 설계되었지만, 현실에서는 훈련 데이터의 편향이나 알고리즘 설계의 결함으로 특정 집단에 불리한 의도치 않은 차별 결과를 초래할 수 있다. 실제로 AI 채용시스템, 범죄예측, 복지대상 선정 등의 사례에서 성별이나 인종, 사회경제적 지위에 따른 차별적 결과가 보고되고 있으며, 이는 공공서비스의 공정성과 평등성이라는 기본 원칙을 훼손할 우려가 있다(Bass & Huet, 2017). AI는 데이터를 통해 인간 사회의 편견까지 학습하기 때문에, 복지·교육·고용지원 등 지방행정 주요 분야에서 사회적 약자를 대상으로 한 의사결정에 왜곡을 불러와 취약계층에 불이익을 줄 가능성이 크다는 것이다. 이러한 알고리즘 편향 문제를 방치할 경우 기술 활용이 오히려 행정의 형평성을 저해하고 디지털 불평등을 심화시키게 될 우려가 있다.

AI 활용의 그늘 2: 의사결정과정의 불투명성

다음으로, 의사결정과정의 불투명성에 대한 문제이다. 전통적으로 행정 및 정책에서의 의사결정과정은 관료제에 기반한 문서화와 업무 배분을 통해 체계적으로 관리되어 왔으며, 이를 통해 투명성과 책무성을 확보해 왔다. 그러나 AI 시스템의 작동 원리는 전문 개발자가 아니면 이해하기 어려운 블랙박스로 남는 경우가 많으며, 특히, 최근에 AI 기술의 확산과 동시에 고도화·복잡화되면서 그 작동 원리에 대한 이해가 더욱 어려워졌다.

이에 따라, 행정 환경에서 어떤 근거와 논리로 AI가 특정 주민을 지원대상에서 제외했는지, 왜 어떤 지역을 우선순위로 선정했는지 알기 어려운 상황이 벌어진다. 결과적으로 주민이나 심지어 담당 공무원조차 "이 결정이 어떻게 나온 것인가"에 대하여 이해하기 어려울 수 있으며, 이로 인해 정책의사결정에 대한 신뢰와 수용성 확보에 걸림돌이 될 수 있다.

AI의 작동에 대한 체계적인 설명이 가능한지에 대한 문제는 단순히 기술적 호기심의 문제가 아니라, 행정의 정당성과 국민 기본권 보호의 문제라고 할 수 있다. 정책의사결정과정이 불투명하면 주민의 행정에 대한 이해가 제한되고, 이는 행정에 대한 수용성의 문제로 이어질 수 있으며, 더 나아가 공공영역 전반에 대한 신뢰 저하로 연결될 수 있다. 따라서 내부 감시체계를 통해 알고리즘 결정과정을 모니터링하고, 중요한 의사결정 알고리즘에 대해서는 결과에 대한 설명 제공 의무를 마련하는 것이 필수적이라고 할 수 있다.

AI 활용의 그늘 3: 책무성의 한계

한편, 책임 회피의 문제라고 할 수 있는 "책임성 격차(Responsibility gap)"도 우려되고 있다. 앞서 살펴본 의사결정과정의 불투명성으로 인하여 행정에서 오류나 문제가 발생했을 때 누가 책임을 질 것인가에 대한 기준이 흐릿해지는 것이다. AI 시스템의 결정은 개발자, 운영자, 사용자 등 여러 주체가 관여한 산물이라 할 수 있다. 흔히 사용하는 대형 언어모델 기반의 생성형 AI의 경우에도 사용자가 직접 입력한 지시어에 따라 AI의 알고리즘이 작동하여 응답을 산출하는데, 여기에서 알고리즘을 개발한 개발자와 서비스를 제공하는 운영자 등 다양한 주체가 관여될 수 있다.

이러한 특성으로 인하여 AI 활용에서 오작동이나 사고가 발생할 경우, 각각의 책임소재를 규명하기 어려운 한계가 있다(Matthias, 2004). 예를 들어, 한 지방자치단체에서 AI가 잘못된 정책대상을 추천하여 예산이 낭비되었다면, 알고리즘을 만든 업체의 책임인지, AI를 채택한 관리자의 책임인지, 최종 결재권자의 책임인지 불분명한 회색지대가 생길 수 있다는 것이다. 이러한 책임성 격차는 중앙정부보다 지방정부에 더 큰 부담이 될 가능성이 있는데, 직접적인 피해를 입은 주민은 어떤 구제도 받지 못한 채 책임의 사각지대에 놓일 위험이 있기 때문이다.

AI 활용의 그늘 4: 민주적 기본권의 약화

마지막으로, 주민의 공공에 대한 신뢰와 민주적 기본권에 대한 영향이 문제될 수 있다. 지방정부는 주민과 가장 가까운 정부로서, 주민의 신뢰에 지방정부의 정책에 대한 성패가 달려 있다고 할 수 있다. 그런데 앞서 언급한 편향, 불투명, 책임 회피 문제가 누적되면 결국 행정 전반에 대한 불신이 커질 수밖에 없는 한계가 있다.

더 나아가, 의사결정 권한이 공무원에서 AI 알고리즘으로 이동하게 되면, 민주적 통제의 약화에 대한 우려도 문제가 될 수 있다. 울리히 벡(U. Beck)의 위험사회론에 따르면 기술 발전은 새로운 위험을 수반하며, 적절한 통제가 없을 경우 시민들은 알지 못하는 사이에 자유와 권리를 잠식당할 수 있게 되는데(Beck, 1992), AI에 대한 적극적인 활용으로 인간성을 초월하는 정책의사결정과 행정 집행이 이루어지게 될 가능성이 발생할 수 있다는 것이다. 예를 들어, 사회적 안전을 명분으로 중앙집권적 통제가 강화되고 AI 감시가 상시화될 경우 시민들이 민주주의적 권리를 조금씩 양도하게 되는 문제가 발생할 수 있다. 지방정부는 주민과 거리가 더욱 가까운 만큼, 이러한 기술 기반 통제의 강화가 지역 차원의 민주적 기본권을 훼손하지 않도록 더욱 경계해야 할 필요가 있다. 이러한 AI 행정의 그림자는 단순한 기술 활용의 문제가 아닌, 행정 철학과 민주주의의 기본 원칙을 저해할 수 있는 복합적 문제로서 고려될 필요가 있는 것이다.

3. 국내외 AI 행정 도입 현황과 그림자의 발견

중앙정부정책과 지방 선도 사례

최근 중앙정부 차원에서 AI 행정 도입에 따른 윤리 확보와 책임성 강화를 위한 정책적 대응이 점차 구체화되고 있다. 정부는 2020년 과학기술정보통신부 주도로 「인공지능 윤리 기준」을 제정하여 인간 존엄성, 프라이버시 보호, 공정성, 투명성 등의 원칙을 천명하였다. 이어 2021년 「신뢰할 수 있는 인공지능 실현전략」을 발표하여 AI 개발자·공무원·이용자 등이 준수해야 할 10대 핵심 요건을 제시하는 등 공공부문 전반에 윤리적 AI 활용 가이드를 마련한 바 있다. 행정안전부도 「디지털 플랫폼 정부 이행계획(2022)」을 추진하면서, 공공서비스에 AI를 도입할 때 윤리 문제 사전 검토와 사회적 영향평가체계를 갖추겠다고 밝히는 등 알고리즘 책임성 강화를 위한 기반 조성에 나서고 있다. 비록 아직 법제화된 단일 법률은 없지만, 정부 차원의 지침과 전략을 통해 자율규제와 가이드라인을 확산시키며 공공 AI 거버넌스의 체계를 구축하고 있는 중이다.

선도적인 지방자치단체를 중심으로 AI를 적절하게 활용하기 위한 적극적이고 다양한 시도가 이어지고 있다. 서울시는 2023년 전국 지방자치단체 최초로 「서울시 생성형 AI 윤리 가이드라인」을 수립하여, 챗GPT 등 생성형 AI를 행정에 활용할 때 준수해야 할 원칙과 기준을 발표했다(서울디지털재단, 2023). 해당 가이드라인은 이용자 중심, 위험 예방, 지속가능성을 3대 기본원칙으로 하여, 이용자의 검증역량 강화, 개발자의 책임성, 데이터 권리 보호, AI 결과의 설명 가능성 확보 등에 대한 핵심요건을 제시하였다. 나아가 서울시의회에서는 AI 기술의 윤리적 활용과 사회적 책임에 대한 조례 개정안이 발의되는 등(김동욱 의원 발의, 2025), 법·제도 측면의 뒷받침도 모색되고 있다. 이러한 노력은 급속히 확산되는 생성형 AI 활용에 대해 윤리적 안전장치를 마련함으로써 시민의 신뢰를 유지하려는 노력으로 평가할 수 있다.

한편, 경기도 수원시를 비롯한 적극적인 지방자치단체들은 AI를 행정 혁신에 접목하는 동시에 통제를 위한 시책도 병행하여 추진하고 있다. 수원시는 앞서 언급한 AI 복지 민원 상담 서비스를 운영하면서, 해당 AI의 답변 논리를 투명하게 공개하고 담당 공무원이 결과를 검증하도록 프로세스를 설계하였다. 이에 따라, AI가 제시한 복지정책 정보에는 출처 링크와 근거를 함께 표시하여, 공무원과 주민이 AI 답변을 검증할 수 있게 하고 있다. 또한 수원시는 AI 활용 지침서를 마련하여, 챗봇이나 예측시스템 도입 시 사전 윤리성 검토와 부서장 승인 절차를 거치도록 규정하였다. 이러한 지침에 따라 AI 결과에 문제가 생겼을 때 공무원의 최종책임을 분명히 하고, AI 결정은 보조적 수단일 뿐 최종 판단은 사람의 몫임을 강조하고 있다. 이 외에도 여러 지방자치단체에서도 교통·환경 등 분야별 AI 도구 도입과 올바른 활용을 위한 지침 마련 등의 노력을 기울이고 있다.

해외사례 1. 미국 연방정부 및 지방정부가 주는 시사점: 차별 방지와 설명책임 강화

미국은 연방 차원의 포괄적 AI 법은 아직 없지만, 주(州)와 도시 단위에서 다양한 알고리즘 규제 실험이 전개되고 있다. 2022년 백악관 과학기술정책실(OSTP)은 「AI 권리장전(Blueprint for an AI Bill of Rights)」을 발표하여 차별 없는 알고리즘, 설명 가능하고 이해 가능한 시스템, 프라이버시 보호, 인간 대안 및 거부 권리 등 5대 원칙을 제시하였다(OSTP, 2022). 비록 법적 구속력은 없지만 연방정부가 AI 도입 시 필요한 원칙을 천명한 것으로서 의미가 있으며, 정부기관과 기업에 윤리적 AI 개발과 활용에 대한 가이드라인으로서 의의가 크다고 할 수 있다. 한편, 미국표준기술연구소(NIST)는 2023년 「AI 위험관리 프레임워크」를 발간하여, AI 시스템의 투명성, 공정성, 안전성을 확보하기 위한 세부 기준과 절차를 제시하고 정부 및 산업 전반의 활용을 독려하고 있다(NIST, 2023). 이처럼 연방 차원에서는 가이드라인과 표준 중심의 접근을 취하는 반면, 주정부와 지방정부에서는 보다 구체적 입법이 속속 등장하는 중이다.

여러 주 가운데 콜로라도주는 2025년 「콜로라도 인공지능법(Colorado AI Act)」을 통과시켜, 고위험 AI 시스템의 개발자·운영자에게 차별 방지 의무를 부여하고, 알고리즘 영향평가를 연례적으로 실시하도록 하였으며, 이용자 통지 및 이의제기 절차 제공을 법적으로 의무화하였다. 이는 AI 활용으로 인한 차별이나 권리 침해를 사전에 점검하고 시정하기 위한 체계를 주법으로 마련한 사례로 평가된다.

한편, 뉴욕시는 2023년부터 시행된 NYC 144를 통해, 기업이나 기관이 채용과정에 알고리즘 기반 자동화된 평가 도구(AEDT)를 사용할 경우, 사전에 독립적인 편향성 감사를 받도록 의무화하고 그 결과를 공개하도록 규정했다. 뉴욕시는 이미 2018년에 알고리즘 태스크포스를 운영하여 시 행정 전반의 알고리즘 사용 현황을 점검하고 투명성 향상 권고안을 발표하는 등 도시 차원의 알고리즘 통제를 논의해 왔다.

또한 캘리포니아주는 최근 AI 투명성 관련 입법을 선도하고 있다. 2023년 통과되어 2026년 1월 발효 예정인 「AI 투명성법(AI Transparency Act)」과 「AI 학습 데이터 투명성법(AI Training Data Transparency Act)」은 기업이 생성형 AI를 통해 만든 콘텐츠에 대해 원본 여부를 명시하고, AI 훈련에 사용된 데이터셋 목록을 의무 공개하도록 요구하고 있다. 이는 AI 알고리즘의 훈련 데이터 단계부터 투명성을 확보해 허위정보 유포나 저작권 침해 등의 부작용을 차단하려는 목적이다.

이처럼 미국에서는 주 및 도시별로 AI 윤리와 책임성에 초점을 맞춘 다양한 법제가 시도되고 있으며, 특히 알고리즘 차별 방지와 설명책임 강화의 공통적인 방향성을 확인할 수 있다.

해외사례 2. 유럽연합 및 도시정부가 주는 시사점: 시민의 알고리즘 알 권리 보장

유럽연합(EU)은 AI 거버넌스 분야에서 가장 포괄적이고 강력한 규제체계를 구축하고 있다. 2023년 유럽의회는 세계 최초의 AI 포괄법인 「EU 인공지능 법안(AI Act)」을 가결하였고, 이르면 2024년 8월부터 공식 발효되었다. 이 법안은 AI 시스템을 위험도에 따라 4단계(금지 → 고위험 → 제한적 위험 → 최소위험)로 분류하여 차등 규제하는 것을 규정하고 있다. 예를 들어, 사회적 점수화 시스템이나 실시간 원격 안면인식 등 과도한 위험을 초래하는 AI는 전면 금지하고, 구직, 교육, 법 집행, 공공서비스 등 고위험 분야의 AI는 엄격한 요건하에서만 사용을 허용한다. 고위험 AI를 도입하는 공공기관·기업은 사전 위험평가, 데이터 관리 및 편향 완화 조치, 인간의 감독, 투명성 요건(사용자 통지, 설명 가능성 제공 등)을 준수해야 하며, 이를 위반하면 매출의 최대 6%에 달하는 과징금이 부과될 수 있다. EU 집행위원회는 이러한 법적 규제와 더불어, 회원국 정부에 알고리즘 등록제 도입, 공무원 AI 역량 강화, 시민사회와의 협력 등을 권고하고 있다. 즉, 기술 그 자체보다 사용 맥락에서의 신뢰성 확보와 인권·윤리 준수를 핵심으로 삼아 사전적 규제를 구축하는 것이 특징이라고 할 수 있다.

유럽의 도시정부들도 투명하고 책임 있는 AI 활용을 위한 혁신을 보이고 있다. 대표적으로 네덜란드 암스테르담과 핀란드 헬싱키는 2020년 세계 최초로 공개 AI 알고리즘 등기소(AI register)를 개설하였다. 이 AI 등기소에는 시정부가 활용하는 모든 알고리즘과 AI 시스템의 이름, 목적, 작동 방식, 책임 부서, 위험 수준, 시민 문의 창구 등을 상세히 공개하도록 하고 있다. 시민들은 웹사이트를 통해 지역에서 자동화된 의사결정이 어디에 어떻게 쓰이고 있는지 손쉽게 파악할 수 있으며, 우려가 있는 경우 질문하거나 이의를 제기할 수도 있다. 암스테르담시는 이러한 등기소 도입과 관련하여 행정의 책임성, 투명성, 보안 측면에서 AI도 여타 행정활동과 동일한 원칙을 따라야 한다는 점을 강조하였다(OECD.AI, 2020).

한편, 영국에서는 경찰의 얼굴인식 기술 사용 등 논란이 되는 AI 이슈에 대한 사건이 발생하여 관련된 사회적 논의가 활발하게 이루어지기도 하였다. 이는 시민의 의견을 중심으로 이루어진 알고리즘 통제의 한 형태로, 정책결정자들이 전문가뿐 아니라 일반시민의 관점을 고려하여 기술 사용에 대한 문제를 제기하였다는 의의가 있다.

미국과 다르게 EU는 중앙집중적 규제를 통해 통일적이고 강화된 규제 모델을 시도하고 있다는 특징이 있으며, 내용적 특징으로 사전적인 위험평가와 인증, 그리고 이를 통해 궁극적으로 알고리즘에 대한 시민의 알 권리 보장을 추구하고 있다고 정리할 수 있다.

4. 2026년 이후 AI 행정의 미래전망과 도전

2026년 이후 기술 트렌드 전망

지금 이 순간에도 AI 기술은 빠르게 진화하고 있으며, 2026년 이후의 행정 환경은 오늘과 사뭇 다른 양상으로 전개될 가능성이 높다. 이미 일상적으로 활용하고 있는 바와 같이, 2022년 말 등장한 GPT-4와 같은 초거대 생성형 AI는 행정 분야에 용이한 도구들을 제공하고 있다. 행정문서 초안 작성, 방대한 민원 데이터 분석, 정책 아이디어 생성 등의 작업에 대하여 투입되는 시간과 인적 자원을 대폭 효율화하는 동시에 자동화할 수 있는 사례가 지속적으로 확산될 것으로 보인다. 이미 국민신문고 등 정부 민원처리 시스템에 AI를 접목해 민원 답변 초안을 작성해주는 시범사업이 시작되었고, 지방자치단체를 대상으로 내부 보고서나 보도자료를 생성형 AI로 작성하는 실험을 진행 중이다. 이에 따라, 2026년쯤이면 행정 현장 곳곳에서 AI 비서 혹은 AI 공동작업자와 함께 일하는 공무원의 모습이 흔해질 것으로 보인다.

이는 행정 생산성의 획기적 향상을 의미하지만, 동시에 AI 출력의 신뢰성에 대한 검증의 문제와 오남용 방지라는 새로운 과제가 문제될 수 있다. 특히 생성형 AI가 상당히 빈번하게 '환각(Hallucination)'이라고 불리는 현상으로 인하여, 사실과 다른 허위 정보를 그럴듯하게 만들어낼 수 있기 때문에 행정 활용 시 잘못된 정책결정이나 국민 안내에 활용될 수 있다는 위험이 큰 문제로 대두될 수 있다. 따라서 향후에는 생성형 AI의 사실 검증기능과 출처 제시기능을 강화하고, 공무원의 검토 프로세스를 표준화하여 AI와 인간의 협력적 의사결정구조를 갖추는 방향으로 기술·제도가 발전될 필요가 있다.

자율 시스템(Autonomous System)의 확산도 행정 패러다임의 큰 변화로 이어질 수 있다. 자율주행 버스나 드론 행정과 같이 물리적 행동까지 수행하는 AI 기술이 도시 서비스에 도입되면, 정책 및 행정에서 의사결정뿐만 아니라 실행 단계에서도 기계가 자율적으로 집행의 과정을 진행할 수 있을 것이다. 이미 일부 지역에서는 산불 감시를 위해 AI 드론을 활용해 실시간 정찰 및 초기 진압을 모색하고 있고, 도로 청소나 물류 배송에 자율주행 로봇을 투입하고자 하는 시도도 검토되고 있다. 2026년 이후 이러한 자율행정 기술이 상용화 단계에 접어들면, 기계를 활용한 물리적 AI 기술의 활용을 목도할 수 있을 것이다.

다만, 우려되는 사항으로는 기술 오작동으로 인한 물리적 안전사고, 긴급상황 시 윤리적 딜레마(예: 자율주행 차량의 사고 회피 알고리즘 문제) 등이 현실 행정 이슈로 떠오를 수 있다. 이는 지금까지의 데이터 알고리즘 차원을 넘어서는 현실적인 물리적 세계에서 직접적으로 경험할 수 있는 위험으로서, 지방정부 입장에서는 새로운 차원의 위험관리 방안이 필요할 수 있다. 이에 대응하여 앞으로는 자율 시스템 안전 인증제, 실시간 모니터링 센터 구축, 긴급정지(Kill switch) 장치 의무화 등 기술적·제도적 안전장치가 논의될 필요성이 있을 것이다.

나아가 행정 영역에서 '인간 판단의 최종 관여' 원칙을 어디까지 유지할 것인가에 대한 사회적 논쟁도 일어날 수 있다. 즉, 쓰레기 자동수거와 같이 완전 자율화가 가능한 영역은 어디까지이며, 반드시 공무원의 결재를 직접 받아야 하는 영역(예: 주민의 권리를 제한하는 처분)은 무엇인지와 관련하여, 디지털 행정의 재설계 논의가 본격화될 것으로 보인다.

기술 융합과 데이터 생태계 측면에서도 변화의 흐름이 지속될 것으로 예상된다. AI는 홀로 존재하지 않고, 이른바 4차 산업혁명의 내용이라고 할 수 있는 IoT 센서, 메타버스 플랫폼, 클라우드 슈퍼컴퓨터 등과 결합되어 새로운 서비스들을 창출할 수 있다. 이미 CCTV 센서 데이터와 기상데이터를 AI가 통합 분석하여 재난 예측을 고도화하는 시스템이 개발되어 시범운영되고 있고, 메타버스 가상공간에 AI를 연계해 온라인 시민공청회를 여는 시도도 이루어지고 있다.

이를 바탕으로 하여 2026년 이후에는 AI+α(AI 플러스 알파) 형태의 통합 디지털 플랫폼이 지방행정서비스의 새로운 모델로 각광받을 가능성이 있다. 이는 개별 주민에게는 더욱 고도화된 맞춤형 서비스를 경험할 수 있도록 할 것이며, 행정 내부적으로는 원스톱 데이터 공유를 가능하게 할 수 있을 것이다. 그러나 동시에 데이터의 복잡도를 증폭시켜 관리의 난이도를 높일 우려도 존재한다. 즉, 개인정보보호, 사이버보안, 상호운용성 등의 이슈가 AI와 맞물려 더욱 다층적으로 얽힐 수 있으며, 여러 기술이 의존적으로 결합될 경우, 하나의 부문에서 발생한 오류나 편향이 연쇄적으로 전체 시스템에 파급되는 시스템적 위험(Systemic Risk)이 발생할 가능성이 높아질 수 있다.

이러한 미래 환경에서는 위험예측지표와 조기경보체계를 통해 이상 징후를 빠르게 감지하고 대응하는 관리적 기술이 필요할 것이다. 예컨대 AI 결정의 로그를 상시 분석하여 이상치를 탐지하는 자동 감사 알고리즘, 다양한 데이터 흐름을 한눈에 조합해 정책 위험도를 시각화하는 대시보드 등이 여기에 해당할 수 있다. 즉, AI 시대에는 AI를 통제하기 위한 AI 기술도 중요한 요소로 떠오를 것으로 예상된다.

제도의 향후 흐름

기술의 변화에 발맞춰 제도와 거버넌스의 흐름도 2026년 이후 상당한 변화를 겪을 것이다. 우선, AI에 대한 법·제도적 장치가 지금보다 구체화되고 강력해질 것으로 예상된다. 앞서 살펴본 EU의 AI 법규의 영향에 따라 글로벌 기업뿐 아니라 국내 행정 분야에도 준거로서 작용하여 공공 알고리즘의 규범화를 촉진할 것으로 예상된다.

우리 정부 역시 이러한 국제기준과 OECD 권고에 부응하여 국가 차원의 AI 기본법에 대한 도입을 추진 중에 있다. 「인공지능 발전과 신뢰 기반 조성 등에 관한 기본법」이 이미 국회를 통과하여 2026년 1월부터 시행 예정되어 있으며, 그 내용은 다음과 같이 정리할 수 있다.

❶ 국가 AI 발전과 신뢰 기반 조성을 위한 추진체계 마련

- 국가 인공지능 경쟁력 강화를 위한 인공지능기본계획 3년마다 수립·시행(제6조)
- 국가인공지능위원회 운영의 법적 근거 마련(제7조)
- 인공지능과 관련하여 발생할 수 있는 위험으로부터 국민의 생명·신체·재산 등을 보호하기 위한 전문기관 운영(제12조)

❷ 인공지능 연구개발, 학습용데이터, 인공지능 데이터센터, 집적단지 등 인공지능산업 육성 지원

- 인공지능산업 육성을 위해 연구개발 지원(제13조), 표준화(제14조)
- 학습용데이터 시책 수립(제15조), 인공지능 도입·활용 지원(제16조) 등에 대한 정부 지원
- 인공지능 집적단지 지정(제23조), 인공지능 데이터센터 시책 추진(제25조), 인공지능 융합의 촉진(제19조) 등을 통해 대한민국 인공지능 생태계의 발전 지원
- 인공지능 전문인력의 확보(제21조), 중소기업을 위한 특별지원(제17조), 창업 활성화(제18조) 등 인공지능 시대를 선도할 인재 양성과 중소·신생기업의 성장 촉진

❸ 고영향 인공지능·생성형 인공지능에 대한 안전·신뢰 기반 조성

- 인공지능의 기술적 한계, 오·남용 등으로 인해 발생 가능한 문제를 사전에 예방하기 위하여 규제 대상으로 고영향 인공지능과 생성형 인공지능을 정의
- 투명성 확보 의무(제31조), 안전성 확보 의무(제32조), 사업자 책무(제34조) 규정
- 민간이 자율적으로 추진하는 인공지능 안전성·신뢰성 검·인증(제30조), 인공지능 영향평가(제35조)에 대한 정부 지원

이를 통해 2026년 이후에는 공공부문 알고리즘에 대한 책무성 담보 제도가 법적으로 확립될 수 있을 것이며, 더 나아가 「개인정보보호법」, 「행정절차법」 등 기존 법령들도 AI 시대에 맞게 개정되어, 주민이 AI의 자동결정에 대해 이의를 제기할 권리(이른바 '알고리즘 항소권')를 명문화하고, 행정청이 자동화된 결정임을 사전에 고지하도록 의무화하는 등 세부 규정이 도입될 것으로 기대할 수 있을 것이다.

5. 신뢰받는 AI 행정을 위한 실천 전략

이상에서 살펴본 것처럼, AI 행정의 확산은 지방정부에 과거 어느 혁신보다도 복합적인 도전과 기회를 동시에 안겨준다. AI를 제대로 활용하면 주민 삶의 질을

높이고 행정역량을 강화할 수 있지만, 동시에 행정의 공정성·투명성을 훼손하고 주민 신뢰를 잃을 수 있는 결과로 이어질 수도 있다. 이러한 양면성을 극복하고 지속 가능한 혁신을 이루기 위해서는, 지방정부 스스로 새로운 시대에 걸맞은 책무성 확보 전략을 마련해야 한다.

알고리즘 투명성 제고와 설명책임 강화

알고리즘의 투명성과 설명책임은 AI의 활용에서 매우 중요한 사안이라고 할 수 있다. 지방정부는 먼저 행정에 사용되는 AI 시스템과 작동 원리에 대해 구체적으로 공개하여 제시하는 것이 필요할 것이다. 구체적으로 모든 AI 의사결정 도구에 대한 목록을 작성·공개하고, 각 알고리즘의 용도, 주요 기능, 사용 데이터, 담당 부서, 문의 창구 등을 주민이 열람할 수 있도록 해야 한다. 앞서 언급한 암스테르담의 알고리즘 공개 사례처럼, 우리도 지역 단위에서 'AI 활용 공시제'와 같은 서비스를 도입해 주민의 알 권리를 보장할 필요가 있다.

이를 통해 시민들은 자신이 받는 행정서비스에 어떤 알고리즘이 개입되는지 알 수 있을 것이며, 이를 통해 해당 행정서비스에 대한 이해를 증진시키는 것과 동시에 잠재적인 불신을 해소할 수 있다. 더 나아가, 설명가능한 AI 기술을 적극 활용하여 중요한 정책결정에 대해서는 쉽게 이해할 수 있는 설명을 제공하도록 해야 한다. 예를 들어, AI가 특정 복지대상자를 선정하거나 제외했다면, '이 결정에 영향을 미친 주요 요인: 소득수준 30%, 재산 20%, 부양가족 50%'와 같은 식의 설명을 생성하여 대상자에게 제공하는 방식이 필요할 수 있다. 비록 모든 AI가 완벽히 설명가능한 것은 아니지만, 설명 제공을 의무화함으로써 개발자들이 애초에 설명이 용이한 방향으로 알고리즘을 설계하도록 유도하는 효과도 기대될 수 있다. 마지막으로, 정보공개 청구권을 확대해 시민이 알고리즘 관련 정보를 요구할 경우 최대한 성실히 공개하는 문화를 정착시켜야 한다.

내부 견제와 독립 감사체계 구축

알고리즘의 편향과 오류를 사전에 식별하고 교정하기 위해 다층적인 통제 장치를 마련해야 한다. 먼저 행정기관 내부적으로는 알고리즘 검증위원회와 같은 기구를 둘 필요가 있다. 이 위원회는 해당 기관의 데이터 과학자, 업무 담당 공무원, 법률·윤리 전문가 등이 참여하여 새로운 AI 시스템 도입 전후의 위험요인 평가와 성능 테스트, 편향 여부 점검을 수행하도록 할 수 있을 것이다. 예컨대 범죄 예측 AI를 도입한다면, 시범 적용 단계에서 지역·성별·연령 등에 따른 오분류 비율에 대하여 전문적인 위원회가 면밀히 분석하고 검증하는 것이다. 또한 기술을 중심으로 하는 제도에서 활용될 수 있는 방법론으로 '트리플 루프 인간개입' 원칙을 도입하는 것도 가능할 것이다. 이는 AI 의사결정의 입력 단계, 알고리즘 산출 단계, 결과 활용 단계 등 세 단계마다 인간의 개입과 확인을 거치게 하는 절차이다. 예를 들어, 복지급여 자동산정의 경우, (1) 입력 데이터가 이상치나 편향이 없는지 사전 검토하고, (2) 알고리즘 산출 결과를 중간 점검하며, (3) 최종적으로 공무원이 결과를 승인하여 집행하는 것이다. 이러한 다중 루프를 통해 자동화 오류가 걸러질 수 있으며, AI에 무조건 의존하지 않고 인간의 판단이 개입할 수 있는 여지를 제도화할 수 있다(홍승헌·황 하, 2024).

동시에 외부의 독립적 감시도 중요하다. 지방의회나 시민사회 차원에서 알고리즘 감사관(Ombudsman) 역할을 수행할 수 있는 제도를 마련해야 한다. 예컨대 광역지방자치단체별로 '디지털 권리 옴부즈만'을 두어 시민들이 제기하는 알고리즘 피해 사례나 불만사항을 조사하고 시정 권고를 할 수 있게 한다면, 행정 내부에서 놓치기 쉬운 문제들을 공정하게 해결할 수 있을 것이다. 이 옴부즈만은 필요시 알고리즘의 소스코드나 개발 문서도 열람할 수 있는 권한을 가져야 하며, 주민청구에 따른 특별 감사를 수행할 수도 있어야 한다. 나아가 중앙정부 차원에서 공공 AI 감사센터를 설립해 전문인력을 양성하고 지방에 파견, 교차 점검을 지원하는 방안도 고려해볼 만하다. 이런 다층적 감사체계는 행정조직 스스로 통제하기 어려운 문제를 외부 시각에서 발견하고, 투명한 견제와 균형을 구현하는 데 필수적이라 할 수 있다.

시민참여와 협력적 거버넌스

시민참여형 거버넌스의 개념은 이미 널리 알려져 있는 것이나, 오늘날 새로이 발생하고 있는 AI의 공공분야 활용과 관련된 문제에서 여전히 중요한 방향성이 될 수 있다. 기술적 통제와 더불어 사회적 통제를 결합하는 것을 통해 제도적 안정과 함께 실질적인 신뢰 확보를 이룰 수 있기 때문이다. 이를 위해 지방정부는 시민들이 알고리즘 정책결정과정에 직접 참여하고 목소리를 낼 수 있는 공론장과 제도적 채널을 마련해야 한다.

첫째, 시민 자문위원회 또는 시민배심원단을 운영하는 방안을 들 수 있다. 주요 AI 도구 도입이나 윤리 이슈가 발생할 때 무작위로 선정된 주민들, 이해관계자 대표, 전문가들이 참여해 숙의하는 기구를 상설화하는 방안이 가능할 수 있다. 예를 들어, AI 교통단속 시스템 도입을 논의할 때 시민배심원단이 프라이버시 침해 우려와 교통안전 향상 효과를 균형 있게 검토하여 권고안을 제시하도록 하는 것이다. 이는 행정이 놓칠 수 있는 주민 인식과 사회적 가치를 정책에 반영하고, 정책결정의 정당성과 수용성을 높이는 효과가 있을 것으로 기대된다.

둘째, 참여형 설계(Co-design)와 피드백 루프를 강화해야 한다. 행정 알고리즘을 개발할 때부터 최종 사용자이자 주권자인 시민의 의견을 묻고 반영하는 절차를 마련하는 것이다. 예를 들어, 시청 홈페이지에 '알고리즘 정책 제안 코너'를 개설해 시민들이 AI 서비스에 바라는 점이나 우려 사항을 자유롭게 건의하도록 하고, 이를 검토해 정책에 반영하는 방안이 가능할 것이다. 또한 AI 시스템 운영 중에도 사용자 평가와 피드백 수집을 정기적으로 실시해 업그레이드에 활용해야 한다. 이러한 지속적 참여 메커니즘은 기술과 서비스가 사회적 요구에 부합하도록 조정되는 학습 거버넌스의 역할을 할 것이다.

셋째, 민관 협력 네트워크 구축이 필요하다. 알고리즘 통제는 행정과 시민만의 노력으로는 한계가 있으므로, 기술기업, 대학, 시민단체 등과 파트너십을 형성하여 협력적 거버넌스를 이루어야 한다. 예를 들어, 시민단체와 연계해 알고리즘 감시 시민교육 프로그램을 운영하거나, 지역대학과 공동으로 AI 윤리 Hackathon을 개최해 행정 알고리즘의 문제점을 찾아보는 이벤트를 열 수 있다. 또한 기술

기업들과는 책임 있는 AI 사용을 위한 협약을 맺어, 지방자치단체에 솔루션을 공급할 때 공정성 검증 리포트를 제출하도록 요구하는 등 공급망 차원의 윤리 관리도 가능할 수 있다. 이러한 다자간 협력 네트워크는 계층제 중심의 행정이 미처 인지하지 못한 위험을 발견하고, 사회 전체의 디지털 신뢰 자원을 높이는 효과를 가져올 것이다.

역량 강화와 문화 혁신

아무리 제도와 구조를 만들어도 이를 운영할 인적 역량과 문화적 수용성이 뒷받침되지 않으면 실효성을 거두기 어렵다. 따라서 지방정부 내부적으로 AI 윤리·거버넌스 역량 강화 프로그램을 체계화해야 한다. 모든 공무원을 대상으로 AI 리터러시(AI 소양) 교육을 실시하여, 기본적인 알고리즘 작동 원리, 편향이 발생하는 이유, 윤리적 이슈 등을 숙지하게 할 필요가 있다. 특히 정책 입안자나 의사결정권자들은 AI 전문가와 소통할 수 있는 과학기술 소통역량을 갖춰야 하며, 반대로 기술 담당자들은 행정의 가치와 법률을 이해하는 행정 마인드를 익혀야 한다. 이를 위해 교차 교육, 사례 중심 워크숍, 시나리오 모의훈련 등을 도입할 필요가 있다.

조직문화 측면에서는 개방성과 책임성을 강조한 문화를 장려해야 한다. AI 결정에 대해 의문을 제기하거나 개선 의견을 말할 때 이를 중요하게 고려할 수 있는 조직문화가 필요하다. 일선 공무원이 알고리즘 결과가 이상하다고 느낄 때, 그 내용을 어려움 없이 공유 및 보고하고, 해당 의구심이 정당하면 즉시 점검할 수 있는 열린 조직문화가 필요하다. 이는 실패를 숨기지 않고 학습의 기회로 삼는 문화와 맞닿아 있다. 또한 공무원 개인보다는 팀과 조직 차원의 책임을 강조함으로써, 문제 발생 시 투명하게 드러내고 같이 해결하려는 태도를 촉진해야 한다. 궁극적으로 기술은 완벽하지 않으며, 행정의 결과는 공직의 책임이라는 인식을 공유하는 조직일 때 비로소 알고리즘을 활용한 행정체계가 올바르게 작동할 수 있을 것이다.

공공성 확립을 위한 거버넌스 비전

마지막으로, 지방정부는 디지털 시대 행정의 가치를 재정립하는 비전에 기반하여 알고리즘 행정체계를 설계해야 한다. AI 행정의 목표는 어디까지나 주민 행복과 지역사회 발전이지 기술 도입 그 자체가 아니다. 따라서 AI 활용을 통한 효율화도 중요하지만, 그로 인해 희생되거나 간과되어서는 안 될 가치들을 분명히 하고 지켜나가야 한다. 그것이 바로 공공성, 형평성, 민주성과 같은 핵심 가치들이다. AI와 데이터가 행정의 효율성과 편의성을 좌우하는 시대에, 지방정부는 오히려 공적이고 민주적인 가치의 수호자로서 역할을 강화해야 한다.

구체적으로는 디지털 사회에서도 모든 주민의 권리가 평등하게 보호될 수 있도록 디지털 약자보호 조치를 병행하고, 민간 빅테크에 행정이 종속되지 않도록 공공 디지털 인프라 투자와 규제적 대응을 병행해야 한다(Zuboff, 2019). 가령, 사회적 약자가 AI 접근성에서 소외되지 않도록 오프라인 대안 창구를 유지하고, 주민 데이터와 알고리즘이 민간 독점 플랫폼에 의존하지 않도록 자체 공공 플랫폼을 구축하는 등의 노력이 필요하다는 것이다. 동시에 디지털 윤리를 행정의 일상적 의사결정 원리로 두고, 일상적으로 점검하는 문화를 정착시켜야 한다.

결론적으로, 공공 알고리즘 검증시대에 지방정부의 책무성은 새로운 도약을 요구받고 있다. AI라는 혁신적 도구를 활용하되, 그 그림자를 통제할 수 있는 제도적 역량과 민주적 감수성을 함께 발전시켜야 한다. 기술적 투명성, 내부·외부의 이중 통제, 시민과 함께하는 협력적 거버넌스, 그리고 공공성의 추구라는 네 축을 원칙으로 두고, 이를 중심으로 체계적으로 준비해 간다면, 우리는 AI 행정의 부작용을 극복하고 신뢰와 혁신이 공존하는 디지털 지방자치를 구현할 수 있을 것이다.

정책방향: AI 행정의 도입과 확산에서 공공성·투명성·책임성의 확보

지방행정에서 인공지능(AI)의 활용은 더 이상 선택이 아니라 필수적 혁신과제로 자리 잡고 있다. 그러나 효율성과 편의성에만 집중할 경우, 알고리즘 편향, 불투명성, 책임 회피와 같은 심각한 부작용이 발생할 수 있다. 이에 따라 지방정부는 AI 행정의 도입과 확산 단계에서 공공성·투명성·책임성을 제도적으로 확보해야 한다. 정책방향은 다음과 같이 설정된다.

단기적으로는 AI 행정 도입과정에서의 사전 검증, 투명한 공개, 공무원 윤리역량 강화를 통해 기본안전망을 구축한다. 중기적으로는 제도적 거버넌스(알고리즘 검토위원회), 데이터 품질 관리, 시민 권리 보호 장치를 통해 책임성 기반을 공고히 한다. 그리고 장기적으로는 전국 단위 등록제, 시민참여형 거버넌스 모델, 국제 표준화를 통해 지방정부를 AI 윤리·책임행정의 선도 주체로 발전시킨다. 이러한 정책 추진은 시민의 신뢰를 확보하고, 지방행정의 지속가능성과 국제 경쟁력을 동시에 제고하는 효과를 가져올 것이다.

단기과제: 투명성과 책임의 안전망 구축

단기적으로는 AI 행정이 본격 도입되는 과정에서 발생할 수 있는 위험을 최소화하고, 시민의 기본적 권리를 보장하는 제도적 장치를 신속히 마련하는 것이 핵심이다. 우선 각 지방정부는 인공지능 활용의 편향성과 개인정보 침해 가능성을 사전에 식별하기 위해 알고리즘 영향평가제도를 도입해야 한다. 영향평가는 도입되는 알고리즘의 데이터 품질, 편향 여부, 개인정보 보호 준수 여부를 사전 검토하는 절차로서, 전문가와 시민의 참여를 함께 보장함으로써 제도의 정당성을 확보할 수 있다.

또한 시민들이 공공 AI의 존재와 역할을 이해하고, 그 결과에 대해 피드백할 수 있도록 시민 대상 알고리즘 공개 플랫폼을 마련하는 것이 필요하다. 각 지방자치단체는 행정에 활용되는 AI의 목적, 데이터 출처, 작동 방식, 검증 결과를 시민 친화적인 형태로 공개해야 하며, 이를 통해 시민이 직접 의견을 개진하거나 이의제기를 신청할 수 있는 통로를 마련할 수 있다. 아울러 지방정부의 공무원들이 AI 행정의 책임성을 충분히 인식하고 대응역량을 확보하기 위해 공무원 대상 AI 윤리교육을 의무화해야 한다. 교육은 연례적으로 실시하되, 단순한 원칙 전달을 넘어서 실제 행정사례 기반 토론과 실습을 포함하여 공무원 개개인이 책임 있는 AI 활용역량을 내재화할 수 있도록 설계해야 한다.

중기과제: 권리 보호 기반 구축

중기적으로는 단기과제를 통해 마련한 안전망을 제도적으로 공고히 하고, 지방행정 내 AI 활용의 신뢰성을 강화하는 단계가 필요하다. 가장 중요한 과제는 알고리즘 검토위원회의 제도화이다. 위원회에는 학계 전문가, 기술자, 법률가, 시민단체 대표, 주민 대표 등이 참여하여 신규 AI 서비스의 도입 여부를 심의하고 운영 결과를 상시적으로 모니터링한다. 사회적 영향이 큰 AI 서비스의 경우 공청회를 개최하여 시민 의견을 직접 수렴하는 것도 필수적이다.

또한 공공 AI 데이터의 표준화와 품질관리체계를 확립해야 한다. 지방정부는 공공데이터셋의 공정성을 검증하는 절차를 마련하고, 민감정보 보호와 편향 방지를 위한 데이터 거버넌스를 강화해야 한다. 이는 중앙정부가 수립하는 국가 데이터 표준과 연계되어야 하며, 지방 차원에서는 이를 실무적으로 적용할 수 있는 지침을 구체화하는 것이 중요하다.

마지막으로, 이의제기 및 구제 절차의 정비가 필요하다. AI가 개입된 행정처분은 시민의 권익에 직접적 영향을 미칠 수 있으므로, 설명 의무를 법제화하고 불복 절차에 AI 관련 항목을 포함해야 한다. 특히, 오류 발생 시 최종 책임은 공무원에게 귀속된다는 원칙을 명시함으로써 책임성의 공백을 해소해야 한다.

장기과제: 국제적 선도체계 확립

장기적으로는 지방정부가 단순한 AI 도입 주체를 넘어, 책임 있는 AI 거버넌스의 선도자로 자리매김해야 한다. 이를 위해 전국 단위 공공 AI 등록제를 구축하는 것이 필요하다. 등록제는 모든 지방자치단체의 AI 행정서비스를 국가 통합 레지스트리에 등록하고, 국민 누구나 해당 정보를 열람할 수 있도록 하는 제도이다. 이는 국제적 흐름(EU AI Act, 미국 NIST RMF 등)에 맞춘 규제 일관성을 제공하고, 지방자치단체 간 격차를 줄이는 데 기여할 수 있다.

또한 지방정부는 시민이 정책결정과정에서 AI를 직접 감시하고 제안할 수 있는 시민참여형 AI 거버넌스 모델을 확산시켜야 한다. 시민 배심원단과 시민 패널을 통해 주요 알고리즘 검토과정에 주민참여를 제도화하고, 리빙랩과 같은 실험 공간을 조성하여 시민이 직접 AI 행정서비스를 체험·평가할 수 있도록 해야 한다.

나아가 한국 지방정부의 경험을 국제사회와 공유하여 공공 AI 윤리와 책임성에 관한 국제 표준화를 주도하는 것도 장기과제이다. OECD, UNESCO, UN 등 국제기구와 협력하여 한국형 시민참여 거버넌스 모델을 세계 도시들과 교류하고, "책임 있는 AI 행정 선도국"이라는 위상을 확보하는 전략이 필요하다.

표 2-33 2026 지방행정 트렌드 대응과제: 공공 알고리즘 검증시대

구분	대응과제		
	주요 과제	목표	주요 내용
단기과제 투명성과 책임의 안전망 구축	알고리즘 영향평가 제도화	공공 AI 도입 시 편향·불투명성·개인정보 침해 가능성을 사전 차단	▪ 지방자치단체별로 알고리즘 영향평가 체크리스트 마련 ▪ 신규 AI 서비스 도입 전에 데이터 품질, 사회적 편향 여부, 개인정보 보호 준수 여부 점검 ▪ 도입과정에서 전문가와 시민 의견수렴 절차를 포함해 제도적 정당성 확보
	시민 대상 알고리즘 공개 플랫폼 구축	시민의 알 권리 보장과 신뢰성 확보	▪ 지방자치단체 공식 홈페이지에 AI 행정서비스 목록 등록 ▪ 각 서비스의 목적, 데이터 출처, 알고리즘 원리, 검증 절차 공개 ▪ 시민이 의견을 제기하거나 이의를 신청할 수 있는 온라인 창구 개설
	공무원 AI 윤리교육 의무화	공무원의 책임성 인식 강화 및 역량 제고	▪ 전 부서를 대상으로 연례 윤리교육 실시 ▪ 행정사례에 기반한 실습·토론 ▪ AI 활용 시 유의사항 내재화
중기과제 권리 보호 기반 구축	알고리즘 검토위원회 제도화	상시적 거버넌스 체계 구축	▪ 시민대표, 학계, 시민단체, 법률가, 기술전문가가 참여하는 위원회 구성 ▪ 신규 AI 서비스의 타당성 검토 및 운영 모니터링 수행 ▪ 사회적 파급력이 큰 시스템은 공청회를 통해 시민 의견 수렴
	공공 AI 데이터 표준화 및 품질관리	신뢰할 수 있는 데이터 기반 행정 실현	▪ 공공데이터셋의 품질 검증 ▪ 편향 방지 규정 마련 ▪ 민감정보 관리 지침 강화

		▪ 중앙정부의 데이터 표준체계와 연계하여 지방 차원의 데이터 거버넌스 정비
	이의제기 및 구제 절차 정비	시민 권익 보호 제도화	▪ AI가 개입된 행정처분에는 설명 의무 부과 ▪ 행정심판·재검토 요청 시 AI 관련 조항 포함 ▪ 최종 책임은 공무원에게 귀속된다는 원칙 제도화
장기과제 국제적 선도체계 확립	전국 단위 공공 AI 등록제 도입	국가 차원의 통일된 투명성 확보	▪ 모든 지방자치단체가 운용하는 AI 행정서비스를 국가통합 등록제에 포함 ▪ 등록 항목에는 목적, 알고리즘 구조, 데이터 활용 방식, 평가결과 등이 포함 ▪ 국민 누구나 열람 가능
	시민참여형 AI 거버넌스 모델 확산	시민이 직접 참여하는 민주적 거버넌스 구축	▪ 시민 배심원단과 패널 제도를 통해 주요 알고리즘 검토과정에 주민이 직접 참여 ▪ 리빙랩 형태의 실험 공간을 조성 ▪ 시민이 AI 행정서비스를 체험·평가할 수 있는 기반 마련
	공공 AI 윤리·책임 국제 표준화 주도	국제사회에서 지방정부의 위상 강화	▪ OECD, UNESCO 등 국제기구와 협력하여 공공 AI 윤리 기준 수립에 기여 ▪ 한국형 시민참여 거버넌스 모델 전파 ▪ '책임 있는 AI 행정 선도국' 브랜드 확립

▼ ▼ ▼ ▼ ▼ ▼ ▼ ▼ ▼ ▼ ▼ ▼

기대효과	▪ 시민 신뢰 제고 • 공공 AI 활용 내역과 알고리즘 원리를 시민에게 공개함으로써 행정 투명성 강화 • 시민이 직접 의견을 제시하고 이의제기를 할 수 있는 통로를 제공하여 참여적 민주행정 실현 • 알고리즘이 의사결정에 미치는 영향을 설명·검증함으로써 행정결과의 납득 가능성 확대 ▪ 책임성 강화 • 알고리즘 오류 발생 시 책임 귀속 주체(공무원, 공급업체, 지방정부)를 명확히 규정 • 행정심판·재검토 절차에 AI 관련 항목을 포함시켜 법적 분쟁 해결의 신속성 제고 • 최종 책임은 공무원이 진다는 원칙을 명문화하여 책임 공백 방지 ▪ 사회적 형평성 확보 • 데이터 편향과 차별적 결과를 사전에 차단할 수 있는 알고리즘 영향평가 제도 확립 • 취약계층·소수자 집단에 불리하게 작용하는 결정구조를 조정하여 사회적 약자 보호 강화 • 공공데이터 품질 관리와 표준화를 통해 행정서비스 접근의 형평성 확보 ▪ 행정 혁신 • 반복적·단순 업무를 AI가 담당하여 공무원의 정책기획 및 시민 소통 역량 강화 • 행정업무 처리 속도와 정확성 향상으로 민원 서비스 질 제고 • 정책 설계과정에서 AI 기반 예측·분석을 활용하여 데이터 기반 행정체계 정착 ▪ 국제 경쟁력 확보

	• 한국형 시민참여형 AI 거버넌스 모델을 국제적으로 확산하여 정책혁신 선도 이미지 구축 • OECD, EU, UN 등 국제기구와의 협력을 통해 글로벌 AI 윤리·책임 논의에 적극 기여 • 지방정부가 AI 책임행정의 표준을 주도함으로써 국가 차원의 기술외교 자산 확보

자료: 저자 작성

다가올 2026년, 지방정부 민선9기 지방행정의 선택은 "투명성과 책임에 기반한 시민참여형 AI 거버넌스 확립"에 달려 있다

지방선거는 언제나 지역의 미래를 결정하는 분기점이었지만, 2006년은 특히 AI가 지방행정의 의사결정과정에 본격적으로 결합하는 전환점이 될 것이라는 점에서 그 의미가 크다. AI가 단순한 업무보조 도구를 넘어 공공성과 투명성, 책임성을 확보한 수단으로 자리매김할 때, 이를 어떻게 제도화하고 행정 프로세스에 접목시키며, 주민과 얼마나 공유하느냐가 곧 지방행정의 성패를 좌우하게 될 것이다.

이 과정에서 가장 중요한 것은 기술이 아니라 사람이다. AI 거버넌스는 행정조직 내부에서만 작동하는 체계가 아니라, 주민이 데이터의 주인으로 참여하고 정책결정과정에 목소리를 낼 수 있는 구조로 설계되어야 한다. 주민이 배제된 채 도입되는 AI는 오히려 민주주의를 위축시킬 수 있다. 따라서 민선9기 지방정부는 AI 활용이 주민참여와 연결될 수 있도록 제도적 장치를 마련해야 한다.

앞으로의 선거에서 주목해야 할 지점도 바로 여기 있다. 후보자가 제시하는 AI 활용방안이 단순한 디지털 대전환의 구호에 머무는지, 아니면 구체적으로 투명한 공개절차, 책임성 확보, 시민참여 플랫폼 구축으로 이어지는지를 확인해야 한다. 기술적 역량이나 경력보다 중요한 것은, 주민과 함께 문제를 정의하고 해결하는 과정에서 AI를 어떻게 도구로 삼아왔는가 하는 실질적 경험이다.

AI는 방대한 데이터를 분석하고 최적의 대안을 제시할 수 있지만, 그 결과를 해석하고 책임을 지는 것은 여전히 우리의 몫이다. 따라서 민선9기 지방선거에서는 AI를 주민의 자치권을 확장하는 도구로 적극적으로 활용하겠다는 철학을 명확히 보여야 한다. 이처럼 2026년은 대한민국 지방자치가 “시민참여형 AI 거버넌스”라는 새로운 지향점을 세울 수 있는 중요한 시기이다. 민선9기 지방행정과 주민의 선택은 주민과 함께 얼마나 성숙한 민주주의로 나아갈 수 있는지를 가늠하는 한 해가 될 것이다.

09 의정활동의 AI 메이트 시대: 지방의회의 디지털 전환

1. AI 메이트 시대의 개막과 의정활동의 혁신

"전자정부·디지털정부 세계 1위를 이룬 우리나라의 성과와 저력을 토대로 AI 정부에서도 세계를 선도하는 국가가 될 수 있도록 최선을 다할 것"

머니투데이, 2025.07.18.

"AI가 사회와 경제 전반을 재정의하는 거대한 변화의 시대에 지방의회 역시 능동적으로 대응해야 하며, AI 혁신으로 민생중심 자치분권을 완성하는 디지털 의정을 구현할 것이며, 도의회는 'AI로 혁신하는 의회'라는 슬로건 아래 더 빠르고 정확하며, 개방적이고 유연한 새로운 의정상을 구현할 것 …"

경기신문, 2025.08.13.

"AI 기술을 활용하여 행정의 효율성을 높일 필요가 있듯이 지방의회 역시 변화하는 시대흐름에 뒤처지지 않아야 한다. 지방의회 역시 AI 기술을 도입하면 업무 효율성을 높이고, 정책결정과정을 개선하며, 시민들과의 소통을 강화할 수 있다."

AI타임즈, 2024.07.05.

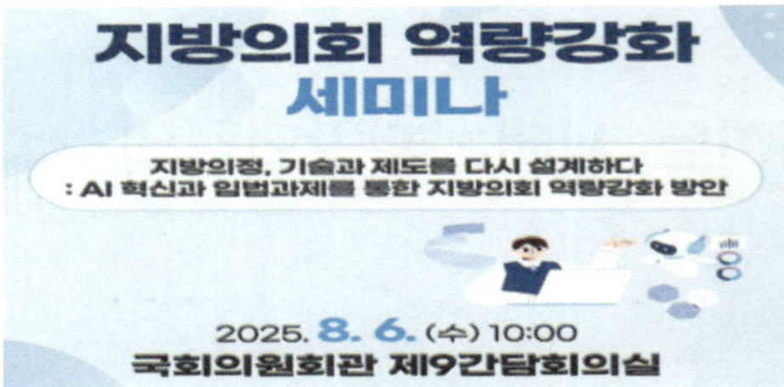

지방의회 역량강화 세미나(2025.08.06.)

지방의회 역량강화 세미나(2025.08.06.)

AI 메이트와 함께하는 지방의원의 하루

어느 지방의회 A의원의 하루는 과거의 의정활동하던 모습과 사뭇 다르다. 아침에 눈을 뜨자마자 그는 스마트폰을 통해 밤새 들어온 지역구 민원을 확인한다. 과거에는 몇 날 며칠을 뜬눈으로 밤을 지새우며 일일이 검토하고 정리하고 했던 수십 건의 민원이 이제는 인공지능(AI) 메이트에 의해 유형별, 긴급도별로 깔끔하게 요약되어 있다. 특히 반복적으로 제기되는 주차난 문제에 대해 AI 메이트는 관련 상위법령, 자치법규와 최신 판례, 타 지방자치단체의 해결 사례까지 즉시 검색해 답변서 초안을 제시한다. A의원은 AI가 제안한 내용을 검토한 후 자신의 정책적 판단을 더해 주민에게 신속하게 회신한다.

오후에 예정된 행정사무감사를 앞두고 A의원은 AI와 함께 질의서를 준비한다. 수백 페이지에 달하는 집행부의 업무 보고서와 행정사무감사 요구자료, 예산집행 내역을 AI에 입력하자, 불과 몇 분 만에 사업 목표와 실적 간의 불일치, 전용·불용·집행률 비교, 예산 낭비가 의심되는 항목, 과거 회의록에서 지적되었으나 개선되지 않은 사안들이 일목요연하게 시각 자료와 함께 추출된다. 과거라면 행정사무감사 기간에 응당 직원들과 며칠 밤을 새워야 했던 작업이 단 몇 시간 만에 마무리된다. AI는 핵심 논점을 제시하고, A의원은 이를 바탕으로 더 깊이 있는 정책 질의를 구상하는 데 집중한다.

이처럼 지방의원의 의정활동에 AI가 깊숙이 스며들고 있다. AI는 단순히 반복 업무를 대신하는 비서를 넘어, 방대한 데이터를 분석하고 전략적 대안까지 제시하는 '메이트(Mate)', 즉 동료이자 파트너로 자리매김하고 있다. '의정활동의 AI 메이트 시대'라는 거대한 변화의 물결은 단순한 기술 도입이나 업무 효율화의 차원을 넘어선다. 이는 지방의원이 소모적인 행정 부담에서 벗어나 정책 연구, 주민 소통, 집행부 견제라는 의정활동의 본질에 더욱 집중할 수 있도록 만드는 근본적인 패러다임의 전환을 의미하기 때문이다.

왜 지금 '의정활동 AI'에 주목해야 하는가

의정활동에서의 AI 도입이 현재 중요한 정책의제로 급부상한 이유는 복합적이다. 이는 기술 발전이라는 단선적인 현상이 아니라, 지방의회가 마주한 구조적 한계와 높아진 시민의 기대라는 사회·정치적 요구가 맞물린 결과물이다.

오래전부터 지방의회 의원들은 역량 부족과 정보 비대칭이라는 고질적이고 해묵은 한계에 직면해 왔다. 한정된 정책지원 인력과 빠듯한 일정 속에서 방대한 분량의 조례, 예산, 행정 문서를 모두 검토하고 분석하는 것은 물리적으로 불가능에 가까운 것이다. 특히 거대한 조직과 전문인력을 갖춘 집행부와의 '정보 비대칭'은 의회의 견제기능을 약화시키는 주된 요인으로 지적되어 왔다. 이러한 상황에서 AI는 의원 개인의 역량을 비약적으로 증폭시키는 강력한 도구로 등장했다. 한 전문가는 "AI가 자료를 모아주는 눈, 표현을 돕는 입이 된다"고 표현하며, 기술이 인간 의원의 지적 능력을 확장하는 보조 장치 역할을 할 수 있음을 시사했다. 즉, AI는 지방의회가 겪는 만성적인 인력 및 전문성 부족 문제를 완화하고, 집행부와의 정보격차를 줄여 실질적인 견제와 균형을 가능하게 하는 잠재력을 지닌다.

디지털 시대의 시민들은 과거와 비교할 수 없을 정도로 높은 정치 수준을 요구한다. 더 빠르고, 더 투명하며, 더 데이터에 기반한 정책결정과 소통을 원한다. AI 기술은 이러한 시민들의 새로운 요구에 부응할 수 있는 효과적인 수단을 제공한다. 예를 들어, AI 챗봇을 통해 24시간 민원 접수 및 응대가 가능해지고, 연령이나 관심사 등 주민 그룹별 특성에 맞는 맞춤형 정책 정보를 제공하는 등 새로운 차원의 소통이 가능해진다. 언론 역시 이러한 변화에 주목하고 있다. 경기도의회가 개최한 '2025년 지방의정 AI 대전환 콘퍼런스'는 다수의 언론 매체를 통해 보도되며, AI가 지방의정 혁신의 핵심 의제로 부상했음을 사회적으로 각인시켰다. 이는 AI 도입이 더 이상 의회 내부의 기술적 논의가 아니라, 시민들이 체감할 수 있는 정치 서비스의 질적 변화와 직결된 사회적 이슈임을 보여준다.

의정활동의 AI 도입은 더 이상 먼 미래의 이야기가 아니다. 이미 대한민국 국회에서는 AI 음성인식 기술을 활용한 회의록 시스템이 상임위원회 회의에서 약 96%, 기자회견에서 약 97%라는 높은 인식률을 보이며 안정적으로 운영되고 있다. 이는 지방의회가 벤치마킹할 수 있는 성공적인 선례이다. 또한 충남도의회, 세종시의회 등 전국의 많은 지방의회에서 행정사무감사나 의정활동 전반에 AI를 활용하기 위한 전문가 초청 특강과 교육이 활발하게 이루어지고 있다. 이러한 움직임들은 AI가 의정활동의 표준 도구로 자리 잡는 것이 거스를 수 없는 흐름임을 명백히 보여준다. 한 전문가는 "2026년 지방선거가 끝난 뒤, 당신의 경쟁자는 AI로 무장한 준비된 후보일지도 모른다"고 경고하며, AI 활용 능력이 미래 정치인의 핵심 경쟁력이 될 것임을 예고했다. 변화는 이미 시작되었으며, 그 속도는 점점 더 빨라지고 있다.

2. 지방의회 AI 도입 현황과 활용 실태

지방의회 의정활동 AI 활용 배경

의정활동에 AI가 스며드는 현상은 우연이 아니다. 이는 정부의 강력한 디지털 전환정책이라는 거시적 동인과 생성형 AI 기술의 보편화라는 기술적 동인이 맞물려 나타난 필연적인 결과이다.

정부 차원의 강력한 '하향식(Top-down)' 정책 추진이 지방의회의 AI 도입을 촉진하고 있다. 현 정부는 '디지털플랫폼정부' 구현을 핵심 국정과제로 설정하고, 공공부문 전반의 디지털 전환을 추진하고 있다. 특히 '전국민 인공지능 일상화 실행계획'과 같은 정책들은 AI를 특정 산업 분야를 넘어 행정과 공공서비스의 기본 인프라로 만들겠다는 의지를 담고 있다. 더 나아가 정부는 '2030년까지 공공부문 AI 도입률 95% 달성'이라는 구체적인 목표를 제시하며, 지방정부와 의회가 AI 도입에 적극적으로 나서도록 유도하고 있다. 이러한 중앙정부의 정책방향은 지방의회에 AI 도입의 당위성과 추진 동력을 제공하는 중요한 배경이 된다.

또한, 생성형 AI 기술의 대중화가 '상향식(Bottom-up)' 변화를 이끌고 있다. 2022년 말 ChatGPT의 등장은 AI 기술의 패러다임을 바꾸었다. 과거 AI 시스템이 막대한 예산과 고도의 전문인력을 필요로 하는 전문가의 영역이었다면, 이제는 구독 서비스 형태의 생성형 AI를 통해 누구나 쉽게 강력한 AI 기능을 활용할 수 있게 되었다. 기술 도입의 문턱이 획기적으로 낮아지면서, 개별 의원이나 소규모 의회 사무처에서도 별도의 대규모 투자 없이 AI를 의정활동에 즉각적으로 적용하는 것이 가능해졌다. 이는 중앙의 계획과 별개로 현장의 필요에 의해 자발적으로 AI를 도입하고 활용 사례를 만들어내는 풀뿌리 혁신을 가능하게 하는 핵심적인 기술적 기반이다.

이러한 변화의 흐름은 구체적인 데이터로도 확인된다. 소프트웨어정책연구소(SPRI)가 발표한 '2024년 공공부문 AI 도입현황 연구'에 따르면, 공공기관의 AI 도입은 2016년 '알파고 쇼크'를 기점으로 폭발적인 증가세를 보였다. 2014년부터 2023년까지 10년간 조사 대상 401개 공공기관 중 60.6%에 달하는 243개 기관이 AI를 도입했으며, 관련 계약 금액은 2,823억 원에서 1조 3,279억 원으로 급증했다. 특히 주목할 점은 AI의 활용 목적이다. 연구 결과, AI 도입 목적은 대민서비스(44.8%)보다 업무효율화(55.2%)의 비중이 더 높게 나타났다. 이는 공공부문에서 AI가 외부적으로 보이는 서비스 혁신뿐만 아니라, 내부 업무 프로세스를 개선하고 생산성을 높이는 데 더 큰 초점을 맞추고 있음을 시사한다. 실제로 지방의원들이 AI를 활용하는 사례를 보면, 조례 제정, 예산안 심의, 행정감사 질의서 작성 등 의정활동의 핵심적인 내부 업무에 집중되어 있다. 이는 AI가 의정활동의 질적 수준을 높이는 데 직접적으로 기여하고 있음을 보여주는 방증이다. 또한, 기술 유형별로는 시민들과의 소통에 주로 사용되는 챗봇 도입이 2017년 8건에서 2023년 312건으로 폭발적으로 증가한 점도 눈에 띄는 변화이다.

주요 이슈와 문제

의정활동에 AI가 도입되면서 과거에는 해결하기 어려웠던 본질적인 한계들을 극복할 가능성이 열리고 있다. 동시에 AI 활용 능력의 차이가 새로운 격차를 만들어낼 수 있다는 시급한 과제 또한 제기된다.

지방의원의 의정활동은 본질적으로 여러 한계를 내포하고 있었는데, AI는 이러한 한계를 보완하고 의정활동의 수준을 한 단계 끌어올리는 역할을 수행할 수 있다.

첫째, 정책 전문성 강화 측면에서 지방의원은 보건, 복지, 환경, 교통, 경제 등 실로 방대한 분야의 정책을 다루어야 하지만, 모든 분야에 깊이 있는 전문성을 갖추기는 현실적으로 어렵다. 이로 인해 집행부가 제출한 전문적인 자료를 충분히 검토하지 못하고 피상적인 수준의 심의에 그치는 경우가 많았다. AI는 방대한 회의록, 연구기관의 연구보고서, 민원 데이터 등을 단 몇 분 만에 요약하고 핵심 논점을 추출하여 제공함으로써 의원이 단시간에 해당 분야의 쟁점을 파악하도록 돕는다. 또한, 여러 문서를 유기적으로 연결하여 정책의 맥락을 파악하게 함으로써 의사결정의 질을 높이는 '지능형 정책지원관'의 역할을 수행한다.

둘째, 정보처리 능력의 한계를 극복하기에 용이하다. 현대 의정활동은 정보와의 싸움이라고 해도 과언이 아니다. 특히, 행정사무감사나 예산심의과정에서는 방대한 양의 비정형 데이터(문서, 보고서, 회의록 등)를 분석해야 한다. 인간의 능력으로는 이 모든 정보를 처리하고 유의미한 패턴을 찾아내기 어렵다. AI는 회의 내용을 실시간으로 기록하고 분석하며, 특정 자치법규가 통과되었을 때 사회·경제적으로 미칠 영향을 예측하고, 지역의 인구통계나 교통 흐름 데이터를 분석하여 시각화된 자료로 제공함으로써, 인간이 인지하기 어려운 데이터 속의 통찰을 발견하도록 돕는다.

셋째, 주민과의 소통 방식을 혁신한다. 전통적인 의정활동 보고나 주민 정담회 방식은 시간과 장소의 제약으로 인해 소수의 주민과 소통하는 데 그치는 한계가 있었다. AI는 이러한 소통의 패러다임을 바꿀 수 있다. 연령, 거주지, 관심사 등 주민 그룹별 특성을 분석하여 맞춤형 정책 메시지를 전달하고, 24시간 운영되는

AI 챗봇을 통해 언제 어디서든 민원을 접수하고 1차적인 답변을 제공함으로써, 의원과 주민 간의 소통을 양적, 질적으로 모두 혁신할 잠재력을 가지고 있다.

표 2-34 의정활동 업무별 AI 활용 및 기대효과

의정활동	주요 업무	AI 활용 기술	기대효과
입법활동	조례안 초안 작성, 입법 검토	▪ 생성형 AI를 통한 조문 초안 생성, 상위법 및 기존 조례와의 충돌 여부 자동 검토 ▪ 타 지방자치단체 우수사례 비교 분석	▪ 입법 품질 향상 ▪ 법리적 오류 감소 ▪ 입법 소요 시간 단축
집행부 견제	행정사무감사 및 조사 질의서 작성	▪ 과거 회의록, 감사자료, 예산집행 내역 등 대규모 문서 분석 ▪ 핵심 쟁점 자동 추출 ▪ 예상 답변에 대한 반박논리 구성 지원	▪ 감사의 깊이와 전문성 강화 ▪ 비효율적·반복적 질의 방지
예산 심의	예산/결산안 분석	▪ AI 기반 데이터 분석 및 시각화를 통한 이상 지출 패턴 탐지 ▪ 사업별 예산 추이 분석, 성과 예측	▪ 예산 심의의 과학화 ▪ 선심성·낭비성 예산 삭감 근거 확보
주민 소통	5분자유, 대집행부질문, 보도자료 작성	▪ 지역 현안 데이터 분석 기반 발언 주제 선정 ▪ 생성형 AI를 활용한 연설문 및 보도자료 초안 작성 ▪ 회의록 요약 및 카드뉴스 제작 ▪ 정책 홍보 효과 극대화	▪ 정책 홍보 효과 극대화 ▪ 주민 이해도 증진, 소통 콘텐츠 제작 시간 단축
민원 처리	민원 접수 및 답변 회신	▪ AI 챗봇을 통한 24시간 민원 자동 접수 및 분류 ▪ 단순·반복 민원에 대한 자동 답변 ▪ 업무 담당 공무원 신속 연결	▪ 민원 대응 신속성 향상 ▪ 의원 및 지원인력의 업무 부담 경감

자료: 저자 작성

이처럼 AI가 의정활동의 핵심 역량으로 자리 잡으면서 새로운 문제가 부상하고 있는데, 바로 'AI 활용 격차'가 '의정활동의 질적 격차'로 직결될 수 있다는 점이다. AI를 능숙하게 활용하여 데이터에 기반한 날카로운 질의를 하는 의원과, 여전히 전통적인 방식에만 머무는 의원 사이의 정책 역량 차이는 시간이 갈수록 벌어질 수밖에 없다. 이는 개인 의원 간의 격차를 넘어, AI 도입에 적극적인 지방의회와 그렇지 못한 지방의회 간의 격차로 확대될 것이다. 주민 만족도, 정책 성과, 나아가 선거에서의 경쟁력까지 AI 활용 능력에 따라 좌우되는 시대가 오고 있다. 따라서 모든 지방의회와 의원들이 AI라는 새로운 도구를 공정하고 효과적으로 활용할 수 있도록 체계적인 도입 전략을 수립하고, 보편적인 역량 강화 교육을 제공하는 것이 매우 중요하고 시급한 과제로 떠오르고 있다.

3. 의정 AI 거버넌스와 정책 대응체계

의정활동의 AI 메이트 시대라는 새로운 트렌드에 대응하기 위해 중앙정부와 지방자치단체는 각자의 위치에서 제도적 기반을 마련하고 선도적인 실험을 감행하며 발 빠르게 움직이고 있다.

중앙정부의 지원 및 제도적 기반 마련

중앙정부는 공공부문 전반의 AI 도입을 촉진하기 위한 컨트롤타워 역할을 수행하며 제도적 기틀을 다지고 있다.

디지털플랫폼정부위원회는 대통령 직속 기구로서 공공부문 AI 도입의 방향성을 제시하는 핵심 역할을 한다. 위원회는 「공공부문 초거대 AI 도입·활용 가이드라인」을 배포하여 각 기관이 AI 사업을 구상할 때 참고할 수 있는 구체적인 원칙과 절차, 보안 및 윤리 기준을 제공하고 있다. 이는 개별 기관의 중구난방식 도입을 막고, 일관성 있는 정책 추진을 위한 기반이 된다.

행정안전부는 실질적인 AI 확산을 지원하는 주무부처로서, 중앙부처 및 지방자치단체 공무원을 대상으로 AI 활용역량 강화 교육을 정기적으로 시행하여 AI 리터러시를 높이는 데 주력하고 있다. 또한, 국가정보자원관리원을 통해 민간의 우수한 AI 서비스를 공공기관이 안전하고 편리하게 도입할 수 있도록 보안성 검증을 수행하고, 검증된 서비스를 조달청 디지털서비스몰에 등록하는 절차를 지원한다. 이는 공공부문이 최신 기술을 신속하게 활용할 수 있는 통로를 열어주는 중요한 정책이다. 나아가 정부의 각종 공문서를 AI가 학습할 수 있는 데이터 형태로 가공하여 공공데이터포털을 통해 개방함으로써, 공공 특화 AI 모델 개발의 기초를 닦고 있다.

국가정보원은 AI 활용의 가장 큰 우려 중 하나인 '보안 문제'에 적극적으로 대응하는데, 「챗GPT 등 생성형 AI 활용 보안 가이드라인」을 발표하여, 공공기관이 외부 AI 서비스 이용 시 발생할 수 있는 정보 유출 등의 보안 위협을 인지하고 안전한 사용환경을 구축하도록 돕고 있다.

지방의회의 선도적 실험과 확산

중앙정부가 제도적 틀을 만드는 동안, 지방의회는 현장의 필요에 기반한 선도적인 실험을 통해 AI 의정활동의 구체적인 모델을 만들어가고 있다.

특히, 전국 최대 광역의회인 경기도의회의 행보는 단연 독보적이다. 'AI로 혁신하는 의회'라는 명확한 비전 아래, 2028년까지 총 3단계에 걸쳐 체계적인 'AI 의정플랫폼' 구축을 추진하고 있다. 1단계(기반 구축, ~2025년)는 의원 개개인을 위한 모바일 기반 AI 비서 서비스를 도입하고, 방대한 의정 자료 속에서 현안을 분석하고 자료를 요구하는 과정을 지원하는 시스템을 구축하는 데 초점을 맞춘다. 이는 AI를 의원들의 일상 업무에 자연스럽게 통합시키는 첫걸음이다. 2단계(지원체계 구축, ~2027년)는 AI 어시스턴트 기반의 통합 의정포털을 만들어 모든 의정활동 지원기능을 한곳에 모으고, 특히 전문성이 요구되는 입법활동과 예산 분석을 심도 있게 지원하는 체계를 갖춘다. 3단계(확산, ~2028년)는 원격회의와 전자의결이 가능한 완전한 디지털 의회환경을 구축하고, 경기도의회가 축적한 AI 플랫폼과 운영 노하우를 도내 31개 시·군의회로 확산하여 경기도 전체의 의정활동 수준을 동반 상승시키는 것을 목표로 한다. 이 계획은 단순히 하나의 의회를 넘어, 광역-기초의회 간 디지털 격차를 해소하고 협력적 거버넌스를 구축하는 모델을 제시한다는 점에서 큰 의미가 있다.

경기도의회 외에도 전국 각지에서 의미 있는 시도들이 이어지고 있다. 부산시의회에서는 챗GPT가 작성한 원고를 바탕으로 한 5분자유발언을 한 사례[179]가 있으며, 경상북도는 도정 관련 데이터에 특화된 'ChatGB'를 개발하여 정책 개발

179) 김광명(부산 남4) 시의원이 지난 17일 제312회 임시회에서 진행한 '챗GPT라는 거인의 어깨에 올라타, 완전히 새로운 미래를 준비해야' 주제의 5분 자유발언 원고는 챗GPT로 작성됐다.

에 활용하고 있다. 서울특별시의회는 '의정플러스'라는 자체 시스템을 운영 중이다. 기초지방자치단체 차원에서는 서울특별시 중구가 민원 응대 플랫폼인 '중구 해택 알리미 AI내편중구'로 '지방정부 AI혁신대상'을 수상하는 성과를 거두었고, 경상남도 거창군에서는 시민단체(함께하는 거창)가 주도하여 AI를 활용해 군의원들의 의정활동을 객관적으로 평가하는 혁신적인 시도도 나타나고 있다.

표 2-35 지방의회 의정활동 AI 활용 사례

지방의회(사례)	AI 활용 내용	도입 목적	기대효과
경기도의회 (AI 디자인 플랫폼 및 AI 예산·결산 분석)	의회 사무처 AI 디자인 툴(tool) 시범도입(자동 템플릿, 이미지 생성)	의정자료 품질 향상, 콘텐츠 제작 시간 단축	비전문가도 손쉽게 자료 작성, 직원 작업량 감소, 예산 절감 가능
	예산결산 분석 AI 시스템 구축(LLM 기반 보고서 생성, DB 구축 등)	예산정보 자동분석 지원, 객관적이고 정확한 예산평가	예산분석관 업무 효율 증대
부산광역시의회 (챗GPT 5분자유발언)	의원이 챗GPT 작성 원고로 5분자유발언 작성	생성형 AI 가능성 테스트, 의정활동 혁신 계기 마련	AI 활용 토론 촉발, 의정자료 준비 시간 단축
대전광역시의회 (AI·챗GPT 교육)	전체 의원 대상 AI 이해·활용 연수(강의+챗GPT 실습)	의원 디지털 역량 강화, 의정활동에 AI 접목 준비	의원들 기술 이해도 제고, 정책자료 작성 등에 활용 기대
의령군의회 (AI 회의록 시스템)	회의실에 AI 음성인식 설치, 회의 발언 자동속기화	회의록 작성 시간 단축, 직원 단순 업무 경감	회의록 공개 신속화, 의정활동 투명성 제고

자료: 최명순(2025)

또한, 개별 지방의회 전문인력이 자체적으로 생성형 AI를 활용하여 의정활동을 지원하는 경우도 있다. 생성형 AI 프롬프트를 이용하여 조례안 성안 작성, 예산안·결산 분석보고서 작성, 행정사무감사 및 조사현안 질의서 작성, 5분자유발언 및 대집행부질문 작성, 보도자료·홍보물 작성 등에 활용하거나, 챗GPT 에이전시(챗봇) 기능을 활용하여 사용자의 목적, 선호도에 따른 맞춤형 답변 및 서비스를 제공·공유하기도 한다.

그림 2-25 GPT 에이전시 기능 활용 자치법규 성안 예시

프롬프트 활용	GPT 에이전시 기능 활용 자치법규 성안 예시

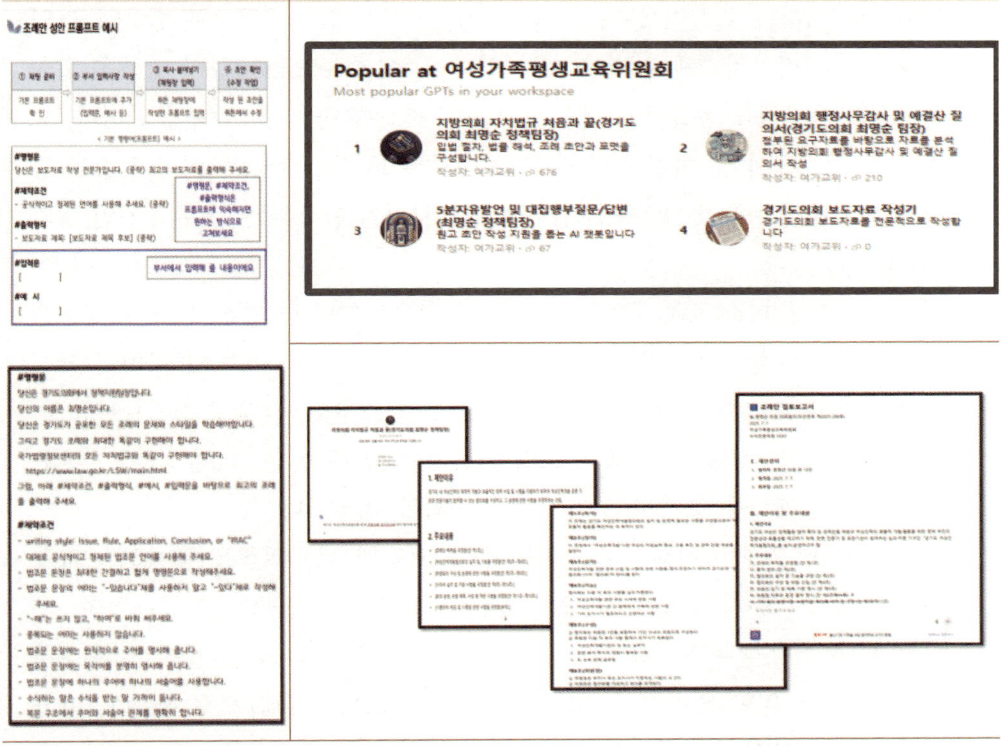

자료: 최명순(2025)

참고할 만한 모범사례

대한민국 국회는 지방의회가 벤치마킹할 수 있는 가장 직접적이고 성공적인 사례이다. 특히 AI 음성인식 회의록 시스템은 「국회법」 개정을 통해 도입의 법적 근거를 명확히 하고, 96% 이상의 높은 정확도를 달성하며 회의록 작성 업무의 패러다임을 바꾸었다. 또한, 국회도서관이 운영하는 AI 시사분석 서비스 '아르고스(ARGOS)'는 뉴스, 소셜미디어 등 외부 데이터와 국회 내부 자료를 융합 분석하여 입법 현안에 대한 깊이 있는 통찰을 제공하는 고도화된 분석 서비스의 모범을

보여준다.

해외사례 중 일본의 경우, 우리와 유사하게 저출생·고령화로 인한 인구감소와 공무원 부족이라는 현실적 문제에 대응하기 위해 AI를 적극적으로 활용하고 있다. 특히 각 지방자치단체에 '최고 AI 책임자(CAIO, Chief AI Officer)' 직책을 도입하여 AI 관련 정책을 총괄하고 책임 있게 추진하도록 한 점은 주목할 만하다. 요코스카시, 에치젠시 등 여러 지방자치단체에서는 보고서 작성, 아이디어 발굴 등 일상적인 행정업무에 챗GPT를 도입하여 업무시간을 단축하는 등 실용적인 성과를 검증하고 있다.

영국은 블랙풀(Blackpool)시의 사례는 AI를 활용을 거창한 담론이 아닌, 구체적인 도시 문제 해결에 적용한 좋은 예이다. 블랙풀(Blackpool)은 AI 이미지 분석 기술을 활용해 도로의 파손(포트홀)을 자동으로 감지하고, 손상의 심각도에 따라 보수 우선순위를 정하는 시스템을 도입했다. 이를 통해 연간 100만 파운드(약 17억 원) 이상의 예산을 절감하는 가시적인 성과를 거두었다.

유럽연합(EU)은 기술혁신을 추구하면서도 그에 따르는 위험을 통제하는 균형 잡힌 접근을 보여준다. 2024년 최종 가결된 세계 최초의 포괄적 AI 규제법인 「AI Act」는 AI 시스템을 위험 등급에 따라 차등 규제한다. 특히 공공기관에서 사용하는 AI나 선거에 영향을 미칠 수 있는 AI를 '고위험(High-risk)'으로 분류하고, 개발 및 운영과정에서 투명성, 데이터 품질, 인간의 감독 등 엄격한 의무를 부과한다. 이는 AI 기술의 잠재력을 활용하되, 인권, 민주주의, 안전과 같은 핵심 가치를 훼손하지 않도록 강력한 제도적 안전장치를 마련한 사례로, 전 세계에 중요한 표준을 제시하고 있다.

시사점

이러한 국내외 모범사례들은 성공적인 AI 도입을 위한 몇 가지 핵심 요소를 공통적으로 보여준다. 첫째, 영국 블랙풀(Blackpool)시처럼 해결하고자 하는 '명확한 목표'를 설정하는 것이 중요하다. 둘째, 경기도의회처럼 기관장의 '강력한 리더십과 비전'이 체계적인 추진을 가능하게 한다. 셋째, 국회나 EU의 사례처럼 AI 도입과 활용에 대한 '법적·제도적 기반'을 마련하는 것이 안정성을 담보한다. 넷째, 일본처럼 AI 정책을 총괄할 '구체적인 책임자'를 지정하는 것이 실행력을 높인다.

가장 중요한 시사점은 '균형'이다. 기술 도입의 속도 경쟁에만 매몰될 것이 아니라, EU의 사례처럼 윤리적·법적 규제 프레임워크를 함께 고민하고 구축하는 것이 장기적인 사회적 신뢰를 확보하고 지속 가능한 발전을 이루는 길이다. 단순히 "어떻게 도입할 것인가"를 넘어, "어떻게 책임감 있게 사용할 것인가"에 대한 깊이 있는 성찰이 병행되어야 한다.

표 2-36 주요국 의회·행정 AI 활용 정책 비교 분석

구분	대한민국	일본	영미	유럽연합
전략	디지털플랫폼정부, 공공부문 주도 플랫폼 구축 및 서비스 확산	인구감소 대응을 위한 행정업무 효율화 및 자동화	민간 주도 혁신 촉진, 정부는 안전 및 윤리 가이드라인 제시	포괄적 규제를 통한 '신뢰할 수 있는 AI' 생태계 조성
법·제도	「지능정보화기본법」, 공공 AI 가이드라인, 개별 지방자치단체 조례	지방자치단체용 AI 활용 지침, 개별 법률 개정	행정명령, 알고리즘책임법(안) 등 부문별 접근	「AI Act」(위험기반 접근, 고위험 AI 규제)
모델	경기도의회 'AI 의정플랫폼' 등 광역단위 선도 후 시·군 확산	지방자치단체별 최고 AI 책임자(CAIO) 지정 및 실증사업	부처별 AI 도입 및 민간-공공 파트너십(PPP) 활성화	EU AI Office를 통한 규제 감독 및 표준화
특징	효율성·서비스 혁신 강조, Top-down 방식의 인프라 구축	실용적 문제해결(인력부족)에 집중, 조직적 접근	시장 경쟁력 확보, 국가안보, 혁신 생태계 보호	인권·안전·윤리 최우선, 기술 중립적 규제

자료: 저자 작성

4. AI 메이트에서 AI 전략가로의 진화 전망

AI 메이트의 진화

의정활동의 AI 메이트 시대는 이제 막 서막을 열었을 뿐이다. 기술의 발전 속도를 고려할 때, 변화의 흐름은 앞으로 더욱 거세지고 그 방향 또한 다각화될 것이다. 단기적으로는 AI의 역할이 심화되고, 장기적으로는 의정활동의 본질과 인간 정치인의 역할에 대한 근본적인 질문을 던지게 될 것이다.

다가온 2026년 제9회 전국동시지방선거는 AI가 의정활동과 선거 캠페인에 본격적으로 활용되는 분기점이 될 것이다. 이 시기를 전후하여 현재의 'AI 메이트'는 한 단계 더 진화한 'AI 전략가'로 거듭날 전망이다.

지방의원 개인이 준비하던 것에서 나아가 AI 전략가(From Assistant to Strategist)를 옆에 두고 일하게 될 것이다. 현재의 AI가 주로 주어진 자료를 요약하고 문서를 작성하는 보조적 역할에 정도라면, 몇 년 후의 미래의 AI는 능동적으로 대안을 제시하고 전략을 수립하는 파트너가 될 것이다. 예를 들어, 선거 캠페인과정에서 AI는 과거 선거 데이터, 지역별 인구통계, 소셜미디어 여론 등을 종합적으로 분석하여 핵심 유권자 그룹을 특정하고, 이들의 관심사에 맞는 맞춤형 공약과 홍보 메시지를 제안할 수 있다. 또한 입법활동에서는 특정 조례안이 발의되었을 때 예상되는 사회적·경제적 파급효과를 시뮬레이션하여 의원에게 보고하고, 행정사무감사에서는 과거 수년간의 예산집행 데이터 패턴을 분석하여 비효율적이거나 성과가 부진한 사업을 자동으로 식별하여 감사 포인트를 제시하는 등 데이터에 기반한 정교한 '정책 전략가'의 역할을 수행하게 될 것이다.

AI 기술은 점차 개별 의원에게 최적화된 형태로 발전할 것이다. AI는 특정 의원의 과거 발언, 주요 관심 분야, 자주 사용하는 어휘와 문체까지 학습하여, 해당 의원에게 가장 적합한 스타일의 연설문과 보도자료 초안을 생성하는 '맞춤형 AI 메이트'로 진화할 것이다. 주민과의 소통 역시 한 단계 더 나아간다. 모든 주민에게 동일한 메시지를 전달하는 방식에서 벗어나, 개별 주민의 과거 민원 이력, 거주 지역의 현안, 관심사 등을 바탕으로 각기 다른 내용과 형식의 정보를 제공하는 '초개인화된(Hyper-personalized) 소통'이 가능해질 것이다.

아울러 플랫폼의 네트워크와 협력적 의정활동도 가능해질 것으로 보여지는데, 경기도의회가 계획하는 3단계 확산 전략처럼, 광역의회에서 성공적으로 안착한 AI 플랫폼은 점차 관내 기초의회로 보급되고 확산될 것이다. 이는 단순히 기술을 보급하는 것을 넘어, 의회 간의 데이터 공유와 협력적 의정활동의 시대를 여는 계기가 될 수 있다. 예를 들어, A기초의회에서 특정 조례를 만들고자 할 때, AI

플랫폼을 통해 유사한 인구규모와 산업구조를 가진 다른 지방자치단체의 관련 조례, 예산 심의 결과, 정책보고서, 주민 여론 등을 실시간으로 비교·분석하여 참고할 수 있다. 이는 개별 의회가 가진 역량의 한계를 넘어, 전국의 지방의회가 축적한 지식과 경험을 공유하는 '집단지성' 기반의 의정활동을 가능하게 할 것이다.

장기 미래전망: 의정활동의 본질과 인간의 역할

AI 기술이 더욱 고도화되면, 의정활동의 본질과 인간 정치인의 역할에 대한 근본적인 성찰이 요구될 것이다. AI가 인간을 대체할 것이라는 막연한 불안감보다는, AI와 인간이 어떻게 공존하며 더 나은 민주주의를 만들어갈 것인가에 대한 논의가 필요하다. 그럼에도 불구하고 AI가 아무리 발전하더라도 정치의 본질은 변하지 않는다. AI는 방대한 데이터를 처리하고, 논리적 분석을 통해 최적의 대안을 제시하는 데 탁월한 능력을 보인다. 그러나 다양한 이해관계자들의 상충하는 가치를 조정하고, 복잡한 윤리적 딜레마 속에서 최종적인 결정을 내리며, 그 결정의 결과에 대해 주민 앞에 서서 정치적 책임을 지는 것은 기계가 아닌 인간의 고유한 역할로 남을 것이다. 미래의 의정활동은 AI와 인간의 명확한 역할분담에 기반할 것이다. AI는 '생각을 정리해주는 손', '자료를 모아주는 눈', '표현을 돕는 입'이 되고, 인간 의원은 그 중심에서 데이터가 말해주지 않는 가치를 고려하여 '판단'하고 '결정'하며 '책임'지는 존재가 될 것이다. 이는 의원의 역할이 정보처리자에서 가치 판단자 및 책임자로 재정의됨을 의미한다.

가까운 미래에는 출생 때부터 디지털환경에 익숙한 '디지털 네이티브'를 넘어, AI를 사고와 업무의 도구로 자연스럽게 활용하는 'AI 네이티브' 세대가 정치의 주역으로 등장할 것이다. 이들은 과거 정치인들처럼 개인적인 직관이나 경험에만 의존하는 대신, AI가 제공하는 데이터 기반의 정밀한 분석을 바탕으로 정책을 설계하고 선거 전략을 수립할 것이다. 이는 정치를 더욱 과학적이고 증거 기반의 영역으로 만들 수 있다는 긍정적 측면이 있다. 하지만 동시에 데이터와 알고리즘에 대한 과도한 의존으로 인해 소수의 목소리가 배제되거나, 예측 불가능한 위기 상황에 대한 대처 능력이 저하될 수 있다는 새로운 위험 또한 내포한다.

궁극적 지향점: 더 나은 민주주의를 위한 도구

뉴질랜드의 AI 정치인 '샘(SAM)'이나 미국의 '로바마(ROBAMA)'와 같은 실험적 프로젝트들은 인간 정치의 역할과 한계에 대해 중요한 질문을 던진다. 그러나 AI가 인간 정치인을 완전히 대체하는 디스토피아적 미래보다는, 인간의 의정활동을 보완하고 강화하여 더 나은 민주주의를 실현하는 도구로 자리매김할 가능성이 더 높다. AI 도입의 궁극적인 목표는 "사람다움을 더 잘 드러내기 위함"이어야 한다. AI를 통해 행정 업무 처리와 자료 분석에 소요되던 시간과 자원을 절약하고, 그 여력을 주민과의 진솔한 대면 소통, 지역 현안을 살피는 현장 방문, 그리고 동료 의원들과의 깊이 있는 숙의와 토론에 더 많이 투자해야 한다. 기술의 발전이 인간을 소외시키는 것이 아니라, 오히려 인간적인 정치활동을 풍부하게 만들어 민주주의의 질을 높이는 선순환 구조를 만드는 것이 우리가 지향해야 할 미래이다.

5. 신뢰받는 AI 의정을 위한 종합 전략

의정활동의 AI 메이트 시대를 성공적으로 맞이하기 위해서는 기술 도입에만 그칠 것이 아니라, 신뢰할 수 있는 활용을 위한 거버넌스체계를 확립하고, AI 시대에 맞는 인적 자본을 개발하며, 모두가 혜택을 누릴 수 있는 포용적인 인프라를 구축하는 다각적인 노력이 필요하다. 이를 위해 다음과 같은 정책방향과 구체적인 실행과제를 제안한다.

정책방향 1: 신뢰할 수 있는 AI 활용을 위한 거버넌스 및 윤리체계 확립

기술의 힘이 커질수록 그것을 통제할 수 있는 윤리와 제도의 중요성 또한 커진다. 신뢰는 AI 시대의 가장 중요한 사회적 자본이다. 정부가 제시한 '인간 존엄성, 사회의 공공선, 기술의 합목적성'이라는 3대 기본원칙을 바탕으로, 지방의회 차원에서 의정활동의 특수성을 반영한 「의정활동 AI 활용 윤리 강령」 제정을 의무화해야 한다. 이 강령에는 AI가 생성한 결과물의 편향성을 항상 경계하고, 그 내용에 대한 최종적인 검토와 정치적 책임은 전적으로 의원 본인에게 있음을 명확히 해야 한다. 특히, 생성형 AI가 사실이 아닌 정보를 그럴듯하게 만들어내는 '환각(Hallucination)' 현상의 위험성을 인지하고, 모든 AI 생성 정보에 대한 교차 검증(Fact-checking) 절차를 포함해야 한다. 서울특별시의회에서 발의된 'AI 기술의 윤리적 활용 및 사회적 책임 대응' 관련 조례안은 이러한 노력의 좋은 출발점이 될 수 있다.

또한, AI 활용과정에서 발생하는 다양한 문제에 대한 법적 책임 소재를 명확히 하는 것은 제도적 신뢰의 핵심이다. AI가 분석한 데이터의 오류로 인해 잘못된 정책결정이 내려지거나, AI 시스템의 보안 취약점으로 민감한 정보가 유출되었을 때 누가 어떻게 책임을 질 것인가에 대한 사회적 합의와 법적 규정이 필요하다. 현행 「행정기본법」은 AI에 의한 완전 자동화 행정 처분을 극히 제한적인 경우에만 허용하고 있어, 의정활동 지원과 같은 고도의 지적 활동에 AI를 활용하는 것에 대한 법적 근거는 미비한 실정이다. 따라서 향후 「지방자치법」 개정 또는 「지방의회법」 제정을 통해 의정활동에 대한 AI 지원의 법적 근거를 마련하고, 그 과정에서 발생할 수 있는 문제에 대한 책임 원칙과 분담 구조를 명확히 규정해야 한다.

"데이터가 없으면 AI도 없다"는 말처럼, 데이터는 AI 시스템의 품질과 신뢰성을 결정하는 가장 중요한 요소이다. 의정활동에 사용되는 데이터의 수집, 가공, 활용, 폐기 전 과정에 걸쳐 품질관리, 개인정보보호, 보안을 총괄하는 명확한 데이터 거버넌스체계를 수립해야 한다. 특히 주민들의 민감한 개인정보가 포함된 민원 데이터나 비공개 행정자료를 AI 학습에 활용할 경우, 비식별화 조치를 포함한 엄격한 보안 지침과 접근 통제 절차를 마련하는 것이 필수적이다.

정책방향 2: AI 시대에 맞는 인적 자본을 확보하고 조직문화 혁신

최첨단기술도 그것을 사용하는 사람의 역량이 뒷받침되지 않으면 무용지물이다. AI 시대의 핵심 경쟁력은 결국 사람에게 있다. 일회성 전문가 특강을 넘어, 모든 지방의원과 보좌진, 의회 사무처 직원을 대상으로 AI 활용 능력(AI Literacy)을 높이기 위한 체계적인 교육 프로그램을 개발하고, 이수 M시간을 의무화하는 방안을 검토해야 한다. 교육 내용은 단순히 AI 도구 사용법을 넘어, AI의 작동 원리, 잠재적 위험성(편향, 환각 등), 윤리적 쟁점 등을 포괄해야 한다. 또한 예산 분석, 조례 입안, 홍보물 제작 등 구체적인 직무별 맞춤형 실습 교육을 강화하여 학습 효과를 극대화해야 한다.

의회 내부에 AI 기술 도입과 운영, 데이터 관리를 전문적으로 지원할 인력을 확보하는 것이 중요하다. 의회 사무처 내에 관련 직렬을 신설하거나, 기존 직원을 대상으로 전문 교육을 실시하여 내부 전문가를 양성해야 한다. 이와 함께, 기술 변화의 속도가 매우 빠르다는 점을 고려하여 외부의 민간 기술 기업, 대학, 연구기관과의 상시적인 협력 네트워크를 구축하고 자문을 받는 체계를 마련해야 한다. 일본의 지방자치단체들이 도입하고 있는 '최고 AI 책임자(CAIO)' 제도를 벤치마킹하여 의회 내 AI 정책을 총괄하고 조정하는 역할을 부여하는 것도 효과적인 방안이 될 수 있다.

정책방향 3: 안전하고 효율적인 AI 인프라 구축 및 격차 해소

모든 지방의회가 차별 없이 AI의 혜택을 누리기 위해서는 안전하고 효율적인 공통 인프라를 구축하고, 지역 간·의회 간 격차를 해소하기 위한 노력이 필요하다. 현재와 같이 각 지방의회가 개별적으로 AI 시스템을 도입하거나 개발하는 방식(SLM모델)은 예산 낭비와 기술적 파편화를 초래할 수 있다. 행정안전부 등 중앙정부가 주도하여 보안성, 상호운용성, 확장성이 확보된 '의정활동 AI 공통 플랫폼'의 표준 모델을 개발하고, 이를 각 지방의회에 보급하는 방안을 적극 추진해야 한다. 특히 재정자립도가 낮은 기초의회에 대해서는 플랫폼 도입 및 유지보수 비용을 국비로 지원하여, 재정 능력의 차이가 의정활동의 디지털 격차로 이어지지 않도록 해야 한다.

장기적으로는 민간기업이 개발한 범용 LLM에 의존하는 것에서 나아가, 대한민국의 법률, 행정 용어, 공공데이터에 특화된 '공공부문 특화 거대언어모델(LLM)' 개발을 추진해야 한다. 이는 민간 LLM 사용 시 발생할 수 있는 해외 서버로의 민감 정보 유출 위험을 원천적으로 차단하고, 공공 분야의 맥락을 정확히 이해하여 '환각' 현상을 줄이고 답변의 정확성과 신뢰도를 획기적으로 높이는 데 기여할 것이다. 행정안전부가 추진 중인 정부 공문서 AI 학습데이터 구축 사업은 이러한 노력의 중요한 첫걸음이 될 수 있다.

단기과제: '지방의회 AI 활용 가이드라인' 배포

1~2년 내로 '지방의회 AI 활용 가이드라인'을 배포한다. 행정안전부와 대한민국시도의회의장협의회 등 지방4대협의체가 공동으로 AI 활용의 기본 원칙, 윤리, 보안, 데이터 관리, 책임 소재 등을 담은 표준 가이드라인을 조속히 개발하여 전국 지방의회에 배포한다. 재정 여건이 좋은 광역의회 중심의 현행 구도에서 벗어나, '농어촌 소멸 대응', '지역 관광 활성화', '안전 문제 해결' 등 특정 현안 해결을 위한 기초의회의 창의적인 AI 활용 아이디어를 공모하고, 우수 과제에 대해 특별교부세 등 시범사업 예산을 집중 지원한다. 지방자치인재개발원, 한국지방행정연구원, 한국지역정보개발원 등 공공 전문기관이 주관하여 전문 강사진을 구성하고, 전국 지방의회를 직접 방문하여 의원과 실무자들을 대상으로 하는 '찾아가는 AI 활용 실습 교육'을 연중 시행한다.

중장기과제: 「지방자치법」 개정 및 「지방의회법」 제정, '지방의회 AI 혁신 지원 펀드' 조성

3~5년 내에 의정활동에 대한 AI의 지원 역할을 명시하여 법적 근거를 마련하고, AI 활용을 위한 공공데이터의 접근 및 활용 범위와 절차, AI 시스템의 오류로 인한 문제 발생 시 의원의 면책 및 책임 규정 등을 구체적으로 명문화한다.

'지방의회 AI 혁신 지원 펀드' 조성도 필요하다. 중앙정부와 지방자치단체가 매칭 펀드 방식으로 재원을 공동으로 마련하여, 재정이 열악한 기초의회가 '의정활동 AI 공통 플랫폼'을 도입하고 지속적으로 유지보수하는 데 필요한 비용을 안정적으로 지원함으로써 지역 간 디지털 격차를 근본적으로 해소한다. 딥페이크 등 악용 방지 기술 개발 및 대응체계 구축 마련도 필요한데, AI 기술이 의정활동을 위축시키거나 선거에 악용되는 것을 막기 위한 방어체계 구축이 시급하다. 중앙선거관리위원회, 경찰청, 과학기술정보통신부 등 관계기관과 협력하여 딥페이크 등 합성 콘텐츠를 신속하게 탐지하고 식별하는 기술을 개발·보급하고, 피해 발생 시 즉각적으로 신고하고 수사 및 삭제 조치가 이루어질 수 있는 공동 대응 채널을 구축한다. 이는 AI의 긍정적 활용을 촉진하기 위해 반드시 필요한 안전장치이다.

표 2-37 의정활동 AI 도입에 따른 리스크 및 완화 전략 매트릭스

리스크 유형	구체화	의정활동에 미치는 영향	완화 전략
윤리	알고리즘 편향성(Algorithmic Bias): 학습데이터에 내재된 편견(성별, 지역, 이념 등)이 정책 분석이나 조례안 검토 결과에 반영	특정 계층에 불리한 차별적 정책결정, 사회적 갈등 증폭	(기술) 편향 탐지 및 완화 도구 적용, 데이터셋 다양성 확보 (절차) AI 결과물에 대한 다각적 교차 검증 의무화 (정책) AI 윤리 강령 제정, 정기적인 편향성 감사
보안	딥페이크를 활용한 협박·여론 조작(Deepfake Blackmail & Disinformation): 의원의 얼굴과 음성을 합성한 허위 영상/음성으로 명예를 훼손하거나 선거에 개입	의정활동 위축, 선거 공정성 훼손, 주민 불신 심화	(기술) 딥페이크 탐지 및 워터마킹 기술 도입 (절차) 의원 대상 보안 교육, 의심 콘텐츠 신속 신고 채널 구축 (정책) 「공직선거법」 등 관련 법률 처벌 강화, 국제 공조
기술 및 운영	환각 현상(Hallucination): AI가 사실이 아닌 정보를 그럴듯하게 생성하여 보고	잘못된 정보에 기반한 정책결정, 법적·행정적 오류 발생	(기술) 검색 증강 생성(RAG) 기술 적용, 공공데이터 기반 미세조정 (절차) 모든 AI 생성 정보에 대한 출처 확인 및 사실관계 검증(Fact-checking) 의무화 (정책) AI 활용 교육 시 '환각' 위험성 집중 교육
법제도	책임 소재의 불분명성(Ambiguity of Accountability): AI가 제안한 조례안에 하자가 있거나, AI 분석 오류로 잘못된 결정을 내렸을 경우 법적 책임 주체 모호	문제 발생 시 책임 회피, 사법적 구제 절차의 어려움, 제도 불신	(기술) AI 의사결정과정 기록 및 로그 관리 (절차) AI 활용 시 최종 검토 및 승인자는 '인간 의원'임을 명확히 하는 내부 규정 마련 (정책) 「지방자치법」 등에 AI 활용에 따른 책임 원칙 명문화

자료: 저자 작성

표 2-38 2026 지방행정 트렌드 대응과제: 의정활동의 AI 메이트 시대

<table>
<tr><th rowspan="2">구분</th><th colspan="3">대응과제</th></tr>
<tr><th>주요 과제</th><th>목표</th><th>주요 내용</th></tr>
<tr><td rowspan="3">단기과제

AI 의정활동 기반 구축</td><td>모바일 기반 AI 비서 서비스 도입</td><td>의원 개개인의 AI 활용 환경 구축</td><td>▪ 의원용 모바일 AI 어시스턴트 구축
▪ 방대한 의정 자료 속 현안 분석 지원
▪ 자료 요구과정 지원 시스템 구축
▪ AI를 의원 일상 업무에 자연스럽게 통합</td></tr>
<tr><td>생성형 AI 활용역량 강화</td><td>의원 및 의회 직원의 AI 리터러시 향상</td><td>▪ 조례안 성안 작성 지원
▪ 예산안·결산 분석보고서 작성
▪ 행정사무감사 및 조사현안 질의서 작성
▪ 5분자유발언 및 대집행부질문 원고 작성</td></tr>
<tr><td>AI 디자인 툴 시범 도입</td><td>의정자료 품질 향상 및 콘텐츠 제작 효율화</td><td>▪ 자동 템플릿 생성기능
▪ 이미지 자동 생성기능
▪ 보도자료·홍보물 제작 지원
▪ 비전문가도 손쉽게 자료 작성 가능</td></tr>
<tr><td rowspan="3">중기과제

통합 의정플랫폼 구축</td><td>AI 어시스턴트 기반 통합 의정포털</td><td>모든 의정활동 지원기능 통합</td><td>▪ 입법활동 심화 지원체계 구축
▪ 예산 분석 전문 지원 시스템
▪ 과거 회의록, 감사자료, 예산집행 내역 대규모 문서 분석
▪ 핵심 쟁점 자동 추출 및 반박논리 구성 지원</td></tr>
<tr><td>예산·결산 분석 AI 시스템</td><td>객관적이고 정확한 예산 평가</td><td>▪ LLM 기반 보고서 생성
▪ 데이터베이스 구축
▪ 이상 지출 패턴 자동 감지
▪ 사업별 예산 추이 분석 및 성과 예측</td></tr>
<tr><td>AI 챗봇 기반 24시간 민원 시스템</td><td>시민과의 소통 강화</td><td>▪ 민원 자동 접수 및 분류
▪ 단순·반복 민원 자동 답변
▪ 업무 담당 공무원 신속 연결
▪ 챗GPT 에이전시 기능 활용 맞춤형 서비스</td></tr>
<tr><td rowspan="3">장기과제

완전한 디지털 의회환경 완성</td><td>원격회의 및 전자 의결 시스템</td><td>완전한 디지털 의회환경 구축</td><td>▪ 원격회의 시스템 도입
▪ 전자 의결 시스템 구축
▪ AI 음성인식 기반 회의록 자동 생성
▪ 회의 발언 자동 속기화</td></tr>
<tr><td>광역-기초의회 AI 플랫폼 확산</td><td>지역전체 의정활동 수준 동반 상승</td><td>▪ 광역-기초의회 간 디지털 격차 해소
▪ 협력적 거버넌스 구축
▪ 의정활동 표준화 및 공유체계 마련</td></tr>
<tr><td>AI 기반 의정활동 혁신 모델 정착</td><td>차세대 의정문화 확립</td><td>▪ 상위법 및 기존 조례 충돌 여부 자동 검토
▪ 타 지방자치단체 우수사례 자동 비교 분석
▪ 정책 홍보 효과 극대화를 위한 AI 활용
▪ 시민 객관적 의정활동 평가시스템</td></tr>
</table>

기대효과	▪ 의정활동의 전문성 강화 • 입법 품질 향상 및 법리적 오류 감소 • 감사의 깊이와 전문성 강화 • 예산 심의의 과학화 및 선심성·낭비성 예산 삭감 근거 확보 ▪ 업무 효율화 극대화 • 입법 소요 시간 단축 및 직원 작업량 감소 • 비효율적·반복적 질의 방지 • 소통 콘텐츠 제작 시간 단축 ▪ 시민 서비스 향상 • 민원 대응 신속성 향상 및 의원 업무 부담 경감 • 정책 홍보 효과 극대화 및 주민 이해도 증진 • 의정활동 투명성 제고 및 회의록 공개 신속화

자료: 저자 작성

다가올 2026년, 지방정부 민선9기 지방행정의 선택은 "지방의회의 디지털 전환"에 달려 있다

2026년 지방선거는 지방의회가 어떻게 새로운 기술과 방식을 의정활동에 접목할 것인지에 대한 시험대가 될 것이다. 종이 문서와 회의 중심의 전통적 운영방식에서 벗어나, 데이터 기반의 분석과 디지털 플랫폼을 적극적으로 도입·활용하여 지방의회의 역할과 기능을 혁신할 것인지가 중요한 관건이다.

디지털 전환의 본질은 행정 내부의 효율성에만 있지 않다. 진정한 변화는 주민과 지방의회의 관계 속에서 드러난다. 주민이 필요한 정보를 신속하고 투명하게 확인할 수 있으며, 정책 논의과정에 참여할 수 있는 개방적 환경을 조성하는 것이 핵심이다. 이러한 구조가 마련될 때 비로소 지방의회는 주민에게 신뢰받는 기관으로 거듭나고, 의정활동의 책임성과 투명성 또한 한층 강화될 수 있다. 따라서 이번 선거과정에서 후보들이 제시하는 디지털 전환정책이 실제로 제도 개선과 운영 혁신으로 이어질 수 있는 구체적 실행방안을 담고 있는지를 살펴야 한다.

앞으로 지방의회를 이끌 인물은 주민과 함께 문제를 해결해 본 경험과 변화의 흐름을 발 빠르게 수용하면서 이를 지역의 현실에 맞게 활용할 수 있는 역량을 지니고 있어야 한다. 특히, 디지털 전환을 주민의 생활과 직결된 안전, 복지, 교육, 환경 등과 연결하고자 하는 비전과 철학을 갖춘 리더야말로 진정한 혁신을 이끌 수 있다. 더 나아가 지방의회의 디지털 전환은 지방의회 내부혁신을 넘어, 주민과의 협력을 통한 집단지성의 기반을 넓히는 계기가 될 수 있다. 흩어진 의정 데이터를 공유하고, 동일한 현안을 가진 집행부와 서로의 경험을 교차 학습할 수 있는 구조가 마련된다면, 지방의회와 집행부 공동의 성과를 만들어 낼 수 있다.

이처럼 2026년은 지방의회가 새로운 운영방식을 정착시키고, 주민과 함께 혁신의 동반자로 거듭날 수 있는 중요한 시기이다. 민선9기 지방행정의 선택은 지방의회를 지역 민주주의의 중심으로 자리매김하게 할 것인지를 좌우하게 될 것이다.

10 이원화 자치경찰제, 지방이 책임지는 주민안전과 민생치안

1. 자치 없는 자치경찰제의 현실

"이재명 대통령은 검찰개혁 공약을 설명하던 중 갑작스럽게 경찰 이야기를 꺼냈다. 검찰의 권한을 축소하는 과정에서 반사적으로 경찰 권한이 과도하게 비대해질 수 있다는 점을 우려한 것이다. 이 대통령은 그 우려에 대한 해법으로 '자치경찰제'를 언급했다. 그는 '권력이 집중되면 남용되니 어쨌든 분리하고 견제시켜야 한다'라며 '경찰의 권력 집중 문제는 자치경찰제도와 관련이 있다'고 말했다."

뉴스1, 2025.07.18.

"국정기획위는 전날 국민보고대회를 열고 경찰개혁 방안을 포함한 23대 추진전략, 123대 국정과제를 발표했다. 국정과제에는 경찰국 폐지, 국가경찰위원회 실질화, 자치경찰제 시범 운영 후 전국 확대 등이 제시됐고 보이스피싱 등 민생범죄와 마약범죄 대응 강화와 피해자 보호 지원내용 등이 포함됐다."

뉴스핌, 2025.08.14.

"국가경찰 중심의 일원화 자치경찰제는 '자치경찰사무는 있으나 자치경찰은 없는' 모델이다. 결국 2021년 7월 「경찰법」 전면개정과 함께 시행된 자치경찰제는 제주를 제외하고는 국가경찰이 기존에 해오던 방식으로 자치경찰사무라는 명칭만 부여된 형태로 치안에 대응한다는 점이다."

시·도 관계자B

한국지방행정연구원 정책세미나(2025.08.13.)

한국지방행정연구원 – 한국재난관리학회 기획 세미나(2025.05.30.)

지역주도형 치안체계 구축을 위한 이원화 자치경찰제 도입

자치경찰제는 2021년 전국 시행과 함께 지역맞춤형 치안에 대한 기대를 모았으나, 주민 인지와 체감은 낮고 현장 변화도 제한적이라는 평가를 받았다. 현행 체계는 법률상 자치경찰사무를 두면서도 집행은 국가경찰이 담당하는 '일원화' 모델로서, 조직·인사·지휘 측면의 실질적 자치는 미흡하다. 그럼에도 전국 동시 시행과 큰 혼란 없이 안착했다는 점, 지방행정 – 치안행정 연계와 일부 주민밀착 사업이 현실화되었다는 점은 제도의 잠재력을 확인시켜 준다. 문제는 이 잠재력이 제도 설계의 한계를 넘어 구조적 성과로 확장되도록 권한과 책임의 배분, 인사·지휘 라인의 정합성, 재정·조례의 자율성 등을 재정립해야 한다는 데 있다. 일원화 경찰제의 한계는 지역 수요에 대한 기민한 대응 부족, 지역 치안에 대한 자기책임성 결핍, 주민참여의 제약 등으로 지적된다. 이제는 광역단위의 이원화 자치경찰제를 도입하여, 주민 밀착형 자치치안체제로 전환이 필요한 시점이다.

2. 일원화 자치경찰의 그늘, 주민이 느끼는 자치경찰권 강화가 필요하다

주민과 현장이 체감하지 못하는 자치경찰제

2021년 7월 1일 자치경찰제가 전면 도입되며 지역특성을 반영한 치안 서비스에 대한 기대가 컸다. 당시에는 “국가경찰의 독점이 끝나고, 18개 시·도 자치경찰위원회가 각 지역 사정에 맞춘 치안을 제공하며 국가경찰과도 협력·경쟁할 것”이라는 낙관적 전망이 제기되었다.[180] 그러나 시행 후 체감도는 높지 않았다. 2023년 설문에서는 서울·경기에서 응답자의 80~90%가 자치경찰을 ‘잘 모른다’고 답했고, 경남·전남에서도 인지도는 70%를 넘지 못했다.[181] 제도 자체는 시작되었지만 주민 인식과 체감 성과는 아직 제한적이라는 뜻이다.

현행 체계는 국가경찰 중심의 ‘일원화 자치경찰’ 모델로, 법률상 자치경찰사무는 있으나 조직·인사·지휘 측면에서 실질적 자치경찰은 부재하다는 평가를 받는다. 그럼에도 전국 동시 시행을 가능하게 했고, 도입과정에서 치안 불안이나 큰 부작용 없이 안착했다는 점에서 제도적 의미는 작지 않다. 지방행정과 치안행정의 연계, 지역맞춤형 사업 추진, 자치경찰사무 종사자의 복지예산 편성 등 과거 국가경찰체제에서 보기 어려웠던 변화도 일부 나타났다. 다만 이는 제도의 잠재력의 일부에 불과하며, 보다 본질적인 변화로 이어지기에는 제약이 많다.

운영 측면의 한계도 뚜렷하다. 대통령령(「경찰공무원임용령」) 개정으로 자치경찰위원회의 임용권이 사실상 약화되었고, 지구대·파출소 관리부서가 112치안종합상황실로 바뀌면서 임용권 대상에서 제외되는 등 위원회의 영향력이 줄었다. 또한 생활안전(정책 수립)과 지역경찰·112상황대응(예방·대응)의 기능을 분리해 현장치안 역량을 분산시켰다는 지적이 있다. 조직 운영에서는 자치경찰위원회가 시·도경찰청장을 지휘·감독한다는 법 취지가 ‘역(逆) 지휘’ 구조로 희석되었고,

---

180) “전국 18개 자치경찰위 협력적 경쟁 시대 개막”. (2021.07.02.)
[출처: 대한민국 정책브리핑] 국가정보자원관리원 화재로 링크 주소 재확인 불가

181) “체감도 낮은 자치경찰제, 갈 길이 멀다”. (2023.07.18.)
[출처: 경북매일] https://www.kbmaeil.com/article/202307180367229?utm_source=chatgpt.com

경찰청 내 관련 부서가 그대로 존치되면서 위원회 사무국과 기능이 겹쳐 현장에서는 이중보고 등 비효율이 발생한다는 불만도 나온다.

무엇보다 최전선의 지구대·파출소 경찰은 여전히 국가경찰 신분과 기존의 지휘계통(시·도경찰청장 → 경찰서장 → 지구대·파출소장) 아래 활동한다. 이들에게 과거와 다른 방식의 자율적·창의적 치안활동을 기대하기 어렵고, '자치경찰 정체성'을 체감하기 어려운 구조이다. 이런 이유로 현 제도는 '무늬만 자치경찰' 또는 '자치성 없는 타치(他治) 경찰'이라는 비판을 받기도 한다(김원중, 2020).

그럼에도 불구하고, 수십 년간 논쟁만 이어지던 자치경찰을 실제로 가동시켰다는 점에서 현행 모델을 "현시점에서 가능한 최선의 형태"로 평가하는 시각도 있다. 더구나 이를 과도기적 체계로 보고, 제도 설계와 운영을 지속 개선해 '완성형 자치경찰'로 점진적으로 이행한다면 역사적 의미를 가질 수 있다는 제안이 제기된다(박준휘 외, 2021; 양영철, 2021; 황문규, 2020). 요약하면, 현 제도는 주민 체감과 현장 변화가 미약하며, 인사·지휘·조직기능을 실질적 자치에 맞게 재정비하고 책임성과 권한을 일치시키는 개선이 뒤따라야 한다.

자치경찰권 강화가 왜 필요한가

현행 단일 국가경찰체제는 지역별 치안수요에 기민하게 대응하지 못하고, 지역 치안에 대한 책임성이 약하며, 주민참여가 충분히 보장되지 않는다는 비판을 받아왔다. 국가 차원의 공안 중심 활동이 우선되면서 지휘부 교체가 잦고, 늘어나는 생활치안 수요에 비해 대응이 더디며, 조직·기능 면에서도 인력 배치가 합리적이지 못하다는 한계가 지적된다(김성호, 2012; 윤태웅·신용식, 2018; 홍의표·원소연, 2012). 이러한 문제의식에서 자치경찰제가 필요하다는 논거는 다음과 같이 정리할 수 있다.

첫째, 지방분권 실현의 핵심 수단이다. 치안행정을 지역으로 분권하면 일선 경찰관이 현장에서 문제를 파악하고 해결책을 설계하는 '지역사회 중심' 방식이 가능해져, 치안활동 자체는 물론 예방 효과까지 강화된다.

둘째, 지방자치단체의 '종합행정'이 완성된다. 현재 지방자치단체가 제공하는 일반 행정서비스에 더해, 자치경찰을 통해 생활밀착형 치안 서비스를 자율적 권한과 책임 아래 처리할 수 있어, 주민 기대에 부응하는 통합적 행정이 구현된다.

셋째, 민생치안의 기반을 두껍게 한다. 지방공무원 신분의 경찰이 해당 지역에서 지방자치단체의 임명·감독을 받고 급여도 지역 재원에서 받게 되면, 자신의 봉급의 원천인 주민의 안전을 위해 보다 적극적이고 헌신적으로 봉사하려는 동기가 높아진다.

넷째, 지역특성에 맞춘 서비스 설계가 가능하다. '경찰청장 → 지방경찰청장 → 경찰서장 → 지구대·파출소장'으로 이어지는 획일적 지휘체계만으로는 자율·창의적 지역치안에 한계가 있다. 자치경찰제가 정착하면 경찰과 지방자치단체가 유기적으로 연동해 지역 구조와 여건을 반영한 예산을 확보하고, 주민이 체감하는 맞춤형 서비스를 제공해 범죄불안을 낮추고 삶의 질을 끌어올릴 수 있다(황문규, 2018).

현행 「경찰법」 전부개정안을 마련한 문재인 정부에서는 자치경찰제 도입의 목표를 자치분권의 완결, 치안체계의 종합성·효율성 제고, 치안의 서비스기관화로 제시하였다(자치분권위원회, 2022). 구체적으로 보면, '자치분권의 완결'은 지방자치단체가 치안사무의 공동책임 주체가 되어 주민 요구와 선호를 반영한 서비스를 개발하고, 주민참여를 확대함으로써 자치 체감도와 치안만족도를 크게 높이려는 취지였다. '종합성·효율성 제고'는 범죄수사·전국 단위 사무는 국가경찰이, 지역 민생치안은 자치경찰이 맡는 역할분담을 통해 전문성과 효율을 끌어올리겠다는 구상이었다. '서비스기관화'는 중앙 주도의 획일적 집행에서 벗어나 시·도 경찰청과 지방자치단체 중심으로 전환하여 주민 요구에 맞춘 서비스를 제공하고, 경찰－지방자치단체 간 통합적 업무 수행으로 불편을 줄이고 만족도를 높이려는 방향을 뜻하였다. 이처럼 자치경찰제는 중앙집중형 치안의 구조적 한계를 보완하고, 지역 책임성과 주민참여를 확대하여 생활치안의 품질을 높이기 위한 제도적 해법으로 제시되었다.

자치경찰제 도입의 당위성을 인정하더라도 "왜 광역단위인가"라는 질문은 남는다. 이는 제도의 작동 무대를 어디로 설정하느냐, 다시 말해 어떤 형태의 자치경찰을 택하느냐와 직결된다. 현재의 국가경찰체계를 유지한 채 별도의 자치경찰을 두어 보완적 역할만 맡기는 방식은 광역(시·도) 또는 기초(시·군·구) 중 택

일이 가능하다. 다만, 같은 보완형이라 하더라도 광역단위에 설치·운영 권한을 두고 실제 집행은 기초 단위가 맡는 설계가 상대적으로 합리적이다. 재정자립도와 통제 가능성 등을 고려하면 기초보다는 광역이 안정적이기 때문이다. 기초 단위에서 자치경찰이 해당 지역의 모든 치안사무를 전담하도록 하는 것은 주민 수요 반영과 지방분권 차원에서의 효과는 크겠으나, 변화 폭이 지나쳐 시행 혼란과 광역 범죄 대응의 공백을 유발할 위험이 존재한다. 해당 사례로 일본은 1947년 시·정·촌별 자치경찰을 광범위하게 설치하였고, 대형범죄 대응 한계, 조직 소규모화에 따른 인사 적체, 재정부담, 지역 유착 등의 부작용으로 1954년 도·도·부·현 경찰로 재통합한 바 있다(오승은, 2017). 이 경험은 '기초 단위의 자치경찰제'는 리스크가 존재하다는 것을 알 수 있다. 이러한 점을 감안하면, 지역의 전 치안사무를 맡기는 자치경찰제를 도입하려면 광역단위가 적합하다. 국가경찰 소속 지방경찰을 시·도 자치경찰로 전환하면 혼란과 공백을 줄일 수 있다. 다만, 국가경찰의 기능이 사실상 17개 시·도로 분산되기 때문에 조직 와해에 대한 우려로 수용성이 낮을 가능성도 존재한다.

정리하자면, 도입 단위는 기초보다 광역이 바람직하다는 결론에 무게가 실린다. 기초 단위는 지나친 세분화로 지역 간 치안 불균형을 완화하기 어렵고, 규모의 경제에 해당하는 '치안의 규모 효과'를 내기 힘들다. 따라서 기초에서 자치경찰을 운영하려면 국가경찰을 보조하는 생활·행정치안 중심의 '틈새 역할'에 초점을 두는 편이 현실적이며, 프랑스·스페인의 사례에서도 이러한 방향을 확인할 수 있다. 한편, 광역단위 자치경찰제의 도입이라 하더라도 실제 집행은 기초 현장에서 이루어질 수밖에 없다. 결국 광역과 기초가 결합된 하이브리드 구조가 될 가능성이 높으며, 핵심은 "자치경찰에게 어떤 임무와 권한을 부여하고 이를 어떤 방식으로 책임 있게 통제할 것인가"라는 설계의 문제가 남아있다.

3. 자치경찰의 현재와 미래, 이원화와 광역단위로

문재인 정부의 자치경찰제 논의는 '검·경 수사권 조정' 이후 예상되는 경찰 권한 집중을 분산하기 위한 권력기관 개편 전략 속에서 본격화되었다. 이는 자치경찰제가 전통적으로 지향해 온 경찰의 분권화·민주화·중립화라는 가치와 상충하지 않으며, 오히려 그 가치를 제도 설계에 녹여 경찰권을 합리적으로 배분하려는 시도였다.

실제로 2018년 6월 21일 법무부장관과 행정안전부장관이 서명한 합의문에는 "수사권 조정은 자치경찰제와 함께 추진"한다는 원칙을 발표하였고, 자치경찰 도입의 직접 당사자인 경찰 조직의 저항을 넘어설 필요가 있었던 만큼 정치적·전략적 선택이었다고 볼 수 있었다(황문규, 2017). 더 나아가 OECD 국가들의 치안 지표 간 관계를 분석한 연구를 보면 경찰에 대한 신뢰는 조직 규모 확대보다는 권한의 분권 정도와 더 밀접하게 연동된다는 점이 확인되었고, 경찰 권한의 분산을 통한 신뢰 제고라는 정책 목표와도 부합하였다(박준희, 2020).

우리나라의 경우 역대 정부별로 보면, 경찰 창설 이후 김대중 정부 시기까지의 자치경찰 논의는 주로 '정치적 중립성 확보'를 위한 조직 독립에 방점이 찍혀 있었다. 분단체제하에서 일사불란한 지휘체계를 우선한 탓에 분권형 치안으로의 전환은 상대적으로 후순위였다. 다만, 13대 국회(1988~1992)부터는 국가경찰을 기본으로 하되 지방분권의 관점에서 자치경찰을 보완적으로 결합하려는 접근이 본격화되었다(양영철, 2018).

노무현 정부에 들어서는 자치경찰제가 '지방분권과 국가균형발전'의 도구로 재정의되었다. 국가경찰과 지방자치단체 간 권한·책임을 합리적으로 배분해 주민 생활밀착형 치안 서비스를 강화하자는 취지였고, 국가경찰 조직을 유지하면서 기초지방자치단체에 자치경찰을 신설하는 '기초단위 모델'이 제시되었다. 이 모델은 2006년 7월 제주에서 '제주자치경찰'로 시험 적용되었고, 이후 이명박·박근혜 정부에서도 기본 설계로 유지되었다(양영철, 2014). 그러나 문재인 정부는 검·경 수사권 조정과 맞물린 '경찰권 분산'이라는 과제를 중시하며, 기초단위 중심의 제주 모델이 분산 효과 면에서 충분하지 않다고 보고 넘어서야 할 대상으로 평가되었다(황문규, 2017).

문재인 정부의 자치경찰제 추진은 권력기관 개편이라는 현실적 필요에서 출발하였으나, 경찰의 분권화와 민주적 통제를 강화하려는 일관된 방향과 맞물려 있었다. 이 과정에서 자치경찰제는 검찰개혁의 '부작용'으로 제기된 경찰권 비대화 우려를 완화하는 장치이자 분권－신뢰의 상관성을 국내 제도에 반영하려는 정책 수단으로 재배치되었다(박준희, 2020; 황문규, 2017). 동시에 과거 정부들이 시도했던 기초단위 중심 모델의 한계를 재검토하여 보다 강한 분권 효과를 내는 설계를 모색했다는 점에서 의미가 있었다(양영철, 2018).

국가경찰 중심의 일원화 자치경찰제 추진

문재인 정부 초기에 구상했던 '국가경찰－자치경찰 이원화' 구도는 Covid－19로 인한 사회 환경변화, 자치경찰관서 신설에 따른 대규모 재정부담, 국가·자치경찰 간 지구대·파출소 이중 운영으로 생길 수 있는 혼선과 초동대응 미흡 같은 위험요인이 계속 제기되었다. 이에 자치분권위원회는 별도 조직을 늘리는 대신 단일한 경찰 조직 안에서 관서장의 지휘·감독 아래 연속성을 확보하는 편이 더 효율적이라는 판단을 내렸고, 2020년 7월 당·정·청 회의에서 현행 '국가경찰 중심의 일원화 모형'으로의 전환을 확정하였다(자치분권위원회, 2022). 그 결정에 따라 정부는 「경찰법」과 「경찰공무원법」 전부개정안을 마련해 2020년 8월 더불어민주당 김영배 의원 명의로 국회에 제출했고, 같은 해 12월 국회를 통과하여 현재까지 시행 중이다.

현행 자치경찰제의 골자는 「경찰법」에 자치경찰사무를 규정하되 별도의 자치경찰 조직을 만들지 않고 국가경찰이 그 사무를 수행하도록 한 점이다. 그리고 시·도지사 소속 합의제 행정기관인 '시·도자치경찰위원회'가 자치경찰사무를 총괄하며 시·도경찰청장의 해당 사무 집행을 지휘·감독한다. 이 일원화 방식은 2021년 1~6월 시범운영을 거쳐 7월 1일 전국으로 전면 시행되었고, 현재 17개 시·도에 총 18개의 시·도자치경찰위원회(경기도는 북부·남부로 분리)가 설치되어 운영 중이다.

법적 기반은 2021년 1월 1일 시행된 「국가경찰과 자치경찰의 조직 및 운영에 관한 법률(「경찰법」)」이다. 현 체계는 기존 국가경찰 조직과 국가경찰공무원을 그대로 두되, '어떤 사무를 하느냐'에 따라 지휘·감독의 주체만 달리한다는 점이 특징이다. 자치경찰사무로 분류되면 시·도지사 소속 자치경찰위원회가, 국가경찰사무는 경찰청장이, 수사사무는 그 사무가 어느 영역에서 발생했는지와 무관하게 국가수사본부장이 지휘·감독한다. 실무 흐름은 모두 시·도경찰청장을 단일 통로로 연결되어 '경찰서 → 지구대·파출소'로 이어지는 동일한 라인을 탄다. 비유하면 "머리는 셋이되(경찰청장·국가수사본부장·자치경찰위원회), 몸통과 팔다리는 하나"인 구조이다.

「경찰법」 제24조는 시·도자치경찰위원회 소관 사무와 관련해 조례 제정권을 명확히 부여하고 있다. 실제 조례 제정 시기를 보면, 2021년 3월 충남이 가장 먼저 마련하였고, 4월에는 강원·부산·대전·인천·제주·세종이 잇따랐으며, 5월에는 경남, 경기(남·북), 광주, 대구, 울산 등 나머지 광역지방자치단체가 뒤를 이었다. 공통적으로는 조례의 목적, 생활안전·교통·경비 분야 자치경찰사무의 범위, 중복감사 방지, 위원 추천·임명 절차, 실무협의회 구성·운영 등이 규정되어 있다. 반면, 자치경찰사무의 세부 범위, 위원장·상임위원 임명 방식, 의안 발의·상정 절차, 위원의 제척·기피·회피, 여비 지급, 예산, 위원장 의회 출석·답변, 자문기구 설치 등 조직·인사·운영의 디테일에서는 각 시·도가 표준조례안과 다른 선택을 하며 차이를 보였다.

다만 「경찰법」이 자치경찰사무 및 위원회 운영을 시·도 조례로 정할 수 있게 했음에도, 실제로는 다수 시·도가 사무 범위를 세세히 열거하는 데 그치거나 유사한 문안을 반복하여 지역 특색을 충분히 반영하지 못하고 있다는 한계가 지적된다. 지역 안전은 법률상 지방자치단체가 국가와 대등하게 책임지는 영역이므로 자치경찰사무에 대해 보다 폭넓은 조례 형성권을 보장할 필요가 있고, 세목 나열보다는 포괄 규정을 두어 각 지역 실정에 맞게 구체화를 가능하게 하는 설계가 바람직하다.

「경찰법」 및 「경찰공무원법」에 비추어 본 현행 제도의 핵심 내용을 정리하면 다음과 같다(자치분권위원회, 2022). 첫째, 기존 국가경찰사무 중 '관할 지역의 생활안전·교통·경비 및 일부 수사'를 자치경찰사무로 분류하였다. 이 사무는 시·도경찰청과 경찰서의 자치경찰사무 담당 국가경찰관이 수행하며, 지구대·파출소는 국가경찰의 '112치안종합상황실'체계로 편입해 운영하도록 하였다.

둘째, 정치적 중립을 담보하기 위해 시·도지사 소속의 합의제 행정기관인 시·도자치경찰위원회를 둔다. 위원회는 위원장과 상임위원 각 1명을 포함해 총 7명으로 구성되며, 추천·지명 방식은 다음과 같다. 시·도의회 2명, 국가경찰위원회 1명, 시·도교육감 1명, 시·도자치경찰위원회 위원추천위원회 2명, 그리고 시·도지사가 1명을 지명한다. 위원회를 보좌하는 사무국을 설치하고, 위원장과 상임위원은 상근(지방정무직)으로서 사무국장을 겸한다. 사무국 인력은 원칙적으로 국가경찰 3인(총경·경정·경위 각 1명, 세종위원회는 예외)을 두며, 지방공무원은 자치법규에 따라 최소 16명(예: 충북·제주)에서 최대 26명(예: 서울·경기남부) 범위에서 배치한다.

표 2-39 자치경찰사무 현황

구분	자치경찰사무
생활안전	▪ 순찰 및 시설 운영, 주민참여 방범활동 지원 ▪ 안전사고, 재해·재난 시 긴급구조 지원 ▪ 아동 등 보호 업무 및 가정폭력 등 예방 ▪ 주민의 일상생활과 관련된 사회질서 유지 등
지역교통	▪ 교통법규위반 지도·단속 ▪ 교통안전 교육·홍보 및 교통안전시설 등 심의·설치·관리 ▪ 통행 허가 등
지역경비	▪ 지역 내 다중운집 행사 관련 교통혼잡 및 안전 관리
수사	▪ 학교폭력 등 소년범죄, 가정폭력·아동학대 범죄 ▪ 교통사고 및 교통 관련 범죄 ▪ 성적(性的) 목적을 위한 다중이용장소 침입행위에 관한 범죄 ▪ 경범죄, 가출인·실종아동 등 관련 범죄

자료: 저자 작성

셋째, 시·도자치경찰위원회는 자치경찰사무와 관련하여 시·도경찰청장을 지휘·감독한다. 주요 권한은 ① 자치경찰활동의 목표 설정과 성과평가, ② 인사·예산·장비 등 정책의사결정과 운영 지원, ③ 중대 사건·사고 및 현안 점검, ④ 자치경찰사무에 대한 감사 및 감사의뢰, 감찰·징계 요구와 고충심사, ⑤ 국가경찰사무와의 협력·조정을 위한 경찰청장과의 협의, ⑥ 자치경찰사무 수행에 대한 경찰서장 평가 및 그 결과의 경찰청장 통보 등으로 정리된다.

넷째, 모든 경찰공무원의 신분은 수행 사무와 무관하게 국가공무원으로 유지된다(제주자치경찰은 별도 규율). 인사 권한의 경우, 경찰청장은 시·도지사에게 시·도경찰청 소속 자치경찰사무 담당 경찰공무원에 대한 일부 임용권을 위임한다. 구체적으로 경정은 전보·파견·휴직·직위해제 및 복직, 경감 이하에 대해서는 신규채용·면직을 제외한 임용 사항이 위임 대상이다. 시·도지사는 위임받은 권한(경감·경위 승진임용권 제외)을 다시 시·도자치경찰위원회에 재위임할 수 있고, 위원회는 시·도지사와 시·도경찰청장의 의견을 들어 그 일부를 시·도경찰청장에게 재위임할 수 있도록 설계되어 있다.

다섯째, 국가는 지방자치단체가 이관받은 사무의 원활한 수행을 위하여 인력·장비 등의 소요비용을 지원하여야 하고, 자치경찰의 예산은 경찰청장의 의견을 들어 시·도자치경찰위원회의 심의·의결을 거친 후 시·도지사가 수립한다.

표 2-40 자치경찰사무 담당공무원에 대한 임용권 행사 주체

<table>
<tr><th>종류
계급</th><th>신규채용</th><th>승진</th><th>전보·파견·휴직·복직·직위해제</th><th>정직·강등·해임·파면</th><th>면직</th></tr>
<tr><td>경정</td><td>대통령</td><td></td><td></td><td>경찰청장</td><td>대통령</td></tr>
<tr><td>경감</td><td rowspan="5">경찰청장
(위임×)</td><td rowspan="2">시·도지사
(위임×)</td><td rowspan="5" colspan="2">시·도자치경찰위원회
(시·도경찰청장에게 일부위임 가능)</td><td rowspan="5">경찰청장
(위임×)</td></tr>
<tr><td>경위</td></tr>
<tr><td>경사</td><td rowspan="3"></td></tr>
<tr><td>경장</td></tr>
<tr><td>순경</td></tr>
</table>

자료: 서울특별시자치경찰위원회(2022) 재구성

이상의 내용을 종합하여 현행 자치경찰에 관한 시·도지사와 시·도자치경찰위원회 간 각종 권한을 종합·비교하여 분석해 보면, 시·도지사는 시·도자치경찰

위원회 위원(장) 임명권 및 위원 1명 지명권, 경정 이하 자치경찰사무 담당공무원 가운데 경위·경감으로의 승진권, 자치경찰 관련 예산 수립권, 시·도자치경찰위원회에 대한 의제 발안권, 임시회의 개최 요구권, 재의요구권 등을 행사한다. 이와 같이 시·도지사는 '정치적 중립'을 이유로 자치경찰에 관하여 매우 제한적이고 협소한 권한을 행사하는 반면, 시·도자치경찰위원회는 시·도경찰청장의 임용 협의권, 수사사무를 제외한 자치경찰사무에 대한 시·도경찰청장 지휘·감독권, 시·도지사로부터 재위임받은 자치경찰사무 담당공무원 전반에 대한 임용권, 자치경찰사무 관련 경찰서장 평가권, 규칙 제·개정 및 폐지 권한, 국가경찰과의 협의·조정권 등 자치경찰 전반에 관한 실질적인 권한을 행사한다. 구체적인 현행 자치경찰제의 내용은 다음 표와 같다.

표 2-41 현행 자치경찰제의 주요 내용

구분	주요 내용
조직	▪ 자치경찰 조직 별도 신설 없음 ▪ 시·도경찰청 수행사무를 '국가경찰사무', '수사사무', '자치경찰사무'로 구분 ▪ 시·도지사 소속으로 '시·도자치경찰위원회'를 합의제 행정기관으로 설치, 시·도지사로부터 독립적 직무수행
사무	▪ 자치경찰은 생활안전·교통·지역경비 및 이와 밀접한 수사담당 ▪ 국가경찰은 정보·보안·외사 등 사무와 수사, 민생치안사무 중 전국 규모, 통일적 처리 필요 사무 담당 ▪ 시·도자치경찰위원회는 자치경찰사무에 대해 시·도경찰청장 지휘·감독
인사	▪ 시·도자치경찰위원회는 7명으로 구성, 시·도지사가 임명 ※ 시·도지사 지명 1명, 시·도의회 추천 2명, 국가경찰위 추천 1명, 교육감 추천 1명, 위원추천위원회 추천 2명 ▪ 시·도경찰청장은 경찰청장이 시·도자치경찰위원회와 협의 추천한 사람 가운데, 행정안전부장관 제청으로 국무총리를 거쳐 대통령이 임용 ▪ 경찰서장은 경찰청장이 임용(시·도자치경찰위원회와의 협의 없음) ▪ 시·도자치경찰위원회는 정기적으로 경찰서장의 자치경찰사무 수행에 대한 평가결과를 경찰청장에게 통보 ▪ 경찰청장은 시·도지사에게 자치경찰사무 담당공무원 가운데 경정의 전보·파견·휴직 등 임용권 일부와 경감 이하의 임용권(채용 및 면직 제외) 위임 ▪ 시·도지사는 경감 또는 경위로의 승진임용에 관한 권한을 제외한 임용권을 시·도자치경찰위원회에 재위임(임용권 행사 시 시·도경찰청장 추천 필요)

인력	▪ 50% 이상 자치경찰사무 담당 시 자치경찰사무 담당공무원으로 분류 ※ 전국 17개 시·도 총 18,320여 명으로 시·도경찰청 정원대비 평균 약 14.3% (지구대·파출소 소속 경찰공무원 제외) ※ (신분) 자치경찰사무 담당 여부와 관계없이 국가경찰공무원 신분 유지
재정	▪ 국가는 자치경찰사무 수행을 위한 인력·장비 등 소요비용 지원 의무 ▪ 자치경찰 예산은 경찰청장의 의견을 들어 시·도자치경찰위원회 심의·의결 후 시·도지사가 수립
상호관계	▪ 비상사태 등 발생 시, 경찰청장은 자치경찰사무 담당공무원에 대한 지휘·명령 가능 (제주특별자치도 자치경찰공무원 포함)

자료: 저자 작성

현행 자치경찰제의 문제점과 한계

「경찰법」의 개정 취지는 "검·경 권한 조정과정에서의 경찰권 비대화 우려를 누그러뜨리고, 지방행정과 치안행정의 연계를 통해 주민 수요에 맞는 양질의 서비스를 제공하는 동시에 국가 전체의 치안역량을 효율화한다"는데 있다. 그러나 현행 제도가 이 목표에 실제로 부합하는지에는 의문이 따른다.

첫째, 국가경찰과 구분되는 자치경찰의 사무만 구분해놓고 있을 뿐 국가경찰의 조직과 인력을 그대로 유지하고 있다. 오히려 자치경찰제 시행을 계기로 전국 시도경찰청에 치안감급 자치경찰차장 1개 직급(서울)과 경무관급 자치경찰부장 12개 직급을(대전·경남 등), 그리고 자치경찰위원회에 전국적으로 17개 총경 직급을 신설하였다. 경찰권 비대화의 우려를 해소하는 것이 아니라 경찰 조직의 확대, 경우에 따라서는 "견제장치는 없이 막강한 권한만 갖게 된 공룡조직으로의 재탄생"[182]이라고 해도 과언이 아니다.

둘째, 주민을 직접 상대하는 최일선 경찰관의 신분과 지휘 라인은 변하지 않았다. 현장경찰관은 여전히 국가공무원이고, '시·도경찰청장 → 경찰서장 → 지구대·파출소장'으로 이어지는 동일한 지휘체계 아래 업무를 수행한다. 이러한 구조에서는 과거와 다른 자율적·창의적 치안활동을 기대하기 어렵고, '자치경찰'의

182) 이은주 의원이 2020.12.09. 제382회 국회(정기회) 국회본회의에서 김영배 의원의 자치경찰제 도입을 위한 경찰법 개정안에 대해 제기한 반론의 일부분이다.

정체성을 현장에서 체감하기도 쉽지 않다.

이러한 이유로 현행 제도는 '무늬만 자치경찰'이라는 비판을 받는다. 그럼에도 수십 년간 논쟁만 반복되던 과제를 실제로 출범시켰다는 점에서, "지금 작동 중인 자치경찰제"가 현시점의 "최선 가능한 형태"라는 평가도 존재한다. 다만, 이를 '완성형 자치경찰'로 가는 과도기적 단계로 규정하고, 권한 배분과 책임 구조, 인사·지휘 시스템 등을 실질적인 지방자치에 맞게 지속적으로 고도화할 때 비로소 제도의 의미가 커질 것이다(김원중, 2024; 박준휘 외, 2022; 양영철, 2018; 황문규, 2020).

국내 사례: 제주형 이원화 자치경찰제

제주형 이원화 자치경찰제의 가장 큰 특징은 "자치경찰사무만 있고 자치경찰 조직은 없는" 타 시·도의 일원화 모델과 달리, 해당 사무를 실제로 수행하는 별도의 자치경찰 조직이 존재한다는 점이다. 이 때문에 국가경찰 중심의 일원화 체계를 채택한 다른 시·도와 대비하여, 제주 모델을 '이원화 자치경찰제'로 부른다.

자치경찰권을 실질적으로 강화하는 방향을 모색하는 현시점에서, 제주형 이원화 모델은 우리 자치경찰제가 지향할 좌표를 제시하는 '나침반' 역할을 할 수 있다. 다만, 2021년 7월 1일 전국 시행 이전부터 운영되어 온 제주자치경찰제가 한때 '무늬만 자치경찰'이라는 비판을 받았던 사실을 부정하기 어렵고, 전국적 시행 이후에도 별도 조직이 존재한다는 형식적 차별성에 비해 내용상 뚜렷한 개선이 충분히 확인되었다고 보기도 어렵다. 따라서 제주 사례는 장점을 참고하되, 미비점은 보완해야 할 '반면교사'로 삼을 필요가 있다.

아울러 제주가 이원화 체계를 갖추었다고 해도, '도지사 소속 제주자치경찰위원회 → 제주경찰청 → 경찰서 → 지구대·파출소'로 이어지는 라인에서 전개되는 자치경찰활동은 치안-지방행정 연계·협력 측면에서 타 시·도와 본질적으로 크게 다르지 않다. 오히려 '도지사 소속 제주자치경찰위원회 → 제주자치경찰단'으로 이어지는 별도 라인과의 역할 조정과정에서 마찰과 불협화음이 발생한다는 지적도 제기된다(제주특별자치도자치경찰위원회, 2023).

제주형 이원화 자치경찰제의 성과

대표적으로 제주형 이원화 자치경찰제는 '행복치안센터' 운영과 '특별사법경찰(특사경)'의 전문성 확보라는 두 가지 주요 성과를 보였다.

첫째, 행복치안센터는 2020년 3월부터 제주 중산간 마을에 설치되어, 지리적 특성상 행정 및 치안 서비스에서 소외되었던 지역의 문제를 해결하고 있다. 고령화와 관광객 증가로 인한 갈등을 겪는 마을공동체에 활력을 불어넣기 위해 현장 중심의 자치경찰 행정과 치안을 융합한 새로운 시도였다. 이 센터는 들개로부터 마을을 보호하고, 고사리철 실종사고 및 산불을 예방하며, 치매 어르신 파트너활동 등을 전개하였다. 이러한 활동은 국가경찰이 주목하지 못했던 틈새치안을 공략하고 지역주민의 요구를 반영한 맞춤형 치안 서비스라는 점에서 자치경찰제의 취지를 잘 살린 사례로 평가받는다. 행복치안센터는 행정과 치안, 주민자치를 성공적으로 융합하여 관료제의 칸막이 병폐를 극복하고, 자치경찰에 대한 긍정적 이미지를 확산시키는 데 기여하였고, 이 성과를 인정받아 2021년 국무총리상을 수상하였다(제주특별자치도자치경찰위원회, 2023). 이러한 긍정적 효과를 토대로 2022년 하반기에는 금악리를 거점으로 한 서부지역, 수망리를 거점으로 한 남부지역으로 확대 실시하고 있으며, 향후 전국적 확산의 필요성도 있다. 실제로 경남자치경찰위원회에서 시행하고 있는 우리동네 파수꾼도 행복치안센터를 벤치마킹한 것이다.

둘째, 제주자치경찰단은 특사경 업무를 '전담·장기' 수행하는 인력구조를 통해 수사 전문성과 연속성을 확보했다. 다수 지방자치단체에서 일반 행정직이 겸임하고 1년 주기로 교체되는 관행과 달리, 제주에서는 자치경찰공무원이 법률상 권한에 근거해 별도 검사지명 없이 업무를 수행하고 장기간 근무한다. 그 결과 1인당 사건 처리 건수는 33.6건으로 서울(7건)·경기(7.5건) 대비 약 5배 수준이며, 검찰·행정 현장에서도 경험 축적을 통한 전문성 강화 효과를 긍정적으로 평가한다(박준휘 외, 2022).

다만, 제도적 측면에서는 보완 과제가 남아 있다. 현행 자치경찰제는 학교·가정폭력, 교통 등 일부에 한정해 수사사무를 인정하고 있으나, 「경찰법」 제28조

제3항은 자치경찰사무 전반에 대해선 자치경찰위원회의 지휘·감독을 두면서도 수사사무에 관해선 국가수사본부장의 지휘·감독을 받도록 규정하고 있다. 이로 인하여 자치경찰위원회는 수사 담당 경찰관의 인사에는 관여하나 수사사무의 내용·집행 자체에는 직접 관여하지 못하는 실정이다. 제주의 특사경 성과를 감안할 때, 향후 자치경찰제 고도화 과정에서 특사경을 자치경찰 수사사무의 제도권에 보다 폭넓게 편입하는 방안이 검토될 필요가 있다.

제주형 이원화 자치경찰제의 한계

제주형 이원화 자치경찰제에서는 제주도지사 소속 자치경찰위원회의 지휘·감독하에 국가경찰이면서 자치경찰사무를 담당하는 제주도경찰청과 자치경찰사무를 담당하는 제주자치경찰단이 공존하고 있다. 그래서 자치경찰사무만 존재하는 타 시·도자치경찰제와는 달리, 제주형 이원화 자치경찰제는 자치경찰사무를 수행하는 자치경찰 조직이 존재한다.

그런데 제주자치경찰단과 제주도경찰청 간에 원활한 업무협조가 이루어지지 않고 있다. 제주자치경찰위원회의 지휘·감독하에 양 기관이 유기적인 협조관계가 형성되어야 하는 것이 정상임에도, 제주자치경찰단의 사무범위와 조직 및 인력규모 확대, 업무협약 개정을 둘러싼 제주도경찰청과 제주자치경찰단의 마찰과 갈등이 언론을 통해 흘러나오고 있는 실정이다. 이는 제주자치경찰위원회의 지휘·감독권이 제대로 작용하지 못하고 있다는 방증이다.

여기에는 「제주특별자치도 설치 및 국제자유도시 조성을 위한 특별법(「제주특별법」)」 제91조에서 "국가경찰과 자치경찰 간의 사무분담과 사무수행방법은 도지사와 제주자치도경찰청장이 협약으로 정하여 공표하여야 한다. 이 경우 도지사는 미리 자치경찰위원회의 의견을 들어야 한다"는 규정에서 보듯이, 자치경찰사무를 관장하는 자치경찰위원회가 협약의 당사자가 되지 못하고 있음도 작용하고 있다. 이는 또한 제주도 자치경찰제 확대시행과정에서 제주자치경찰단에 파견되어 자치경찰사무를 수행했던 제주도경찰청 인력 268명에 대해서도 국가경찰의 일방적 복귀 요구로 그간 제주자치경찰단의 112신고·출동 업무가 중단되어버린 사실에서도 확인된다.

이러한 점을 고려할 때, 제주형 이원화 자치경찰제는 자치경찰사무를 매개로 시너지 효과를 내야 할 주체인 제주도경찰청과 제주자치경찰단이 각기 별개로 움직이고, 심지어 제주도경찰청은 제주자치경찰단의 원활한 운영에 장애물이 되고 있다고 해도 과언이 아니다. 이 점에서 제주도경찰청은 제주형 이원화 자치경찰제가 제대로 운영되어 향후 이원화 자치경찰제의 모델이 되지 못하도록 하려는 것 아닌가라는 의구심을 던지지 않을 수 없다.[183] 2021년 7월 1일을 계기로 자치경찰제가 비록 국가경찰 중심의 일원화 모델이지만 대한민국 전역에서 실시되고 있는데, 국가경찰은 이미 시행하던 제주자치경찰제의 확대 시범운영을 원점으로 되돌리는 등의 자치경찰권 약화의 시도를 해오고 있는 셈이다. 국가경찰의 이러한 시도에 대해서는 앞으로 자치경찰권 강화를 위한 이원화 자치경찰제 도입과정에서 결코 간과해서는 안 된다.

또한 제주자치경찰은 「제주특별법」에 근거하고 있음에도 경찰의 핵심적 권한이 없어 심각한 한계를 보이고 있다. 범죄를 발견하더라도 「형사소송법」상 초동수사권을 발동할 수 없으며, 행정법상 즉시강제권조차 자치경찰사무 외의 상황에서는 준용할 수 없어 상황에 맞는 조치를 하기 어려울 가능성이 있다.

「제주특별법」 제98조에 따라 자치경찰은 직무수행 중 범죄를 발견하면 증거물 등을 국가경찰에 인계해야 하고, 현행범을 체포해도 즉시 경찰공무원에게 인도해야 한다. 이 때문에 살인범이 자수하러 와도 '국가경찰로 가시라'고 권고하는 것 외에 할 수 있는 조치가 불분명하고, 음주운전 단속 시 운전자가 채혈검사를 요구하면 압수 권한이 없어 국가경찰의 지원을 받아야 하는 실정이다. 이는 명백한 치안 공백이 아닐 수 없다. 이러한 문제는 과거 자치경찰제 법률안을 마련할 당시, 경찰의 개입으로 핵심적인 초동조치권이 반영되지 못했기 때문이다. 이는 수만 명의 경찰을 자치경찰로 전환하면서 그들의 핵심 권한을 막아버린 것으로, 기존 치안의 40%를 포기하겠다고 선언한 것과 다름없었다.

이처럼 제주자치경찰이 '무늬만 자치경찰'이라는 비난을 받는 주된 이유는 국

183) "제주 국가경찰·자치경찰 갈등 심화". (2022.04.15.)
[출처: 세계일보] https://www.segye.com/newsView/20220414515600?OutUrl=naver

가경찰의 거센 저항 속에서 여전히 초동조치권을 부여받지 못했기 때문이다. 그럼에도 국가경찰인 제주도경찰청은 자치경찰이 112신고·출동 사무까지 적극 수행해야 한다는 이율배반적인 주장을 하고 있다. 국회 역시 대한민국 최초의 자치경찰제를 개선하는 데 인색한 태도를 보여왔으며, 이러한 문제점들은 향후 이원화 자치경찰제 도입과정에서 반드시 고려되어야 한다.

해외사례 1. 일본의 자치경찰제

제2차 세계대전 이전 일본은 강력한 국가경찰체제를 유지했으나, 패전 후 미군정은 국가경찰이 군국주의를 떠받친 핵심축 가운데 하나라고 보고 전면적 해체와 개편이 필요하다고 판단하였다. 그 결과 시·정·촌 단위의 자치경찰제가 도입되었지만, 시행과정에서 여러 한계가 드러났다(오승은, 2017).

첫째, 치안 단위를 기초지방자치단체 수준까지 잘게 나눈 탓에 집단범죄나 광역범죄에 대한 신속·체계적 대응이 어려워졌다. 소규모 조직 운영은 인사 적체와 역량 저하, 부패 문제를 동반했다. 둘째, 재정부담도 컸다. 영세한 지방자치단체까지 자치경찰을 의무 설치하도록 하면서 재정압박이 심화되었고, 1951년 법 개정으로 주민투표에 따라 자치경찰제의 존폐를 결정할 수 있게 되자 자치경찰 수는 1,605개에서 402개로 급감하였다. 셋째, 광역범죄 대응력 약화로 전후 혼란기 범죄와 살인·강도 등 강력사건이 빈발해 사회불안이 커졌다(오승은, 2017).

이러한 문제를 수습하기 위해 1954년 7월 「경찰법」을 전면 개정해 다음과 같이 재편하였다. ① 치안 단위를 도·도·부·현(광역지방자치단체) 수준의 자치경찰제로 일원화했고, ② 국가는 우리나라 총경에 해당하는 '경시정(警視正)' 이상에 대해서만 인사권을 행사하는 등 제한된 범위에서 인사에 관여하도록 하였다. ③ 기존의 국가 및 시·정·촌 공안위원회가 각각 국가경찰과 자치경찰을 관리하고 정치권이 지휘·감독권이나 임면권으로 개입하던 구조를 폐지해 정치적 간섭을 차단하였다. ④ 동시에 필수 최소수단으로 내각의 치안책임을 확보하고 내각과의 원활한 의사소통 경로를 정비하였다(안성훈, 2018).

그림 2-26 일본 경찰제도의 변화과정

시기	제2차 세계대전 이전	패전 후 구(舊)경찰법 (1947년)	경찰법 (1954년 이후 현재)
특징	군국주의	연합군 최고사령부에 의한 자치경찰제 도입 (지방분권·민주적 원리)	민주적·효율적 경찰 운영, 정치적 중립성
체제	중앙집권적 국가경찰제	기초(시·정·촌) 단위 자치경찰제	광역(도·도·부·현)단위 자치경찰제

자료: 안성훈(2018) 재구성

자치경찰은 해당 도·도·부·현 경계 안에서 경찰 전 영역(수사권을 포함한 모든 경찰사무)을 수행한다. 국가(경찰청)와 도·도·부·현 경찰의 관계는 전국적 일관성과 지역 자율성의 조화를 전제로 한다. 이 전제 아래 국가경찰은 제도 기획·입안, 국가 공공안전에 관한 운영, 범죄감식·통신·교육훈련 등 인프라 구축, 국가·지방경찰 간 중복 업무의 조정 등을 담당하고(「경찰법」 제5조 제2항), 주민에게 직접 작용하는 대민 집행사무는 도·도·부·현 경찰이 맡는다(안성훈, 2018).

인사체계도 이 분업 원리에 맞춰 설계되어 있다. 도쿄도 경찰(경시청)의 수장은 경시총감으로, 국가공안위원회가 도(都) 공안위원회 동의를 받아 내각총리대신 승인으로 임면하며(「경찰법」 제49조), 도·부·현 경찰본부장은 국가공안위원회가 해당 공안위원회 동의를 얻어 임면한다(「경찰법」 제50조). 즉 자치경찰기관장의 임면권은 지방자치단체장에게 있지 않고, 신분은 국가공무원이며 급여도 경찰청 재원에서 지급된다. 아울러 '지방경무관' 제도를 두어 도·도·부·현 경찰의 경시정(警視正) 이상을 국가공무원으로 두고, 국가공안위원회가 도·도·부·현 공안위원회 동의를 받아 임면한다(「경찰법」 제49조 제1항; 제50조 제1항; 제55조). 지방경무관은 일반직 국가공무원이므로 정원은 조례나 일반 행정기관 정원령이 아니라 「경찰법 시행령」 제6조에 따라 정하고, 계급별 정원은 「경찰법 시행규칙」 제156조 범위 내에서 국가공안위원회가 결정한다(안성훈, 2018).

재정은 '자급 원칙+국가 보전' 구조이다. 기본적으로 도·도·부·현 경찰이 관할 내 경찰행정에 필요한 경비를 자체 부담하지만, 국가적·광역적 활동에 드는 비용을 지방에 전가하는 것은 적정하지 않으므로 「경찰법」 제37조는 국가 전액 부담 대상을 규정한다. 국고로 집행되는 경비는 도·도·부·현 예산에 편성되지 않으며, 국가에서 조달·배분하거나 국가 회계담당자인 경찰본부장 등이 직접 지출한다. 국가경찰 예산은 인건비·장비·통신·시설비 등 운영에 필요한 국비(75.3%)와 도·도·부·현에 교부되는 보조금(24.7%)으로 구성되고, 이 밖에 도·도·부·현이 자체 부담하는 비용 중에서도 경찰관 급여·피복비 등 일부는 국고보조 대상이 된다(안성훈, 2018).

도·도·부·현 경찰의 사무 범위는 「경찰법」 제2조 제1항이 열거한 바와 같다. 곧 ① 생명·신체·재산 보호, ② 범죄예방, ③ 진압 및 수사, ④ 피의자 체포, ⑤ 교통 단속, ⑥ 그 밖의 공공의 안전과 질서 유지에 필요한 집행업무이다. 이들 대민 집행사무는 도·도·부·현 경찰의 전속기능으로서, 국가경찰기관은 주민에게 직접 작용하는 사무를 수행하지 않는다. 따라서 실무의 주체는 도·도·부·현 경찰이며, 이는 국가의 '범정수탁사무'가 아니라 해당 지방자치단체의 고유 자치사무로 이해된다(오승은, 2017). 동시에 도·도·부·현 경찰은 업무 수행을 위해 행정경찰권과 사법경찰권(수사권)을 모두 행사한다(유주성, 2018).

다만, 전국적 통일성과 비상 대응을 위해 국가의 감독·조정도 예외적으로 인정된다. 「경찰법」 제5조 제3항 제23호가 경찰청의 소관사무로 '경찰행정의 조정'을 명시하고 있어, 도·도·부·현 경찰이 처리하는 광범위한 사무 전반에 국가의 지휘·감독이 미칠 수 있다. 이 밖에도 내각총리대신이 긴급사태를 선포한 경우, 경찰청장관(또는 관구경찰국장)이 도·도·부·현 경찰본부장에게 명령·지휘를 하는 절차가 마련되어 있다(오승은, 2017).

해외사례 2. 영국의 자치경찰제

영국의 경찰제도는 1829년 현대적 의미의 국가경찰 조직인 런던수도경찰청이 창설된 뒤, 이를 기본 모델로 각 지역 여건에 맞춘 자치경찰 운용으로 전개되었다. 1964년 「경찰법」을 통해 수도경찰청·런던시티경찰청을 포함한 41개 자치경찰체계가 정비되었고, 내무성 직속 국가경찰로 운영되던 수도경찰청도 2000년에 자치경찰로 전환되면서 광역단위의 지방경찰청 체제가 자리 잡았다(안성훈, 2018).

전통적으로는 '내무부장관－지방경찰위원회－지방경찰청장'이 권한을 나누는 이른바 3원 구조가 적용되었으나, 1980년대 이후 내무부(Home Office)의 영향력이 커지면서 변화가 가속됐다. 1994년 「Police and Magistrates' Courts Act 1994」에 따라 내무부장관은 국가 차원의 전략 목표를 설정하고 이를 지방경찰위원회에 지시할 권한을 확보하였으며, 범죄의 광역화·전문화·조직화가 심화된 2000년대에는 「Police Reform Act 2002」로 중앙 통제가 한층 강화되었다. 이 법에 근거해 내무부장관은 경찰활동계획 수립, 현장 절차·업무 규정의 제정, 그리고 왕립경찰감사관실을 통한 개선 요구 권한 등을 갖게 되었다(김학경·이성기, 2012).

그러나 2011년 보수당 재집권 이후 중앙집권적 관리가 경찰을 주민으로부터 멀어지게 했다는 비판이 제기되었다. 정부는 관료주의를 걷어내고 지역책임성을 강화하겠다며 2010년 백서 「Policing in the 21st Century: Reconnecting police and the people」를 발표하였고, 이에 담긴 입법과제를 반영해 「Police Reform and Social Responsibility Act 2011」을 제정하였다(안성훈, 2018). 이로써 영국은 광역단위 자치경찰로 재편되었고, 종전의 지방경찰위원회는 폐지되어 주민이 직접 선출하는 '지역치안위원장(PCC, Police and Crime Commissioner)'이 지역 치안을 총괄하게 되었다. 동시에 견제·균형을 위해 '지역치안평의회(Police and Crime Panel)'가 신설되어 PCC를 감시·감독하는 구조가 마련되었고, 결과적으로 '지역치안위원장－지역치안평의회－내무부장관－지방경찰청장'의 4원 체제가 정착하였다.

한편, 국가적·국제적 조직범죄 대응을 위해 2013년 '국립범죄청(NCA)'이 내무부 책임 아래 새로 출범하여 기존 '중대조직범죄청(SOCA)'의 역할을 승계했다. 내무부장관은 국가범죄 영역에 한정해 NCA를 통해 자치경찰에 임무를 부여·조정할 수 있을 뿐이며, 이는 영국 경찰의 지방자치 전통을 유지하면서도 초국가적·전국적 범죄에 대한 범정부적 대응을 조화시키려는 제도 설계로 평가된다.

그림 2-27 영국 경찰제도의 변화과정

시기	근대경찰 창설 (1829년)	→	중앙정부 권한 강화 (1980년)	→	경찰 개혁 (2010년 이후)
특징	근대경찰 창설 이후 자치경찰제 확립		범죄 증가에 따른 효율성 강조로 내무부장관 권한 강화		주민직선의 지역치안위원장이 자치경찰 담당
체제	지방분권적 자치경찰		중앙집권적 자치경찰		지방분권적 자치경찰

자료: 안성훈(2018) 재구성

영국의 자치경찰 조직은 전국에 45개의 지방경찰청을 설치하여 운영하는 광역단위 자치경찰제이며, 각 지방경찰청 산하에 경찰서(Police Station)를 두어 관할하였다. 전국적으로 약 1,300개의 경찰서(Police Station, Division 등)가 운영되어 왔으며, 예컨대 스코틀랜드 지방경찰청은 214개, 런던수도경찰청은 180개의 경찰서를 운용하였다. 우리나라의 지구대·파출소에 해당하는 별도의 하부조직은 두지 않는 것이 특징이었다. 운영체계는 '지역치안위원장(PCC, Police and Crime Commissioner)'과 '지역치안평의회(PCP, Police and Crime Panel)', '내무부 장관'의 관리·감독 아래 '지방경찰청장(Chief Constable)'이 각자의 권한과 책임에 따라 중앙정부로부터 독립적으로 집행하는 구조로 정착하였다(안성훈, 2018).

자치경찰은 관할구역 내 지역안전과 범죄예방을 포함한 모든 경찰사무(일반 수사권한 포함)를 수행하였다. 지역 치안의 민주적 책임성을 담보하기 위하여 주민이 직접 '지역치안위원장'을 선출하였고, 지역치안위원장은 경찰 또는 경찰 경력을 가진 사람 중에서 지방경찰청장을 임면하였다. 다만, 인사권의 견제를 위하여 '지역치안평의회'가 지방경찰청장 임면에 대해 거부권을 행사할 수 있도록 하였다. 지방경찰청장은 지방경찰을 지휘·감독하되, 반드시 지역치안위원장이 수립한 '지역치안계획(Police and Crime Plan)'을 참조하여 경찰사무를 수행하도록 규정되어 민주적 통제가 작동하도록 하였다. 재정은 중앙정부의 보조금(Grant)과 지역주민이 납부하는 지방세(Precept)로 충당하였으며, 기본 재원은 정부 보조금으로 하고 필요시 지역치안위원장이 지방세를 추가로 부과하여 보완할 수 있도록 설계하였다. 요컨대, 자치경찰의 민주적 통제는 주민 직선의 지역치안위원장이 운영·관리를 총괄하고, 지방경찰청장이 그 계획을 준거로 집행하도록 함으로써 구현되도록 하였다(안성훈, 2018).

해외사례의 시사점

영국과 일본의 자치경찰제가 향후 우리나라 자치경찰제의 개선 방향을 마련하는 데 제공할 수 있는 정책적 시사점은 다음과 같다. 첫째, 양국 모두 강력한 중앙집권적 경찰체제를 시행하였다가 민주적·효율적인 자치경찰체제로 전환하였다. 이는 단일 국가경찰체제하에서 전국적으로 획일적·통일적인 치안 서비스 제공으로는 각종 범죄와 지역주민의 다양한 치안수요에 대한 실질적 대응이 불가능하기 때문인 것으로 판단된다.

둘째, 양국 모두 광역단위 자치경찰제를 도입·운영하고 있다. 특히, 일본은 제2차 세계대전 이후 기초지방자치단체인 시·정·촌 단위의 자치경찰제를 도입·운영하였으나, 각종 범죄에 대한 대응 한계, 기초지방자치단체의 재정력 부족에 따른 재정부담 등으로 실패를 경험하고, 상대적으로 행·재정적 역량이 우월한 광역지방자치단체(도·도·부·현) 단위의 자치경찰제로 전환하여 현재에 이르고 있다.

셋째, 양국 모두 자치경찰이 모든 경찰사무를 수행하고 있으며, 그에 따른 독자적인 수사권을 행사하고 있다. 현재 우리나라는 자치경찰로 하여금 생활안전·교통·지역경비에 관한 사무와 수사에 관한 일부 사무를 수행하도록 하고 있어, 자치경찰의 사무 범위가 영국과 일본에 비해 매우 제한되어 있다. 특히, 국가경찰과 자치경찰의 이원적 자치경찰제를 운영 중인 제주특별자치도(자치경찰단)의 경우에도 명실상부한 경찰로서의 사무 범위가 협소하며, 그마저도 「제주특별법」에 따라 국가경찰(제주경찰청)과 협약을 거쳐야 하며, 특사경 사무에 관한 수사권만 부여받고 있는 실정이다.

넷째, 영국의 경우 주민직선으로 런던시장을 선출함에 따라 런던시에는 지역치안위원장을 별도로 선출하지 않고, 런던시장에게 지역치안위원장의 역할을 수행하도록 하고 있다. 영국의 지방자치단체는 기관통합형으로 구성·운영됨에 따라 의결기관인 지방의회가 집행기관으로서의 역할을 함께 수행하고 있다. 이에 따라 자치경찰사무에 특성화·전문화된 지역치안위원장을 별도로 주민이 직접 선출하는데, 지방자치단체장과 지방의회의원을 각각 주민이 직선하는 기관대립형 구조인 런던시에는 시장에게 직접 지역치안계획 수립권, 예산·재정 총괄권, 지방경찰청장 임면권 등을 부여하고 있는 것이다.

다섯째, 양국 모두 정치적 중립을 위하여 자치경찰의 실질적인 지휘·감독 및 관리 주체에 대한 견제·감시 기구로서 위원회 조직을 설치·운영하고 있다.

여섯째, 양국 모두 국가적 차원의 경찰사무에 한하여 중앙정부의 지휘·감독 등 관여가 가능하도록 하고 있어, 지방자치단체의 자치경찰사무에 관한 재량 및 자율권을 보장해 주고 있다.

4. 광역단위 이원화 자치경찰제, 주민이 체감하는 변화의 시작

정부의 이원화 자치경찰제 단계적 확대

이재명 정부의 5대 국정목표 중 "국민이 하나되는 정치"는 3개 추진전략으로 구성되어 있으며, 이 중에서 국정과제 8개 중 "경찰의 중립성 확보 및 민주적 통제 강화"가 포함되어 있다.

이재명 정부가 추진전략으로 제시한 "국민주권과 민주주의 확립"은 국민이 나라의 주인인 진정한 국민주권정부의 수립을 추진하는 것을 목표로 수립되었다. 새로운 헌법체계를 구축하고, 국가기관이 권력 사유화에 동원되는 흑역사를 방지하는 권력기관 개혁을 실시하여 국민이 존중받는 사법개혁을 추진하고자 세부 국정과제를 채택하였다.

표 2-42 이재명 정부 국정과제

국정목표	국민이 하나되는 정치
추진전략	국민주권과 민주주의 확립
국정과제(주관부처)	[국정01] '진짜 대한민국'을 위한 헌법 개정(국조실)
	[국정02] 국민의 군대를 위한 민주적·제도적 통제 강화(국방부)
	[국정03] 수사와 기소 분리를 통한 검찰개혁 완성(법무부)
	[국정04] 경찰의 중립성 확보 및 민주적 통제 강화(경찰청)
	[국정05] 감사원의 정치적 중립성 및 독립성 강화(감사원)
	[국정06] 국민주권 실현을 위한 사법체계 개혁(법무부)
	[국정07] 미디어 공공성 회복과 미디어 주권 향상(방통위)
	[국정08] 모두의 존엄과 권리가 보장되는 인권선진국(인권위)

자료: 국정기획위원회(2025d) 재구성

이 중에서 경찰의 중립성 확보, 독립성 회복 등을 위하여 경찰에 대한 민주적 통제를 실질화하며, 검찰의 수사·기소 분리에 따른 경찰 수사의 책임성과 전문성을 강화하고자 국가경찰위원회의 실질화, 경찰국 폐지, 자치경찰제 전면 시행 등을 세부과제로 설정하였다. 자치경찰제 전면 시행을 통하여 국가 치안 역량의 총량을 유지하되, 지역주민의 안전 수요에 부합하도록 '이원화 자치경찰제'를 단계적으로 확대할 계획을 발표하였다. 그 예로 범죄예방, 여성청소년, 교통 등 자치경찰사무기능을 시·도로 이관하고, 제도 변경에 따른 치안현장 혼선 등 초기 부작용을 최소화하기 위하여 범정부 협의체를 구성, 세부방안 협의 및 시범운영 등을 거쳐 전면 시행할 계획이다.

광역지방자치단체 중심의 이원화 자치경찰제 추진

현행 「경찰법」에 근거한 자치경찰제는 요약하면 "자치경찰사무는 규정되어 있으나 이를 독립적으로 수행할 자치경찰 조직은 부재한 체계"로, 사무는 구분했지만 집행은 종전대로 국가경찰이 담당하는 구조이다(황문규, 2022). 이로 인하여 지방자치권, 조직·인사에 관한 자치행정권 등이 구조적으로 제약되고, "경찰권 비대화 우려 완화–지방·치안행정 연계–수요 맞춤형 서비스 제공”이라는 개정 취지의 전면적 구현을 기대하기 어렵다는 지적이 뒤따른다(박병욱·이상훈, 2021). 자치경찰의 정체성과 주민 체감도 역시 낮게 나타난다.

자치경찰위원회는 법률상 시·도경찰청장 지휘·감독과 인사 관련 권한을 부여받았지만, 실제 운영에서 그 영향력은 제한적이라는 평가가 적지 않다(성홍재, 2022). 그럼에도 2021년 7월 1일 현행 제도의 전국 시행 이후 몇 가지 변화는 확인된다. 현장경찰이 지역 수요에 맞춘 사업을 발굴하고 예산 편성과정에 참여하는 등 예산을 수반한 주민밀착형 활동이 늘었고, 자치경찰사무 종사자에 대한 후생복리도 확대되었다. 이러한 변화는 과도기 제도가 ‘완성형 자치경찰’로 이행하는 기반이 될 수 있다는 점에서 의미가 있다.

한편, 중앙–지방의 기능 중복과 역할 혼선은 여전하다. 자치경찰사무를 총괄하는 역할을 자치경찰위원회가 맡도록 하였으나 경찰청 생활안전국 등 중앙조직이 존치된 채 종전과 유사한 업무를 계속하려는 관성이 강하다. 그 결과 시·도경찰청 이하 조직은 중앙을 의식하는 수직적 행태에서 충분히 벗어나지 못하고, 자치경찰위원회는 ‘예산 창구’ 또는 국가경찰이 담당하지 않는 ‘틈새 치안’을 처리하는 기구로 비치기 쉽다. 제도 시행 2년을 넘긴 현재, 자치경찰위원회 권한의 실질화 없이는 현행 모델의 기대치를 높이기 어렵다.

그럼에도 ‘논의’의 단계를 넘어 ‘실제로 작동하고 있다’는 사실 자체는 제도사적으로 그 의미가 작지 않다. 다만, 이 제도가 종착점이 아니라 “진정한 자치경찰로 가는 징검다리”가 되려면, 자치경찰권 실질화를 전제한 이원화 모델의 구체적 설계와 단계적 이행전략이 뒤따라야 한다. 새정부가 지향하는 방향도 국가경찰과 자치경찰의 ‘이원화’로 요약되는데, 방식은 두 갈래로 열려 있다. 국가경찰을 유지한 채 자치경찰을 신설하는가, 아니면 국가경찰의 일부 기능·인력을 자치경찰로 전환하는가이다. 특히 후자의 경우 전환 범위를 어떻게 설정하느냐가 핵심이며, 최근 비대화 논의에 비추어 상징적 수준에 머물러서는 안 된다. 운영 단위는 시·도 소속을 전제한 광역 모델이 기본방향으로 보이고, 일부 기초 시범을 통해 보완 근거를 축적하는 접근이 제시되고 있다.

신분·지휘·인사 측면에서는 자치경찰을 시·도 소속 지방직으로 두고 지휘권·인사권을 시·도지사에게 부여하는 구상이 제시된다. 이는 현행 일원화 체제에서 미흡했던 시·도지사의 지역치안 책임성을 보완하려는 취지로 해석된다(윤태웅, 2020). 종전에는 시·도지사에게 자치경찰사무를 수행하는 경찰공무원에 대한 직접 권한이 거의 부여되지 않았기에, 자체 정책 구상과 예산 투입에 따른 자기책임성 확보가 제약되었다. 다만 지방자치단체의 관여 확대는 정치적 개입 우려와 맞물리므로, 자치경찰위원회의 인사·감사·평가 권능, 이해충돌 방지, 징계·감찰의 독립성, 공개성과 주민참여 절차 등을 촘촘히 설계해 중립성을 담보하는 '민주적 통제'가 병행되어야 한다(박준휘 외, 2021).

종합해보면, 앞으로의 개선 방향은 권한·책임의 일치(사무 확대와 예산·인사·지휘 권한 정합화), 자치경찰위원회 권한의 절차·도구화(의무적 사전협의·동의, 이행점검, 시정권고 등), 단계적 이행 로드맵(기능·인력·예산의 전환계획과 광역–기초 연계 모형의 명료화), 그리고 중립성 장치의 제도화(시·도지사 권한과 위원회·의회·주민의 삼중 견제 결합)로 수렴한다. 이러한 보완이 이루어질 때, 현행 제도는 "작동 자체의 의의"를 넘어 "자치경찰의 실질"을 갖춘 다음 단계로 진화할 수 있을 것이다.

5. 자치경찰제, 주민의 안전한 일상을 위한 새로운 도전

2025년 6월, 이재명 정부는 출범과 함께 5대 국정목표로 "국민이 하나되는 정치"를 선정하였다. 김대중 정부부터 경찰의 정치적 중립성 확보, 지역치안 서비스 강화 등을 위하여 다양한 방식으로 노력하였으나, 중앙정부, 학계, 정계, 시민사회 등의 합의가 이루어지지 못하여 '이원화 자치경찰제'가 도입되지 못하였다. 이제는 중앙과 지방이 함께 협력하여 충분한 논의와 함께 '이원화 자치경찰제'를 도입하기 위한 단계적인 계획을 수립해야 할 시점이다.

정책방향: 광역 중심 이원화 자치경찰제 도입

현행 제도에서는 자치경찰사무를 지방공무원 신분의 자치경찰관이 아니라 국가공무원 신분의 국가경찰관(자치경찰사무 담당공무원)이 수행하고 있다. 이로 인해 시·도경찰청 및 경찰서 내 자치경찰사무 부서와 시·도(광역지방자치단체) 간의 연계·협력이 원활히 작동하기 어렵고, 국가경찰과 시·도 지방공무원 간에 조직체계와 업무방식에 대한 상호 이해 부족이 누적되는 문제가 발생한다. 더 근본적으로는, 「경찰법」이 규정한 자치경찰사무가 본질상 시·도의 자치사무로 해석되어야 함에도, 실제 집행 주체가 국가경찰이다 보니 실무 현장에서는 이를 일종의 국가위임사무로 인식하는 경향이 일반화되어 있다. 그 결과 책임 귀속이 불명확해지고, 자치경찰사무 담당공무원이 소극적 처리나 기피에 내몰릴 위험이 있으며, 지역사회에 제공되는 치안 서비스의 양과 질이 약화될 우려가 있다.

이러한 한계를 해소하고 2025년 국정기획위원회가 제시한 「이재명정부 국정운영 5개년 계획(안)」의 '이원화 자치경찰제'로 전환하기 위해서는 2022년 9월 기준 약 18,320명으로 파악되는 자치경찰사무 담당공무원을 단계적으로 시·도 소속 자치경찰관(지방특정직공무원)으로 전환할 필요가 있다. 다만 일방적·일괄적 전환은 반발을 초래할 수 있으므로 자원(自願)을 통한 지방직 전환을 원칙으로 하되, 시·도별 인력 부족분은 국가경찰－자치경찰 간 활발한 인사교류 및 시·도 신규 채용으로 보완하는 방식이 바람직하다. 아울러 시·도지사의 자치경찰관에 대한 임면권을 온전히 보장하여, 권한과 책임의 일치를 제도적으로 담보해야 한다.

조직 측면에서도 현재 시·도경찰청 내 자치경찰사무 담당부서를 시·도청으로 이관하는 구조개편이 요구된다. 이때 시·도청 내에 '(가칭)자치경찰본부' 또는 '(가칭)자치경찰실'을 설치·운영하여, 시·도지사의 지휘·감독과 책임하에 자치경찰사무가 일관되게 처리되도록 해야 한다. 이러한 인사·조직 재설계를 통해 자치경찰사무의 실질적 지방책임성을 강화하고, 국가경찰과의 기능 중복과 책임 회피 가능성을 최소화할 수 있을 것이다.

단기과제: 이원화 자치경찰제 법적·재정적 토대 구축

자치경찰제 도입을 위한 법률은 상징성과 운영상의 자주성을 극대화하기 위하여 국가경찰 규율과 분리된 별도 법률인 「자치경찰법(가칭)」으로 제정하는 것이

타당하다. 현행 「경찰법」처럼 국가경찰 조항과 자치경찰 관련 규정을 한 법 안에 병치하는 경우, 자치경찰이 지향하는 치안의 자율성과 창의성이 희석될 우려가 크다. 실제로 현행 체계는 자치경찰 관련 규정의 제·개정과정에서 시·도지사나 시·도자치경찰위원회의 참여를 명시하지 않거나 세부 사항을 시·도 조례가 아닌 대통령령에 위임하는 등 지방 특성을 반영하기 어려운 구조를 갖고 있다. 그 결과, 자치경찰 관련 조항의 개정이나 경찰 조직 개편안 마련 시, 시·도자치경찰위원회 등과 충분한 사전협의 없이 중앙주도로 추진되었다는 비판이 반복되어 왔다. 같은 문제의식은 「경찰공무원법」 영역에도 동일하게 적용된다. 이러한 이유에서 자치경찰을 별도 법률로 체계화할 필요가 있다.

법제화의 기본 원칙은, "자치경찰사무는 있으나 자치경찰은 없는" 현행 일원화 모델의 한계를 넘어서 국가경찰과 구별되는 조직·인력·권한을 갖춘 이원화 자치경찰 모형을 구현하는 데 있다. 이를 통해 지역주민의 요구를 반영하고 지역실정에 부합하는 치안 서비스를 자율적으로 설계·집행할 수 있도록 하며, 자치경찰제의 정체성과 상징성을 제도적으로 확보하여야 한다.

입법 방향은 다음과 같다. 첫째, 국가경찰과 분리된 자치경찰 조직·인력의 설치·운영 근거를 명확히 한다. 다만, 광역범죄 대응, 인사 적체, 재정부담 등을 고려하여 기본 단위는 시·도(광역)로 하되, 다양한 주민 수요에 신속히 대응할 수 있도록 기초지방자치단체의 참여 채널을 법정화한다. 둘째, 자치경찰이 관할 지역 치안의 일차적 책임을 지도록 사무 범위를 설정하고, 치안 공백 방지를 위해 필요한 경우에 한하여 보충성의 원칙에 따라 국가경찰이 개입할 수 있도록 한다. 셋째, 지역과 주민을 대표하는 시·도지사에게 조직·운영에 대한 책임과 이에 상응하는 권한을 부여하여 책임성과 권한의 일치를 도모한다. 넷째, 직무권한과 장비 사용에 관한 명시적 근거를 두고, 권한 행사 기준은 「경찰관직무집행법」을 준용하여 법적 안정성을 담보한다. 다섯째, 활동 전 과정에 주민참여를 보장하여 지역특성을 정책·집행에 반영한다. 여섯째, 자치경찰권이 주민을 위해 적정·합리적으로 행사되도록 민주적 통제장치(감사·평가·공개·의회 및 위원회 견제)를 법률에 내재화한다.

다음으로 국가 차원의 이원화 자치경찰제를 위한 안정적인 재원이 보장되어야 한다. 자치경찰제는 지방자치단체가 지방공무원(자치경찰관)을 통해 자치사무로 수행되어야 하겠으나, 기존의 국가경찰제를 개선하려는 취지가 크기 때문에 과거 노무현 정부 이후부터 핵심 국정과제로 반영되고 있다. 따라서 국가적 차원의 정책과제에 해당한다는 점, 지방자치단체의 재정 여건이 열악함에도 불구하고 지방부담이 가중될 수밖에 없다는 점 등을 고려할 때, 국가－지방 간 실질적인 재정분권이 이루어지기 전까지는 자치경찰제의 안정적인 시행을 위해 국가의 재정지원이 담보되어야 한다.

따라서 자치경찰사무에 대한 현재 국가경찰의 인건비, 사업비 등을 충분히 시·도로 이관해야 하며, 특히 자치경찰사무인 교통 분야의 범칙금·과태료 등을 자치경찰제의 재원으로 활용하도록 함으로써 '(가칭)자치경찰교부세'를 신설하는 방안을 최우선으로 고려해야 할 것이다. 또한 그 외에 시·도의 재정부담이나 주민의 조세저항이 발생하지 않도록 하는 국가 차원의 재정지원제도를 마련 및 시행해 나가야 할 것이다.

중기과제: 독립적인 자치경찰 조직 구현

자치경찰사무를 담당하는 경찰 조직과 인력을 국가경찰로부터 분리하는 방안이 있다. 자치경찰사무의 범위에 따라 이원화되는 자치경찰 조직이 결정된다. 예컨대, 자치경찰사무의 범위를 현행과 유사하게 생활안전·여성청소년·교통·지역경비 및 그와 관련한 제한적 수사 등으로 한다면, 이 사무를 담당하는 조직과 인력을 국가경찰로부터 자치경찰로 이원화하게 된다. 이 경우 자치경찰은 '시·도 소속의 보조기관으로서 자치경찰본부(광역지방자치단체에 설치) → 자치경찰단(시·군·구별로) → 지구대·파출소(필요시 → 자치경찰센터)' 등의 조직체계로 이루어진다. 현행 소방본부의 형식과 유사하다. 자치경찰의 조직과 인력, 지역 치안의 중요성 등을 감안하여 '국' 단위보다는 '본부'로 하여 자치경찰의 위상을 제고할 필요가 있다.

자치경찰사무의 범위를 정한 뒤 이원화를 추진한다면 광역단위에는 '(가칭)자치경찰본부' 18개 설치가 필요하며, 기초단위에는 경찰서에 준하는 자치경찰단을 최소 258개 두는 안이 기준이 된다. 다만, 최근 지방의 급격한 인구감소와 지역 편차를 고려할 때, 인구·행정구역·면적·지리·교통 등 여건을 종합 반영하여 '2개 시·군당 1개 자치경찰단'과 같은 탄력적 배치를 허용하는 대안도 함께 검토할 수 있다.

조직의 신설은 필연적으로 재정·인력 부담을 수반한다. 관서장 보직과 청사관리·운영 인력 등 비현장 인력이 추가로 필요하고, 전환 인력 중 약 10%는 시설·행정 관리에 배치될 가능성이 높다. 예컨대 100명을 자치경찰로 전환하면 이 중 약 10명은 현장 근무가 아닌 관리업무를 담당하게 되어, 결과적으로 국가경찰·자치경찰 모두에서 즉응 현장인력이 감소하는 역효과가 발생할 수 있다. 더 나아가 국가경찰과 자치경찰의 병렬 운영은 동일 지역 내 현장대응력이 이중으로 약화될 위험을 내포한다.

이러한 전환 비용과 현장역량 저하를 최소화하기 위해서는 제도 이행 초기 '시설 공동사용' 방식의 과도기 운용을 검토할 필요가 있다. 특히, 대민 접점인 자치경찰단은 기존 경찰서와 청사를 공유하여 접근성과 효율을 동시에 확보하는 방안이 효과적이다. 예를 들어, 자치경찰사무 담당 부서를 경찰서 건물 1·2층에 우선 배치하고, 상층부 등 나머지 공간은 국가경찰 사무부서가 사용하는 방식으로 동일 건물 내 기능 분리를 통해 공간·예산을 절감하면서도 조직 간 협업과 주민 편의를 담보할 수 있다.

다음으로, 시·도지사의 권한과 책임을 일치시켜야 한다. 지역·주민의 대표인 시·도지사의 권한이 매우 제약되어 있다. 시·도지사 소속으로 합의제행정기관인 시·도자치경찰위원회를 구성·운영하고 있으나, 위원회의 독립적인 직무 수행권을 보장하고 있어 시·도지사의 자치경찰에 대한 지휘·감독이나 관여가 사실상 불가능하다. 대표적인 예로, 인사권의 경우 경감·경위로의 승진 권한만 시·도지사가 직접 행사하며, 그 외의 자치경찰사무 담당공무원에 대해서는 시·도자치경찰위원회가 담당하도록 하고 있다. 그럼에도 불구하고 시·도지사로 하여금 자치경찰사무 담당공무원에게 재정적 지원을 하도록 하고 있어, 시·도지사는 자치경찰에 대해 "권한은 없고 책임만 있는 실정"이다.

따라서 「지방자치분권 및 지방행정체제개편에 관한 특별법」 제12조 제3항에서 "국가는 지방행정과 치안행정의 연계성을 확보하고 지역특성에 적합한 치안 서비스를 제공하기 위하여 자치경찰제도를 도입하여야 한다"라는 규정에 따라, 지방행정의 총괄 책임자인 시·도지사에게 자치경찰에 대한 사무권, 인사권, 지휘·감독권 등 제반 권한을 부여해야 할 것이다. 이를 통해 시·도지사를 중심으로 자치경찰에 대한 권한과 책임이 일치될 수 있으며, 지역과 주민을 위한 실질적인 지역치안 서비스가 제공될 수 있을 것이다.

마지막으로 시·도자치경찰위원회의 심의·의결기구로 전환하여야 한다. 「경찰법」 제18조 제1항에서 "자치경찰사무를 관장하게 하기 위하여 시·도지사 소속으로 시·도자치경찰위원회를 둔다"라고 규정하고 있고, 동조 제2항에서는 "시·도자치경찰위원회는 합의제 행정기관으로서 그 권한에 속하는 업무를 독립적으로 수행한다"라고 규정하고 있다. 또한, 제22조 제1항에서는 "시·도자치경찰 위원장은 … 시·도자치경찰위원회의 의결을 거쳐 업무를 수행한다"라고 규정하고 있고, 제25조 제1항에서는 "시·도자치경찰위원회는 … 사무에 대하여 심의·의결한다"라고 규정하고 있으며, 제28조 제3항에서는 "시·도경찰청장은 … 자치경찰사무에 대해서는 시·도자치경찰위원회의 지휘·감독을 받아 …"라고 규정하고 있다.

이상의 조항을 통하여 시·도자치경찰위원회가 시·도지사로부터 독립되어, 위원회의 심의·의결을 통해 권한을 행사하고, 자치경찰사무와 관련하여 시·도경찰청장을 지휘·감독하는 합의제 행정기관임을 알 수 있다. 그러나 긴급한 조치가 필요한 재난·재해, 대형사고 등 발생 시에도 위원회의 '의결'을 거쳐야 하기 때문에 신속한 현장 대응이 매우 어렵고, 자치경찰의 활동과정에 문제가 발생되는 경우 7명의 위원(장)으로 구성된 합의제 조직의 특성상 그 책임 소재를 명확히 하기 매우 어렵다. 또한 위원의 추천 주체가 시·도의회, 국가경찰위원회, 시·도교육감, 시·도자치경찰위원회 위원추천위원회 등으로 매우 다양함에 따라 위원회의 전문성이 결여될 여지가 상존하고 있다. 한편, 국가경찰사무에 관한 인사·예산 등의 주요 정책, 경찰의 운영·개선 등을 다루는 기구로서 행정안전부에 국가경찰위원회를 두도록 규정하고 있는데, 이는 합의제 행정기관이나 독립된 직무를 수행하지 않는 심의·의결기구에 해당한다.

따라서 자치경찰사무가 진정한 의미의 자치사무로 자리매김하기 위해서는 지역과 주민의 대표인 시·도지사가 이를 총괄 집행하여 책임지도록 해야 하며, 시·도 자치경찰위원회는 기존의 홍익표 의원안과 같이 시·도지사에 대한 견제·감시기능을 담당하도록 전환해야 할 것이다. 또는 시·도자치경찰위원회로 하여금 심의·의결기능만 전담하도록 하고, 시·도의회와 주민이 민주적으로 시·도지사를 통제하는 방안도 함께 검토해야 할 것이다.

장기과제: 시·도 경찰청의 완전한 자치경찰로 전환

현행 시·도경찰청 이하 경찰 조직을 자치경찰로 전환하여야 한다. 시·도경찰청 이하 조직·인력·사무 등이 전부 시도로 이관된다는 것을 의미한다. 다만, 정보·대테러 등 자치경찰사무로 하기에는 부적절한 기능은 제외된다. 이 방안의 경우 현행 '시·도경찰청 → 경찰서 → 지구대·파출소'가 자치경찰로 조직된다.

현행 「경찰법」 제13조에서는 '경찰의 사무를 지역적으로 분담하여 수행하게 하기 위하여 시·도에 시·도경찰청을 두고, 시·도경찰청장 소속으로 경찰서를 둔다'고 규정하여, 시·도경찰청을 과거 '경찰청의 사무를 지역적으로 수행하게 하기 위한 경찰청의 손발인 지방경찰청'에서 '경찰의 사무를 지역적으로 수행하게 하기 위한 시·도의 경찰'로 전환할 것을 선언하고 있다. 2020년 12월 개정 이전 「경찰법」 제2조 제2항에서는 '경찰청의 사무를 지역적으로 분담하여 수행하게 하기 위하여 시·도지사 소속으로 지방경찰청을 두고, 지방경찰청장 소속으로 경찰서를 둔다'고 규정하여, 시·도지사 소속의 기관임을 명시하고 있었다.

소속은 시·도지사로 두되, 지휘체계를 경찰(청장)으로 일원화하였던 것인데, 이는 경찰 조직의 연혁에서도 잘 드러난다. 경찰은 1948년 7월 제정된 「정부조직법」 제15조에 따라 미군정시대 경무部에서 내무부장관 소속의 '치안局'으로 조직이 축소됨과 동시에 시·도의 경찰국은 「지방자치법」에 따라 시장 또는 도지사의 지휘·감독을 받게 되었다. 그러나 이것이 경찰의 자치분권화를 가져온 것은 아니었다. 왜냐하면 내무부장관은 시·도의 지방국을 통해서 각 시·도지사의 지방의 행정을 지휘·감독하는 위치였기 때문에 이러한 지방국과 치안국을 통해 오히려 경찰기구의 지방통제를 강화하는 측면이 있었기 때문이다. 그에 따라 경찰조직은 '내무부장관－치안국－시·도 경찰국－경찰서'의 체제로 내무부에 완전히 흡수되었다. 달리 표현하자면, 형식은 지방자치제의 측면을 띠고 있었으나, 실질적으로 지휘체계를 중앙집권화한 것이다.

현행 시·도경찰청을 시·도지사 소속으로 전환하는 것이야말로 과거 지방자치제 형식을 취했던 경찰 조직체계와 일치시키는 것이고, 자치경찰제의 취지와도 부합한다. 이원화 방안 중에서 재정적 부담이 적고 이원화로 인한 치안불안 등 부작용이 거의 없다는 점에서 상대적으로 가장 이상적인 형태일 것이다.

자치경찰사무는 경찰의 임무 중에서 현행 시·도경찰청 이하 경찰관서에서 수행하는 모든 사무이어야 한다. 국가경찰사무는 경찰의 임무를 수행하기 위한 사무 중에서 국가의 존립 및 범국가적 대응 등 대한민국 전체의 치안운영과 관련된 정보·보안(안보)·외사 등의 사무만으로 한다. 다만, 국가경찰은 민생치안사무 중 2개 이상의 광역지방자치단체와 관련되어 지원·조정이 필요하거나 전국적 규모 또는 통일적인 처리를 필요로 하는 사무 등을 수행하기 위해서는 직접적인 지휘·감독권을 가진다.

수사사무의 경우, 현행 「경찰법」에서 자치경찰의 수사사무로 규정한 사무와 특사경의 사무만을 자치경찰사무로 하되, 현재와 달리 국가수사본부장의 지휘·감독권을 배제한다. 다만, 자치경찰제의 시행 경과를 지켜보면서 지역주민의 생활과 밀접한 관련이 있는 사기·횡령 등 경제범죄, 강·절도, 폭력, 상해 등의 범죄수사로 확대해 나갈 필요는 있다.

이를 정리하면, 국가경찰사무는 정보·보안(안보)·외사 및 대부분의 수사사무만으로 한다. 그 나머지는 자치경찰사무로 하되, 이 중에서 전국적 치안유지를 위해 필요한 경우 시도지사의 지휘·감독권을 배제하고 국가경찰에 직접적인 지휘·감독권을 부여하는 방식으로 사무를 수행하게 된다. 자치경찰은 「경찰관직무집행법」상 모든 권한을 행사할 수 있으며, 수사사무를 담당하지 않는 경찰도 「형사소송법」상 긴급체포·현행범체포 및 그에 수반되는 영장 없는 압수·수색 등의 초동조치권을 가질 필요가 있다.

표 2-43 2026 지방행정 트렌드 대응과제: 광역단위 이원화 자치경찰제

<table>
<tr><th rowspan="2">구분</th><th colspan="3">대응과제</th></tr>
<tr><th>주요 과제</th><th>목표</th><th>주요 내용</th></tr>
<tr><td rowspan="3">단기과제

광역단위
이원화
자치경찰제
기반 조성</td><td>국가경찰-
자치경찰 이분화</td><td>「자치경찰법」
제정 추진</td><td>▪ 국가경찰-자치경찰 조직, 인력, 권한 등 이분화
▪ 주민 신속 대응을 위한 기초지방자치단체 참여 활성화
▪ 보충성의 원칙에 따른 국가경찰 개입의 최소화
▪ 주민참여 보장 및 지역특성 반영한 정책 설계</td></tr>
<tr><td rowspan="2">이원화
자치경찰제
재원 보장</td><td>자치경찰 분야
재원 이관</td><td>▪ 자치경찰 관련 국가경찰의 인건비, 사업비 등 시·도 이관
▪ 재정여건 열악한 지방자치단체에 대한 지원방안 마련</td></tr>
<tr><td>'자치경찰
교부세' 신설</td><td>▪ 교통 분야 범칙금, 과태료 등 시·도 이관
▪ 국가 차원의 재정지원 제도 마련</td></tr>
<tr><td rowspan="3">중기과제

광역단위
이원화
자치경찰제
제도 실현</td><td>독립적 자치경찰
조직 구현</td><td>자치경찰본부
신설 등</td><td>▪ 시·도지사 소속 '자치경찰본부' 신설
▪ 시·군·구 단위 '자치경찰단' 신설
▪ 지구대·파출소 등 자치경찰로 이관</td></tr>
<tr><td rowspan="2">시·도지사 책임·
권한 일치</td><td>지휘·감독·인사
권한 부여</td><td>▪ 지방행정 총괄 책임자(시·도지사)에 실질적 권한 부여
▪ 지역과 주민을 위한 실질적 지역치안 서비스 방안 검토</td></tr>
<tr><td>시·도경찰위
의결기구로 전환</td><td>▪ 시·도지사는 자치경찰 총괄·집행기능 부여
▪ 시·도자치경찰위원회는 견제·감시 등 심의·의결 기능 부여</td></tr>
<tr><td>장기과제

광역단위
이원화
자치경찰제
제도 완성</td><td>시·도경찰청의
자치경찰화</td><td>시·도경찰청 전체
기능 자치경찰로
전환</td><td>▪ 국가경찰사무(정보, 보안, 외사 등) 제외한 전체 기능을 시·도 자치경찰로 전환
▪ 자치경찰 관련 수사권, 초동조치권 완전 이관
▪ 선진국형 자치경찰 모델 정착</td></tr>
<tr><td colspan="4">▼ ▼ ▼ ▼ ▼ ▼ ▼ ▼ ▼ ▼ ▼ ▼</td></tr>
<tr><td>기대효과</td><td colspan="3">▪ 주민안전 및 민생치안 강화
• 지역특성과 주민수요에 맞는 맞춤형 치안 서비스 제공
• 아동, 노인, 장애인 등 취약계층 보호기능 강화
• 생활교통(스쿨존·사고다발 지역 등 집중 관리) 안전 강화
▪ 종합 지방행정의 구현
• 지방행정과 치안행정의 연계
• 복지·보건·주거·교육 등 기존 지방행정과 연계한 지역치안 서비스 구축
▪ 과도한 경찰 권력의 분산
• 국가경찰-시·도경찰-시·도자치경찰위 간 권한 분산으로 권력 집중 해소
• 시·도지사 책임·권한 강화로 지역치안 전략 수립, 집행의 민주적 책임성 제고</td></tr>
</table>

자료: 저자 작성

다가올 2026년, 지방정부 민선9기 지방행정의 선택은 "광역단위 이원화 자치경찰제 도입"에 달려 있다

2021년 첫발을 뗀 자치경찰제는 수십 년간의 논의를 종결하고 제도를 현실로 만들었다는 점에서 분명한 역사적 의미를 갖는다. 하지만 "자치경찰사무는 있으나 자치경찰은 없는" 현행 일원화 모델은 주민이 체감하는 변화를 이끌어 내기에는 구조적 한계가 뚜렷하였다. 실질적인 인사·조직권 없이 국가경찰의 틀 안에서 운영되어 지역 주도의 창의적 치안정책을 펼치기보다는 중앙의 지휘체계에 의존하는 관성이 반복되었다.

이제 선택의 시간이 다가왔다. 현행 제도의 한계 속에서 '무늬만 자치'에 머무를 것인가, 아니면 권한과 책임을 지역으로 온전히 이양하는 '광역단위 이원화 자치경찰제'로 나아갈 것인가. 이 선택은 단순히 경찰 조직을 개편하는 문제를 넘어, 지방자치의 성패를 가르는 시금석이 될 것이다.

다가올 민선9기 지방정부는 바로 이 중대한 과제를 풀어야 할 역사적 책무를 안고 있다. 이원화 자치경찰제는 시·도지사에게 지역 치안에 대한 최종 책임을 묻는 동시에 그 책임을 다할 수 있는 실질적인 권한을 부여하는 것이다. 이는 "우리의 안전은 우리 스스로 지킨다"는 지방자치의 대원칙을 실현하는 길이며, 경찰 권력을 분산시켜 민주적 통제를 강화하려는 시대적 요구에 부응하는 유일한 해법이다.

제도의 설계만으로는 충분하지 않다. 중앙정부는 과감한 권한 이양과 안정적인 재원 보장을 약속해야 하고, 지방정부는 주민의 신뢰 속에서 투명하고 책임감 있는 치안 시스템을 구축해야 한다. 2026년은 '자치경찰'이라는 이름이 더 이상 공허한 구호가 아닌, 주민의 삶을 지키는 든든한 현실이 될 수 있는지 결정하는 역사적 분기점이 될 것이다.

제3부

자치분권을 바탕으로 국가균형성장에 도전한다

Challenging Balanced national growth based on decentralization of autonomy

"주민중심 · 지방주도 · 현장중시의 자치분권 강화"

올해는 민선 지방자치 30주년을 맞이하는 뜻깊은 해이다. 지방자치가 부활한 이후, 우리 사회는 주민이 주인이 되는 자치와 참여의 가치를 구현하기 위해 끊임없이 노력해 왔으며, 그 과정은 도전과 변화의 연속이었다. 지난 30년 동안 지방자치는 지역의 특성과 주민의 요구를 반영한 제도와 정책을 설계하고 실행하면서 소중한 경험을 축적해 왔다. 그러나 오늘날 우리 사회는 인구감소와 지방소멸, 지역 간 불균형 심화, 지역활력 저하 등 복합적인 도전에 직면해 있다. 이러한 문제들은 기존의 행정체계로는 감당하기 어려운 구조적 위기이며, 이를 극복하기 위해서는 유연하고 혁신적인 사고와 함께 견고한 지방자치가 뒷받침되어야 한다(유수동, 2025). 이에 따라 지난 30년의 경험을 바탕으로 지방자치제도 전반에 대한 평가와 성찰이 필요한 상황이다.

무엇보다 지방행정의 바람직한 미래상은 '주민중심 · 지방주도 · 현장중시'라는 3가지 원칙 속에서 구현되어야 한다. '주민중심'이란, 정책의 기획부터 집행, 평가까지 전 과정에서 주민의 목소리와 삶의 요구가 반영되는 것을 의미한다. 이는 주민이 정책결정의 주체로 참여하고, 정책효과를 직접 체감하며, 궁극적으로는 지역사회의 변화를 함께 만들어가는 과정을 중시하는 것이다. 둘째, '지방주도'란, 중앙의존적인 구조를 넘어, 지방이 스스로의 방향을 설계하고 책임 있게 추진할 수 있는 제도적·정책적·행정적·재정적 자율성을 확보하는 것이다. 이를 위해서는 권한과 재원의 실질적 이양, 지역 간 연대와 협력 강화, 그리고 지방자치단체의 책임성을 제도적으로 보장하는 구조가 마련되어야 한다. 지방주도는 중앙으로부터의 권한 이양이 아니라, 지방 스스로 혁신과 성장을 주도하는 역량을 확보하는 과정이기도 하다. 셋째, '현장중시'란, 추상적인 계획이나 문서상의 정책추진·점검에 머무르지 않고, 주민이 일상에서 체감할 수 있는 구체적인 변화와 실질적인 성과를 만들어내는 것을 의미한다. 이는 정책의 실행력을 강화하고, 성과중심의 지방행정을 구현하며, 주민과의 신뢰를 구축하는 핵심 기반이다. 현장중시는 곧 지방행정의 실질적 효과성과 민주적 정당성을 동시에 확보하는 원칙이라 할 수 있다. 이 3가지 원칙은 지속 가능한 지방행정이 작동하기 위한 핵심 가치이자 실천 기준으로 기능해야 한다. 앞으로의 지방행정은 주민의 삶 속에서 신뢰받고, 지방이 스스로 미래를 설계하며, 현장에서 체감되는 성과를 축적하는 구조 속에서 진정한 발전을 이루어 나가야 한다.

이러한 관점에서 볼 때, 2025 지방행정 트렌드의 성과와 한계는 다가오는 지방행정이 나아가야 할 방향에 대한 중요한 교훈을 제공한다. 다이버시티, 스마트의료, 하이브리드 지방행정, 로컬 그린 리더십, 153만 호 빈집의 역습, 농촌 공간의 재창조, 에듀테크 시대, 재난·위기관리의 나침반, 지역맞춤형 지방분권이라는 우리 사회의 9가지 흐름은 지방행정이 새로운 가능성을 열어가는 과정에서 주민의 관점을 강화하고, 현장과의 접점을 확대하며, 지역의 주체성을 공고히 하고자 하는 바람직한 모습을 보여주었다. 그러나 동시에, 제도적 제약, 행정·재정적 한계, 거버넌스의 미비, 주민참여의 저조 등으로 인해 그 성과가 충분히 확산되지 못한 한계도 드러났다. 이는 지방행정이 여전히 구조적 문제를 안고 있음을 보여주는 것이며, 단순한 개별 정책 추진을 넘어, 제도적·재정적 기반 강화와 주민참여 확대, 그리고 지속 가능한 거버넌스체계의 확립이 필요함을 시사한다.

결국, 2025년의 경험은 지방행정이 어떤 가능성을 품고 있는지를 보여주는 동시에, 그 가능성을 현실로 만들기 위해 해결해야 할 난제들을 분명히 드러내었다. 2025 지방행정 트렌드의 성과와 한계는 향후 지방행정이 반드시 극복해야 할 과제를 제시하고 있다. 무엇보다 이 모든 과제를 풀어가는 과정에서 지방행정은 주민중심의 가치, 지방주도의 책임 있는 자율성, 현장중시의 실행력이라는 3가지 원칙 위에 서야 한다. 주민이 정책의 출발점이 되고, 지방이 스스로 책임 있게 방향을 설계하며, 현장에서 체감할 수 있는 성과를 만들어낼 때, 비로소 지방행정은 실질적인 힘을 발휘할 수 있다. 이러한 원칙들의 실현을 통해 한 단계 더 성숙한 지방행정은 주민과 함께 지속 가능한 미래를 열어갈 수 있을 것이다.

바로 이러한 문제의식 위에서 제시된 2026 지방행정 트렌드는 한 단계 진화한 실천적 과제를 담고 있으며, 지방행정의 패러다임 전환을 요구하고 있다. 즉, 10가지 2026 지방행정 트렌드는 앞으로 지방행정이 반드시 다루어야 할 핵심 의제들을 보여주며, 지방행정이 곧 직면할 민선9기에서 어떤 선택을 해야 하는가에 대한 분명한 방향성을 제시한다. 이는 미래 지방행정의 바람직한 모습을 설계하는 나침반이자 실행 로드맵으로 기능하며, 무엇보다 주민이 체감할 수 있는 변화를 창출해야 한다는 점을 강조한다.

그러나 이러한 성과는 자동적으로 주어지지 않는다. 주민중심의 가치가 정책 전반에 관철되고, 지방주도의 책임 있는 자율성이 보장되며, 현장중시의 실행력이 뒷받침되지 않는다면, 그 어떤 비전과 정책방향도 공허한 구호에 머물고 말 것이다. 다시 말해, 2026 지방행정 트렌드가 제시하는 미래의 청사진은 이 3가지 원칙 위에서만 실질적인 성과를 거둘 수 있으며, 그렇지 않을 경우 또 다른 한계와 좌절을 반복할 수밖에 없다.

이에 앞으로 지방행정은 '주민중심·지방주도·현장중시'라는 분명한 지향점을 설정해야 한다. 첫째, 주민의 참여와 자치의 내실화이다. 형식적 절차에 머무는 참여가 아니라, 주민이 정책의 기획부터 집행, 평가에 이르기까지 실질적인 권한을 행사하고, 지역의 주인이 될 수 있는 제도적 기반을 확립해야 한다. 이를 통해 주민은 더 이상 행정서비스의 수혜자가 아니라, 지역의 변화를 함께 만들어가는 주체로 자리매김하게 된다. 둘째, 지방자치단체의 자율성과 책임성 강화이다. 중앙집권적 틀을 넘어, 지방이 스스로 미래를 설계할 수 있는 권한을 갖추되, 동시에 그에 상응하는 책임을 지는 구조를 마련해야 한다. 이를 위해 실질적인 지방분권, 지방 간 협력적 거버넌스, 정책성과에 대한 철저한 책무성 확보가 병행되어야 한다. 셋째, 현장에서 체감되는 정책성과이다. 교육, 복지, 안전, 환경 등 주민의 삶과 직결되는 분야에서 작은 변화라도 주민이 일상에서 실질적으로 느낄 수 있는 성과를 축적하는 것이 무엇보다 중요하다. 이는 주민 신뢰를 회복하고 지방행정의 정당성을 강화하는 토대가 된다. 결국 '주민중심·지방주도·현장중시'의 지향점은 앞으로 지방행정이 한 단계 더 성숙하고 지속 가능한 특화발전을 위한 핵심 조건이라 할 수 있다.

그러나 '주민중심·지방주도·현장중시'의 원칙을 실현하기 위해서는 자치분권의 획기적인 강화가 전제되어야 한다. 권한과 재원의 실질적 이양, 지방 간 연대와 협력의 활성화, 주민참여제도의 내실화, 중앙과 지방 간의 수평적 파트너십 구축 등이 함께 이루어져야 한다는 것이다. 이는 지방자치단체가 스스로 책임 있는 주체로서 기능하기 위한 최소한의 조건이라 할 수 있다. 특히, 이러한 과정 속에서 자치분권은 주민 삶을 지탱하는 실질적인 안전망이자 지역특화발전의 동력으로 자리 잡게 될 것이다.

2026 지방행정 트렌드가 제시하는 바람직한 미래에 대한 통찰과 방향성은 오늘의 지방행정이 어떤 선택을 하느냐에 따라 내일의 대한민국 지방자치가 전혀 다른 모습으로 펼쳐질 수 있다는 점을 명확히 보여준다. 제도나 정책의 변화에 그치지 않고, 주민이 체감할 수 있는 일상생활과 삶의 질의 개선, 지역사회의 활력 회복, 그리고 국가 전체의 지속 가능한 발전에까지 연결된다는 점에서 2026 지방행정 트렌드의 의미는 더욱 크다. 주민의 삶을 실질적으로 변화시키고, 지방이 국가균형성장과 민주주의의 핵심축으로 자리매김하기 위해서는 더 이상 미룰 수 없는 지금 이 순간의 결단과 실천이 필요하다. 이는 지방자치단체와 중앙정부만의 몫이 아니라, 주민과 지역사회, 그리고 다양한 이해관계자 모두가 함께 만들어가야 할 공동의 과제이다. 앞으로의 지방행정은 주민중심의 가치, 지방주도의 자율성과 책임성, 현장중시의 실행력 위에서만 진정한 지방의 힘을 발휘할 수 있다. '주민중심·지방주도·현장중시'의 원칙이 실현될 때, 2026 지방행정 트렌드가 제시하는 청사진은 현실이 되며, 대한민국 지방자치는 새로운 30년의 도약을 준비하게 될 것이다.

이처럼 2026 지방행정 트렌드는 지방행정이 나아가야 할 길을 분명히 제시하고 있다. 주민과 함께, 지방이 주도하며, 현장을 중시하는 새로운 자치분권 시대가 반드시 열려야 한다. 이는 주민의 삶을 실질적으로 개선하고 지역의 활력을 되살리며, 국가균형성장을 견인하게 될 것이다. 바로 그 지점에서 2026 지방행정 트렌드는 대한민국 지방행정이 새로운 도약을 준비하는 가장 확실한 길이라 할 수 있다. 이러한 흐름이 제도와 정책으로 정착될 때, 지방행정은 앞으로의 30년을 이끌어갈 굳건한 대한민국의 기반이 될 것이며, 나아가 미래세대가 더 나은 삶 속에서 살아갈 수 있는 든든한 토대로 자리매김할 것이다.

한국지방행정연구원 역시 이러한 시대적 요구에 부응하여, '주민중심·지방주도·현장중시의 자치분권 강화'를 실천하는 든든한 동반자가 되고자 한다. 대한민국의 지방자치분권과 지역균형성장을 연계하여 전문적으로 연구하는 국내 유일의 국책연구기관으로서, 지난 40여 년간 지방행정·지방재정·지역발전 전반에 걸쳐 창의적이고 실천적인 전략과 정책을 제시하며 지방자치의 정착과 발전을 이끌어 왔다. 특히, 2025년은 민선 지방자치 30주년이라는 역사적 전환점으로, 한국지방행정연구원은 "지방자치 30년, 개혁과 성공의 새 길을 여는 한국지방행정연구원"이라는 슬로건 아래, 지방자치의 지속 가능한 발전과 혁신을 위한 중점과제들을 추진하였다. 민선 지방자치 30년의 성과와 한계를 종합적으로 분석하고, 지방주도의 국가균형성장을 위한 자치역량 강화, 인구감소 및 지방소멸 위기에 대응하는 실질적 대책 마련, 지방자치와 교육자치의 연계·통합 방안, 그리고 스마트 지방행정으로의 혁신 등 다양한 연구를 통해 실천적이고 구체적인 해법을 제시하였다.

특히, 10대 연구방향을 설정하여 「주민 중심의 지방자치 발전 방안 연구」, 「지방주도·현장중심 지방행정 혁신전략」, 「지방재정 30년 평가를 통한 미래 지방재정 전략」, 「인구증가지역 사례분석을 통한 맞춤형 지방소멸대응 전략 연구」 등 핵심 연구를 수행하였다. 이러한 과제들은 연구로 끝나지 않고, 주제별·지역별 토론회, 국내외 세미나 등을 통해 전문가, 공무원, 국회의원, 지방의회의원, 주민 등과의 쌍방향 소통을 강화하며 실천가능한 전략으로 발전시켜 나가고 있다.

2026년에는 새로운 슬로건으로 "주민중심·지방주도·현장중시의 자치분권 강화"를 다시금 천명하며, 한국지방행정연구원은 지방자치분권과 지역균형성장의 미래를 설계하는 정책연구기관으로서의 사명을 다할 것이다. 특히, 2026 지방행정 트렌드가 제시하는 10대 핵심 의제를 정책으로 구체화하고, 이를 통해 주민의 삶의 질 향상과 국가균형성장에 실질적인 변화를 만들어내는 데 앞장설 것이다.

앞으로의 지방자치는 자율성과 책임성을 바탕으로, 지역 스스로 성장과 혁신을 주도하는 "주민중심 · 지방주도 · 현장중시의 자치분권 시대"로 나아가야 한다. 한국지방행정연구원은 이러한 대전환의 길에서 지방자치단체, 중앙정부, 학계, 시민사회 모두가 함께 할 수 있는 연구와 실천을 잇는 가교 역할을 충실히 수행할 것이며, 지속 가능한 지방자치의 미래를 열어갈 것이다.

참고문헌

국내문헌

단행본

임승빈. (2023).「지방자치론」 제16판. 법문사.

학술논문

국중호. (2024). 일본 기업판 고향납세에 대한 고찰과 한국에 주는 시사점.「지방행정연구」, 38(3): 175－198.

김가현. (2025). 지방 거주 청년의 인구 이동 유형에 따른 혼인행태 분석: 청주시, 천안시, 전주시를 중심으로.「보건사회연구」, 45(2): 307－329.

김성희. (2019). 광역자치경찰제의 정착방안에 관한 연구: 제주자치경찰의 사무확대에 대한 시사점을 중심으로.「한국경호경비학회지」, 59: 37－70.

김원중. (2024). 지방자치와 자치경찰 실태 검토.「국가법연구」, 20(2): 73－97.

김중권. (2016). 인공지능시스템에 의한 행정행위가 허용되는가?.「법제」, 2016년 9월 법제 시론.

김필두. (2014). 주민자치회 시범 실시에 대한 성과 분석.「지방행정연구」, 28(3): 35－60.

김학경 · 이성기. (2012). 영국지방자치경찰의 새로운 패러다임: "2011 경찰개혁 및 사회책임법"과 "국립범죄청"을 중심으로.「경찰학연구」, 12(1): 147－174.

남태우 · 유수동. (2016). 주민참여와 정부대응성 간 관계요인에 대한 탐색적 접근: 학술논문과 뉴스기사 내용분석의 퓨처스 휠 기법 적용.「사회과학논총」, 36: 1－26.

박병욱 · 이상훈. (2021). 자치경찰시대 경찰법학의 전망과 과제: 자치경찰의 조직, 권한, 임무(사무)의 측면에서.「경찰법연구」, 19(2): 35－80.

방준성 · 조수현. (2021). 공공서비스에 적용된 인공지능 기술의 유형화 연구: 스마트시티와의 연계를 중심으로.「정보와 사회」, 34: 45－68.

서재호. (2016). 주민자치회의 책임성에 대한 연구. 「한국지방정부학회 춘계학술대회 발표논문집」, 103−113.

성홍재. (2022). 자치경찰사무의 법적 성격을 토대로 현행 자치경찰제에 대한 법리적 검토. 「경찰법연구」, 20(2): 63−95.

송경호·이환웅. (2021). 지역화폐(지역사랑상품권)의 경제적 효과: 소상공인 매출액에 미친 영향을 중심으로. 「한국경제의 분석」, 27(3): 1−63.

양영철. (2018). 역대 정부와 문재인 정부의 자치경찰 도입 과정에 관한 비교 연구. 「한국행정사학지」, 43: 133−163.

양준석·장윤섭·구남규. (2022). 지역화폐의 경제적 효과에 대한 연구: 대전 지역화폐 '대전온통'을 중심으로. 「지방행정연구」, 36(4): 235−260.

오승은. (2017). 일본의 통합형 경찰제도에 관한 연구. 「한국지방자치학회보」, 29(3): 275−298.

우양호. (2023). 지역주민 공동체와 지속가능한 이익공유제는 가능한가?: 전남 신안군의 경험. 「지방정부연구」, 27(2): 165−191.

유수동. (2021). 사회혁신을 위한 리빙랩 활용에 관한 연구: Hamburg의 Finding Places 사례를 중심으로. 「한독사회과학논총」, 31(3): 94−119.

유수동. (2025). 책임읍면동제에 대한 평가: 세종특별자치시 주민 인식을 중심으로. 「한국지방자치학회보」, 37(3): 31−61.

유수동·박현욱. (2022). 시군구 특례제도의 차별성과 발전방향: 대도시 특례제도와의 비교를 중심으로. 「한국지방자치학회보」, 35(2): 51−70.

유수동·박현욱. (2024). 뉴스 토픽 모델링을 통해 살펴본 사회적 이슈 탐색: Covid−19 팬데믹 이후 사회갈등을 중심으로. 「한국정책연구」, 24(3): 115−143.

유수동·박현욱. (2025). 주민자치(위원)회를 둘러싼 쟁점은 무엇인가?: 질적 해석적 메타합성(QIMS)를 통해. 「한국지방자치학회보」, 37(4): 발간예정.

유수동·유자영. (2025). 지방의회 인사청문회제도의 효용성 인식에 관한 연구: 공직후보자의 적합성 검증과 시민참여를 중심으로. 「지방행정연구」, 39(1): 39−68.

유수동·전성훈. (2017). 주민자치 성과에 미치는 영향요인에 관한 연구: 부천시 주민자치위원의 인식을 중심으로. 「지방행정연구」, 31(3): 115−142.

유수동·전성훈. (2025). 공공봉사동기가 다문화 수용성에 미치는 영향에 관한 실증연구: 다문화 다양성, 관계성, 보편성을 중심으로. 「지방행정연구」, 39(2): 33−68.

유주성. (2018). 프랑스, 미국, 일본의 자치경찰제와 비교법적 검토. 「동아법학」, 80: 39−77.

윤태웅·신용식. (2018). 자치경찰제 도입방안에 관한 연구: 전국 시·도 의견을 중심으로. 「지역정책연구」, 29(1): 1−27.

이재민. (2020). 지역사랑상품권 정책에서 넛지효과의 필요성. 「재정정책논집」, 22(3): 145−179.

이정록·이상석·김영기. (2017). 일본 간사이광역연합 설립 논의과정과 추진체계: 간사이 경제연합회를 사례로. 「한국경제지리학회지」, 20(3): 386－402.

임성일. (2012). 지방재정운영의 재정책임성 제고방안. 「지방재정」, 12(3): 8－33.

정준화. (2023). 지방자치단체 인공지능(AI) 활용의 우려와 대안. 「시민정치연구」, 6: 51－70.

조재욱. (2023). 초광역적 공간전략의 정치경제: 메가시티 구상의 의의와 과제를 중심으로. 「한국과 국제정치」, 39(4): 1－35.

천경희·이기춘. (2006). 공동체화폐운동의 소비자주의적 함의 연구: 한밭레츠에 참여하는 소비자의 경험을 중심으로. 「소비자정책교육연구」, 2(1): 147－166.

최승호. (2022). 기후변화 위기 대응 한국 주민참여형 재생에너지 개발사업의 이익공유 사례연구. 「기본소득」, 14: 14－19.

최준호·원도연. (2024). 지역화폐와 지역회복력 연구. 「지역사회연구」, 32(1): 47－65.

최준호·이재민. (2024). 경제적 지속가능성 해외 지역화폐: 실계특성으로 본 지역사랑상품권 설계. 「사회적 경제와 정책연구」, 14(3): 137－164.

홍성우. (2023). 생성형 AI와 편향성 － '환각'과의 구별개념을 중심으로. 「인하법학」, 26(2): 1－36.

홍승헌·황 하. (2024). 누구를 위한 디지털 전환인가? 자동화된 복지행정의 위험성. 「정부학연구」, 30: 61－84.

홍의표·원소연. (2012). 자치경찰제 도입을 위한 주요쟁점분석과 시사점: 제주자치경찰사례를 중심으로. 「인문사회과학연구」, 36: 161－190.

황문규. (2017). 경찰개혁: '경찰을 경찰답게' 만들기 위해 경찰조직 재설계. 「법학논총」, 39: 293－324.

황문규. (2018). 현 시점에서 도입가능한 자치경찰제 모델 구성과 과제. 「한국경찰연구」, 17(3): 249－280.

황문규. (2020). 자치경찰제 도입 추진상의 문제점과 대응 전략. 「경찰법연구」, 18(1): 35－68.

연구보고서 & 정부간행물 등

경기도의회. (2025). 「2025년 지방의정 AI 대전환 콘퍼런스 발표자료」.

과학기술정보통신부. (2020). 「사람이 중심이 되는 인공지능(AI) 윤리기준」.

과학기술정보통신부. (2021). 「신뢰할 수 있는 인공지능 실현전략」.

관계부처 합동. (2020). 「사람이 중심이 되는 인공지능(AI) 윤리기준」.

관계부처 합동. (2021). 「초광역협력 지원전략(안)」.

관계부처 합동. (2023). 「고립·은둔 청년 지원 방안」.

관계부처 합동. (2023). 「쉬었음 청년의 노동시장 유입 촉진을 위한 단계별 지원 강화」.

국가균형발전위원회. (2021). 문재인 정부 4년간의 균형발전정책. 국가균형발전포럼 발표자료(2021.05.11.)

국가균형발전위원회. (2023). 「초광역지역연합 설치 및 운영에 관한 연구」.
국무조정실. (2025). 「2024년 청년 삶 실태조사」.
국정기획위원회. (2025a). 「국정기획위원회 국민보고대회 발표자료」.
국정기획위원회. (2025b). 「국정운영 5개년 계획」.
국정기획위원회. (2025c). 「대한민국 진짜성장을 위한 전략」.
국정기획위원회. (2025d). 「이재명정부 국정운영 5개년 계획(안): 국민이 주인인 나라, 함께 행복한 대한민국」.
국회예산결산특별위원회. (2017). 「지역경제 활성화를 위한 지역화폐 도입에 관한 연구: 기초연금을 중심으로」.
국회예산정책처. (2025). 「2025 대한민국 지방재정」.
국회입법조사처. (2018). 「지방재정의 자율성과 책임성 확보 방안」.
권오철. (2022). 일본의 특별지방자치단체 운영사례: 간사이광역연합. 「자치발전」, 6: 30－38.
금창호. (2018). 「광역연합제도의 도입방안 연구」. 한국지방행정연구원 기본연구과제.
기획재정부. (2023a). 「중앙정부의 지방재정 지원 해외사례 연구」.
기획재정부. (2023b). 「청년 쉬었음 심층분석 및 정책방향 연구」.
김예성·하혜영. (2022). 국가균형발전을 위한 초광역협력 현황과 향후 과제. 「NARS 입법·정책」, 제105호.
김주원. (2018). 「분권시대, 주민자치제도 활성화 방안」. 강원연구원 정책연구과제.
김준영. (2025). 신재생에너지산업 육성에 따른 주민이익공유제 발전 방안. 「JNI 이슈리포트」, 41: 1－11.
김필헌·마정화·임상빈·최진섭·이상범·이슬이·신미정. (2023). 「기초지방자치단체 세입기반 강화 방안」. 한국지방세연구원 기획과제.
김홍환. (2021). 중앙사무 지방이양에 따른 비용보전의 쟁점과 대안. 「TIP(TAX ISSUE PAPER)」, 50: 1－14.
김희년·류재린·문석준. (2025). 지역 환자 유출로 인한 비용과 지역 국립대학병원에 대한 국민 인식. 「보건복지 ISSUE & FOCUS」, 456: 1－10.
녹색에너지전략연구소. (2024). 「재생에너지 확대를 위한 지자체별 목표 설정 및 의무화 전략」.
대한민국시도지사협의회. (2014). 「자치경찰제 도입 방안 연구」.
더불어민주당. (2025a). 「제21대 대통령선거 이재명 후보 10대 공약」.
더불어민주당. (2025b). 「제21대 대통령선거 이재명 후보 선거공약서」.
디지털플랫폼정부위원회. (2024). 「공공부문 초거대 AI 도입·활용 가이드라인 2.0」.
류영아. (2020). 지역사랑상품권의 의의와 주요 쟁점. 「이슈와 논점」, 제1760호.
박경현·서연미·윤영모·신휴석·전봉경·이소현·이효란·김수연. (2024). 「국가균형발전을 위한 초광역권 거버넌스 실태와 개선방안 연구」. 국토연구원 기본연구과제.
박경현·이윤석·허동숙·최예술·정준호·강민규. (2021). 「국토균형발전을 위한 초광역 연계 발전 방향」. 국토연구원 수시연구과제.
박관규. (2020). 지역화폐의 경제적 파급효과 검증에 있어 객관성 제고방안. 「분권레터」, 2020년 10월호.
박기현·김창훈. (2023). 「지역에너지사업 실태분석을 통한 중앙·지방정부 간 에너지부문 협력 증진 방안 연구」. 한국에너지경제연구원 기본연구보고서.
박준휘·조제성·정유나·진정일·윤동호·김도형·백윤옥. (2022). 「특별사법경찰에 관한 연구(Ⅰ)」. 한국형사·법무정책연구원 일반연구보고서.
박희석·정현철. (2024). 「서울사랑상품권 운영진단과 개선방안」. 서울연구원 정책연구과제.
변재연. (2023). 「재정분권 정책 및 지방이양 사업 평가」. 국회예산정책처 연구과제.
산업통상자원부. (2023). 「신·재생에너지 공급의무화제도 및 연료혼합의무화제도 관리·운영 지침」.
서울디지털재단. (2023). 「서울시 생성형 AI 윤리 가이드라인」.
서울특별시. (2022). 「서울시 고립·은둔 청년 실태조사결과 보고서」.
서울특별시자치경찰위원회. (2022). 「서울시 자치경찰제의 실효적 시행을 위한 발전방안」.
서울특별시 강북구청. (2019). 「지역화폐(지역사랑상품권) 운영실태 연구」.
소프트웨어정책연구소(SPRi). (2024). 「2024년 공공부문 AI 도입현황 연구」.
손희준. (2025). 바람직한 지방재정 미래를 위한 새 정부의 국정 방향. 「지방자치 이슈와 포럼」, 56: 32－39.
송우경. (2025). 국내 균형발전 추진체계의 변천과 발전 방향. 「월간 KIET 산업경제」, 2025(5): 55－64.
신두섭. (2024). 고향사랑기부제 활성화를 위한 법인기부 도입방안: 일본사례를 중심으로. 「행정안전부·한국지방행정연구원 2024년도 고향사랑기부제도 발전 포럼 발표자료」. 9－24.
안성훈. (2018). 「주요 국가 자치경찰제 운영현황 비교분석: 견제·통제 방안을 중심으로」. 한국형사·법무정책연구원 연구총서.
오영민·이현국. (2016). 「지방재정의 책임성 강화를 위한 지방성과평가제도 개선방안 연구」. 한국조세재정연구원 기타연구과제.
유보람·이서희·홍근석. (2023). 「재정분권 수준 측정지표 개발에 관한 연구」. 한국지방행정연구원 기본연구과제.
유수동. (2022). 주민자치회 사업 의제발굴을 위한 읍·면·동 행정기관의 역할. 「2022년 주민자치 전국 민·관·학 현장 포럼 성과공유회 발표자료」.

유수동·이서희·이원도·유자영·김필·문혜리·김자연. (2025). 「2025 지방행정 트렌드 분석 연구」. 한국지방행정연구원 자체연구과제.

유수동·최지민·이서희·윤소연·강희송·문혜리. (2023). 「지방행정 미래 트렌드 분석 연구」. 한국지방행정연구원 자체연구과제.

유찬희·박혜진. (2024). 「고향사랑기부제 시행 1년, 성과와 과제」. 「한국농촌경제연구원 이슈플러스」, 10: 1–6.

윤태웅. (2020). 「자치경찰제의 개선 방향에 관한 연구」. 대한민국시도지사협의회.

이상범·이지예·이영재·이영준·홍사흠·장연재. (2024). 「재생에너지 지역계획 수립을 위한 에너지–국토–환경계획 연계 방안: 육상풍력–태양광발전을 중심으로」. 한국환경연구원 기본연구과제.

이상훈·박누리. (2018). 「경기도 지역화폐의 지역경제 파급효과: 청년배당 등 정책수당을 중심으로」. 경기연구원 정책연구과제.

이상훈·유영성·강남훈·박누리·이다겸·이지혜. (2019). 「지역화폐 도입 확대에 따른 성과분석 및 발전방안」. 경기연구원 정책연구과제.

이소영·김도형. (2021). 「작지만 강한 연결: 관계인구를 활용한 인구유입방안」. 한국지방행정연구원 정책이슈리포트.

이원도·유수동. (2023). 「인구감소 위기 대응을 위한 생활권 활성화 방안」. 한국지방행정연구원 기본연구과제.

이유봉. (2022). 「AI기반 행정을 위한 입법방안 연구」. 한국법제연구원 연구보고과제.

이재민. (2023). 지역사랑상품권 정책효과 방향성 검토. 전북연구원 세미나발표논문.

자치분권위원회. (2022). 「문재인 정부의 자치경찰제」.

장상화·김의겸. (2024). 「내 손안의 AI 보좌관: 지방의회 의원을 위한 AI 활용 가이드북」.

전대욱·최인수. (2023). 「주민자치회 시범실시 운영실태 및 문제점 분석」. 한국지방행정연구원 수시연구과제.

전대욱·최인수·최지민·유수동. (2022). 「주민자치회 모델 재설계 방안 연구」. 한국지방행정연구원 기본연구과제.

전성만·조기현·김성주·이서희·유보람·전영준·최정우·황해동·신두섭. (2025). 「지방재정 30년 평가를 통한 주민중심 지방재정 전략」. 한국지방행정연구원 자체연구과제.

전성훈·석호원. (2022). 「고양시 각종 위원회의 합리적 운영 방안 연구」. 고양시정연구원 정책연구과제.

제주특별자치도. (2022). 「제주특별자치도 재정분권 과제 등 연구에 관한 용역」.

제주특별자치도자치경찰위원회. (2023). 「제주형 자치경찰제 중장기 발전계획 연구」.

조기현·전성만. (2019). 「재정분권과 균특 사무이양 연계에 따른 재정효과 및 재정조정 방안」.

한국지방행정연구 정책이슈리포트.
조성호·문영훈. (2019). 「수도권 광역행정청 설립방안」. 경기연구원 기본연구과제.
조혜경. (2018). 지역화폐의 개념과 국내 논의 현황. 「정치경제연구소 대안페이퍼」, 7: 1–34.
주윤창. (2021). 재정분권으로 확보한 지방재정은 중앙정부의 사업비로 충당되고 있다: 복지 관련 국고보조금을 중심으로. 「분권레터」, 2021년 10월호.
최우람. (2024). 광주전남 초광역권 추진 동향. 「국토연구원 초광역권 정책포럼(2차) 발표자료」.
최인수·전대욱. (2021). 「주민자치회 시범실시 실태조사 및 성과평가 연구」. 한국지방행정연구원 정책연구과제.
최정우. (2025). 민선 지방자치 30년: 지방재정의 성과와 향후 과제. 「지방자치 이슈와 포럼」, 56: 14–23.
최준규·윤소은. (2018). 지역 활성화를 위한 지역화폐의 쟁점과 과제. 「이슈&진단」, 325호.
최환용. (2021). 일본 간사이 광역연합 사례. 「월간 공공정책」, 190: 21–23.
하능식. (2016). 「재정분권 수준의 평가와 정책적 시사점」. 한국지방세연구원 정책연구과제.
하혜영·류영아. (2022). 새로운 인구개념인 "생활인구"의 의미와 향후 과제. 「이슈와 논점」, 2013: 1–4.
한국에너지경제연구원. (2023). 일본, 녹색전환(GX) 실현 위한 기본방침(안) 제시. 「세계 에너지시장 인사이트」, 제23–1호.
한국에너지공단. (2024). 「2024년도 KEA 에너지 이슈 브리핑」.
한국은행. (2024). 「경제전망보고서(2024년 11월)」
한국지능정보사회진흥원(NIA). (2024). 해외 지자체의 인공지능(AI) 활용 사례와 도입 과제. 「The AI Report」, 2024–8.
한국지방자치학회. (2011). 「읍·면·동 주민자치회 모델개발 연구」.
행정안전부. (2017). 「자치분권 로드맵(안)」.
행정안전부. (2018). 「자치분권 종합계획(안)」.
행정안전부. (2018). 「재정분권 추진방안」.
행정안전부. (2022a). 「디지털 플랫폼 정부 이행계획」.
행정안전부. (2022b). 「디지털플랫폼정부 추진계획(2023~2027)」.
행정안전부. (2024). 「2024년도 지역사랑상품권 발행지원 사업 종합지침」.
행정안전부. (2024). 「2025년도 지방자치단체 전환사업 운영기준」.
행정안전부. (2025). 「지방자치단체 통합재정 개요(상)」.
홍근석·김성찬. (2018). 「재정분권 확대에 따른 지방자치단체 재정책임성 제고방안」. 한국지방행정연구원 기본연구과제.

국외문헌

岩垣 京之. (2025). 自治会·町内会の現状と今後の在り方. *国立国会図書館 調査と情報: ISSUE BRIEF*, 第1306号.

菊池 美代志. (2002). 町内会とは何か. *帝京社会学*, 15: 63–101.

馬場 健彦. (2021). 町内会の存在根拠と存在価値: 分水社会の歴史から. *集団力学*, 38: 3–18.

總務省. (2018). *これからの移住·交流施策のあり方に関する検討会 報告書.*

Allain–Dupré, D., Chatry, I., & Moisio, A. (2020). Asymmetric decentralisation: trends, challenges and policy implications. *OECD Regional Development Papers*, No.10.

Bass, D., & Huet, E. (2017). *Researchers Combat Gender and Racial Bias in Artificial Intelligence*. Bloomberg Technology.

Beck, U. (1992). *Risk Society: Towards a New Modernity*. Sage Publications.

Boadway, R., & Dougherty, S. (2019). Decentralisation in a globalised world: Consequences and opportunities, in *Fiscal Decentralisation and Inclusive Growth in Asia*, OECD Publishing, Paris, https://dx.doi.org/10.1787/a47d130f–en.

Chen, P., Grünewald, T., Noffsinger, J., & Samseth, E. (2024). *Global Energy Perspective 2023*: Power outlook. McKinsey & Company.

City of Amsterdam. (2020). *White Paper: Amsterdam's AI Register*. Amsterdam: City of Amsterdam.

DLA Piper. (2024). *Developing Renewable Energy Projects*. DLA Piper.

European Commission. (2022). *REPowerEU Plan (COM(2022) 230 final)*. EUR-Lex.

European Parliament. (2024). *EU AI Act: First Regulation on Artificial Intelligence*.

European Parliament. (2025). *The future of the European Union's energy mix — Analysis Study (Study requested by the ENVI Committee)*. European Parliament.

Fedelino, M. A., & Ter–Minassian. (2010). *Making Fiscal Decentralization Work: Cross–Country Experiences*. IMF.

Güell, Ó. (2021). October success story: Putting citizens at the heart of offshore wind power. REScoop.eu; Green Economy Coalition. (n.d.). *Communal ownership drives Denmark's wind revolution*. Green Economy Coalition.

Hoekstra, A., et al. (2021). AI in the Public Sector: Eight Use Cases. *Government Information Quarterly*, 38(4), 101591.

Hockenos, P. (2025). *Community–owned renewables now span all of Europe*. EnergyTransition.org.

HR Institute. (2002). *KADAI KAIKETSU NO GIJUTSU*. Kyoto: PHP Institute, Inc.

International Energy Agency. (2024). *Renewables 2024: Analysis and forecast to 2030*. IEA.

Margetts, H., & Dorobantu, C. (2019). Rethinking government with AI. *Nature*, 568(7751): 163–165.

Matthias, A. (2004). The responsibility gap: Ascribing responsibility for the actions of learning automata. *Ethics and Information Technology*, 6(3): 175–183.

Mulgan, G. (2007). *Social Innovation: What it is, Why it Matters and How it can be Accelerated*. Oxford: Oxford Said Business School.

National Institute of Standards and Technology (NIST). (2023). *AI Risk Management Framework (1.0)*. U.S. Department of Commerce.

OECD.AI. (2020). *Amsterdam and Helsinki launch open AI registers to detail city algorithms*. OECD AI Policy Observatory.

OECD/KIPF. (2018), *Fiscal Decentralisation and Inclusive Growth*, OECD Publishing, Paris/Korea Institute of Public Finance, Seoul, https://dx.doi.org/10.1787/9789264302488-en.

Office of Science and Technology Policy (OSTP). (2022). *Blueprint for an AI Bill of Rights: Making Automated Systems Work for the American People*. The White House.

Osborne, D., & Gaebler, T. (1993). *Reinventing Government: How the Entrepreneurial Spirit is Transforming the Public Sector*. NY: A Plume Book.

REN21. (2024). Sector coupling: Integration of electricity, heating, cooling and transport sectors (in *Renewable Energy Systems and Infrastructure module, Renewables 2024 Global Status Report*). REN21.

Shirky, C. (2008). *Here Comes Everybody: The Power of Organizing Without Organizations*. Penguin Press.

Stuart, W. (1998). *Choosing the Future: The Power of Strategic Thinking*. UK: Routledge.

van Dam, K., Teladia, A., & van der Windt, H. (2021). *Regional energy transition: Exploring the significance for the Dutch situation (Working paper D2.7.2)*. Institute for Energy Systems Transition (IREES), University of Groningen; ESTRAC.

World Resources Institute. (n.d.). *Redefining America's 'Energy Communities' Can Maximize the IRA's Clean Energy Benefits*. WRI. (접속일: 2025.08.19.)

Zuboff, S. (2019). *The Age of Surveillance Capitalism*. Public Affairs.

보도자료 & 인터넷자료

강원도민일보. (2025). “도주민자치회 순회교육 ‘지역사회 주인은 주민’”. (2025.06.16.) https://www.kado.net/news/articleView.html?idxno=1316727

강원일보. (2025). “[혁신도시는 지금] 지방자치 30년, 지방자치단체 변해야 산다”. (2025.02.18.) https://www.kwnews.co.kr/page/view/2025021811450323476

경기도마을공동체지원센터. (2025). “오래된 미래, 지역화폐에서 길 찾기: 한밭레츠의 여정”. (2025.07.07.) https://ggmaeul.or.kr/base/board/read?boardManagementNo=30&boardNo=10314&searchCategory=&page=1&searchType=&searchWord=&menuLevel=2&menuNo=68

경남도민일보. (2025). “경남도, ‘외국인근로자 공공주거시설 지원’ 공모사업 선정”. (2025.03.26.) http://www.gndomin.com/news/articleView.html?idxno=428387

경남일보. (2025). “창원시, 미래지향적 지방행정체제 개편 방향 모색”. (2025.03.26.) https://www.gnnews.co.kr/news/articleView.html?idxno=607202

경북도민일보. (2022). “‘의성 이웃사촌시범마을’ 지방소멸 극복 롤모델 급부상”. (2022.04.05.). http://www.hidomin.com/news/articleView.html?idxno=480665.

경북매일. (2023). “체감도 낮은 자치경찰제, 갈 길이 멀다”. (2023.07.18.) https://www.kbmaeil.com/article/202307180367229?utm_source=chatgpt.com

경북신문. (2022). “경북형 작은정원 조성사업에 ‘봉화·성주’ 최종 선정”. (2022.04.10.) https://www.kbsm.net/news/view.php?idx=345359

경북일보. (2025). “청도교육지원청, AI 기반 학습·작은 학교 살리기 성과 … 지역 교육 새 모델 제시”. (2025.06.11.) https://www.kyongbuk.co.kr/news/articleView.html?idxno=4044015

경향신문. (2025). “더 많은 재정·권한·참여 … 그것이 ‘진정한 분권’으로 가는 길”. (2025.07.09.) https://www.khan.co.kr/article/202507090600141

고양신문. (2025). “행신2동, 경기도 주민자치 한마당 ‘대상’”. (2025.07.11.) https://www.mygoyang.com/news/articleView.html?idxno=84876

고용노동부. (2025). “추경에 청년일자리도약장려금 254억 원 추가 … 지원대상 확대”. (2025.05.13.) https://www.korea.kr/news/policyNewsView.do?newsId=148943115&utm

광주매일신문. (2025). “주민자치 사회적협동조합, 광주형 자치의 미래를 열다”. (2025.07.27.) http://www.kjdaily.com/article.php?aid=1753611799660697019

국민일보. (2025). “고양시, 탄소중립·녹색성장 선도 … 친환경 도시 혁신 가속”. (2025.06.11.) https://www.kmib.co.kr/article/view.asp?arcid=0028235562&code=61121111&cp=nv

국민일보. (2025). “지역의료 위기 … 원격협진·주치의제도 등 과감히 도입해야”. (2025.08.08.)

https://www.kmib.co.kr/article/view.asp?arcid=1754464666&code=11131100&cp=nv
국제뉴스. (2025). “홍성군 기후위기 대응, ‘지역주민들 직접 참여 체험’”. (2025.06.07.)
https://www.gukjenews.com/news/articleView.html?idxno=3292735#rs
국회도서관 국가전략정보포털. (2025). “(청년의 첫걸음을 응원하는)「일자리 첫걸음 보장제 추진방안」”. (2025.09.10.)
https://nsp.nanet.go.kr/plan/main/detail.do?nationalPlanControlNo=PLAN0000055722&listChk=list&nationalCode
글로벌경제신문. (2025). “전남교육청, 조도 도서학교 현장 방문 … 교육격차 해소 방안 논의”. (2025.06.10.)
https://www.getnews.co.kr/news/articleView.html?idxno=825181#google_vignette
김·장 법률사무소. (2025). “분산에너지 설비 설치계획서 제출 및 설치확인 등에 관한 규정 제정·시행”. (2025.02.05.)
https://www.kimchang.com/ko/insights/detail.kc?sch_section=4&idx=31493
내일신문. (2025). “국가소멸 막을 해법은 ‘자치분권 제도개혁”. (2025.06.02.)
https://www.naeil.com/news/read/550023?ref=naver
내일신문. (2025). “국민주권정부, AI 교육시대 개막 … 교권보호·교육부 대수술 예고’”. (2025.06.04.)
https://www.naeil.com/news/read/550149?ref=naver
넥스트이코노미. (2025). “지역화폐, 소상공인 생존 해법될까”. (2025.07.04.)
http://www.nexteconomy.co.kr/news/articleView.html?idxno=24432
노컷뉴스. (2017). “‘단점 투성이 제주형모델 확대’가 자치경찰제 밑그림?”. (2017.11.08.)
https://www.nocutnews.co.kr/news/4873445
노컷뉴스. (2025). “광주시, 외국인 근로자 한국어 교육 지원 강화한다”. (2025.06.16.)
https://www.nocutnews.co.kr/news/6355137?utm_source=naver&utm_medium=article&utm_campaign=20250616095528
농민신문. (2025). “경북 청도군, ‘40만 생활인구 달성’ 목표 제시”. (2025.02.18.)
https://www.nongmin.com/article/20250218500212
농민신문. (2025). “고향기부 안착 과제는 ‘전액 세액공제 확대’”. (2025.01.22.)
https://www.nongmin.com/article/20250122500625
농민신문. (2025). “대선판 오른 ‘고향기부제 개선’ 목소리”. (2025.05.22.)
https://www.nongmin.com/article/20250521500707
농민신문. (2025). “현장 체감 어려운 ‘빈집 정책’ … 국비 지원 확대 절실”. (2025.02.19.)
https://www.nongmin.com/article/20250217500677?utm
농수축산신문. (2025). “경북도, 2025년 농촌협약 2개 시군 선정, 전체 시군 농촌공간개발”.

(2025.05.13.)
https://www.aflnews.co.kr/news/articleView.html?idxno=295439
뉴데일리 호남·제주. (2024). “제12회 호남권 정책협의회, 7년 만에 전북자치도에서 열려”. (2024.07.04.)
https://gj.newdaily.co.kr/site/data/html/2024/07/04/2024070400210.html
뉴스1. (2023). “와인·스마트팜·뮤직빌리지 … 인구감소지역에 청년 생활인구 늘린다”. (2023.04.09.)
https://www.news1.kr/society/general-society/5009285
뉴스1. (2025). “[2025년 신년특집] 디지털 기반 필수의료 혁신성과 제고를 위한 준비와 과제 ⑤”. (2025.01.03.)
https://www.whosaeng.com/157764?utm
뉴스1. (2025). “고창군, 외국인 계절근로자 무료검진 … 베트남·라오스 등 2300여명 대상”. (2025.06.10.)
https://www.news1.kr/local/jeonbuk/5808989
뉴스1. (2025). “비대면진료, 의료취약지 진료공백 해소 한계 … 보건지소 기능 정립 우선”. (2025.02.26.)
https://www.news1.kr/bio/general/5700916
뉴스1. (2025). “이재명 정부의 자치경찰제 … ‘제주형’ 모델 확대로 가나”. (2025.07.18.)
https://www.news1.kr/society/general-society/5850314
뉴스경남. (2025). “마산합포구-창원외국인근로자지원센터, 외국인 근로자 지역 정착 지원 협약 체결”. (2025.06.16.)
https://www.newsgn.com/news/articleView.html?idxno=488112
뉴스그라운드. (2025). “부평구, 2025년 재난관리평가 ‘최우수’ 기관 선정”. (2025.06.10.)
https://www.newsground.co.kr/news/articleView.html?idxno=1014&utm
뉴스락. (2025). “‘화장실조차 지옥’ … 청년들이 말하는 ‘일자리의 하한선’”. (2025.08.26.)
https://www.newslock.co.kr/news/articleView.html?idxno=114416
뉴스와이어. (2025). “‘2025년 Better里 인구감소지역 생활인구 충전 지원사업’ 참여 기업 6월 27일까지 모집”. (2025.06.20.)
https://www.newswire.co.kr/newsRead.php?no=1013504
뉴스핌. (2023). “김제시 인구정책, 지역소멸 위기 대응 ‘모범답안’”. (2023.12.06.)
https://www.newspim.com/news/view/20231206000011
뉴스핌. (2025). “경찰 개혁안 제시한 이재명 정부 … 자치경찰제 확대 시행 놓고 우려도”. (2025.08.14.)

https://www.newspim.com/news/view/20250814000716
뉴스핌. (2025). "대한민국시장군수구청장협의회, 지방분권 강화 공동건의문 채택". (2025.06.17.)
https://www.newspim.com/news/view/20250617000906
뉴시스. (2025). "농식품부 '지자체 주도 농촌 공간 정비, 최대 100억 지원'". (2025.03.30.)
https://www.newsis.com/view/NISX20250329_0003118588
뉴시스. (2025). "무늬만 지방자치 안돼 … '지방분권형 개헌' 적극 추진을". (2025.06.04.)
https://www.newsis.com/view/NISX20250604_0003200834
뉴시스. (2025). "정읍시, 외국인계절근로자 실태점검 … 근로환경·인권보호". (2025.06.09.)
https://www.newsis.com/view/NISX20250609_0003206307
당진시대. (2025). "[주민자치회 탐방] 석문면주민자치회 주민의 손으로 움직이는 마을". (2025.07.11.)
https://www.djtimes.co.kr/news/articleView.html?idxno=108563
대경일보. (2025). "포항시 탄소중립 지원센터, 주민참여형 탄소중립 Living Lab 발대식 개최". (2025.06.11.)
https://www.dkilbo.com/news/articleView.html?idxno=500460
대전광역시 보도자료. (2024). "청년의 꿈이 실현되는 일류경제도시 대전". (2024.03.05.)
https://www.daejeon.go.kr/drh/board/boardNormalView.do?boardId=normal_0189&menuSeq=1632&ntatcSeq=1450090453&pageIndex=94
대통령직속 2050 탄소중립녹색성장위원회. (2025). "새정부의 에너지 전환 방향". (2025.07.04.)
https://www.2050cnc.go.kr/base/board/read?boardManagementNo=69&boardNo=5691&searchCategory=&page=1&searchType=&searchWord=&menuLevel=2&menuNo=97
대한국토·도시계획학회. (2025). "[광주·전남지회-농촌공간계획연구위원회] 2025 학·연·관 농촌공간 재구조화 정책세미나 개최". (2025.05.29.)
https://www.agrinet.co.kr/news/articleView.html?idxno=337695
대한민국 정책브리핑. (2020). "신재생에너지 강국 독일·덴마크 '주민참여·공동투자'로 길을 찾다". (2020.08.06.)
https://www.korea.kr/news/contributePolicyView.do?newsId=148875577
대한민국 정책브리핑. (2021). "전국 18개 자치경찰위 협력적 경쟁 시대 개막". (2021.07.02.)
https://www.korea.kr/news/contributePolicyView.do?newsId=148889553
대한민국 정책브리핑. (2024). "대구·경북 통합 지방자치단체, 2026년 7월 출범 목표로 추진". (2024.10.21.)
https://www.korea.kr/news/policyNewsView.do?newsId=148935293
대한민국 정책브리핑. (2024). "교육의 미래, '2024 에듀테크 코리아 페어'에 다녀왔어요". (2024.10.02.)

https://www.korea.kr/news/policyNewsView.do?newsId=148934401&utm
대한민국 정책브리핑. (2025). "2025년 상반기 안전한국훈련 실시". (2025.05.14.)
https://www.korea.kr/news/policyNewsView.do?newsId=148943162
대한민국 정책브리핑. (2025). "농촌공간 개선 통합지원 규모 최대 400억 원으로 확대". (2025.02.10.)
https://www.korea.kr/news/policyNewsView.do?newsId=148939439&utm
대한민국 정책브리핑. (2025). "청년들 만난 이 대통령 '새 정부가 할 일은 기회를 많이 …". (2025.09.19.)
https://www.korea.kr/news/policyNewsView.do?newsId=148949676
더팩트. (2025). "해남군, 방치 빈집 철거·신축 사업 신청 문턱 낮췄다". (2025.06.12.)
https://news.tf.co.kr/read/national/2214261.htm
데일리안. (2025). "안산시, AI·IoT 연계한 지속 가능한 공공의료 본격 추진". (2025.06.12.)
https://www.dailian.co.kr/news/view/1509780/?sc=Naver
데일리안. (2025). "지역주도 행정체제개편 닻 올린다 … '상향식 특례부여제' 신설". (2025.01.14.)
https://www.fnnews.com/news/202501141420420236
동아일보. (2024). "정부, 2026년부터 지역별 전기요금 차등화 추진". (2024.11.24.)
https://www.donga.com/news/Economy/article/all/20241122/130485758/2
동아일보. (2025). "빈집에 옹기종기 모여 주민들 문화생활". (2024.12.17.)
https://www.donga.com/news/Society/article/all/20241217/130655773/2
디스커버리뉴스. (2024). "한국관광공사, 제천시·단양군·안동시·봉화군 4개 지역 '배터리 사업' 20개사 선정". (2024.06.21.)
https://www.discoverynews.kr/news/articleView.html?idxno=1045841
머니투데이. (2025). "베일 벗은 지방행정체제 개편 밑그림 … 지방 주도 '행정통합' 권고". (2025.01.22.)
https://news.mt.co.kr/mtview.php?no=2025012209022365048
매일경제. (2025). "'연봉 4억까지 준다고 해도 안온다' … 위기에 빠진 지역의료, 해법은 원격·비대면". (2025.06.01.)
https://www.mk.co.kr/news/it/11332115?utm
매일경제. (2025). "외국인 노동자 모십니다 … 일손 부족한 조선업계, 인력 유치 사활". (2025.03.14.)
https://www.mk.co.kr/news/economy/11263526
매일신문. (2025). "[취재현장-이희대] 해법은 '생활인구'에 있다". (2025.05.22.)
https://www.imaeil.com/page/view/2025050709555756495
문화일보. (2025). "동작구, 고립·은둔 청년 지원 프로그램 '동작 니트컴퍼니' 눈길". (2025.08.19.)
https://www.munhwa.com/article/11526636

미디어투데이. (2025). "수원시, '2025년 경기도 주민자치 우수사례 한마당'에서 우수상". (2025.07.09.)
https://www.mediatoday.asia/1447587

부산일보. (2022). "[창간기획 오사카를 가다] '메가시티＋엑스포' 부사의 길, 오사카서 찾는다". (2022.09.07.)
https://www.busan.com/view/busan/view.php?code＝2022090718550299272

부산일보. (2025). "'AI 학습·늘봄학교·학교안전'에 1000억 … 김석준 교육감 추경 승부수". (2025.05.26.)
https://www.busan.com/view/busan/view.php?code＝2025052609550268152

부산일보. (2025). "전국 '빈집' 13만 4000호 … 정부·지자체 통합관리 나선다". (2025.05.01.)
https://www.busan.com/view/busan/view.php?code＝2025050109511791519&utm

산업통상자원부. (2023). "재생에너지 주민참여제도 개편으로 주민 수용성 강화". (2023.01.26.)
https://www.motie.go.kr/kor/article/ATCL3f49a5a8c/166706/view

산업통상자원부. (2024). "분산에너지 활성화 특별법 6월 14일부터 시행된다". (2024.06.13.)
https://www.motie.go.kr/kor/article/ATCL3f49a5a8c/169176/view

산업통상자원부. (2025). "제주·부산 등 7개 지역, '분산특화지역' 후보지 선정". (2025.05.21.)
https://www.motie.go.kr/kor/article/ATCL8764a1224/155118876/view

서울경제TV. (2025). "'2025년 부산광역시 주민자치 활성화 워크숍' 열린다". (2025.07.04.)
https://www.sentv.co.kr/article/view/sentv202507040032

서울와이어. (2025). "중부발전, 행안부 '2024 재난대응 안전한국훈련' 5년 연속 우수". (2025.04.01.)
https://www.seoulwire.com/news/articleView.html?idxno＝645114&utm

서울Pn. (2025). "지방소멸 막고 인재 유치 … 지자체들, 외국인에 공들인다". (2025.01.14.)
https://m.go.seoul.co.kr/news/2024/08/20/20240820023003?cp＝seoul&utm

세계일보. (2022). "제주 국가경찰·자치경찰 갈등 심화". (2022.04.15.)
https://www.segye.com/newsView/20220414515600?OutUrl＝naver

시대일보. (2025). "2025년 경기도 주민자치 우수사례 한마당 '최우수상' 쾌거". (2025.07.09.)
https://m.sidaeilbo.co.kr/1199628

시사저널. (2016). "현금·카드 없어도 지역화폐만 있으면 끝!". (2016.09.01.)
https://www.sisajournal.com/news/articleView.html?idxno＝157319

신아일보. (2025). "용산구, '용산 청년지음' 청년 맞춤형 프로그램 운영". (2025.03.17.)
https://www.shinailbo.co.kr/news/articleView.html?idxno＝2021250

아시아투데이. (2025). "강원도, 빈집정비 성공모델 현장에서 찾는다". (2025.05.22.)
https://www.asiatoday.co.kr/kn/view.php?key＝20250522010011184

아이뉴스. (2025). "'지방이 중심이 되는 대전환 필요' … 지방분권 강화 촉구". (2025.04.22.)

https://www.inews24.com/view/1837028
아이뉴스24. (2025). "경산시, 경북형 주민대피 시스템 훈련 실시 … 민관 협력 중심 실전 대응력 강화". (2025.06.09.)
https://www.inews24.com/view/1852195
아주경제. (2025). "김경수 지방시대위원장 취임 '5극 3특 설계 … 가장 먼저 할 일'". (2025.07.10.)
https://www.ajunews.com/view/20250710140843670
에너지경제. (2025). "'기후위기 대응, 일상에서 시작' … 원주 환경교육 주간 성료". (2025.06.09.)
https://www.ekn.kr/web/view.php?key=20250609027414315
에너지경제신문. (2025). "尹 정부 에너지 밑그림 … 핵심은 '에너지 고속도로'·분산에너지". (2025.06.18.)
https://edata.ekn.kr/article/view/ekn202506270002
에너지데일리. (2021). "재생에너지 전환, 도시에서 해법 찾아야 한다". (2021.07.01.)
https://www.energydaily.co.kr/news/articleView.html?idxno=119721
에너지데일리. (2025). "중앙·지방 정부 '탄소중립' 힘 모은다". (2025.04.21.)
https://www.energydaily.co.kr/news/articleView.html?idxno=155288
연합뉴스. (2023). "부산시의회, 부울경 특별연합 폐지 규약안 표결 끝 통과". (2023.02.28.)
https://www.yna.co.kr/view/AKR20230208065700051
연합뉴스. (2025). "정부, '보편적 청년정책' 추진 … 일자리·자산형성 돕는다". (2025.09.22.)
https://www.yna.co.kr/view/AKR20250922096000001?input=1195m
연합인포맥스. (2025). "'국가재정 지원 의무화' 지역사랑상품권법, 與 주도 국회 통과." (2025.08.04.)
https://news.einfomax.co.kr/news/articleView.html?idxno=4368151.
영남매일. (2025). "청년 창업·주거특화시설 '부산창업가꿈' 5호점 개소". (2025.03.04.)
http://www.ynnews.kr/news/articleView.html?idxno=226977.
영남일보. (2024). "[인재가 지역을 바꾼다] 공간의 가치를 재창출하는 '리플레이스'". (2024.09.02.)
https://www.yeongnam.com/web/view.php?key=20240825010003078.
영암신문. (2025). "생활인구, 기회의 요인으로." (2025.08.08.)
https://www.yasinmoon.com/news/articleView.html?idxno=48925
오마이뉴스. (2024). "버스도, 밥도 공짜 … 월 천만원 수익내는 마을의 비결: 태양광 소득을 마을 복지에 사용하는 여주 구양리 태양광 마을". (2024.07.26.)
https://www.ohmynews.com/NWS_Web/View/at_pg.aspx?CNTN_CD=A0003048937
오마이뉴스. (2025). "지방을 살리는 교육이 곧 대한민국을 살리는 길". (2025.06.07.)
https://www.ohmynews.com/NWS_Web/View/at_pg.aspx?CNTN_CD=A0003137977&CMPT_CD=P0010&utm_source=naver&utm_medium=newsearch&utm_campaign

=naver_news
울산매일신문. (2025). "지방행정체계 성공 개편 위해 경쟁력·지역 활성 최우선 해야". (2025.06.16.)
https://www.iusm.co.kr/news/articleView.html?idxno=1052090
울산신문. (2025). "RIS사업 5년동안 혁신인재 3100명 양성". (2025.02.16.)
https://www.ulsanpress.net/news/articleView.html?idxno=545019
월간노동법률. (2025). "일본, 청년 채용해 이직률 낮으면 '청년 응원 기업' 인정 … '일자리 질' 초점". (2025.08.12.)
https://www.worklaw.co.kr/main2022/view/view.asp?in_cate=127&in_cate2=0&bi_pidx=38213
월간조선. (2025). "[이슈] 대한민국 비대면 진료, 쟁점과 과제". (2025년 4월호)
https://m.monthly.chosun.com/client/news/viw.asp?ctcd=C&nNewsNumb=202504100050&utm
전국매일신문. (2024). "용산구, 가상회사 '니트컴퍼니' 활동 공유회 성료". (2024.07.24.)
https://www.jeonmae.co.kr/news/articleView.html?idxno=1058783
전국매일신문. (2025). "백영현 포천시장, 현장 소통 청취 행정 박차". (2025.06.16.)
https://www.jeonmae.co.kr/news/articleView.html?idxno=1156803
전국매일신문. (2025). "철원군, 농촌공간 재구조화 기본계획 위한 이장설명회 마무리". (2025.07.30.)
https://jeonmae.co.kr/news/articleView.html?idxno=1171199
전북도민일보. (2025). "[포커스: 가파른 빈 집 증가세 … 따라가지 못하는 '미봉책]". (2025.05.06.)
https://www.domin.co.kr/news/articleView.html?idxno=1513296&utm
전북일보. (2025). "[기고]생활인구, 전북의 내일을 여는 열쇠" (2025.06.19.)
https://www.jjan.kr/article/20250612580190
전북중앙. (2025). "전북자치도, 외국인 근로자 지역정착 지원 평가 '전국 2위'". (2025.01.14.)
https://www.jjn.co.kr/news/articleView.html?idxno=994364
전북타임즈. (2021). "김제 청년형 1억원 지원정책 효과 주목". (2021.12.15.)
https://www.jeonbuktimes.co.kr/news_view.jsp?ncd=121059.
제이누리. (2024). "제주도 재생에너지 '출력제어' 올해만 83건 에너지 낭비에 경제도 손실". (2024.10.14.)
https://www.jnuri.net/news/article.html?no=60681
제주의소리. (2025). "지방행정 '통합-광역화' 방점찍은 정부, 제주 행정체제 개편 '빨간불'". (2025.01.22.)
https://www.jejusori.net/news/articleView.html?idxno=433595
조선일보.(2025). "정부 "고향사랑기부, 기업에도 허용하면 좋을 텐데 … 고민이 있네". (2025.05.11.)
https://biz.chosun.com/topics/topics_social/2025/05/11/HCLPWIJA2VCQTIJWDEIPYPTXFU/
중부일보. (2025). "[자치시대] 지방분권 정책의 패러다임 변화, 차등적 지방분권". (2025.04.22.)

https://www.joongboo.com/news/articleView.html?idxno=363690651

중앙일보. (2025). “대전·충남 다시 하나 되나 … 9일 주민설명회, 행정통합 본격화”. (2025.06.08.) https://www.joongang.co.kr/article/25342038

충청권 특별지방자치단체 합동추진단 보도자료. (2024). “행정안전부, 충청권 특별지방자치단체 설치 승인”. (2024.05.24.)
https://www.chungcheongmu.go.kr/www/bbs/4/moveBbsNttList.do

충청일보. (2025). “충남도, ‘농촌 공간 재구조화’ 신정부 과제 논의”. (2025.05.08.)
https://www.ccdailynews.com/news/articleView.html?idxno=2341801

통계청. (2024). “'24년 1/4분기 생활인구 산정 결과”. (2024.07.25.)
https://www.kostat.go.kr/board.es?mid=a10301010000&bid=246&list_no=431960&act=view&mainXml=Y

통계청. (2024). “'24년 2/4분기 생활인구 산정 결과”. (2024.10.30.)
https://kostat.go.kr/board.es?mid=a10301010000&bid=246&list_no=433428&act=view&mainXml=Y

통계청. (2025). “'24년 3/4분기 생활인구 산정 결과”. (2025.03.27.)
https://kostat.go.kr/board.es?mid=a10301010000&bid=246&act=view&list_no=435750&tag=&nPage=1&ref_bid=203,204,205,206,207,210,211,11109,11113,11814,213,215,214,11860,11695,216,218,219,220,10820,11815,11895,11816,208,245,222,223,225,226,227,228,229,230,11321,232,233,234,12029,10920,11469,11470,11817,236,237,11471,238,240,241,11865,243,244,11893,11898,12031,11825,246,0067&keyField=T&keyWord=&bodo_b_type=all

통계청. (2025). “'24년 4/4분기 생활인구 산정 결과”. (2025.06.25.)
https://kostat.go.kr/board.es?mid=a10301010000&bid=246&list_no=437347&act=view&mainXml=Y

통계청. (2025). “2025년 7월 고용동향”. (2025.08.13.)
https://kostat.go.kr/board.es?mid=a10301010000&bid=210&act=view&list_no=438054&tag=&nPage=1&ref_bid=203,204,205,206,207,210,211,11109,11113,11814,213,215,214,11860,11695,216,218,219,220,10820,11815,11895,11816,208,245,222,223,225,226,227,228,229,230,11321,232,233,234,12029,10920,11469,11470,11817,236,237,11471,238,240,241,11865,243,244,11893,11898,12031,11825,246,0067&keyField=T&keyWord=&bodo_b_type=all

투데이에너지. (2025). “[현장] 이재명 정부, ‘에너지고속도로’로 산업전환·탄소중립 동시 달성”. (2025.08.13.)

https://www.todayenergy.kr/news/articleView.html?idxno=287378

파이낸셜뉴스. (2025). "횡성·청도는 '한우·사과' 뿐? … '언제적 얘길 합니까'[지역소멸 극복①]". (2025.04.02.)
https://www.fnnews.com/news/202504020900409921

쿠키뉴스. (2025). "김해시 신속한 재난 대응 … '공동 주택 재난 대응 오픈 채팅방' 운영". (2025.06.17.)
https://www.kukinews.com/article/view/kuk202506170137

한겨레. (2025). "이재명이 찾아간 여주 구양리 … 넉달간 수익 9271만원 비결은". (2025.05.08.)
https://www.hani.co.kr/arti/society/environment/1195868.html

한경 BIO Insight. (2025). "섬으로 간 대웅 … 'AI로 의료 사각지대 해소'". (2025.06.16.)
https://www.hankyung.com/article/2025061685811?utm

한국강사신문. (2023). "인천시, 인구감소(관심) 지역에 새바람 불어넣을 청년 로컬크리에이터 모집". (2023.04.11.)
https://www.lecturernews.com/news/articleView.html?idxno=123423

한국농어민신문. (2025). "[기획] 10개 공모사업 국비 1140억 확보 … '농촌공간 재구조화' 역점". (2025.06.17.)
https://www.agrinet.co.kr/news/articleView.html?idxno=337695

한국농촌경제연구원 주간브리프. (2025). "농촌공간계획, 지역의 미래를 준비하는 출발점". (2025.02.07.)
https://www.krei.re.kr/krei/page/17?cmd=view&pageIndex=1&pst=502791&utm

한국리서치. (2022). "[기획] 한국의 지방자치, 여러분은 참여하셨습니까?". (2022.05.25.)
https://hrcopinion.co.kr/archives/22968

한국리서치. (2025). "[기획] 시민의 목소리, 정책에 얼마나 담기고 있을까? – 지방자치단체 정책 참여 실태 진단". (2025.06.11.)
https://hrcopinion.co.kr/archives/33115

해양수산부 보도자료. (2025). "4개 부처 합동, 범정부 빈집정비 종합계획 발표". (2025.05.01.)
https://www.mof.go.kr/doc/ko/selectDoc.do?bbsSeq=10&docSeq=61555&listUpdtDt=2024-10-25++10%3A00&menuSeq=971&utm

행정안전부. (2019). "2조원 풀린 지역사랑상품권, 지역경제 구원투수로 나선다". (2019.01.22.)
https://www.mois.go.kr/frt/bbs/type010/commonSelectBoardArticle.do?bbsId=BBSMSTR_000000000008&nttId=68418

행정안전부. (2025). "4개 부처 합동, 범정부 빈집정비 종합계획 발표". (2025.05.01.)
https://www.mof.go.kr/doc/ko/selectDoc.do?bbsSeq=10&docSeq=61555&listUpdtDt=2024-10-25++10%3A00&menuSeq=971&utm

행정안전부. (2025). “제2의 거주지에서 지역 맞춤형 지원받으세요! ‘생활인구 등록제’ 도입”. (2025.08.25.)
https://www.mois.go.kr/frt/bbs/type010/commonSelectBoardArticle.do?bbsId=BBSMSTR_000000000008&nttId=120002

행정안전부 동영상뉴스. (2025). “‘2025년 주요현안 해법회의’ 사전 합동브리핑”. (2025.01.14.)
https://www.mois.go.kr/video/bbs/type019/commonSelectBoardArticle.do%3Bjsessionid%3D7jOSIB-ozDXBe8lBjrjxaKGW.node20?bbsId=BBSMSTR_000000000255&nttId=115163&utm

행정안전부 카드뉴스. (2025). “2025년 여름철 자연재난 종합대책 발표”. (2025.05.26.)
https://www.mois.go.kr/frt/bbs/type002/commonSelectBoardArticle.do?bbsId=BBSMSTR_000000000205&nttId=117949&utm

헤드라인제주. (2023). “분산에너지 특화지역 1호, 제주도가 돼야 하는 이유는?”. (2023.07.07.)
https://www.headlinejeju.co.kr/news/articleView.html?idxno=519340

헤드라인제주. (2025). “민주당 ‘10대 공약’에 ‘지역주도 행정체제’ 반영 … 제주도 주민투표 탄력받나”. (2025.05.12.)
https://www.headlinejeju.co.kr/news/articleView.html?idxno=569191

헤드라인제주. (2025). “제주형 사무배분, 지방자치분권의 새로운 모델을 향해”. (2025.04.25.)
https://www.headlinejeju.co.kr/news/articleView.html?idxno=568139

헤럴드경제. (2025). “동대문구, 블루크로스 의료봉사단과 무료 진료소 운영”. (2025.06.16.)
https://biz.heraldcorp.com/article/10510249?ref=naver

B tv news. (2025). “‘청년 없으면 미래도 없어’ … 전주시, 청년 끌어안기 주력 (전주)”. (2025.02.07.).
https://news.skbroadband.com/news/articleView.html?idxno=177792.

CNB저널. (2025). “중랑구, 2025년 재난관리평가 ‘우수기관’ 선정”. (2025.06.16.)
https://weekly.cnbnews.com/news/article.html?no=180103&utm

GGGI. (2025). “GGGI, 2025 세계녹색성장포럼(WGGF) 참석: 지역·글로벌 파트너십 기반 녹색전환 협력 강화”. (2025.05.16.)
https://gggi.org/gggi-joins-forces-with-local-and-global-stakeholders-for-green-growth-at-world-green-growth-forum-2025/?utm

goover. (2025). “빈집 재생 지원 사업, 지역사회 안정과 혁신적 재모델링을 통한 주거 문제 해결 모색”. (2025.04.17.)
https://seo.goover.ai/report/202504/go-public-report-ko-6fcf73b5-33bc-4c59-ab5a-902b211620a5-0-0.html?utm

ICLEL. (2025). “Cities steer the climate agenda: ICLEI Leaders convene in Goyang

ahead of COP30". (2025.04.17.)
https://iclei.org/news/cities-steer-the-climate-agenda-iclei-leaders-con-vene-in-goyang-ahead-of-cop30/?utm

kbcNEWS. (2025). "지방자치 30년, 주민 중심의 지방자치 실현 필수". (2025.04.03.)
https://news.ikbc.co.kr/article/view/kbc202504030022

KBS뉴스. (2023). "[출발! 서해안 시대] 신안군, 전국 최초 '햇빛아동수당' 지급". (2023.05.23.)
https://news.kbs.co.kr/news/pc/view/view.do?ncd=7682018

MTN뉴스. (2025). "영암군, 청년·귀농·다문화 아우르는 '머물고 싶은 도시' 만든다". (2025.06.19.)
https://news.mtn.co.kr/news-detail/2025061908022065020

NEWNEEK. (2025). "늘어나는 '쉬었음' 청년과 'N잡러', 청년 고용 불안정의 두 얼굴". (2025.07.30.)
https://newneek.co/@newneek/article/34427

NPS통신. (2025). "경기도교육청, 탄소중립 학교 RE100 실천 프로젝트 가동". (2025.05.07.)
https://www.nspna.com/country/?mode=view&newsid=753976

planet03. (2025). "기획 | ESS와 스마트그리드, 재생에너지의 생명줄". (2025.02.20.)
https://www.planet03.com/post/%EA%B8%B0%ED%9A%8D-ess%EC%99%80-%EC%8A%A4%EB%A7%88%ED%8A%B8%EA%B7%B8%EB%A6%AC%EB%93%9C-%EC%9E%AC%EC%83%9D%EC%97%90%EB%84%88%EC%A7%80%EC%9D%98-%EC%83%9D%EB%AA%85%EC%A4%84

SNS타임즈. (2025). "2025년 소프트웨어·인공지능 교육 프로그램 운영". (2025.04.14.)
https://www.thesnstime.com/2025nyeon-sopeuteuweeo-ingongjineung-gyoyug-peurogeuraem-unyeong/?utm

The Voice of Us. (2025). "독일, 시민 에너지조합 州에만 260개 … 수익은 공공시설·기금 등 재투자 [이재명 정부가 주목해야 할 해외 지방정책]". (2025.07.03.)
https://www.thevoiceofus.co.kr/news/article.html?no=13799

TJB대전방송. (2025). "(기획4) '탄소중립 연대 국제 확장' … 충남형 기후외교 성과". (2025.06.13.)
https://www.tjb.co.kr/news05/bodo/view/id/77039/version/1

Cities Today (2020) . "Cities revisit local currencies to reboot their economies". (2020.07.20.)
https://cities-today.com/cities-revisit-local-currencies-to-reboot-their-economies/?utm_source

Waseda Weekly(早稲田ウィークリー) (2023). "What is the relationship between Atom and Waseda University? Let's liven up Waseda and Takadanobaba with Atom currency(アトムと早大の関係って？ アトム通貨で早稲田・高田馬場を盛り上げよう)". (2023.06.19.)
https://www.waseda.jp/inst/weekly/feature/2023/06/19/109757/

웹사이트

경기도 광주시 홈페이지(https://www.gjcity.go.kr/portal/bbs/view.do?bIdx=326563&mId=0201010000&ptIdx=1&utm)

광주시문화재단 홈페이지(https://www.nsart.or.kr/board/general.do?act=read&bpoId=1158)

부산청년정책연구원 홈페이지(https://youngbusan.or.kr/)

부산청년플랫폼 홈페이지(https://young.busan.go.kr/index.nm)

브리스톨 파운드 안내 홈페이지(https://www.bristolpoundlegacy.info/)

빅카인즈 홈페이지(bigkinds.or.kr)

서울특별시 에너지 정보 홈페이지(https://energyinfo.seoul.go.kr/main/main)

성동구 마을자치 지원센터 홈페이지(https://www.sdmaeul.org/)

아톰 화폐 안내 홈페이지(http://atom-community.jp/)

영국 의회 홈페이지(https://www.parliament.uk/)

영국 정부 홈페이지(https://www.gov.uk/)

오스나브뤼크 시 홈페이지(https://erleben.osnabrueck.de/en/)

완주군로컬JOB센터 홈페이지(http://www.wanjujob.or.kr/web/page.php?pcode=BC)

청년메카완주 홈페이지(https://youth.wanju.go.kr/index.wanju?menuCd=DOM_000000102001000000)

총무성 홈페이지(https://www.chisou.go.jp/tiiki/tiikisaisei/portal/pdf/R051117gaiyou.pdf)

캐나다 정부 홈페이지(https://www.canada.ca/)

한국스마트그리드사업단 홈페이지(https://www.smartgrid.or.kr/main.php)

한국에너지공단 신재생에너지센터 홈페이지(https://www.knrec.or.kr/biz/main/main.do).

한국에너지기술평가원 홈페이지(https://www.ketep.re.kr/)

한국전기안전공사 네이버블로그(https://blog.naver.com/kescomiri/223911261517?trackingCode=rss)

한국전력거래소 홈페이지(https://www.kpx.or.kr/)

한밭레츠 홈페이지(http://www.tjlets.or.kr/)

해남문화관광재단 홈페이지(https://www.haenamct.or.kr/menu.es?mid=a10203040000)

Newport Parish Council 홈페이지(https://newportessex-pc.gov.uk/)

부록

부록 1 연구 설계

▪ 연구의 범위

◦ **공간적 범위**

– 우리나라를 포함한 전 세계를 공간적 범위로 설정함

◦ **시간적 범위**

– 연구의 시간적 범위는 원칙적으로 2025년 1월 이후부터 연구의 종료시점인 2025 10월까지로 설정함

- 자료분석 시점은 한국지방행정연구원 2024 자체연구과제 "2025 지방행정 트렌드 분석 연구"가 종료된 이후 2025년 1월부터 현재까지(2025.01~2025.10)로 한정함
- 중장기적인 관점에서 보다 현실적이고 신뢰성 있는 트렌드 분석을 위해 연구진행과정 중에 발생하는 환경변화를 지속적으로 파악하여 연구내용에 반영함

◦ **내용적 범위**

– 연구의 내용적 범위는 STEEP 분석 등 지방행정 환경변화 분석, 2026 지방행정 트렌드 분석, 트렌드별 미래 방향성 및 대응과제 발굴을 핵심적인 내용으로 선정함

- 정책의 기능별 유형 분류 개념(경제기능, 문화기능, 사회복지기능 등)에 초점을 맞춰 트렌드 분야를 구성함

〈연구의 범위〉

구분	내용
공간적 범위	▪ 전국 및 세계 단위 • 우리나라를 포함한 전 세계를 공간적 범위로 설정
시간적 범위	▪ 자료분석 시점 • 원칙적으로 "2025 지방행정 트렌드 분석 연구"가 종료된 이후 현재까지(2025.01~2025.10) ▪ 미래전망 시점: 2026~2030년
내용적 범위	▪ 지방행정 STEEP 분석 ▪ 지방행정 환경변화 분석 ▪ 2026 지방행정 트렌드 분석 ▪ 지방행정 트렌드별 정책방향 제시 ▪ 지방행정 트렌드별 정책과제 발굴

▪ 연구의 방법

◦ **기본방향**

– 본 연구의 방법은 분야별 전문가들을 대상으로 하는 질적 분석방법론을 중점적으로 활용하되, 양적 분석방법론을 보완적으로 활용함

- 전문가 및 이해관계자 인터뷰, 인식조사 등 지방행정 트렌드에 대한 전문가 집단의 의견을 심층적으로 분석하는 접근방법을 활용하고자 함
- 지방행정 트렌드별 정책방향 제시를 위해 국내외 우수사례를 심층적으로 분석하고자 함
- 통계자료 및 설문조사 결과 등 2차 자료를 활용하여 지방행정 환경변화에 대한 주요 인식과 요구사항 등을 파악하고, 이를 전문가 집단에게 제공하고자 함

◦ **문헌연구**

– 지방행정을 둘러싼 거시·미시 환경분석과 정책대안 마련 등을 위해 연구보고서, 정책보고서, 학술논문 등 국내외 각종 문헌을 활용하는 문헌연구방법을 적용함

– 지방행정 트렌드 분석과 주요 환경변화를 예측하기 위해 각종 국내외 문헌을 광범위하게 수집·분석함

◦ **브레인스토밍 및 전문가 자문**

– 지방행정 트렌드 분석 등을 위한 창의적인 접근방법과 적용과정에 대한 이론적·논리적·정책적 타당성을 검증 및 확보하기 위해 연구진과 관련 분야 전문가 간 브레인스토밍을 실시함

– 지방행정 부문별 특성을 고려하여 지방자치·행정, 지방재정, 지역발전, 산업, 국토개발, 환경 등 분야별 전문가들의 심층적인 자문을 실시하여 객관성과 합리성을 확보하고자 함

◦ **심층 인터뷰, FGI 등 의견조사**

– 문헌자료, 통계자료만으로 파악하기 어려운 질적·복합적 내용을 분석하기 위해 분야별 전문가 심층 인터뷰, FGI 등의 방법을 활용하고자 함

– 기술적 측면을 넘어서 다양한 아이디어와 의견을 청취하기 위해 심층면접, 표적집단면접(FGI) 등 다양한 방법을 활용하여 다각적으로 아이디어와 의견을 수집함

◦ **사례분석**

– 국내외 정책 동향을 파악하기 위해 혁신·우수사례 등을 심층적으로 분석하여 시사점을 도출하고, 사회변화에 대응하고 있는 우리 사회의 현황을 종합적으로 진단하고자 함

– 사례분석을 통해 지방행정 트렌드별 정책과제를 발굴하고, 정책 실현을 저해하는 요인 및 해결방안을 제시하고자 함

〈연구의 방법〉

구분	내용
문헌연구	▪ STEEP 분석, 지방행정 주요 환경변화 예측 분석 ▪ 지방행정 환경변화에 따른 도전과제 분석 ▪ 정책대안 마련 등
브레인스토밍 및 전문가 자문	▪ 미래연구 접근방법 및 적용과정에 대한 타당성 검증 ▪ 지방행정 트렌드 및 핵심사항에 대한 자문 ▪ 지방행정 트렌드 도출 및 타당성 검증
심층 인터뷰, FGI 등 의견조사	▪ 바람직한 미래 지방행정 모습 탐색 ▪ 지방행정의 변화 흐름과 정책방향 탐색 ▪ 트렌드별 정책방향 및 정책과제 발굴
사례분석	▪ 국내외 정책 동향 파악 ▪ 지방행정 트렌드별 정책방향 제시 ▪ 지방행정 트렌드별 정책 실현방안 제시 등

▪ 연구의 수행체계

◦ 본 연구의 주요 흐름과 수행체계는 다음과 같음

〈연구의 수행체계〉

단계	연구내용	연구방법
연구 설계	•연구 방향성 정립 •문헌리뷰(선행연구 검토) •미래연구 방법론 검토	•문헌연구 •선행연구 •브레인스토밍 •전문가 사전 인터뷰
지방행정 환경변화 분석	•지방행정 STEEP 분석 •지방행정 주요 이슈 분석 •지방행정 주요 환경변화 분석	•문헌연구 •선행연구 •전문가 자문 •브레인스토밍 •전문가 델파이
지방행정 트렌드 및 정책방향 제시	•지방행정 트렌드 도출 •지방행정 트렌드별 정책방향 제시 •지방행정 트렌드별 정책과제 제시	•문헌연구 •전문가 인터뷰, FGI 등 •전문가 자문 및 인식조사 •브레인스토밍 •사례분석

■ 연구의 구성체계

1. 변화는 우리 곁에서 시작되었다

→ 도입부로, 독자의 공감과 흥미를 유도하는 파트

→ 독자들의 관심을 끌고, 문제인식에 자연스럽게 공감하도록 돕는 스토리텔링 방식, 도입부 형태로 구성

◦ 해당 지방행정 트렌드에 주목해야 하는 이유

– (핵심 메시지 전달) 왜 이 트렌드가 지금 중요한지를 독자가 직관적으로 알 수 있도록 변화의 징후나 문제의 심각성을 간결하게 제시

– (현장의 목소리) 주민, 공무원, 전문가 등 다양한 주체의 경험과 목소리를 인용하여 트렌드가 생활 속 문제임을 강조

– (사회적 이슈화) 언론보도나 공공담론에서 다루어진 사례를 통해 트렌드가 사회 전반의 변화 흐름과 맞닿아 있음을 강조

2. 지금 지방에서는 이런 일이 벌어지고 있다

→ 트렌드가 등장하게 된 구체적 배경과 환경변화를 설명하는 분석 파트

→ 현상의 원인과 맥락을 이해하고, 문제를 정의해주는 분석적인 중심축의 역할

◦ 지방행정 트렌드가 나타나게 된 배경

– (환경변화 분석) 지방행정 환경변화가 해당 트렌드에 어떤 영향을 주었는지 설명

– (자료기반 서술) 정량 데이터(통계), 정성 데이터(사례, 인터뷰 등)를 함께 활용하여 설득력 강화

◦ 지방행정 트렌드와 관련된 주요 이슈와 문제 정의

– (지방행정 차원의 문제인식) 지방행정의 관점에서 바라보았을 때 어떤 이슈와 문제가 핵심적인 요소인지 설명

– (중요성과 시급성 강조) 향후 해당 이슈와 문제가 지방행정에 어떠한 영향을 미치는지 분석

3. 지방자치단체와 중앙정부는 이렇게 움직이고 있다

→ 지방자치단체와 중앙정부의 대응을 정리하고, 정책 흐름을 조망하는 파트

→ 환경변화에 대한 정책 대응의 현주소를 짚어보고, 다른 성공 경험을 통해 방향성과 가능성을 보여주는 역할

◦ **트렌드에 대한 지방과 중앙의 노력**

– (정책 현황 소개) 지금까지 추진된 지방자치단체 또는 중앙정부의 대응정책, 제도 등 소개

– (정책적 의미 파악) 정책이 지방행정 트렌드 변화에 어떻게 대응하고 있는지 분석

◦ **참고할 만한 모범사례 소개**

– (국내외 선도 사례 발굴) 유사한 상황에서 창의적·선제적으로 대응한 국내외 사례 소개

– (시사점 도출) 지방행정에 적용할 수 있는 교훈이나 아이디어 제시

4. 변화의 흐름은 어디로 향하는가

→ 지방행정 트렌드가 앞으로 어떻게 나아갈 것인가를 전망하는 미래지향 파트

→ 단기 이슈가 아닌 지속적인 변화의 흐름임을 강조하고, 독자에게 장기적 사고와 준비가 필요하다는 인식을 유도하는 역할

◦ **2026 지방행정 트렌드 소개**

– (트렌드의 흐름 정리) 해당 트렌드가 어떤 방향으로 확대 또는 전환될 가능성이 있는지 구조적으로 설명

– (미래전망) 2026년과 그 이후 지방행정 트렌드가 나아가게 될 방향 제시

5. 우리는 앞으로 이렇게 준비해야 한다

→ 독자와 실무자, 정책결정자 등 모두를 위한 실행 중심 정책 제안 파트

→ 현장의 공무원, 정책 담당자, 지역주민 등에게 지방행정이 환경변화에 어떻게 대응해 나가야 하는지를 제시하는 실천적 역할

◦ **지방행정이 나아가야 할 정책방향 제시**

 – (전략적 방향 제시) 대응에 필요한 전략, 정책과제, 협력구조 등을 정리

 – (실행방안 구체화) 실제로 실현 가능한 정책과제와 아이디어 제시

〈지방행정 트렌드 분석내용의 구성체계〉

단계	주요 내용
1. 변화는 우리 곁에서 시작되었다	▪ 해당 지방행정 트렌드에 주목해야 하는 이유 • 독자의 관심을 끌 수 있는 핵심 내용 제시 • 민간·공무원·학계 등 인터뷰 및 언론에서 제기된 이슈 제시
2. 지금 지방에서는 이런 일이 벌어지고 있다	▪ 지방행정 트렌드가 나타나게 된 배경 • 지방행정 트렌드와 관련된 환경변화 • 정량적·정성적 근거 자료 제시 ▪ 지방행정 트렌드와 관련된 주요 이슈와 문제 정의 • 지방행정 차원에서의 중요성 검토 • 지방행정이 놓쳐선 안 될 중요한 이슈와 문제 제시
3. 지방자치단체와 중앙정부는 이렇게 움직이고 있다	▪ 지방행정 트렌드에 대한 지방과 중앙의 노력 • 트렌드와 관련된 정책현황 소개 • 시사점 제시 ▪ 지방행정 트렌드와 관련된 획기적·참고적 모범사례 • 지방행정 환경변화에 선도적으로 대응하는 해외사례 소개 • 우리 사회에 적용할 수 있는 시사점 제시
4. 변화의 흐름은 어디로 향하는가	▪ 2026 지방행정 트렌드 소개 • 지방행정 트렌드 주요 내용 • 지방행정 트렌드의 전망 예측
5. 우리는 앞으로 이렇게 준비해야 한다	▪ 지방행정 트렌드에 대응할 수 있는 정책방향 제시 • 주요 정책방향 제시 • 바람직한 미래를 위한 정책과제 제시

부록 2 본 연구에서 활용한 글로벌 메가트렌드 및 미래전망 연구·보고서 자료

구분	자료 제목
BlackRock(2022)	Megatrends: Insights on the Forces Shaping Our Future
Brookings Institution(2022)	An inclusive future? Technology, New dynamics, and Policy challenges
GLOBSEC(2022)	GLOBSEC Megatrends 2022
ILO(2022)	World Employment and Social Outlook Trends 2022
Nexit Ventures(2022)	The Hottest VC Trends of 2022: Our Predictions
OECD(2022)	Trends Shaping Education 2022
PwC(2022)	Megatrends: Five Global Shifts Reshaping the World We Live In
Solactive(2022)	Future Trends 2022
외교부(2022)	2022 글로벌 메가트렌드와 교육에의 시사점
정보통신정책연구원(2022)	디지털 대전환 메가트렌드 연구
한국인터넷진흥원(2022)	2030 미래사회 변화 및 사이버위협 전망 연구
Hellenic Republic(2023)	Megatrends 2040: Volatility, Uncertainty, Resourcefulness
국회미래연구원(2023)	대한민국 미래전망 연구: 개인의 삶 관점 미래 사회 전망
국회미래연구원(2023)	데이터로 보는 미래사회 리포트 2023
중소기업정책연구원(2023)	글로벌 메가트렌드 분석에 따른 중소기업 정책 전망 연구
한국산업기술평가관리원(2023)	2023년 CES 기술동향 및 글로벌 유망기술 메가트렌드
한국인터넷진흥원(2023)	디지털 메가트렌드에 따른 정보보호와 역할 분석 연구
한국지능정보사회연구원(2023)	NIA가 전망한 2023년 12대 디지털 트렌드
한국지방행정연구원(2023)	지방행정 미래 트렌드 분석 연구
현대경제연구원(2023)	2023년 7대 글로벌 트렌드: 혼돈의 세계 경제
Adobe & Econsultancy(2024)	2024 Digital Trends: Asia Pacific and Japan
Euromonitor International(2024)	Top Global Consumer Trends 2025
Gartner(2024)	Gartner Top 10 Strategic Technology Trends for 2025
KMA(2024)	KMA 2025 HRD 트렌드 리포트
OECD(2024)	Global Trends in Government Innovation 2024

PwC(2024)	Digital Transformation in TMT: Strategies for Driving Growth
국회미래연구원(2024)	데이터로 보는 미래사회 리포트 2024: 미래사회 대응 지표 분석
김난도 외(2024)	트렌드 코리아 2025
한국과학기술기획평가원(2025)	2025년 기술 트렌드와 시사점
한국무역협회(2024)	우리 기업이 주목할 만한 2024년 글로벌 기술 트렌드 전망
한국수출입은행(2024)	2024년 인공지능 글로벌 트렌드
한국지능정보원(2024)	NIA가 전망한 2025년 12대 디지털 트렌드
현대경제연구원(2024)	2024년 글로벌 트렌드
Adobe & Econsultancy(2025)	2025 AI 및 디지털 트렌드
MSCI(2025)	Sustainability and Climate Trends to Watch 2025
한국경제연구원(2025)	2025년 국내외 트렌드: 격동의 글로벌 정세 속 혼돈의 국내 여건
한국지방행정연구원(2025)	2025 지방행정 트렌드

부록 3 STEEP 분석결과: 국가 전체 차원

구분	구성요소	주요 내용
사회적 요인	초고령화와 가족구조의 다변화	▪ 선진국 중심의 고령인구 비중 확대 및 인구성장 둔화 ▪ 1인 가구, 비혼·무자녀 부부 등 다양한 가족형태의 증가 ▪ 이민 및 인구 이동의 활성화와 사회구조 변화
	다층적 사회갈등과 포용성에 대한 도전	▪ 세대, 성별, 문화, 인종 간 갈등 심화 및 사회적 응집력 약화 ▪ 고등교육·노동시장 내 성별 격차 해소 노력 ▪ 소득·부의 격차 확대와 사회집단 간 불평등 심화
	디지털 사회의 안전과 인권	▪ 디지털 범죄, 사이버 폭력 등 새로운 사회적 위험 증대 ▪ 사회적 약자 및 취약계층의 안전망 강화 ▪ 팬데믹 등 신종 전염병 위협과 인권·자유에 대한 논의 확산
기술적 요인	AI·첨단기술 기반 산업·사회혁신	▪ AI, 빅데이터, 3D프린팅, 로봇 등 신기술의 대중화와 산업구조 혁신 ▪ 신산업 창출 및 기존 산업의 디지털 전환 가속 ▪ 인공지능 기반 서비스와 인간-기계 협업
	초연결·초자동화 사회와 데이터 리스크	▪ 디지털 전환 가속 및 스마트 인프라 확산 ▪ 데이터 활용·수익화 등 데이터 경제 확장 ▪ 데이터 프라이버시, 사이버 보안, AI 윤리 등 디지털 신뢰
	노동시장 재편과 역량 혁신 요구	▪ 자동화·로봇 도입에 따른 일자리 감소 및 새로운 작업방식 등장 ▪ 유연근무·원격근무 확산과 디지털 격차 해소 필요성 증대 ▪ 직업 전환 비용 증가와 평생교육·재교육 중요성 부각
경제적 요인	저성장·불확실성 심화와 글로벌 분쟁	▪ 세계경제 저성장 기조와 인플레이션 변동성 확대 ▪ 국가부채 증가와 분배갈등 심화 ▪ 미국, 중국 등 주요국 간 관세전쟁 및 자유무역 위기
	자본 집중과 사회경제적 양극화 심화	▪ 부의 집중, 노동소득 감소 및 자본소득 증가 ▪ 실업률 변동, 사회적 불안, 경제적 불평등 심화 ▪ 지속가능성·ESG 경영 강화
	플랫폼 경제와 디지털 생태계 확장	▪ 디지털 경제 블록화, 플랫폼·핀테크 활성화, 비대면 결제 확산 ▪ 맞춤형 소비, 소규모 생산 증가 ▪ 디지털 규제 논의 심화
환경적 요인	기후위기와 생태계 변화	▪ 지구온난화, 이상기후, 자연재해 증가 ▪ 탄소중립, 탄소배출 저감 등 기후정책 강화 ▪ 생태계 보전과 생물다양성 복원
	에너지 전환과 자원 안보	▪ 천연자원·원자재 공급 불안정성, 에너지 수요 증가 ▪ 재생에너지 확대 ▪ 에너지 공급망 안정성 및 자원 분쟁 심화

	글로벌 건강 리스크와 환경질환	▪ 신종 감염병, 기후·환경성 질환 ▪ 고령층 건강관리 이슈 ▪ 수자원·폐기물 관리 문제로 인한 건강 위협
정치적 요인	확장하는 정부 역할과 복지국가 논의	▪ 위기 대응을 위한 정부 개입 확대 ▪ 복지·사회안전망 강화 ▪ 정부정책의 신뢰성·효율성에 대한 기대와 도전
	정치·사회적 불안정과 리더십	▪ 국제정세 불안 및 글로벌 규범의 붕괴 ▪ 권위주의·민주주의 갈등, 사회운동 증가 ▪ 강력한 리더십 요구 증대
	참여·투명성 중심의 거버넌스 혁신	▪ 시민참여 확대, 행정 투명성 요구 증대 ▪ 데이터 기반 행정 및 공공데이터 개방 등 디지털 행정서비스 강화 ▪ 공공부문 서비스 품질 향상과 신뢰 회복 노력
	민주주의 재구성과 시민사회 활성화	▪ 민주주의 위협 대응, 시민참여 확대, 정부-시민 협력 강화 ▪ 온라인 시민참여, 디지털 공론장, 사회운동 플랫폼화 ▪ 디지털 기술 기반 시민참여 네트워크와 정책 참여 확대

자료: 저자 작성

부록 4 STEEP 분석결과: 지방행정 차원

구분	구성요소	주요 내용	비고
사회적 요인	지역복지체계 전환 요구 증대	▪ 지방 중소도시와 농촌지역을 중심으로 초고령사회 진입 가속화로 인한 노인 돌봄, 고독사, 요양서비스 등 기초지방자치단체의 복지 수요 증가 ▪ 1인 가구, 비혼·무자녀 가구 증가 등 기존 가족 중심 복지모델의 한계 ▪ 이주민·다문화 인구의 지역 정착 확대에 따른 사회통합 및 문화다양성 행정 역량 요구	초고령화와 가족구조의 다변화
	지방자치단체의 공공갈등 관리체계 강화	▪ 세대·성별·계층·문화 간 갈등이 생활현장에서 직접 표출되어 주민 갈등관리가 주요 과제로 부상 ▪ 공공갈등 조정 전담조직 및 주민참여형 숙의절차 제도화 필요성 증대 ▪ 지역 내 성별·소득·세대 격차에 대한 포용적 복지 및 일자리정책 설계 강조	다층적 사회갈등과 포용성에 대한 도전
	디지털 사회 속 취약계층 보호 및 안전 강화	▪ 사이버 범죄, 온라인 사기, 디지털 성범죄 등 지역사회를 초월하는 새로운 사회적 위험 확대 ▪ 디지털 약자(고령자, 저소득층 등) 보호를 위한 맞춤형 안전망 구축 및 정보접근권 보장 ▪ 지역 내 디지털 인권 감수성 제고 노력과 정책적 대응	디지털 사회의 안전과 인권
기술적 요인	AI·첨단기술 활용 기반의 지방행정 혁신 가속화	▪ 민원처리 자동화, 스마트 도시서비스 등 AI·빅데이터 기반 지방행정의 디지털 전환 확대 ▪ 기술 기반 산업 육성을 위한 지역 단위 창업·스타트업 지원정책 강화 ▪ 지역특화형 스마트시티, 교통·복지·환경 서비스 도입 확산	AI·첨단기술 기반 산업·사회혁신
	초연결·초자동화 시대의 데이터 기반 지방행정 역량 확보	▪ 데이터 기반 행정체계 전환을 위한 지방자치단체의 데이터 수집·활용·보안 역량 제고 ▪ 개인정보보호, 사이버보안 등 디지털 신뢰 확보 ▪ 디지털 기술 도입 시, 지역 간 인프라 격차 해소 및 포용성 확보 병행	초연결·초자동화 사회와 데이터 리스크
	지역 노동시장 재편과 지역인재 역량 개발	▪ 자동화·원격근무 확산으로 전통 제조·서비스업 중심의 지역 일자리 감소 우려 ▪ 지방자치단체 차원의 평생교육·직업 재훈련 시스템 구축 요구 ▪ 청년 인재의 지역 정착을 위한 창의적 일자리와 주거정책 연계 강화	노동시장 재편과 역량 혁신 요구

경제적 요인	지역경제 저성장과 재정·고용 불안정 대응	▪ 세계 경기침체와 함께 지역산업 기반 약화, 소상공인 위기, 지방세수 감소 심화 ▪ 지역내총생산(GRDP) 격차 확대로 인한 재정자립도 하락 ▪ 청년·중장년 고용정책의 지방이양 확대 요구	저성장·불확실성 심화와 글로벌 분쟁
	지역 내 경제 양극화와 사회적 안전망 강화	▪ 자산·소득 격차 심화로 지역 내 사회적 긴장 고조 ▪ 주거 취약계층, 실업자, 청년층 등 맞춤형 복지·고용 안전망 강화 ▪ 지역에서의 ESG 및 지속 가능한 경제구조 전환정책 요구	자본 집중과 사회경제적 양극화 심화
	플랫폼 경제 확산에 따른 지역산업 및 규제 대응	▪ 비대면 소비·핀테크 활성화로 전통시장·지역상권의 경쟁력 약화 ▪ 공유경제·플랫폼 노동 등 새로운 형태의 노동·산업에 대한 지역 단위 규제 정비 요구 ▪ 디지털 기반 창업, 소규모 제조·문화산업 육성정책 확대	플랫폼 경제와 디지털 생태계 확장
환경적 요인	기후위기에 대응하는 지역 단위 탄소중립정책 요구	▪ 이상기후, 자연재해의 지역적 피해 증가로 인해 지방자치단체의 재난대응 및 기후적응 역할 중요성 부각 ▪ 지역 탄소배출 관리, 에너지 전환계획 수립 등 정책 역량 요구 ▪ 도시숲, 생태하천 등 자연기반 해법 적용 확산	기후위기와 생태계 변화
	지역 에너지 자립과 자원순환체계 구축 요구	▪ 에너지 가격 변동성과 공급 불안정성 속에서 재생에너지 보급 확대 및 에너지 자립률 제고 필요성 증대 ▪ 지역 기반 자원순환정책(폐기물, 수자원 등) 강화 ▪ 자원 갈등(풍력, 태양광 설치 등) 대응을 위한 주민참여 확대 필요성 증대	에너지 전환과 자원 안보
	지역 건강위기와 환경질환 대응 행정역량 강화	▪ 고령층 대상 기후·환경성 질환 예방 및 건강관리 서비스 확대 ▪ 미세먼지, 수질오염 등 환경요인에 대한 지역 단위 대응체계 중요성 증대 ▪ 공공보건의료 기능 강화에 대한 사회적 요구 증대	글로벌 건강 리스크와 환경질환
정치적 요인	지방자치단체의 역할 확대와 정책 책임성 강화	▪ 감염병, 재난, 복지 수요 증가 등으로 지방자치단체의 정책집행 책임 확대 ▪ 중앙-지방 간 역할 재조정, 정책기획 및 재정자율성 확대 요구 증대 ▪ 위기 대응력을 갖춘 유능한 지방자치단체 요구 증대	확장하는 정부 역할과 복지국가 논의
	정치·사회적 불안 속 주민 신뢰 확보와	▪ 정책 신뢰 저하, 사회적 양극화에 따른 지방행정의 투명성·소통 요구 증대	정치·사회적 불안정과 리더십

	리더십 중요성 부각	▪ 지방자치단체장의 리더십 역량과 시민과의 공감행정 강화 요구 증대 ▪ 외부 충격에 민감한 지역의 특성을 반영한 지역 주도 대응 전략 중요성 증대	
	참여와 협치 기반의 거버넌스 혁신	▪ 공공갈등 증가에 따른 시민참여 플랫폼, 주민참여예산 등 제도 내실화 요구 증대 ▪ 데이터 기반 정책결정과 공공데이터 활용 확대 ▪ 정책 입안 초기부터 시민참여를 구조화하는 제도 정비 요구	참여·투명성 중심의 거버넌스 혁신
	지방 중심 민주주의 강화와 시민사회 협력 활성화	▪ 온라인 기반 주민참여 확대, 디지털 공론장 활성화 및 커뮤니티 강화 ▪ 시민단체·마을공동체 등과의 정책 파트너십 구축 ▪ 지방의회·지방자치단체·시민사회 간 수평적 정책 거버넌스 정착	민주주의 재구성과 시민사회 활성화

자료: 저자 작성

부록 5 지방행정 환경변화의 핵심동인

환경변화의 흐름과 핵심동인	주요 영향요인
인구·경제구조 변화 → 지방소멸 위기 심화	저출생, 초고령화, 지역산업 쇠퇴, 청년 유출
지방자치단체의 역할 확대 → 복지국가로의 이행 요구	사회(인구)구조 변화, 가족구조 변화, 지방화된 복지 수요 증가
행정방식의 근본적 변화 → 디지털 전환 가속화	기술혁신, 비대면 사회, 정보격차
기후위기와 환경 재난의 일상화 → 지역 기반 회복력 요구 증대	기후변화, 글로벌 이행 압력, 에너지 분권화
시민의식 진화와 사회갈등 구조화 → 참여민주주의 요구 증대	시민의식 변화, 사회갈등, 디지털 기술

자료: 저자 작성

부록 6 2026 지방행정 주요 이슈(전문가 인식)

(N=28)

구분	주요 내용	대응과제
지방자치 분권 강화	▪ 헌법 개정 및 3대 자치권(입법·행정·재정권) 확보 ▪ 사무이양 및 재정분권 확대 ▪ 교육자치·자치경찰·주민자치 등 미진 과제 추진	▪ 지방자치권 보장을 위한 헌법 개정 로드맵 마련 ▪ 사무·재정이양 확대를 통한 중앙-지방 협력 메커니즘 구축 ▪ 주민참여 기반의 자기책임성 강화 제도 설계 ▪ 교육자치·자치경찰제 등 통합적 거버넌스 시범사업 추진 ▪ 자치분권 성과지표 개발 및 국민체감형 홍보 강화
지역균형 발전전략 강화	▪ 수도권-비수도권 간 불균형 완화 ▪ 기회발전특구 및 초광역 메가시티 전략 추진 ▪ 서울대 10개 만들기 등 지역대학 혁신	▪ 초광역권(5극+3특) 기반 공간 혁신 전략 실행 ▪ 지역맞춤형 산업·일자리 창출 모델 발굴 ▪ 중앙정부와 지방자치단체 공동 균형발전 프로젝트 추진 ▪ 지방 명문대 육성을 통한 지역인재 정착 촉진 ▪ 균형발전 성과 모니터링 및 지역별 평가체계 마련
중앙-지방 파트너십 재정립	▪ 중앙정부 권한의 실질적 지방이양 ▪ 컨트롤타워 역할의 지방시대위원회 정비 ▪ 중앙-지방 간 정책기획 공동화	▪ 중앙정부 권한·예산·조직의 단계적 지방 이관 ▪ 지방시대위원회 기능 강화 및 명칭·역할 정비 ▪ 중앙-지방 공동 정책기획 및 평가시스템 구축 ▪ 국책연구기관과 지방연구원 협업 플랫폼 마련 ▪ 지역혁신 성과를 중앙정책에 반영하는 환류체계 확립
지방재정 확충과 구조개혁	▪ 국가재정 악화 속 지방재정부담 확대에 대한 적극적 대응 ▪ 지방교부세 및 지방소멸대응기금 활용 체계화 ▪ 지출구조개혁과 재정자율성 강화	▪ 지방교부세 산정체계 개편 및 합리화 ▪ 지방소멸대응기금 활용성 제고 ▪ 지출 효율화를 위한 지방재정 구조개혁 매뉴얼 마련 ▪ 지방세 확충 및 자율적 과세권 확대 ▪ 성과기반 재정운영(PBBS) 도입
지방행정 체제 개편 및 국토 공간 혁신	▪ 시·군·구 통합 및 광역 간 통합 논의 ▪ 세종시 행정수도 완성과 국회·대통령실 이전 ▪ 기존 행정구역에 얽매이지 않는 국토공간의 합리적 관리	▪ 메가시티 구축과 행정체제 개편 로드맵 마련 ▪ 기초지방자치단체 존속 효용성 검토 및 통합모델 설계 ▪ 세종시 행정수도 기능 완성과 중앙기관 이전 촉진 ▪ 농어촌 쇠퇴 대응형 특화 행정구역 관리방안 마련 ▪ 초광역 연계형 생활권 행정서비스 설계
지역혁신 및 주민 자치 강화	▪ 주민주권형 주민자치 강화 ▪ 지방자치단체 정책기획·관리역량 제고 ▪ 주민참여 기반의 신뢰성 강화	▪ 주민자치회 권한 확대 및 주민총회 활성화 ▪ 생활서비스·공공인프라 기반 주민체감형 정책 확대 ▪ 주민참여예산제·주민발안제 활성화 ▪ 지방자치단체 공공관리역량 강화를 위한 교육·훈련 체계화 ▪ 주민 신뢰 제고를 위한 투명행정·소통 플랫폼 구축
미래지향적 지역 발전 동력 확보	▪ 지방소멸 대응 및 지역활력 회복 ▪ 첨단산업·재생에너지·AI 기반 혁신 추진 ▪ 공공데이터 기반 행정 혁신	▪ 기회발전특구 중심 지역혁신사업 육성 ▪ 기업 지방이전 인센티브 확대 및 인구유입 전략 추진 ▪ 지역특성 기반 지속가능 발전모델 구축 ▪ 재생에너지·분산에너지 활성화 전략 마련 ▪ AI·빅데이터 기반 지방행정 혁신 추진

자료: 저자 작성

부록 7 새정부 대통령 공약사항

구분	구성요소	주요 내용
경제강국	방향성	첨단산업 육성과 성장 기반 확충을 통한 글로벌 경제 주도
	가치	기술 선도, 국가 경쟁력 강화, 일자리 창출
	주요 내용	AI·신산업 집중 육성, 에너지고속도로 구축, 주가지수 5,000시대, ABCDEF 첨단 기업 육성, R&D 확대, 벤처 투자 강화, 북극항로 대응
문화강국	방향성	K-컬처를 글로벌 소프트파워로 키우기
	가치	창작 활성화, 문화경제 강화, 국가 브랜드 고양
	주요 내용	K-콘텐츠 수출 확대, 제작 인프라 확충, 문화예술인 지원, 인문학 강화
외교안보 강국	방향성	실용외교와 첨단 국방력 확보
	가치	국익 우선, 안전 확보, 남북 평화
	주요 내용	한미동맹 강화, 경제외교, AI 기반 스마트 군대, K-방산 강국, 군 인권 개선, 한반도 긴장 완화, 재외동포 권익 보호
균형발전 국가	방향성	자치분권 및 지역균형발전
	가치	지방의 독립성, 지역 간 평등, 삶의 질 제고
	주요 내용	세종 행정수도 완성, 5대 초광역·3대 특별자치도 육성, 지방재정 확충, 지역산업 지원, 철도 지하화
민주주의 강국	방향성	민주주의 질적 회복 및 직접민주주의 강화
	가치	국민참여, 책임, 통합과 공정
	주요 내용	군 통제 강화, 부패·정치보복 근절, 디지털 플랫폼 통한 국민참여, 공론화위원회, 사회적 대타협 구조 구축
복지강국	방향성	생활안정과 기본권 보장을 중심으로 한 사회안전망 확대
	가치	사회적 보호, 평등, 돌봄 국가
	주요 내용	생애주기별 소득보장, 돌봄 국가책임제, 공공의료 강화, 주택 안정
상생사회	방향성	노동·소상공인 보호와 경제 중심의 평등사회 실현
	가치	노동 존중, 공정, 포용경제
	주요 내용	플랫폼 노동권 보장, 주4.5일제, 자영업자 지원, 중소기업 디지털 전환, 청년·여성 지원
교육강국	방향성	미래인재 양성과 민주주의 교육 강화
	가치	평등, 미래 혁신, 시민성
	주요 내용	지방국립대 강화, 민주주의·인권·환경 교육, 연구 지원, 교권 및 민주적 학교 운영

미래강국	방향성	탈탄소·환경 중심 산업구조 전환
	가치	지속가능성, 환경정의, 기후 대응 선도
	주요 내용	온실가스 감축, 재생에너지 전환, 자원순환, 미세먼지 저감, 생물다양성 복원
안전국가	방향성	재난·기후·식량위기 대응 및 농·수산업 지원
	가치	안전, 회복력, 생계보장
	주요 내용	재난 통합 대응, 스마트 농업, 농어업인 보호, 식량·환경 위기 대응

자료: 저자 작성

부록 8 지방행정 환경변화 핵심동인과 정책방향과의 연관성

핵심동인	정책방향	공약 내용	비고
지방소멸 위기 심화	지역균형발전 및 자립적 발전 기반 강화	세종 행정수도 완성 추진, '5극 3특' 중심 균형발전 기반 마련, 자치분권 강화 및 지역경제 활성화	균형발전국가
		공공·필수·지역 의료 공공성 강화, 저출생·고령화 해소 및 돌봄체계 구축, 다양한 유형의 주택 공급 확대, 재개발·재건축 규제 합리화 및 지원 확대	복지강국
		청년 주거 및 청년 일자리 지원 강화	상생사회
		대학 및 국립대 교육 역량 강화	교육강국
		스마트 농업 확산, 살맛나는 어촌, 지속 가능한 수산경제	안전국가
		K-컬처 시장 300조 원 시대 개막, K-콘텐츠 창작 전 과정에 대한 국가 지원 강화, 문화예술인 지원 강화, 인문학 지원 확대 및 전 국민 인문교육 활성화 추진*	문화강국
복지국가로의 이행 요구	기본권 보장 및 사회안전망 확대	생애주기별 소득보장체계 구축, 온 사회가 다 같이 돌보는 돌봄기본사회 추진, 공공·필수·지역 의료 공공성 강화, 저출생·고령화 해소 및 돌봄체계 구축, 다양한 유형의 주택 공급 확대	복지강국
		노동이 존중받는 사회 실현, 소상공인·자영업자 부담 완화 및 매출 확대, 중소기업 역량 강화, 여성 권리증진 및 건강·안전사회 실현, 청년 주거 및 청년 일자리 지원 강화, 청년 국민연금 생애 첫 보험료 지원	상생사회
		K-컬처 시장 300조 원 시대 개막, K-콘텐츠 창작 전 과정에 대한 국가 지원 강화, 문화예술인 지원 강화, 인문학 지원 확대 및 전 국민 인문교육 활성화 추진**	문화강국
디지털 전환 가속화	기술 기반 산업 및 관련 제도 고도화	AI 세계 3대 강국 도약, ABCDEF 글로벌 첨단기업 육성, 과학기술 국가 R&D 예산 확대 및 과학기술 강국 실현, 벤처투자시장 육성으로 벤처 강국 실현	경제강국
		우리 경제의 허리, 중소기업 역량 강화	상생사회
		과학기술인 연구환경 개선	교육강국
		스마트 농업 확산	안전국가
		K-컬처 시장 300조 원 시대 개막, K-콘텐츠 창작 전 과정에 대한 국가 지원 강화, 문화예술인 지원 강화, 인문학 지원 확대 및 전 국민 인문교육 활성화 추진***	문화강국

지역 기반 회복력 요구 증대	지역 안전과 회복력 위한 인프라 확대	온실가스 감축 가속화, 탈(脫)플라스틱 기반 자원순환 사회 조성, 미세먼지 저감을 통한 대기질 개선, 한반도 생물다양성 복원	미래강국
		국민안전 국가관리체계 확립, 농업재해 보상 현실화 및 생산비 부담 경감, 살맛나는 어촌, 지속 가능한 수산경제	안전국가
		경제성장의 대동맥, 에너지고속도로 구축	경제강국
참여민주주의 요구 증대	직접민주주의 및 공론화 확대	민주주의 회복, 통합과 협치, 직접민주주의 강화, 사회적 대타협 추진	민주주의강국
		민주주의 교육 강화, 교권 보호 및 민주적 학교 운영 기반 마련	교육강국
		재외국민·재외동포 권익·안전 보호 및 지원 확대	외교안보강국
		K-컬처 시장 300조 원 시대 개막, K-콘텐츠 창작 전 과정에 대한 국가 지원 강화, 문화예술인 지원 강화, 인문학 지원 확대 및 전 국민 인문교육 활성화 추진****	문화강국

주: * 직접적 연계는 약하나, 지역문화 기반 산업 활성화는 간접적으로 지방소멸 위기 극복에 기여 가능함.

** 문화향유 기회의 확대, 예술인 보호, 인문교육 확대는 사회적 권리로서의 문화복지와 연결됨.

*** 문화콘텐츠산업은 디지털 기반 콘텐츠(OTT, 게임, VR 등)를 포함하므로 디지털 혁신과 연계됨.

**** 시민의 문화 참여와 표현의 자유, 문화 다양성 확대는 민주주의 사회 발전에 기여 가능함.

자료: 저자 작성

부록 9 새정부 국정과제와 지방행정 트렌드(2024~2026)

국정목표	추진전략	국정과제	지방행정 트렌드
국민이 하나되는 정치 (19개)	▪ 전략 1: 국민주권과 민주주의의 확립		
	[국정01]	'진짜 대한민국'을 위한 헌법 개정	-
	[국정02]	국민의 군대를 위한 민주적·제도적 통제 강화	-
	[국정03]	수사와 기소 분리를 통한 검찰개혁 완성	-
	[국정04]	경찰의 중립성 확보 및 민주적 통제 강화	• 2026_자치경찰
	[국정05]	감사원의 정치적 중립성 및 독립성 강화	-
	[국정06]	국민주권 실현을 위한 사법체계 개혁	-
	[국정07]	미디어 공공성 회복과 미디어 주권 향상	-
	[국정08]	모두의 존엄과 권리가 보장되는 인권선진국	• 2025_다이버시티 • 2024 주요 이슈_공정한 성평등
	▪ 전략 2: 정의로운 국민통합의 실현		
	[국정09]	통합과 참여의 정치 실현	• 2024_디지솔브
	[국정10]	국민통합을 지향하는 과거사 문제해결	-
	[국정11]	나라를 위한 헌신에 합당한 보상과 예우 실현	-
	[국정12]	전 세대를 아우르는 보훈체계 구축	-
	▪ 전략 3: 문제를 해결하는 유능한 정부		
	[국정13]	충직·유능·청렴에 기반한 활력있는 공직사회 구현	• 2024_디지솔브
	[국정14]	국민과 함께 소통하고 혁신하는 정부	• 2024_디지솔브
	[국정15]	국민이 체감하는 지속가능발전 기반 확립	• 2024_로컬 리부트 • 2024_그린 로코노미
	[국정16]	국민권익을 실현하는 반부패 개혁	-
	[국정17]	재정운용의 투명성·책임성 강화	• 2026_재정분권 • 2024_지방교육 아키텍처
	[국정18]	성장과 민생에 기여하는 공공기관 경영 혁신	-
	[국정19]	민생·안전과 공정·상생을 위한 규제 합리화	• 2025_스마트의료 • 2025_재난·위기관리의 나침반 • 2024_디지솔브

<table>
<tr><td rowspan="18">세계를
이끄는
혁신경제
(29개)</td><td colspan="3">▪ 전략 1: AI 3대 강국 도약</td></tr>
<tr><td>[국정20]</td><td>AI 3대 강국 도약을 위한 AI 고속도로 구축</td><td>• 2026_에너지 대전환
• 2025_스마트의료</td></tr>
<tr><td>[국정21]</td><td>세계에서 AI를 가장 잘 쓰는 나라 구현</td><td>• 2026_공공 알고리즘 검증시대
• 2026_의정활동의 AI 메이트 시대
• 2025_스마트의료
• 2025_에듀테크 시대
• 2024_디지솔브</td></tr>
<tr><td>[국정22]</td><td>초격차 AI 선도기술·인재 확보</td><td>• 2025_에듀테크 시대</td></tr>
<tr><td>[국정23]</td><td>국민의 안전과 보편적 삶의 질 제고를 위한 ‘AI 기본사회’ 실현</td><td>• 2026_공공 알고리즘 검증시대
• 2025_스마트의료
• 2025_에듀테크 시대
• 2024 주요 이슈_사이버보안 역량</td></tr>
<tr><td>[국정24]</td><td>세계 최고 AI 민주정부 실현</td><td>• 2026_공공 알고리즘 검증시대
• 2026_의정활동의 AI 메이트 시대
• 2024_디지솔브</td></tr>
<tr><td>[국정25]</td><td>국민이 안심할 수 있는 개인정보 보호체계 확립</td><td>• 2026_공공 알고리즘 검증시대
• 2024_디지솔브</td></tr>
<tr><td colspan="3">▪ 전략 2: 기초가 탄탄한 과학기술</td></tr>
<tr><td>[국정26]</td><td>과학기술 5대 강국 실현을 위한 시스템 혁신</td><td>• 2024 주요 이슈_디지털 혁신기술·인프라</td></tr>
<tr><td>[국정27]</td><td>기초연구 생태계 조성과 과학기술 인재강국 실현</td><td>-</td></tr>
<tr><td>[국정28]</td><td>세계를 선도할 넥스트(NEXT) 전략기술 육성</td><td>• 2025_에듀테크 시대</td></tr>
<tr><td colspan="3">▪ 전략 3: 혁신으로 도약하는 산업 르네상스</td></tr>
<tr><td>[국정29]</td><td>신성장동력 발굴·육성으로 첨단산업국가 도약</td><td>• 2025_스마트의료
• 2025_로컬 그린 리더십
• 2024_뿌리인재</td></tr>
<tr><td>[국정30]</td><td>주력산업 혁신으로 4대 제조강국 실현</td><td>• 2024 주요 이슈_미래 핵심 기술혁신
• 2024 주요 이슈_신성장 동력 플랫폼
• 2024 주요 이슈_대·중소기업 동반성장</td></tr>
<tr><td>[국정31]</td><td>미래 모빌리티와 ‘K-AI 시티’ 실현</td><td>• 2024 주요 이슈_미래 핵심 기술혁신
• 2024 주요 이슈_디지털기술 활용 스마트 서비스</td></tr>
<tr><td>[국정32]</td><td>의료AI·제약·바이오헬스 강국 실현</td><td>• 2025_스마트의료</td></tr>
</table>

[국정33]	서비스업 경쟁력 제고로 내수·수출 활성화	• 2025_스마트의료
[국정34]	제3벤처붐으로 여는 글로벌 벤처 4대 강국	• 2024 주요 이슈_신성장 동력 플랫폼 • 2024 주요 이슈_디지털혁신 생태계
[국정35]	미래 신기술로 성장하고, 글로벌로 도약하는 중소기업	• 2024 주요 이슈_디지털 신산업 • 2024 주요 이슈_디지털 전환 인프라
[국정36]	경제·산업 도약을 위한 신산업 규제 재설계	-
[국정37]	통상으로 지키는 국익, 흔들림 없는 경제안보	-
▪ 전략 4: 기후위기 대응과 지속 가능한 에너지 전환		
[국정38]	경제성장의 대동맥, 에너지고속도로의 구축	• 2026_에너지 대전환
[국정39]	재생에너지 중심 에너지 대전환	• 2026_에너지 대전환 • 2025_로컬 그린 리더십 • 2024_그린 로코노미
[국정40]	지속가능미래를 위한 탄소중립 실현	• 2026_에너지 대전환 • 2025_로컬 그린 리더십 • 2024_그린 로코노미
[국정41]	탄소중립을 위한 경제구조개혁	• 2025_로컬 그린 리더십 • 2024_그린 로코노미
[국정42]	순환경제 생태계 조성	• 2026_에너지 대전환 • 2025_로컬 그린 리더십 • 2024_그린 로코노미
[국정43]	국가 기후적응 역량 강화	• 2025_로컬 그린 리더십 • 2025_재난·위기관리의 나침반 • 2024_일상 속 로커버리
[국정44]	모두가 누리는 쾌적한 환경 구현	• 2025_로컬 그린 리더십
[국정45]	4대강 자연성 및 한반도 생물다양성 회복	• 2025_로컬 그린 리더십 • 2024_그린 로코노미
▪ 전략 5: 성장을 북돋는 금융혁신		
[국정46]	진짜 성장을 뒷받침하는 생산적 금융(국민성장펀드 100조 원+α 조성)	• 2024 주요 이슈_디지털 혁신성장 • 2024 주요 이슈_ESG 경영
[국정47]	코리아 프리미엄을 향한 자본시장 혁신	• 2024 주요 이슈_시장경제 기능 회복
[국정48]	디지털자산 생태계 구축	• 2024 주요 이슈_디지털 혁신금융 생태계

모두가 잘사는 균형성장 (23개)	■ 전략 1: 자치분권 기반의 균형성장		
	[국정49]	'5극 3특'과 중소도시 균형성장	• 2026_5극 3특 • 2025_하이브리드 지방행정 • 2025_지역맞춤형 지방분권
	[국정50]	행정수도 세종 완성	• 2026_5극 3특
	[국정51]	2차 공공기관 이전 등 균형성장 거점 육성	• 2026_5극 3특
	[국정52]	주민 삶의 질 향상을 위한 자치분권 역량 제고	• 2026_주민자치회 • 2025_지역맞춤형 지방분권 • 2024_자치 뉴웨이브
	[국정53]	지방재정 확충으로 자치재정권 확대 및 지역경제 활성화	• 2026_재정분권 • 2026_지역화폐
	[국정54]	소멸위기지역 재도약을 위한 지원 강화	• 2026_생활인구 • 2025_지역맞춤형 지방분권 • 2024_로컬 리부트
	[국정55]	지역교육 혁신을 통한 지역인재 양성	• 2025_에듀테크 시대 • 2024_뿌리인재
	[국정56]	북극항로 시대를 주도하는 K-해양강국 건설	-
	[국정57]	교통혁신 인프라 확충	-
	■ 전략 2: 활력이 넘치는 민생경제		
	[국정58]	금융안정과 생산적 금융을 위한 가계부채 관리	• 2024 주요 이슈_지속 가능한 시장경제
	[국정59]	서민·취약계층을 위한 포용금융 강화	• 2024 주요 이슈_지속 가능한 시장경제
	[국정60]	국민 생활비 부담 경감	• 2026_청년지원
	[국정61]	다시 일어서는 소상공인, 활기 도는 골목상권	• 2024_주요 이슈_시장경제 기능 회복
	[국정62]	주택시장 안정을 위한 주택공급 확대	• 2026_청년지원 • 2024 주요 이슈_주거격차
	[국정63]	두텁고 촘촘한 주거복지 실현	• 2024 주요 이슈_주거격차
	■ 전략 3: 협력과 상생의 공정경제		
	[국정64]	공정한 시장질서 확립	• 2024 주요 이슈_상생의 경제개혁 • 2024 주요 이슈_공정한 노동시장
	[국정65]	소비자 주권 실현 및 불공정행위 근절	• 2024 주요 이슈_지속 가능한 시장경제
	[국정66]	금융투자자 및 소비자 권익보호 강화	• 2024 주요 이슈_지속 가능한 시장경제
	[국정67]	기술탈취는 근절하고, 상생의 기업환경 조성	• 2026_청년지원 • 2025_다이버시티

	■ 전략 4: 희망을 실현하는 농산어촌		
	[국정68]	국민 먹거리를 지키는 국가전략산업으로 농업 육성	-
	[국정69]	국가 책임을 강화하는 농정 대전환	-
	[국정70]	균형성장과 에너지 전환을 선도하는 농산어촌	• 2025_153만 호 빈집의 역습 • 2025_농촌 공간의 재창조 • 2025_스마트의료 • 2024_로컬 리부트
	[국정71]	어촌·연안 경제 활성화를 위한 수산·해양산업 혁신	• 2025_농촌 공간의 재창조 • 2025_스마트의료 • 2024_로컬 리부트
기본이 튼튼한 사회 (37개)	■ 전략 1: 생명과 안전이 우선인 사회		
기본이 튼튼한 사회 (37개)	[국정72]	국민안전 보장을 위한 재난안전관리체계 확립	• 2025_재난·위기관리의 나침반 • 2024_일상 속 로커버리
기본이 튼튼한 사회 (37개)	[국정73]	재난 피해 최소화를 위한 예방·대응 강화	• 2025_재난·위기관리의 나침반 • 2024_일상 속 로커버리
기본이 튼튼한 사회 (37개)	[국정74]	국민안전을 위한 법질서 확립 및 민생치안 역량 강화	• 2026_자치경찰
기본이 튼튼한 사회 (37개)	[국정75]	일하는 모든 사람이 건강하고 안전한 나라	-
기본이 튼튼한 사회 (37개)	[국정76]	흔들림 없는 해양주권, 안전하고 청정한 우리바다	• 2025_재난·위기관리의 나침반 • 2024_일상 속 로커버리
기본이 튼튼한 사회 (37개)	■ 전략 2: 내 삶을 돌보는 복지		
기본이 튼튼한 사회 (37개)	[국정77]	기본적 삶을 위한 안전망 강화	• 2024_커넥티드 헬스케어
기본이 튼튼한 사회 (37개)	[국정78]	지금 사는 곳에서 누리는 통합돌봄	• 2025_스마트의료
기본이 튼튼한 사회 (37개)	[국정79]	장애인 삶의 질 향상과 기본적 권리 보장	-
기본이 튼튼한 사회 (37개)	[국정80]	사람과 동물이 더불어 행복한 사회	-
기본이 튼튼한 사회 (37개)	[국정81]	사회연대경제 성장 촉진	• 2024_로컬 리부트
기본이 튼튼한 사회 (37개)	[국정82]	생애주기별 금융 자산·소득 형성	• 2026_청년지원
기본이 튼튼한 사회 (37개)	■ 전략 3: 국민건강을 책임지는 보건의료		
기본이 튼튼한 사회 (37개)	[국정83]	지속 가능한 보건의료체계로 전환	• 2025_스마트의료 • 2024_커넥티드 헬스케어
기본이 튼튼한 사회 (37개)	[국정84]	지역격차 해소, 필수의료 확충, 공공의료 강화	• 2025_스마트의료 • 2024_로컬 리부트
기본이 튼튼한 사회 (37개)	[국정85]	일차의료 기반의 건강·돌봄으로 국민건강 증진	• 2025_스마트의료 • 2024_커넥티드 헬스케어

[국정86]	국민 의료비 부담 완화	• 2024_커넥티드 헬스케어
■ 전략 4: 인구위기를 극복하는 대전환		
[국정87]	아이 키우기 좋은 출산·육아환경 조성	• 2026_청년지원 • 2024_커넥티드 헬스케어
[국정88]	아동·청소년의 건강한 성장 및 다양한 가족 지원	• 2025_에듀테크 시대 • 2024_로컬 리부트 • 2024_커넥티드 헬스케어
[국정89]	청년의 정책 참여 확대와 기본생활 지원으로 함께 만드는 미래	• 2026_청년지원
[국정90]	든든한 노후 보장을 위한 연금제도 개선	• 2026_청년지원
[국정91]	인구가족구조 변화 대응 및 은퇴세대 맞춤형 지원	• 2024_로컬 리부트
[국정92]	인구 변동, 디지털 변화, 기후위기에 대응하는 노동 대전환	• 2025_다이버시티 • 2024_로컬 리부트 • 2024_커넥티드 헬스케어 • 2024 주요 이슈_공정한 노사관계
■ 전략 5: 누구나 존중받는 일터		
[국정93]	차별과 배제 없는 일터	• 2024 주요 이슈_상생의 경제개혁
[국정94]	노동존중 실현과 노동기본권 보장	• 2024 주요 이슈_공정한 노사관계
[국정95]	일, 가정, 삶이 공존하는 행복한 일터	• 2024 주요 이슈_상생의 경제개혁
[국정96]	통합과 성장의 혁신적 일자리정책	• 2026_청년지원
■ 전략 6: 내 삶에 기회를 여는 성평등		
[국정97]	기회와 권리가 보장되는 성평등 사회	• 2024 주요 이슈_공정한 성평등
[국정98]	여성의 안전과 건강권 보장	• 2024_커넥티드 헬스케어
■ 전략 7: 각자의 가능성을 키우는 교육		
[국정99]	AI 디지털시대 미래인재 양성	• 2025_에듀테크 시대 • 2024_뿌리인재 • 2024_디지솔브
[국정100]	시민교육 강화로 전인적 역량 함양	• 2024 주요 이슈_지역 민주시민교육
[국정101]	교육격차 해소를 위한 공교육 강화	• 2025_에듀테크 시대 • 2024_지방교육 아키텍처
[국정102]	학교자치와 교육 거버넌스 혁신	• 2025_에듀테크 시대
■ 전략 8: 함께 누리는 창의적 문화국가		
[국정103]	K-컬쳐 시대를 위한 콘텐츠 국가전략산업화 추진	• 2024_뿌리인재

	[국정104]	전 국민이 누리고 세계인과 소통하는 K-컬쳐	-
	[국정105]	자유로운 예술 창작 환경 조성	-
	[국정106]	모두가 즐기는 스포츠	-
	[국정107]	3천만 세계인이 찾는 관광산업 기반 구축	• 2024_로컬 리부트
	[국정108]	미래지향적 디지털·미디어 생태계 구축	• 2024 주요 이슈_디지털혁신 생태계
국익 중심의 외교안보 (15개)	▪ 전략 1: 국민에게 신뢰받는 강군		
	[국정109]	국방 환경변화에 대비한 정예 군사력 건설	• 2024 주요 이슈_사이버위협 대응 및 예방체계
	[국정110]	한미동맹 기반 전방위적 억제능력을 바탕으로 전시작전통제권 전환	-
	[국정111]	강력한 국방개혁으로 전투임무에 집중하는 군체계 확립	-
	[국정112]	군인 사기진작을 위한 장병 복무여건 개선	-
	[국정113]	K-방산 육성 및 획득체계 혁신을 통한 방산 4대 강국 진입	-
	▪ 전략 2: 평화 공존과 번영의 한반도		
	[국정114]	화해·협력의 남북관계 재정립 및 평화공존 제도화	-
	[국정115]	국민이 공감하는 호혜적 남북교류협력 추진	-
	[국정116]	분단고통 해소와 인도적 문제해결	-
	[국정117]	국민과 함께하는 한반도 평화·통일정책 추진	-
	[국정118]	한반도 평화경제 및 공동성장의 미래 준비	-
	▪ 전략 3: 세계로 향하는 실용외교		
	[국정119]	국익 중심 실용외교로 주변 4국 관계 증진	• 2024 주요 이슈_미래 협력관계
	[국정120]	국제사회 공헌과 참여로 G7+ 외교강국 실현	• 2024 주요 이슈_국제사회 공조 및 역할
	[국정121]	경제안보·통상 위기 극복을 위한 경제외교 역량 강화	-
	[국정122]	북핵 문제해결과 한반도 평화체제를 향한 실질적 진전 추구	-
	[국정123]	재외국민 안전과 편익 증진 및 재외동포 지원 강화	• 2025_다이버시티

주 1: 새정부 국정과제는 대한민국 정부(2025). 「이재명정부 123대 국정과제」의 내용을 정리한 것임.
주 2: '2024 주요 이슈'는 유수동 외(2024)의 연구에서 제시한 '미래사회 100대 주요 이슈'를 의미함.

2026 지방행정 트렌드

초판발행 2025년 12월 12일

지은이 한국지방행정연구원
유수동 · 주희진 · 유자영 · 유보람 · 양원탁 · 문혜리
펴낸이 안종만 · 안상준

편 집 조보나
기획/마케팅 정성혁
표지디자인 권아린
제 작 고철민 · 김원표

펴낸곳 (주) 박영사
서울특별시 금천구 가산디지털2로 53, 210호(가산동, 한라시그마밸리)
등록 1959. 3. 11. 제300-1959-1호(倫)
전 화 02)733-6771
f a x 02)736-4818
e-mail pys@pybook.co.kr
homepage www.pybook.co.kr
ISBN 979-11-303-9743-6 93350

정 가 31,000원